5489

ŒUVRES COMPLÈTES

DE

CHATEAUBRIAND

XIII

Lagny. — Typographie de Vialat et Cie.

ŒUVRES COMPLÈTES

DE

CHATEAUBRIAND

AUGMENTÉES

D'UN ESSAI SUR LA VIE ET LES OUVRAGES DE L'AUTEUR

— ESSAI HISTORIQUE SUR LES RÉVOLUTIONS ANCIENNES ET MODERNES —

PARIS

P.-H. KRABBE, LIBRAIRE-ÉDITEUR

12, RUE DE SAVOIE

M DCCC LII

ESSAI HISTORIQUE

POLITIQUE ET MORAL

SUR

LES RÉVOLUTIONS

ANCIENNES ET MODERNES

DÉDIÉ A TOUS LES PARTIS.

> Experti invicem sumus ego ac fortuna.
> TACITE.

AVERTISSEMENT

POUR L'ÉDITION DE 1826.

J'ai promis de réimprimer l'*Essai* sans y changer un seul mot : à cet égard j'ai poussé le scrupule si loin, que je n'ai voulu ni corriger les fautes de langue, ni faire disparaître les hellénismes, latinismes et anglicismes qui fourmillent dans l'*Essai*. On a demandé cet ouvrage; on l'aura avec tous ses défauts. Il y a une omission dans le chiffre romain du millésime de l'édition de Londres : je l'ai maintenue, me contentant de la faire remarquer.

L'*Essai historique* n'a jamais été publié par moi qu'une seule fois ; il fut imprimé à Londres en 1796, par Baylis, et vendu chez de Boffe en 1797. Le titre et l'épigraphe étaient exactement ceux qu'il porte dans la présente édition. L'*Essai* formait un seul volume de 681 pages grand in-8°, sans compter l'avis, la notice, la table des chapitres et l'errata; mais, comme je le faisais observer dans l'ancien *Avis*, c'était réellement deux volumes réunis en un. J'ai été obligé de diviser en deux cette énorme production dans la présente édition, parce que, avec les notes critiques[1] et la préface nouvelle, l'*Essai*, en un seul volume, aurait dépassé huit cents pages.

Dans l'intérêt de mon amour-propre, j'aurais mieux aimé donner l'*Essai* en un seul tome, et subir à la fois ma sentence, que me faire attacher deux fois au char de triomphe de ceux qui n'ont jamais failli; mais je ne saurais trop souffrir pour avoir écrit l'*Essai*.

On a réimprimé cet ouvrage en Allemagne et en Angleterre. La contrefaçon

---

[1] Ces notes se distingueront des anciennes notes par ces lettres initiales N. ÉD., NOUVELLE ÉDITION : les anciennes notes sont indiquées par des *chiffres*, les nouvelles par des *lettres*; les notes sur les notes ont pour renvoi un *astérisque*.

anglaise n'est qu'un abrégé fait sans doute dans une intention bienveillante, puisqu'on a supprimé ce qu'il y a de plus blâmable dans l'*Essai* : la contrefaçon allemande est calquée sur la contrefaçon anglaise. Ces omissions ne tournent jamais au profit d'un auteur : on pourrait dire, en faisant allusion au passage de Tacite, qu'à ces funérailles d'un mauvais livre, les morceaux retranchés paraissent d'autant plus qu'on ne les y voit pas. L'*Essai* complet n'existe donc que dans l'édition de Londres faite par moi, en 1797, et dans l'édition que je donne aujourd'hui d'après cette première édition.

PRÉFACE

(ÉDITION DE 1826.)

Voici l'ouvrage que, depuis longtemps, j'avais promis de réimprimer ; promesse que des âmes charitables avaient regardée comme un moyen de gagner du temps et d'imposer silence à mes ennemis, bien résolu que j'étais intérieurement, disait-on, de ne jamais tenir ma parole. Avant de porter un jugement sur l'*Essai*, commençons par faire l'histoire de cet ouvrage.

J'avais traversé l'Atlantique avec le dessein d'entreprendre un voyage dans l'intérieur du Canada, pour découvrir, s'il était possible, le passage au nord-ouest du continent américain [a]. Par le plus grand hasard j'appris, au milieu de mes courses, la fuite de Louis XVI, l'arrestation de ce monarque à Varennes, et la retraite au-delà de la Meuse, de la Moselle et du Rhin, de presque tout le corps des officiers français d'infanterie et de cavalerie.

Louis XVI n'était plus qu'un prisonnier entre les mains d'une faction ; le drapeau de la monarchie avait été transporté par les princes de l'autre côté de la frontière : je n'approuvais point l'émigration en principe, mais je crus qu'il était de mon honneur d'en partager l'imprudence, puisque cette imprudence avait des dangers. Je pensai que, portant l'uniforme français, je ne devais pas me promener dans les forêts du Nouveau-Monde quand mes camarades allaient se battre [b].

J'abandonnai donc, quoique à regret, mes projets, qui n'étaient pas eux-mêmes sans périls. Je revins en France ; j'émigrai avec mon frère, et je fis la campagne de 1792.

Atteint, dans la retraite, de cette dyssenterie qu'on appelait *la maladie des Prussiens*, une affreuse petite vérole vint compliquer mes maux. On me crut mort ; on m'abandonna dans un fossé, où, donnant encore quelques signes de vie, je fus secouru par la compassion des gens du prince de Ligne,

---

[a] J'ai dit cela cent fois dans mes ouvrages, et notamment dans l'*Essai*.

[b] Je servais dans le régiment de Navarre, infanterie, avec rang de capitaine de cavalerie : c'était un abus de ce temps ; j'avais obtenu les honneurs de la cour ; or, comme on ne pouvait monter dans les carrosses du roi que l'on n'eût au moins le grade de capitaine, il avait fallu, par une fiction, qu'un sous-lieutenant d'infanterie devînt un capitaine de cavalerie.

qui me jetèrent dans un fourgon. Ils me mirent à terre sous les remparts de Namur, et je traversai la ville en me traînant sur les mains de porte en porte. Repris par d'autres fourgons, je retrouvai à Bruxelles mon frère, qui rentrait en France pour monter sur l'échafaud. On osait à peine panser une blessure que j'avais à la cuisse, à cause de la contagion de ma double maladie.

Je voulais cependant, dans cet état, me rendre à Jersey, afin d'y rejoindre les royalistes de la Bretagne. Au prix d'un peu d'argent que j'empruntai, je me fis porter à Ostende : j'y rencontrai plusieurs Bretons, mes compatriotes et mes compagnons d'armes, qui avaient formé le même projet que moi. Nous nolisâmes une petite barque pour Jersey, et l'on nous entassa dans la cale de cette barque. Le gros temps, le défaut d'air et d'espace, le mouvement de la mer, achevèrent d'épuiser mes forces; le vent et la marée nous obligèrent de relâcher à Guernesey.

Comme j'étais près d'expirer, on me descendit à terre, et on m'assit contre un mur, le visage tourné vers le soleil, pour rendre le dernier soupir. La femme d'un marinier vint à passer; elle eut pitié de moi; elle appela son mari, qui, aidé de deux ou trois autres matelots anglais, me transporta dans une maison de pêcheurs, où je fus mis dans un bon lit; c'est vraisemblablement à cet acte de charité que je dois la vie. Le lendemain on me rembarqua sur le sloop d'Ostende. Quand nous ancrâmes à Jersey, j'étais dans un complet délire. Je fus recueilli par mon oncle maternel, le comte de Bédée, et je demeurai plusieurs mois entre la vie et la mort.

Au printemps de 1793, me croyant assez fort pour reprendre les armes, je passai en Angleterre, où j'espérais trouver une direction des princes; mais ma santé au lieu de se rétablir, continua de décliner : ma poitrine s'entreprit; je respirais avec peine. D'habiles médecins consultés me déclarèrent que je traînerais ainsi quelques mois, peut-être même une ou deux années, mais que je devais renoncer à toute fatigue, et ne pas compter sur une longue carrière.

Que faire de ce temps de grâce qu'on m'accordait? Hors d'état de tenir l'épée pour le roi, je pris la plume. C'est donc sous le coup d'un arrêt de mort, et pour ainsi dire, entre la sentence et l'exécution que j'ai écrit l'*Essai historique*. Ce n'était pas tout de connaître la borne rapprochée de ma vie, j'avais de plus à supporter la détresse de l'émigration. Je travaillais le jour à des traductions, mais ce travail ne suffisait pas à mon existence; et l'on peut voir, dans la première préface d'*Atala*, à quel point j'ai souffert, même sous ce rapport. Ces sacrifices, au reste, portaient en eux leur récompense : j'accomplissais les devoirs de la fidélité envers mes princes; d'autant plus heureux dans l'accomplissement de ces devoirs, que je ne me faisais aucune illusion, comme on le remarquera dans l'*Essai*, sur les fautes du parti auquel je m'étais dévoué.

Ces détails étaient nécessaires pour expliquer un passage de la *Notice* placée à la tête de l'*Essai*, et cet autre passage de l'*Essai* même : « Attaqué d'une « maladie qui me laisse peu d'espoir, je vois les objets d'un œil tranquille. « L'air calme de la tombe se fait sentir au voyageur qui n'en est plus qu'à « quelques journées. » J'étais encore obligé de raconter ces faits personnels, pour qu'ils servissent d'excuse au ton de misanthropie répandu dans l'*Essai* :

l'amertume de certaines réflexions n'étonnera plus. Un écrivain qui croyait toucher au terme de la vie, et qui dans le dénûment de son exil, n'avait pour table que la pierre de son tombeau, ne pouvait guère promener des regards riants sur le monde. Il faut lui pardonner de s'être abandonné quelquefois aux préjugés du malheur, car ce malheur a ses injustices, comme le bonheur a sa dureté et ses ingratitudes. En se plaçant donc dans la position où j'étais lorsque je composai l'*Essai*, un lecteur impartial me passera bien des choses.

Cet ouvrage, si peu répandu en France, ne fût pas cependant tout à fait ignoré en Angleterre et en Allemagne; il fut même question de le traduire dans ces deux pays, ainsi qu'on l'apprend par la *Notice*. Ces traductions commencées n'ont point paru. Le libraire de Boffe, éditeur de l'*Essai*, en Angleterre, avait aussi résolu d'en donner une édition en France : les circonstances du temps firent avorter ce projet. Quelques exemplaires de l'édition de Londres parvinrent à Paris. Je les avais adressés à MM. de La Harpe, Ginguené et de Sales, que j'avais connus avant mon émigration. Voici ce que m'écrivait à ce sujet un neveu du poëte Lemierre :

Paris, ce 15 juillet 1797.

. . . .
« D'après vos instructions, j'ai fait remettre, par M. Say, directeur de la
« *Décade philosophique et littéraire* [a], à M. Ginguené, propriétaire lui-même
« de ce journal, la lettre et l'exemplaire qui lui étaient destinés. . . . .
« J'ai été moi-même chez M. de La Harpe : il m'a parfaitement reçu, a été
« vivement affecté à la lecture de votre lettre, et m'a promis de rendre compte
« de l'ouvrage avec tout l'intérêt et toute l'attention dont l'auteur lui-même
« paraissait digne ; mais sur la demande que je lui ai faite d'une lettre pour
« vous, il m'a répondu que, pour des raisons particulières, il ne pouvait écrire
« dans l'étranger.

« M. de Sales a été enchanté de votre ouvrage; il me charge de toutes ses
« civilités pour vous. Le *Républicain français* n'a pas été moins satisfait du
« livre, et il en a fait un éloge complet. Plusieurs gens de lettres ont dit que c'é-
« tait un très-bon supplément à l'*Anacharsis;* enfin, à quelques critiques près
« qui tombent sur quelques citations peut-être oiseuses, et sur un ou deux
« rapprochements qui ont paru forcés, votre *Essai a eu le plus grand succès.* »

Malgré ce *grand succès* dont on flattait ma vanité d'auteur, il est certain que si l'*Essai* fut un moment connu en France, il fut presque aussitôt oublié.

La mort de ma mère fixa mes opinions religieuses. Je commençai à écrire, en expiation de l'*Essai*, le *Génie du Christianisme*. Rentré en France en 1800, je publiai ce dernier ouvrage, et je plaçai dans la préface la confession suivante : « Mes sentiments religieux n'ont pas toujours été ce qu'ils sont au-
« jourd'hui. Tout en avouant la nécessité d'une religion, et en admirant le
« christianisme, j'en ai cependant méconnu plusieurs rapports. Frappé des
« abus de quelques institutions et des vices de quelques hommes, je suis

[a] Journal du temps.

« tombé jadis dans les déclamations et les sophismes. Je pourrais en rejeter la
« faute sur ma jeunesse, sur le délire des temps, sur les sociétés que je fré-
« quentais; mais j'aime mieux me condamner : je ne sais point excuser ce
« qui n'est point excusable. Je dirai seulement les moyens dont la Providence
« s'est servie pour me rappeler à mes devoirs.

« Ma mère, après avoir été jetée, à soixante-douze ans, dans des cachots,
« où elle vit périr une partie de ses enfants, expira sur un grabat, où ses mal-
« heurs l'avaient reléguée. Le souvenir de mes égarements répandit sur ses
« derniers jours une grande amertume. Elle chargea, en mourant, une de
« mes sœurs de me rappeler à cette religion dans laquelle j'avais été élevé.
« Ma sœur me manda les derniers vœux de ma mère. Quand la lettre me
« parvint au delà des mers, ma sœur elle-même n'existait plus; elle était
« morte aussi des suites de son emprisonnement. Ces deux voix, sorties du
« tombeau, cette mort, qui servait d'interprète à la mort, m'ont frappé; je suis
« devenu chrétien : je n'ai point cédé, j'en conviens, à de grandes lumières
« surnaturelles; ma conviction est sortie du cœur : j'ai pleuré et j'ai cru. »

Ce n'était point là une histoire inventée pour me mettre à l'abri du reproche
de variations quand l'*Essai* parviendrait à la connaissance du public. J'ai conservé la lettre de ma sœur.

Madame de Farcy, après avoir été connue à Paris par son talent pour la
poésie, avait renoncé aux muses; devenue une véritable sainte, ses austérités
l'ont conduite au tombeau. J'en puis parler ainsi, car le philanthrope abbé
Carron a écrit et publié la vie de ma sœur. Voici ce qu'elle me mandait dans
la lettre que la préface du *Génie du Christianisme* a mentionnée :

Saint-Servan, 1er juillet 1798.

« Mon ami, nous venons de perdre la meilleure des mères : je t'annonce à
« regret ce coup funeste (ici quelques détails de famille). . . . . . . quand
« tu cesseras d'être l'objet de nos sollicitudes, nous aurons cessé de vivre. *Si*
« *tu savais combien de pleurs tes erreurs ont fait répandre à notre respectable*
« *mère*, combien elles paraissent déplorables à tout ce qui pense et fait profession
« non-seulement de piété, mais de raison; si tu le savais, peut-être cela con-
« tribuerait-il à t'ouvrir les yeux, à te faire renoncer à écrire; et si le ciel tou-
« ché de nos vœux permettait notre réunion, tu trouverais au milieu de nous
« tout le bonheur qu'on peut goûter sur la terre; tu nous donnerais ce bonheur,
« car il n'en est point pour nous tandis que tu nous manques, et que nous
« avons lieu d'être inquiètes de ton sort. »

Voilà la lettre qui me ramena à la foi par la piété filiale.

Tout alla bien pendant quelques années : mon second ouvrage avait réussi
au delà de mes espérances. N'ayant jamais manqué de sincérité, n'ayant
jamais parlé que d'après ma conscience, n'ayant jamais raconté de moi que
des choses vraies, je me croyais en sûreté par les aveux mêmes de la préface
du *Génie du Christianisme;* et l'*Essai* était également oublié de moi et du public.

Mais Buonaparte, qui s'était brouillé avec la cour de Rome, ne favorisait plus les idées religieuses : le *Génie du Christianisme* avait fait trop de bruit, et commençait à l'importuner. L'affaire de l'Institut survint ; une querelle littéraire s'alluma, et l'on déterra l'*Essai*. La police de ce temps-là fut charmée de la découverte ; et, comme elle n'était pas arrivée à la perfection de la police de ce temps-ci, comme elle se piquait sottement d'une espèce d'impartialité, elle permit à des gens de lettres de me prêter leur secours. Toutefois, elle ne voulait pas, comme je le dirai à l'instant, que ma défense se changeât en triomphe ; ce qui était bien naturel de sa part.

Je ne nommerai point l'adversaire qui me jeta le gant le premier, parce qu'au moment de la restauration, lorsqu'on exhuma de nouveau l'*Essai*, il me prévint loyalement des libelles qui allaient paraître, afin que j'avisasse au moyen de les faire supprimer. N'ayant rien à cacher, et ami sincère de la liberté de la presse, je ne fis aucune démarche ; je trouvai très-bon qu'on écrivît contre moi tout ce qu'on croyait devoir écrire.

Un jeune homme, appelé *Damaze de Raymond*, qui fut tué en duel quelque temps après, se fit mon champion sous l'empire, et la censure laissa paraître son écrit ; mais le gouvernement fut moins facile, quand, pour toute réponse à des *extraits* de l'*Essai*, je lui demandai la permission de réimprimer l'ouvrage *entier*.

Voici ma lettre au général baron de Pommereul, conseiller d'État, directeur général de l'imprimerie et de la librairie.

« Monsieur le baron,

« On s'est permis de publier des morceaux d'un ouvrage dont je suis l'au-
« teur. Je juge d'après cela que vous ne verrez aucun inconvénient à laisser
« paraître l'ouvrage tout entier.

« Je vous demande donc, monsieur le baron, l'autorisation nécessaire pour
« mettre sous presse, chez Le Normant, mon ouvrage intitulé : *Essai histo-
« rique, politique et moral sur les Révolutions anciennes et modernes, considé-
« rées dans leurs rapports avec la Révolution française*. Je n'y changerai pas
« un seul mot ; j'y ajouterai pour toute préface celle du *Génie du Christianisme*.

« J'ai l'honneur d'être, etc. »

Paris, ce 17 novembre 1812.

Dès le lendemain, M. de Pommereul me répondit la lettre suivante, écrite tout entière de sa main. En ce temps d'usurpation, on se piquait de politesse, même avec un homme en disgrâce, même avec un émigré. M. de Pommereul refuse la permission que je lui demande ; mais comparez le ton de sa lettre avec celui des lettres qui sortent aujourd'hui des bureaux d'un directeur général, ou même d'un ministre.

Paris, ce 18 novembre 1812.

A Monsieur de Chateaubriand,

« Je mettrai mardi prochain, monsieur, votre demande sous les yeux du
« ministre de l'intérieur ; mais votre ouvrage, fait en 1797, est bien peu con-

« venable au temps présent, et s'il devait paraître aujourd'hui pour la pre-
« mière fois, je doute que ce pût être avec l'assentiment de l'autorité. On vous
« attaque sur cette production : nous ne ressemblons point aux journalistes qui
« admettent l'attaque et repoussent la défense, et la vôtre ne trouvera, pour
« paraître, aucun obstacle à la direction de la librairie. J'aurai soin, mon-
« sieur, de vous informer de la décision du ministre sur votre demande de réim-
« pression.
 « Agréez, je vous prie, monsieur, la haute considération avec laquelle j'ai
« l'honneur d'être, etc.   « *Signé* baron DE POMMEREUL. »

Le 24 novembre, je reçus de M. de Pommereul cette autre lettre :

Paris, le 24 novembre 1812.

A Monsieur de Chateaubriand.

 « J'ai mis aujourd'hui, monsieur, sous les yeux du ministre de l'intérieur
« la lettre que vous m'avez fait l'honneur de m'écrire le 17 courant, et la ré-
« ponse que je vous ai faite le 18. Son Excellence a décidé que l'ouvrage que
« vous demandez à réimprimer, puisqu'il n'a point été publié en France, doit
« être assujetti aux formalités prescrites par les décrets impériaux concernant
« la librairie. En conséquence, monsieur, vous devez, ou votre impri-
« meur, faire à la direction générale de l'imprimerie la déclaration de vou-
« loir l'imprimer, et y déposer en même temps l'édition dont vous demandez
« la réimpression, afin qu'elle puisse passer à la censure.
 « Agréez, monsieur, etc.   « *Signé* baron DE POMMEREUL. »

 M. de Pommereul reconnaît dans sa première lettre, que mon ouvrage, *fait en 1797, est bien peu convenable au temps présent* (l'empire), *et que s'il devait paraître aujourd'hui* (sous Buonaparte) *pour la première fois, il doute que ce pût être avec l'assentiment de l'autorité*. Quelle justification de l'*Essai* !
 Dans sa seconde lettre, M. le directeur de la librairie m'ordonne de me soumettre à la *censure*, si je veux réimprimer mon ouvrage. Il était clair que la censure m'aurait enlevé ce que je disais en éloge de Louis XVI, des Bourbons, de la vieille monarchie, et toutes mes réclamations en faveur de la liberté; il était clair que l'*Essai*, ainsi dépouillé de ce qui servait de contrepoids à ses erreurs, se serait réduit à un extrait à peu près semblable à ceux dont je me plaignais. Force était donc à moi de renoncer à le réimprimer, puisqu'il aurait fallu le livrer aux mutilations de la censure.
 Après tout, le gouvernement impérial avait grandement raison : l'*Essai* n'était, ni sous le rapport des libertés publiques, ni sous celui de la monarchie légitime, un livre qu'on pût publier sous le despotisme et l'usurpation. La police se donnait un air d'impartialité, en laissant dire quelque chose en ma faveur, et riait secrètement de m'empêcher de faire la seule chose qui pût réellement me défendre.
 Enfin, le roi fut rendu à ses peuples : je parus jouir d'abord de la faveur que l'on croit, mal à propos, devoir suivre des services qui souvent ne méritent pas la peine qu'on y pense; mais enfin, en proclamant le retour de la

légitimité, j'avais contribué à entraîner l'opinion publique, par conséquent j'avais choqué des passions et blessé des intérêts : je devais donc avoir des ennemis. Pour m'enlever l'influence qu'on craignait de me voir prendre sur un gouvernement religieux, on crut expédient de réchauffer la vieille querelle de l'*Essai*. On annonça avec bruit un *Chateaubriantana*, une brochure du *Sacerdoce*, etc. C'étaient toujours des compilations de l'*Essai* ª. Il y avait dans ces nouvelles poursuites quelque chose qui n'était guère plus généreux que dans les premières; j'étais en disgrâce sous le roi, comme je l'étais sous Buonaparte, au moment où ces courageux critiques se déchaînaient contre moi. Pourquoi m'ont-ils laissé tranquille lorsque j'étais ministre? C'était là une belle occasion de montrer leur indépendance.

Je n'ai répondu à ces personnes bienveillantes que par cette note de la préface de mes *Mélanges de politique*.

« Si je n'ai jamais varié dans mes principes politiques, je n'ai pas toujours
« embrassé le christianisme dans tous ses rapports, d'une manière aussi com-
« plète que je le fais aujourd'hui. Dans ma première jeunesse, à une époque
« où la génération était nourrie de la lecture de Voltaire et de J. J. Rousseau,
« je me suis cru un petit philosophe, et j'ai fait un mauvais livre. Ce livre, je
« l'ai condamné aussi durement que personne dans la préface du *Génie du*
« *Christianisme*. Il est bizarre qu'on ait voulu me faire un crime d'avoir été un
« esprit fort à vingt ans et un chrétien à quarante. A-t-on jamais reproché à
« un homme de s'être corrigé? L'écrivain vraiment coupable est celui qui,
« ayant bien commencé, finit mal, et non pas celui qui, ayant mal commencé,
« finit bien. Quoi qu'il en soit, si je pouvais anéantir l'*Essai historique*, je le
« ferais, parce qu'il renferme, sous le rapport de la religion, des pages qui
« peuvent blesser quelques points de discipline; mais, puisque je ne puis l'a-
« néantir, puisqu'on en extrait tous les jours un peu de poison, sans donner
« le contre-poison qui se trouve à grandes doses dans le même ouvrage; puis-
« qu'on l'a réimprimé par fragments, je suis bien aise d'annoncer à mes enne-
« mis que je vais le faire réimprimer tout entier. Je n'y changerai pas un
« mot; j'ajouterai seulement des notes en marge.

« Je prédis à ceux qui ont voulu transformer l'*Essai historique* en quelque
« chose d'épouvantable, qu'ils seront très-fâchés de cette publication; elle sera
« tout entière en ma faveur (car je n'attache de véritable importance qu'à
« mon caractère); mon amour-propre seul en souffrira. Littérairement par-
« lant, ce livre est détestable, et parfaitement ridicule; c'est un chaos où se
« rencontrent les Jacobins et les Spartiates, la Marseillaise et les Chants de
« Tyrtée, un Voyage aux Açores et le Périple d'Hannon, l'Éloge de Jésus-
« Christ et la Critique des Moines, les Vers Dorés de Pythagore et les Fables
« de M. de Nivernois, Louis XVI, Agis, Charles Ier, des Promenades solitaires,
« des Vues de la Nature, du Malheur, de la Mélancolie, du Suicide, de la Po-

ª Je ne sais ni les titres ni le nombre de toutes ces brochures; je n'en ai jamais lu que ce que j'en ai vu par hasard dans les journaux; mais il y avait encore : *Esprit, maximes et principes* de M. de Chateaubriand, *Itinéraire de Pantin au Mont-Calvaire*, *M. de la Maison-Terne, les Persécuteurs*, etc., et deux ou trois journaux ministériels pour la presse périodique.

« litique, un petit commencement d'*Atala*, Robespierre, la Convention, et
« des Discussions sur Zénon, Épicure et Aristote ; le tout en style sauvage et
« boursouflé *a*, plein de fautes de langue, d'idiotismes étrangers et de barba-
« rismes. Mais on y trouvera aussi un jeune homme exalté plutôt qu'abattu
« par le malheur, et dont le cœur est tout à son roi, à l'honneur et à la patrie. »

C'est cet engagement solennel de publier moi-même l'*Essai* que je viens remplir aujourd'hui.

Telle est l'histoire complète de cet ouvrage, de son origine, de la position où j'étais en l'écrivant, et des tracasseries qu'il m'a suscitées. Il faut maintenant examiner l'ouvrage en lui-même et les critiques de mes Aristarques.

Qu'ai-je prétendu prouver dans l'*Essai* ? *Qu'il n'y a rien de nouveau sous le soleil*, et qu'on retrouve dans les révolutions anciennes et modernes les personnages et les principaux traits de la révolution française.

On sent combien cette idée, poussée trop loin, a dû produire de rapprochements forcés, ridicules ou bizarres.

Je commençai à écrire l'*Essai* en 1794, et il parut en 1797. Souvent il fallait effacer la nuit le tableau que j'avais esquissé le jour : les événements couraient plus vite que ma plume : il survenait une révolution qui mettait toutes mes comparaisons en défaut : j'écrivais sur un vaisseau pendant une tempête, et je prétendais peindre comme des objets fixes les rives fugitives qui passaient et s'abîmaient le long du bord ! Jeune et malheureux, mes opinions n'étaient arrêtées sur rien ; je ne savais que penser en littérature, en philosophie, en morale, en religion. Je n'étais décidé qu'en matière politique : sur ce seul point je n'ai jamais varié.

L'éducation chrétienne que j'avais reçue avait laissé des traces profondes dans mon cœur, mais ma tête était troublée par les livres que j'avais lus, les sociétés que j'avais fréquentées. Je ressemblais à presque tous les hommes de cette époque : j'étais né de mon siècle.

Si l'on m'a trouvé une imagination vive dans un âge plus mûr, qu'on juge de ce qu'elle devait être dans ma première jeunesse, lorsque demi-sauvage, sans patrie, sans famille, sans fortune, sans amis, je ne connaissais la société que par les maux dont elle m'avait frappé.

Avant d'imprimer des extraits de l'*Essai*, on colporta l'ouvrage entier mystérieusement, en répandant des bruits étranges. Pourquoi se donnait-on tant de peine ? Loin d'enfouir l'*Essai*, je l'exposais au grand jour, et je le prêtais à quiconque le voulait lire. On prétendait que j'en rachetais partout les exemplaires au plus haut prix *b*. Et où aurais-je trouvé les trésors que ces rachats m'auraient supposés ? J'avais voulu réimprimer l'*Essai* sous Buonaparte, comme on vient de le voir : je n'en faisais donc pas un secret.

Quoi qu'il en soit, les mains officieuses qui firent d'abord circuler l'*Essai*

---

a Qu'il me soit permis d'être juste envers moi comme envers tout le monde : cette critique du style de l'*Essai* est outrée. C'est un jugement que j'avais prononcé, *ab irato*, sur l'ouvrage avant de l'avoir relu. On va voir bientôt que j'ai modifié ce jugement, et que je l'ai rendu, je crois, plus impartial.

b On vint un jour me proposer de racheter à une vente un exemplaire de l'*Essai* pour trois cents francs. Je répondis que j'en avais deux exemplaires que je donnerais pour cent sous.

historique, perdirent leur travail : on s'aperçut que l'ouvrage lu de suite produisait un effet contraire à celui qu'on en espérait. Il fallut en venir au parti moins loyal, mais plus sûr, de ne le donner que par lambeaux, c'est-à-dire d'en montrer le mal et d'en cacher le bien.

On résolut d'ouvrir l'attaque du côté religieux, d'opposer quelques pages de l'*Essai* à quelques pages du *Génie du Christianisme*; mais une chose déconcertait ce plan : c'était la préface du dernier ouvrage. Que pouvait-on opposer à un homme qui s'était condamné lui-même avec tant de franchise ?

Arrêté par cette préface, il vint alors en pensée de détruire l'autorité de mes aveux au moyen d'une calomnie : on sema le bruit que ma mère était morte avant la publication de l'*Essai*, et qu'ainsi la préface du *Génie du Christianisme* reposait sur une fable.

Ceux qui disaient ces choses étaient-ils mes amis, mes proches? avaient-ils vécu avec moi à Londres, reçu mes lettres, pénétré mes secrets? Pouvaient-ils, par leur témoignage, déterminer l'instant où j'avais répandu des pleurs? S'ils étaient étrangers à toute ma vie ; s'ils avaient ignoré mon existence jusqu'au jour où le public la leur avait révélée ; s'ils étaient en France, lorsque je languissais dans la terre de l'exil, comment osaient-ils fonder une lâche accusation sur un fait qu'ils ne pouvaient ni savoir ni prouver? Ah ! loin de moi la pensée que des hommes qui prétendaient fixer l'époque de mes malheurs, avaient des raisons particulières de la connaître !

J'ai cité le texte même de la lettre de ma sœur que j'ai entre les mains. Cette lettre est du 1er juillet 1798. Voici un autre document dont on ne niera pas l'authenticité :

« Extrait du registre des décès de la ville de Saint-Servan, premier arron-
« dissement du département d'Ille-et-Vilaine, pour l'an vi de la république,
« f° 35 r°, où est écrit ce qui suit :

« Le douze prairial an vi de la république française, devant moi, Jacques
« Bourdasse, officier municipal de la commune de Saint-Servan, élu officier
« public le 4 floréal dernier, sont comparus Jean Baslé, jardinier, et Joseph
« Boulin, journalier, majeurs d'âge, et demeurant séparément en cette com-
« mune, lesquels m'ont déclaré que Apolline-Jeanne-Suzanne de Bédée, née
« en la commune de Bourseuil, le sept avril mil sept cent vingt-six, fille de
« feu Ange-Annibal de Bédée, et de Benigne-Jean-Marie de Ravenel, veuve
« de René-Auguste de Chateaubriand, est décédée au domicile de la citoyenne
« Gouyon, situé à La Balue, en cette commune, ce jour, à une heure après
« midi : d'après cette déclaration, dont je me suis assuré de la vérité, j'ai ré-
« digé le présent acte, que Jean Baslé a seul signé avec moi, Joseph Boulin
« ayant déclaré ne le savoir faire, de ce interpellé.

« Fait en la maison commune, lesdits jour et an. *Signé* Jean Baslé et Bour-
« dasse.

« Certifié conforme au registre, par nous maire de Saint-Servan, ce 31 oc-
« tobre 1812. *Signé* Tresvaux Reselaye, adjoint.

« Vu pour légalisation de la signature du sieur Tresvaux-Reselaye, adjoint,

« par nous juge du tribunal civil séant à Saint-Malo (le président empêché.) A
« Saint-Malo, le trente et un octobre mil huit cent douze. *Signé* Robiou *a*. »

La date de la mort de madame de Chateaubriand est du 12 prairial an vi de la république, c'est-à-dire du 31 mai 1798. La publication de l'*Essai* est des premiers mois de 1797; elle avait dû même avoir lieu plus tôt, comme on le voit par le *Prospectus*, qui l'annonçait pour la fin de 1796 *b*. Quelle critique que celle qui force un honnête homme à entrer dans de pareils détails, qui oblige un fils à produire l'extrait mortuaire de sa mère !

Battu par les faits, repoussé par les dates, on n'eut plus que la ressource banale de tronquer des passages pour dénaturer un texte. C'était avec des brochures d'une quarantaine de pages que l'on prétendait faire connaître un livre de près de sept cents pages, grand in-8°. Des fragments qui ne tenaient à rien de ce qui les précédait ou de ce qui les suivait dans le corps de l'ouvrage pouvaient-ils donner une idée juste de cet ouvrage? On transcrivait quelques phrases hasardées sur le culte, mais on ne disait pas que, dans un chapitre adressé aux infortunés, on trouvait cet éloge de l'Évangile : « Un livre vrai-
« ment utile au misérable, parce qu'on y trouve la pitié, la tolérance, la douce
« indulgence, l'espérance plus douce encore, qui composent le seul baume
« des blessures de l'âme, ce sont les Évangiles. Leur divin auteur ne s'arrête
« point à prêcher vainement les infortunés : il fait plus, il bénit leurs larmes
« et boit avec eux le calice jusqu'à la lie. »

Cela, ce me semble, n'était pourtant pas trop incrédule.

Encore un passage de ce livre qui scandalisait si fort ces chrétiens de circonstance, lesquels ne croient peut-être pas en Dieu, et ces hypocrites qui font de la haine, de l'or et des places avec la charité, la pauvreté et l'humilité de la religion : « Si la morale la plus pure et le cœur le plus tendre, si une vie
« passée à combattre l'erreur et à soulager les maux des hommes, sont les at-
« tributs de la Divinité, qui peut nier celle de Jésus-Christ? Modèle de toutes
« les vertus, l'amitié le voit endormi dans le sein de Jean, ou léguant sa mère
« à ce disciple chéri; la tolérance l'admire avec attendrissement dans le juge-
« ment de la femme adultère : partout la pitié le trouve bénissant les pleurs
« de l'infortuné; dans son amour pour les enfants, son innocence et sa can-
« deur se décèlent; la force de son âme brille au milieu des tourments de la
« croix, et son dernier soupir dans les angoisses de la mort est un soupir de
« miséricorde. » *Essai historique*, page 578 de l'édition de Londres.

Quoi ! c'est là ce que je disais quand je n'étais pas *chrétien !* Cet *Essai* doit être un livre bien étrange ! Il ne sera pas inutile de faire remarquer que j'ai transporté ce portrait de Jésus-Christ dans le *Génie du Christianisme*, ainsi que quelques autres chapitres de l'*Essai*, et qu'ils n'y forment aucune disparate.

---

a Je prie le lecteur de remarquer mon exactitude. J'avais dit dans la préface du *Génie du Christianisme*, en 1802, que ma mère, après avoir été jetée dans les cachots et vu périr une partie de ses enfants, expira sur un grabat où ses malheurs l'avaient reléguée. La voici qui meurt dans une campagne isolée où deux ouvriers, dont l'un ne sait pas écrire, témoignent seuls de sa mort.

b Voyez ce *Prospectus*, à la suite de cette préface.

Telle phrase amphigourique pouvait faire croire que dans l'*Essai* l'existence de Dieu est mise en doute ; on la saisissait, mais on taisait le chapitre sur l'*Histoire du polythéisme*, qui commence ainsi : « Il est un Dieu : les herbes « de la vallée et les cèdres du Liban le bénissent, etc. L'homme seul a dit : « il n'y a point de Dieu. Il n'a donc jamais, celui-là, dans ses infortunes, levé « les yeux vers le ciel, etc. »

Je rassemble ailleurs, dans l'*Essai*, les objections que l'on a faites en tout temps contre le christianisme [a] ; on croit que je vais conclure comme les esprits forts, et tout à coup on lit ce passage : « Moi, qui suis très-peu versé « dans ces matières, je répéterai seulement aux incrédules, en ne me servant « que de ma faible raison, ce que je leur ai déjà dit. Vous renversez la re- « ligion de votre pays, vous plongez le peuple dans l'impiété, et vous ne pro- « posez aucun autre palladium de la morale. Cessez cette cruelle philosophie : « ne ravissez point à l'infortuné sa dernière espérance : qu'importe qu'elle « soit une illusion, si cette illusion le soulage d'une partie du fardeau de « l'existence ; si elle veille dans les longues nuits à son chevet solitaire et « trempé de larmes ; si enfin elle lui rend le dernier service de l'amitié en fer- « mant elle-même sa paupière, lorsque seul et abandonné sur la couche du « misérable, il s'évanouit dans la mort. » *Essai*, page 621, même édition.

Retranchez ce paragraphe, et donnez le chapitre sans sa conclusion, je serai un véritable philosophe. Imprimez ces dernières lignes, et il faudra reconnaître ici l'auteur futur du *Génie du Christianisme*, l'esprit incertain qui n'attend qu'une leçon pour revenir à la vérité. En lisant attentivement l'*Essai*, on sent partout que la nature religieuse est au fond, et que l'incrédulité n'est qu'à la surface.

Au reste, cet ouvrage est un véritable chaos : chaque mot y contredit le mot qui le suit. On pourrait faire de l'*Essai* deux analyses différentes : on prouverait par l'une que je suis un sceptique décidé, un disciple de Zénon et d'Épicure ; par l'autre, on me ferait connaître comme un chrétien bigot, un esprit superstitieux, un ennemi de la raison et des lumières. On trouve dans cette rêverie de jeune homme une profonde vénération pour Jésus-Christ et pour l'Évangile, l'éloge des évêques, des curés, et des déclamations contre la cour de Rome et contre les moines : on y rencontre des passages qui sembleraient favoriser toutes les extravagances de l'esprit humain, le suicide, le matérialisme, l'anarchie ; et tout auprès de ces passages on lit des chapitres entiers sur l'existence de Dieu, la beauté de l'ordre, l'excellence des principes monarchiques. C'est le combat d'Oromaze et d'Arimane : les larmes maternelles et l'autorité de la raison croissante ont décidé la victoire en faveur du bon génie.

La position de ceux qui m'attaquaient sous l'empire était extrêmement fausse. Que me reprochaient-ils ? Des principes qui étaient les leurs ! Ils ne s'apercevaient pas qu'ils faisaient mon éloge en essayant de me calomnier ; car s'il était vrai que l'*Essai* renfermât les opinions dont on prétendait me faire un crime, que prouvaient-elles ces opinions ? que j'avais conservé dans

---

[a] J'ai pourtant soin de dire, en rassemblant ces objections, qu'elles ont été victorieusement réfutées par les meilleurs esprits, et qu'elles ne sont pas de moi.

toutes les positions de ma vie une indépendance honorable; que moi-même, banni et persécuté, j'avais prêché la monarchie modérée à des gentishommes bannis, et la tolérance à des prêtres persécutés; que j'avais dit à tous la vérité; que, partageant les souffrances sans partager entièrement les opinions de mes compagnons d'infortune, j'avais eu le courage, assez rare, de leur déclarer que nous avions donné quelque prétexte à nos malheurs.

Ces principes, en contradiction avec le parti même que j'avais embrassé, prouvaient que j'étais le martyr de l'honneur, plutôt que l'aveugle soldat d'une cause dont je connaissais le côté faible; que je m'étais battu comme Falkland dans les camps de Charles Ier, bien que je n'eusse pas été aussi heureux que lui.

Ces principes prouvaient encore que ces bannis, que l'on représentait comme de vils *esclaves* attachés à la *tyrannie* par amour de leurs *priviléges*, étaient pourtant des hommes qui reconnaissaient ce qu'il peut y avoir de noble dans toutes les opinions; qui ne rejetaient aucune idée généreuse; qui ne condamnaient dans la liberté que l'anarchie; qui confessaient loyalement leurs propres erreurs, en sachant supporter leurs infortunes; qui, éclairés sur les abus de l'ancien gouvernement, n'en servaient pas moins leur souverain au péril de leur vie; et qui participaient enfin aux lumières de leur siècle, sans manquer à leurs devoirs de sujets.

Ne pouvais-je pas encore dire à mes adversaires du temps de l'empire : Ou les principes philosophiques que vous me reprochez sont dans l'*Essai*, ou ils n'y sont pas. S'ils n'y sont pas, vous parlez contre la vérité; s'ils y sont, ces principes sont les vôtres : j'étais le disciple de vos erreurs; mes égarements sont de vous; mon retour à la vérité est de moi.

On a supposé des motifs d'intérêt à mes opinions. J'aurais dans ce cas été bien malhabile, car j'allais toujours enseignant des doctrines contraires à celles qui menaient à la faveur dans les lieux que j'habitais.

Dans l'étranger, je n'avais, de l'émigration pour la cause de la monarchie, que l'exil et tous les genres de misère, m'obstinant à parler des fautes qui avaient contribué à la chute du trône, et prônant les libertés publiques.

Dans ma patrie, lorsque j'y revins, je trouvai les temples détruits, la religion persécutée, la puissance et les honneurs du côté de la philosophie; aussitôt je me range du côté du faible, et j'arbore l'étendard religieux. Si je faisais tout cela dans des vues intéressées, ma méprise était grossière : quoi de plus insensé que de dire dans deux positions contraires précisément ce qui devait choquer les hommes dont je pouvais attendre la fortune?

J'avais annoncé dans ce que j'appelais, je ne sais pourquoi, la *Notice* au lieu de la *Préface de l'Essai*, l'espèce de persécution que me susciterait cet ouvrage.

« Que ce livre *m'attire beaucoup d'ennemis*, dis-je dans cette *Notice*, j'en
« suis convaincu. Si je l'avais cru dangereux, je l'eusse supprimé; je le crois
« utile, je le publie. Renonçant à tous les partis, je ne me suis attaché qu'à
« celui de la vérité : l'ai-je trouvée? Je n'ai pas l'orgueil de le prétendre. Tout
« ce que j'ai pu faire a été de marcher en tremblant, de me tenir sans cesse
« en garde contre moi-même, de ne jamais énoncer une opinion sans avoir
« auparavant descendu dans mon propre sein pour y découvrir le sentiment

« qui me l'avait dictée. J'ai tâché d'opposer philosophie à philosophie, raison
« à raison, principe à principe : ou plutôt je n'ai rien fait de tout cela, j'ai
« seulement exposé les doutes d'un honnête homme *a*. »

Cette prophétie d'*un honnête homme* date de trente ans.

Enfin d'autres censeurs de l'*Essai* voulaient bien me croire dégagé de tout intérêt matériel, mais ils m'accusaient de chercher le bruit.

Si dans l'espoir d'immortaliser mon nom j'avais embrassé la cause du crime et défendu des pervers, je me reconnaîtrais épris d'une coupable renommée. Mais si au contraire j'ai combattu en faveur des sentiments généreux partout où j'ai cru les apercevoir ; si j'ai parlé avec enthousiasme de tout ce qui me paraît beau et touchant sur la terre, la religion, la vertu, l'honneur, la liberté, l'infortune, il faudra convenir que ma passion supposée pour la célébrité sort du moins d'un principe excusable : on pourra me plaindre ; il sera difficile de me condamner. D'ailleurs, ne suis-je pas Français ? quand j'aimerais un peu la gloire, ne pourrais-je pas dire à mes compatriotes : « Qui de
« vous me jettera la première pierre ? »

Ainsi donc, sous les rapports religieux, l'*Essai* paraîtra beaucoup moins condamnable qu'on ne l'a supposé, et sous les rapports politiques il sera tout en ma faveur. Loin de prêcher le républicanisme, comme d'officieux censeurs l'ont voulu faire entendre, l'*Essai* cherche à démontrer au contraire que, dans l'état des mœurs du siècle, la république est impossible. Malheureusement je n'ai plus la même conviction. J'ai toujours raisonné dans l'*Essai* d'après le système de la liberté républicaine des anciens, de la liberté, fille des mœurs ; je n'avais pas assez réfléchi sur cette autre espèce de liberté, produite par les lumières et la civilisation perfectionnée : la découverte de la république représentative a changé toute la question. Chez les anciens, l'esprit humain était jeune, bien que les nations fussent déjà vieilles ; la société était dans l'enfance, bien que l'homme fût déjà courbé par le temps. C'est faute d'avoir fait cette distinction, que l'on a voulu, mal à propos, juger les peuples modernes d'après les peuples anciens, que l'on a confondu deux sociétés essentiellement différentes ; que l'on a raisonné dans un ordre de choses tout nouveau, d'après des vérités historiques qui n'étaient plus applicables. La monarchie représentative est mille fois préférable à la république représentative : elle en a tous les avantages sans en avoir les inconvénients ; mais, si l'on était assez insensé pour croire qu'on peut renverser cette monarchie et retourner à la monarchie absolue, on tomberait dans la république représentative, quel que soit l'état actuel des mœurs. Ces mœurs sont d'ailleurs loin d'être aussi corrompues qu'elles l'étaient au commencement de la révolution ; les scandales domestiques sont aujourd'hui presque inconnus, la France est devenue plus sérieuse, et la jeunesse même a quelque chose d'austère.

Les personnages historiques sont en général jugés impartialement dans l'*Essai*. Il y a pourtant quelques hommes que j'ai traités avec trop de rigueur. Je les prie de pardonner à ces opinions sans autorité, nées du malheur et de

---

a Voyez cette *Notice*, en tête de l'*Essai*.

l'inexpérience. La jeunesse est tranchante et présomptueuse ; ses arrêts sont presque toujours sévères. En vieillissant, on apprend à excuser dans les autres les choses dont on s'est soi-même rendu coupable ; on ne transforme plus les faiblesses en crimes, et l'on aime moins à compter les fautes que les vertus. C'est surtout pour ces jugements irréfléchis que je regrette de n'avoir pu corriger l'*Essai ;* mais je me suis trouvé dans la dure nécessité de reproduire mes erreurs, et de me montrer au public avec toutes mes infirmités.

Je sais parfaitement que cette préface et les *notes critiques* de l'*Essai* ne changeront point l'opinion de la génération présente. Ceux qui aiment l'*Essai* tel qu'il est, seront peut-être contrariés par les *notes ;* ceux qui trouvent l'ouvrage mauvais ne seront point désarmés. Ces derniers regarderont mes aveux comme non avenus, et reproduiront leurs accusations avec une bonne foi digne de leur charité.

Au fond, ces prétendus chrétiens ne disent pas ce qui leur déplaît. Ne croyez pas que ce soit le philosophisme de l'*Essai* qui les blesse : ce qu'ils ne peuvent me pardonner, c'est l'amour de la liberté qui respire dans cet ouvrage. Sous ce rapport, les *notes* ne feront qu'aggraver mes torts. Loin d'être rentré dans le giron de l'*absolutisme*, je me suis endurci dans ma faute constitutionnelle. Qu'importe alors que je me sois amendé comme chrétien ? Soyez athée, mais prêchez l'arbitraire, la police, la censure, la sage indépendance de l'antichambre, les charmes de la domesticité, l'humiliation de la patrie, le goût du petit, l'admiration du médiocre, tous vos péchés vous seront remis.

Aussi, en écrivant les *notes,* je n'ai point espéré réformer le sentiment de mes contemporains ; mais la postérité viendra, et si j'existe pour elle, elle prononcera avec impartialité sur le livre et sur le commentaire. J'ose espérer qu'elle jugera l'*Essai* comme ma tête grise l'a jugé ; car, en avançant dans la vie, on prend naturellement de l'équité de cet avenir dont on approche.

Cependant des personnes prétendent qu'il ne serait pas impossible que l'*Essai* fût reçu du public avec une faveur à laquelle je ne devrais pas m'attendre : j'avoue que les raisons présumées de cette faveur, si elle a lieu, m'attristent autant qu'elles m'effraient. Il me paraît certain à moi-même que, si je publiais le *Génie du Christianisme* aujourd'hui pour la première fois, il n'obtiendrait pas le succès populaire qu'il obtint au commencement de ce siècle ; il est certain encore que, si j'avais donné en 1801 l'*Essai historique* au lieu du *Génie du Christianisme*, il eût été reçu avec un murmure d'improbation générale. Comment se fait-il maintenant que ce même *Essai* soit plus près des idées du jour sous la légitimité qu'il ne l'eût été sous l'usurpation ? Et comment arrive-t-il que le *Génie du Christianisme* est moins dans l'esprit de ce moment qu'il ne l'était à l'époque où je l'ai fait paraître ?

Quelles causes menaçantes ont pu produire dans l'opinion un effet si contraire à l'ordre naturel des temps et des événements ? Par quelle fatalité l'*Essai* serait-il devenu le livre du présent, et le *Génie du Christianisme* le livre du passé ? Les oppresseurs et les opprimés auraient-ils changé de place ? Quelles fautes ont été commises, quelle route de perdition a-t-on suivie pour arriver à un pareil résultat ? Se serait-on trompé sur les moyens de rendre à la religion son éclat et sa véritable puissance? Aurait-on cru que cette religion éclairée et généreuse ne pouvait prospérer que par l'extinction des lumières et la destruction des libertés publiques? Serait-on parvenu à inquiéter les hommes les plus paisibles, les esprits les plus calmes, les plus modérés, en nous menaçant d'un retour à des choses impossibles, en livrant le pouvoir à une petite coterie hypocrite qui amènerait une seconde fois, et pour toujours la ruine du trône et de l'autel.

Qu'on y prenne garde : s'il y a encore une cause de destruction pour la monarchie, elle se trouve là où je l'indique. Ce n'est pas avec des doctrines de calomnie et d'intolérance que la religion trouvera des hommes capables de la défendre. De faibles mains, qui ne sentent pas même le poids du fardeau qu'elles ont à soulever, le laissent à terre sans pouvoir le déranger d'une seule ligne. Où sont les talents qui jadis venaient au secours des principes religieux et monarchiques quand ils étaient attaqués? Repoussés, ils se retirent, et laissent le combat à l'intrigue et à l'incapacité.

La France voulait l'union dans la religion, la monarchie légitime, les libertés publiques, et l'on s'est plu à la désunir, à l'alarmer sur les objets de ses vœux. Le discrédit total du pouvoir administratif, la lassitude de tout, le mépris ou l'indifférence de l'opinion sur les choses les plus graves, voilà ce qui reste aujourd'hui de tant d'espérances. Derrière nous, une jeunesse ardente attend ce que nous lui laisserons pour le modifier ou le briser selon sa force, car elle ne continuera pas nos destinées.

Dans cette position, tout homme sage doit songer à lui; il doit se séparer de ce qui nous perd, pour trouver un abri au moment de l'orage.

C'est une triste chose que d'en être aux professions de foi, aux controverses religieuses, à ces querelles déplorables que l'on n'aurait jamais dû tirer de l'oubli; mais, enfin, puisqu'on nous a menés là, il faut prendre son parti. Placé entre l'*Essai* et le *Génie du Christianisme*, pour éviter toute fausse interprétation, je dois dire à quelles limites je me suis arrêté, afin qu'on ne me cherche ni en dedans ni en dehors de ces limites. Cette confession publique aura du moins l'avantage de montrer ce qui me paraissait utile à faire pour le triomphe de la religion, sous le règne du fils de saint Louis.

Je crois très-sincèrement : j'irais demain pour ma foi d'un pas ferme à l'échafaud.

Je ne démens pas une syllabe de ce que j'ai écrit dans le *Génie du Christianisme;* jamais un mot n'échappera à ma bouche, une ligne à ma plume, qui soit en opposition avec les opinions religieuses que j'ai professées depuis vingt-cinq ans.

Voilà ce que je suis.

Voici ce que je ne suis pas :

Je ne suis point chrétien par patentes de trafiquant en religion : mon brevet n'est que mon extrait de baptême. J'appartiens à la communion générale, naturelle et publique de tous les hommes qui, depuis la création, se sont entendus d'un bout de la terre à l'autre pour prier Dieu.

Je ne fais point métier et marchandise de mes opinions. Indépendant de tout, fors de Dieu, je suis chrétien sans ignorer mes faiblesses, sans me donner pour modèle, sans être persécuteur, inquisiteur, délateur ; sans espionner mes frères, sans calomnier mes voisins.

Je ne suis point un incrédule déguisé en chrétien, qui propose la religion comme un frein utile aux peuples. Je n'explique point l'Évangile au profit du despotisme, mais au profit du malheur.

Si je n'étais pas chrétien, je ne me donnerais pas la peine de le paraître : toute contrainte me pèse, tout masque m'étouffe ; à la seconde phrase, mon caractère l'emporterait et je me trahirais. J'attache trop peu d'importance à la vie pour m'ennuyer à la parer d'un mensonge.

Se conformer en tout à l'esprit d'élévation et de douceur de l'Évangile ; marcher avec le temps ; soutenir la liberté par l'autorité de la religion ; prêcher l'obéissance à la Charte comme la soumission au roi ; faire entendre du haut de la chaire des paroles de compassion pour ceux qui souffrent, quels que soient leur pays et leur culte ; réchauffer la foi par l'ardeur de la charité : voilà, selon moi, ce qui pouvait rendre au clergé la puissance légitime qu'il doit obtenir : par le chemin opposé, sa ruine est certaine. La société ne peut se soutenir qu'en s'appuyant sur l'autel ; mais les ornements de l'autel doivent changer selon les siècles, et en raison des progrès de l'esprit humain. Si le sanctuaire de la Divinité est beau à l'ombre, il est encore plus beau à la lumière : la croix est l'étendard de la civilisation.

Je ne redeviendrai incrédule que quand on m'aura démontré que le christianisme est incompatible avec la liberté ; alors je cesserai de regarder comme véritable une religion opposée à la dignité de l'homme. Comment pourrais-je le croire émané du ciel, un culte qui étoufferait les sentiments nobles et généreux, qui rapetisserait les âmes, qui couperait les ailes du génie, qui maudirait les lumières au lieu d'en faire un moyen de plus pour s'élever à l'amour et à la contemplation des œuvres de Dieu ? Quelle que fût ma douleur, il faudrait bien reconnaître malgré moi que je me repaissais de chimères : j'approcherais avec horreur de cette tombe où j'avais espéré trouver le repos, et non le néant.

Mais tel n'est point le caractère de la vraie religion ; le christianisme porte pour moi deux preuves manifestes de sa céleste origine : par sa morale, il tend à nous délivrer des passions ; par sa politique, il a aboli l'esclavage. C'est donc une religion de liberté : c'est la mienne.

En vain les hommes qui combattent la monarchie constitutionnelle nous disent qu'elle nous mènera au protestantisme ; que le protestantisme, à son tour, nous conduira à la république, parce que le protestantisme, qui est l'indépendance en matière de religion, produit le républicanisme, qui est l'indépendance en matière de politique : cette assertion est repoussée par les faits. L'Allemagne est-elle républicaine parce qu'elle est en partie protestante ? Les gouvernements les plus absolus ne se rencontrent-ils pas en Allemagne, tandis que plusieurs cantons de la Suisse sont catholiques ? Venise et Gênes n'étaient-elles pas catholiques ? La population catholique des États-Unis n'augmente-t-elle pas d'une manière incroyable sans troubler l'ordre établi ? Toutes les nouvelles républiques espagnoles ne sont-elles pas catholiques, et le clergé de ces républiques, à quelques exceptions près, ne s'est-il pas montré plein de zèle dans la cause de l'indépendance?

Il n'est donc pas vrai que la religion protestante soit plus favorable à la cause de la liberté que la religion catholique. Croire que notre liberté ne sera assurée que quand nous serons protestants, espérer que la monarchie absolue reviendrait si l'on rendait au clergé catholique son ancien pouvoir politique, c'est une égale erreur. Les uns, à leur grand étonnement, pourraient voir la France protestante sous telle constitution despotique empruntée de telle principauté d'Allemagne, et les autres pourraient se réveiller républicains avec un clergé catholique, des moines mendiants, et des ordres religieux de toutes les sortes.

Laissons donc là les théories pour ce qu'elles valent : en histoire comme en physique, ne prononçons que d'après les faits. Ne calomnions ni les protestants ni les catholiques, n'allons pas supposer que les premiers sont animés d'un esprit révolutionnaire, les seconds abrutis par un esprit de servitude. Renfermons-nous dans cet axiome : Il n'y a point de véritable religion sans liberté, ni de véritable liberté sans religion.

La querelle n'est point, après tout, entre les protestants et les catholiques, comme les habiles d'un parti voudraient le faire supposer ; elle est entre le philosophisme et le fanatisme.

Deux espèces d'hommes sont aujourd'hui le fléau de la société : d'une part, ce sont ces vieux écoliers de Diderot et de d'Alembert, qui se plaisent encore aux moqueries sur la *Bible*, aux déclamations de l'athéisme, aux insultes au clergé ; de l'autre, ce sont ces esprits bornés et violents, qui disent la religion en péril, parce que nous avons une Charte, parce que les divers cultes chrétiens sont reconnus par l'État, et surtout parce que nous jouissons de la liberté de la presse. Les premiers nous ramèneraient les misérables mœurs du siècle de Louis XV, ou les persécutions irréligieuses de la fin de ce siècle ; les seconds nous replongeraient dans la crasse et dans l'ignorance du bon vieux temps ; ceux-là extermineraient philosophiquement les prêtres ; ceux-ci brûleraient charitablement les philosophes. Ces impies et ces fanatiques acharnés à se détruire, s'ils étaient les maîtres, ne s'arrêteraient qu'au dernier bourreau et à la dernière victime, faute de pouvoir occuper à la fois le dernier échafaud et le dernier auto-da-fé.

Je termine ici cette trop longue préface. Les *notes critiques*, dont j'ai accompagné le texte de l'*Essai*, achèveront de montrer ce que je pense de cet ouvrage. Je me suis loué quelquefois ; on voudra bien me pardonner cette impartialité, dont je n'ai pas, d'ailleurs, abusé : la brutalité de ma censure expiera la modération de ma louange. J'ose dire que je me suis traité avec une rigueur qui défiera la sévérité de la plus rude critique. Ce ne sont point de ces concessions auxquelles un auteur se résigne pour mettre à l'abri son amour-propre, pour se donner un air de franchise et de bonhomie, pour se glorifier en se rabaissant : ce sont de ces aveux que la vanité ne fait jamais, et qui coûtent à la nature humaine.

Si je ne parle point du style de l'*Essai*, c'est qu'il ne m'appartient pas de le juger : je dirai seulement qu'il est plus incorrect que celui de mes autres ouvrages; qu'il rend avec moins de précision ce qu'il veut exprimer, mais qu'il a la verve de la jeunesse, et qu'il renferme tous les germes de ce qu'on a bien voulu traiter avec quelque indulgence dans mes écrits d'un âge plus mûr. Il y a même un progrès sensible des premières pages de l'*Essai* aux dernières : les trois ans que je mis à élever cette tour de Babel m'avaient profité comme écrivain.

Un dernier mot. Si les préfaces de cette édition complète de mes œuvres tiennent de la nature des mémoires, c'est que je n'ai pu les faire autrement. J'écris vers la fin de ma vie : le voyageur prêt à descendre de la montagne jette malgré lui un regard sur le pays qu'il a traversé et le chemin qu'il a parcouru. D'ailleurs mes ouvrages, comme je l'ai déjà fait observer, sont les matériaux et les pièces justificatives de mes Mémoires : leur histoire est liée à la mienne de manière qu'il est presque impossible de l'en séparer. Qu'aurais-je dit dans des préfaces ordinaires? que je donnais des éditions revues et corrigées? On s'en apercevra bien. Aurais-je pris occasion de ces réimpressions particulières pour traiter quelque sujet général? Mais de tels sujets entrent plus naturellement dans des espèces de mémoires qui peuvent parler de tout, que dans un morceau d'apparat amené de loin, et fait exprès. C'est au lecteur à décider : si ces préfaces l'ennuient, elles sont mauvaises si elles l'intéressent, j'ai bien fait de laisser aller ma plume et mes idées.

LIVRE PREMIER.

PREMIÈRE PARTIE.

RÉVOLUTIONS ANCIENNES.

INTRODUCTION.

Qui suis-je? et que viens-je annoncer de nouveau aux hommes? On peut parler de choses passées; mais quiconque n'est pas spectateur désintéressé des événements actuels doit se taire. Et où trouver un tel spectateur en Europe? Tous les individus, depuis le paysan jusqu'au monarque, ont été enveloppés dans cette étonnante tragédie. « Non-seulement, dira-t-on, vous n'êtes pas spectateur, mais vous êtes acteur, et acteur souffrant, Français malheureux, qui avez vu disparaître votre fortune et vos amis dans le gouffre de la révolution ; enfin vous êtes un émigré. » A ce mot, je vois les gens sages, et tous ceux dont les opinions sont modérées ou républicaines, jeter là le volume sans chercher à en savoir davantage. Lecteurs, un moment. Je ne vous demande que de parcourir quelques lignes de plus. Sans doute je ne serai pas intelligible pour tout le monde; mais quiconque m'entendra poursuivra la lecture de cet

Essai. Quant à ceux qui ne m'entendront pas, ils feront mieux de fermer le livre; ce n'est pas pour eux que j'écris [a].

Celui qui dit dans son cœur : « Je veux être utile à mes semblables, » doit commencer par se juger soi-même : il faut qu'il étudie ses passions, les préjugés et les intérêts qui peuvent le diriger sans qu'il s'en aperçoive. Si malgré tout cela il se sent assez de force pour dire la vérité, qu'il la dise; mais, s'il se sent faible, qu'il se taise. Si celui qui écrit sur les affaires présentes ne peut être lu également au directoire et aux conseils des rois, il a fait un livre inutile; s'il a du talent, il a fait pis, il a fait un livre pernicieux. Le mal, le grand mal, c'est que nous ne sommes point de notre siècle. Chaque âge est un fleuve qui nous entraîne selon le penchant des destinées quand nous nous y abandonnons. Mais il me semble que nous sommes tous hors de son cours. Les uns (les républicains) l'ont traversé avec impétuosité, et se sont élancés sur le bord opposé. Les autres sont demeurés de ce côté-ci sans vouloir s'embarquer. Les deux partis crient et s'insultent, selon qu'ils sont sur l'une ou sur l'autre rive. Ainsi, les premiers nous transportent loin de nous dans des perfections imaginaires, en nous faisant devancer notre âge; les seconds nous retiennent en arrière, refusent de s'éclairer, et veulent rester les hommes du quatorzième siècle dans l'année 1796 [b].

L'impartialité de ce langage doit me réconcilier avec ceux qui, de la prévention contre l'auteur, auraient pu passer au dégoût de l'ouvrage. Je dirai plus : si celui qui, né avec une passion ardente pour les sciences, y a con-

---

[a] Ce ton solennel, la morgue de ce début, dans un auteur dont le nom était inconnu et qui écrivait pour la première fois; ce ton et cette morgue seraient comiques s'ils n'étaient l'imitation d'un jeune homme nourri de la lecture de J. J. Rousseau, et reproduisant les défauts de son modèle. Le *moi* que l'on retrouve partout dans l'*Essai* m'est d'autant plus odieux aujourd'hui que rien n'est plus antipathique à mon esprit; que ma disposition habituelle sur mes ouvrages n'est pas de l'orgueil, mais de l'indifférence que je pousse peut-être trop loin. Au reste, j'avais été averti par mon instinct que cette manière n'était pas la mienne : on trouve dans la Notice ou Préface de l'ancienne édition des excuses peut-être assez touchantes de l'emploi que j'avais fait du *moi*. (N. ED.)

[b] Dis-je aujourd'hui autre chose que cela? n'est-ce pas le fond de toutes les vérités politiques, de toutes les plaintes, de toutes les prévisions que l'on retrouve dans les *Réflexions politiques*, dans *la Monarchie selon la Charte*, dans le *Conservateur*, dans mes *Opinions* à la Chambre des pairs, etc.? Il y a cependant trente années que cela est écrit. Mais où écrivais-je de la sorte? à Londres, dans l'exil, au milieu des victimes de la révolution. Il y avait peut-être quelque courage à parler ainsi à un parti dans les rangs duquel j'étais, et dont je partageais les souffrances. Cette fureur de dire la vérité à tout le monde explique assez bien les accidents de ma vie politique.

Je remarquerai une fois pour toutes, et pour n'y plus revenir, car je serais obligé de faire des notes à chaque page; je remarquerai que les doctrines politiques professées dans l'*Essai* sur la liberté et sur les gouvernements constitutionnels, sont parfaitement conformes à celles que je prêche maintenant et que j'ai manifestées jusque sous le despotisme de l'usurpation, soit dans le *Génie du Christianisme*, soit dans quelques autres écrits. Je me tiens pour honoré de cette constance dans mes opinions politiques, qui ne s'est démentie ni dans l'exil sous l'impatience du malheur, ni pendant le règne de Buonaparte sous la menace de la force, ni à l'époque de la restauration sous l'influence de la prospérité. Quand on ne retrouverait dans l'*Essai* que ce sentiment d'indépendance, il effacerait à des yeux non prévenus beaucoup d'erreurs. Une main trop jeune, qui n'avait encore été serrée par aucune main amie, n'a-t-elle pas pu s'égarer un peu en traçant une première ébauche?

Ainsi ceux qui ont pu croire, par la vive expression de mon horreur pour les crimes révolutionnaires, que j'étais un ennemi des libertés publiques, et ceux qui ont pensé, d'après mon amour pour ces libertés, que j'approuvais les doctrines révolutionnaires, se sont également trompés. Ils vont relire de suite mes ouvrages : pour peu qu'ils veuillent faire la part de l'âge, des temps et des circonstances, je ne crains pas de m'en rapporter à leur bonne foi. (N. ED.)

sacré les veilles de la jeunesse; si celui qui, dévoré de la soif de connaître, s'est arraché aux jouissances de la fortune pour aller au delà des mers contempler le plus grand spectacle qui puisse s'offrir à l'œil du philosophe, méditer sur l'homme libre de la nature et sur l'homme libre de la société, placés l'un près de l'autre sur le même sol; enfin, si celui qui, dans la pratique journalière de l'adversité, a appris de bonne heure à évaluer les préjugés de la vie; si un tel homme, dis-je, mérite quelque confiance, lecteurs, vous le trouvez en moi.

La position où je me trouve est d'ailleurs favorable à la vérité. Attaqué d'une maladie qui me laisse peu d'espoir, je vois les objets d'un œil tranquille [a]. L'air calme de la tombe se fait sentir au voyageur qui n'en est plus qu'à quelques journées.

Sans désir et sans crainte, je ne nourris plus les chimères du bonheur, et les hommes ne sauraient me faire plus de mal que je n'en éprouve. « Le malheur [1], dit l'auteur des *Études de la Nature*, le malheur ressemble à la montagne noire de Bember, aux extrémités du royaume brûlant de Lahor : tant que vous la montez, vous ne voyez devant vous que de stériles rochers; mais, quand vous êtes au sommet, vous apercevez le ciel sur votre tête, et le royaume de Cachemire à vos pieds [2]. »

Le lecteur pardonnera aisément cette digression, qui ne sert après tout ici que de préface, et sans laquelle, plein de cette malheureuse défiance qui nous met en garde contre les opinions de l'auteur, il lui eût été impossible de continuer avec intérêt la lecture de cet ouvrage. Mais, si j'ai pris tant de soin de lui aplanir l'entrée de la carrière, il doit à son tour me faire quelque sacrifice. O vous tous qui me lisez, dépouillez un moment vos passions en parcourant cet écrit sur les plus grandes questions qui puissent, dans ce moment de crise, occuper les hommes. Méditez attentivement le sujet avec moi. Si vous sentez quelquefois votre sang s'allumer, fermez le livre, attendez que votre cœur batte à son aise avant de recommencer votre lecture. En récompense, je ne me flatte pas de vous apporter du génie, mais un cœur aussi dégagé de préjugés qu'un cœur d'homme puisse l'être. Comme vous, si mon sang s'échauffe, je le laisserais se calmer avant de reprendre la plume : je causerai toujours simplement avec vous; je raisonnerai toujours d'après des principes. Je puis

---

[a] Voyez la Préface. (N. Ed.)

[1] *Chaumière indienne.*

[2] Je crains d'avoir altéré quelque chose dans cette belle comparaison. J'en préviendrai ici, une fois pour toutes : n'ayant rien sauvé de la révolution (excepté un petit nombre de notes), sans bibliothèque et sans ressources, je n'ai eu pour m'aider, dans l'obscurité de ma retraite, qu'une mémoire assez heureuse autrefois, mais aujourd'hui presque usée par le chagrin. On verra, à la conclusion de cet *Essai*, les difficultés innombrables qu'il m'a fallu surmonter. J'ai été souvent sur le point d'abandonner l'ouvrage et de livrer le tout aux flammes [*]. Cependant je puis assurer les lecteurs que les inexactitudes qui ont pu se glisser dans mes citations sont de peu de conséquence, et que, partout où le sujet l'a absolument exigé, j'ai suspendu mon travail jusqu'à ce que je me fusse procuré les livres originaux. En cela, j'ai trouvé de grands secours chez les gentilshommes anglais, qui m'ont ouvert leurs bibliothèques avec une générosité qui fait honneur à leur philosophie. J'ai été pareillement redevable au révérend B. S., homme d'autant d'esprit que d'humanité, et auquel j'aime à rendre ici l'hommage public de ma reconnaissance.

[*] J'aurais bien fait de céder à la tentation. (N. Éd.)

me tromper sans doute ; mais, si je ne suis pas toujours juste, je serai toujours de bonne foi. Ne vous hâtez pas de mépriser l'ouvrage d'un inconnu qui n'écrit que pour être utile. Enfin, si par des souvenirs trop tendres je laissais dans le cours de cet écrit tomber une larme involontaire, songez qu'on doit passer quelque chose à un infortuné laissé sans amis sur la terre, et dites : Pardonnons-lui en faveur du courage qu'il a eu d'écouter la voix de la vérité, malgré les préjugés si excusables du malheur.

EXPOSITION.

I. Quelles sont les révolutions arrivées autrefois dans les gouvernements des hommes? Quel était alors l'état de la société, et quelle a été l'influence de ces révolutions sur l'âge où elles éclatèrent et les siècles qui les suivirent?

II. Parmi ces révolutions en est-il quelques-unes qui, par l'esprit, les mœurs et les lumières des temps, puissent se comparer à la révolution actuelle de France?

III. Quelles sont les causes primitives de cette dernière révolution, et celles qui en ont opéré le développement soudain?

IV. Quel est maintenant le gouvernement de France? Est-il fondé sur de vrais principes, et peut-il subsister?

V. S'il subsiste, quel en sera l'effet sur les nations et autres gouvernements de l'Europe?

VI. S'il est détruit, quelles en seront les conséquences pour les peuples contemporains et pour la postérité [a] ?

Telles sont les questions que je me propose d'examiner. Quoiqu'on ait beaucoup écrit sur la révolution française, chaque faction se contentant de décrier sa rivale, le sujet est aussi neuf que s'il n'eût jamais été traité.

Républicains, constitutionnels, monarchistes, girondistes, royalistes, émigrés, enfin politiques de toutes les sectes [1], de ces questions bien ou mal entendues dépend votre bonheur ou votre malheur à venir. Il n'est point d'homme qui ne forme des projets de gloire, de fortune, de plaisir ou de repos ; et nul cependant, dans ce moment de crise, ne peut se dire : « Je ferai telle chose demain, » s'il n'a prévu quel sera ce demain. Il est passé le temps des félicités individuelles : les petites ambitions, les étroits intérêts d'un homme, s'anéantissent

---

[a] Ces questions me semblent clairement posées. Si elles embrassent des sujets qui occupent rarement la jeunesse, elles se ressentent aussi du caractère de la jeunesse : elles vont trop loin ; elles veulent ramener tous les événements de l'histoire à un centre de convergence impossible ; non-seulement elles interrogent le passé, mais elles prétendent révéler l'avenir ; elles sont toutes de théorie, et n'ont aucune utilité pratique : on y reconnaît à la fois l'audace et l'inexpérience d'un esprit que l'âge n'a point éclairé, et qui est prêt à faire abus de sa force. (N. Ed.)

[1] Je serai souvent obligé, pour me faire entendre d'employer les divers noms de partis de notre révolution. J'avertis que ces noms ne signifieront, sous ma plume, que des appellations nécessaires à l'intelligence de mon sujet, et non une injure personnelle. Je ne suis l'écrivain d'aucune secte, et je conçois fort bien qu'il peut exister de très-honnêtes gens, avec des notions des choses différentes des miennes. Peut-être la vraie sagesse consiste-t-elle à être, non pas sans principes, mais sans opinions déterminées [*].

[*] On peut avouer les sentiments modérés exprimés dans cette note, mais le scepticisme de la dernière phrase est risible. (N. Ed.)

devant l'ambition générale des nations et l'intérêt du genre humain *a*. En vain vous espérez échapper aux calamités de votre siècle par des mœurs solitaires et l'obscurité de votre vie ; l'ami est maintenant arraché à l'ami, et la retraite du sage retentit de la chute des trônes. Nul ne peut se promettre un moment de paix : nous naviguons sur une côte inconnue, au milieu des ténèbres et de la tempête. Chacun a donc un intérêt personnel à considérer ces questions avec moi, parce que son existence y est attachée. C'est une carte qu'il faut étudier dans le péril pour reconnaître en pilote sage le point d'où l'on part, le lieu où l'on est et celui où l'on va, afin qu'en cas de naufrage on se sauve sur quelque île où la tempête ne puisse nous atteindre. Cette île-là est une conscience sans reproche.

VUE DE MON OUVRAGE.

Le défaut de méthode se fait ordinairement sentir dans les ouvrages politiques, bien qu'il n'y ait point de sujet qui demandât plus d'ordre et de clarté. Je tâcherai de donner une idée distincte de cet *Essai*, en disant un mot de ma manière.

1° J'examinerai les causes éloignées et immédiates de chaque révolution ;

2° Leurs parties historiques et politiques ;

3° L'état des mœurs et des sciences de ce peuple en particulier, et du genre humain en général, au moment de cette révolution ;

4° Les causes qui en étendirent ou en bornèrent l'influence ;

5° Enfin, tenant toujours en vue l'objet principal du tableau, je ferai incessamment remarquer les rapports ou les différences entre la révolution alors décrite et la révolution française de nos jours. De sorte que celle-ci servira de foyer commun, où viendront converger tous les traits épars de la morale, de l'histoire et de la politique *b*.

Cette intéressante peinture occupera la majeure partie des quatre premiers livres, et servira de réponse à la première question.

L'examen de la troisième et celui de la seconde (déjà à moitié résolue) rempliront la troisième partie du quatrième livre.

Le cinquième livre, écrit en dialogue, sera consacré aux recherches sur la quatrième question.

Quelques sujets détachés se trouveront dans la première partie du livre sixième ; et la seconde du même livre contiendra les probabilités sur les deux dernières questions.

Ainsi l'ouvrage entier sera composé de six livres, les uns de deux, les autres de trois parties, formant en totalité quinze parties, subdivisées en chapitres *c*.

De cette esquisse générale passons maintenant aux divisions particulières, et fixons d'abord la valeur que je donne au mot *révolution*, puisque ce mot reviendra sans cesse dans le cours de cet ouvrage.

---

a Cette réflexion est aujourd'hui plus vraie que jamais (N. ED.)

b Mêmes défauts que dans l'exposition ; système de convergence qui ne pouvait produire que des rapprochements historiques quelquefois curieux, mais presque toujours forcés. (N. ED.)

c Ces prétentions à la méthode et à la clarté sont très-mal fondées : il n'y a rien de plus embrouillé que ces divisions et ces subdivisions. (N. ED.)

Par le mot révolution je n'entendrai donc, dans la suite, qu'une conversion totale du gouvernement d'un peuple, soit du monarchique au républicain, ou du républicain au monarchique. Ainsi, tout État qui tombe par des armes étrangères, tout changement de dynastie, toute guerre civile qui n'a pas produit des altérations remarquables dans une société, tout mouvement partiel d'une nation momentanément insurgée, ne sont point pour moi des révolutions. En effet, si l'esprit des peuples ne change, qu'importe qu'ils se soient agités quelques instants dans leurs misères, et que leur nom ou celui de leur maître ait changé *a* ?

Considérées sous ce point de vue, je ne reconnaîtrai que cinq révolutions dans toute l'antiquité, et sept dans l'Europe moderne. Les cinq révolutions anciennes seront l'établissement des républiques en Grèce; leur sujétion sous Philippe et Alexandre, avec les conquêtes de ce héros; la chute des rois à Rome; la subversion du gouvernement populaire par les Césars; enfin le renversement de leur empire par les Barbares [1].

La république de Florence, celle de la Suisse, les troubles sous le roi Jean, la Ligue sous Henri IV, l'union des Provinces Belgiques, les malheurs de l'Angleterre durant le règne de Charles I*er*, et l'érection des États-Unis de l'Amérique en nation libre, formeront le sujet des sept révolutions modernes.

Au reste, je crayonnerai rapidement la partie de cet ouvrage consacrée à l'histoire ancienne, réservant les grands détails lorsque je parlerai des nations actuelles de l'Europe. Le génie des Grecs et des Romains diffère tellement du génie des peuples d'aujourd'hui, qu'on y trouve à peine quelques traits de ressemblance. J'aurais pu m'étendre sur les révolutions de Thèbes, d'Argos et de Mycènes; les annales de la Suède et de la Pologne, celles des villes impériales, les insurrections de quelques cités d'Espagne et du royaume de Naples, me présentaient des matériaux suffisants pour multiplier les volumes. Mais, en portant un œil attentif sur l'histoire, j'ai vu qu'une multitude de rapports qui m'avaient d'abord frappé se réduisaient, après un mûr examen, à quelques faits isolés totalement étrangers dans leurs causes et dans leurs effets à ceux de la révolution française. En m'arrêtant incessamment à chaque petite ville de la Grèce et de l'Allemagne, je serais tombé dans un cercle de répétitions aussi ennuyeuses que peu utiles. Je n'ai donc saisi que les grands traits, ceux qui offrent des leçons à suivre, ou des exemples à imiter. Je n'ai pas prétendu écrire un roman, dans lequel, pliant de force les événements à mon système *b*,

---

a Raisonnable. (N. Ed.)

[1] L'irruption des Barbares dans l'empire n'est pas proprement une révolution dans le sens que j'ai donné à ce mot. On en peut dire autant des guerres sous le roi Jean, et de la Ligue sous Henri IV, dont j'ai cependant fait des révolutions *. Quant aux Barbares, il est aisé d'apercevoir que, formant le point de contact où s'unit l'histoire des anciens et des modernes, il m'était indispensable d'en parler. Quant aux deux autres époques, les troubles de la France dans ces temps-là sont trop fameux, offrent des caractères trop grands et des analogies trop frappantes pour ne pas les avoir considérées comme de véritables révolutions.

b Voilà la critique la plus juste qu'on puisse faire de l'*Essai* : j'avais le sentiment de la faiblesse de mon plan, et je faisais des efforts pour le cacher aux yeux du public et aux miens. (N. Ed.)

* On voit qu'à l'époque où j'écrivais l'*Essai* je songeais déjà à l'*Histoire de France*.

je n'eusse laissé après moi qu'un de ces monuments déplorables, où nos neveux contempleront avec un serrement de cœur l'esprit qui anima leurs pères, et béniront le ciel de ne les avoir pas fait naître dans ces jours de calamité. Je me suis proposé une fin plus noble, en écrivant ces pages, je l'avouerai; l'espoir d'être utile aux hommes a exalté mon âme et conduit ma plume. Que si le plus grand sujet est celui dont on peut faire sortir le plus grand nombre de vérités naturelles; que si, fixant en outre la somme des vérités historiques, ce sujet mène à la solution du problème de l'homme, fut-il jamais d'objet plus digne de la philosophie que le plan qu'on s'est tracé dans cet ouvrage [a]? Malheureusement l'exécution en est confiée à des mains trop inhabiles [b]. J'ai fait, par mon titre d'*Essai*, l'aveu public de ma faiblesse. Ce sera assez de gloire pour moi d'avoir montré la route à de plus beaux génies.

CHAPITRE PREMIER.

PREMIÈRE QUESTION.

ANCIENNETÉ DES HOMMES.

« Quelles sont les révolutions arrivées autrefois dans le gouvernement des
« hommes? quel était alors l'état de la société? et quelle a été l'influence de
« ces révolutions sur l'âge où elles éclatèrent et les siècles qui les suivirent? »

Le seul énoncé de cette question suffit pour en démontrer l'importance. Le vaste sujet qu'elle embrasse remplira la majeure partie de cet ouvrage, et, servant de clef à nos derniers problèmes, en fera naître une foule de vérités inconnues. Le flambeau des révolutions passées à la main, nous entrerons hardiment dans la nuit des révolutions futures. Nous saisirons l'homme d'autrefois malgré ses déguisements, et nous forcerons le Protée à nous dévoiler l'homme à venir. Ici s'ouvre une perspective immense; ici j'ose me flatter de conduire le lecteur par un sentier encore tout inculte de la philosophie, où je lui promets des découvertes et de nouvelles vues des hommes [c]. Du tableau des troubles de l'antiquité passant à celui des nations modernes, je remonterai, par une série de malheurs, depuis les premiers âges du monde jusqu'à notre siècle. L'histoire des peuples est une échelle de misère dont les révolutions forment les différents degrés.

Si l'on considère que depuis le jour mémorable où Christophe Colomb aborda sur les rives américaines, pas une des hordes qui vaguent dans les forêts du Nouveau-Monde n'a fait un pas vers la civilisation; que cependant ces peuples étaient déjà loin de l'état de nature [1] à l'époque où on les a trouvés, on ne pourra s'empêcher de convenir que la forme la plus grossière du gouvernement n'ait dû coûter à l'homme des siècles de barbarie.

[a] Et pourtant c'est un roman où les événements sont obligés, bon gré, mal gré, de se plier à un système. (N. ED.)

[b] Me voilà rendu à ma propre nature : Rousseau n'est plus pour rien dans cette manière d'écrire. (N. ED.)

[c] Quelle assurance! l'excuse ici est la jeunesse. *De nouvelles vues des hommes!* mais il aurait fallu commencer par savoir ce que j'étais moi-même. (N. ED.)

[1] Une observation importante à faire sur la lenteur avec laquelle les Américains se civi-

Qu'apercevons-nous donc au moment où l'histoire s'ouvre? De grandes nations déjà sur leur déclin, des mœurs corrompues, un luxe effroyable, des sciences abstraites [1], telles que l'astronomie, l'écriture et la métaphysique des langues, arts dont l'achèvement semble demander la durée d'un monde! Si on ajoute à cela les traditions des peuples : les Pasteurs de l'antique Égypte, paissant leurs gazelles dans les villes abandonnées et sur les monuments en ruine d'une nation inconnue, jadis florissante dans ces déserts [2]; cette même Égypte comptant plus de cinq mille ans [3], depuis la fin de l'âge bucolique et l'érection de la monarchie sous son premier roi Ménès jusqu'à Alexandre; la Chine fondant son histoire sur un calcul d'éclipses qui remonte jusqu'au déluge [4], au delà duquel ses annales se perdent dans des siècles innombrables; l'Inde enfin, offrant le phénomène d'une langue primitive, source de toutes celles de l'Orient, langue qui n'est plus entendue que des Bramins [5], et qui fut jadis parlée d'un grand peuple, dont le nom même a disparu de la terre; il est certain que le premier coup d'œil qu'on jette sur l'histoire des hommes suffirait pour nous convaincre que notre courte chronologie en remplit à peine la dernière feuille, si les monuments de la nature ne démontraient cette vérité au delà de toute contradiction [6].

lisent, c'est que la nature leur a refusé les troupeaux, ces premiers législateurs des hommes. Il est même très-remarquable qu'on a trouvé ces sauvages policés là précisément où il y avait une espèce d'animal domestique *.

[1] Hérod., lib. I et II; Diod., lib. I et II.

[2] *Voyage aux sources du Nil*, par J. Bruce, tom. III, liv. II, chap. II, pag. 117, etc.

En admettant, avec Bruce, que les Pasteurs remplacèrent les anciens peuples de l'Égypte, je rejette le reste de son système, qui fait sortir les Pasteurs de l'Éthiopie. Il vous dit que les descendants de Cush, petit-fils de Noé, peuplèrent ces contrées *alors désertes*, et quelques pages après il ajoute que les Cushites trouvèrent auprès d'eux une nation puissante, les Pasteurs. Outre que les anciens historiens paraissent faire entendre que les Pasteurs entrèrent en Egypte par l'isthme de Suez, Bruce a ignoré un passage d'Eusèbe qui dit ; *Æthiopes ab Indo flumine consurgentes juxta Ægyptum consederunt*. Et il fixe leur arrivée au règne d'Aménophis, avant la dix-neuvième dynastie, et vers le temps de la fondation de Sparte, environ quinze cents ans avant l'ère vulgaire. Ainsi les Pasteurs auraient été les habitants primitifs de l'Éthiopie. D'ailleurs, selon Ussérius, Sésostris était fils d'Aménophis. Celui-ci avait régné glorieusement, et Sésostris, loin d'avoir à arracher son royaume des mains des Pasteurs victorieux, entreprit la conquête du monde, si nous en croyons Diodore de Sicile. Il faut donc placer le règne des Pasteurs dans une antiquité bien plus reculée que ne le fait le voyageur Bruce, et rejeter l'opinion, très-invraisemblable, que ces peuples venaient originairement de l'Éthiopie. Manethon, dans sa seizième dynastie, les appelle expressément Φοινικες ξένοι, Phéniciens étrangers. Au reste, Josèphe rapporte que Tethmosis contraignit ceux-ci par un traité d'abandonner son empire, ce qui en ferait remonter l'époque vers l'an 2889 de la période Julienne. Mais ceci ne doit s'entendre que des derniers Pasteurs. Il est constant que ces peuples ravagèrent plusieurs fois l'Égypte. (Manetho apud *Joseph. et Afric.*; Hérod., lib. II, cap. C; Diod., lib. I, pag. 48, etc.; Euseb., *Chron.*, lib. I, pag. 13.)

[3] Suivant le calcul modéré de Manethon. Si on admettait le règne des dieux et des demidieux, il faudrait compter plus de vingt mille ans. (Diod., lib. I, pag. 44.)

[4] Duhalde, *Hist. de la Chine*, tom. II, pag. 2.

La première éclipse a été observée deux mille cent cinquante-cinq ans avant Jésus-Christ.

[5] *Hist. of. Ind. from the Earliest. Acc.*; Robertson, *Appendix to his Disquis.*

La langue sanscrite ou sacrée vient enfin d'être révélée au monde. Nous possédons déjà la traduction de plusieurs poëmes, écrits dans cet idiome. La puissance et la philosophie des Anglais aux Indes ont fait à la république des lettres ce présent inestimable. (Voyez les auteurs cités ci-dessus.)

[6] Buffon, *Théor. de la Terre*.

J'avais recueilli moi-même un grand nombre d'observations botaniques et minéralogiques

* Observation assez curieuse. (N. Éd.)

La destruction et le renouvellement d'une partie du genre humain est une autre conjecture également fondée. Les corps marins transportés au sommet des montagnes, ou enfouis dans les entrailles de la terre; les lits de pierres calcaires; les couches parallèles et horizontales des sols[1], se réunissent avec les traditions des Juifs[2], des Indiens[3], des Chinois[4], des Égyptiens[5], des Celtes[6], des Nègres[7] de l'Afrique et des Sauvages[8] même du Canada, pour prouver la submersion du globe[9].

---

sur l'antiquité de la terre. J'ai compté sur des montagnes d'une hauteur médiocre, qui courent du sud-est au nord-ouest, par le 42º degré de latitude septentrionale en Amérique, jusqu'à treize générations de chênes, évidemment successives sur le même sol. On m'a montré en Allemagne une pierre calcaire seconde, formée des débris d'une pierre calcaire première : ce qui nous jette dans une immensité de siècles. M. M., célèbre minéralogiste de Paris, m'avait assuré avoir trouvé auparavant cette même pierre dans les environs de Montmartre. A Gracioza, l'une des Açores, j'ai ramassé des laves si antiques, qu'elles étaient revêtues d'une croûte de mousse pétrifiée de plus d'un demi-pouce d'épaisseur. Enfin, à l'île Saint-Pierre, sur la côte désolée qui regarde l'île de Terre-Neuve, dont elle est séparée par une mer bruyante et dangereuse, toujours couverte d'épais brouillards, j'ai examiné un rocher formé de couches alternatives de lichen rouge qui avait acquis la dureté du granit. Le manuscrit de ces voyages, dont on trouvera quelques extraits dans l'ouvrage que je donne ici au public, a péri, avec le reste de ma fortune, dans la révolution *.

[1] Buffon, *Théor. de la Terre, Hist. des Hommes*, tom. I; Carl., *Lettres sur l'Amér*
[2] *Genèse.*
[3] *Hist. of Ind. from. the Earliest*, etc.
[4] Duhald., *Hist. de la Chine*, tom. II.
[5] Lucian., *de Dea Syria.*
Lucien rapporte l'histoire de la colombe de Noé.
[6] Edda., *Mythol.*; Keyzl, *Ant. Sept.* cap. II; Sched. *de Diis Germ.*
[7] Koben's *Acc. of. the C. of Good Hope*; Sparrm. *Voy. among the Hott.*, VI, ch. V.
Ce dernier auteur raconte que les Hottentots ont une si grande horreur de la pluie, qu'il est impossible de leur faire convenir qu'elle soit quelquefois nécessaire. Le voyageur suédois attribue la cause de cette singularité à des opinions religieuses ; il est plus naturel de croire que cette antipathie tient à un sentiment confus des malheurs occasionnés par le déluge. Il est vrai que cette tradition a pu être portée en Afrique, soit par les mahométans qui y pénétrèrent dans le huitième siècle (voyez *Géogr. Nubiens.*, trad. de l'arabe ; et Léon, *Description de l'Afr.*), ou longtemps auparavant par les Carthaginois, dont quelques voyageurs modernes ont retrouvé des monuments jusque sur les bords du Sénégal et du Tigre. Cependant, si les Carthaginois ont suivi les opinions de leurs ancêtres, les Phéniciens, ils ne croyaient pas au déluge.
[8] Laf., *Mœurs des Sauv.*, art. *Relig.*
Le docteur Robertson, dans son excellente *Histoire de l'Amérique*, (tom. II, liv. IV, pag. 25, etc.), adopte le système des premières émigrations à ce continent, par le nord-ouest de l'Asie et le nord-ouest de l'Europe. D'après les voyages de Cook, et ceux encore plus récents des autres navigateurs, il paraît maintenant prouvé que l'Amérique méridionale a pu recevoir ses habitants des îles de la mer du Sud, de même que ces dernières reçurent les leurs des côtes de l'Inde qui en sont les plus voisines. Cette chaîne d'îles enchantées semble être jetée comme un pont sur l'Océan, entre les deux mondes, pour inviter les hommes à parcourir leurs domaines. Les rapports de langage et de religion entre les anciens Péruviens, les insulaires des Sandwich, d'Otahiti, etc., et les Malais, donnent quelque solidité à cette conjecture. Il est alors plus que probable que la tradition du déluge se répandit en Amérique avec les peuples de l'Inde, de la Tartarie et de la Norwége.
(Voyez les tables comparées des langues à la fin des *Voyages de Cook*, et les extraits d'un dernier *Voyage à la recherche de M. de La Peyrouse. Journal de M. Peltier*, n. 64, 65.)
[9] Il ne faut pas, au reste, se dissimuler une grande objection historique. Sanchoniathon le Phénicien, contemporain de Sémiramis, ne dit pas un seul mot du déluge. Il n'y a peut-être pas de monument plus curieux dans toute la littérature que les passages de cet auteur, échappés aux ravages du temps dans les écrits de Porphyre et d'Eusèbe. Non-seulement on doit s'étonner du profond silence de ces fragments sur les deux fameuses traditions du déluge et de la chute de l'homme, ainsi que de l'explication que ces mêmes fragments nous

---

* Oui, le manuscrit *tout à fait* primitif de ces voyages, mais non pas le manuscrit des *Natchez*, écrit à Londres, dans lequel une grande partie du manuscrit primitif a été conservée. (N. Éd.)

Posons donc pour base de l'histoire ces deux vérités : l'antiquité des hommes, et leur renouvellement après la destruction presque totale de la race humaine.

Mais en ne commençant l'histoire qu'à l'époque très-incertaine du déluge, vous êtes loin d'avoir vaincu toutes les difficultés. Sanchoniathon ne vous apprend d'abord que la fondation des villes et des États. Cronus, fils du roi Ouranus, saisit son père auprès d'une fontaine, le fait cruellement mutiler, entreprend de longs voyages, dispense à son gré les empires, donnant à sa fille Athéna, l'Attique, et au dieu Taautus, l'Égypte [1]. Hérodote et Diodore vous introduisent ensuite dans le pays des merveilles. Ce sont des villes de vingt lieues de circuit, élevées comme par enchantement [2], des jardins suspen-

---

donnent de l'origine du culte chez les Grecs ; mais d'y trouver le plus ancien historien du monde athée par principes, c'est sans doute une circonstance de la nature la plus extraordinaire. Ces précieuses reliques de l'antiquité n'étant guère connues que des savants, les lecteurs me sauront peut-être gré de les leur produire ici.

« La source de l'univers, dit Sanchoniathon, était un air sombre et agité, un chaos infini et sans forme. Cet air devint amoureux de ses propres principes, et il en sortit une substance mixte appelée Πόθος ou le désir.

« Cette substance mixte fut la matrice générale des choses ; mais l'air ignorait ce qu'il avait produit. Avec celle-ci il engendra Môt (une vase fermentée), et de cet embryon germèrent toutes les plantes et le système de l'univers. »

L'auteur Phénicien raconte ensuite que le soleil, la lune, les étoiles, sont des animaux intelligents qui se formèrent dans Môt, ou le limon ; et que, la lumière ayant produit les tonnerres, les animaux, éveillés au bruit de la foudre, s'enfuirent dans les forêts, ou se précipitèrent dans les eaux. Ici Sanchoniathon cite les écrits de Taautus, dont il a tiré sa cosmogonie, et il fait Taautus même inventeur des lettres : ainsi, on ne peut imaginer une plus grande antiquité. L'historien passe à la génération des hommes, et dit :

« Du vent Colpias et de sa femme Baau furent engendrés deux mortels (mâle et femelle) appelés *Protogonus* et *Æon*. De ce premier couple naquirent Genus et Genea, qui, dans une grande sécheresse, étendirent leurs mains vers le soleil, s'écriant : *Beelsamin!* (en phénicien, Seigneur du ciel ; en grec, Ζεύς). » De là l'origine du grand nom de la Divinité chez les Grecs. L'historien se moque de ceux-ci, pour n'avoir pas entendu l'expression phénicienne.

Sanchoniathon rapporte ainsi douze générations : Protogonus, Genus, Phos, Libanus, Memrumus, Agreus, Chrysor, Technites, Agrus, Amynus, Misor, Taautus, donnant aux uns l'invention de l'agriculture, aux autres celle des arts mécaniques, etc., montrant comment les divisions géographiques prirent leur nom de ceux de ces premiers hommes, telle que de Libanus, le Liban, et enfin la source de la plupart des divinités des Grecs qui déifièrent ces mortels par ignorance.

On remarque qu'à la dixième génération (Amynus), qui correspond à Noé dans la Genèse, Sanchoniathon passe immédiatement à Misor, sans qu'il paraisse même se douter du mémorable événement qui dut avoir lieu alors. « D'Agrus, dit-il, naquit Amynus, qui enseigna aux hommes à bâtir des villes ; d'Amynus, Misor le juste, etc. »

Concluons cette note par une remarque importante. On place Sanchoniathon (Porphyre) vers le temps de Sémiramis. Or, la reine assyrienne régnait environ deux mille cent quatre-vingt-dix ans avant notre ère. Selon l'opinion commune, la première colonie égyptienne qui émigra aux côtes de la Grèce, n'y parvint que dans l'année 1856 de la même chronologie ; et le système religieux n'y prit des formes permanentes que sous la législation de Cécrops, un peu plus de trois siècles après. Cependant l'auteur phénicien relève les méprises des Grecs sur les dieux, en parlant des premiers comme d'une nation déjà ancienne. Il y a plus : il nous apprend qu'Athéna, fille de Cronus, régna en Attique à une époque qu'il est difficile de déterminer, et qui renverserait le système entier de notre chronologie. Je laisse à penser au lecteur ce qu'il faut croire maintenant de l'histoire et de l'origine moderne des Grecs, sans parler que * Diodore dans *Eusèbe*, Hérodote, Apollodore, Pausanias, confirment le récit de l'auteur phénicien par plusieurs passages. Au reste, si l'on suppose que Sanchoniathon vivait deux ou trois siècles après Moïse, comme quelques savants le prétendent, on pallie toutes les difficultés. (Sanch., *apud*. Eus. *Præpar. Evang.*, lib. I, cap. x.)

[1] *Id., ibid.* — [2] *Diod.*, lib. II, pag. 95.

* *Sans parler que* n'est pas français. Il y a dans tout cela quelque lecture, mais de la lecture mal digérée et empreinte d'un mauvais esprit. (N. Éd.)

dus dans les airs[1], des lacs entiers creusés de la main des hommes[2]. L'Orient se présente soudainement à nous dans toute sa corruption et dans toute sa gloire. Déjà trois puissantes monarchies se sont assises sur les ruines les unes des autres[3]; partout des conquêtes démesurées, désastreuses aux vaincus, inutiles ou funestes aux vainqueurs[4]. En Perse, une nation avilie[5] et des satrapes lexatés[6]; en Égypte, un peuple ignorant et superstitieux[7], des prêtres savants et despotiques[8]. Dans ce monde, où le palais de Sardanapale s'élève auprès de la hutte de l'esclave, où le temple de la Divinité ne rassemble que des misérables sous ses dômes de porphyre; dans ce chaos de luxe et d'indigence, de souffrances et de voluptés, de fanatisme et de lumières, d'oppression et de servitude, laissons dormir inconnus les crimes des tyrans et les malheurs des esclaves. Un rayon émané de l'Égypte, après avoir lutté quelque temps contre les ténèbres de la Grèce, couvrit enfin de splendeur ces régions prédestinées. Les hordes errantes qu'Inachus, Cécrops, Cadmus, avaient d'abord réunies, dépouillèrent peu à peu leurs mœurs sauvages, et se formant à différentes époques, en républiques, nous appellent maintenant à la *première révolution* [a].

CHAPITRE II.

PREMIÈRE RÉVOLUTION. — LES RÉPUBLIQUES GRECQUES. — SI LE CONTRAT SOCIAL DES PUBLICISTES EST LA CONVENTION PRIMITIVE DES GOUVERNEMENTS.

Les républiques de la Grèce, considérées comme les premiers gouvernements populaires parmi les hommes[9], offrent un objet bien intéressant à la

[1] Diod., lib. II, pag. 98, 99.
[2] Herod., lib. I, cap. CLXXXV.
[3] Les Assyriens, les Mèdes et les Perses.
[4] Diodore, lib. II, pag. 90, etc.; Joseph., *Ant.*, lib. X, etc.
[5] Plut., *in Apophtegm.*; Senec., lib. III, cap. XII, *de Benef.*
[6] Plat., lib. III *de Leg.*, pag. 697; Xen., *Cyrop.* lib. IV; Senec., lib. V, *de Ira.*, cap. XX.
[7] Cic., lib. I, *de Nat. Deor.*; Herod., lib. I, LXV; Diod., lib. I, pag. 74, etc.; Juven., *Satir.* XV.
[8] Diod., lib. I, pag. 88; Plut., *de Isid. et Osir.*

[a] Je n'ai point voulu interrompre par des *notes* ce débordement d'observations et de notes. Qu'est-ce que cette confusion d'observations sur l'histoire des hommes et sur l'histoire naturelle veut dire? Que je doutais de la nouveauté du monde et de la chronologie de Moïse. Hé bien, dans ce même *Essai*, vingt passages prouveront que je croyais à l'authenticité historique des livres saints : je ne savais donc ce que je *croyais* et ce que je *ne croyais pas*.
Quant aux antiquités égyptiennes et chinoises, il est démontré aujourd'hui que ces prétendues antiquités sont extrêmement modernes. Le chinois, le sanscrit, les hiéroglyphes égyptiens, tout est pénétré, et tout se renferme dans la chronologie de Moïse. Le zodiaque de Denderah est venu se faire expliquer à Paris, et l'on a été obligé de reconnaître que des monuments réputés antédiluviens souvent ne remontaient pas au delà du second siècle de l'ère chrétienne. Depuis que l'esprit philosophique a cessé d'être l'esprit d'irréligion, on a cessé d'attacher de l'importance à l'âge du monde.
Quant aux monuments de l'histoire naturelle, les études géologiques de M. Cuvier n'ont laissé aucun doute et sur les races qui ont péri, et sur le déluge universel. J'en étais encore dans l'*Essai* à l'histoire naturelle de Voltaire, aux coquilles des pèlerins et à toutes ces *savantes incrédulités*. Y a-t-il rien de plus puéril que ces générations de chênes que j'ai vues, de mes yeux vues, sur des montagnes de l'Amérique! L'écolier méritait de recevoir ici une rude leçon. Si je ne la pousse pas plus loin, on voudra bien pardonner quelque chose à la commisération fraternelle. (N. Ed.)

[9] Ceci n'est pas d'une exactitude rigoureuse. La république des Juifs commence à la sortie

philosophie. Si les causes de leur établissement nous avaient été transmises par l'histoire, nous eussions pu obtenir la solution de ce fameux problème en politique, savoir : quelle est la convention originale de la société?

Jean-Jacques prononce et rapporte l'acte ainsi : « Chacun de nous met en « commun sa personne et toute sa puissance sous la suprême direction de « la volonté générale; et nous recevons en corps chaque membre, comme « partie indivisible du tout [1]. »

Pour faire un tel raisonnement ne faut-il pas supposer une société déjà préexistante? Sera-ce le Sauvage, vagabond dans ses déserts, à qui le *mien* et le *tien* sont inconnus, qui passera tout à coup de la liberté naturelle à la liberté civile, sorte de liberté purement abstraite, et qui suppose de nécessité toutes les idées antérieures de propriété, de justice conventionnelle, de force comparée du tout à la partie, etc.? Il se trouve donc un état civil intermédiaire entre l'état de nature et celui dont parle Jean-Jacques. Le contrat qu'il suppose n'est donc pas l'original.

Mais quel est, dira-t-on, ce contrat primitif? C'est ici la grande difficulté.

Que si on reçoit, pour un moment, celui de Rousseau comme authentique, du moins est-il certain que ce pacte fondamental remonte au delà des sociétés dont nous nous formions quelque idée, puisque pas une des hordes sauvages qu'on a rencontrées sur le globe n'existait sous un gouvernement populaire. Or, de ces deux choses l'une :

Ou il faut admettre, avec Platon[2], que le gouvernement monarchique, établi sur l'image d'une famille, est le seul qui soit naturel; que conséquemment le contrat social ne peut être que d'une date subséquente :

Ou que s'il est original,

Les peuples, presque aussitôt fatigués de leur souveraineté, s'en sont déchargés sur un citoyen courageux ou sage.

D'ici cette immense question :

Comment du gouvernement primitif, en le supposant monarchique, les hommes sont-ils parvenus à concevoir le phénomène d'une liberté autre que celle de la nature?

Ou, si l'on veut dire que la constitution primitive ait été républicaine :

Par quels degrés l'esprit humain, après des siècles d'observation, après l'expérience des maux qui résultent de tout gouvernement [a], a-t-il retrouvé la constitution naturelle, depuis si longtemps mise en oubli [b]?

---

de ce peuple d'Egypte, l'an 1491 avant notre ère, et Tyr fut fondée l'an 1252 de la même chronologie. (*Genes.*; Joseph., *Antiq.*, lib. VIII, cap. II.)

[1] *Contrat Soc.*, liv. I, chap. VI.
[2] Plat., lib. III, *de Leg.* pag. 680.

[a] On a fait grand bruit de cette phrase, qui, si elle signifie quelque chose, veut dire seulement qu'il y a des vices dans toutes les institutions humaines. Ce n'est d'ailleurs qu'une boutade empruntée au doute de Montaigne ou à l'humeur de Rousseau. (N. Ed.)

[b] Ce chapitre suffirait seul pour prouver ce que j'ai avancé dans une des préfaces de cette édition complète de mes œuvres, savoir : que j'ai écrit sur la politique dans ma première jeunesse avec un goût aussi vif que sur des sujets d'imagination. Ce n'est donc pas, comme on feint de le croire, la restauration qui m'a fait passer de la littérature à la politique. On reconnaît encore ici les deux caractères qui distinguent ma politique : elle est toujours

J'invite les lecteurs à méditer ce grand sujet. Le traiter ici serait faire un ouvrage sur un ouvrage, et je n'écris que des essais. Dans les causes du renversement de la monarchie en Grèce, peu de choses conduisent à l'éclaircissement de ces vérités.

CHAPITRE III.

L'AGE DE LA MONARCHIE EN GRÈCE.

On ne peut jeter les yeux sur les premiers temps de la Grèce sans frémir. Si l'âge d'or coula dans l'Argolide sous les pasteurs Inachus et Phoronée; si Cécrops donna des lois pures à l'Attique; si Cadmus introduisit les lettres dans la Béotie; ces jours de bonheur fuirent avec tant de rapidité, qu'ils ont passé pour un songe chez la postérité malheureuse.

Les muses ont souvent fait retentir la scène des noms tragiques des Agamemnon, des Œdipe et des Thésée [1]. Qui de nous ne s'est attendri aux chefs-d'œuvre des Crébillon [a] et des Racine? A la peinture de ces fameux malheurs des rois, nous versions des larmes jadis, comme à des fables : témoin de la catastrophe de Louis XVI et de sa famille, nous pourrons maintenant y pleurer comme à des vérités [b].

Des massacres [2], des enlèvements [3], des incendies [4]; des peuples entiers forcés à l'émigration par leur misère [5]; d'autres se levant en masse pour envahir leurs voisins [6]; des rois sans autorité [7], des grands factieux [8], des nations barbares [9] : tel est le tableau que nous présente la Grèce monarchie. Tout à coup, sans qu'on en voie de raisons apparentes, des républiques se forment de toutes parts. D'où vient cette transition soudaine? Est-ce l'opinion qui, comme un

de bonne foi, et toujours monarchique, bien que favorable à la liberté. Malgré l'admiration que je professais alors pour J. J. Rousseau, je combats vigoureusement le système de son *Contrat social*, et l'on va voir bientôt que cela me mène à conclure contre les républiques en faveur de la monarchie constitutionnelle. Il est plaisant qu'on ait voulu faire de moi, dans ces derniers temps, un républicain, parce que j'ai dit que si l'on n'adoptait pas franchement la monarchie représentative, on irait se perdre dans la république; vérité qui me paraît démontrée jusqu'à l'évidence. Le despotisme militaire pourrait peut-être subsister un moment, mais sa durée est impossible dans l'état actuel de nos mœurs. Si l'armée est nombreuse, elle a tous les sentiments de la nation; si elle est faible, la population la domine et l'entraîne. N'est pas d'ailleurs despote militaire qui veut; on ne le devient qu'à force de combats et de conquêtes : pour établir l'esclavage chez un peuple, il faut à ce peuple de la gloire ou des malheurs. Encore une fois, abandonnez la monarchie constitutionnelle, et vous tombez de force dans la république. (N. Ed.)

[1] Eschyle, Sophocle, Euripide.

[a] Crébillon est ici singulièrement associé à Racine : ce sont jugements de collége (N. Ed.)
[b] Dans cet *Essai*, où je devais être *athée* et *républicain*, on me trouve presque à chaque page religieux, monarchique et fidèle à mes princes légitimes. (N. Ed.)

[2] Plut.. *in Thes.*
[3] Hom., *Iliad.*
[4] *Ibid.*, lib. ix.
[5] Herod., lib. i, cap. cxlv; Strab., lib. xiii, pag. 582; Pausan. lib. vii, cap. ii, pag. 524.
[6] Pausan., lib. ii, cap. xiii; Thucyd., lib. i, pag. 2.
[7] Plut., *in Thes.*; Diod., lib. iv, pag. 266.
[8] Pausan., cap. ii, pag. 7.
[9] Ælian., *Var. Hist.*, lib. iii, cap. xxxviii.

torrent renverse subitement le trône? Sont-ce des tyrans qui ont mérité leur sort à force de crimes? Non. Ici on abolit la royauté par estime pour cette royauté même, « nul homme, disent les Athéniens, n'étant digne de succéder à Codrus[1] : » là c'est un prince héritier de la couronne, qui établit lui-même la constitution populaire[2].

Cette révolution singulière, différente dans ses principes de toutes celles que nous connaissons, a été l'écueil de la plupart des écrivains qui ont voulu en rechercher les causes [a]. Mably, effleurant rapidement le sujet, se jette aussitôt dans les constitutions républicaines[3], sans nous apprendre le secret qui fit trouver ces constitutions. Tâchons, malgré l'obscurité de l'histoire, de faire quelques découvertes dans ce champ nouveau de politique.

CHAPITRE IV.

CAUSES DE LA SUBVERSION DU GOUVERNEMENT ROYAL CHEZ LES GRECS. — ELLES DIFFÈRENT TOTALEMENT DE CELLES DE LA RÉVOLUTION FRANÇAISE.

La première raison qu'on entrevoit de la chute de la monarchie en Grèce se tire des révolutions qui désolèrent si longtemps ce beau pays. Depuis la prise de Troie, jusqu'à l'extinction de la royauté à Athènes, et même longtemps après, un bouleversement général changea la face de la contrée. Dans ce chaos de choses nouvelles, l'ordre des successions au trône fut violé[4]; les rois perdirent peu à peu leur puissance, et les peuples l'idée d'un gouvernement légal. Toutes les humeurs du corps politique, allumées par la fièvre des révolutions, se trouvaient à ce plus haut point d'énergie d'où sortent les formes premières et les grandes pensées : le moindre choc dans l'État était alors plus que suffisant pour renverser de frêles monarchies qui pouvaient à peine porter ce nom.

Nous trouvons dans l'esprit des riches une autre cause non moins frappante de la subversion du gouvernement royal en Grèce. Ceux-ci, profitant de la confusion générale pour usurper l'autorité, semaient les factions autour des trônes où ils aspiraient[5]. C'est un trait commun à toutes les révolutions dans le sens républicain, qu'elles ont rarement commencé par le peuple [b]. Ce sont

[1] Meurs., *de Regib. Athen.*, lib. III, cap. XI.
Ils reconnurent pour roi Jupiter.
[2] Plut., *in Lyc.*

[a] Je soulève certainement ici une question nouvelle; mais je promets avec témérité une solution que je ne donnerai pas. (N. Ed.)

[3] *Observat. sur l'Hist. de la Grèce*, pag. 1-20.
[4] Pausan., lib. II, cap. XIII et XVIII; Vell. Paterc., lib. I, cap. II.
[5] Diod., lib. IV; Pausan., lib. IX, cap. V.

[b] Observation digne de l'histoire; mais pour être logique, après m'être servi de l'adverbe *rarement*, il ne fallait pas dire ce sont *toujours* les nobles; il fallait dire ce sont *presque toujours* les nobles. Je fais d'ailleurs le procès de l'aristocratie avec trop de rigueur. Pourquoi l'aristocratie est-elle disposée à mettre des obstacles au pouvoir d'un seul? C'est que son principe naturel est la liberté, comme le principe naturel de la démocratie est l'égalité. Aussi voyons-nous que les rois qui aspirent au despotisme détestent l'aristocratie, et qu'ils recherchent la faveur populaire, laquelle ils sont sûrs d'obtenir en sacrifiant les riches et les nobles

toujours les nobles qui, en proportion de leur force et de leurs richesses, ont attaqué les premiers la puissance souveraine : soit que le cœur humain s'ouvre plus aisément à l'envie dans les grands que dans les petits, ou qu'il soit plus corrompu dans la première classe que dans la dernière, ou que le partage du pouvoir ne serve qu'à en irriter la soif; soit enfin que le sort se plaise à aveugler les victimes qu'il a une fois marquées. Qu'arrive-t-il lorsque l'ambition des grands est parvenue à renverser le trône? Que le peuple, opprimé par ses nouveaux maîtres, se repent bientôt d'avoir assis une multitude de tyrans à la place d'un roi légitime. Sans égard au prétendu patriotisme dont ces hommes s'étaient couverts, il finit par chasser la faction honteuse; et l'État, selon sa position morale, se change en république ou retourne à la monarchie [a].

Une troisième source de la constitution populaire chez les Grecs mérite surtout d'être connue, parce qu'elle découle essentiellement de la politique, et qu'elle n'a pas encore, du moins que je sache, été découverte par les publicistes, je veux dire l'accroissement du pouvoir des Amphictyons. Cette assemblée fédérative, instituée par le troisième roi d'Athènes[1], étendit peu à peu son autorité sur toute la Grèce[2]. Or, par le principe, il ne peut y avoir deux souverains dans un État. Une monarchie n'est plus, là où il y a une convention souveraine en unité. Que si l'on dit que le conseil amphictyonique n'avait que le droit de proposition et ressemblait, dans ses rapports, aux diètes d'Allemagne, c'est faute d'avoir remarqué que,

Ce n'étaient pas les envoyés des princes qui composaient l'assemblée, mais les députés des peuples[3];

Qu'une telle convention était propre à faire naître aux nations qu'elles représentaient l'idée des formes républicaines;

Enfin que les Amphictyons, favorisés de l'opinion publique, devaient tôt ou tard, par cet ambitieux esprit de corps, naturel à toute société particulière, s'arroger des droits hors de leur institution; et que conséquemment les monarchies devaient aussi cesser tôt ou tard[4].

Mais la grande et générale raison de l'établissement des républiques en

---

au principe de l'égalité. Si l'aristocratie a souvent attaqué la puissance souveraine, c'est encore plus souvent la démocratie qui a livré la liberté à cette puissance. Mais remarquez qu'aussitôt que le monarque est parvenu au despotisme par le peuple, il ne veut plus du peuple et retourne à l'aristocratie qu'il a proscrite; car, si le peuple est bon pour faire usurper la tyrannie, il ne vaut rien pour la maintenir. (N. Ed.)

[a] Ceci est imprimé en 1797; la prédiction s'est vérifiée pour la France. (N. Ed.)

[1] On ignore le temps précis de l'institution de cette assemblée, et l'on varie également sur le nom de son auteur : les uns, tels que Pausanias, le nommaient *Amphictyon*; les autres, tels que Strabon, *Acrisius*. En suivant l'opinion commune, l'époque en remonterait vers le quinzième siècle avant notre ère.

[2] Æschin., *de fals. Leg.*

[3] *Id., ibid.*; Strab., page 413.

[4] Dans les jugements que le corps amphictyonique prononçait contre tel ou tel peuple, il avait le droit d'armer toute la Grèce au soutien de son décret, et de séparer le peuple condamné de la communion du temple. Comment une faible monarchie aurait-elle pu résister à ce colosse de puissance populaire, secondé du fanatisme religieux [*]? (Diod., lib. xvi; Plut., *in Themist.*)

[*] J'attribue trop de pouvoir au conseil amphictyonique; mais j'aurais dû remarquer qu'il renfermait dans sa constitution fédérale le premier germe de la république représentative. (N. Ed.)

Grèce, est qu'en effet ces républiques ne furent jamais de vraies monarchies *a*; je m'expliquerai par la suite sur cet important sujet[1].

Telles furent les causes éloignées et immédiates qui contribuèrent au développement de cette grande révolution. Mais, puisque l'histoire nous a laissé ignorer par quelle étonnante suite d'idées les hommes, vivant de tout temps sous des monarchies, trouvèrent les principes républicains, disons que quelques oppressions réelles, beaucoup d'imaginaires, la lassitude des choses anciennes et l'amour des nouvelles, des chances et des hasards, par qui tout arrive *b*, enfin cette nécessité qu'on appelle la force des choses, produisirent les républiques, sans qu'on sût d'abord distinctement ce que c'était, et l'effet ayant dans la suite fait analyser la cause, les philosophes se hâtèrent d'écrire des principes.

Au reste, il serait superflu de faire remarquer aux lecteurs que les sources d'où coula la révolution républicaine en Grèce n'ont rien, ou presque rien de commun avec celles de la dernière révolution en France. Nous allons passer maintenant aux conséquences de la première. Je ne m'attacherai, comme tous les autres écrivains, qu'à l'histoire de Sparte et d'Athènes. Les annales des autres petites villes sont trop peu connues pour intéresser.

CHAPITRE V.

EFFET DE LA RÉVOLUTION RÉPUBLICAINE SUR LA GRÈCE. — ATHÈNES, DEPUIS CODRUS JUSQU'A SOLON, COMPARÉE AU NOUVEL ÉTAT DE LA FRANCE.

Cette révolution fut bien loin de donner le bonheur à la Grèce. La preuve que le principe n'était pas trouvé, c'est que toutes les petites républiques se virent immédiatement plongées dans l'anarchie après l'extinction de la royauté. Sparte seule, qui fut assez heureuse pour posséder dans le même homme le révolutionnaire *c* et le législateur, jouit tout à coup du fruit de sa nouvelle constitution. Partout ailleurs les riches, sous le nom captieux de magistrats, s'emparèrent de l'autorité souveraine qu'ils avaient anéantie [2]; et les pauvres languirent dans les factions et la misère [3].

Depuis le dévouement de Codrus à Athènes jusqu'au siècle de Solon, l'histoire est presque muette sur l'état de cette république. Nous savons seulement que l'archontat à vie, que les citoyens substituèrent d'abord à la royauté, fut dans la suite réduit à dix ans, et qu'ils finirent par le diviser entre neuf magistrats annuels [4].

---

a Cette phrase est obscure. Qu'est-ce que des républiques qui ne furent jamais de vraies monarchies? Le fond de la pensée est ceci : les monarchies primitives de Rome et de la Grèce ne furent point de véritables monarchies dans le sens absolu du mot : pour se transformer en républiques, ces monarchies n'eurent pas besoin de changer leurs institutions : il leur suffit d'abolir le pouvoir royal. (N. ED.)

[1] A la révolution de Brutus.

b Me voilà bien matérialiste : attendons quelques pages. (N. ED.)
c Expression hardie, mais peut être juste. (N. ED.)

[2] ARIST., *de Rep.*, tom. II, lib. II, cap. XII. — [3] PLUT., *in Solon.* — [4] MEURS., *de Archont.*, lib. I, cap. I, etc.

Ainsi les Athéniens s'habituèrent par degrés au gouvernement populaire. Ils passèrent lentement de la monarchie à la république. Le statut nouveau était toujours formé en partie du statut antique. Par ce moyen on évitait ces transitions brusques, si dangereuses dans les États, et les mœurs avaient le temps de sympathiser avec la politique. Mais il en résulta aussi que les lois ne furent jamais très-pures, et que le plan de la constitution offrit un mélange continuel de vérités et d'erreurs, comme ces tableaux où le peintre a passé par une gradation insensible des ténèbres à la clarté; chaque nuance s'y succède doucement; mais elle se compose sans cesse de l'ombre qui la précède et de la lumière qui la suit *a*.

Cependant cette mobilité de principes devait produire de grands maux. Les Athéniens, semblables aux Français sous tant de rapports, en changeant incessamment l'économie du gouvernement, comme ces derniers l'ont fait de nos jours, vivaient dans un état perpétuel de troubles [1] : car dans toute révolution il se trouve toujours de chauds partisans des institutions nouvelles, et des hommes attachés aux antiques lois de la patrie par les souvenirs d'une vie passée sous leurs auspices.

Comme en France encore, l'antipathie des pauvres et des riches était à son comble [2]. A Dieu ne plaise que je veuille fermer les oreilles à la voix du nécessiteux. Je sais m'attendrir sur le malheur des autres; mais, dans ce siècle de philanthropie, nous avons trop déclamé contre la fortune. Les pauvres, dans les États, sont infiniment plus dangereux que les riches, et souvent ils valent moins qu'eux *b*.

Le besoin d'une constitution déterminée se faisait sentir de plus en plus. Dracon, philosophe inexorable, fut choisi pour donner des lois à l'humanité. Cet homme méconnut le cœur de ses semblables; il prit les passions pour des crimes; et, punissant également du dernier supplice et le faible et le vicieux [3], il sembla prononcer un arrêt de mort contre le genre humain.

Ces lois de sang, telles que les décrets funèbres de Robespierre, favorisèrent les insurrections. Cylon, profitant des troubles de sa patrie, voulut s'emparer de la souveraineté. On l'assiège aussitôt dans la citadelle, d'où il parvient à s'échapper. Ses partisans, réfugiés dans le temple de Minerve, en sortent sous promesse de la vie, et on les sacrifie aussitôt sur l'autel des Euménides [4]. La France n'est pas la première république qui ait eu des lois sauvages et de barbares citoyens.

---

a Ces morceaux-là, et il y en a quelques-uns de semblables dans l'*Essai*, demandent peut-être grâce pour l'ouvrage et pour le jeune homme. (N. ED.)

[1] HEROD., lib. I, cap. LIX; PLUT., *in Solon*. — [2] *Id., ibid.*

b Comment a-t-on pu confondre dans mes écrits l'amour d'une liberté raisonnable avec le sentiment révolutionnaire, quand je montre partout la haine des crimes et des principes démagogiques? Si j'ai fait quelques reproches aux rois, j'en ai fait également aux nobles et aux plébéiens. Je me défie de ces Brutus à la besace, qui commencent par changer leur poignard en une médaille de la police, et qui finissent par attacher des plaques et des rubans à leurs haillons républicains. Dans les *Martyrs* j'ai mis un pauvre aux enfers avec un riche : il faut faire justice à tout le monde. (N. ED.)

[3] HEROD., lib. I, pag. 87. — [4] THUCYD., lib. I, cap. CXXVI; PLUT., *in Solon*.

Ce régime de terreur passe, mais il ne reste à la place que relâchement et faiblesse. Les Athéniens, comme les Français, abhorrèrent ces atrocités, et, comme eux aussi, ils se contentèrent de verser des pleurs stériles. Cependant le peuple, effrayé de son crime, s'imaginait voir les vengeances de Minerve suspendues sur sa tête. Les dieux, secondant les cris de l'humanité, remplissaient les consciences de troubles, et tel qui n'eût été qu'un pitoyable anthropophage dans la France incrédule, fut touché de repentir à Athènes : tant la religion est nécessaire aux hommes *a* !

Pour apaiser ces tourments de l'âme, plus insupportables que ceux du corps, on eut recours à un sage nommé *Épiménide* [1]. Si celui-ci ne ferma pas les plaies réelles de l'État, il fit plus encore en guérissant les maux imaginaires. Il bâtit des temples aux dieux, leur offrit des sacrifices [2], et versa le baume de la religion dans le secret des cœurs. Il ne traitait point de superstition ce qui tend à diminuer le nombre de nos misères; il savait que la statue populaire, que le pénate obscur qui console le malheureux, est plus utile à l'humanité que le livre du philosophe qui ne saurait essuyer une larme *b*.

Mais ces remèdes, en engourdissant un moment les maux de l'État, ne furent pas assez puissants pour les dissiper. Peu après le départ d'Épiménide les factions se rallumèrent. Enfin, les partis fatigués résolurent de se jeter dans les bras d'un seul homme. Heureusement pour la république cet homme était Solon [3].

Je n'entrerai point dans le détail des institutions de ce législateur célèbre, non plus que dans celui des lois de Lycurgue : de trop grands maîtres en ont parlé. Je dirai seulement ce qui tend au but de mon ouvrage. Pour ne pas couper le sujet, nous allons continuer l'histoire d'Athènes jusqu'au bannissement des Pisistratides : nous reviendrons ensuite à Lacédémone.

CHAPITRE VI.

QUELQUES RÉFLEXIONS SUR LA LÉGISLATION DE SOLON. — COMPARAISON. — DIFFÉRENCE.

Les gouvernements mixtes sont vraisemblablement les meilleurs, parce que l'homme de la société est lui-même un être complexe, et qu'à la multitude de ses passions il faut donner une multitude d'entraves. Sparte, Carthage, Rome et l'Angleterre, ont été, par cette raison, regardées comme des modèles en politique *c*. Quant à Athènes, nous remarquerons ici qu'elle a réellement possédé ce que la France prétend avoir de nos jours : la constitution la plus démocratique qui ait jamais existé chez aucun peuple. Au mot *démocratie* on se

---

a Qu'est devenu mon matérialisme précédent? (N. ED.)

[1] PLAT. *de Leg.*, lib. I, tom. II.
[2] STRAB., lib. X, pag. 479.

b Voilà un singulier athée! Trouve-t-on dans le *Génie du Christianisme* une page où l'accent religieux soit plus sincère et plus tendre? (N. ED.)

[3] PLUT., *in Solon*.

c C'est tout mon système politique clairement énoncé, franchement avoué, et tel que je le professe aujourd'hui. (N. ED.)

figure une nation assemblée en corps délibérant sur ses lois? non. Cela signifie maintenant deux conseils, un directoire, et des citoyens à qui l'on permet de rester chez eux jusqu'à la première réquisition *a*.

Le législateur athénien et les réformateurs français se trouvaient à peu près placés entre les mêmes dangers au commencement de leurs ouvrages. Une foule de voix demandaient la répartition égale des fortunes. Pour éviter le naufrage de la chose publique, Solon fut forcé de commettre une injustice. Il remit les dettes, et refusa le partage des terres [1]. Les assemblées nationales de France ont pensé différemment : elles ont garanti la créance de l'usurier, et divisé les biens des riches. Cela seul suffit pour caractériser la différence des deux siècles *b*.

Dans les institutions morales nous trouvons les mêmes contrastes. Des femmes pures parurent indispensables à Athènes pour donner des citoyens vertueux à l'État [2], et le divorce n'était permis qu'à des conditions rigoureuses [3]. La France républicaine a cru que la Messaline qui va offrant sa lubricité d'époux en époux n'en sera pas moins une excellente mère.

« Qu'il soit chassé des tribunaux, de l'assemblée générale, du sacerdoce, disait la loi à Athènes ; qu'il soit rigoureusement puni, celui qui, noté d'infamie par la dépravation de ses mœurs, ose remplir les fonctions saintes de législateur ou de juge [4] ; que le magistrat qui se montre en état d'ivresse aux yeux du peuple soit à l'instant mis à mort [5] ? »

Ces décrets-là, sans doute, n'étaient pas faits pour la France. Que fût devenue, sous un pareil arrêt, toute l'assemblée constituante dans la nuit du 4 août 1789 *c* ?

Ceci mène à une triste réflexion. Fanatiques admirateurs de l'antiquité, les Français *d* semblent en avoir emprunté les vices, et presque jamais les vertus. En naturalisant chez eux les dévastations et les assassinats de Rome et d'Athènes, sans en atteindre la grandeur, ils ont imité ces tyrans qui, pour

---

a Cette moquerie de la constitution du Directoire était assez bonne alors ; mais c'est pourtant le principe de la division des pouvoirs posé dans cette constitution qui a sauvé la France.
(N. Ed.)

[1] Plut., *in Solon.*, pag. 87.

b Tous les créanciers n'étaient pas des usuriers ; mais la remarque ne m'en semble pas moins importante. Jusqu'à présent la comparaison entre les anciennes révolutions et la révolution française peut se soutenir, et ne produit que ces rapprochements politiques plus ou moins vrais, plus ou moins ingénieux, auxquels Montesquieu lui-même s'est plu dans l'*Esprit des Lois*; mais, en avançant, cette comparaison perpétuelle, surtout quand il s'agira des hommes et des ouvrages littéraires, deviendra le comble du ridicule. (N. Ed.)

[2] Plut., *in Solon.*, pag. 90, 91.
[3] Pet., *in Leg. Attic.*
[4] Æsch., *in Tim.*
[5] Laert., *in Solon.*

Apparemment que le parti de Drouet, en s'insurgeant contre le Directoire, se rappelle cette autre loi de Solon, par laquelle il était permis de tuer le magistrat qui conservait sa place après la destruction de la démocratie.

c Ce jugement est dur, mais il ne porte évidemment que sur l'état d'ivresse où l'on prétend que se trouvaient les membres de l'assemblée constituante dans la nuit du 4 août 1789 J'examinerais aujourd'hui avec plus d'impartialité un fait historique avant d'en faire la base d'un raisonnement. (N. Ed.)

d Il faut entendre ici non pas les Français *en général*, mais les Français de cette époque.
(N. Ed.)

embellir leur patrie, y faisaient transporter les ruines et les tombeaux de la Grèce.

Au reste, nous entrons ici sur un sol sacré, où chaque pouce de terrain nous offrira un nouveau sujet d'étonnement. Peut-être même pourrai-je déjà beaucoup dire ; mais il n'est pas encore temps. Lecteurs, je le répète, veillez, je vous en supplie, plus que jamais sur vos préjugés. C'est au moment où un coin du rideau commence à se lever que l'on est le plus sensible, surtout si ce que nous apercevons n'est pas dans le sens de nos idées.

On m'a souvent reproché de voir les objets différemment des autres *a* : cela peut être. Mais si on se hâte de me juger sans me laisser le temps de me développer à ma manière, si on se blesse de certaines choses avant de connaître la place que ces choses occupent dans l'harmonie générale des parties, j'ai fini pour ces gens-là. Je n'ai ni l'envie ni le talent de tout penser et de tout dire à la fois.

Je reviens.

CHAPITRE VII.

ORIGINE DES NOMS DES FACTIONS : LA MONTAGNE ET LA PLAINE.

Solon voulut couronner ses travaux par un sacrifice. Voyant que sa présence faisait naître des troubles à Athènes, il résolut de s'en bannir par un exil volontaire. Il s'arracha donc pour dix ans[1] au séjour si doux de la patrie, après avoir fait promettre à ses concitoyens qu'ils vivraient en paix jusqu'à son retour. On s'aperçut bientôt qu'on n'ajourne point les passions des hommes.

Depuis longtemps l'État nourrissait dans son sein trois factions qui ne cessaient de le déchirer. Quelquefois, réunies par intérêt ou tranquilles par lassitude, elles semblaient s'éteindre un moment ; mais bientôt elles éclataient avec une nouvelle furie.

La première, appelée *le parti de la Montagne*, était composée, ainsi que le fameux parti du même nom en France, des citoyens les plus pauvres de la république, qui vouaient une pure démocratie[2]. Par l'établissement d'un sénat[3], et l'admission exclusive des riches aux charges de magistrature[4], Solon avait opposé une digue puissante à la fougue populaire ; et la Montagne, trompée dans ses espérances, n'attendait que l'occasion favorable de s'insurger contre les dernières institutions. C'étaient les Jacobins d'Athènes.

Le second parti, connu sous le nom de *la Plaine*, réunissait les riches possesseurs de terres qui, trouvant que le législateur avait trop étendu le pouvoir du petit peuple, demandaient la constitution oligarchique, plus favorable à leurs intérêts[5]. C'étaient les Aristocrates.

Enfin, sous un troisième parti, distingué par l'appellation de *la Côte*, se rangeaient tous les négociants de l'Attique. Ceux-ci, également effrayés de la

---

a J'ai déjà fait une note sur ce ton suffisant, sur cette bouffissure de l'auteur de l'*Essai*. A peine aujourd'hui aurais-je assez d'autorité pour parler de moi avec tant d'importance. Pour dire avec quelque convenance, *on m'a souvent reproché de voir*, etc., il faudrait être depuis longtemps connu du public ; cela fait pitié quand c'est un écolier, dont on ne sait pas même le nom, qui, dans son premier barbouillage, affecte ces airs de docteur. (N. ED.)

[1] Plut., *in Solon*. — [2] Hérod., lib. I, cap. LIX ; Plut., *in Solon*. — [3] Hérod., lib. I, pag. 88. — [4] Arist., *de Rep.*, lib. II, cap. XII, pag. 336. — [5] Plut., *in Solon.*, pag. 85.

licence des pauvres et de la tyrannie des grands, inclinaient à un gouvernement mixte, propre à réprimer l'un et l'autre [1] : ils jouaient le rôle des Modérés.

Athènes se trouvait ainsi, à peu près, dans la même position que la France républicaine : nul ne goûtait la nouvelle constitution; tous en demandaient une autre; et chacun voulait celle-ci d'après ses vues particulières. On voit encore ici la source d'où les Français ont tiré les noms des partis qui les divisaient [a] : comme si mes malheureux compatriotes n'avaient pas déjà trop de leurs haines nationales, sans aller remuer les cendres des factions étrangères parmi les ruines des États qu'elles ont dévorés !

CHAPITRE VIII.

PORTRAITS DES CHEFS.

Des mêmes causes les mêmes effets. Il devait s'élever alors des tyrans à Athènes, comme il s'en est élevé de nos jours à Paris. Mais autant le siècle de Solon surpasse le nôtre en morale, autant les factieux de l'Attique furent supérieurs en talents à ceux de la France.

A la tête des Montagnards on distinguait Pisistrate [2] : brave [3], éloquent [4], généreux [5], d'une figure aimable [6] et d'un esprit cultivé [7], il n'avait de Robespierre que la dissimulation profonde [8], et de l'infâme d'Orléans [b] que les richesses [9] et la naissance illustre [10]. Il prit la route que ce dernier conspirateur a tâché de suivre après lui. Il fit retentir le mot *égalité* [11] aux oreilles du peuple; et tandis que la liberté respirait sur ses lèvres, il cachait la tyrannie au fond de son cœur.

Lycurgue avait la confiance de la Plaine [12]. Nous ne savons presque rien de lui. C'était apparemment un de ces intrigants obscurs que le tourbillon révolu-

---

[1] Plut., *in Solon.*

[a] Voici le commencement des rapprochements outrés. Comment a-t-il pu me tomber dans la tête que les trois partis athéniens, la *Montagne*, la *Plaine* et la *Côte*, dont les noms ne désignaient que les opinions politiques de trois espèces de citoyens; comment, dis-je, a-t-il pu me tomber dans la tête que ces trois partis se retrouvaient dans trois sections de la Convention nationale? Lorsqu'une fois on s'est laissé dominer par une idée, et qu'on veut tout plier à cette idée, on avance niaisement les imaginations les plus creuses comme des faits indubitables. (N. Ed.)

[2] Plut., *in Solon.* — [3] Herod., lib. I, cap. LIX. — [4] Plut., *in Solon.* — [5] Id., *ibid.* — [6] Athen., lib. XII, cap. VIII. — [7] Cicer., *de Orat.*, lib. III, cap. XXXIV. — [8] Plut., *in Solon.*

[b] Pour tout commentaire à cette expression violente je citerai ici en note un autre passage de l'*Essai*, qui se trouvera dans le chapitre XII de la seconde partie de cet *Essai*, et qui tombe à la page 457 de l'édition de Londres :
« Déjà un Bourbon, qui devait être le plus riche particulier de l'Europe, a été obligé, pour
« vivre, d'avoir recours en Suisse au moyen employé par Denys à Corinthe. Sans doute le
« duc d'Orléans aura enseigné à ses pupilles les dangers d'une ambition coupable, et surtout
« les périls d'une mauvaise éducation. Il se sera fait une loi de leur répéter que le premier
« devoir de l'homme n'est pas d'être roi, mais d'être probe. Si ce mot paraît sévère, j'en
« appelle à ce prince lui-même, qu'on dit d'ailleurs plein de courage et de vertus naturelles.
« Qu'il jette les regards autour de lui en Europe, qu'il contemple les milliers de victimes sa-
« crifiées chaque jour à l'ambition de sa famille. J'aurais voulu éviter de nommer son père. »
(N. Ed.)

[9] Herod., lib. I, cap. LIX. — [10] Herod., lib. V, cap. LXV. — [11] Plut., *in Solon.* — [12] Plut., *in Solon.*

tionnaire jette quelquefois au plus haut point du système, sans qu'ils sachent eux-mêmes comment ils y sont parvenus. Les aristocrates d'Athènes ne furent pas plus heureux dans le choix et le génie de leurs chefs que les aristocrates de France.

Il semble qu'il y ait des hommes qui renaissent à des siècles d'intervalles pour jouer, chez différents peuples, et sous différents noms, les mêmes rôles dans les mêmes circonstances : Mégaclès et Tallien en offrent un exemple extraordinaire. Tous deux redevables à un mariage opulent de la considération attachée à la fortune[1]; tous deux placés à la tête du parti modéré[2], dans leurs nations respectives, ils se font tous deux remarquer par la versatilité de leurs principes et la ressemblance de leurs destinées. Flottant, ainsi que le révolutionnaire français, au gré d'une humeur capricieuse, l'Athénien fut d'abord subjugué par le génie de Pisistrate[3] parvint ensuite à renverser le tyran[4], s'en repentit bientôt après; rappela les Montagnards[5], se brouilla de nouveau avec eux; fut chassé d'Athènes, reparut encore[6], et finit par s'éclipser tout à coup dans l'histoire; sort commun des hommes sans caractère : ils luttent un moment contre l'oubli qui les submerge, et soudain s'engloutissent tout vivants dans leur nullité.

Tel était l'état des factions à Athènes lorsque Solon, après dix ans d'absence, revint dans sa malheureuse patrie [a].

CHAPITRE IX.

PISISTRATE.

Après avoir erré sur le globe, l'homme, par un instinct touchant, aime à revenir mourir aux lieux qui l'ont vu naître, et à s'asseoir un moment au bord de sa tombe, sous les mêmes arbres qui ombragèrent son berceau. La vue de ces objets, changés sans doute, qui lui rappellent à la fois les jours heureux de son innocence, les malheurs dont ils furent suivis, les vicissitudes et la rapidité de la vie, ranime dans son cœur ce mélange de tendresse et de mélancolie, qu'on nomme *l'amour de son pays*.

Quelle doit être sa tristesse profonde, s'il a quitté sa patrie florissante, et qu'il la retrouve déserte ou livrée aux convulsions politiques! Ceux qui vivent au milieu des factions, vieillissant pour ainsi dire avec elles, s'aperçoivent à peine de la différence du passé au présent; mais le voyageur qui retourne aux champs paternels, bouleversés pendant son absence, est tout à coup frappé des changements qui l'environnent : ses yeux parcourent amèrement l'enclos désolé, de même qu'en revoyant un ami malheureux après de longues années,

---

[1] HEROD., lib. VI, cap. CXXV-CXXXI.
Tous les papiers publiés sur les affaires de France. Mégaclès était riche, mais sa fortune fut considérablement augmentée par son mariage avec la fille de Clisthène, tyran de Sicyone.
[2] PLUT., in Solon.; Pap. publ., etc. — [3] PLUT. in Solon., pag. 96. — [4] HEROD., lib. I, cap. LXIV. — [5] Id., ibid. — [6] Id., ibid.

[a] Pisistrate et Robespierre, Mégaclès et Tallien! Je demande pardon au lecteur de tout cela. J'ai plus souffert que lui en relisant ces pages. Il y a peut-être quelque chose dans ces portraits, mais à coup sûr ce n'est pas la ressemblance.   (N. ED.)

on remarque avec douleur sur son visage les ravages du chagrin et du temps. Telles furent sans doute les sensations du sage Athénien, lorsque après les premières joies du retour il vint à jeter les regards sur sa patrie [a].

Il ne vit autour de lui qu'un chaos d'anarchie et de misères. Ce n'étaient que troubles, divisions, opinions diverses. Les citoyens semblaient transformés en autant de conspirateurs. Pas deux têtes qui pensassent de même ; pas deux bras qui eussent agi de concert. Chaque homme était lui tout seul une faction ; et quoique tous s'harmoniassent de haine contre la dernière constitution, tous se divisaient d'amour sur le mode d'un régime nouveau [1].

Dans cette extrémité, Solon cherchait un honnête homme qui, en sacrifiant ses intérêts, pût rendre le calme à la république. Il s'imagina le trouver à la tête du parti populaire ; mais s'il se laissa tromper un moment par les dehors patriotiques de Pisistrate, il ne fut pas longtemps dans l'erreur. Il sentit que, de deux motifs d'une action humaine, il faut s'efforcer de croire à la bonne et agir comme si on n'y croyait pas. Le sage, qui connaissait les cœurs, sut bientôt ce qu'il devait penser d'un homme riche et de haute naissance attaché à la cause du peuple. Malheureusement il le sut trop tard.

Sur le point de dénoncer la conspiration, il n'attendait plus que de nouvelles lumières, lorsque Pisistrate se présente tout à coup sur la place publique, couvert de blessures qu'il s'était adroitement faites [2]. Le peuple ému s'assemble en tumulte. Solon veut en vain faire entendre sa voix [3]. On insulte le vieillard, on frémit de rage, on décrète par acclamation une garde formidable à cette illustre victime de la démocratie, que les nobles avaient voulu faire assassiner [4]. *O homines ad servitutem paratos!* Nous avons vu un tyran de la Convention employer la même machine.

Quiconque a une légère teinture de politique n'a pas besoin qu'on lui apprenne la conséquence de ce décret. Une démocratie n'existe plus là où il y a une force militaire en activité dans l'intérieur de l'État. Que penserons-nous donc des cohortes du Directoire? Pisistrate s'empara peu après de la citadelle [5], et, ayant désarmé les citoyens, comme la Convention les sections de Paris, il régna sur Athènes avec toutes les vertus, hors celles du républicain.

CHAPITRE X.

RÈGNE ET MORT DE PISISTRATE.

La victoire s'attachera au parti populaire toutes les fois qu'il sera dirigé par un homme de génie, parce que cette faction possède au-dessus des autres

---

[a] A des taches près, que je n'ai pas voulu effacer parce que je ne veux pas changer un seul mot à l'*Essai*, ce morceau rappellera peut-être au lecteur des sentiments et même des phrases que j'ai répandus et transportés dans mes autres ouvrages. Il y a quelque chose d'inattendu dans la manière dont ce morceau est amené, comme un délassement à la politique. L'exilé reparait malgré lui, et entraîne un moment le lecteur dans un autre ordre d'images et d'idées. (N. Ed.)

[1] Plut., *in Solon*. — [2] Herod., lib. i, cap. lix et lxiv. — [3] Plut., *in Solon*. — [4] Justin., lib. ii, cap. viii. — [5] Plut. *in Solon*.

l'énergie brutale d'une multitude pour laquelle la vertu n'a point de charmes, ni le crime de remords.

Après tout, le succès ne fait pas le bonheur : Pisistrate en est un exemple. Chassé de l'Attique par Mégaclès réuni à Lycurgue, il y fut bientôt rappelé par ce même Mégaclès, qui, changeant une troisième fois de parti, se vit à son tour obligé de prendre la fuite. Deux fois les orages qui grondent autour des tyrans renversèrent Pisistrate de son trône, et deux fois le peuple l'y replaça de sa main [1]. La fin de sa carrière fut plus heureuse. Il termina tranquillement ses jours à Athènes, laissant à ses deux fils, Hipparque et Hippias, la couronne qu'il avait usurpée [2].

Au reste, ces différentes factions avaient tour à tour, selon les chances de la fortune, rempli la terre de l'étranger d'Athéniens fugitifs. A la mort de Pisistrate, les modérés et les aristocrates se trouvaient émigrés dans plusieurs villes de la Grèce [3] : là nous allons bientôt les voir remplir avec succès le même rôle que, de nos jours, les constitutionnels et les aristocrates de France ont joué si malheureusement en Europe.

CHAPITRE XI.

HIPPARQUE ET HIPPIAS. — ASSASSINAT DU PREMIER. — RAPPORTS.

Hippias et Hipparque montèrent sur le trône aux applaudissements de la multitude. Sages dans leur gouvernement [4] et faciles dans leurs mœurs [5], ils avaient ces vertus obscures que l'envie pardonne, et ces vices aimables qui échappent à la haine. Peut-être eussent-ils transmis le sceptre à leur postérité; peut-être un seul anneau changé dans la chaîne des peuples aurait-il altéré la face du monde ancien et moderne, si la fatalité qui règle les empires n'avait décidé autrement de l'ordre des choses [a].

Hipparque, insulté par Harmodius, jeune Athénien plein de courage, voulut s'en venger par un affront public qu'il fit souffrir à la sœur de ce dernier [6]. Harmodius, la rage dans le cœur, résolut, avec Aristogiton, son ami, d'arracher le jour aux tyrans de sa patrie [7]. Il ne s'en ouvrit qu'à quelques personnes fidèles, comptant, au moment de l'entreprise, sur les principes des uns, les passions des autres, ou du moins sur ce plaisir secret qu'éprouvent les hommes à voir souffrir ceux qu'ils ont crus heureux. Par amour de l'humanité il faut se donner de garde de remarquer que le vice et la vertu conduisent souvent aux mêmes résultats [b].

Le jour de l'exécution étant fixé à la fête des Panathénées, les assassins se

---

[1] Herod., lib. I, cap. LXIV; Arist., lib. v, *de Rep.*, cap. XII. — [2] *Id., ibid.* — [3] Herod., lib. v, cap. LXII-XCVI. — [4] Thucyd., lib. vi, cap. LIV. — [5] Athen., lib. XII, cap. VIII.

[a] Encore la *fatalité*, bientôt nous reverrons la religion : j'en étais au *que sais-je?* (N. Ed.)

[6] Thucyd., lib. vi, cap, LVI. — [7] *Id., ibid.*; Plut., *in Hipparch.*, pag. 229.

[b] Cela est affreux et n'a pu être arraché qu'à la misanthropie d'un jeune homme qui se croit près de mourir, et qui n'a éprouvé que des malheurs sans avoir rien fait pour les mériter. De pareils traits sont bien autrement condamnables que les sottes impiétés de l'*Essai*, qui n'étaient après tout que le sot esprit de mon siècle. (N. Ed.)

rendirent au lieu désigné. Hipparque tomba sous leurs coups, mais son frère leur échappa. Heureux cependant s'il eût partagé la même destinée ! Aristogiton, présenté à la torture, accusa faussement les plus chers amis d'Hippias[1], qui les livra sur-le-champ aux bourreaux. L'amitié offrit ce sacrifice, aussi ingénieux que terrible, aux mânes d'Harmodius massacré par les gardes du tyran.

Depuis ce moment, Hippias, désabusé du pouvoir des bienfaits sur les hommes, ne voulut plus devoir sa sûreté qu'à sa barbarie[2]. Athènes se remplit de proscriptions : les tourments les plus cruels furent mis en usage; et les femmes, comme de nos jours, s'y distinguèrent par leur constance héroïque[3]. Les citoyens, poursuivis par la mort, se hâtèrent de quitter en foule une patrie dévouée ; mais, plus heureux que les émigrés français, ils emportèrent avec eux leurs richesses[4], et conséquemment leur vertu[a]. C'est ainsi que nous avons vu en France les massacres se multiplier, et de nouvelles troupes de fugitifs joindre leurs infortunés compatriotes sur des terres étrangères, lorsque après le prétendu assassinat d'un des satellites de Robespierre, le monstre se crut obligé de redoubler de furie.

CHAPITRE XII.

GUERRE DES ÉMIGRÉS. — FIN DE LA RÉVOLUTION RÉPUBLICAINE EN GRÈCE.

Cependant les bannis sollicitaient au dehors les puissances voisines de les rétablir dans leurs propriétés. Ils firent parler l'intérêt de la religion[5] et celui d'un peuple qu'ils représentaient opprimé par des tyrans. Les Lacédémoniens prirent enfin les armes en leur faveur[6]. D'abord repoussés par les Athéniens, un hasard leur donna ensuite la victoire; les enfants d'Hippias étant tombés entre leurs mains, celui-ci, père avant que d'être roi, consentit pour les racheter à abdiquer sa puissance et à quitter en cinq jours l'Attique. Cette chute-là tire des larmes : on est fâché de voir un tyran finir par un trait dont bien peu d'honnêtes gens seraient capables.

On peut fixer à la retraite d'Hippias l'époque des beaux jours de la Grèce et la fin de la révolution républicaine : car, quoiqu'il s'élevât encore quelques factieux à Athènes[7], de même qu'après une longue tempête il se forme encore des écumes sur la mer, ils s'évanouirent bientôt dans le calme. N'oublions pas cependant que les Lacédémoniens, qui, en s'armant pour les émigrés, n'avaient eu d'autre vue que de s'emparer de l'Attique, voyant leurs espérances déçues, voulurent rétablir sur le trône celui qu'ils en avaient chassé[8] : tant ces grands mots de justice générale et de philanthropie veulent dire peu de chose ! La soif de la liberté et celle de la tyrannie ont été mêlées ensemble dans le cœur de l'homme par la main de la nature : indépendance pour soi seul, esclavage pour tous les autres, est la devise du genre humain[a].

---

[1] Sen., *de Ira*, lib. II, cap. XXIII. — [2] Thucyd., lib. VI, cap. LIX. — [3] *Id., ibid.*; Plin., lib. VII, cap. XXIII. — [4] Herodot., lib. V.

[a] Terrible ironie. (N. Ed.)

[5] Herod., lib. V. — [6] *Id., ibid.* — [7] Herod., lib. V, cap. LXVI. — [8] *Id., ibid.*

[a] Je ne voudrais pas avoir dit ici la vérité : j'espère que j'ai calomnié l'espèce humaine;

La réinstallation du tyran d'Athènes, proposée par les Spartiates au conseil amphictyonique, en fut rejetée avec indignation. Le malheureux Hippias se retira alors à la cour du satrape Artapherne, où bientôt, en attirant les armes du grand roi contre sa patrie, il ne fit que consolider la république qu'il prétendait renverser.

C'est un des premiers princes qui, descendu du rang des monarques à l'humble condition de particulier, traîna de contrée en contrée ses malheurs, à charge à la terre, ayant partout à dévorer l'insolence ou la pitié des hommes [a].

Ici finit, comme je l'ai remarqué plus haut, la révolution populaire en Grèce. Mais, avant de passer aux caractères généraux et à l'influence de cette révolution sur les autres nations, il est nécessaire de revenir à Sparte.

CHAPITRE XIII.

SPARTE. — LES JACOBINS.

Sparte se présente comme un phénomène au milieu du monde politique. Là nous trouvons la cause du gouvernement républicain, non dans les choses, mais dans le plus grand génie qui ait existé. La force intellectuelle d'un seul homme enfanta ces nouvelles institutions d'où est sorti un autre univers. Il n'entre pas dans mon plan de répéter ici ce que mille publicistes ont écrit de Lacédémone. Voici seulement quelques réflexions qui se lient à mon sujet.

Le bouleversement total que les Français, et surtout les Jacobins, ont voulu opérer dans les mœurs de leur nation, en assassinant les propriétaires, transportant les fortunes, changeant les costumes, les usages et le Dieu même, n'a été qu'une imitation de ce que Lycurgue fit dans sa patrie. Mais ce qui fut possible chez un petit peuple encore tout près de la nature, et qu'on peut comparer à une pauvre et nombreuse famille, l'était-il dans un antique royaume de vingt-cinq millions d'habitants? Dira-t-on que le législateur grec transforma des hommes plongés dans le vice en des citoyens vertueux, et qu'on eût pu réussir également en France? Certes, les deux cas sont loin d'être les mêmes. Les Lacédémoniens avaient l'immoralité d'une nation qui existe sans formes civiles; immoralité qu'il faut plutôt appeler un désordre qu'une véritable corruption : une telle société, lorsqu'elle vient à se ranger sous une constitution, se métamorphose soudainement, parce qu'elle a toute la force primitive, toute la rudesse vigoureuse d'une matière qui n'a pas encore été mise sur le métier. Les Français avaient l'incurable corruption des lois; ils étaient légalement immoraux, comme tous les anciens peuples soumis depuis longtemps à un gouvernement régulier. Alors la trame est usée, et lorsque vous venez à tendre la toile, elle se déchire de toutes parts.

Il y a plus, les grands changements que Lycurgue opéra à Lacédémone furent

du moins je sais qu'en réclamant l'indépendance pour moi, je la souhaite également aux autres. (N. ED.)

[a] Si l'on retranchait de cette histoire des Pisistratides quelques phrases relatives à la révolution française et à ses agents, elle ne serait peut-être pas sans intérêt et sans vues : elle est grave et triste. (N. ED.)

plutôt dans les règlements moraux et civils, que dans les choses politiques. Il institua les repas publics et les leschès[1], bannit l'or et les sciences, ordonna les réquisitions d'hommes et de propriétés[2], fit le partage des terres, établit la communauté des enfants[3], et presque celle des femmes[4]. Les Jacobins, le suivant pas à pas dans ces réformes violentes, prétendirent à leur tour anéantir le commerce, extirper les lettres[5], avoir des gymnases[6], des philities[7], des clubs; ils voulurent forcer la vierge, ou la jeune épouse, à recevoir malgré elle un époux[8], ils mirent surtout en usage les réquisitions, et se préparaient à promulguer les lois agraires.

Ici finit la ressemblance. Le sage Lacédémonien laissa à ses compatriotes leurs dieux, leurs rois et leurs assemblées du peuple[9] qu'ils possédaient de temps immémorial avec le reste de la Grèce. Il ne fit pas vibrer toutes les cordes du cœur humain en brisant à la fois imprudemment tous les préjugés; il sut respecter ce qui était respectable; il se donna de garde d'entreprendre son ouvrage au milieu des troubles, des guerres qui engendrent toutes les sortes d'immoralités. Il eut à surmonter de grandes difficultés sans doute : il fut même obligé d'employer une espèce de violence[10], mais il n'égorgea point

---

[1] PLUT., *in Lyc.*; PAUSANIAS, lib. III, cap. XIV, pag. 240. ISOCR., *Panath.*, t. II. Cette institution, unique dans l'antiquité (si l'on en excepte cette société d'Athènes à laquelle Philippe envoyait de l'or pour l'encourager dans son insouciance des affaires de la patrie), est l'origine de nos clubs modernes. Les réquisitions forcées d'esclaves, de chevaux, etc., sont aussi de Lycurgue. Il semble que cet homme extraordinaire n'ait rien ignoré de ce qui peut toucher les hommes, qu'il ait embrassé à la fois tous les genres d'institutions les plus capables d'agir sur le cœur humain, d'élever leur génie, de développer les facultés de leurs âmes, et de lâcher ou de tendre le ressort des passions. Plus on étudie les lois de Lycurgue, plus on est convaincu que depuis on n'a rien trouvé de nouveau en politique. Lycurgue et Newton ont été deux divinités dans l'espèce humaine. Par l'affreuse imitation des Jacobins, on va voir comment la vertu peut se tourner en vice dans des vases impurs : tant il est vrai encore que chaque âge, chaque nation a ses institutions qui lui sont propres, et que la constitution la plus sublime chez un peuple pourrait être exécrable chez un autre. Au reste, les leschès avaient toutes les qualités des clubs; on s'y assemblait pour y parler de politique.

[2] XÉNOPH., *de Rep. Lacéd.*, pag. 684.

[3] PLUT., *ibid.*

[4] *Id., ibid.*

[5] Le lecteur doit se rappeler les projets de Marat et de Robespierre, qui se trouvent dans tous les papiers et les brochures du temps. Sans doute il sait ces faits tout aussi bien que moi, sans que je sois obligé de citer une foule de journaux et de feuilles publiques. Quant à ceux qui ne connaissent pas la révolution, tant pis ou tant mieux pour eux, mais qu'ils ne me lisent pas.

[6] Les écoles républicaines.

[7] Les repas publics de Sparte.

[8] Ceci est bien connu par les décrets proposés dans la Convention, pour obliger les femmes des émigrés, ou les jeunes filles au-dessous d'un certain âge, d'épouser ce qu'on appelait des citoyens. Je raconterai à ce sujet ce que je tiens d'un témoin oculaire, dont je n'ai aucune raison de soupçonner la véracité. Dans le moment le plus violent de la persécution de Robespierre, lorsque les sœurs et les épouses des émigrés étaient jetées dans des cachots en attendant la mort, on leur envoyait des brigands, soldats dans l'armée intérieure, qui leur disaient : « Citoyennes, nous sommes fâchés de vous l'apprendre, votre sort est décidé : demain la guillotine... mais il y a un moyen de vous sauver, épousez-nous, etc.; » et ils les accablaient des propos les plus grossiers. Si on considère que ces exécrables monstres étaient peut-être les hommes qui avaient assassiné les frères et les maris de ces infortunées, l'atrocité et l'immoralité d'insulter des femmes couchées sur la terre, sans pain, sans vêtements, et plongées dans toutes les douleurs de l'âme et du corps, on ne pourra s'empêcher de frémir à la pensée des crimes dont l'espèce humaine est capable.

[9] PLUT., *in Lyc.* — [10] *Id., ibid.*

les citoyens pour les convaincre de l'efficacité des lois nouvelles; il chérissait ceux-là même qui poussaient la haine de ses innovations jusqu'à le frapper[1]. C'est peut-être ici un des plus curieux, de même qu'un des plus grands sujets commémorés dans les annales des nations. Qu'y a-t-il en effet de plus intéressant que de retrouver dans ce passage le plan original de cet étonnant édifice sur lequel les Jacobins ont calqué la fatale copie qu'ils viennent de nous en donner? il mérite bien la peine qu'on s'y arrête pour en méditer les leçons. J'opposerai dans les chapitres suivants le tableau des réformations des Jacobins à celui de ces réformations de Lycurgue qui ont servi de modèle aux premières, et que j'ai brièvement exposées ci-dessus. Sans cette comparaison il serait impossible de se former une idée juste des rapports et des différences des deux systèmes, considérés dans le génie, les temps, les lieux et les circonstances: ce sera alors au lecteur à prononcer sur les causes qui consolidèrent la révolution à Sparte, et sur celles qui pourront l'établir ou la renverser en France. Celui qui lit l'histoire ressemble à un homme voyageant dans le désert à travers ces bois fabuleux de l'antiquité qui prédisaient l'avenir [a].

CHAPITRE XIV.

SUITE.

Quoique les Jacobins se soient indubitablement proposé Lycurgue pour modèle, ils sont cependant partis d'un principe totalement opposé. La grande base de leur doctrine était le fameux système de perfection[2] que je développerai dans la suite, savoir que les hommes parviendront un jour à une pureté inconnue de gouvernement et de mœurs [b].

---

[1] PLUT., *in Lyc.*

[a] Sparte et les Jacobins! Cependant ce premier chapitre peut, à la rigueur, se soutenir. Il est certain que les demi-lettrés qui furent les premiers chefs des Jacobins affectèrent des imitations de Rome et de Sparte, témoin les noms d'hommes et les diverses nomenclatures de choses qu'ils empruntèrent des Grecs et des Latins. Les chapitres qui suivent et qui, sortant des comparaisons générales, entrent dans les rapprochements particuliers, tombent dans ces ressemblances déraisonnables que j'ai tant de fois critiquées dans ces notes; mais ils sont écrits avec une verve d'indignation, avec une jeunesse de haine contre le crime, qui doit faire pardonner ce qu'ils ont d'absurde dans le système de leur composition. Le style aussi me paraît s'élever dans ces chapitres, et il soutient la comparaison avec ce que j'ai fait de moins mal en politique et en histoire depuis ces derniers temps de ma vie. Les personnes qui déterrèrent l'*Essai* pour me l'opposer ne l'avaient pas lu sans doute tout entier. Il est probable que ceux qui m'ont obligé de fournir contre moi au procès la pièce de conviction seront assez peu satisfaits de son contenu. (N. ED.)

[2] Ce système (plus ou moins reçu par le reste des révolutionnaires, mais qui appartient particulièrement aux Jacobins), sur lequel toute notre révolution est suspendue, n'est presque point connu du public. Les initiés à ce grand mystère en dérobent religieusement la connaissance aux profanes. J'espère être le premier écrivain sur les affaires présentes qui aura démasqué l'idole. Je tiens le secret de la bouche même du célèbre Champfort, qui le laissa échapper devant moi un matin que j'étais allé le voir. Ce système de perfection a obtenu un grand crédit en Angleterre, parmi les membres de la SOCIÉTÉ CORRESPONDANTE. MM. T. et H. paraissent en avoir adopté les principes, de même que l'auteur du GÉNÉRAL JUSTICE, livre (quelle que soit d'ailleurs la différence entre mes opinions et celles de l'auteur) qui annonce des vues peu communes en politique. On trouvera tout ce qui a rapport à cet intéressant sujet dans la seconde partie du cinquième livre de cet ESSAI.

[b] Le système de perfection n'est faux que pour ce qui regarde les mœurs: il est vrai pour tout ce qui est relatif à l'intelligence. (N. ED.)

Le premier pas à faire vers le système était l'établissement d'une république. Les Jacobins, à qui on ne peut refuser l'affreuse louange d'avoir été conséquents dans leurs principes, avaient aperçu avec génie que le vice radical existait dans les mœurs, et que dans l'état actuel de la nation française, l'inégalité des fortunes, les différences d'opinion, les sentiments religieux, et mille autres obstacles, il était absurde de songer à une démocratie sans une révolution complète du côté de la morale *a*. Où trouver le talisman pour faire disparaître tant d'insurmontables difficultés ? à Sparte. Quelles mœurs substituera-t-on aux anciennes? celles que Lycurgue mit à la place des antiques désordres de sa patrie. Le plan était donc tracé depuis longtemps, et il ne restait plus aux Jacobins qu'à le suivre. Mais comment l'exécuter? Au moment de la promulgation de ses lois nouvelles la Laconie était dans une paix profonde. Il était aisé à Lycurgue, moitié de gré, moitié de force, de faire consentir les propriétaires d'un petit pays au partage des terres et à l'égalité des rangs; il était aisé d'ordonner des armées en masse et des réquisitions forcées pour des guerres à venir, quand tout était tranquille autour de soi; il était aisé de transformer une monarchie en un gouvernement populaire chez une nation qui possédait déjà les principes de ce dernier. Quelle différence de temps, de circonstances, entre l'époque de la réforme lacédémonienne et celle où les Jacobins prétendaient l'introduire chez eux! Attaquée par l'Europe entière, déchirée par des guerres civiles, agitée de mille factions, ses places frontières ou prises ou assiégées, sans soldats, sans finances, hors un papier discrédité qui tombait de jour en jour, le découragement dans tous les états, et la famine presque assurée; telle était la France, tel le tableau qu'elle présentait à l'instant même qu'on méditait de la livrer à une révolution générale. Il fallait remédier à cette complication de maux; il fallait établir à la fois par un miracle la république de Lycurgue chez un vieux peuple nourri sous une monarchie, immense dans sa population et corrompu dans ses mœurs, et sauver un grand pays sans armées, amolli dans la paix et expirant dans les convulsions politiques, de l'invasion de cinq cent mille hommes des meilleures troupes de l'Europe.

Ces forcenés seuls pouvaient en imaginer les moyens, et, ce qui est encore plus incroyable, parvenir en partie à les exécuter : moyens exécrables sans doute, mais, il faut l'avouer, d'une conception gigantesque. Ces esprits raréfiés au feu de l'enthousiasme républicain, et pour ainsi dire réduits, par leurs scrutins épuratoires [1], à la quintessence du crime, déployèrent à la fois une énergie dont il n'y a jamais eu d'exemple, et des forfaits que tous ceux de l'histoire mis ensemble pourraient à peine égaler.

Ils virent que, pour obtenir le résultat qu'ils se proposaient, les systèmes

---

a Les Jacobins n'avaient point aperçu tout cela, et ils n'avaient point de génie : je leur prête des idées quand je ne devrais leur accorder que des crimes ; mais les crimes ont quelquefois d'immenses résultats. Je mets aussi à tort sur le compte d'une poignée d'hommes sanguinaires ce qu'il faut attribuer à la nation : la défense de la patrie. Je fais trop d'honneur à des scélérats en les associant à une gloire qui suffit à peine pour noyer dans son éclat leur abominable souvenir.
(N. Ed.)

[1] On sait que les Jacobins expulsaient à certaines époques périodiques tous ceux de leurs membres soupçonnés de modérantisme ou d'humanité, et on appelait cela un scrutin épuratoire.

reçus de justice, les axiomes communs d'humanité, tout le cercle des principes adoptés par Lycurgue, ne pouvaient être utiles, et qu'il fallait parvenir au même but par un chemin différent. Attendre que la mort vînt saisir les grands propriétaires, ou que ceux-ci consentissent à se dépouiller; que les années déracinassent le fanatisme et vinssent changer les costumes et les mœurs; que des recrues ordinaires fussent envoyées aux armées, attendre tout cela leur parut douteux et trop long, et comme si l'établissement de la république et la défense de la France, pris séparément, eussent été trop peu pour leur génie, ils résolurent de tenter les deux à la fois.

Les gardes nationales étant achetées, des agents placés à leurs postes dans tous les coins de la république, le mot communiqué aux sociétés affiliées, les monstres se bouchant les oreilles, ou s'arrachant pour ainsi dire les entrailles de peur d'être attendris, donnèrent l'affreux signal qui devait rappeler Sparte de ses ruines. Il retentit dans la France comme la trompette de l'ange exterminateur : les monuments des fils des hommes s'écroulèrent, et les tombes s'ouvrirent.

CHAPITRE XV.

SUITE.

Au même instant mille guillotines sanglantes s'élèvent à la fois dans toutes les cités et dans tous les villages de la France. Au bruit du canon et des tambours le citoyen est réveillé en sursaut au milieu de la nuit, et reçoit l'ordre de partir pour l'armée. Frappé comme de la foudre, il ne sait s'il veille : il hésite, il regarde autour de lui, il aperçoit les têtes pâles et les troncs hideux des malheureux qui n'avaient peut-être refusé de marcher à la première sommation que pour dire un dernier adieu à leur famille! Que fera-t-il? où sont les chefs auxquels il puisse se réunir pour éviter la réquisition [1]? Chacun pris séparément se voit privé de toute défense. D'un côté la mort assurée; de l'autre, des troupes de volontaires qui, fuyant la famine, la persécution et l'intolérance de l'intérieur, vont chercher dans les armées, ivres de vin, de chansons [2] et de jeunesse, du pain et la liberté. Ce citoyen, la guillotine sous les yeux, et ne trouvant qu'un seul asile, part le désespoir dans le cœur. Bientôt rendu aux frontières, la nécessité de défendre sa vie, le courage naturel aux Français, l'inconstance et l'enthousiasme dont son caractère est susceptible, la paie considérable [a], la nourriture abondante, le tumulte, les dangers de la vie militaire, les femmes, le vin, et sa gaieté native, lui font oublier qu'il a été conduit là malgré lui ; il devient un héros. Ainsi la persécution d'un côté et les récompenses de l'autre créent par enchantement des armées. Car une fois les

---

[1] J'ai déjà dit que l'idée des réquisitions vient de Sparte. Tous les citoyens étaient obligés de servir depuis l'âge de vingt ans jusqu'à soixante. Dans le cas d'urgence, les rois et les éphores pouvaient mettre les chevaux, les esclaves, les chariots, etc., en réquisition. (Voyez PLUTARQUE et XÉNOPHON.)

[2] Les hymnes de Tyrtée à Sparte ; ceux de Lebrun et de Chénier en France.

[a] La paie est de trop : souvent les soldats républicains étaient sans paie et sans vêtements. Les fortunes militaires n'ont commencé que sous l'empire. (N. ÉD.)

premiers exemples faits et les réquisitions obéies, les hommes, par une pente imitative naturelle à leur cœur, s'empressent, quelles que soient leurs opinions, de marcher sur les traces des autres.

Voilà bien les rudiments d'une force militaire ; mais il fallait l'organiser. Un comité, dont on a dit que les talents ne pouvaient être surpassés que par les crimes, s'occupe à lier ces corps déjoints, et ne croyez pas que les tactiques anciennes des César et des Turenne soient recherchées : non. Tout doit être nouveau dans ce monde d'une ordonnance nouvelle. Il ne s'agit plus de sauver la vie d'un homme et de ne livrer bataille que quand la perte peut être au moins réciproque; l'art se réduit à un calcul de masse, de vitesse et de temps. Les armées se précipitent en nombre double ou triple pour les masses : les soldats et l'artillerie voyagent en poste de Nice à Lille, quant aux vitesses; et les temps sont toujours uns et généraux dans les attaques. On perdra dix mille hommes pour prendre ce bourg: on sera obligé de l'attaquer vingt fois [1] et vingt jours de suite; mais on le prendra. Quand le sang des hommes est compté pour rien, il est aisé de faire des conquêtes. Les déserteurs et les espions ne sont pas sûrs? c'est au milieu des airs que les ingénieurs vont étudier les parties faibles des armées, et assurer la victoire en dépit du secret et du génie. Le télégraphe fait voler les ordres, la terre cède son salpêtre, et la France vomit ses innombrables légions.

CHAPITRE XVI.

SUITE.

Tandis que les armées se composent, les prisons se remplissent de tous les propriétaires de la France. Ici, on les noie par milliers [2]; là, on ouvre les portes des cachots pleins de victimes, et l'on y décharge du canon à mitraille [3]. Le coutelas des guillotines tombe jour et nuit. Ces machines de destruction sont trop lentes au gré des bourreaux; des artistes de mort en inventent qui peuvent trancher plusieurs têtes d'un seul coup [4]. Les places publiques inondées de sang deviennent impraticables; il faut changer le lieu des exécutions : en vain d'immenses carrières ont été ouvertes pour recevoir les cadavres, elles sont comblées; on demande à en creuser de nouvelles [5]. Vieillards de quatre-vingts ans, jeunes filles de seize, pères et mères, sœurs et frères, enfants, maris, épouses, meurent couverts du sang les uns des autres. Ainsi les Jacobins atteignent à la fois quatre fins principales, vers l'établissement de leur république : ils détruisent l'inégalité des rangs, nivellent les fortunes, relèvent les finances par la confiscation des biens des condamnés, et s'attachent l'armée en la berçant de l'espoir de posséder un jour ces propriétés.

Cependant le peuple, qui n'est plus entretenu que de conspirations, d'inva-

---

[1] A Sparte, lorsqu'un premier combat avait été désavantageux, le général était obligé d'en livrer un autre. (XÉNOPHON, *Hist. de Grèce*.)
[2] A Nantes. (Voyez le *procès de Carrier*.)
[3] A Lyon.
[4] A Arras.
[5] Voyez les *Messages à la Convention*.

sion, de trahisons, effrayé de ses amis même et se croyant sur une mine toujours prête à sauter, tombe dans une terreur stupide. Les Jacobins l'avaient prévu *a*. Alors on lui demande son pain, et il le donne; son vêtement, et il s'en dépouille; sa vie, et il la livre sans regret [1]. Il voit au même moment se fermer tous ses temples, ses ministres sacrifiés et son ancien culte banni sous peine de mort [2]. On lui apprend qu'il n'y a point de vengeance céleste [3], mais une guillotine; tandis que par un jargon contradictoire et inexplicable, on lui dit d'adorer les vertus, pour lesquelles on institue des fêtes où de jeunes filles vêtues de blanc et couronnées de roses entretiennent sa curiosité imbécile, en chantant des hymnes en l'honneur des dieux [4]. Ce malheureux peuple, confondu, ne sait plus où il est, ni s'il existe. En vain il cherche dans ses antiques usages, et il ne se retrouve plus. Il voit, dans un costume bizarre [5], une nation étrangère errer sur les places publiques. S'il demande ses jours de fêtes ou de devoirs accoutumés, d'autres appellations frappent son oreille. Le jour de repos a disparu. Il compte au moins que le retour fixe de l'année ramènera l'état naturel des choses, et apportera quelque soulagement à ses maux : espérances déçues! Comme s'il était condamné pour jamais à ce nouvel ordre de misère, des mois ignorés semblent lui dire que la révolution s'étend jusqu'au cours des astres; et dans cette terre de prodiges, il craint de s'égarer au milieu des rues de la capitale, dont il ne reconnaît plus les noms [6].

En même temps que tous ces changements dérangent la tête du peuple, les notions les plus étranges viennent bouleverser son cœur. La fidélité dans le secret, la constance dans l'amitié, l'amour de ses enfants, le respect pour la religion, toutes les choses que depuis son enfance il *soulait* tenir bonnes et vertueuses, ne sont, lui dit-on, que de vains noms dont les tyrans se servent pour enchaîner leurs esclaves. Un républicain ne doit avoir ni amour, ni fidélité, ni respect que pour la patrie [7]. Résolus d'altérer la nation jusque dans sa source, les Jacobins, sachant que l'éducation fait les hommes, obligent les citoyens à envoyer leurs enfants à des écoles militaires, où on va les abreuver de fiel et de haine contre tous les autres gouvernements. Là, préparés par les jeux de Lacédémone à la conquête du monde [8], on leur apprend à se dépouiller

---

a Les Jacobins n'avaient rien prévu : ils tuaient pour tuer. La révolution était un combat entre le passé et l'avenir : le champ de carnage était partout : on ne songeait qu'à triompher, sans s'inquiéter de ce que l'on ferait après la victoire. (N. ED.)

[1] Réquisitions de Sparte.
[2] Pour y substituer le culte de la Grèce.
[3] L'athéisme de la Convention est bien connu.
[4] Imités de Lacédémone et de toute la Grèce. A Sparte, on plaçait la statue de la Mort à côté de celle du Sommeil; ce qui a pu inspirer aux Jacobins l'idée de l'inscription qu'ils voulaient graver sur les tombeaux : *La mort est l'éternel sommeil*. (PAUSAN., l. III. c. XVIII.)
[5] Le bonnet des hommes et la presque nudité des femmes sont encore originairement de Sparte, quoique j'en donnerai d'autres exemples. (MEURS., *Miscel. Lacon.*, l. I, c. XVII.)
[6] Les changements des noms des rues, des mois, etc., sont trop connus pour avoir besoin de notes.
[7] Ici évidemment toute la morale de Lycurgue pervertie et pliée à leur vue. (Voyez PLUT., *in Lycurg.*)
[8] Les gymnases. On sait que le caractère dominant de Sparte était la haine des autres peuples et l'esprit d'ambition. « Où fixerez-vous vos frontières? » disait-on à Agésilas. « Au bout « de nos piques, » répondait-il. Les Français diront : « A la pointe de nos baïonnettes. »

des plus doux sentiments de la nature pour des vertus de tigres, qui ne leur nourrissent que des cœurs d'airain.

Tel était, ballotté entre les mains puissantes de cette faction, ce peuple infortuné, transporté tout à coup dans un autre univers, étonné des cris des victimes et des acclamations de la victoire retentissant de toutes les frontières, lorsque Dieu, laissant tomber un regard sur la France, fit rentrer ces monstres dans le néant [1].

CHAPITRE XVII.

FIN DU SUJET.

Tels furent les Jacobins. On a beaucoup parlé d'eux et peu de gens les ont connus. La plupart se jettent dans les déclamations, publient les crimes de cette société, sans vous apprendre le principe général qui en dirigeait les vues. Il consistait, ce principe, dans le système de perfection vers lequel le premier pas à faire était la restauration des lois de Lycurgue. Nous avons trop donné aux passions et aux circonstances. Un trait distinctif de notre révolution, c'est qu'il faut admettre la voie spéculative et les doctrines abstraites pour infiniment dans ses causes. Elle a été produite en partie par des gens de lettres qui, plus habitants de Rome et d'Athènes que de leur pays, ont cherché à ramener dans l'Europe les mœurs antiques [2]. Par cette légère esquisse, j'ai essayé de

---

[1] J'ai vu rire de la minutie avec laquelle les Français ont essayé de changer leur costume, leurs manières, leur langage; mais le dessein est vaste et médité. Ceux qui savent l'influence qu'ont sur les hommes des mots en apparence frivoles, lorsqu'ils nous rappellent d'anciennes mœurs, des plaisirs ou des peines, sentiront la profondeur du projet.

Que si d'ailleurs on considère que ce sont les Jacobins qui ont donné à la France des armées nombreuses, braves et disciplinées; que ce sont eux qui ont trouvé moyen de les payer, d'approvisionner un grand pays sans ressources et entouré d'ennemis; que ce furent eux qui créèrent une marine comme par miracle, et conservèrent par intrigue et argent la neutralité de quelques puissances; que c'est sous leur règne que les grandes découvertes en histoire naturelle se sont faites, et les grands généraux se sont formés; qu'enfin ils avaient donné de la vigueur à un corps épuisé, pour ainsi dire, l'anarchie : il faut nécessairement convenir que ces monstres échappés de l'enfer en avaient apporté tous les talents.

Je n'ignore pas que, depuis leur chute, le parti régnant s'est efforcé de les représenter comme ineptes et ignorants; les *Campagnes de Pichegru*, dernièrement publiées à Paris, tendent à prouver qu'ils ne faisaient que détruire sans organiser. Ce livre, par sa modération, fait honneur à son auteur; mais je n'ai pas présenté des conjectures, j'ai rassemblé des faits. Au reste, on peut juger de la vigueur de ce parti par les secousses qu'il donne encore au gouvernement. Les Jacobins sont évidemment la seule faction républicaine qui ait existé en France : toutes celles qui l'ont précédée ou suivie (excepté les Brissotins) ne l'ont point été.

Après tout je n'ai pas la folie d'avancer que les Jacobins prétendissent ramener expressément le siècle de Lycurgue en France. La plupart ne surent même jamais qu'il eût existé un homme de ce nom. J'ai seulement voulu dire que les chefs de ce parti visaient à une réforme sévère, dont ils auraient sans doute après fait leur profit, et que Sparte leur en fournissait un plan tout tracé. J'écris sans esprit de système [*]. Je ne cherche point de ressemblance où il n'y en a point, ni ne donne à de certains rapports des événements plus d'importance qu'ils n'en méritent. La foule des leçons devant moi est trop grande pour avoir besoin de recourir à des remarques frivoles. J'ai souvent regretté qu'un sujet si magnifique ne soit pas tombé en des mains plus habiles que les miennes.

[2] Que ceci soit dit sans prétendre insulter aux gens de lettres de France. La différence d'opinion ne m'empêchera jamais de respecter les talents. Quand il n'y aurait que les rap-

---

[*] Tous les hommes qui ont embrassé un système ont la prétention de n'en pas avoir; je sentais si bien la faiblesse du mien que je le désavoue ici formellement. (N. ÉD.)

donner un fil aux écrivains qui viendront après moi. Que de choses me resteraient encore à dire! mais le temps, ma santé, ma manière, tout me précipite vers la fin de cet ouvrage.

Ainsi, dès notre premier début dans la carrière, tout fourmille autour de nous de leçons et d'exemples. Déjà Athènes nous a montré nos factions dans le règne de Pisistrate et la catastrophe de ses fils; Sparte vient de nous offrir dans ses lois des origines étonnantes. Plus nous avancerons dans ce vaste sujet, plus il deviendra intéressant. Nous avons vu l'établissement des gouvernements populaires chez les Grecs; nous allons parler maintenant du génie comparé de ces peuples et des Français, de l'état des lumières, de l'influence de la révolution républicaine sur la Grèce, sur les nations étrangères, enfin de la position politique et morale des mêmes nations à cette époque.

CHAPITRE XVIII.

CARACTÈRE DES ATHÉNIENS ET DES FRANÇAIS.

Quels peuples furent jamais plus aimables dans le monde ancien et moderne, que les nations brillantes de l'Attique et de la France? L'étranger, charmé à Paris et à Athènes, ne rencontre que des cœurs compatissants et des bouches toujours prêtes à lui sourire. Les légers habitants de ces deux capitales du goût et des beaux-arts, semblent formés pour couler leurs jours au sein des plaisirs. C'est là, qu'assis à des banquets[1], vous les entendrez se lancer de fines railleries[2], rire avec grâce de leurs maîtres[3]; parler à la fois de poli-

---

ports que j'ai entretenus autrefois avec plusieurs de ces hommes célèbres, c'en serait assez pour me commander la décence. Je me souviendrai toujours avec reconnaissance que quelques-uns d'entre eux, qui jouissent à juste titre d'une grande réputation, tels que M. de La Harpe, ont bien voulu, en des jours plus heureux, encourager les faibles essais d'un jeune homme qui n'avait d'autre mérite qu'un peu de sensibilité. Le malheur rend injuste. Nous autres émigrés avons tort de déprécier la littérature de France. Outre l'auteur que je viens de nommer, on y compte encore Bernardin de Saint-Pierre, Marmontel, Fontanes, Parny, Lebrun, Ginguené, Flins, Lemierre, Collin d'Harleville, etc., etc. J'avoue que ce n'est pas sans émotion que je rappelle ici ces noms, dont la plupart reportent à ma mémoire d'anciennes liaisons et des temps de bonheur qui ne reviendront plus. Je remarque avec plaisir que MM. Fontanes, Lebrun et plusieurs autres, semblent avoir redoublé de talents en proportion des maux qui affligent leurs compatriotes. On dirait que ce serait une gloire à la poésie, que de briller avec un nouvel éclat parmi les débris des empires, comme ces espèces de fleurs qui se plaisent à couvrir les ruines.

D'un autre côté, les gens de lettres restés en France ont mis trop d'aigreur dans leurs jugements des gens de lettres émigrés. Je n'ai pas le bonheur de connaître ceux-ci autant que les premiers; mais MM. Peltier, Rivarol, etc., occupent une place distinguée dans notre littérature. MM. d'Ivernois et Mallet du Pan ne sont pas à la vérité Français; cependant comme ils écrivent dans cette langue, ainsi que le fit leur illustre compatriote Jean-Jacques, les émigrés peuvent s'honorer de leurs grands talents. La plupart des membres de l'assemblée constituante, les Lally, les Mounier, les Montlosier, ont écrit d'une manière qui fait autant d'honneur à leur esprit qu'à leur cœur. Je voudrais qu'on fût juste; comment l'être avec des passions *?

[1] Æschin., *in Ctes.*; Volt., *Contes et Mél.*
[2] Plut., *de Præcep. reip. Ger.*; *Caract. de La Bruy.*
[3] Plut., *in Pericl.*; *Sat. Ménipp.*; *Noëls de la Cour*, etc.

* Je ne renie point les sentiments de bienveillance et de modération exprimés dans cette note je réformerais seulement quelques jugements. (N. Éd.)

tique et d'amour, de l'existence de Dieu et du succès de la comédie nouvelle [1], et répandre profusément les bons mots et le sel attique au bruit des chansons d'Anacréon et de Voltaire, au milieu des vins, des femmes et des fleurs [2].

Mais où court tout ce peuple furieux? d'où viennent ces cris de rage dans les uns et de désespoir dans les autres? Quelles sont ces victimes égorgées sur l'autel des Euménides [3]? Quel cœur ces monstres à la bouche teinte de sang ont-ils dévoré [4]?... Ce n'est rien : ce sont ces épicuriens que vous avez vus danser à la fête [5], et qui, ce soir, assisteront tranquillement aux farces de Thespis [6], ou aux ballets de l'Opéra.

A la fois orateurs, peintres, architectes, sculpteurs, amateurs de l'existence [7], pleins de douceur et d'humanité [8], du commerce le plus enchanteur dans la vie [9], la nature a créé ces peuples pour sommeiller dans les délices de la société et de la paix. Tout à coup la trompette guerrière se fait entendre; soudain toute cette nation de femmes lève la tête. Se précipitant du milieu de leurs jeux, échappés aux voluptés et aux bras des courtisanes [10], voyez ces jeunes gens, sans tentes, sans lits, sans nourriture, s'avancer en riant [11] contre ces innombrables armées de vieux soldats, et les chasser devant eux comme des troupeaux de brebis obéissantes [12].

[1] Plut., *Conv.*; Xénoph., *ibid.*; Plut., *Sept. Sapient. Conviv.*; J.J., *Confess.* et *N. Hél.*
[2] Anacr., *Od.*; Volt., *Corresp. gén.* — [3] Thucyd.
[4] M. de Belzunce et plusieurs autres. J'ai vu moi-même un de ces cannibales assez proprement vêtu, ayant pendu à sa boutonnière un morceau du cœur de l'infortuné Flesselles. Deux traits que j'ai entendu citer à un témoin oculaire méritent d'être connus pour effrayer les hommes. Ce citoyen passait dans les rues de Paris dans les journées des 2 et 3 septembre ; il vit une petite fille pleurant auprès d'un chariot plein de corps, où celui de son père, qui venait d'être massacré, avait été jeté. Un monstre, portant l'uniforme national, qui escortait cette digne pompe des factions, passe aussitôt sa baïonnette dans la poitrine de cette enfant; et, pour me servir de l'expression énergique du narrateur, *la place aussi tranquillement qu'on aurait fait d'une botte de paille* sur une pile de morts, à côté de son père.
Le second trait, peut-être encore plus horrible, développe le caractère de ce peuple à qui l'on prétend donner un gouvernement républicain. Le même citoyen rencontra d'autres tombereaux, je crois vers la porte Saint-Martin ; une troupe de femmes étaient montées parmi ces lambeaux de chair, et, *à cheval sur les cadavres des hommes* (je me sers encore des mots du rapporteur), cherchaient avec des rires affreux à assouvir la plus monstrueuse des lubricités. Les réflexions ne serviraient de rien ici. Je dirai seulement que le témoin de cette exécrable dépravation de la nature humaine est un ancien militaire, connu par ses lumières, son courage et son intégrité *.
Hérodote raconte que les Grecs auxiliaires à la solde du roi d'Egypte contre Cambyse, ayant été trahis par leur général qui déserta à l'ennemi, saisirent ses enfants, les égorgèrent, et en burent le sang à la vue deux armées. Je dirai dans la suite les raisons pour lesquelles je semble m'appesantir sur ces détails.
[5] Théophr., *Charact.*, cap. xv.
[6] Thespis est l'inventeur de la tragédie ; mais la grossièreté de ces premiers essais du drame peut être justement qualifiée de farce.
[7] On sait l'attachement des Grecs à la vie. Homère n'a point craint de la faire regretter à Achille même. Avant la révolution je ne connaissais point de peuple qui mourût plus gaiement sur le champ de bataille que les Français, ni de plus mauvaise grâce dans leur lit. La cause en était dans leur religion.
[8] Plut., *in Pelop.*; *id., in Demost.*; *Siècle de Louis XIV*; Duclos, *Consid. sur les mœurs.*
[9] Plut., *de Præcep. reip. Ger.*; Lavater, *Physion.*; Smoll., *Voyage en France.*
[10] Herod., lib. viii, cap. xxviii; Volt. *Henr.* et *Zaïre.*
[11] Diod., lib. ix; Volt., *Henr.* et *Zaïre*; *Mémoires du général Dumouriez.*
[12] Herod., lib. ix, cap. lxx ; *Mémoires du général Dumouriez; Campagnes de Pichegru.*
Léonidas, prêt à attaquer les Perses aux Thermopyles, disait à ses soldats : « Nous soupe-

* J'espère pourtant qu'il a été trompé. (N. Éd.)

Les cours qui gouvernent sont pleines de gaieté et de pompe [1]. Qu'importent leurs vices ? Qu'ils dissipent leurs jours au milieu des orages, ceux-là qui aspirent à de plus hautes destinées ; pour nous, chantons [2], rions aujourd'hui. Passagers inconnus, embarqués sur le fleuve du temps, glissons sans bruit dans la vie. La meilleure constitution n'est pas la plus libre, mais celle qui nous laisse de plus doux loisirs [3]... O ciel ! pourquoi tous ces citoyens condamnés à la ciguë ou à la guillotine ? ces trônes déserts et ensanglantés [4] ? ces troupes de bannis, fuyant sur tous les chemins de la patrie [5] ? — Comment ? ne savez-vous pas que ce sont des tyrans qui voulaient retenir un peuple fier et indépendant dans la servitude ?

Inquiets et volages dans le bonheur, constants et invincibles dans l'adversité ; nés pour tous les arts, civilisés jusqu'à l'excès durant le calme de l'État ; grossiers, et sauvages dans leurs troubles politiques ; flottants comme un vaisseau sans lest au gré de leurs passions impétueuses ; à présent dans les cieux, le moment d'après dans l'abîme ; enthousiastes et du bien et du mal, faisant le premier sans en exiger de reconnaissance, le second sans en sentir de remords ; ne se rappelant ni leurs crimes, ni leurs vertus ; amants pusillanimes de la vie durant la paix, prodigues de leurs jours dans les batailles ; vains, railleurs, ambitieux, novateurs, méprisant tout ce qui n'est pas eux, individuellement les plus aimables des hommes, en corps, les plus détestables de tous ; charmants dans leur propre pays, insupportables chez l'étranger [6] ; tour à tour

---

rons ce soir chez Pluton. » Et ils poussaient des cris de joie. Dans les dernières campagnes, un soldat français, étant en sentinelle perdue, a l'avant-bras gauche emporté d'un coup de canon ; il continue de charger sous son moignon, criant aux Autrichiens en prenant des cartouches dans sa giberne : « Citoyens, j'en ai encore. »

Voltaire a peint admirablement ce caractère des Français :

> C'est ici que l'on dort sans lit,
> Que l'on prend ses repas par terre.
> Je vais, et j'entends l'atmosphère
> Qui s'embrase et qui retentit
> De cent décharges de tonnerre :
> Et dans ces horreurs de la guerre
> Le Français chante, boit et rit.
> Bellone va réduire en cendres
> Les courtines de Philipsbourg,
> Par quatre-vingt mille Alexandres
> Payés à quatre sous par jour.
> Je les vois, prodiguant leur vie,
> Chercher ces combats meurtriers,
> Couverts de fange et de lauriers,
> Et pleins d'honneur et de folie.
> ....
> O nation brillante et vaine !
> Illustres fous ! peuple charmant,
> Que la gloire à son char entraîne,
> Il est beau d'affronter gaîment
> Le trépas et le prince Eugène !
> ....

Le prince Eugène était de moins dans cette guerre-ci.

[1] Athen., lib. xii, cap. viii ; *Louis XIV, sa cour et le Régent.*
[2] Anacr., Od. ; *Vie privée de Louis XV et du duc de Richelieu.*
[3] Athen., lib. iv ; Herod., lib. i, cap. lxii ; *Recueils de Poésies, romans,* etc.
[4] Plat., *in Hipparch* ; Herod., lib. v ; *Conspiration de L. P. d'Orléans et de Max. Robespierre.*
[5] Herod., lib. v.
[6] Voyez tous les auteurs cités aux pages précédentes Les seuls traits nouveaux que j'aie ajoutés ici sont ceux qui commencent au mot *vains* et finissent au mot *étranger*. Ce malheu-

RÉVOLUTIONS ANCIENNES.

plus doux, plus innocents que la brebis qu'on égorge, et plus féroces que le tigre qui déchire les entrailles de sa victime : tels furent les Athéniens d'autrefois, et tels sont les Français d'aujourd'hui.

Au reste, loin de moi la pensée de chercher à diffamer le caractère des Français. Chaque peuple a son vice national, et si mes compatriotes sont cruels, ils rachètent ce grand défaut par mille qualités estimables. Ils sont généreux, braves, pères indulgents, amis fidèles ; je leur donne d'autant plus volontiers ces éloges, qu'ils m'ont plus persécuté [a].

reux esprit de raillerie, et cette excellente opinion de nous-mêmes, qui nous font tourner les coutumes des autres nations en ridicule, en même temps que nous prétendons ramener tout à nos usages, ont été bien funestes aux Athéniens et aux Français. Les premiers s'attirèrent, par ce défaut, la haine de la Grèce, la guerre du Péloponèse, et mille troubles ; et c'est ce qui a valu aux seconds la même haine du reste de l'Europe, et les a fait chasser plus d'une fois de leurs conquêtes. Il est assez curieux de remarquer, sur les anciennes médailles d'Athènes, ce caractère général de la nation imprimé sur des fronts particuliers. On retrouve aussi le même trait parmi mes compatriotes. Il n'y a personne qui n'ait rencontré en France dans la société de ces hommes dont les yeux pétillent d'ironie, qui vous répondent à peine en souriant, et affectent les airs de la plus haute supériorité. Combien ils doivent paraître haïssables au modeste étranger qu'ils insultent ainsi de leurs regards! Ce qu'il y a de déplorable, c'est que ces mêmes hommes ne portent que trop souvent sur leur figure la marque indélébile de la médiocrité. Ils seraient bien punis s'ils se doutaient seulement de la pitié qu'ils vous font, ou s'ils pouvaient lire dans le fond de votre âme l'humiliant « Comme je te vois ! comme je te mesure ! »

L'art de la physionomie offre d'excellentes études à qui voudrait s'y livrer. Notre siècle raisonneur a trop dédaigné cette source inépuisable d'instructions. Toute l'antiquité a cru à la vérité de cette science, et Lavater l'a portée de nos jours à une perfection inconnue. La vérité est que la plupart des hommes la rejettent parce qu'ils s'en trouveraient mal. Nous pourrions du moins porter son flambeau dans l'histoire. Je m'en suis servi souvent avec succès dans cette partie. Quelquefois aussi je me suis plu à descendre dans le cœur de mes contemporains. J'aime à aller m'asseoir, pour ces espèces d'observations, dans quelque coin obscur d'une promenade publique, d'où je considère furtivement les personnes qui passent autour de moi. Ici, sur un front à demi ridé, dans ces yeux couverts d'un nuage, sur cette bouche un peu entr'ouverte, je lis les chagrins cachés de cet homme qui essaie de sourire à la société ; là, je vois sur la lèvre inférieure de cet autre, sur les deux rides descendantes des narines, le mépris et la connaissance des hommes percer à travers le masque de la politesse ; un troisième me montre les restes d'une sensibilité native étouffée à force d'avoir été déçue, et maintenant recouverte par une indifférence systématique. Dans la classe la plus basse du peuple on rencontre quelquefois des figures étonnantes. Il y a quelque temps qu'au bas de Hay-Market, vis-à-vis le café d'Orange, je m'arrêtai à écouter un de ces Allemands qui tournent des orgues à cylindre. Je n'eus pas plutôt jeté les yeux sur cet étranger que je fus frappé de son air grand et énergique, en même temps que le vice se montrait de toutes parts sur sa physionomie. Il joua un air devant notre groupe ; puis se détourna froidement, en nous jetant un regard du plus souverain mépris, comme s'il nous avait dit : « Je vous connais, race d'hommes ; vous me prenez pour dupe, je n'attendais rien de vous. » Il est possible que ce malheureux fût né avec des qualités supérieures ; jeté par la destinée dans un rang au-dessous de son génie, il peut avoir souffert de longues infortunes, être devenu vicieux par misère ; et la même vigueur d'âme qui l'aurait conduit aux premières vertus en a peut-être fait un scélérat :

> Some mute inglorious Milton here may rest.
> Some village Hampden, etc.

Où seraient les Pichegru, les Jourdan, les Buonaparte, sans la révolution ? Mais je crains d'en avoir trop dit [*].

[a] J'ai transporté quelque chose de ce portrait des Français dans le *Génie du Christianisme*, en parlant de la manière d'écrire l'histoire. Il y a dans tous ces chapitres des incorrections que les hommes qui savent leur langue apercevront, et qu'il m'a semblé inutile de relever : je n'en finirais pas. (N. Ed.)

[*] Voici maintenant du Lavater et des promenades romanesques. Heureusement elles ne sont qu'en notes. Mais il est curieux de rencontrer le nom de Buonaparte jeté en passant, dans une note, avec ceux de quelques autres généraux. Tout émigré que j'étais, j'avais une admiration involontaire pour cette même gloire qui me fermait les portes de ma patrie. (N. Ed.)

CHAPITRE XIX.

DE L'ÉTAT DES LUMIÈRES EN GRÈCE AU MOMENT DE LA RÉVOLUTION RÉPUBLICAINE. — SIÈCLE DE LYCURGUE.

Lorsque je parlerai des lumières dans cet Essai, je ne m'attacherai principalement qu'à la partie morale et politique. Ce qui regarde les arts n'est pas, à proprement parler, de mon sujet : cependant j'en toucherai quelque chose selon l'influence qu'ils auront eue sur les hommes dont j'écrirai alors l'histoire.

En commençant nos recherches au siècle de Lycurgue et les finissant à celui de Solon, nous voyons d'abord paraître Homère et Hésiode. Je n'entretiendrai point le lecteur de ces deux fameux poëtes. Qui n'a lu l'*Iliade* et l'*Odyssée?* qui ne connaît les *Travaux et les Jours*, la *Théogonie*, le *Bouclier d'Hercule?* Homère a donné Virgile à l'antique Italie, et le Tasse à la nouvelle ; le Camoëns, au Portugal ; Ercilla, à l'Espagne ; Milton, à l'Angleterre ; Voltaire, à la France ; Klopstock, à l'Allemagne : il n'a pas besoin de mes éloges.

Pour nous le côté intéressant des poëmes de ce sublime génie, est leur action sur la liberté de la Grèce. Lycurgue les apporta à Sparte [1] et voulut que ses compatriotes y puisassent cet enthousiasme guerrier qui met les peuples à l'abri de la servitude étrangère. Solon fit des lois expresses en faveur de ce même Homère [2] qui, comme historien, ne s'offre pas sous des rapports moins précieux. Aux seuls Athéniens il donne le nom de peuple ; aux Scythes, l'appellation des plus justes des hommes [3], et souvent caractérise ainsi par un seul trait la politique et la morale de l'antiquité.

Les ouvrages d'Hésiode sont pleins des plus excellentes maximes. Le poëte ne voyait pas les hommes sous des couleurs riantes. Il respire cette mélancolie antique qui semble être le partage des grands génies. On sait que Virgile a puisé dans les *Travaux et les Jours*, l'idée de ses *Géorgiques* [4]. C'est de la belle description de l'Age d'Or [5] qu'il a tiré ce morceau ravissant :

> O fortunatos nimium, sua si bona norint,
> Agricolas !

L'influence d'Hésiode sur son siècle dut être considérable, dans un temps où l'art d'écrire en prose était à peine connu. Ses poésies tendaient à ramener les hommes à la nature ; et la morale, revêtue du charme des vers, a toujours un effet certain.

Thalès de Crète, poëte et législateur, dont nous ne connaissons plus que le nom, fut le précurseur des lois à Lacédémone [6]. Il consentit par amitié pour Lycurgue à se rendre à Sparte et à préparer, par la douceur de ses chants et la pureté de ses dogmes, les esprits à la révolution. Ces grands hommes savaient qu'il ne faut pas précipiter tout à coup les peuples dans les extrêmes, si l'on veut que les réformes soient durables. Il n'est point de révolution là où elle n'est pas opérée dans le cœur : on peut détourner un moment par force

---

[1] PLUT., *in Lyc.* — [2] LAERT., *in Solon.* — [3] *Il.*, lib. IV. — [4] *Geor.*, lib. II, v. 176. — [5] HESIOD., *Opera et Dies.* — [6] STRAB., lib. x, pag. 482.

le cours des idées; mais si la source dont elles découlent n'est changée, elles reprendront bientôt leur pente ordinaire*.

Ainsi les philosophes de l'antiquité adoucissaient les traits de la sagesse en lui prêtant les grâces des muses. Parmi les modernes, les Anglais ont eu l'honneur d'avoir appliqué les premiers la poésie à des sujets utiles aux hommes. Quant à nous, nous avons été préparés aux bonnes mœurs par la *Pucelle* et d'autres ouvrages que je n'ose nommer *b*.

CHAPITRE XX.

SIÈCLES MOYENS.

Le siècle qui suivit immédiatement celui de Lycurgue fournit les noms de quelques législateurs : mais leurs écrits ne nous sont pas parvenus.

Dans l'âge subséquent parut Tyrtée[1], dont les chants firent triompher l'injustice; Archiloque, plein de crimes et de génie, qui donna le premier exemple d'un homme qui osa publier l'histoire intérieure de sa conscience à la face de l'univers[2]; Hipponax[3], exhalant le fiel et la haine. L'esprit des temps perce à chaque vers de ces poëtes. La véhémence et l'enthousiasme dominent dans les passions qu'ils ont peintes. Ce fut le siècle de l'énergie, quoique ce ne fût pas celui de la plus grande liberté. La remarque n'est pas frivole : elle décèle cette fermentation qui devance et annonce le retour périodique des révolutions des peuples.

Dracon florissait aussi à la même époque. Il avait composé un ouvrage que J. J. Rousseau nous a donné dans son sublime *Émile* *c*. C'était un traité de l'éducation[4], où, prenant l'homme à sa naissance, il le conduisait à travers les misères de la vie jusqu'à son tombeau. Le destin des deux révolutions grecque et française fut d'être précédées à peu près par les mêmes écrits.

Épiménide chercha, comme Fénelon, à ramener les hommes au bonheur par l'amour et le respect des dieux[5]. Si je ne craignais de mêler les petites

---

a Observation fort juste; et par la même raison, lorsqu'une révolution est opérée dans le cœur, c'est-à-dire dans les *idées*, dans les *mœurs* des hommes, rien ne peut empêcher ce fleuve de répandre ses eaux telles qu'elles sont à leur source. (N. ED.)

b Cela est vrai; aussi ne jouirons-nous pas de cette liberté, fille des mœurs, qui appartient à l'enfance des peuples; mais nous pouvons avoir cette liberté, fille des lumières, qui naît dans l'âge mûr des nations. Quand j'écrivais l'*Essai*, je n'entendais encore bien que le système des républiques anciennes; je n'avais pas fait assez d'attention à la découverte de la république représentative, qui, n'étant qu'une monarchie constitutionnelle sans roi, peut exister avec les arts, les richesses et la civilisation la plus avancée. La monarchie constitutionnelle avec un monarque est, selon moi, très-préférable à cette monarchie sans monarque; mais il faut savoir adopter franchement la première si l'on ne veut être entraîné dans la seconde. (N. ED.)

[1] PLUT., *in Agid.*; HORAT., *in Art. poet.*
Pour offrir sous un seul point de vue au lecteur le tableau des lumières et de l'esprit des temps, j'ai renvoyé au siècle de Solon la citation des poëtes nommés dans ce chapitre.

[2] QUINTIL., lib. x, cap. I; ÆLIAN., *Var. Hist.*, lib. x, cap. XIII.

[3] *Anthol.*, lib. III; HORAT., *Epod.* VI.

c Je parlerai plus loin de Rousseau et de son sublime Émile. (N. ED.)

[4] ÆSCHIN., *in Timarc.*, pag. 264.

[5] STRAB., lib. x; LAERT., *in Epim.*

choses aux grandes, je dirais encore qu'il a payé son tribut à notre révolution, en fournissant à M. Flins *a* le sujet de son ingénieuse comédie[1].

Malheureusement nous n'avons ici que des différences. Quelle comparaison pourrions-nous découvrir entre les livres d'un âge moral et ceux des temps du régent et de Louis XV? C'est en vain que nous nous abusons; si, malgré Condorcet et la troupe des philosophes modernes, nous jugeons du présent par le passé; si un siècle renferme toujours l'histoire de celui qui le suit, je sais ce qui nous attend *b*.

CHAPITRE XXI.

SIÈCLE DE SOLON.

C'est ici l'époque d'une des plus grandes révolutions de l'esprit humain, de même qu'elle le fut d'un des plus grands changements en politique. Toutes les semences des sciences, fermentées depuis longtemps dans la Grèce, y éclatèrent à la fois. Les lumières ne parvinrent pas, comme de nos jours, au zénith de leur gloire; mais elles atteignirent cette hauteur médiocre, d'où elles éclairent les hommes sans les éblouir. Ils y voient alors assez pour tenir le chemin de la liberté, et non pas trop pour s'égarer dans les routes inconnues des systèmes. Ils ont cette juste quantité de connaissances qui nous montrent les principes, sans avoir cet excès de savoir qui nous porte à douter de leur vérité. La tragédie prit naissance sous Thespis[2], la comédie sous Susarion[3], la fable sous Ésope[4], l'histoire sous Cadmus[5], l'astronomie sous Thalès[6], la grammaire sous Simonide[7]. L'architecture fut perfectionnée par Memnon, Antimachide; la sculpture par une multitude de statuaires : mais surtout la philosophie et la politique prirent un essor inconnu. Une foule de publicistes et de législateurs parurent tout à coup dans la Grèce et donnèrent le signal d'une révolution générale. Ainsi les Locke, les Montesquieu, les J. J. Rousseau, en se levant en Europe, appelèrent les peuples modernes à la liberté.

Jetons d'abord un coup d'œil sur les beaux-arts[8].

CHAPITRE XXII.

POÉSIE A ATHÈNES. — ANACRÉON, VOLTAIRE. — SIMONIDE, FONTANES. — SAPHO, PARNY. — ALCÉE, ÉSOPE, NIVERNOIS. — SOLON, LES DEUX ROUSSEAU.

Pisistrate, en usurpant l'autorité souveraine, avait senti que, pour la conserver chez un peuple volage, il fallait l'amuser par des fêtes : on retient plus fa-

---

a Le nom de *Flins* est ici inattendu; mais c'est un tribut qu'un jeune auteur payait à une première liaison littéraire. J'avais beaucoup connu M. Flins, homme de mœurs douces, d'un esprit distingué, d'un talent agréable, et ami particulier de M. de Fontanes. (N. Ed.)

[1] *Réveil d'Épiménide.*

b Ce qui attendait la république était le despotisme militaire, et je le prévoyais. (N. Ed.)

[2] Hor., *in Art. poet.* — [3] Arist., *de Poet.*, cap. iv. — [4] Phæd., lib. i. — [5] Suid., *in Cadm.* — [6] Herod., lib. i, cap. lxxiv. — [7] Cic., *de Orat.*, lib. ii, cap. lxxxvi. — [8] Je daterai désormais, jusqu'à la fin de cette révolution, du bannissement d'Hippias, olympiade 67.

cilement les hommes avec des fleurs qu'avec des chaînes. Il remplit sa patrie des monuments du génie et des arts[1]. Ses fils, imitant son exemple, firent de leur cour le rendez-vous des beaux esprits de la Grèce[2]. La capitale de l'Attique retentissait, comme celle de la France, du bruit des vers et des orgies. Écoutons le chantre octogénaire de Téos, et le vieillard de Ferney, au milieu des cercles brillants de Paris et d'Athènes :

« Que m'importent les vains discours de la rhétorique? Qu'ai-je besoin de tant de paroles inutiles? Apprenez-moi plutôt à boire du jus vermeil de Bacchus, à folâtrer avec l'amoureuse Vénus aux cheveux d'or. Garçon, couronne ma tête blanchie par les ans. Verse du vin pour assoupir mon âme. Bientôt tu me déposeras dans la tombe, et les morts n'ont plus de désirs[3]. »

> Si vous voulez que j'aime encore,
> Rendez-moi l'âge des amours :
> Au crépuscule de mes jours
> Rejoignez s'il se peut l'aurore.
>
> Des beaux lieux où le dieu du vin
> Avec l'Amour tient son empire,
> Le Temps qui me prend par la main,
> M'avertit que je me retire.
>
> De son inflexible rigueur
> Tirons du moins quelque avantage :
> Qui n'a pas l'esprit de son âge,
> De son âge a tout le malheur.
>
> . . . .
> Ainsi je déplorais la perte
> Des plaisirs de mes premiers ans;
>
> . . . .
> Lorsque, du ciel daignant descendre,
> L'Amitié vient à mon secours.
> Elle était peut-être aussi tendre,
> Mais moins belle que les Amours.
>
> Touché de sa grâce nouvelle
> Et de sa lumière éclairé,
> Je la suivis : mais je pleurai
> De ne pouvoir plus suivre qu'elle[4].

Si ces deux petits chefs-d'œuvre du goût et des grâces prouvent que la bonne compagnie est partout une et la même, et qu'on s'exprimait à la cour d'Hipparque comme à celle de Louis XV et de Louis XVI, ils montrent aussi qu'un peuple qui pense avec tant de délicatesse s'éloigne à grands pas de la simplicité primitive, et, par conséquent, approche des temps de révolutions [a].

Auprès d'Anacréon on voyait briller Simonide, dont le cœur épanchait sans cesse la plus douce philosophie : il excellait à chanter les dieux. Mais lorsqu'il venait à toucher sur sa lyre les notes plaintives de l'élégie, la tristesse et la

---

[1] Meurs., *in Pisistr.*, cap. IX. — [2] Plat., *in Hipparch.* — [3] Anacr., *Od.* XXXVI. — [4] Volt., *Mélanges de poésies; Stances sur la vieillesse.*

[a] C'est voir beaucoup de grandes choses dans deux petits poëmes, que j'ai d'ailleurs raison d'appeler deux chefs-d'œuvre. (N. Ed.)

volupté de ses accents[1] jetaient l'âme en un trouble inexprimable. Sa morale était vraie, quoiqu'elle tendît un peu à éteindre l'enthousiasme du grand. Il disait que la vertu habite des rochers escarpés, où l'homme ne saurait atteindre sans être entraîné dans l'abîme[2]; qu'il n'y a point de perfection[3]; qu'il faut plaindre, et non censurer nos faiblesses; que nous ne vivons qu'un moment, mourons pour toujours, et que ce moment appartient aux plaisirs[4].

Si quelque chose peut nous donner une idée de ce mélange ineffable de religion et de mélancolie, répandu dans les vers du poëte de Céos, ce sont les fragments qu'on va lire. M. de Fontanes peut être appelé, avec justice, le Simonide français. Tout mon regret est de ne pouvoir insérer le morceau dans son entier. Malheureusement le plan de cet Essai ne le permet pas.

Le poëme est intitulé *Jour des Morts*, et retrace une fête de l'Église romaine, qui se célèbre le second jour de novembre de chaque année.

Déjà du haut des cieux le cruel Sagittaire
Avait tendu son arc et ravageait la terre;
Les coteaux et les champs, et les prés défleuris,
N'offraient de toutes parts que de vastes débris;
Novembre avait compté sa première journée.
Seul alors, et témoin du déclin de l'année,
Heureux de mon repos, je vivais dans les champs.
Eh! quel poëte épris de leurs tableaux touchants,
Quel sensible mortel, des scènes de l'automne
N'a chéri quelquefois la beauté monotone?
Oh! comme avec plaisir la rêveuse douleur,
Le soir, foule à pas lents ces vallons sans couleur,
Cherche les bois jaunis, et se plaît au murmure
Du vent qui fait tomber la dernière verdure!
Ce bruit sourd a pour moi je ne sais quel attrait.
Tout à coup si j'entends s'agiter la forêt,
D'un ami qui n'est plus la voix longtemps chérie
Me semble murmurer dans la feuille flétrie.
Aussi, c'est dans ces temps où tout marche au cercueil,
Que la religion prend un habit de deuil;
Elle en est plus auguste, et sa grandeur divine
Croît encore à l'aspect de ce monde en ruine.

Ici se trouve la peinture du prêtre, pasteur vénérable, qui console le vieillard mourant et soulage le pauvre affligé. L'homme juste se rend ensuite au temple. Après un discours analogue à la cérémonie,

Il dit, et prépara l'auguste sacrifice.
Tantôt ses bras tendus montraient le ciel propice;
Tantôt il adorait, humblement incliné.
O moment solennel! Ce peuple prosterné,
Ce temple dont la mousse a couvert les portiques,
Ses vieux murs, son jour sombre et ses vitraux gothiques;
Cette lampe d'airain qui, dans l'antiquité,

---

[1] Quintil., lib. x, cap. i, pag. 631.
[2] Plat., *in Protag.*.
[3] *Id., ibid.*
[4] Stob., *Serm.* xcvi.

J'ai entre les mains quelques poésies de Simonide qui ne valent pas la peine d'être connues, ou n'ont aucun rapport avec mon sujet. J'apprends à l'instant qu'une traduction française de ce poëte vient d'arriver en Angleterre. J'ignore ce qu'elle contient, et si le traducteur a trouvé de nouveaux fragments.

Symbole du soleil et de l'éternité,
Luit devant le Très-Haut, jour et nuit suspendue ;
La majesté d'un Dieu parmi nous descendue ;
Les pleurs, les vœux, l'encens, qui montent vers l'autel,
Et de jeunes beautés qui, sous l'œil maternel,
Adoucissent encor, par leur voix innocente,
De la religion la pompe attendrissante ;
Cet orgue qui se tait, ce silence pieux,
L'invisible union de la terre et des cieux,
Tout enflamme, agrandit, émeut l'homme sensible :
Il croit avoir franchi ce monde inaccessible
Où sur des harpes d'or l'immortel séraphin,
Aux pieds de Jéhovah, chante l'hymne sans fin.
C'est alors que sans peine un Dieu se fait entendre ;
Il se cache au savant, se révèle au cœur tendre :
Il doit moins se prouver qu'il ne doit se sentir [1].

La foule, précédée de la croix, et mêlant ses chants sacrés au murmure lointain des tempêtes, marche vers l'asile des morts. Là, la veuve pleure un époux ; la jeune fille, un amant ; la mère, un fils à la mamelle. Trois fois l'assemblée fait le tour des tombes ; trois fois l'eau lustrale est jetée. Alors le peuple saint se sépare, les brouillards de l'automne s'entr'ouvrent, et le soleil reparaît dans les cieux [a].

Simonide eut une destinée à peu près semblable à celle des poëtes français de nos jours. Il vit les deux régimes à Athènes : la monarchie sous les Pisistratides, et la république après leur expulsion. Témoin des victoires des Grecs sur les Perses, il les célébra dans des hymnes triomphales. Comblé des faveurs d'Hipparque, il l'avait chanté ; et il loua sans mesure les assassins de ce prince [2]. Les monarques tombés doivent s'attendre à plus d'ingratitude que les autres hommes, parce qu'ils ont conféré plus de bienfaits [3].

Cependant Anacréon et Simonide n'étaient pas les seuls poëtes qui eussent acquis l'immortalité. Toute la Grèce répétait alors les vers de cette Sapho, si célèbre par ses vices et son génie. Il était encore donné à notre siècle de nous rappeler l'immoralité des goûts de la dixième muse. Je veux croire que ces mœurs ne se rencontraient pas parmi nous dans les rangs élevés, où la calomnie qui s'attache au malheur s'est plu à les peindre. Sapho eut encore une influence plus directe sur son siècle, en inspirant aux Lesbiennes l'amour des

---

[1] *Journal de Peltier*, n° XXI, vol. III, pag. 273.

[a] C'est un grand bonheur pour moi de retrouver jusque dans mon premier ouvrage la mémoire et le nom d'un homme qui devait me devenir cher. (N. ED.)

[2] ÆLIAN., *Var. Hist.*, lib. VIII, cap. II.

[3] Je déplorais, avec un bien bon ami, homme de toutes sortes de mérite, cette malheureuse flexibilité d'opinion qui a quelquefois obscurci les plus grandes qualités. Il me fit cette réflexion, qui prouve autant sa sensibilité que l'excellence de sa raison. « Ceux qui s'occupent de littérature, me dit-il, sont jugés trop rigoureusement du reste de la société. Nés avec une âme plus tendre, ils doivent être plus vivement affectés. De là la rapide changement de leurs idées, de leurs amours, de leurs haines, si surtout l'objet nouveau a quelque apparence de grandeur. D'ailleurs la plupart sont pauvres, *et la première loi est de vivre*. » Encore une fois, j'ai professé mon respect pour les gens de lettres. Si j'avais eu l'intention de faire quelque application particulière (ce qui est bien loin de ma pensée), je n'eusse pas choisi l'article de M. de Fontanes, qui, dans les courts instants où j'ai eu le bonheur de le connaître, m'a paru avoir un caractère aussi pur que ses talents.

lettres[1]. C'est ce qui fait naître les soupçons, que l'ode suivante n'est pas prop.e à dissiper.

A SON AMIE.

Heureux qui, près de toi, pour toi seule soupire,
Qui jouit du plaisir de t'entendre parler,
Qui te voit quelquefois doucement lui sourire!
Les dieux, dans son bonheur, peuvent-ils l'égaler?

Je sens de veine en veine une subtile flamme
Courir par tout mon corps, sitôt que je te vois;
Et, dans les doux transports où s'égare mon âme,
Je ne saurais trouver de langue ni de voix.

Un nuage confus se répand sur ma vue,
Je n'entends plus, je tombe en de douces langueurs;
Et pâle, sans haleine, interdite, éperdue,
Un frisson me saisit, je tremble, je me meurs[2].

Opposons à ce fragment de la muse de Mitylène, un passage du seul poëte élégiaque que la France ait encore produit[3]. Les mœurs des peuples se peignent souvent aussi bien dans des sonnets d'amour que dans des livres de philosophie.

DÉLIRE.

Il est passé ce moment des plaisirs
Dont la vitesse a trompé mes désirs :
Il est passé! Ma jeune et tendre amie,
Ta jouissance a doublé mon bonheur.
Ouvre tes yeux noyés dans la langueur,
Et qu'un baiser te rappelle à la vie.
. . . .
Éléonore, amante fortunée,
Reste à jamais dans mes bras enchaînée.
. . . .
Pardonne tout, et ne refuse rien,
Éléonore, Amour est mon complice.
Mon corps frissonne en s'approchant du tien.
Plus près encor, je sens avec délice
Ton sein brûlant palpiter sous le mien.
Ah! laisse-moi, dans mes transports avides,
Boire l'amour sur tes lèvres humides.
Oui, ton haleine a coulé dans mon cœur;
Des voluptés elle y porte la flamme;
Objet charmant de ma tendre fureur,
Dans ce baiser reçois toute mon âme[4].

Je laisse à décider au lecteur, qui, du Tibulle de la France, ou de l'amante de Phaon, a peint la passion avec plus d'ivresse. Les deux poëtes semblent avoir fait couler dans leurs vers la flamme de ces soleils sous lesquels ils prirent naissance[5].

[1] Suid., *in Sappho*.
[2] Despr., *traduct. de Longin*.
[3] Je ne parle ni du chevalier de Bertin, ni de M. Lebrun, les élégies de ce dernier poëte n'étant pas encore publiées lorsque je quittai la France *. Je ne sais si elles l'ont été depuis.
[4] *OEuvres du chevalier de Parny*, tom. I, *Poésies érot.*, liv. III, pag. 86.
[5] M. de Parny est né à l'île Bourbon.

* Lebrun est mort, et ses *Élégies* ont été publiées par M. Ginguené. (N. Éd.)

Il eût été curieux de voir comment Alcée, chassé de Mitylène par une révolution, chantait les malheurs de l'exil et de la tyrannie [1]. Malheureusement il ne nous reste rien de ce poëte.

Le fabuliste Ésope florissait aussi dans cet âge célèbre. Passant un jour à Athènes et trouvant les citoyens impatients sous le joug de Pisistrate, il leur dit :

« Les grenouilles, s'ennuyant de leur liberté, demandèrent un roi à Jupiter. Celui-ci se moqua de leur folle prière. Elles redoublèrent d'importunité, et le maître de l'Olympe se vit contraint de céder à leurs clameurs. Il leur jeta donc une poutre qui fit trembler tout le marais dans sa chute. Les grenouilles, muettes de terreur, gardèrent d'abord un profond silence; ensuite elles osèrent saluer le nouveau prince et s'approcher de lui toutes tremblantes. Bientôt elles passèrent de la crainte à la plus indécente familiarité. Elles sautèrent sur le monarque, insultant à son peu d'esprit et à sa vertu tranquille. Nouvelles demandes à Jupiter. Cette fois-ci il leur envoya une cicogne, qui, se promenant dans ses domaines, se mit à croquer tous ceux de ses sujets qui se présentèrent. Alors ce furent les plaintes les plus lamentables. Le souverain des dieux refusa de les entendre.... il voulut que les grenouilles gémissent sous un tyran, puisqu'elles n'avaient pu souffrir un bon roi [2]. »

Oh! comme toute la vérité de cette fable tombe sur le cœur d'un Français! comme c'est là notre histoire!

Outre son immortel fabuliste, la France en compte un autre, qui a vu de près les malheurs de la révolution. M. de Nivernois n'a ni la simplicité d'Ésope, ni la naïveté de La Fontaine; mais son style est plein de raison et d'élégance; on y retrouve le vieillard et l'homme de bonne compagnie.

LE PAPILLON ET L'AMOUR.

FABLE.

Le papillon se plaignait à l'Amour :
Voyez, lui disait-il un jour,
Voyez quel caprice est le vôtre !
Si jamais le destin a fait
Deux êtres vraiment l'un pour l'autre,
C'est vous et moi : le rapport est complet
Entre nous deux ; même allure est la nôtre,
Convenez-en de bonne foi.
Qui devrait donc, si ce n'est moi,
Guider de votre char la course vagabonde?
Mais vous prenez pour cet emploi
Le seul oiseau constant qui soit au monde.
Laissez le pigeon roucouler
Avec l'Hymen, et daignez m'atteler
A votre char ; et qu'au gré du caprice,
On nous voie ensemble voler ;
Car ainsi le veut la justice.
Ami, répond l'Amour, tu raisonnes fort bien ;
Je t'aime, et, je le sais, notre humeur se ressemble :
Mais gardons-nous de nous montrer ensemble ;
Alors nous ne ferions plus rien.
Le vrai bonheur n'est que dans la constance ;

---

[1] Horat., lib. II, Od. XIII. — [2] Esop., Fab. XIX.

Et mes pigeons l'annoncent aux mortels :
Je les séduis par l'apparence ;
Si je ne les trompais, je n'aurais plus d'autels [1] [a].

Il est temps de donner au lecteur une relique précieuse de littérature. Comme législateur, Solon [2] est connu du monde entier; comme poëte, il ne l'est que d'un petit nombre de gens de lettres. Il nous reste plusieurs fragments de ses élégies. Je vais les traduire ou les extraire, selon leur mérite ou leur médiocrité.

« Illustres filles de Mnémosyne et de Jupiter Olympien ! Muses habitantes du mont Piérus ! écoutez ma prière. Faites que les dieux immortels m'envoient le bonheur; que je possède l'estime de l'honnête homme. Pour mes amis, toujours aimable et enjoué; que pour mes ennemis mon caractère soit triste et sévère : qu'aux uns je paraisse respectable; aux autres, terrible.

« Un peu d'or satisferait mes désirs; mais je ne voudrais pas qu'il fût le prix de l'injustice : tôt ou tard elle est punie. Les richesses que les dieux dispensent sont durables; celles que les hommes amassent... les suivent, pour ainsi dire, à regret, et se perdent bientôt dans les malheurs.... Le triomphe du crime s'évanouit : Dieu est la fin de tout.

« Semblable au vent qui trouble, jusque dans les profondeurs de l'abîme les vastes ondes de la mer; au vent qui, après avoir ravagé les campagnes, s'élève tout à coup dans les cieux, séjour des immortels, et y fait renaître une sérénité inattendue : le soleil, dans sa mâle beauté, sourit amoureusement à la terre virginale, et les nuages brisés se dissipent : telle est la vengeance de Jupiter.

« Toi qui caches le crime dans ton cœur, ne crois pas demeurer toujours inconnu. Immédiat ou suspendu, le châtiment marche à ta suite. Si la justice céleste ne peut t'atteindre, un jour viendra que tes enfants innocents porteront la peine des forfaits de leur père coupable. Hélas ! tous tant que nous sommes, vertueux ou méchants, notre propre opinion nous semble toujours la meilleure, jusqu'à ce qu'elle nous soit fatale. Alors nous nous plaignons des dieux, parce que nous avions nourri de folles espérances. . . . . »

Le poëte continue à peindre l'imbécillité humaine, le malade incurable croit guérir, le pauvre attend des richesses; les uns s'exposent sur les flots, d'autres déchirent le sein de la terre, etc.

« La destinée dispense et les biens et les maux; nous ne pouvons nous soustraire à ce qu'elle nous réserve. Il y a du danger dans les meilleures actions. Souvent les projets du sage échouent, et ceux de l'insensé réussissent. »
. . . .

---

[1] *Journal de Peltier*, n° LXXIII.

[a] Ces vers ont une sorte d'élégance, mais ils ne valaient pas la peine d'être rappelés. Et à propos de quoi toutes ces citations de poëtes élégiaques, ce cours de littérature anacréontique ? A propos de la révolution française. (N. Ed.)

[2] J'aurais dû avertir plus tôt que l'ordre des dates n'a pas été strictement suivi dans ce chapitre. La succession naturelle des poëtes était : Alcée, Sapho, Ésope, Solon, Anacréon, Simonide. Des convenances de style m'ont obligé à faire ce léger changement qui, au reste, doit être indifférent au lecteur.

Le passage suivant est extrêmement intéressant, en ce qu'il peint l'état moral d'Athènes au moment de sa révolution.

« La ville de Minerve ne périra jamais par l'ordre des destinées; mais elle sera renversée par ses propres citoyens. Peuple et chefs insensés, qui ne pouvez ni rassasier vos désirs ni jouir en paix de vos richesses, méritez vos malheurs à force de crimes!.. Sans respect pour le droit sacré des propriétés, ou pour les trésors publics, chacun s'empresse de spolier le bien de l'État, insouciant des saintes lois de la justice. Celle-ci, cependant, dans le silence, compte les événements passés, observe le présent, et arrive à l'heure marquée pour la punition du crime. Voilà la première cause des maux de l'État : c'est là ce qui le fait tomber dans l'esclavage; ce qui allume le feu de la sédition et réveille la guerre qui dévore la jeunesse. Hélas! la chère patrie est soudain accablée d'ennemis; des batailles, sources de pleurs, se livrent et sont perdues; le peuple indigent est vendu dans la terre de l'étranger, et indignement chargé de fers. »

. . . .

Solon finit par exhorter ses concitoyens à changer de mœurs, et recommande surtout la justice : « Cette mère des bonnes actions, qui tempère les choses violentes, prévient l'exaltation, corrige les lois, réprime l'enthousiasme, et retient le torrent de la sédition dans des bornes [1]. »

Ces élégies politiques (qu'on me passe l'expression) sont accompagnées de quelques autres pièces de poésie d'une teinte différente. Le morceau sur l'homme, rapproché des stances de Jean-Baptiste Rousseau, offrira une comparaison piquante.

Jupiter donne les dents à l'homme dans les sept premières années de sa vie. Avant qu'il ait parcouru sept autres années il annonce sa virilité. Durant la période suivante, ses membres se développent, et un duvet changeant ombrage son menton. La quatrième époque le voit dans toute sa vigueur, et fait éclater son courage. La cinquième l'engage à solenniser la pompe nuptiale, et à se créer une postérité. Dans la sixième, son génie se plie à tout, et ne se refuse qu'aux ouvrages grossiers du manœuvre. Dans la septième, il acquiert le plus haut degré de sagesse et d'éloquence. La huitième y ajoute la pratique des hommes. A la neuvième commence son déclin. Que si quelqu'un parcourt les sept derniers ans de sa carrière, qu'il reçoive la mort sans l'accuser de l'avoir surpris [2].

ODE SUR L'HOMME.

Que l'homme est bien pendant sa vie
Un parfait miroir de douleur!
Dès qu'il respire, il pleure, il crie,
Et semble prévoir ses malheurs.

Dans l'enfance, toujours des pleurs:
Un pédant, porteur de tristesse;

---

[1] *Poet. Minor. Græc.*, pag. 427. — [2] *Id., ibid.*, pag. 431.

Des livres de toutes couleurs,
Des châtiments de toute espèce.

L'ardente et fougueuse jeunesse
Le met encore en pire état.
Des créanciers, une maîtresse,
Le tourmentent comme un forçat.

Dans l'âge mûr, autre combat :
L'ambition le sollicite ;
Richesses, honneurs, faux éclat,
Soin de famille, tout l'agite.

Vieux, on le méprise, on l'évite ;
Mauvaise humeur, infirmité,
Toux, gravelle, goutte et pituite,
Assiégent sa caducité.

Pour comble de calamité,
Un directeur s'en rend le maître.
Il meurt enfin peu regretté.
C'était bien la peine de naître [1] !

Solon et Jean-Baptiste n'ont pas dû représenter le même homme : ils se servaient de différents modèles. L'un travaillait sur le beau antique ; l'autre, d'après les formes gothiques de son siècle. Leurs pinceaux se sont remplis de leurs souvenirs.

Il me reste une chose pénible à dire. Le sévère auteur des lois contre les mauvaises mœurs, le restaurateur de la vertu dans sa patrie, Solon enfin, avait pollué la sainteté du législateur, par la licence de sa muse. Le temps a dévoré ces écrits, mais la mémoire s'en est conservée avec soin. Quelques lignes, qui, bien qu'innocentes, décèlent le goût des plaisirs, ont été avidement recueillies.

« Pour toi, commande longtemps dans ces lieux. . . . .
. . . .
Mais que Vénus, au sein parfumé de violettes, me fasse monter sur un vaisseau léger et me renvoie de cette île célèbre. Qu'en faveur du culte que je lui ai rendu elle m'accorde un prompt retour dans ma patrie.

. . . .
« Les présents de Vénus et de Bacchus me sont chers, de même que ceux des muses qui inspirent d'aimables folies [2] a. »

---

[1] J. B. ROUSSEAU, tom. I, *Od.*, liv. I.
Si je cite quelquefois des morceaux qui semblent trop connus, on doit se rappeler qu'il s'agit moins de poésies nouvelles que de saisir ce qui peut mener à la comparaison des temps, et jeter du jour sur la révolution : que, par ailleurs, j'écris dans un pays étranger.
[2] *Poet. Minor. Græc.*, pag. 431-33.

a Ces fragments des poésies de Solon, bien qu'ils soient assurément très-étrangers à la matière, ont un certain intérêt. Cette imbécile opinion moderne, née de l'envie pour consoler la médiocrité, que les talents littéraires sont séparés des talents politiques, se trouve encore repoussée par l'exemple de Solon. Le poëte n'a rien ôté au grand législateur, pas plus qu'il n'a ôté à Xénophon la science politique ; à Cicéron, l'éloquence ; à César, la vertu guerrière. Qui fut plus homme de lettres que le cardinal de Richelieu ? L'auteur de l'*Esprit des Lois* est aussi l'auteur du *Temple de Gnide* ; le grand Frédéric employait plus de temps à faire des vers qu'à gagner des batailles, et le principal ministre d'Angleterre, aujourd'hui M. Canning, est un poëte. (N. ED.)

C'est ainsi que l'auteur du *Contrat Social* et de l'*Émile* a pu écrire :

« O mourons, ma douce amie! mourons, la bien-aimée de mon cœur! Que faire désormais d'une jeunesse insipide dont nous avons épuisé toutes les délices?. . . . .
Non, ce ne sont point ces transports que je regrette le plus. . . . .
. . . .
Rends-moi cette étroite union des âmes que tu m'avais annoncée, et que tu m'as si bien fait goûter; rends-moi cet abattement si doux, rempli par les effusions de nos cœurs; rends-moi ce sommeil enchanteur trouvé sur ton sein; rends-moi ce réveil plus délicieux encore, et ces soupirs entrecoupés, et ces douces larmes, et ces baisers qu'une voluptueuse langueur nous faisait lentement savourer, et ces gémissements si tendres durant lesquels tu pressais sur ton cœur ce cœur fait pour s'unir à lui[1]! »

Bon jeune homme, qui lis ceci, et dont les yeux brillent de larmes à cet exemple de la fragilité humaine, cultive cette précieuse sensibilité, la marque la plus certaine du génie. Pour toi, homme parfait, que je vois dédaigneusement sourire, descends dans ton intérieur, applaudis-toi seul, si tu peux, de ta supériorité : je ne veux de toi, ni pour ami, ni pour lecteur[2].

CHAPITRE XXIII.

POÉSIE A SPARTE. — PREMIER CHANT DE TYRTÉE; LEBRUN. — SECOND CHANT DE TYRTÉE; HYMNE DES MARSEILLAIS. — CHOEUR SPARTIATE; STROPHE DES ENFANTS. — CHANSON EN L'HONNEUR D'HARMODIUS; ÉPITAPHE DE MARAT.

Tandis que Pisistrate et ses fils cherchaient, par les beaux-arts, à corrompre les Athéniens, pour les asservir, les mêmes talents servaient à maintenir les mœurs à Lacédémone. C'est ainsi que le vice et la vertu savent faire un différent usage des présents du ciel.
Les vers de Tyrtée, qui commandaient autrefois la victoire, étaient encore redis par les Spartiates. Ils méritent toute la réputation dont ils jouissent. Rien de plus beau, de plus noble, que les fragments qui nous en restent. Je m'empresse de les donner au lecteur.

PREMIER CHANT GUERRIER.

. . . .
« Celui-là est peu propre à la guerre qui ne peut d'un œil serein voir le sang couler, et ne brûle d'approcher l'ennemi. La vertu guerrière reçoit la couronne la plus éclatante; c'est celle qui illustre un héros. Vraiment utile à son pays est le jeune homme qui s'avance fièrement au premier rang, y reste sans s'étonner, bannit toute idée d'une fuite honteuse, se précipite au-devant du

---

[1] *Nouv. Hél.*, tom. II, 1re partie, pag. 117.
[2] Ne croirait-on pas lire une de ces apostrophes grotesques que Diderot introduisait dans l'*Histoire des deux Indes*, sous le nom de l'abbé Raynal? « O rivage d'Adjinga, tu n'es rien! mais tu as donné naissance à Elisa, etc. »

danger, et, prêt à mourir, fait face à l'ennemi le plus proche de lui : vraiment excellent, vraiment utile est ce jeune homme. Les phalanges redoutables s'évanouissent devant lui; il détermine par sa valeur le torrent de la victoire. Mais si, le bouclier percé de mille traits; si, la poitrine couverte de mille blessures, il tombe sur le champ de bataille, quel honneur pour sa patrie! ses concitoyens! son père! Jeunes et vieux, tous le pleurent. Il emporte avec lui l'amour d'un peuple entier. Sa tombe, ses enfants, sa postérité même la plus reculée, attirent le respect des hommes. Non, il ne meurt point, le héros sacrifié à la patrie : il est immortel [1]! . . . . »

Ce morceau est sublime. Il n'y a là ni fausse chaleur, ni torture de mots, ni toute cette enflure moderne dont Voltaire commençait déjà à se plaindre [2], et que les La Harpe, et après lui plusieurs littérateurs distingués [3], cherchèrent en vain à contenir. Les Français ont aussi célébré leurs combats. Voici comment M. Lebrun a chanté les victoires de la république.

CHANT DU BANQUET RÉPUBLICAIN,

POUR LA FÊTE DE LA VICTOIRE.

O jour d'éternelle mémoire,
Embellis-toi de nos lauriers!
Siècles! vous aurez peine à croire
Les prodiges de nos guerriers :
L'ennemi disparu fuit ou boit l'onde noire.

Sous des lauriers que Bacchus a d'attraits!
Enivrons, mes amis, la coupe de la gloire
D'un nectar pétillant et frais :
Buvons, buvons à la Victoire,
Fidèle amante des Français.
Buvons, buvons à la Victoire.

Liberté, préside à nos fêtes;
Jouis de nos brillants exploits.
Les Alpes ont courbé leurs têtes,
Et n'ont pu défendre les rois :
L'Eridan conte aux mers nos rapides conquêtes.
Sous les lauriers que Bacchus a d'attraits! etc.

L'Adda, sur ses gouffres avides,
Offre un pont de foudres armé :
Mars s'étonne! mais nos Alcides
Dévorent l'obstacle enflammé.
La Victoire a pâli pour ces cœurs intrépides.
Sous des lauriers que Bacchus a d'attraits! etc.

Tout cède au bras d'un peuple libre,
Les rochers, les torrents, le sort :
De ces coups dont gémit le Tibre,
Le Sud épouvante le Nord :

---

[1] *Poet. Minor. Græc.*, pag. 434.
[2] Voltaire, *Lettres à l'abbé d'Olivet, sur sa Prosodie.*
[3] MM. Flins et Fontanes, dans le *Modérateur*; M. Ginguené, dans le *Moniteur*, et maintenant les rédacteurs de plusieurs feuilles périodiques qui paraissent rédigées avec élégance et pureté.

> Des balances de Pitt nous rompons l'équilibre.
> Sous des lauriers que Bacchus a d'attraits! etc.
>
> Sa gaîté, fille du courage,
> Par un sourire belliqueux,
> Déconcerte la sombre rage
> De l'Anglais morne et ténébreux
> Le Français chante encore en volant au carnage.
> Sous des lauriers que Bacchus a d'attraits! etc.
>
> Rival de la flamme et d'Éole,
> Le Français triomphe en courant :
> Pareil à la foudre qui vole,
> Il renverse l'aigle expirant ;
> Le despote sacré tombe du Capitole.
> Sous des lauriers que Bacchus a d'attraits! etc.
>
> . . . .
> Sous la main de nos Praxitèles,
> Respirez, marbres de Paros !
> Muses, vos lyres immortelles
> Nous doivent l'hymne des héros :
> Il faut de nouveaux chants pour des palmes nouvelles.
> Sous des lauriers que Bacchus a d'attraits! etc. [1] [a]

Dans le second chant de Tyrtée qu'on va lire, ce poëte a déployé toutes les ressources de son génie. A la fois pathétique et élevé, son vers gémit avec la patrie, ou brûle de tous les feux de la guerre. Pour exciter le jeune héros à la défense de son pays, il appelle toutes les passions, touche toutes les cordes du cœur. Ce fut sans doute un pareil chant qui ramena une troisième fois à la charge les Lacédémoniens vaincus, et leur fit conquérir la victoire, en dépit de la destinée.

SECOND CHANT GUERRIER.

« Qu'il est beau de tomber au premier rang en combattant pour la patrie ! Il n'est point de calamité pareille à celle du citoyen forcé d'abandonner son pays. Loin des doux lieux qui l'ont vu naître, avec une mère chérie, un père accablé sous le poids des ans, une jeune épouse et de petits enfants entre ses bras, il erre en mendiant un pain amer dans la terre de l'étranger. Objet du mépris des hommes, une odieuse pauvreté le ronge. Son nom s'avilit; ses formes, jadis si belles, s'altèrent; une anxiété intolérable, un mal intérieur s'attache à sa poitrine. Bientôt il perd toute pudeur, et son front ne sait plus rougir. Ah ! mourons s'il le faut pour notre terre natale, pour notre famille, pour la liberté! Héros de Sparte, combattons étroitement serrés. Qu'aucun de vous ne se livre à la crainte ou à la fuite. Prodigues de vos jours, dans une fureur généreuse précipitez-vous sur l'ennemi. Gardez-vous d'abandonner ces vieillards, ces vétérans, dont l'âge a raidi les genoux. Quelle honte si le père périssait plus avant que le fils dans la mêlée, de le voir, avec sa tête

---

[1] Pelt., *Journ.*, n° LX, pag. 484.

[a] Ce chant est véritablement un lieu commun. Sa médiocrité est d'autant plus frappante, qu'il est placé entre deux admirables chants de Tyrtée.   (N. Ed.)

chenue, sa barbe blanche, se débattant dans la poussière, et lorsque l'ennemi le dépouille, couvrir encore de ses faibles mains sa nudité sanglante! Ce vieillard est en tout semblable aux jeunes guerriers; il brille des fleurs de l'adolescence. Vivant, il est adoré des femmes et des hommes; mort, on lui décerne une couronne. O Spartiates! marchons donc à l'ennemi. Marchons le pas assuré; chaque héros ferme à son poste et se mordant les lèvres [1]. »

L'hymne des Marseillais [2] n'est pas vide de tout mérite. Le lyrique a eu le grand talent d'y mettre de l'enthousiasme sans paraître ampoulé. D'ailleurs cette ode républicaine vivra, parce qu'elle fait époque dans notre révolution. Enfin elle mena tant de fois les Français à la victoire, qu'on ne saurait mieux la placer qu'auprès des chants du poëte qui fit triompher Lacédémone. Nous en tirerons cette leçon affligeante : que, dans tous les âges, les hommes ont été des machines qu'on a fait s'égorger avec des mots.

HYMNE DES MARSEILLAIS.

Allons, enfants de la patrie,
Le jour de gloire est arrivé.
Contre nous de la tyrannie
L'étendard sanglant est levé.
Entendez-vous dans les campagnes
Mugir ces féroces soldats?
Ils viennent jusque dans nos bras
Egorger nos fils, nos compagnes.

Aux armes, citoyens! formez vos bataillons.
Marchez, qu'un sang impur abreuve nos sillons!

CHOEUR.

Marchons, qu'un sang impur abreuve nos sillons!

Que veut cette horde d'esclaves,
De traîtres, de rois conjurés?
Pour qui ces ignobles entraves,
Ces fers dès longtemps préparés?
Français, pour nous, ah! quel outrage!
Quels transports il doit exciter!
C'est nous qu'on ose méditer
De rendre à l'antique esclavage!

Aux armes, citoyens! etc.

Quoi! des cohortes étrangères
Feraient la loi dans nos foyers!
Quoi! ces phalanges mercenaires
Terrasseraient nos fiers guerriers!
Grand Dieu! par des mains enchaînées
Nos fronts sous le joug se ploieraient!

---

[1] *Poet. Minor. Græc.*, pag. 441.
[2] Je crois que l'auteur de cet hymne s'appelle M. de l'Isle. Ce n'est pas le traducteur des *Géorgiques* *.

* On voit par cette note combien les choses les plus connues en France étaient ignorées en Angleterre pendant les guerres de la révolution. Ce n'est pas la poésie, c'est la musique qui fera vivre l'hymne révolutionnaire. Pour couronner tant de parallèles extravagants, il ne restait plus qu'à comparer le chant en l'honneur des libérateurs de la Grèce à l'épitaphe de Marat. (N. Éd.)

De vils despotes deviendraient
Les maîtres de nos destinées !

Aux armes, citoyens ! etc.

Tremblez, tyrans, et vous, perfides,
L'opprobre de tous les partis !
Tremblez ! vos projets parricides
Vont enfin recevoir leur prix.
Tout est soldat pour vous combattre.
S'ils tombent nos jeunes héros,
La terre en produit de nouveaux,
Contre vous tous prêts à se battre.

Aux armes, citoyens ! etc.

. . . .
Amour sacré de la patrie,
Conduis, soutiens, nos bras vengeurs.
Liberté ! Liberté chérie !
Combats avec tes défenseurs !
Sous nos drapeaux que la victoire
Accoure à tes mâles accents ;
Que tes ennemis expirants
Voient ton triomphe et notre gloire.

Aux armes, citoyens, formez vos bataillons.
Marchez, qu'un sang impur abreuve nos sillons !

CHOEUR.

Marchons, qu'un sang impur abreuve nos sillons !

Aux fêtes de Lacédémone, les citoyens chantaient en chœur :

LES VIEILLARDS.

Nous avons été jadis
Jeunes, vaillants et hardis.

LES HOMMES FAITS.

Nous le sommes, maintenant,
A l'épreuve à tout venant

LES ENFANTS.

Et nous un jour le serons,
Qui bien vous surpasserons [1].

C'est de là que les Français ont pu emprunter l'idée de la strophe des enfants, ajoutée à l'hymne des Marseillais.

Nous entrerons dans la carrière
Quand nos aînés ne seront plus.
Nous y trouverons leur poussière,
Et la trace de leurs vertus.
Bien moins jaloux de leur survivre
Que de partager leur cercueil,
Nous aurons le sublime orgueil
De les venger ou de les suivre [2].

[1] Plut., *in Lyc.*, traduct. d'Amyot.
[2] Dr Moore's *Journ.*
A la fête de l'Etre-Suprême on ajouta encore plusieurs autres strophes pour les vieillards, les femmes, etc. On peut voir le *Moniteur* du 20 prairial (8 juin) 1793.

Si les Français paraissent l'emporter ici, à Sparte on voit les citoyens; à Paris, le poëte.

Nous finirons cet article par les vers qu'on chantait en l'honneur des assassins d'Hipparque, en Grèce; et par l'épitaphe que les Français ont écrite à la louange de Marat. La misère et la méchanceté des hommes se plaisent à répéter les noms qui rappellent les malheurs des princes : la première y trouve une espèce de consolation; la seconde se repaît des calamités étrangères : il n'y a qu'un petit nombre d'êtres obscurs qui pleurent et se taisent.

CHANSON
EN L'HONNEUR D'HARMODIUS ET D'ARISTOGITON.

Je porterai mon épée couverte de feuilles de myrte, comme firent Harmodius et Aristogiton quand ils tuèrent le tyran, et qu'ils établirent dans Athènes l'égalité des lois.

Cher Harmodius, vous n'êtes point encore mort : on dit que vous êtes dans les îles des bienheureux, où sont Achille aux pieds légers, et Diomède, ce vaillant fils de Tydée.

Je porterai mon épée couverte de feuilles de myrte, comme firent Harmodius et Aristogiton quand ils tuèrent le tyran Hipparque dans le temps des Panathénées.

Que votre gloire soit immortelle, cher Harmodius, cher Aristogiton, parce que vous avez tué le tyran, et établi dans Athènes l'égalité de lois [1]

ÉPITAPHE DE MARAT.

Marat, l'ami du peuple et de l'égalité,
Échappant aux fureurs de l'aristocratie,
Du fond d'un souterrain, par son mâle génie,
Foudroya l'ennemi de notre liberté.
Une main parricide osa trancher la vie
De ce républicain toujours persécuté.
   Pour prix de sa vertu constante,
   La nation reconnaissante
Transmit sa renommée à la postérité [2].

Je demande pardon au lecteur de lui rappeler l'idée d'un pareil monstre, par des vers aussi misérables; mais il faut connaître l'esprit des temps

CHAPITRE XXIV.

PHILOSOPHIE ET POLITIQUE. — LES SAGES; LES ENCYCLOPÉDISTES [a]. — OPINIONS SUR LE MEILLEUR GOUVERNEMENT. : THALÈS, SOLON, PÉRIANDRE, ETC.; J. J. ROUSSEAU, MONTESQUIEU — MORALE : SOLON, THALÈS; LA ROCHEFOUCAULD, CHAMFORT. — PARALLÈLE DE J. J. ROUSSEAU ET D'HÉRACLITE. — LETTRE A DARIUS; LETTRE AU ROI DE PRUSSE.

Tandis que les beaux-arts commençaient à briller de toutes parts dans la Grèce, la politique et la morale marchaient de concert avec eux. Il s'était

---

[1] *Voyage d'Anacharsis*, tom. I, pag. 362, note IV.
[2] *Moniteur* du 18 novembre 1793.

[a] Les sages de la Grèce et les Encyclopédistes! Ah! bon Dieu! (N. ED.)

formé une espèce de compagnie connue sous le nom *des Sages*, de même que de nos jours, en France, nous avons vu l'association des Encyclopédistes. Mais les Sages de l'antiquité méritaient cette appellation; ils s'occupaient sérieusement du bonheur des peuples, non de vains systèmes : bien différents des sophistes qui les suivirent, et qui ressemblèrent si parfaitement à nos philosophes.

A la tête des Sages paraissait Thalès, de Milet, astronome et fondateur de la secte ionique[1]. Il enseignait que l'eau est le principe matériel de l'univers, sur lequel Dieu a agi[2]. Ce fut lui qui jeta en Grèce les premières semences de cet esprit métaphysique, si inutile aux hommes, qui fit tant de mal à son pays dans la suite, et qui a, depuis, perdu notre siècle.

Chilon, Bias, Cléobule, sont à peine connus. Pittacus et Périandre, malgré leurs vertus, consentirent à devenir les tyrans de leur patrie : le premier régna à Mitylène, le second à Corinthe. Peut-être pensaient-ils, comme Cicéron, que la souveraineté préexiste non dans le peuple, mais dans les grands génies.

Voici les opinions de ces philosophes sur le meilleur des gouvernements.

Selon Solon, c'est celui où la masse collective des citoyens prend part à l'injure offerte à l'individu.

Selon Bias, celui où la loi est le tyran.

Selon Thalès, celui où règne l'égalité des fortunes.

Selon Pittacus, celui où l'honnête homme gouverne, et jamais le méchant.

Selon Cléobule, celui où la crainte du reproche est plus forte que la loi.

Selon Chilon, celui où la loi parle au lieu de l'orateur.

Selon Périandre, celui où le pouvoir est entre les mains du petit nombre[3].

Montesquieu laisse cette grande question indécise. Il assigne les divers principes des gouvernements, et se contente de faire entendre qu'il donne la préférence à la monarchie limitée. « Comment prononcerai-je, dit-il quelque part, sur l'excellence des institutions, moi qui crois que l'excès de la raison est nuisible, et que les hommes s'accommodent mieux des parties moyennes que des extrémités[4] ? »

« Quand on demande, dit J. J. Rousseau, quel est le meilleur gouvernement, on fait une question insoluble, comme indéterminée; ou si l'on veut, elle a autant de bonnes solutions qu'il y a de combinaisons possibles dans les positions absolues ou relatives des peuples[5]. »

Posons la morale des sages :

« Qu'en tout la raison soit votre guide. Contemplez le beau. Dans ce que vous entreprenez, considérez la fin[6]. Il y a trois choses difficiles : garder un secret, souffrir une injure, employer son loisir. Visite ton ami dans l'infortune plutôt que dans la prospérité. N'insulte jamais le malheureux. L'or est connu par la pierre de touche ; et la pierre de touche de l'homme est l'or. Connais-toi[7]. Ne faites pas aux autres ce que vous ne voudriez pas qu'on vous fît. Sa-

---

[1] Diog. Laert., *in Thal.* — [2] Cicer., lib. I, *de Nat. Deor.*, n° xxv. — [3] Plat., *in Conv. sep. Sap.* — [4] *Esprit des Lois.*
[5] *Contrat Soc.*, liv. III, chap. IX.
[6] Plut., *in Solon*; Laert., lib. I, § xlvi; Demostu, *de Fals. Leg.*
[7] Laert., lib. II, § lxviii-lxxv; Herod., pag. 44

chez saisir l'occasion [1]. Le plus grand des malheurs est de ne pouvoir supporter patiemment l'infortune. Rapporte aux dieux tout le bien que tu fais. N'oublie pas le misérable [2]. Lorsque tu quittes ta maison, considère ce que tu as à faire ; quand tu y rentres, ce que tu as fait [3]. Le plaisir est de courte durée ; la vertu est immortelle. Cachez vos chagrins [4]. »

Montrons notre philosophie :

« Il n'est pas si dangereux de faire du mal à la plupart des hommes que de leur faire du bien [5]. Les rois font des hommes comme des pièces de monnaie ; ils les font valoir ce qu'ils veulent, et l'on est forcé de les recevoir selon leur cours et non pas selon leur véritable prix [6]. On aime mieux dire du mal de soi que de n'en point parler [7]. Il y a à parier que toute idée publique, toute convention reçue, est une sottise, car elle a convenu au plus grand nombre [8]. Les gens faibles sont les troupes légères des méchants ; ils font plus de mal que l'armée même ; ils infestent, ils ravagent [9]. Il faut convenir que, pour être homme en vivant dans le monde, il y a des côtés de son âme qu'il faut entièrement *paralyser* [10]. C'est une belle allégorie dans la *Bible* que cet arbre de la science du bien et du mal qui produit la mort. Cet emblème ne veut-il pas dire que, lorsqu'on a pénétré le fond des choses, la perte des illusions amène la mort de l'âme, c'est-à-dire un désintéressement complet sur tout ce qui touche les autres hommes [11] ? »

[1] PLUT., *Conviv. sap.*; STRAB., lib. XIII, pag. 599.
[2] LAERT., lib. I, § LXXXII ; VAL. MAX., lib. III, cap. III.
[3] LAERT., lib. I, § LXXXII. — [4] *Id. ibid.*, § LXXXIX ; PLUT., *Conviv.*; HEROD., lib. I, pag. 3.
[5] LA ROCHEFOUCAULD, *Max.* — [6] *Id.*, *Max.* CLXV. — [7] *Id.*, *Max.* CXL. — [8] CHAMFORT, *Maximes*, etc., pag. 37. — [9] *Id.*, *ibid.* — [10] *Id.*, pag. 56. — [11] *Id.*, pag. 13.

J'invite le lecteur à lire le volume des *Maximes* de Chamfort (formant le quatrième volume des œuvres complètes), publié à Paris par M. Ginguené, homme de lettres lui-même, et ami du malheureux académicien. La sensibilité, le tour original, la profondeur des pensées, en font un des plus intéressants, comme un des meilleurs ouvrages de notre siècle. Ceux qui ont approché M. Chamfort savent qu'il avait dans la conversation tout le mérite qu'on retrouve dans ses écrits. Je l'ai souvent vu chez M. Ginguené, et plus d'une fois il m'a fait passer d'heureux moments, lorsqu'il consentait, avec une petite société choisie, à accepter un souper dans ma famille. Nous l'écoutions avec ce plaisir respectueux qu'on sent à entendre un homme de lettres supérieur. Sa tête était remplie d'anecdotes les plus curieuses, qu'il aimait peut-être un peu trop à raconter. Comme je n'en retrouve aucune de celles que je lui entendu citer, dans la dernière publication de ses ouvrages, il est à croire qu'elles ont été perdues par l'accident dont parle M. Ginguené. Une entre autres, qui peint les mœurs du siècle, avant la révolution, m'a laissé un long souvenir : « Un homme de la cour (heureusement j'ai oublié son nom) s'amusait sur les boulevards à nommer à sa belle-fille, jeune et pleine d'innocence, les courtisans qui passaient dans leurs voitures, en l'invitant à en prendre un pour amant, lui racontant leurs intrigues avec telle, telle ou telle femme de la société. Et vous croyez, ajouta Chamfort, qu'un pareil ordre moral pouvait longtemps exister. »

Chamfort était d'une taille au-dessus de la médiocre, un peu courbé, d'une figure pâle, d'un teint maladif. Son œil bleu, souvent froid et couvert dans le repos, lançait l'éclair quand il venait à s'animer. Des narines un peu ouvertes donnaient à sa physionomie l'expression de la sensibilité et de l'énergie. Sa voix était flexible, ses modulations suivaient les mouvements de son âme ; mais, dans les derniers temps de mon séjour à Paris, elle avait pris de l'âpreté, et on y démêlait l'accent agité et impérieux des factions. Je me suis toujours étonné qu'un homme qui avait tant de connaissance des hommes eût pu épouser si chaudement une cause quelconque. Ignorait-il que tous les gouvernements se ressemblent ; que RÉPUBLICAIN et ROYALISTE ne sont que deux mots pour la même chose ? Hélas ! l'infortuné philosophe ne l'a que trop appris.

J'ai cru qu'un mot sur un homme aussi célèbre dans la révolution ne déplairait pas au

Solon, prévoyant le danger des spéctacles pour les mœurs, disait à Thespis : « Si nous souffrons vos mensonges, nous les retrouverons bientôt dans les plus saints engagements. »

Jean-Jacques écrivait à d'Alembert :

. . . .

« Je crois qu'on peut conclure de ces considérations que l'effet moral des théâtres et des spectacles ne saurait jamais être bon ni salutaire en lui-même, puisqu'à ne compter que leurs avantages, on n'y trouve aucune sorte d'utilité réelle sans inconvénients qui ne la surpassent. Or, par une suite de son inutilité même, le théâtre, qui ne peut rien pour corriger les mœurs, peut beaucoup pour les altérer. En favorisant tous nos penchants, il donne un nouvel ascendant à ceux qui nous dominent. Les continuelles émotions qu'on y ressent nous énervent, nous affaiblissent, nous rendent plus incapables de résister à nos passions ; et le stérile intérêt qu'on prend à la vertu ne sert qu'à contenter notre amour-propre sans nous contraindre à la pratiquer [1]. »

Après ces premiers Sages nous trouvons Héraclite d'Éphèse, qui semble avoir été la forme originale sur laquelle la nature moula, parmi nous, le grand Rousseau. De même que l'illustre citoyen de Genève, le philosophe grec fut élevé sans maître [2], et dut tout à la vigueur de son génie. Comme lui il connut la méchanceté de nos institutions, et pleura sur ses semblables [3] comme lui il crut les lumières inutiles au bonheur de la société [4] ; comme lui encore, invité à donner des lois à un peuple, il jugea que ses contemporains étaient trop corrompus [5] pour en admettre de bonnes ; comme lui enfin, accusé d'orgueil et de misanthropie, il fut obligé de se cacher dans les déserts [6], pour éviter la haine des hommes.

Il sera utile de rapprocher les lettres que ces génies extraordinaires écrivaient aux princes de leur temps.

Darius, fils d'Hystaspe, avait invité Héraclite à sa cour. Le philosophe lui répondit :

lecteur. La Notice que M. Ginguené a préfixée à l'édition des œuvres de son ami doit d'ailleurs satisfaire tous ceux qui aiment le correct, l'élégant, le chaste. Mais pour ceux qui, comme moi, connurent la liaison intime qui exista entre M. Ginguené et M. Chamfort, qu'ils logeaient dans la même maison et vivaient pour ainsi dire ensemble, cette Notice a plus que de la pureté. En n'écrivant qu'à la troisième personne M. Ginguené a été au cœur, et la douleur de l'ami, luttant contre le calme du narrateur, n'échappe pas aux âmes sensibles. Au reste, je dois dire qu'en parlant de plusieurs gens de lettres que je fréquentai autrefois, je remplis pour eux ma tâche d'historien, sans avoir l'orgueil de chercher à m'appuyer sur leur renommée. Lorsque j'ai vécu parmi eux, je n'ai pu m'associer à leur gloire : je n'ai partagé que leur indulgence *.

[1] OEuv. compl. de Rousseau, Lettre à d'Alemb., tom. XII. — [2] Heracl. ap. Diog. Laert. lib. IX. — [3] Id., ibid. — [4] Id., ibid. — [5] Id., ibid. — [6] Id., ibid.

* Outre l'impertinence de la comparaison de quelques maximes spirituelles de Chamfort avec les maximes des Sages de la Grèce, il y a complète erreur dans le jugement que je porte ici de Chamfort lui-même. Je rétracte, dans toute la maturité de mon âge, ce que j'ai dit de cet homme dans ma jeunesse. Il me serait même impossible aujourd'hui de concevoir mon premier jugement, si je ne me souvenais de l'espèce d'empire qu'exerçait sur moi toute renommée littéraire. (N. Éd.)

HÉRACLITE AU ROI DARIUS, FILS D'HYSTASPE, SALUT.

Les hommes foulent aux pieds la vérité et la justice. Un désir insatiable de richesses et de gloire les poursuit sans cesse. Pour moi, qui fuis l'ambition, l'envie, la vaine émulation attachée à la grandeur, je n'irai point à la cour de Suze, sachant me contenter de peu, et dépensant ce peu selon mon cœur[1].

AU ROI DE PRUSSE.

A Motiers-Travers, ce 30 octobre 1762.

Sire, — Vous êtes mon protecteur, mon bienfaiteur, et je porte un cœur fait pour la reconnaissance; je veux m'acquitter avec vous si je puis.

Vous voulez me donner du pain : n'y a-t-il aucun de vos sujets qui en manque?

Otez de devant mes yeux cette épée qui m'éblouit et me blesse; elle n'a que trop bien fait son service, et le sceptre est abandonné. La carrière des rois de votre étoffe est grande, et vous êtes encore loin du terme. Cependant le temps presse, et il ne vous reste pas un moment à perdre pour y arriver. Sondez bien votre cœur, ô Frédéric! Pourrez-vous vous résoudre à mourir sans avoir été le plus grand des hommes?

Puissé-je voir Frédéric, le juste et le redouté, couvrir enfin ses États d'un peuple heureux dont il soit le père! et J. J. Rousseau, l'ennemi des rois, ira mourir au pied de son trône.

Que Votre Majesté daigne agréer mon profond respect[2].

La noble franchise de ces deux lettres est digne des philosophes qui les ont écrites. Mais l'humeur perce dans celle d'Héraclite; celle de Jean-Jacques, au contraire, est pleine de mesure [a].

On se sent attendrir par la conformité des destinées de ces deux grands hommes, tous deux nés à peu près dans les mêmes circonstances, et à la veille d'une révolution, et tous deux persécutés pour leurs opinions. Tel est l'esprit qui nous gouverne : nous ne pouvons souffrir ce qui s'écarte de nos vues étroites, de nos petites habitudes. De la mesure de nos idées, nous faisons la borne de celles des autres. Tout ce qui va au delà nous blesse. » Ceci est bien, ceci est mal, » sont les mots qui sortent sans cesse de notre bouche. De quel droit osons-nous prononcer ainsi? avons-nous compris le motif secret de telle ou telle action? Misérables que nous sommes, savons-nous ce qui est bien, ce qui est mal? Tendres et sublimes génies d'Héraclite et de Jean-Jacques! que sert-il que la postérité vous ait payé un tribut de stériles honneurs?..

---

[1] *Heracl.* ap. Diog. Laert., lib. ix. — [2] *OEuv. compl. de Rousseau*, tom. xxvii, pag. 209.

[a] Non, la lettre de Rousseau n'est point pleine de mesure; elle cache autant d'orgueil que celle d'Héraclite. Dire à un roi : « Faites du bien aux hommes, et à ce prix vous me verrez, » c'est s'estimer un peu trop. Frédéric, en donnant de la gloire à ses peuples, pouvait trouver en lui-même une récompense pour le moins aussi belle que celle que lui offrait le citoyen de Genève. Que le talent ait la conscience de sa dignité, de son mérite, rien de plus juste; mais il s'expose à se faire méconnaître quand il se croit le droit de morigéner les peuples ou de traiter avec familiarité les rois. (N. Ed.)

Lorsque, sur cette terre ingrate, vous pleuriez les malheurs de vos semblables vous n'aviez pas un ami *a*.

Cherchons le résultat de ce tableau comparé des lumières. Voyons d'abord quelle différence se fait remarquer entre les définitions du meilleur gouvernement.

Les Sages de la Grèce aperçurent les hommes sous les rapports moraux ; nos

---

a J'ai relu les ouvrages de Rousseau, afin de voir s'ils justifieraient, au tribunal de ma raison mûrie et de mon goût formé, l'enthousiasme qu'ils m'inspiraient dans ma jeunesse.

Je n'ai point retrouvé le sublime dans l'*Emile*, ouvrage d'ailleurs supérieurement écrit quant aux formes du style, non quant à la langue proprement dite ; ouvrage où l'on rencontre quelques pages d'une rare éloquence, mais ouvrage de pure théorie, et de tout point inapplicable.

On sent plus dans l'*Emile* l'humeur du misanthrope que la sévérité du sage : la société y est jugée par l'amour-propre blessé ; les systèmes du temps se reproduisent dans les pages mêmes dirigées contre ces systèmes, et l'auteur déclame contre les mœurs de son siècle, tout en participant à ces mœurs. L'ouvrage n'est ni grave par la pensée, ni calme par le style : il est sophistique sans être nouveau ; les idées visent à l'extraordinaire, et sont pourtant d'une nature assez commune. En un mot, la vérité manque à ce traité d'éducation, ce qui fait qu'il est inutile et qu'il n'en reste presque rien dans la mémoire.

La *Profession de foi du vicaire savoyard*, qui fit tant de bruit, a perdu l'intérêt des circonstances : ce n'est aujourd'hui qu'un sermon socinien assez ennuyeux, qui n'a d'admirable que l'exposition de la scène. Les preuves de la spiritualité de l'âme sont bonnes, mais elles sont au-dessous de celles produites par Clarke.

Dans ses ouvrages politiques, Rousseau est clair, concis, ferme, logique, pressant en enchaînant les corollaires, qu'il déduit souvent d'une proposition erronée. Mais, tout attaché qu'il est au droit social de l'ancienne école, on sent le trouble par le mélange du droit de nature. D'ailleurs, les gouvernements ont marché, et la politique de Rousseau a vieilli.

Rousseau n'est définitivement au-dessus des autres écrivains que dans une soixantaine de lettres de la *Nouvelle Héloïse* (qu'il faut relire, comme je le fais à présent même, à la vue des rochers de Meillerie), dans ses *Rêveries* et dans ses *Confessions*. Là, placé dans la véritable nature de son talent, il arrive à une éloquence de passion inconnue avant lui. Voltaire et Montesquieu ont trouvé des modèles de style chez les écrivains du siècle de Louis XIV ; Rousseau, et même un peu Buffon, dans un autre genre, ont créé une langue qui fut ignorée du grand siècle.

Il faut dire toutefois que Rousseau n'est pas aussi noble qu'il est brûlant, aussi délicat qu'il est passionné : le travail se fait sentir partout, et l'auteur s'aperçoit jusque dans l'amant. Rousseau est plus poétique dans les images que dans les affections, son inspiration vient plus des sens que de l'âme ; il a peu de la flamme divine de Fénelon ; il exprime les sentiments profonds, rarement les sentiments élevés : son génie est d'une grande beauté, mais il tient plus de la terre que du ciel.

Il y a aussi une espèce de monde qui échappe au peintre de Julie et de Saint-Preux : il est douteux qu'il eût pu composer un roman de chevalerie. Eût-il été capable de concevoir *Tancrède* et *Zaïre*? c'est ce que je n'oserais assurer, comme, à en juger par l'*Emile*, je ne saurais dire si Rousseau eût pu élever le monument imité de l'antique que nous a laissé l'archevêque de Cambray.

Rousseau ne peut écrire de suite quelques pages sans que son éducation négligée et les habitudes de la société inférieure où il passa la première et la plus grande partie de sa vie ne se décèlent. Il prend souvent aussi la familiarité pour la simplicité : si Voltaire nous avait parlé de ses déjeuners, il l'aurait fait d'une tout autre façon que le mari de Thérèse.

Je ne me reproche point mon enthousiasme pour les ouvrages de Rousseau ; je conserve en partie ma première admiration, et je sais à présent sur quoi elle est fondée. Mais si j'ai dû admirer l'*écrivain*, comment ai-je pu excuser l'*homme* ? comment n'étais-je pas révolté des *Confessions* sous le rapport des faits? Eh quoi ! Rousseau a cru pouvoir disposer de la réputation de sa bienfaitrice ! Rousseau n'a pas craint de rendre immortel le déshonneur de madame de Warens ! Que dans l'exaltation de sa vanité le citoyen de Genève se soit considéré comme assez élevé au-dessus du vulgaire pour publier ses propres fautes (je modère mes expressions), libre à lui de préférer le bruit à l'estime. Mais révéler les faiblesses de la femme qui l'avait nourri dans sa misère, de la femme qui s'était donnée à lui ! mais croire qu'il couvrira cette odieuse ingratitude par quelques pages d'un talent inimitable, croire qu'en se prosternant aux pieds de l'idole qu'il venait de mutiler, il lui rendra ses droits aux hommages des hommes, c'est joindre le délire de l'orgueil à une dureté, à une stérilité de cœur dont il y a peu d'exemples. J'aime mieux supposer, afin de l'excuser, que Rousseau n'était

philosophes, d'après les relations politiques. Les premiers voulaient que le gouvernement découlât des mœurs ; les seconds, que les mœurs fluassent du gouvernement. Les légistes athéniens, subséquents au temps des Lycurgue et des Solon, s'énoncèrent dans le sens des modernes : la raison s'en trouve dans le siècle. Platon, Aristote, Montesquieu, Jean-Jacques, vécurent dans un âge corrompu ; Il fallait alors refaire les hommes par les lois : sous Thalès, il fallait alors refaire les lois par les hommes. J'ai peur de n'être pas entendu. Je m'explique : les mœurs, prises absolument, sont l'obéissance ou la désobéissance à ce sens intérieur qui nous montre l'honnête et le déshonnête, pour faire celui-là et éviter celui-ci. La politique est cet art prodigieux par lequel on parvient à faire vivre en corps les mœurs antipathiques de plusieurs individus. Il faudrait savoir à présent ce que ce sens intérieur commande ou défend rigoureusement. Qui sait jusqu'à quel point la société l'a altéré ? Qui sait si des préjugés, si inhérents à notre constitution que nous les prenons souvent pour la nature même, ne nous montrent pas des vices et des vertus, là où il n'en existe pas ? Quel nom, par exemple, donnerons-nous à la pudeur, la lâcheté, le courage, le vol ? si cette voix de la conscience n'était elle-même *...? Mais, gardons-nous de creuser plus avant dans cet épouvantable abîme. J'en ai dit assez pour montrer en quoi les publicistes des temps d'innocence de la Grèce et les publicistes de nos jours diffèrent ; il est inutile d'en dire trop.

En morale nous trouvons les mêmes dissonances. Les Sages considérèrent l'homme sous les relations qu'il a avec lui-même ; ils voulurent qu'il tirât son bonheur du fond de son âme. Nos philosophes l'ont vu sous les connexions civiles, et ont prétendu lui faire prélever ses plaisirs, comme une taxe, sur le reste de la communauté. De là ces résultats de leurs sortes de maximes : « Res« pectez les dieux, connaissez-vous ; achetez au minimum de la société, et « vendez-lui au plus haut prix. »

Voici, en quelques mots, la somme totale des deux philosophies : celle des beaux jours de la Grèce s'appuyait tout entière sur l'existence du grand Être ; la nôtre, sur l'athéisme. Celle-là considérait les mœurs, celle-ci, la politique. La première disait aux peuples : « Soyez vertueux, vous serez libres. » La seconde leur crie : « Soyez libres, vous serez vertueux. » La Grèce, avec de tels

pas toujours maître de sa tête : mais alors ce maniaque ne me touche point ; je ne saurais m'attendrir sur les maux imaginaires d'un homme qui se regarde comme persécuté, lorsque toute la terre est à ses pieds, d'un homme à qui l'on rend peut-être plus qu'il ne mérite. Pour que la perte de la raison puisse inspirer une vive pitié, il faut qu'elle ait été produite par un grand malheur, ou qu'elle soit le résultat d'une idée fixe, généreuse dans son principe. Qu'un auteur devienne insensé par les vertiges de l'amour-propre ; que toujours en présence de lui-même, ne se perdant jamais de vue, sa vanité finisse par faire une plaie incurable à son cerveau, c'est de toutes les causes de folie celle que je comprends le moins, et à laquelle je puis le moins compatir. (N. Ed.)

* Qu'est-ce que j'ai voulu dire ? En vérité, je n'en sais rien ; je me croyais sans doute profond en faisant entendre, d'après les bouffonneries de Voltaire, que les peuples n'ayant pas les mêmes idées de la pudeur, du vol, etc., on ne savait pas trop dans ce bas monde ce qui était vice et vertu ; ensuite je renfermais ce grand secret dans mon sein, tout fier de m'élever jusqu'à la philosophie *holbachique*. Il est bien juste que je me donne une part des sifflets qui ont fait justice de cette philosophie. Pourtant, chose assez étrange, moi-même, dans ce chapitre, j'attaque les philosophes du dix-huitième siècle, et je ne vois pas qu'en les attaquant je suis tout empoisonné de leurs maximes ! (N. Ed.)

principes, parvint à la république et au bonheur : qu'obtiendrons-nous avec une philosophie opposée? Deux angles de différents degrés ne peuvent donner deux arcs de la même mesure *a*.

Nous examinerons l'état des lumières chez les nations contemporaines, lorsque nous parlerons de l'influence de la révolution républicaine de la Grèce sur les autres peuples. Nous allons considérer maintenant cette influence sur la Grèce elle-même.

CHAPITRE XXV.

INFLUENCE DE LA RÉVOLUTION RÉPUBLICAINE SUR LES GRECS. — LES BIENS.

Les Grecs et les Français, dans une tranquillité profonde, vivaient soumis à des rois qu'une longue suite d'années leur avait appris à respecter. Soudain un vertige de liberté les saisit. Ces monarques, hier encore l'objet de leur amour, ils les précipitent à coups de poignard de leurs trônes. La fièvre se communique. On dénonce guerre éternelle contre les tyrans. Quel que soit le peuple qui veuille se défaire de ses maîtres, il peut compter sur les régicides. La propagande se répand de proche en proche. Bientôt il ne reste pas un seul prince dans la Grèce [1], et les Français de notre âge jurent de briser tous les sceptres *b*.

L'Asie prend les armes en faveur d'un tyran banni [2] : l'Europe entière se lève pour replacer un roi légitime sur le trône : des provinces de la Grèce [3], de la France [4], se joignent aux armes étrangères : et l'Asie, et l'Europe, et les provinces soulevées viennent se briser contre une masse d'enthousiastes, qu'elles semblaient devoir écraser. A l'hymne de Castor [5], à celui des Marseillais, les républicains s'avancent à la mort. Des prodiges s'achèvent au cri de *vive la liberté!* et la Grèce et la France comptent Marathon, Salamine, Platée, Fleurus, Weissembourg, Lodi [6].

Alors ce fut le siècle des merveilles. Également ingrats et capricieux, les Athéniens jettent dans les fers, bannissent ou empoisonnent leurs généraux [7] :

---

a On voit partout dans l'*Essai* que ma raison, ma conscience et mes penchants démentaient mon philosophisme, et que je retombe avec autant de joie que d'amour dans les vérités religieuses. On voit aussi que l'esprit de liberté ne m'abandonne pas davantage que l'esprit monarchique. La singulière comparaison tirée de la géométrie, que l'on trouve ici, me rappelle que, destiné d'abord à la marine (comme je le fus ensuite à l'Eglise, et enfin au service de terre), mes premières études furent consacrées aux mathématiques, où j'avais fait des progrès rapides. J'étais servi dans ces études, comme dans celle des langues, par une de ces mémoires dont on partage souvent les avantages avec les hommes les plus communs. (N. ED.)

[1] Excepté chez les Macédoniens, que le reste des Grecs regardait comme barbares. Alexandre (non le Grand) fut obligé de prouver qu'il était originaire d'Argos, pour être admis aux jeux olympiques.

b Voilà encore un de ces passages qui prouvent combien ceux qui prétendaient m'opposer cet ouvrage avaient raison de ne pas vouloir qu'on l'imprimât tout entier. (N. ED.)

[2] HERODOT., lib. V, cap. XCVI.
[3] *Id.*, lib. VI, cap. CXII.
[4] TURREAU, *Guerre de la Vendée*.
[5] PLUT., *in Lyc*.
[6] On verra tout ceci en détail dans la guerre Médique.
[7] HEROD., lib. VI, cap. CXXXVI; PLUT., *in Themist*.

les Français forcent les leurs à l'émigration ou les massacrent [1]. Et ne croyez pas que les succès s'en affaiblissent : le premier homme, pris au hasard, se trouve un génie. Les talents sortent de la terre. Les Thémistocle succèdent aux Miltiade ; les Aristide, aux Thémistocle ; les Cimon aux Aristide [2] : les Dumouriez remplacent les Luckner ; les Custine, les Dumouriez ; les Jourdan, les Custine ; les Pichegru, les Jourdan, etc.

Ainsi, l'effet immédiat de la révolution sur les Grecs et sur les Français fut : haine implacable à la royauté, valeur indomptable dans les combats, constance à toute épreuve dans l'adversité. Mais ceux-là, encore pleins de morale, n'ayant passé de la monarchie à la république que par de longues années d'épreuves, durent recevoir de leur révolution des avantages que ceux-ci ne peuvent espérer de la leur [a]. Les âmes des premiers s'ouvrirent délicieusement aux attraits de la vertu. Là, l'esprit de liberté épura l'âge qui lui donna naissance, et éleva les générations suivantes à des hauteurs que les autres peuples n'ont pu atteindre. Là, on combattait pour une couronne de laurier [3] ; là, on mourait pour obéir aux saintes lois de la patrie [4] ; là, l'illustre candidat rejeté se réjouissait que son pays eût trois cents citoyens meilleurs que lui [5] ; là, le grand homme injustement condamné écrivait son nom sur la coquille [6], ou buvait la ciguë [7] ; là enfin, la vertu était adorée ; mais malheureusement les mystères de son culte furent dérobés avec soin au reste des hommes.

CHAPITRE XXVI.

SUITE. — LES MAUX.

Si telle fut l'influence de la révolution républicaine sur la Grèce considérée du côté du bonheur, sous le rapport de l'adversité elle n'est pas moins remarquable. L'ambition, qui forme le caractère des gouvernements populaires, s'empara bientôt des républiques, comme il en arrive à présent à la France. Les Athéniens, non contents d'avoir délivré leur patrie, se laissèrent bientôt emporter à la fureur des conquêtes. Les armées des Grecs se multiplièrent sur tous les

---

[1] Dumouriez, Custine.
[2] Plusieurs auteurs donnent le nombre aux noms propres ; je préfère de les laisser indéclinables.

[a] Ce ton est trop affirmatif ; j'étais trop près des événements pour les bien juger : toutes les plaies de la révolution étaient saignantes ; on n'apercevait pas encore dans un amas de ruines ce qui était détruit pour toujours, et ce qui pouvait se rééditer. Je ne faisais pas assez d'attention à la révolution complète qui s'était opérée dans les esprits ; et, ne voyant toujours que l'espèce de liberté républicaine des anciens, je trouvais dans les mœurs de mon temps un obstacle insurmontable à cette liberté. Trente années d'observation et d'expérience m'ont fait découvrir et énoncer cette autre vérité, qui, j'ose le dire, deviendra fondamentale en politique, savoir : qu'il y a une liberté, fille des lumières. C'est aux rois à décider s'ils veulent que cette liberté soit monarchique ou républicaine : cela dépend de la sagesse ou de l'imprudence de leurs conseils. (N. Ed)

[3] Plut., *in Cim.*, pag. 483.

[4] Ω ζεῖν ἄγγειλον Λακεδαιμονίοις, ὅτι τῇδε
Κείμεθα, τοῖς κείνων πειθόμενοι νομίμοις.

[5] Plut., *in Lyc.* — [6] Plut., *in Aristid.* — [7] Plat., *in Phæd.*

rivages. Nul pays ne fut en sûreté contre leurs soldats On les vit courir comme un feu dévorant dans les îles de la mer Égée [1], en Égypte [2], en Asie [3]. Les peuples, d'abord éblouis de leurs succès gigantesques, revinrent peu à peu de leur étonnement, lorsqu'ils virent que de si grands exploits ne tendaient pas tant a l'indépendance qu'aux conquêtes [4], et que les Grecs, en devenant libres, prétendaient enchaîner le reste du monde [5]. Par degrés il se fit contre eux une masse collective de haine [6], comme ces balles de neige qui, d'abord échappés à la main d'un enfant, parviennent, en se roulant, sur elles-mêmes, à une grosseur monstrueuse. D'un autre côté, les Athéniens, enrichis de la dépouille des autres nations [7], commencèrent à perdre le principe du gouvernement populaire : la vertu [8]. Bientôt les places publiques ne retentirent plus que des cris des démagogues et des factieux [9]. Les dissensions les plus funestes éclatèrent. Ces petites républiques, d'abord unies par le malheur, se divisèrent dans la prospérité : chacune voulut dominer la Grèce. Des guerres cruelles, entretenues par l'or de la Perse, plus puissant que ses armes, s'allumèrent de toutes parts [10]. Pour mettre le comble aux désordres, l'esprit humain, libre de toute loi par l'influence de la révolution, enfanta à la fois tous les chefs-d'œuvre des arts et tous les systèmes destructeurs de la morale et de la société. Une foule de beaux esprits arrachèrent Dieu de son trône et se mirent à prouver l'athéisme [11]. Des multitudes de légistes publièrent de nouveaux plans de république ; tout était inondé d'écrits sur les vrais principes de la liberté [12] : Philippe et Alexandre parurent.

CHAPITRE XXVII.

ÉTAT POLITIQUE ET MORAL DES NATIONS CONTEMPORAINES AU MOMENT DE LA RÉVOLUTION RÉ-PUBLICAINE EN GRÈCE. — CETTE RÉVOLUTION CONSIDÉRÉE DANS SES RAPPORTS AVEC LES AUTRES PEUPLES. — CAUSES QUI EN RALENTIRENT OU EN ACCÉLÉRÈRENT L'INFLUENCE.

Il est difficile de tracer un tableau des nations connues au moment de la révolution républicaine en Grèce, l'histoire à cette époque n'étant pleine que d'obscurités et de fables. J'essaierai cependant d'en donner une idée générale au lecteur.

D'abord, nous considérerons ces peuples séparément ; ensuite, nous les verrons agir en masse, à l'article de la Perse, au temps de la guerre Médique. Prenant notre point de départ en Égypte, de là tournant au midi, et décrivant

---

[1] Plut., *in Them.*, p. 122 ; *Id.*, *in Cim.* — [2] Thucyd., lib. I, cap. cx. — [3] Diod. Sic., lib. II, p. 47. — [4] Plut., *in Cim.*, pag. 489. — [5] *Id., ibid.* — [6] Thucyd., lib. 1, c. ci. — [7] *Id., ibid.* — [8] Plat., *de Leg.*, lib. iv, p. 706. — [9] Aristot., *de Rep.*, lib. v, cap. iii.
[10] Il est impossible de multiplier les citations à l'infini. J'engage le lecteur à lire quelque histoire générale de la Grèce. Il y verra, à l'époque dont je parle dans ce chapitre, une ressemblance avec la France qui l'étonnera. Des villes prises et pillées sans pitié ; des peuples forcés à des contributions ; la neutralité des puissances violée ; d'autres obligées par les Athéniens à se joindre à eux contre des Etats avec lesquels elles n'avaient aucun sujet de guerre. Enfin, l'insolence et l'injustice portées à leur comble : les Athéniens traitant avec le dernier mépris les ambassadeurs des nations, et disant ouvertement qu'ils ne connaissaient d'autre droit que la force. (Voyez Thucyd., lib. v, etc., etc.)
[11] Cic., *de Nat. Deor.* ; Laert., *in Vit. Philosoph.* — [12] Plat., *de Rep.* ; Arist., *de Rep.*, etc.

un cercle par l'ouest et le nord, nous reviendrons à la Perse, finir en Orient, où nous aurons commencé. Placés à Athènes comme au centre, nous suivrons les rayons de la révolution qui en partent, ou qui vont aboutir aux nations placées sur les différents degrés de cette vaste circonférence.

CHAPITRE XXVIII.

L'ÉGYPTE.

Au moment du renversement de la tyrannie à Athènes, l'Égypte n'était plus qu'une province de la Perse. Ainsi elle fut exposée, comme le reste de l'État dont elle formait un des membres, à toute l'influence de la révolution grecque. Elle se trouvera donc comprise en général dans ce que je dirai de l'empire de Cyrus. Nous examinerons seulement ici quelques circonstances qui lui sont particulières.

De temps immémorial les Égyptiens avaient été soumis à un gouvernement théocratique [1], Ainsi que les nations de l'Inde, dont ils tiraient vraisemblablement leur origine [a], ils étaient divisés en trois classes inférieures, de laboureurs, de pasteurs et d'artisans [2]. Chaque homme était obligé de suivre, dans l'ordre où le sort l'avait jeté, la profession de ses pères, sans pouvoir changer d'études selon son génie ou les temps. Que dis-je ! ce n'eût pas été assez. Dans ce pays d'esclavage, l'esprit humain devait gémir sous des chaînes encore plus pesantes : l'artiste ne pouvait suivre qu'une ligne de ses études, et le médecin qu'une branche de son art [3].

Mais, en redoublant les liens de l'ignorance autour du peuple, ses chefs avaient aussi multiplié ceux de la morale. Ils savaient qu'il est inutile de donner des entraves au génie pour éviter les révolutions, si on ne gourmande en même temps les vices qui conduisent au même but par un autre chemin. Le respect des lois et de la religion [4], l'amour de la justice [5], la vertu de la reconnaissance [6] formaient le code de la société chez les Égyptiens ; et s'ils étaient les plus superstitieux des hommes, ils en étaient aussi les plus innocents.

L'Égypte, de tous les temps, avait fait un commerce considérable avec les Indes. Ses vaisseaux allaient, par les mers de l'Arabie et de la Perse, chercher les épices, l'ivoire et les soies de ces régions lointaines. Ils s'avançaient jusqu'à la Taprobane, la Ceylan des modernes. Sur cette côte, les Chinois et les nations situées au delà du cap Comaria [7] apportaient leurs marchandises, à l'époque

---

[1] Diod., lib. I, pag. 63.

[a] Cela n'est pas clair. (N. Ed.)

[2] Diod., lib. I, pag. 67. — [3] Hérod., lib. II, cap. LXXXIV. — [4] Id., lib. II, cap. XXXVII.
[5] Diod., lib. I, pag. 70.
On connaît la coutume des Égyptiens du jugement après la mort, qui s'étendait jusque sur les rois. Un autre usage non moins extraordinaire était celui par lequel le débiteur engageait le corps de son père à son créancier. Ces lois sublimes sont trop fortes pour nos petites nations modernes : elles nous étonnent, elles nous confondent ; nous les admirons, mais nous no les entendons plus, parce qu'il nous manque la vertu qui en faisait le secret.
[6] Hérod., lib. II.
[7] Comorin.

du retour périodique des flottes égyptiennes, et recevaient en échange l'or de l'Occident [1].

Mais tandis que le peuple était livré, par système, aux plus affreuses ténèbres, les lumières se trouvaient réunies dans la classe des prêtres. Ils reconnaissaient les deux principes de l'univers [a] : la matière [2] et l'esprit [3]. Ils appelaient la première *Athor*, et le second *Cneph* [4]. Celui-ci, par l'énergie de sa volonté, avait séparé les éléments confondus, produit tous les corps, tous les effets, en agissant sur la masse inerte [5]. Le mouvement, la chaleur, la vie répandue sur la nature leur fit imaginer une infinité de moyens, où ils voyaient une multitude d'actions. Ils crurent que des émanations du grand Être flottaient dans les espaces et animaient les diverses parties de l'univers [6]. Ils tenaient l'âme immortelle; et Hérodote prétend que ce furent eux qui enseignèrent les premiers ce dogme fondamental de toute moralité [7] [b]. Ils adressaient cette prière au ciel dans leurs pompes funèbres : « Soleil, et vous, puissances qui dispensez la vie aux hommes, recevez-moi et accordez-moi une demeure parmi les dieux immortels [8]. » D'autres sectes des prêtres enseignaient la doctrine de la transmigration des âmes [9].

La physique, considérée dans tous les rapports de l'astronomie, la géométrie, la médecine, la chimie, etc., étaient cultivées par les prêtres égyptiens [10] avec un succès inconnu aux autres peuples, et surtout aux Grecs au moment de leur révolution. La science sublime des gouvernements leur était aussi révélée. Pythagore, Thalès, Lycurgue, Solon, sortis de leur école, prouvent également cette vérité.

Les Égyptiens comptèrent des auteurs célèbres : les deux Hermès, le premier, inventeur [11]; le second, restaurateur des arts [12] : Sérapis, qui enseigna à guérir les maux de ses semblables [13]. Leurs livres ont péri dans les révolutions des empires, mais leurs noms sont conservés parmi ceux des bienfaiteurs des hommes. Si l'on en croit les alchimistes, la transmutation des métaux fut connue des savants d'Égypte [14].

Au reste, c'est dans ce pays, dont tout amant des lettres ne doit prononcer le nom qu'avec respect, que nous trouvons les premières bibliothèques. Comme si la nature eût destiné cette contrée à devenir la source des lumières, elle y avait fait croître exprès le papyrus [15] pour y fixer les découvertes fugitives du génie. Malheureusement les signes mystérieux dans lesquels les prêtres enve-

---

[1] Robertson's *Disquisition*, etc., concern. *Ancient India*, sect. I.

[a] Il n'y a point deux principes dans l'univers, ou il faudrait admettre l'éternité de la matière, ce qui détruirait toute véritable idée de Dieu. (N. Ed.)

[2] Jablonsk., *Panth. Ægypt.*, lib. I, cap. I. — [3] Plut., *Isis, Osiris*. — [4] Jablonsk., *Panth. Ægypt.*, lib. I, cap. I; Euseb., lib. III, cap. XI. — [5] Plut., *Isis, Osiris*. — [6] Jablonsk., lib. II, cap. I, II. — [7] Lib. II, cap. CXXIII.

[b] Me voilà bien éloigné du matérialisme. (N. Ed.)

[8] Porphyr., *de Abstinent.*, lib. IV. — [9] Herod., lib. II, cap. CXXIII. — [10] *Id., ibid.*; Diod., lib. I; Strab., lib. XVII; Jablonsk., *Panth. Ægyptiorum*. — [11] Ælian., *Hist.*, lib. XIV, cap. XXXIV. — [12] Herod., lib. II, cap. LXXXII. — [13] Plin., lib. II, cap. XIII. — [14] *L'Égypte dévoilée*. — [15] Plin., lib. XIII, cap. XI.

loppaient leurs études ont privé l'univers d'une foule de connaissances précieuses. J'ai un doute à proposer aux savants. Les Égyptiens étaient vraisemblablement Indiens d'origine : la langue philosophique du premier peuple n'était-elle point la même que la langue hanscrite des derniers[1]? Celle-ci est maintenant entendue; ne serait-il point possible d'expliquer l'autre par son moyen [a]?

En rangeant sous sa puissance les diverses nations disséminées sur les bords du Nil, Cambyse favorisa la propagation des arts. Jusqu'alors les Égyptiens, jaloux des étrangers[2], ne les admettaient qu'avec la plus grande répugnance à leurs mystères[3]. Lorsqu'ils furent devenus sujets de la Perse, l'entrée de leur pays s'ouvrit alors aux amants de la philosophie. C'est de ce coin du monde que l'aurore des sciences commença à poindre sur notre horizon; et l'on vit bientôt les lumières s'avancer de l'Égypte vers l'Occident, comme l'astre radieux qui nous vient des mêmes rivages.

CHAPITRE XXIX.

OBSTACLES QUI S'OPPOSÈRENT A L'EFFET DE LA RÉVOLUTION GRECQUE SUR L'ÉGYPTE. — RESSEMBLANCE DE CE DERNIER PAYS AVEC L'ITALIE MODERNE.

En considérant attentivement ce tableau, on aperçoit deux grandes causes qui durent amortir l'action de la révolution grecque sur l'Égypte. La première se tire de la subdivision régulière des classes de la société. Cette institution donne un tel empire à l'habitude chez les peuples où elle règne, que leurs mœurs semblent éternelles comme leurs États. En vain de telles nations sont subjuguées; elles changent de maître sans changer de caractère[4]. Elles ne sont pas, il est vrai, totalement à l'abri des mouvements internes : le génie des hommes, tout affaissé qu'il soit du poids des chaînes, les secoue par intervalles avec violence, comme ces Titans de la Fable qui, bien qu'ensevelis dans les abîmes de l'Etna, se retournent encore quelquefois sous la masse énorme, et ébranlent les fondements de la terre.

Auprès de ce premier obstacle s'en élevait un second, d'autant plus insurmontable à l'esprit de liberté, qu'il tient à un ressort puissant de notre âme : la superstition. Les prêtres avaient trop d'intérêt à dérober la vérité au peuple[5], pour ne pas opposer toutes les ressources de leur art à l'influence d'une révolution qui eût démasqué leur artifice. L'homme n'a qu'un mal réel : la crainte de la mort. Délivrez-le de cette crainte, et vous le rendez libre. Aussi, toutes les religions d'esclaves sont-elles calculées pour augmenter cette

---

[1] On devrait écrire *sanscrit*, qui est la vraie prononciation.

[a] J'adoptais trop absolument l'opinion des savants, qui font les Egyptiens originaires de l'Inde. Les progrès étonnants que M. Champollion a faits dans l'explication des hiéroglyphes n'ont point jusqu'à présent établi qu'il existât de rapport entre le sanscrit et la langue savante des Egyptiens. (N. Ed.)

[2] Diod., lib. I, pag. 78; Strab., Geog., lib. XVII, pag. 1142. — [3] Jamblich., in Vit. Pyth. — [4] Comme à la Chine et aux Indes.

[5] Outre la grande influence qu'ils avaient dans le gouvernement, leurs terres étaient exemptes d'impôts.

frayeur. La caste sacerdotale égyptienne avait eu soin de s'entourer de mystères redoutables et de jeter la terreur dans les esprits crédules de la multitude, par les images les plus monstrueuses [1]. C'est ainsi, encore, qu'ils appuyaient le trône de toute la force de leur magie, afin de gouverner et le prince, dont ils commandaient le respect au peuple, et le peuple, qu'ils faisaient obéir au prince. Si l'Égypte eût été une puissance indépendante au moment de la révolution grecque, elle aurait peut-être échappé à son influence; mais elle ne formait plus qu'une province de la Perse, et elle se trouva enveloppée dans les malheurs de l'empire auquel le sort l'avait asservie.

L'antique royaume de Sésostris offrait alors des rapports frappants avec l'Italie moderne : gouverné en apparence par des monarques, en réalité par un pontife, maître de l'opinion, il se composait de magnificence et de faiblesse [2]; on y voyait de même de superbes ruines [3] et un peuple esclave, les sciences parmi quelques-uns, l'ignorance chez tous. C'est sur les bords du Nil que les philosophes de l'antiquité allaient puiser les lumières; c'est sous le beau ciel de Florence que l'Europe barbare a rallumé le flambeau des lettres [4]; dans les deux pays elles s'étaient conservées sous le voile mystérieux d'une langue savante, inconnue au vulgaire [5]. Ce fut encore le lot de ces contrées d'être, dans leur âge respectif, les seuls canaux d'où les richesses des Indes coulassent pour le reste des peuples [6]. Avec tant de conformité de mœurs, de circonstances, l'Égypte et l'Italie durent éprouver à peu près le même sort, l'une au temps des troubles de la Grèce, l'autre dans la révolution présente. Entraînées, malgré elles, dans une guerre désastreuse, par l'impulsion coercitive d'une autre puissance, la première, province du grand empire des Perses, la seconde, soumise en partie à celui d'Allemagne, il leur fallut livrer des batailles pour la cause d'une nation étrangère, et s'épuiser dans des querelles qui n'étaient pas les leurs [7]. Bientôt les ennemis victorieux tournèrent leurs armes et leurs intrigues, encore plus dangereuses, contre elles [8]. Ils soulevèrent l'ambition de quelques particuliers [9]; et l'on vit la terre sacrée des talents ravagée par des Barbares. Les Perses cependant parvinrent à arracher l'Égypte [10] des mains des Athéniens et de leurs alliés, mais ce ne fut qu'après six ans de calamités. Elle finit par passer sous le joug de ces mêmes Grecs, au temps des conquêtes

---

[1] Jablonsk., *Panth. Ægypt.*
[2] L'Egypte fut presque toujours conquise par ceux qui voulurent l'attaquer.
[3] Dans sa plus haute prospérité, elle était couverte des monuments en ruine d'un peuple ancien qui florissait avant l'invasion des Pasteurs.
[4] Les Lycurgue, les Pythagore. — Sous les Médicis.
[5] La langue hiéroglyphique. — Le latin.
[6] Tyr avait quelques ports sur le golfe Arabique, mais elle les perdit bientôt. — Commerce de Florence, de Venise, de Livourne avec l'Égypte, avant la découverte du passage par le cap de Bonne-Espérance.
[7] Dans la guerre Médique, que nous verrons incessamment.
[8] Thucyd., lib. I, cap. CII.
[9] Inarus, qui insurgea l'Egypte contre Artaxerxès, roi des Perses. Les Français n'ont envahi l'Italie qu'en semant la corruption autour d'eux, et en fomentant des insurrections à Gênes, à Rome, à Turin, etc.
[10] Les Grecs y furent presque anéantis, étant obligés de se rendre à discrétion. Trop loin de leur pays, ils ne pouvaient en recevoir les secours nécessaires : la même position attirera, tôt ou tard, les mêmes désastres aux Français en Italie, si la paix ne prévient l'effusion du sang.

d'Alexandre, conquêtes qu'on peut regarder elles-mêmes comme l'action éloignée de la révolution républicaine de Sparte et d'Athènes.

CHAPITRE XXX.

CARTHAGE.

Nous trouvons sur la côte d'Afrique les célèbres Carthaginois qui, de tous les peuples de l'antiquité, présentent les plus grands rapports avec les nations modernes. Aristote a fait un magnifique éloge de leurs institutions politiques[1]. Le corps du gouvernement était composé : de deux suffètes ou consuls annuels ; d'un sénat, d'un tribunal des cent, qui servait de contre-poids aux deux premières branches de la constitution ; d'un conseil des cinq, dont les pouvoirs s'étendaient à une espèce de censure générale sur toute la législature ; enfin, de l'assemblée du peuple, sans laquelle il n'y a point de république[2] [a].

Carthage adopte en morale les principes de Lacédémone. Elle bannit les sciences et défendit même qu'on enseignât le grec aux enfants[3]. Elle se mit ainsi à l'abri des sophismes et de la faconde de l'Attique. Il serait inutile de rechercher l'état des lumières chez un pareil peuple. Je parlerai incessamment de la partie des arts, dans laquelle il avait fait des progrès considérables.

Atroces dans leur religion, les Carthaginois jetaient, en l'honneur de leurs dieux, des enfants dans des fours embrasés[4] ; soit qu'ils crussent que la candeur de la victime était plus agréable à la Divinité, soit qu'ils pensassent faire un acte d'humanité en délivrant ces êtres innocents de la vie avant qu'ils en connussent l'amertume.

Leurs principes militaires différaient aussi de ceux du reste de leur siècle. Ces marchands africains, renfermés dans leurs comptoirs, laissaient à des mercenaires, de même que les peuples modernes, le soin de défendre la patrie[5]. Ils achetaient le sang des hommes au prix de l'or acquis à la sueur du front de leurs esclaves, et tournaient ainsi au profit de leur bonheur la fureur et l'imbécillité de la race humaine.

Mais les habitants des terres puniques se distinguaient surtout par leur génie commerçant. Déjà ils avaient jeté des colonies en Espagne, en Sardaigne, en Sicile, le long des côtes du continent de l'Afrique, dont ils osèrent mesurer la vaste circonférence ; déjà ils s'étaient aventurés jusqu'au fond des mers dangereuses des Gaules et des îles Cassitérides[6]. Malgré l'état imparfait de la navi-

---

[1] ARIST., *de Rep.*, lib. II, cap. XI.
[2] ARIST., *de Rep.*; POLYB., lib. IV, pag. 493 ; JUST., lib. XIX, cap. II ; CORN. NEP., *in Annib.*, cap. VII.

[a] Le jeune auteur se plaît évidemment au détail de ces combinaisons politiques, qui rentrent dans son système favori. Il est vrai qu'il n'y avait point de république sans assemblée du peuple, avant que la république représentative eût été trouvée. (N. ED.)

[3] JUSTIN., lib. II, cap. V.
[4] PLUT., *de Superst.*, pag. 171.
[5] CORN. NEP., *in Annib.*
[6] STRAB., lib. V ; DIOD., *ibid*; JUST., lib. XLIV, cap. V ; POLYB., lib II ; HAN., *Peripl*; HEROD., lib. III, cap. CXXV.
Probablement les îles Britanniques.

gation, l'avarice, plus puissante que les inventions humaines, leur avait servi de boussole sur les déserts de l'Océan *a*.

CHAPITRE XXXI.

PARALLÈLE DE CARTHAGE ET DE L'ANGLETERRE. — LEURS CONSTITUTIONS.

J'ai souvent considéré avec étonnement les similitudes de mœurs et de génie qui se trouvent entre les anciens souverains des mers et les maîtres de l'Océan d'aujourd'hui. Ils se ressemblent et par leurs constitutions politiques et par leur esprit à la fois commerçant et guerrier [1]. Examinons le premier de ces deux rapports.

Que leurs gouvernements étaient les mêmes, c'est ce qui se prouve évidemment par les principes. La chose publique se composait à Carthage, ainsi qu'en Angleterre, d'un roi [2] et de deux chambres : la première appelée le *sénat*, et représentant les communes; la seconde sous le nom du *conseil des cent*. Cette puissance, en s'ajoutant ou se retranchant, selon les temps, aux deux autres membres de la législature, devenait, de même que les pairs de la Grande-Bretagne, le poids régulateur de la balance de l'État. Mais comment arrivait-il que la constitution punique fût républicaine, et la constitution anglaise monarchique? Par une de ces opérations merveilleuses de politique que je vais tâcher d'expliquer.

Supposons une proportion politique, dont les moyens soient P, S, R. Si vous intervertissez l'ordre de ces lettres, vous aurez des rapports différents, mais les termes resteront les mêmes. Le gouvernement de Carthage était composé de trois parties : le peuple, le sénat et les rois, P, S, R. Elle était une république, parce que le peuple en corps était législateur et formait le premier terme de la proportion. Pour rendre cette constitution monarchique, sans en altérer les principes, c'est-à-dire sans la rendre despotique, qu'aurait-il fallu faire? Changer notre proportion, P, S, R, en cette autre, R, S, P, c'est-à-dire transposant les moyens extrêmes, P et R : le pouvoir législatif se trouvant alors dévolu aux rois et au sénat, en même temps que le peuple en retient encore une troisième partie. Mais si le peuple, n'étant plus qu'un tiers du législateur, continue d'exercer en corps ses fonctions, la proportion est illusoire, car là où la nation s'assemble en masse, là existe une république. Le peuple, dans ce cas, ne peut donc qu'être représenté [3]. De là, la constitution anglaise. Et l'un et

---

a Je ne renie point ces derniers chapitres; à quelques anglicismes près, je les écrirais aujourd'hui tels qu'ils sont. (N. Ed.)

[1] Là finit la ressemblance. On ne peut comparer l'humanité et les lumières des Anglais avec l'ignorance et la cruauté des Carthaginois.

[2] Les Grecs ont quelquefois appelé du nom de *roi* ce que nous connaissons sous celui de *suffète* : ceux-ci, comme nous l'avons vu, étaient au nombre de deux et changeaient tous les ans. Carthage eût-elle été gouvernée par un seul, conservant sa place à vie, sa constitution n'en aurait pas moins été républicaine, parce que tout découle du principe de l'assemblée ou de la non assemblée générale du peuple. Je m'étonne que les publicistes n'aient pas établi solidement ce grand axiome, qui simplifie la politique et donne l'explication d'une multitude de problèmes, sans cela insolubles. (Voyez les auteurs cités à la note 6 de la page 86, sur la forme du gouvernement.)

[3] Cet important sujet sur la représentation du peuple sera traité à fond dans la seconde

l'autre gouvernement seront excellents : le premier à Carthage, chez un petit peuple simple et pauvre [1]; le second en Angleterre, chez une grande nation, cultivée et riche.

A présent, si dans notre proportion politique, après avoir changé les deux termes extrêmes, toujours en conservant les trois moyens primitifs P, S, R, nous voulions trouver la pire des combinaisons, que ferions-nous? Ce serait de n'admettre ni de roi ni de peuple, mais d'avoir je ne sais quoi qui en tiendrait lieu; et c'est précisément ce que nous avons vu faire en France. En laissant dehors les deux termes P. et R, la Convention a rejeté les deux principes sans lesquels il n'y a point de gouvernement. Les Français ne sont point sujets, puisqu'ils n'ont point de roi; ni républicains, parce que le peuple est représenté. Qu'est-ce donc que leur constitution? Je n'en sais rien : un chaos qui a toutes les formes sans en avoir aucune, une masse indigeste où les principes sont tous confondus. Ou plutôt c'est le terme moyen de notre proportion S, multiplié par les deux extrêmes P et R; c'est le sénat enflé de tout le pouvoir du roi et du peuple. Que sortira-t-il de ce corps gros de puissance et de passions? Une foule de sales tyrans qui, nés et nourris dans ses entrailles, en sortiront tout à coup pour dévorer le peuple et le monstre politique qui les aura enfantés [a].

Quant aux autres colonnes de la législation punique, simples appendices à l'édifice, elles ne servaient qu'à en obstruer la beauté, sans ajouter à la solidité de l'architecture.

Au reste, les gouvernements de Carthage et d'Angleterre, qui ont joui des mêmes applaudissements, ont aussi partagé les mêmes censures. Les peuples contemporains leur reprochèrent la vénalité et la corruption dans les places de sénateurs [2]. Polybe [3] remarque que ce peuple africain, si jaloux de ses droits, ne regardait pas un pareil usage comme un crime. Peut-être avait-il senti que de toutes les aristocraties, celle des richesses, lorsqu'elle n'est pas portée à un trop grand excès, est la moins dangereuse en elle-même, le propriétaire ayant

partie de cet ouvrage. J'y montrerai en quoi J. J. Rousseau s'est mépris, et en quoi il a approché de la vérité sur cette matière, la base de la politique. Je ne demande que du temps. Il m'est impossible de tout mettre hors de sa place, de mêler tout.

[1] L'Etat était opulent; mais le citoyen, quoique riche d'argent, était pauvre de costumes et de goûts.

[a] N'est-il pas assez singulier de trouver cette algèbre politique dans la tête d'un auteur qui avait déjà ébauché dans ses manuscrits les premiers tableaux de *René* et d'*Atala*? Puisque l'on aime le *positif* dans ce siècle, j'espère que ce chapitre en renferme assez, et que cette précision mathématique, transportée dans la science des gouvernements, plaira aux esprits les plus sérieux. Ma politique, comme on le voit, n'est pas une politique de circonstance ; elle date de loin, elle est l'étude et le penchant de toute ma vie, et l'on pourrait croire que ce chapitre est extrait de *la Monarchie selon la Charte* ou du *Conservateur*. (N. Ed.)

[2] Polyb., lib. vi, pag. 494.
[3] Id., ibid.

Pour pouvoir être élu membre du sénat, il fallait à Carthage, comme en Angleterre, posséder un certain revenu. Aristote blâme cette loi, en quoi il a certainement très-tort. Si la France avait été protégée par un pareil statut, elle n'aurait pas souffert la moitié des maux qu'elle a éprouvés. On dit : Un J. J. Rousseau n'aurait pu être député. C'est un malheur, mais infiniment moindre que l'admission des non propriétaires dans un corps législatif. Heureusement les Français reviennent à ce principe.

un intérêt personnel au maintien des lois, tandis que l'homme sans propriétés tend sans cesse, par sa nature, à bouleverser et à détruire ª.

CHAPITRE XXXII.

LES DEUX PARTIS DANS LE SÉNAT DE CARTHAGE. — HANNON. — BARCA.

Mêmes institutions, mêmes choses, mêmes hommes, comme de moules pareils il ne peut sortir que des formes égales. Le sénat de Carthage, tel que le parlement d'Angleterre, se trouvait divisé en deux partis, sans cesse opposés d'opinions et de principes [1]. Dirigées par les plus grands génies et par les premières familles de l'État, ces factions éclataient surtout en temps de guerres et de calamités nationales [2]. Il en résultait pour la nation cet avantage, que les rivaux, se surveillant afin de se surprendre, avaient un intérêt personnel à aimer la vertu, en tant qu'elle leur était personnellement utile, et à haïr le vice dans les autres.

L'histoire de ces dissensions politiques, au moment de la révolution républicaine en Grèce, ne nous étant pas parvenue, nous la considérerons dans un âge postérieur à ce siècle, en en concluant, par induction, l'état passé de la métropole africaine.

C'est à l'époque de la seconde guerre punique que nous trouvons la flamme de la discorde brûlant de toutes parts dans le sénat de Carthage. Hannon, distingué par sa modération, son amour du bien public et de la justice, brillait à la tête du parti qui, avant la déclaration de la guerre, opinait aux mesures pacifiques [3]. Il représentait les avantages d'une paix durable sur les hasards d'une entreprise dont les succès incertains coûteraient des sommes immenses, et finiraient peut-être par la ruine de la patrie [4].

Amilcar, surnommé *Barca*, père d'Annibal, d'une famille chère au peuple, soutenu de beaucoup de crédit et d'un grand génie, entraînait après lui la majorité du sénat. Après sa mort, la faction Barcine continua de se prononcer en faveur des armes. Sans doute elle faisait valoir l'injustice des Romains, qui, sans respecter la foi des traités, s'étaient emparés de la Sardaigne [5]. Ainsi la Hollande a amené de nos jours la rupture entre la France et l'Angleterre.

Durant le cours des hostilités, la minorité ne cessa de combattre les résolutions adoptées : tantôt elle s'efforçait de diminuer les victoires d'Annibal, tan-

---

ª J'aime à me voir défendre ainsi les principes conservateurs de la société; je me suis assez franchement critique pour avoir le droit de remarquer le bien quand je le rencontre dans cet ouvrage. Je dirai donc que je n'aperçois pas dans l'*Essai* une seule erreur politique un peu grave, un seul principe qui dévie de ceux que je professe aujourd'hui; partout c'est la liberté, l'égalité devant la loi, la propriété, la monarchie, le roi légitime que je réclame, tandis que les erreurs religieuses et morales sont malheureusement trop nombreuses. Mais dans ces erreurs mêmes il n'y a rien qui ne soit racheté par quelque sentiment de charité, de bienveillance, d'humanité. J'en appelle au lecteur de bonne foi : qu'il dise si je porte de l'*Essai*, sous ce rapport, un jugement trop favorable. (N. ED.)

[1] Liv., lib. XXI.
[2] Comme au temps de la guerre d'Agathocle et de celle des Mercenaires.
[3] Liv., lib. XXI.
[4] *Id., ibid.*
[5] *Id., ibid.*; POLYB, lib. III, pag. 162.

tôt d'exagérer ses revers. Elle jetait mille entraves dans la marche du gouvernement; et sans le génie du général carthaginois, son armée, faute de secours, périssait totalement en Italie [1]. Vers la fin de la guerre, les partis changèrent d'opinions. Annibal, bien que de la majorité, après la bataille de Zama, parla avec chaleur en faveur de la paix [2]. Un seul sénateur eut le courage de s'y opposer; Gisgon représenta que ses concitoyens devaient plutôt périr généreusement les armes à la main, que se soumettre à des conditions honteuses [3]. L'homme illustre répliqua qu'on devait remercier les dieux, qu'en des circonstances si alarmantes, les Romains se montrassent encore disposés à des négociations [4]. Son avis prévalut. L'on dépêcha en Italie des ambassadeurs du parti d'Annon, qui, amusant leurs vainqueurs du récit de leurs querelles domestiques, se vantaient que, si l'on eût d'abord suivi leurs conseils, ils n'auraient pas été obligés de venir mendier la paix à Rome [5] [a].

CHAPITRE XXXIII.

SUITE. — MINORITÉ ET MAJORITÉ DANS LE PARLEMENT D'ANGLETERRE.

Les troubles qui commencèrent à agiter l'Angleterre vers la fin du règne de Jacques Ier donnèrent naissance aux deux divisions qui sont, depuis cette époque, restées distinctes dans le parlement de la Grande-Bretagne. L'opposition, d'abord connue sous le nom du *Parti de la campagne* [6] (*country Party*), traîna peu après le malheureux Charles Ier à l'échafaud. Sous le règne de son successeur, la minorité prit la célèbre appellation de *whig* [7]; et sous un homme dévoré de l'esprit de faction, lord Shaftesbury, fut sur le point de replonger l'État dans les malheurs d'une révolution nouvelle [8]. Jacques II, par son imprudence, fit triompher le parti des whigs, et Guillaume III s'empara d'une des plus belles couronnes de l'Europe [9]. La reine Anne, longtemps gouvernée par les whigs, retourna ensuite aux torys. Le rappel du duc de Marlborough sauva la France d'une ruine presque inévitable [10]. Georges Ier, électeur de Hanovre, soutenu de toute la puissance des premiers qui le portaient au trône, se livra à leurs conseils [11]. Ce fut sous le règne de Georges II que la minorité commença à se faire connaître sous le nom de *parti de l'opposition*, qu'elle retient encore de nos jours. Elle obtint alors plusieurs victoires célèbres. Elle renversa sire Robert Walpole, ministre qui, par son système pacifique, s'était

---

[1] Liv., lib. XXIII, nos 11, 14, 23.
Lorsqu'au récit de la bataille de Cannes, un membre de la faction Barcine demandait à Hannon s'il était encore mécontent de la guerre, celui-ci répondit « qu'il était toujours dans les mêmes sentiments, et que (supposé que ces VICTOIRES FUSSENT VRAIES) il ne s'en réjouissait qu'autant qu'elles mèneraient à une paix avantageuse. » Ne croit-on pas entendre parler un membre de l'opposition? n'est-il pas étonnant qu'on doutât à Carthage, comme en Angleterre, des succès mêmes des armées? Ou plutôt cela n'est pas étonnant.

[2] Polyb., lib. xv. — [3] *Id., ibid.*; Liv., lib. xxx. — [4] *Id., ibid.* — [5] Liv., *ibid.*

[a] Quoiqu'il y ait toujours quelque chose de forcé dans ce parallèle de l'Angleterre et de Carthage, il me semble moins étrange que les autres, et les faits historiques sont curieux.
(N. Ed.)

[6] Hume's *Hist. of Engl.*, vol. VII. — [7] *Id.*, vol. VIII, cap. LXVIII, pag. 126. — [8] *Id.*, cap. LXIX, pag. 166. — [9] *Id.*, cap. LXXI, pag. 294. — [10] Smoll., *Cont. to Hume's Hist. of Engl.*; Volt., *Siècle de Louis XIV*. — [11] *Id. ibid.*

rendu cher au commerce [1] [a]. Bientôt elle parvint à mettre à la tête du cabinet le grand lord Chatham, qui éleva la gloire de sa patrie à son comble, dans la guerre de 1754, si malheureuse à la France [2]. Lord Bute ayant succédé à lord Chatham, peu après l'avénement de Sa Majesté régnante au trône d'Angleterre, l'opposition perdit son crédit. Elle tâcha de le recouvrer dans l'affaire de M. Wikes, membre du parlement, décrété pour avoir écrit un pamphlet contre l'administration [3]. Mais le fatal impôt du timbre, qui rappelle à la fois la révolution américaine et celle de la France, lui donna bientôt une nouvelle vigueur [4]. Telle est la chaîne des destinées : personne ne se doutait alors qu'un bill de finance, passé dans le parlement d'Angleterre en 1765, élèverait un nouvel empire sur la terre en 1782, et ferait disparaître du monde un des plus antiques royaumes de l'Europe, en 1789 [5].

[1] Smoll., *Hist. of the House of Brunswick-Lunenb.*

[a] Il fallait ajouter, « et odieux à la nation par son système de corruption. » (N. Ed.)

[2] Smoll., *Cont.*, etc. *Hist. of the House of Bruns.-Lun.*

[3] Guth., *Georg. Gram.*, pag. 342.

[4] *Id.*, pag. 343 ; Ramsay's *Hist. of the Am. Revol.*

[5] Une étincelle de l'incendie allumé sous Charles Ier tombe en Amérique en 1636 (émigration des puritains), l'embrase en 1765, repasse l'Océan en 1789 pour ravager de nouveau l'Europe. Il y a quelque chose d'incompréhensible dans ces générations de malheurs.

En songeant à l'empire américain d'aujourd'hui, on ne peut s'empêcher de jeter les yeux en arrière sur son origine. C'est une chose désolante et amusante à la fois, que de contempler les pauvres humains jouets de leurs propres faits, et conduits aux mêmes résultats par les préjugés les plus opposés. Les puritains avaient demandé à Dieu, avec prières, qu'il les dirigeât dans leur pieuse émigration, et Dieu les conduisit au cap Cod, où ils périrent presque tous de faim et de misère. Bientôt après leurs ennemis mortels, les catholiques, viennent débarquer auprès d'eux sur les mêmes rivages. Une cargaison de graves fous, avec de grands chapeaux et des habits sans boutons, descendent ensuite sur les bords de la Delaware, etc. Que devait penser un Indien regardant tour à tour les étranges histrions de cette grande farce tragi-comique que joue sans cesse la société ? En voyant des hommes brûler leurs frères dans la Nouvelle-Angleterre, pour l'amour du ciel; une autre race, en Pensylvanie, faisant profession de se laisser couper la gorge sans se défendre; une troisième, dans le Maryland, accompagnée de prêtres bigarrés, couverts de croix, de grimoires, et professant la tolérance universelle; une quatrième, en Virginie, avec des esclaves noirs et des docteurs persécuteurs en grandes robes : cet Indien, sans doute, ne pouvait s'imaginer que ces gens-là venaient d'un même pays. Cependant tous sortaient de la petite île d'Angleterre, tous ne formaient qu'une seule et même nation. Quand on songe à la variété et à la complication des maladies qui fermentent dans un corps politique, on comprend à peine son existence.

Sur la foi des livres et des intéressés, au seul nom des Américains, nous nous enthousiasmons de ce côté-ci de l'Atlantique. Nos gazettes ne nous parlent que des Romains de Boston et des tyrans de Londres. Moi-même, épris de la même ardeur lorsque j'arrivai à Philadelphie, plein de mon Raynal, je demandai en grâce qu'on me montrât un de ces fameux quakers, vertueux descendants de Guillaume Penn. Quelle fut ma surprise quand on me dit que, si je voulais me faire duper, je n'avais qu'à entrer dans la boutique d'un frère; et que si j'étais curieux d'apprendre jusqu'où peut aller l'esprit d'intérêt et d'immoralité mercantile, on me donnerait le spectacle de deux quakers désirant acheter quelque chose l'un de l'autre, et cherchant à se leurrer mutuellement. Je vis que cette société si vantée n'était, pour la plupart, qu'une compagnie de marchands avides, sans chaleur et sans sensibilité, qui se sont fait une réputation d'honnêteté parce qu'ils portent des habits différents de ceux des autres, ne répondent jamais ni oui, ni non, n'ont jamais deux prix, parce que le monopole de certaines marchandises vous force d'acheter avec eux au prix qu'ils veulent ; en un mot, de froids comédiens qui jouent sans cesse une farce de probité, calculée à un immense intérêt, et chez qui la vertu est une affaire d'agiotage [*].

Chaque jour voyait ainsi, l'une après l'autre, se dissiper mes chimères, et cela me faisait

[*] Cette note a paru dans le temps assez piquante, mais le ton en est peu convenable : c'est de la philosophie impie et de l'histoire à la manière de Voltaire. Les États-Unis et les Américains ont pris entre les gouvernements et les nations un rang qui ne permet plus de parler d'eux avec cette légèreté. (N. Ed.)

L'opposition crut avoir remporté un avantage signalé sur le ministre lorsqu'elle eut obtenu le rappel de ce trop fameux impôt ; et il n'est pas moins certain que ce fut ce rappel même, encore plus que le bill, qui a causé la révolution des colonies [1].

Trois ministres se succédèrent rapidement, après cette première irruption du volcan américain. Les rênes du gouvernement s'arrêtèrent enfin entre les mains de lord North, qui, de même que ses prédécesseurs, avait adopté le système des taxes d'outre-mer [2]. L'insurrection des Bostoniens, lors de l'envoi du thé de la compagnie des Indes, ne fut pas plutôt connue en Angleterre, que l'opposition redoubla de zèle et d'activité. Lord Chatham reparut dans la Chambre des pairs, et parla avec chaleur contre les mesures du cabinet. Sa motion étant rejetée par une majorité de cinquante-huit voix, les moyens coercitifs restèrent adoptés dans toute leur étendue.

Bientôt après le sang coula en Amérique. J'ai vu les champs de Lexington ; je m'y suis arrêté en silence, comme le voyageur aux Thermopyles, à contempler la tombe de ces guerriers des deux mondes qui moururent les premiers, pour obéir aux lois de la patrie. En foulant cette terre philosophique, qui me disait, dans sa muette éloquence, comment les empires se perdent et s'élèvent, j'ai confessé mon néant devant les voies de la Providence, et baissé mon front dans la poussière.

Grand exemple des malheurs qui suivent tôt ou tard une action immorale en elle-même, quels que soient d'ailleurs les brillants prétextes dont nous cherchions à nous fasciner les yeux, et la politique fallacieuse qui nous éblouit ! La France séduite par le jargon philosophique, par l'intérêt qu'elle crut en retirer, par l'étroite passion d'humilier son ancienne rivale, sans provocation de l'Angleterre, viola au nom du genre humain, le droit sacré des nations. Elle fournit d'abord des armes aux Américains, contre leur souverain légitime, et bientôt se déclara ouvertement en leur faveur. Je sais qu'en subtile logique, on peut argumenter de l'intérêt général des hommes dans la cause de la liberté ; mais je sais que, toutes les fois qu'on appliquera la loi du tout à la partie, il n'y a point de vice qu'on ne parvienne à justifier. La révolution américaine est la cause immédiate de la révolution française. La France déserte, noyée de sang, couverte de ruines, son roi conduit à l'échafaud, ses ministres proscrits ou assassinés, prouvent que la justice éternelle, sans laquelle tout périrait en dépit des sophismes de nos passions, a des vengeances formidables.

C'est une tâche pénible et douloureuse pour un Français, dans l'état actuel de l'Europe, que la lecture de cette période de l'histoire américaine. Souvent

grand mal. Lorsque par la suite je connus davantage les Américains, j'ai parfois dit à quelques-uns d'entre eux, devant qui je pouvais ouvrir mon âme : « J'aime votre pays et votre « gouvernement, mais je ne vous aime point, » et ils m'ont entendu.

[1] Les lords qui protestèrent contre ce rappel peuvent se vanter d'en avoir prédit les conséquences : « Because, the appearance of weakness and timidity in the government..... has a manifest tendency to draw on further insults, and, by lessening the respect of all his Majesty's subjects to the dignity of his crown..... throw the whole British empire into a miserable state of confusion, etc. » (*Copies of the two protests against the bill to repeal the Am. St-p. Act.* 8, pag. 10. Printed at Paris, 1766.)

[2] RAMS., *ibid.*

RÉVOLUTIONS ANCIENNES.

ai-je été obligé de fermer le volume, oppressé par les comparaisons les plus déchirantes, par un profond et muet étonnement, à la vue de l'enchaînement des choses humaines. Chaque syllabe de Ramsay retentit amèrement dans votre cœur, lorsqu'on voit l'honnête citoyen vanter, contre sa propre conviction, la duplicité de la conduite de la France envers l'Angleterre. Mais, lorsque avec un cœur brûlant de reconnaissance il vient à verser les bénédictions sur la tête de l'excellent Louis XVI; lorsqu'il arrive à cet endroit où M. de La Fayette, recevant la première nouvelle du traité d'alliance, se jette avec des larmes de joie dans les bras de Washington; qu'au même instant, la nouvelle volant dans l'armée au milieu des transports, le cri de « longue vie au roi de « France ! » s'échappe involontairement à la fois de mille bouches et de mille cœurs; le livre tombe des mains, le coup de poignard pénètre jusqu'au fond des entrailles. Américains! La Fayette, votre idole, n'est qu'un scélérat! Ces gentilshommes français, jadis le sujet de vos éloges, qui ont versé leur sang dans vos batailles, ne sont que des misérables couverts de votre mépris; et à qui peut-être vous refuserez un asile! et le père auguste de votre liberté..... un de vous ne l'a-t-il pas jugé [1]? N'avez-vous pas juré amour et alliance à ses assassins sur sa tombe [a]?

Durant tout le reste de la guerre, l'opposition ne cessa de harceler les ministres, et devint de plus en plus puissante, en proportion des calamités nationales. C'était alors que M. Burke lançait, comme la foudre, son éloquence sur la tête des ministres. Ce grand orateur, qui possède un des plus beaux talents dont l'homme ait été jamais dignifié, se surpassa lui-même dans ces circonstances. Il remonta jusqu'à la source des troubles des colonies, en traça fièrement les progrès, et, avec ce génie inspiré qui lui a fait tant de fois prévoir l'avenir, plaida la cause de la liberté américaine dans le langage sublime et pathétique de Démosthènes.

Enfin, le 27 de mars 1782, l'opposition remporta une victoire complète : le cabinet fut changé, et le marquis de Rockingham placé à la tête du gouvernement.

La paix étant rétablie entre les puissances belligérantes, l'opposition se joignit au parti du ministre disgracié. M. Fox et lord North formèrent ce qu'on appela la *coalition des chefs*, qui entraînait après elle la majorité du parlement. Lord Shelburne, successeur du marquis de Rockingham, mort le 1er juillet 1782, fut obligé de se retirer, et M. Fox, lord North et le duc de Portland, se saisirent du timon de l'État.

[1] Un étranger, non un Américain, séant juge dans le procès de mort de Louis XVI! O hommes! ô Providence !

[a] Je ne sais que dire des pages qui commencent à cette phrase, *j'ai vu les champs de Lexington*, et finissent à celle-ci, *n'avez-vous pas juré amour et alliance à ses assassins sur sa tombe?* Mais, quelles que soient maintenant les hautes destinées de l'Amérique, je ne changerais pas un mot à ces pages, si je pouvais retrouver, pour les écrire, la chaleur d'âme qui n'appartient qu'à la jeunesse. Ainsi dans aucun temps mes systèmes politiques n'ont étouffé le cri de ma conscience : les succès, la gloire, l'admiration même, lorsque je l'éprouve, ne m'empêchent point de sentir ce qu'il y a d'injuste ou d'ingrat dans la conduite des hommes.

A l'époque où M. La Fayette était *émigré*, les Américains, partisans de notre révolution, blâmaient sa conduite : ils ont depuis récompensé magnifiquement ses services. (N. Ed.)

M. Fox n'occupa que quelques instants le ministère. Son fameux bill de la compagnie des Indes ayant été rejeté dans la Chambre des pairs, il remit peu après [1] les sceaux de son emploi, et M. Pitt remplaça le duc de Portland, comme premier lord de la trésorerie.

Les principales opérations du gouvernement depuis l'ascension de M. Pitt aux affaires ont été : 1° le bill de ce ministre concernant la compagnie des Indes, du 5 juillet 1784; 2° celui du 18 avril 1785, en faveur d'une réforme parlementaire, rejeté par une majorité de soixante-quatorze voix; 3° le plan de liquidation de la dette nationale, par l'établissement d'un fonds d'amortissement, 1786 [2] [a]; 4° l'acte de la traite des nègres et de l'amélioration du sort de ces esclaves, 21 mai 1788. La nation était au faîte de la prospérité, et M. Pitt, qui n'avait pas encore atteint sa trentième année, avait montré ce que peut un seul homme pour la prospérité d'un État.

La maladie du roi, qui suivit peu de temps après, arracha la faveur du public à l'opposition, et couvrit le ministre de gloire. Sa Majesté, rendue aux vœux de tout un peuple, qui lui témoigna par des marques de joie (d'autant plus touchantes qu'elles coulaient naturellement du cœur) à quel point elle était adorée, reprit bientôt les rênes de son empire, et elle continue à faire le bonheur de ceux qu'une fortune amie a rangés au nombre des sujets britanniques.

A la fin de cette courte histoire de l'opposition, nous placerons les portraits des deux hommes célèbres, depuis si longtemps l'objet des regards de l'Europe, et qui ont eu une si grande influence sur la révolution française.

CHAPITRE XXXIV.

M. FOX. — M. PITT.

Tels que nous avons vu paraître à la tête de la minorité et de la majorité, dans le sénat de Carthage, les plus beaux talents et les premiers hommes de leur siècle; tels, différents de mœurs, d'opinions et d'éloquence, brillent, dans le parlement d'Angleterre, les deux grands orateurs dont nous essayons d'ébaucher une faible peinture.

M. Fox, plein de sensibilité et de génie, écoute son cœur lorsqu'il discourt et se fait entendre ainsi aux cœurs sympathiques. Savant dans les lois de son pays, modéré dans ses sentiments politiques, connaissant la fragilité humaine, et réclamant pour les autres la même indulgence dont il peut avoir besoin pour lui, on le trouve rarement dans les extrêmes, ou, s'il s'y laisse entraîner quelquefois, ce n'est que par cette chaleur des temps, dont il est presque impossible de se défendre. Mais, quand il vient à élever une voix touchante en faveur

---

[1] Dans la nuit du 19 décembre 1783.
[2] Un million annuel.
[a] Je n'ai pas attendu à être membre de la Chambre des pairs pour m'occuper de l'économie politique : on voit que je savais ce que c'était que la liquidation d'une dette, et un fonds d'amortissement, quelque trentaine d'années avant que ceux qui parlent aujourd'hui de finances sussent peut-être faire correctement les quatre premières règles de l'arithmétique. (N. Ed.)

de l'infortuné, il règne, il triomphe. Toujours du parti de celui qui souffre, son éloquence est une richesse gratuite, qu'il prête sans intérêt au misérable; alors il remue les entrailles; alors il pénètre les âmes; alors une altération sensible dans les accents de l'orateur décèle tout l'homme; alors l'étranger dans la tribune résiste en vain, il se détourne et pleure. Haine d'un parti, idole de l'autre, ceux-là reprochent à M. Fox des erreurs, ceux-ci exaltent ses vertus; il ne nous appartient pas de prononcer. Lorsque le fracas des opinions et les fatigues d'une vie publique auront cessé pour cet homme célèbre, le moment de la justice sera venu; mais, quel que soit le jugement de la postérité, les malheureux des temps à venir, qui forment la majorité dans tous les siècles, diront : « Il aima nos frères d'autrefois, il parla pour eux. »

Lorsque M. Pitt prend la parole dans la Chambre des communes, on se rappelle la comparaison qu'Homère fait de l'éloquence d'Ulysse à des flocons de neige, descendant silencieusement du ciel. Émue, échauffée à la voix du représentant opposé, l'assemblée, pleine d'agitation, flotte dans l'incertitude et le doute : le chancelier de l'échiquier se lève, et sa logique qui tombe avec grâce et abondance, vient éteindre une chaleur inutile, toujours dangereuse aux législateurs; chacun, étonné, sent ses passions se refroidir, le prestige du sentiment se dissipe; il ne reste que la vérité.

Placé à la tête d'une grande nation, M. Pitt doit avoir pour ennemis et les hommes dont son rang élevé attire l'envie, et ceux dont il combat les opinions. Le texte des déclamations contre le ministre britannique est la guerre funeste dans laquelle l'Europe se trouve maintenant enveloppée. Les principes en ont été souvent discutés; quant à la manière dont elle a été conduite, l'injustice des reproches qu'on a faits là-dessus au chancelier de l'échiquier doit frapper les esprits les plus prévenus. Veut-on prendre pour exemple des hostilités présentes, les combats réguliers d'autrefois? Où sont ces petits esprits qui calculent pertinemment ce qu'on aurait dû faire, par ce qu'on a fait jadis; qui ne voient dans la lutte actuelle que des batailles perdues ou gagnées, et non le génie de la France dans les convulsions d'une crise amenée par la force des choses; déchirant, comme l'Hercule d'Œta, ceux qui osent l'approcher; lançant leurs membres ensanglantés sur les plaines cadavéreuses de l'Italie et de la Flandre, et s'apprêtant à tourner sur lui-même des mains forcenées? On pourrait soupçonner qu'il existe des époques inconnues, mais régulières, auxquelles la face du monde se renouvelle. Nous avons le malheur d'être nés au moment d'une de ces grandes révolutions : quel qu'en soit le résultat, heureux ou malheureux pour les hommes à naître, la génération présente est perdue : ainsi le furent celles du cinquième et du sixième siècle, lorsque tous les peuples de l'Europe, comme des fleuves, sortirent soudainement de leur cours. Qui serait assez absurde pour exiger que M. Pitt pût vaincre, par des mesures ordinaires, la fatalité des événements? Il y a des circonstances où les talents sont entièrement inutiles : qu'on me donne le plus grand ministre, un Ximenès, un Richelieu, un J. de Witt, un Chatham, un Kaunitz, et vous le verrez se rapetisser, et pour ainsi dire disparaître sous la pondération des choses et des temps actuels. Il ne s'agit plus des cabales obscures ou coupables de quelques cabinets intrigants, d'un champ disputé dans les déserts de l'Amérique : ce sont maintenant les masses irrésistibles des nations qui se heurtent et se choquent au gré du sort. Guerres au dehors, factions au dedans, mésintelligence de toutes parts; des ennemis dont les opinions ne font pas moins de ravages que leurs armes, des peuples corrompus, des cours vicieuses, des finances épuisées, des gouvernements chancelants; pour moi, je l'avouerai, ce n'est pas sans étonnement que je vois M. Pitt portant seul, comme Atlas, la voûte d'un monde en ruine [1] [a].

CHAPITRE XXXV.

SUITE DU PARALLÈLE ENTRE CARTHAGE ET L'ANGLETERRE. — LA GUERRE ET LE COMMERCE. — ANNIBAL, MARLBOROUGH. — HANNON, COOK; TRADUCTION DU VOYAGE DU PREMIER, EXTRAIT DE CELUI DU SECOND.

Il ne nous reste plus qu'à considérer Carthage et l'Angleterre dans leur esprit guerrier et commerçant.

J'ai déjà touché quelque chose de cet intéressant sujet. Ajoutons que, par un jeu singulier de la fortune, la rivale de Rome et celle de la France ne comptèrent chacune qu'un grand général; la première, Annibal; la seconde Marlborough [2]. Un parallèle suivi entre ces hommes illustres nous écarterait trop de notre sujet; il suffira de remarquer que, tous les deux employés contre l'antique ennemi de leur patrie, ils réduisirent également à la dernière extrémité [3], et furent sur le point d'entrer en triomphe dans la capitale de son

---

[1] Ce langage m'oblige à déclarer que je ne suis ni l'apologiste de la guerre, ni celui de M. Pitt. Je ne connais ni ne connaîtrai vraisemblablement ce dernier; je n'attends ni ne demande rien de lui. Je n'aime point les grands, non que les petits vaillent mieux, mais parce que je ne sais point honorer l'habit d'un homme, et que mon opinion surtout n'en dépendra jamais. Né avec un cœur indépendant, j'exprimerai toujours hardiment ma pensée, en dépit de la fortune et des factions. J'ai donc parlé du chancelier de l'échiquier avec la même franchise que je l'aurais fait d'un autre homme. Est-ce d'après les déclamations des gazettes que je dois le juger? d'après les grossièretés que les Français vomissent contre lui? Qu'on prouve, et je croirai; mais, en attendant, qu'il me soit permis de penser pour moi. Parce que les Jacobins ont commis des crimes, cela ne m'empêche pas de croire qu'une république est le meilleur de tous les gouvernements, lorsque le peuple a des mœurs; le pire de tous, lorsque le peuple est corrompu. Parce que tel démagogue insulte un homme, une nation, cela ne m'empêche pas d'estimer cet homme, cette nation, tandis que l'un et l'autre me paraissent estimables. Si j'avais eu de M. Pitt une opinion différente de celle que j'ai énoncée, je l'eusse exprimée avec le même courage; je n'aurais pas mis un moment en balance ma sûreté personnelle, et ce qui m'eût semblé la vérité. Que si ce langage paraît extraordinaire, je le crois fait pour honorer, et moi, et l'homme d'État dont je parle; que s'il s'offensait de ce passage, je me suis trompé.

[a] Les éloges sont fort exagérés dans ce chapitre; mais c'est un tribut très-naturel de reconnaissance que je payais à l'hospitalité. Il y a d'ailleurs des choses vraies sur la différence qui existait entre la guerre de la révolution et les guerres qu'il avaient précédée. Je me reconnais à peu près tel que je suis aujourd'hui dans la note qui termine ce chapitre; je n'aime point les grands, souvent je n'estime point les petits, et mon opinion ne dépendra jamais de personne. Ma franchise avec M. Pitt est sincère, mais elle est risible. Etait-il probable que le premier ministre d'Angleterre lirait jamais l'ouvrage obscur d'un obscur émigré. (N. ED.)

[2] Il y eut sans doute quelques grands généraux à Carthage et en Angleterre, mais aucun aussi célèbre qu'Annibal et Marlborough.

[3] A présent le siècle impartial convient qu'on ne doit pas juger Marlborough avec autant d'enthousiasme que nos pères; il aurait fallu le voir aux prises avec les Condé et les Turenne pour bien juger de ses talents. Il n'eut jamais en tête que de mauvais généraux, et il agit

empire; qu'on leur reprocha le même défaut, l'avarice; enfin, que, tous deux rappelés dans leur pays, ils n'y trouvèrent que l'ingratitude.

Quant au commerce, en ayant déjà décrit l'étendue, je me contenterai de citer un fait peu connu. Carthage est la seule puissance maritime de l'antiquité qui, de même que l'Angleterre, ait imaginé les lois prohibitives pour ses colonies. Celles-ci étaient obligées d'acheter aux marchés de la mère-patrie les divers objets dont elles se faisaient besoin, et ne pouvaient s'adonner à la culture de telle ou telle denrée[1]. On juge par ce trait jusqu'à quel degré la vraie nature du commerce et les calculs du fisc étaient entendus de ce peuple africain; peut-être aussi y trouverait-on la cause des troubles qui ne cessaient d'agiter les colonies puniques.

Que si encore deux gouvernements se livrent aux mêmes entreprises suggérées par des motifs semblables, on doit en conclure que ces gouvernements sont animés d'une portion considérable du même génie; or, nous voyons que ceux de Carthage et d'Angleterre furent souvent mus d'après de semblables principes, vers des objets de prospérité nationale. Nous allons rapporter les deux voyages entrepris pour l'agrandissement du commerce dans l'ancien monde et dans le monde moderne; le premier, fait par ordre du sénat de Carthage, à une époque qui n'est pas exactement connue[2]; le second, exécuté de nos jours par la munificence du roi de la Grande-Bretagne. Hannon, qui commandait l'expédition carthaginoise, devait, en entrant dans l'Océan par le détroit de Gades ou de Gadir[3], découvrir les terres inconnues en faisant le tour de l'Afrique, et jetant çà et là des colonies sur ses rivages. Sans l'usage de la boussole, avec une imparfaite connaissance du ciel et de frêles barques souvent conduites à la rame, lorsqu'on se représente qu'il aurait fallu affronter les tempêtes du cap de Bonne-Espérance, si longtemps la borne redoutable des navigateurs modernes, on ne peut que s'étonner du génie hardi qui poussait les Carthaginois à ces entreprises périlleuses. Le dessein échoua en partie : de retour dans sa patrie, Hannon publia une relation de son voyage; et son journal, étant traduit en grec par la suite, nous a, par ce moyen, été conservé. La brièveté et l'intérêt de l'unique monument de littérature punique qui soit échappé aux ravages du temps[4], m'engagent à le donner ici dans son entier; nous placerons, selon notre méthode, un des morceaux les plus piquants du voyage de Cook auprès de celui de l'amiral carthaginois : on sait que le pré-

---

presque toujours en conjonction avec le prince Eugène. La seule fois qu'il combattit contre un grand capitaine, je crois à Malplaquet, il perdit vingt-deux mille hommes, encore Villars n'avait-il que des recrues qui n'avaient jamais vu le feu, et manquaient de tout, même de pain. A la prise de Lille, Vendôme était subordonné au duc de Bourgogne. Annibal combattit les Fabius, les Scipion, etc.

[1] Arist., *de Mirab. auscult.*, tom. I, pag. 1159.

[2] Il est reconnu que ce voyage n'est pas de l'Hannon auquel on l'attribue, et qui devait vivre vers le temps de l'expédition d'Agathoclès en Afrique. Les uns font l'auteur de ce journal contemporain d'Annibal; d'autres le rejettent à un siècle qui approcherait de la révolution de la Grèce dont nous parlons : peu importe au lecteur.

[3] Cadix.

[4] Il nous reste une scène en punique dans Plaute, et des fragments d'un ouvrage sur l'agriculture, traduits en latin, où l'on apprend le secret d'engraisser les rats.

mier de ces deux navigateurs fut employé à la découverte d'un passage de la mer du Sud dans l'Atlantique, par les mers septentrionales de l'Amérique et de l'Asie *a*.

Voyage par mer et par terre, au delà des Colonnes d'Hercule, fait par Hannon, roi des Carthaginois, qui, à son retour, voua dans le temple de Saturne la relation suivante :

Le peuple de Carthage m'ayant ordonné de faire un voyage au delà des *Colonnes d'Hercule*, pour y fonder des villes liby-phéniciennes, je mis en mer avec une flotte de soixante vaisseaux à cinquante rames, ayant à bord une grande quantité de vivres, d'habits, et environ trente mille personnes, tant hommes que femmes.

Deux jours après que nous eûmes fait voile, nous passâmes le détroit de *Gades*, et jetâmes le lendemain sur la côte d'Afrique, dans un lieu où s'étend une plaine considérable, une colonie que nous appelâmes *Thymiaterium*. De là, cinglant à l'ouest, nous fîmes le cap Soloent sur la côte de Libye, promontoire couvert d'arbres, où nous élevâmes un temple à Neptune.

Dirigeant notre course à l'orient, après un demi-jour de navigation nous atteignîmes, à peu de distance de la mer, la hauteur d'un lac [1] plein de grands roseaux, où nous vîmes des éléphants et plusieurs autres animaux sauvages paissant çà et là. A un jour de navigation de ce lac nous fondâmes plusieurs villes maritimes : Cytte, Acra, Mélisse, etc.

Durant notre relâche, nous avançâmes jusqu'au grand fleuve Lixa, qui sort de la Libye, non loin des Nomades; nous y trouvâmes les Lixiens qui s'occupent de l'éducation des troupeaux. Je demeurai quelque temps parmi eux et conclus un traité d'alliance.

Au-dessus de ces peuples habitent les Æthiopiens, nation inhospitalière, dont le pays est rempli de bêtes féroces et entrecoupé de hautes montagnes, où l'on dit que le Lixa prend sa source. Les Lixiens nous racontaient que ces montagnes sont fréquentées par les Troglodytes, hommes d'une forme étrange, et plus légers que les chevaux à la course. Je fis ensuite, avec des interprètes deux journées au midi dans le désert.

A mon retour, j'ordonnai qu'on levât l'ancre [2], et nous courûmes pendant vingt-quatre heures à l'est. Au fond d'une baie nous trouvâmes une petite île de cinq stades de tour, à laquelle nous donnâmes le nom de *Cernes ;* et y laissâmes quelques habitants. J'examinai mon journal, et je trouvai que Cernes devait être située sur la côte opposée à Carthage : la distance de cette île aux

---

a Je demande bien pardon de ce chapitre à la mémoire d'Annibal; les citations servent du moins ici à couvrir le vice du sujet. Je ne sais trop pourquoi le Périple d'Hannon et les Voyages de Cook se trouvent compromis dans la révolution française, mais enfin ils sont amusants; il faut les prendre pour ce qu'ils sont, et oublier l'*Essai historique*. (N. Ed.)

[1] Il se trouve ici une difficulté dans le grec. On croirait d'abord qu'Hannon a remonté une rivière, ensuite on le trouve fondant des villes maritimes. J'ai suivi le sens qui m'a paru le plus probable.

[2] Cette phrase n'est pas du texte, mais elle y est impliquée.

Colonnes d'Hercule étant la même que celle de ces mêmes colonnes à Carthage.

Nous reprîmes notre navigation, et, après avoir traversé une rivière appelée *Chrèles*, nous entrâmes dans un lac où se formaient trois îles plus considérables que Cernes. Nous mîmes un jour à parvenir de ces îles jusqu'au fond du lac. De hautes montagnes en bordaient l'enceinte ; nous y rencontrâmes des hommes couverts de peaux et habitants des bois, qui nous assaillirent à coups de pierres. Longeant les rives de ce lac, nous touchâmes à un autre fleuve large, couvert de crocodiles et de chevaux marins. De là nous revirâmes et gagnâmes l'île de Cernes.

De Cernes, portant le cap au sud, nous rangeâmes pendant douze jours une côte habitée par des Æthiopiens qui paraissaient extrêmement effrayés, et se servaient d'un langage inconnu même à nos interprètes.

Le douzième jour nous découvrîmes de hautes montagnes chargées de forêts, dont les arbres de différentes espèces sont parfumés. Après avoir doublé ces montagnes, en deux jours de navigation, nous entrâmes dans une mer immense. Dans les parages avoisinant au continent s'élevait une espèce de champ d'où nous voyions, durant la nuit, sortir, par intervalles, des flammes, les unes plus petites, les autres plus grandes. Les équipages ayant fait de l'eau, nous serrâmes le rivage pendant quatre jours, et le cinquième nous louvoyâmes dans un grand golfe que nos interprètes appelaient *Hesperum Ceras* (la Corne du soir). Nous nous trouvâmes par le gisement d'une île d'une latitude considérable. Un lac salin, dans lequel se formait un îlot, occupait l'intérieur de cette grande île. Nous mouillâmes par le travers de la terre, et nous n'aperçûmes qu'une forêt. Mais pendant la nuit nous voyions des feux, et nous entendions le son des fifres, le bruit des timbales, et les clameurs d'un peuple innombrable.

Saisis de frayeur, et recevant de nos devins l'ordre d'abandonner cette île, nous appareillâmes sur-le-champ, et côtoyâmes la terre de feu de Thymiaterium, dont les torrents enflammés se déchargent dans la mer. Le sol était si brûlant qu'on ne pouvait y arrêter le pied. Nous tournâmes promptement le cap au large, et dans quatre jours nous fûmes portés de nuit à la hauteur d'un pays couvert de flammes, du milieu desquelles s'élevait un cône de feu qui semblait se perdre dans les nues. Au jour nous reconnûmes que c'était une haute montagne nommée *Theon Ochema*.

Ayant doublé les régions ignées, nous ouvrîmes, trois jours après, le golfe *Notu Ceras* (la Corne de l'Orient); au fond duquel gisait[1] une île, avec un lac, un îlot, semblable à celle que nous avions déjà découverte. Ayant touché à cette île, nous la trouvâmes habitée par des Sauvages. Le nombre des femmes dominait infiniment celui des hommes. Celles-ci étaient toutes velues, et nos interprètes les appelaient *Gorilles*. Nous les poursuivîmes, mais sans pouvoir les atteindre. Ils fuyaient par des précipices avec une étonnante agilité, en nous jetant des pierres. Nous réussîmes cependant à prendre trois femmes. Nous fûmes obligés de les tuer pour éviter d'en être déchirés ; nous en avons

---

[1] On croit que cette île, le terme de la navigation d'Hannon, est Sainte-Anne.

conservé les peaux. — Ici nous tournâmes nos voiles vers Carthage, les vivres commençant à nous manquer[1].

Cook n'est plus. Ce grand navigateur a péri aux îles Sandwich, qu'il venait de découvrir. Ses vaisseaux, maintenant commandés par les capitaines Clerke et Gore, prêts à appareiller, attendent en rade un vent favorable, tandis que le lieutenant de *la Résolution* fait, à la vue de la terre, la description suivante :

Les habitants des îles *Sandwich* sont certainement de la même race que ceux de la *Nouvelle-Zélande*, des îles de la *Société* et des *Amis*, de l'île de *Pâques* et des *Marquises*, race qui occupe, sans aucun mélange, toutes les terres qu'on connaît entre le quarante-septième degré de latitude nord, et le vingtième degré de latitude sud ; et le cent quatre-vingt-quatrième degré, et le deux cent soixantième degré de longitude orientale. Ce fait, quelque extraordinaire qu'il paraisse, est assez prouvé par l'analogie frappante qu'on remarque dans les mœurs, les usages des diverses peuplades, et la ressemblance générale de leurs traits, et il est démontré d'une manière incontestable par l'identité absolue des idiomes.

. . . .

La taille des naturels des îles *Sandwich* est, en général, au-dessous de la moyenne, et ils sont bien faits ; leur démarche est gracieuse ; ils courent avec agilité, et ils peuvent supporter de grandes fatigues. Les hommes cependant sont un peu inférieurs du côté de la force et de l'activité aux habitants des îles des *Amis*, et les femmes ont les membres moins délicats que celles d'*O-Tahiti*. Leur teint est un peu plus brun que celui des O-Tahitiens ; leur figure n'est pas si belle. Un grand nombre d'individus des deux sexes ont cependant la physionomie agréable et ouverte : les femmes surtout ont de beaux yeux, de belles dents, et une douceur et une sensibilité dans le regard qui préviennent beaucoup en leur faveur. Leur chevelure est d'un noir brunâtre ; elle n'est pas universellement lisse comme celle des Sauvages de l'*Amérique*, ni universellement bouclée comme celle des nègres de l'*Afrique* : elle varie à cet égard ainsi que celle des Européens.

. . . .

On a parlé souvent dans ce Journal de l'hospitalité et de l'amitié avec lesquelles nous fûmes reçus des insulaires : ils nous accueillirent presque toujours de la manière la plus aimable. Lorsque nous descendions à terre ils se disputaient le bonheur de nous offrir les premiers présents, de nous apprêter des vivres et de nous donner d'autres marques de respect. Les vieillards ne manquaient jamais de verser des larmes de joie ; ils paraissaient très-satisfaits quand ils obtenaient la permission de nous toucher, et ils ne cessaient de faire entre eux et nous des comparaisons qui annonçaient bien de l'humilité et de la modestie. Les jeunes femmes ne furent pas moins caressantes, et elles s'attachèrent à nous sans aucune réserve, jusqu'au moment où elles s'aperçurent qu'elles avaient lieu de se repentir de notre intimité.

[1] *Georg. V et. Script. Græc. Minor.*, vol. I, pag. 16.

. . . .

Les habitants des îles *Sandwich* diffèrent de ceux des îles des *Amis* en ce qu'ils laissent presque tous croître leur barbe ; nous en remarquâmes un très-petit nombre. il est vrai, notamment le roi, qui l'avaient coupée, et d'autres qui ne la portaient que sur la lèvre supérieure. Ils arrangent leur chevelure d'une manière aussi variée que les autres insulaires de la mer du Sud : mais ils suivent d'ailleurs une mode qui, autant que nous avons pu en juger, leur est particulière. Ils se rasent chaque côté de la tête jusqu'aux oreilles, en laissant une ligne de la largeur de la moitié de la main, qui se prolonge du haut du front jusqu'au cou : lorsque les cheveux sont épais et bouclés, cette ligne ressemble à la crête de nos anciens casques. Quelques-uns se parent d'une quantité considérable de cheveux faux qui flottent sur leurs épaules en longues boucles, tels qu'on en voit aux habitants de l'île de *Horn*, dont on trouve la figure dans la collection de M. Dalrymple : d'autres en font une seule touffe arrondie qu'ils nouent au sommet de la tête, et qui est à peu près de la largeur de la tête elle-même : plusieurs en font cinq à six touffes séparées. Ils les barbouillent avec une argile grise mêlée de coquilles réduites en poudre, qu'ils conservent en boules, et qu'ils mâchent jusqu'à ce qu'elle devienne une pâte molle quand ils veulent s'en servir. Cette composition entretient le lustre de leur chevelure, et la rend quelquefois d'un jaune pâle.

Une seule pièce d'une étoffe épaisse, d'environ dix à douze pouces de largeur, qu'ils passent entre les cuisses, qu'ils nouent autour des reins, et qu'ils appellent *Maro*, forme en général l'habit des hommes. C'est le vêtement ordinaire des insulaires de tous les rangs. La grandeur de leurs nattes, dont quelques-unes sont très-belles, varie ; elles ont communément cinq pieds de long et quatre de large. Ils les jettent sur leurs épaules et ils les ramènent en avant, mais ils s'en servent peu, à moins qu'ils ne se trouvent en état de guerre : comme elles sont épaisses et lourdes et capables d'amortir le coup d'une pierre et d'une arme émoussée, elles semblent surtout propres à l'usage que je viens d'indiquer. En général, ils ont les pieds nus, excepté lorsqu'ils doivent marcher sur des pierres brûlées ; ils portent alors une espèce de sandales de fibres de noix de cocos tressées.

. . . .

Le vêtement commun des femmes ressemble beaucoup à celui des hommes. Elles enveloppent leurs reins d'une pièce d'étoffe qui tombe jusqu'au milieu des cuisses, et quelquefois, durant la fraîcheur des soirées, elles se montrèrent avec de belles étoffes qui flottaient sur leurs épaules, selon l'usage des O-Tahitiennes. Le *Pau* est un autre habit qu'on voit souvent aux jeunes filles ; c'est une pièce d'étoffe la plus légère et la plus fine, qui fait plusieurs tours sur les reins, et qui tombe jusqu'à la jambe, de manière qu'elle ressemble exactement à un jupon court. Leurs cheveux sont coupés par derrière et ébouriffés sur le devant de la tête comme ceux des O-Tahitiens et des habitants de la *Nouvelle-Zélande;* elles diffèrent à cet égard des femmes des îles des *Amis*, qui laissent croître leur chevelure dans toute sa longueur. Nous vîmes à la baie de *Karakakooa*, une femme dont les cheveux se trouvaient arrangés d'une manière singulière : ils étaient relevés par derrière et ramenés sur le front, et ensuite repliés sur eux-mêmes, de façon qu'ils formaient une espèce de petit bonnet.

. . . .

Il y a lieu de croire qu'ils passent leur temps d'une manière très-simple et peu variée. Ils se lèvent avec le soleil, et après avoir joui de la fraîcheur du matin, ils vont se reposer quelques heures. La construction des pirogues et des nattes occupe les *Erees ;* les femmes fabriquent les étoffes ; les *Towtows* sont chargés surtout du soin des plantations et de la pêche. Divers amusements remplissent leurs heures de loisir. Les jeunes garçons et les femmes aiment passionnément la danse ; et les jours d'appareil ils ont des combats de lutte et de pugilat bien inférieurs à ceux des îles des *Amis,* comme on l'a observé plus haut.

. . . .

Il est évident que les naturels de ces îles sont divisés en trois classes. Les *Erees,* ou les chefs de chaque district, forment la première : l'un d'eux est supérieur aux autres, et on l'appelle à *Whyhee, Eree-Taboo* et *Eree-Moee :* le premier de ces noms annonce son autorité absolue, et le second indique que tout le monde est obligé de se prosterner devant lui, ou, selon la signification de ce terme, de se coucher pour dormir en sa présence. La seconde classe est composée de ceux qui paraissent avoir des propriétés sans aucun pouvoir. Les *Towtows,* ou les domestiques, qui n'ont ni rang ni propriété, forment la troisième.... Il paraît incontestable que le gouvernement (*monarchique*) est héréditaire.

. . . .

Le pouvoir des *Erees* sur les classes inférieures nous a paru très-absolu. Des faits que j'ai déjà racontés nous montrèrent cette vérité presque tous les jours de notre relâche. Le peuple, d'un autre côté, a pour eux la soumission la plus entière, et cet état d'esclavage contribue d'une manière sensible à dégrader l'esprit et le corps des sujets. Il faut remarquer néanmoins que les chefs ne se rendirent jamais devant nous coupables de cruauté, d'injustice ou même d'insolence à l'égard de leurs vassaux ; mais qu'ils exercent leur autorité les uns sur les autres de la manière la plus arrogante et la plus oppressive. J'en citerai deux exemples :

Un chef subalterne avait accueilli avec beaucoup de politesse le *Master* de notre vaisseau, qui était allé examiner la baie de *Karakakooa,* la veille de l'arrivée de *la Résolution ;* voulant lui témoigner de la reconnaissance, je le conduisis à bord quelque temps après, et je le présentai au capitaine Cook, qui l'invita à dîner avec nous. Pareea entra tandis que nous étions à table : sa physionomie annonça combien il était indigné de le voir dans une position si honorable ; il le prit à l'instant même par les cheveux, et il allait le traîner hors de la chambre : notre commandant interposa son autorité, et après beaucoup d'altercations, tout ce que nous pûmes obtenir, sans en venir à une véritable querelle avec Pareea, fut que notre convive demeurerait dans la chambre, qu'il s'y assiérait par terre, et que Pareea le remplacerait à table. Pareea ne tarda pas à être traité aussi durement : lorsque Terrecoboo arriva pour la première fois à bord de *la Résolution,* Maiha-Maiha qui l'accompagnait, trouvant

Pareea sur le tillac, le chassa de la façon la plus ignominieuse : nous étions sûrs néanmoins que Pareea était un personnage d'importance.

. . . .

La religion des îles *Sandwich* ressemble beaucoup à celle des îles de la *Société*, et des îles des *Amis*. Les *Moraïs*, les *Wattas*, les idoles, les sacrifices et les hymnes sacrés, sont les mêmes dans les trois groupes, et il paraît clair que les trois tribus ont tiré leurs notions religieuses de la même source. Les cérémonies des îles *Sandwich* sont, il est vrai, plus longues et plus multipliées; et quoiqu'il se trouve dans chacune des terres de la mer du Sud une certaine classe d'hommes chargée des rites religieux, nous n'avions jamais rencontré de sociétés réunies de prêtres, lorsque nous découvrîmes les cloîtres de *Kakooa* dans la baie de *Karakakooa*. Le chef de cet ordre s'appelait *Orano*, dénomination qui nous parut signifier quelque chose de très-sacré, et qui entraînait pour la personne d'Omeeah des hommages qui allaient presque jusqu'à l'adoration. Il est vraisemblable que certaines familles jouissent seules du privilége d'entrer dans le sacerdoce, ou du moins de celui d'en exercer les principales fonctions. Omeeah était fils de Kaoo et oncle de Kaireekeea; ce dernier présidait, en l'absence de son grand-père, à toutes les cérémonies religieuses du *Moraï*. Nous remarquâmes aussi qu'on ne laissait jamais paraître le fils unique d'Omeeah, enfant d'environ cinq ans, sans l'environner d'une suite nombreuse, et sans lui prodiguer des soins tels que nous n'en avions jamais vu de pareils. Il nous sembla qu'on mettait un prix extrême à la conservation de ses jours, et qu'il devait succéder à la dignité de son père [1].

J'aurais en vain multiplié les mots pour faire sentir la disparité des siècles, aussi bien qu'on l'aperçoit par le rapprochement de ces deux voyages. Rien ne montre mieux l'esprit, les lumières de l'âge, le caractère des anciens, et surtout celui des Carthaginois, que le journal du suffète Hannon. L'ignorance de la nature et de la géographie, la superstition, la crédulité, s'y décèlent à chaque ligne. On ne saurait encore s'empêcher de remarquer la barbarie des marins puniques. Bien que les femmes velues dont ils parlent ne fussent vraisemblablement qu'une espèce de singes, il suffisait que l'amiral africain les crût de nature humaine pour rendre son action atroce. Quelle différence entre ce mélange grossier de cruautés et de fables et le bon Cook cherchant des terres inconnues, non pour tromper les hommes, mais pour les éclairer; portant à de pauvres Sauvages les besoins de la vie; jurant tranquillité et bonheur sur leurs rives charmantes à ces enfants de la nature; semant parmi les glaces australes les fruits d'un plus doux climat, soigneux du misérable que la tempête peut jeter sur ces bords désolés, et imitant ainsi, par ordre de son souverain, la Providence, qui prévoit et soulage les maux des hommes [2] : enfin, cet illustre na-

[1] *Troisième Voyage de Cook*, tom. IV, chap. VII-VIII, pag. 61-112.
[2] Si la philosophie a jamais rien présenté de grand, c'est sans doute lorsqu'elle nous montre les Anglais semant de graines nutritives les îles inhabitées de la mer du Sud. On se plaît à se figurer ces colonies de végétaux européens, avec leur port, leur costume étranger, leurs mœurs policées, contrastant au milieu des plantes natives et sauvages des terres australes. On aime à se les peindre émigrant le long des côtes, grimpant les collines, ou se répandant à

vigateur resserré de toutes parts par les rivages de ce globe, qui n'offre plus de mer à ses vaisseaux, et connaissant désormais la mesure de notre planète, comme le Dieu qui l'a arrondie entre ses mains !

Cependant, il faut l'avouer, ce que nous gagnons du côté des sciences, nous le perdons en sentiment. L'âme des anciens aimait à se plonger dans le vague infini ; la nôtre est circonscrite par nos connaissances. Quel est l'homme sensible qui ne s'est trouvé souvent à l'étroit dans une petite circonférence de quelques millions de lieues? Lorsque, dans l'intérieur du Canada, je gravissais une montagne, mes regards se portaient toujours à l'ouest, sur les déserts infréquentés qui s'étendent dans cette longitude. A l'orient, mon imagination rencontrait aussitôt l'Atlantique, des pays parcourus, et je perdais mes plaisirs. Mais, à l'aspect opposé, il m'en prenait presque aussi mal. J'arrivais incessamment à la mer du Sud, de là en Asie, de là en Europe, de là... J'eusse voulu pouvoir dire, comme les Grecs : « Et là-bas ! là-bas ! la terre inconnue, la terre immense *! » Tout se balance dans la nature : s'il fallait choisir entre les lumières de Cook et l'ignorance d'Hannon, j'aurais, je crois, la faiblesse de me décider pour la dernière.

CHAPITRE XXXVI.

INFLUENCE DE LA RÉVOLUTION GRECQUE SUR CARTHAGE.

Carthage, au moment de la fondation des républiques en Grèce, se trouvait, par rapport à celle-ci, dans la même position que l'Angleterre vis-à-vis de la France actuelle. Possédant à peu près la même constitution, les mêmes richesses, le même esprit guerrier et commerçant que la Grande-Bretagne ; séparée comme elle du pays en révolution par des mers ; aussi libre, ou plus libre, que ce pays même ; elle était garantie de l'influence militaire de Sparte et d'Athènes par la supériorité de ses vaisseaux, et du danger de leurs opinions politiques par l'excellence de son propre gouvernement. Les peuples maritimes ont cet avantage inestimable, d'être moins exposés que les nations agricoles à l'action des mouvements étrangers. Outre la barrière naturelle qui les protége contre une force invasive, s'ils sont insulaires, ou placés sur un continent éloigné, la superfluité de leur population trouve sans cesse un écoulement au dehors, sans demeurer en un état croupissant de stagnation dans l'intérieur. Le reste des citoyens, occupé du commerce de la patrie, a peu le temps de s'embarrasser de rêveries politiques. Là où les bras travaillent, l'esprit est en repos.

---

travers les bois, selon les habitudes et les amours qu'elles ont apportées de leur sol natal : comme des familles exilées qui choisissent de préférence, dans le désert, les sites qui leur rappellent la patrie. Qu'un malheureux Français, Anglais, Espagnol, se sauve seul sur un rivage peuplé de ces herbes co-citoyennes de son village ; que, prêt à mourir de faim, il trouve soudain tout au fond d'un désert, à quatre mille lieues de l'Europe, le légume familier de son potager, le compagnon de son enfance, qui semble se réjouir de son arrivée, ce pauvre marin ne croira-t-il pas qu'un dieu est descendu du ciel.

a Je serais moins naïf aujourd'hui, et peut-être aurais-je tort. Quelque chose de la note sur les végétaux européens semés dans les îles étrangères se retrouve dans les *Mélanges littéraires*, article MACKENZIE. (N. ED.)

RÉVOLUTIONS ANCIENNES.

Carthage encore, lors de la chute des Pisistratides, élevée à l'empire des mers et à la traite du monde entier sur les débris du commerce de Tyr [1], comme l'Angleterre de nos jours sur les ruines de celui de la Hollande, approchaient du faîte de la prospérité. Par une autre ressemblance de fortune, non moins singulière, elle crut devoir prendre une part active contre la révolution républicaine d'Athènes, en faveur de la monarchie. Xerxès, qui, en prétendant rétablir Hippias sur le trône, méditait la conquête de l'Attique et du Péloponèse, engagea les Carthaginois à attaquer en même temps les colonies grecques en Sicile [2]. Amilcar, à la tête de plus de trois cent mille hommes et d'une flotte nombreuse, aborde à Panorme, et met le siége devant Himère [3]. Gélon accourt de Syracuse avec cinquante mille citoyens au secours de la place, tombe sur le général africain, détruit son armée, et le force de se jeter lui-même dans un bûcher allumé pour un sacrifice [4]. C'est ainsi qu'une fortune ennemie voulut nommer ensemble Himère et Dunkerque.

L'enthousiasme dans la victoire, le découragement dans la défaite, est un trait de caractère que les souverains des mers d'autrefois [5] ont possédé avec les maîtres de l'Océan de nos jours [6] : que de fois durant le cours des hostilités présentes, sans la mâle fermeté des ministres, l'Angleterre ne serait-elle pas jetée aux pieds de sa rivale ?

La nouvelle de la destruction de l'armée n'arriva pas plutôt en Afrique, que le peuple tomba dans le désespoir. Il voulut la paix à quelque prix que ce fût. On députa humblement vers Gélon, qui mérita sa victoire par la modération dont il en usa envers ses ennemis : il exigea seulement qu'ils payassent les frais de la campagne, qui ne s'élevaient pas au-dessus de deux mille talents [7].

Ainsi se termina pour les Carthaginois cette guerre si funeste à tous les alliés, qui eut encore cela de remarquable, qu'elle cessa peu à peu, telle que la guerre actuelle a déjà fini en partie, par les paix forcées et partielles des différents [8] coalisés. Depuis le traité entre l'Afrique et la Grèce, les deux pays vécurent longtemps en intelligence, et l'influence de la révolution républicaine du dernier, se trouvant arrêtée par les causes que j'ai ci-dessus assignées, se borna, quant à Carthage, au malheur passager que je viens de décrire [a].

---

[1] L'explication de ceci se trouve à l'article de Tyr. — [2] Diod., lib. xi, p. i. — [3] Id., ibid., pag. 16 et 22. — [4] Hérod., lib. vii, pag. 167. — [5] Plut., de Ger. Rep., pag. 799.
[6] Ramsay's *Revol. of Amer.*; d'Orléans, *Rév. d'Ang.*; Hume's *Hist. of Engl*, etc. etc.
[7] Hérod., lib. vii; Diod., lib. xi.
Dix millions huit cent mille liv. de notre monnaie, en les supposant talents attiques ; et douze millions six cent mille liv., en les comptant sur la valeur du talent d'Orient, ce qui est plus probable. Si nous avions le déchet exact des talents carthaginois, que l'on fit refondre à Rome à la fin de la seconde guerre Punique, nous saurions au juste la vérité. (Voyez Liv., lib. xxxii, n° 2.)
[8] On verra ceci au tableau général de la guerre Médique.

[a] Le vice radical de tous ces parallèles, sans parler des bizarreries qu'ils produisent, est de supposer que la société, à l'époque de la révolution républicaine de la Grèce, était semblable à la société telle qu'elle existe aujourd'hui ; or, rien n'était plus différent.
Les hommes avaient peu ou point de relations entre eux ; les chemins manquaient, la mer était inconnue ; on voyageait rarement et difficilement ; la presse, ce moyen extraordinaire d'échange et de communication d'idées, n'était point inventée ; chaque peuple, vivant isolé, ignorait ce qui se passait chez le peuple voisin. Comparer la chute des Pisistratides à Athènes (qui d'ailleurs n'étaient que des usurpateurs de l'autorité populaire) à la chute des Bourbons

CHAPITRE XXXVII.

L'IBÉRIE.

Sur le bord opposé du détroit de Gades, qui séparait les possessions africaines de Carthage de ses colonies européennes, on trouvait l'Ibérie, pays sauvage et à peine connu des anciens, à l'époque dont nous retraçons l'histoire. Il était habité par plusieurs peuples, Celtes d'origine, dont les uns se distinguaient par leur courage et leur mépris de la mort [1]; les autres, pleins d'innocence, passaient pour les plus justes des hommes [2]. Malheureusement leurs fleuves roulaient un métal qui les décela à l'avarice. Les Tyriens, pour l'obtenir, trompèrent d'abord leur simplicité [3]. Les Carthaginois bientôt les asservirent, et les forçant à ouvrir les mines, les y plongèrent tout vivants [4]. Si ce livre traversait les mers, s'il parvenait jusqu'à l'Indien enseveli sous les montagnes du Potose, il apprendrait que ses cruels maîtres ont autrefois, comme lui, péri esclaves sous leur terre natale ; qu'ils y ont fouillé ce même or pour une nation étrangère apportée chez eux par les flots. Cet Indien adorerait en secret la Providence, et reprendrait son hoyau moins pesant.

en France; rechercher laborieusement quelle fut l'influence républicaine de la Grèce sur l'Egypte, sur Carthage, sur l'Ibérie, sur la Scythie, sur la Grande-Grèce ; trouver des rapports entre cette influence et l'influence de notre révolution sur les divers gouvernements de l'Europe : c'est un complet oubli, ou plutôt une falsification manifeste de l'histoire. Il est très-douteux que la Scythie, l'Egypte, et même Carthage, aient jamais entendu parler d'Hippias ; et si Carthage attaqua les colonies grecques à l'instigation du roi de Perse, on ne peut voir là qu'un de ces faits isolés, qu'un résultat de cette ambition particulière qui, dans tous les temps, a excité un peuple à profiter des divisions d'un autre peuple.

L'état de la société n'était point assez avancé chez les anciens pour que les idées politiques devinssent la cause d'un mouvement général. On vit quelques guerres religieuses, mais encore furent-elles rares et renfermées dans d'étroites limites. L'antiquité ne fit de grandes révolutions que par la conquête ; les Perses, les Grecs, les Romains, n'étendirent leur empire que par les armes : c'était la force physique et non la force morale qui régnait. Quand cette force fut passée, il resta des dominateurs, quelques monuments des arts, quelques lois civiles, quelques ordonnances municipales, quelques règles d'administration, mais pas une idée politique.

Rome était déjà formidable, elle était prête à étendre sa main sur l'Orient, que les Grecs connaissaient à peine son existence, qu'ils ignoraient et les révolutions et les lois du peuple qui allait envahir leur patrie ; et je prétendrais qu'une petite révolution domestique, advenue dans la petite ville de bois de Thémistocle, lorsque l'antiquité tout entière était encore à demi barbare ; je prétendrais que cette petite révolution communiqua son mouvement à l'univers connu !

Dans les temps modernes même, le contre-coup des révolutions a été plus ou moins fort, selon le degré de civilisation à l'époque où ces révolutions ont éclaté. La catastrophe de Charles Ier ne put avoir sur l'Europe, par mille raisons faciles à déduire, l'influence qu'a dû exercer l'assassinat juridique de Louis XVI. En remontant plus haut, le pape qui, au milieu de la France barbare, vint mettre la couronne sur la tête d'un roi de la seconde race, ne fit pas un acte aussi décisif pour certains principes, que celui du pontife qui couronna Buonaparte au commencement du dix-neuvième siècle.

Tout est donc faux dans les parallèles que j'ai prétendu établir. Il ne reste de ces rapprochements que quelques vérités de détails, indépendantes du fond et de la forme. (N. ÉD.)

[1] STRAB., lib. III, pag. 158; LIV., lib. XXVIII; MARIAN.; SIL. ITAL., lib. 4.

[2] La Bétique, dont Fénelon fait une peinture si touchante. Le tableau n'est pas entièrement d'imagination ; il est fondé sur la vérité de l'histoire. Je ne sais où j'ai lu que Mariana a omis quelque chose sur l'origine des nations ibériennes, dans sa traduction en langue vulgaire de son *Histoire latine* originale. Malheureusement je ne possède que l'édition espagnole de cet excellent ouvrage.

[3] DIOD., lib. V, pag. 312.

[4] DIOD., lib. IV, cap. CCCXII; POLYB., lib. III.

Au reste, il est probable que les troubles de la Grèce réagirent sur les malheureux habitants de l'Ibérie. Carthage, pour payer les frais de la guerre contre la Sicile, multiplia sans doute les sueurs de ses esclaves [1]. A chaque écu dépensé par le vice en Europe, des larmes de sang coulent dans les abîmes de la terre en Amérique. C'est ainsi que tout se lie, et qu'une révolution, comme le coup électrique, se fait sentir au même instant à toute la chaîne des peuples.

CHAPITRE XXXVIII.

LES CELTES.

Par delà les Pyrénées habitait un peuple nombreux, connu sous le nom de Celtes, dont la puissance s'étendait sur la Bretagne, les Gaules et la Germanie. Uni de mœurs et de langage, il ne lui manquait que de se gouverner en unité, pour enchaîner le reste du monde.

Le tableau des nations barbares offre je ne sais quoi de romantique qui nous attire. Nous aimons qu'on nous retrace des usages différents des nôtres, surtout si les siècles y ont imprimé cette grandeur qui règne dans les choses antiques, comme ces colonnes qui paraissent plus belles lorsque la mousse des temps s'y est attachée. Plein d'une horreur religieuse, avec le Gaulois à la chevelure bouclée, aux larges bracca, à la tunique courte et serrée par la ceinture de cuir, on se plaît à assister dans un bois de vieux chênes, autour d'une grande pierre, aux mystères redoutables de Teutatès. La jeune fille à l'air sauvage et aux yeux bleus est auprès : ses pieds sont nus, une longue robe la dessine ; le manteau de canevas se suspend à ses épaules ; sa tête s'enveloppe du kerchef dont les extrémités, ramenées autour de son sein et passant sous ses bras, flottent au loin derrière elle. Le druide sur le Cromleach, se tient au milieu en blanc sagum, un couteau d'or à la main, portant au cou une chaîne et aux bras des bracelets de même métal : il brûle avec des mots magiques quelques feuilles du gui sacré, cueilli le sixième jour du mois, tandis que les eubages préparent dans la claie d'osier la victime humaine, et que les bardes, touchant faiblement leurs harpes, chantent à demi-voix dans l'éloignement Odin, Thor, Tuisco et Hela [2] [a].

Le grand corps des Celtes se divisait en une multitude de petits États, gouvernés par des iarles, ou chefs militaires. La partie politique et civile était abandonnée aux druides [3].

Cet ordre célèbre semble avoir existé de toute antiquité, et quelques auteurs même en ont fait la source d'où découlèrent les sectes sacerdotales de l'Orient [4].

---

[1] L'Ibérie fournit aussi des soldats, ainsi que les Gaules et l'Italie, à Carthage, pour l'expédition contre Syracuse.

[2] Vid. CÆS., de Bell. Gall. ; TACIT., de Mor. Germ. ; LUCAN. ; STRAB. ; HENRY's Hist. of Engl. ; View of the dress of the People of Engl. ; PUFFEND., de Druid. ; PELLOUTIER, Lettre sur les Celtes ; OSSIAN's Poem ; les deux Edda.

[a] Voyez le livre des Gaules, et Velléda, dans les Martyrs ; mais à quoi bon tout cela dans l'Essai ? (N. ED.)

[3] CÆS., de Bell. Gall., lib. VI, cap. XIII ; TACIT., de Mor. Germ., cap. VII.
[4] LAERT., lib. I.

Il se partageait en trois branches : les druides, dépositaires de la sagesse et de l'autorité ; les bardes, rémunérateurs des actions des héros ; les eubages, veillant à l'ordre des sacrifices [1]. Ces prêtres enseignaient l'immortalité de l'âme [2], la récompense des vertus, le châtiment des vices [3], et un terme de la nature fixé pour un général bonheur [4]. Plusieurs nations ont cru dans ce dernier dogme, qui tire sa source de nos misères. L'espérance peut nous faire oublier nos maux, mais comme une liqueur enivrante qui nous tue.

Ce n'est pas ici le lieu de nous étendre sur les mœurs, les lumières, les coutumes des nations barbares, elles fourniront ailleurs un chapitre intéressant. A présent notre description formerait un anachronisme, ce que nous savons d'elles étant postérieur au règne de Xerxès. Nous devons seulement montrer que les révolutions de la Grèce étendirent leur influence jusque sur ces peuples sauvages.

Une colonie phocéenne, pleine de l'amour de la liberté qu'elle ne pouvait conserver sur les rivages de l'Asie, chercha l'indépendance sous un ciel plus propice, et fonda dans les Gaules [5] l'antique Marseille. Bientôt les lumières et le langage de ces étrangers se répandirent parmi les druides [6]. Il serait impossible de suivre dans l'obscurité de l'histoire les conséquences de ces innovations, mais elles durent être considérables ; nous savons que souvent la moindre altération dans le costume d'un peuple suffit seule pour le dénaturer.

Sans recourir aux conjectures, l'établissement des Phocéens dans les Gaules devint une des causes secondaires de l'esclavage de ces derniers. Fidèles alliés des Romains, les Marseillais ouvraient une porte aux armées des Césars, et une retraite assurée en cas de revers [7]. Leur connaissance du pays, leur courage, leurs lumières, tout tournait au désavantage des peuples Galliques [8]. C'est ainsi que les hommes sont ordonnés les uns aux autres. Les fils de leur destinées viennent aboutir dans la main de Dieu ; l'un ne saurait être tiré sans que tous les autres soient mus. Je finirai cet article par une remarque.

Les Marseillais, différents d'origine des autres peuples de la France, ont aussi un caractère à eux. Ils semblent avoir conservé le génie factieux de leurs fondateurs, leur courage bouillant et éphémère, leur enthousiasme de liberté. On nie maintenant le pouvoir du sang, parce que les principes du jour s'y opposent ; mais il est certain que les races d'hommes se perpétuent comme les races d'animaux [a]. C'est pourquoi les anciens législateurs voulaient qu'on

---

[1] Diod. Sic., lib. v, pag. 308 ; Strab., lib. iv.
[2] Cæs., de Bell. Gall., cap xiv ; Val. Max., lib. ii, cap. vi.
[3] Les deux *Edda* ; Sæmundus. Snorro, trad. lat.
[4] Sæmundus, Snorro, trad. lat. ; Strab., lib. iv, pag. 302.
[5] L'an de Rome 165.
[6] Strab. lib. iv, pag. 181.
L'auteur cité prétend que les Gaulois furent instruits dans les lettres par les Marseillais. Du temps de Jules César, les premiers se servaient des caractères grecs dans leurs écrits. (*Bell. Gall.*, lib. vi, cap. xiii.)
[7] Liv., lib. xxi.
[8] Comme au passage d'Annibal dans les Gaules. (Voyez Tite-Live, à l'endroit cité.) L'attachement de la république de Marseille pour les Romains, les différents services qu'elle leur rendit, tout cela est trop connu pour exiger plus de détails. (Voyez Liv., Cæs., Polyb., etc.)

[a] Cela est vrai ; mais aussi ces races s'appauvrissent, s'usent, et dégénèrent comme les races d'animaux. (N. Ed.)

n'élevât que les enfants forts et robustes, comme on prend soin de ne nourrir que des coursiers belliqueux.

CHAPITRE XXXIX.

L'ITALIE.

L'Italie, à l'époque de la révolution républicaine en Grèce, était ainsi que de nos jours divisée en plusieurs petits États à peu près semblables de mœurs et de langage. Nous les considérerons à la fois, pour éviter les détails inutiles.

La constitution monarchique régnait généralement chez tous ces peuples [1].
Leur religion ressemblait à celle des Grecs ; ils y ajoutèrent l'art des augures [2].
Leurs costumes n'étaient pas sans luxe, leurs usages, sans corruption [3] ; l'un et l'autre y avaient été introduits par les cités de la Grande-Grèce.

Déjà ces nations comptaient quelques philosophes.

Tagès, le plus ancien d'entre eux, fut un imposteur ou un insensé, qui inventa la science des présages [4].

Un autre auteur inconnu écrivit sur le système de la nature. Il disait que le monde visible mit soixante siècles à éclore avant d'être habité, qu'il en durerait encore soixante avant de se dissoudre, fixant à douze mille ans la période complète de son existence [5].

En politique, Romulus et Numa avaient brillé; Plutarque a comparé celui-là à Thésée, et celui-ci à Lycurgue [6]. Le premier parallèle est aussi heureux que le second semble intolérable. Qu'avaient de commun les lois théocratiques du roi de Rome avec les institutions sublimes du législateur de Sparte [7][a]? Plusieurs philosophes se sont enthousiasmés de Numa sur la seule idée qu'il étudia sous Pythagore. La chronologie a prouvé un intervalle de plus d'un siècle entre l'existence de ces deux sages. Que devient le mérite du premier? Il y a beaucoup d'hommes qu'on cesserait d'estimer, si on pouvait ainsi relever toutes les erreurs de compte.

CHAPITRE XL.

INFLUENCE DE LA RÉVOLUTION GRECQUE SUR ROME.

A l'époque de l'établissement des républiques en Grèce, une grande révolu-

---

[1] Liv., lib. I, n° 15 ; Vellei., lib. v, n° 1 ; Paterc., lib. I. cap. IX; Macch., *Istor. Fior.*, lib. II ; Denina, *Istor. del. Ital.*
[2] Ovid., *Metam.*, lib. xv, v. 558.
[3] Au siècle le plus vertueux de Rome, le fils du grand Cincinnatus fut accusé de fréquenter le quartier des courtisanes. On connaît le luxe du dernier Tarquin. (Voyez Tite-Live.)
[4] Ovid., *loc. cit.*
[5] Suid., *verb. Tyrrhen.*, pag. 549.
A la longueur des périodes près, ce système rappelle celui de Buffon. (Voyez *Théor. de la Terre.*)
[6] *In Vit. Romul., Thes.*, etc.
[7] La preuve du vice de ces lois c'est qu'elles furent renversées cent années après, et que le sénat, dans la suite, fit brûler les livres de Numa retrouvés dans son tombeau.

[a] J'ai considérablement rabattu de mon admiration pour les lois de Lycurgue : tout ce qui blesse les lois naturelles a quelque chose de faux. Quant à Numa, mon philosophisme ne me permettait pas alors de le traiter mieux. (N. Ed.)

tion s'était pareillement opérée en Italie. L'année qui vit bannir le tyran de l'Attique vit aussi tomber celui du Latium [1]. Que si l'on considère les conséquences de ces deux événements, cette année passera pour la plus fameuse de l'histoire.

La réaction du renversement de la monarchie à Athènes fut vivement sentie à Rome. Brutus avait été envoyé par Tarquin vers l'oracle de Delphes à l'époque de la chute d'Hippias [2]. Je ne puis croire que le cœur du patriote ne battît pas avec plus d'énergie lorsqu'en sortant de son pays esclave, il mit le pied sur cette terre d'indépendance. Le spectacle d'un peuple en fermentation et prêt à briser ses fers dut porter la flamme dans le sang du magnanime étranger. Peut-être au récit de la mort d'Harmodius, racontée par quelque prêtre du temple, le front rougissant de Brutus dévoila-t-il toute la gloire future de Rome. Il retourna au bord du Tibre; non vainement inspiré de cet esprit qui agite une faible Pythie, mais plein de ce dieu qui donne la liberté aux empires, et ne se révèle qu'aux grands hommes [a].

Rome dans la suite eut encore recours à la Grèce, et les Athéniens devinrent les législateurs du premier peuple de la terre [3]. Ceci tient à l'influence éloignée de la révolution dont je parlerai ailleurs.

Mais la politique verbeuse de l'Attique, qui entrait en Italie par le canal de la Grande-Grèce, trouva une barrière insurmontable dans l'heureuse ignorance des peuples de l'intérieur. Le citoyen, accoutumé aux exercices du Champ de Mars, à l'obéissance des lois et à la crainte des dieux [4], n'allait point dans des écoles de démagogie apprendre à vociférer sur les droits de l'homme et à bouleverser son pays. Les magistrats veillaient à ce que ces lumières inutiles ne corrompissent pas la jeunesse. Rome enfin opposa à la Grèce république à république, liberté à liberté, et se défendit des vertus étrangères avec ses propres vertus [b].

Que si l'on s'étonne de ceci : je n'ai pas dit *vertu* mais *vertus*, choses totalement différentes, et que nous confondons sans cesse. La première est immuable, de tous les temps, de toutes les choses; les secondes sont locales, conventionnelles; vices ici, vertus ailleurs. Distinction peu juste, répliquera-t-on, puisqu'alors vous faites de la vertu un sentiment inné, et que cependant les enfants semblent n'en avoir aucune. Et pourquoi demander du cœur ses fonc-

---

[1] PLIN., lib. XXXIV, cap. IV.

[2] Tite-Live, qui rapporte ce voyage, n'en marque pas la durée; mais il dit que Brutus trouva à son retour les Romains se préparant à aller assiéger Ardée. Or, Tarquin fut chassé de Rome dans les premiers mois de cette entreprise. Hippias ayant quitté l'Attique l'année même de la mort de Lucrèce, il résulte que Brutus avait fait le voyage de Delphes entre l'assassinat d'Hipparque et la retraite d'Hippias, c'est-à-dire entre la soixante-sixième et la soixante septième olympiade *.

[a] Ces sentiments prouvent que ce n'est pas l'esprit d'opposition qui les fait manifester aujourd'hui. (N. ED.)

[3] LIV., lib. III, cap. XXXI. — [4] PLUT., *in F. Cam.*, *in Num.*, lib. I.

[b] Je distinguais partout, comme je fais encore aujourd'hui, l'esprit démagogique de l'esprit de liberté, les fausses lumières de la lumière véritable. (N. ED.)

* Je n'ai vu cette observation nulle part : elle valait la peine d'être faite ; ses développements seraient féconds.
(N. ED.)

tions les plus sublimes, lorsque le merveilleux ouvrage est entre les mains de l'ouvrier?

Qu'on ne dise pas qu'il soit futile de s'attacher à montrer le peu d'influence que l'établissement des gouvernements populaires, parmi les Grecs, dut avoir à Rome, objectant que celle-ci étant républicaine, des républiques ne pouvaient agir sur elle. La France n'a-t-elle pas détruit Genève et la Hollande, ébranlé Gênes, Venise et la Suisse? N'a-t-elle pas été sur le point de bouleverser l'Amérique même? Sans vous, grand homme [a], qui avez daigné me recevoir, et dont j'ai visité la demeure avec le respect qu'on porte dans un temple, que serait devenu tout votre beau pays?

CHAPITRE XLI.

LA GRANDE-GRÈCE.

Sur les côtes de l'Italie, les Athéniens, les Achéens, les Lacédémoniens, à différentes époques, avaient fondé plusieurs colonies, et c'est ce qu'on appelait *la Grande-Grèce*. Entre ces cités, Sybaris, Crotone, Tarente, devinrent bientôt célèbres par leurs dissensions politiques, leurs mauvaises mœurs et leurs lumières. De même que les peuples dont elles tiraient leur origine, elles chérissaient la liberté, qu'elles ne savaient retenir. Tour à tour républiques, ou soumises à des tyrans, elles passaient, par un cercle de révolutions continuelles, de la licence la plus effrénée aux plus honteux esclavage [1].

Vers le temps de la révolution des Pisistratides à Athènes, Pythagore de Samos, après de longs voyages, s'était enfin fixé à Crotone. Ce philosophe, un des plus beaux génies de l'antiquité, et le fondateur de la secte qui porte son nom, avait puisé ses lumières parmi les prêtres de l'Égypte, de la Perse et des Indes [2]. Ses notions de la Divinité étaient sublimes : il regardait Dieu comme une unité, d'où le sujet qu'il employa pour création s'était écoulé [3]. De son action sur ce sujet sortit ensuite l'univers [4]. De ceci, il résultait : que tout émanant de Dieu, tout en formait nécessairement partie ; et cette doctrine tombait ainsi dans les absurdités du spinosisme [5] ; avec cette différence, que Pythagore admettait le principe comme esprit, Spinosa, comme matière [b].

Le dogme de la transmigration des âmes, que le sage Samien emprunta des brahmanes et des gymnosophistes de l'Orient [6], est trop connu pour m'y arrêter. Quelque absurde qu'il nous paraisse cependant, puisqu'il est impossible de

---

[a] Washington. La révolution française, sans la fermeté de Washington, aurait détruit le Pacte fédéral. (N. Ed.)

[1] Strab., lib. vi ; Diod., lib. xii ; Val. Max., lib. viii, cap. vii.
[2] Jamblic., *in Vit. Pyth.* — [3] Laert., *in Pythag.*, lib. viii. — [4] Stob., *Ecl. Phys.*, lib. 1, cap. xxv. — [5] *Legat. pro Christ.*

[b] J'avais un grand penchant à l'étude de cette métaphysique religieuse : on peut s'en convaincre par les preuves métaphysiques de l'existence de Dieu placées dans les notes du *Génie du Christianisme*. (N. Ed.)

[6] Cependant il n'est pas certain que Pythagore ait parcouru la Perse et les Indes. Cette opinion n'ayant été soutenue que par des écrivains d'un siècle très-postérieur à celui du philosophe samien. Jamblicus est rempli de fables.

concevoir comment la mémoire, qui n'est qu'une image déposée par les sens, peut appartenir à l'esprit dégagé des premiers, on ne saurait pas plus nier ce système que mille autres. Outre que la métempsycose réelle des corps le favorise, il donne en même temps la solution des difficultés concernant une autre vie *a*, l'univers n'étant plus qu'un grand tout éternel, où rien ne s'anéantit, ni ne se crée. Ainsi la doctrine de Pythagore, formait un cercle ramenant de nécessité au même point; car des principes de la transmigration, on se retrouvait à l'idée primitive que ce philosophe avait du τὸν ὄν, ou *ce qui est*.

Si Pythagore s'était contenté de sonder l'abîme de la tombe, il aurait peu mérité la reconnaissance des hommes; mais il s'occupa d'autres études plus utiles à la société. Son système de la nature était celui des *Harmonies*[1] développé de nos jours par Bernardin de Saint-Pierre, qui a revêtu du style le plus enchanteur la morale la plus pure[2].

Le sage Samien, de même que l'ami de Jean-Jacques, représentait l'univers comme un grand corps parfait dans sa symétrie, mû d'après des lois musicales et éternelles[3]. Des nombres harmoniques, dont le plus parfait était le quatre selon Pythagore[4], et le cinq, d'après Saint-Pierre[5], formaient dans les choses une arithmétique mystérieuse, d'où découlaient les secrets et les grâces de la nature[6]. L'éther était plein de la mélodie des sphères roulantes[7], et des dieux bienfaisants daignaient quelquefois se communiquer aux mortels dans leurs songes[8].

Le sage de la Grande-Grèce voulut joindre à la gloire du physicien la gloire plus dangereuse du législateur. Ainsi que celle de Bernardin, sa politique était douce et religieuse. Il ne recommandait pas tant la forme du gouvernement que la simplicité du cœur[9], sûr qu'une bonne constitution découle toujours des mœurs pures. Avec une barbe vénérable descendant à sa ceinture, une couronne d'or dans ses cheveux blancs, une longue robe de lin d'Égypte, le vieillard Pythagore, délivrant au son des instruments[10], la plus aimable des morales aux

---

a Il faut sous-entendre *pour les Pythagoriciens*, car il est clair que je n'adopte pas ce système. (N. Ed.)

[1] Jambl., *Vit. Pyth.*, cap. xiv; Laert, *in Pyth.*, lib. viii.
Selon le dernier auteur cité, Pythagore disait que la vertu, la santé, Dieu même, et tout l'univers, n'étaient que des harmonies.

[2] Le génie mathématique de M. de Saint-Pierre offre encore d'autres ressemblances avec celui de Pythagore. La théorie des marées, par la fonte des glaces polaires, est une opinion, sinon une vérité prouvée, qui mérite la plus grande attention des savants et de tout amant de la philosophie de la nature *.

[3] Jambl., *Vit. Pyth. Etudes de la Nature.*

[4] Hierocl., *in Aur. Carm. Aur. Carm. ap. Poet Minor. Græc.*

[5] *Etudes de la Nature*, t. i-ii.

[6] *Id. ibid.*

[7] Jambl., *Vit. Pyth.*, cap. xiv.

[8] Laert. *ibid.*, lib. viii; *Paul et Virginie*.
Ce que Pythagore disait de l'homme, qu'il est un microcosme ou un abrégé de l'univers, est sublime.

[9] Laert., *in Pyth.*, lib. viii.

[10] *Id., ibid.*; Jambl., cap. xxi, n° 100; Ælian., lib. xii, cap. xxxii; Porphyr.

* Cette opinion ne mérite point l'attention des savants; si toutes les lois astronomiques et physiques ne détruisaient pas cette opinion, les derniers voyages du capitaine Parry dans les mers polaires suffiraient pour renverser la théorie des marées par la fonte des glaces. On peut se consoler de s'être trompé quelquefois quand on a fait *Paul et Virginie*.
(N. Ed.)

peuples assemblés, offre un tout autre tableau que celui des législateurs de notre âge. Les succès du sage furent d'abord prodigieux. Une révolution générale s'opéra dans Crotone; mais bientôt fatigués de leurs réformes, les citoyens dont il censurait la vie l'accusèrent de conspirer contre l'État, ou plutôt contre leurs vices [1]. Ils brûlèrent vivants ses disciples dans leur collége et le forcèrent lui-même à s'enfuir dans les bois, où il fit une fin malheureuse [2].

Les savants doutent que Pythagore ait laissé quelques ouvrages. Je vais donner au lecteur les *Vers dorés* qu'on lui attribue [3], ou du moins qui renferment sa doctrine. Ils sont au nombre de soixante-douze. Voici les plus remarquables :

Honore les dieux immortels tels qu'ils sont établis ou ordonnés par la loi. Respecte le serment avec toute sorte de religion. Il faut mourir, c'est le décret de ta destinée. La puissance habite auprès de la nécessité. Les gens de bien n'ont pas la plus grande part des souffrances. Les hommes raisonnent bien, les hommes raisonnent mal; n'admire les uns, ni ne méprise les autres. Ne te laisse jamais éblouir. Fais au présent ce qui ne t'affligera pas au passé. Commence le jour par la prière, tu connaîtras alors la constitution de Dieu et des hommes, la chaîne des êtres, ce qui les contient, ce qui les lie; tu connaîtras, selon la justice, que l'univers est le même dans tous les lieux, tu n'espéreras point alors ce qui n'est point, car tu sauras ce qui est; tu sauras que nos maux sont volontaires; que nous ignorons que le bonheur soit près de nous; qu'un bien petit nombre sait se délivrer de ses peines; que nous roulons au gré du sort comme des cylindres mus par la discorde [4].

Si l'on médite attentivement les *Vers dorés*, l'on trouvera qu'ils renferment tous les principes des vérités morales, souvent enveloppés d'un voile de mystère qui leur prête un nouvel attrait. On trouve dans Bernardin de Saint-Pierre une multitude de pensées vraies, de réflexions attendrissantes toujours revêtues du langage du cœur.

La mort est un bien pour tous les hommes; elle est la nuit de ce jour inquiet qu'on appelle la vie. Le meilleur des livres, qui ne prêche que l'égalité, l'amitié, l'humanité et la concorde, l'Évangile, a servi pendant des siècles de prétexte aux fureurs des Européens... Après cela, qui se flattera d'être utile aux

---

[1] Porphyr., n° 20; Jambl., cap. xxxi, n° 214.

[2] La mort de Pythagore est diversement racontée. Diogène Laërce seul rapporte quatre opinions différentes.

[3] Quelques-uns les croient d'Empédocle. Tandis que je préparais ceci pour la presse, M. Peltier m'a fait le plaisir de me communiquer un livre qui m'aurait épargné bien du travail si j'en avais connu plus tôt l'existence. Ce sont les *Soirées littéraires*, qui s'étendent depuis le mois d'octobre 1795 jusqu'au mois de juin ou juillet 1796. Les traductions élégantes qu'on y trouve eussent servi d'ornement à ces Essais, en même temps qu'elles m'eussent sauvé la fatigue de traduire moi-même. Ceci n'est qu'un des plus petits inconvénients où l'on tombe à écrire loin des capitales et dans un pays étranger. Si dans les morceaux que mon sujet m'a forcé de choisir j'ai quelquefois donné à mes versions un sens autre que celui adopté par les auteurs des *Soirées littéraires*, sans doute la faute est de mon côté. D'ailleurs on sent que je n'ai pas dû travailler sur le même plan, ni sur une échelle aussi développée.

[4] *Poet. Minor. Græc.*

hommes par un livre? Qui voudrait vivre s'il connaissait l'avenir? un seul malheur prévu nous donne tant de vaines inquiétudes! *La solitude est si nécessaire au bonheur dans le monde même, qu'il me paraît impossible d'y goûter un plaisir durable de quelque sentiment que ce soit, ou de régler sa conduite sur quelque principe stable, si l'on ne se fait une solitude intérieure, d'où notre opinion sorte bien rarement, et où celle d'autrui n'entre jamais. Dans cette île, située sur la route des Indes... quel Européen voudrait vivre heureux, mais pauvre et ignoré?* Les hommes ne veulent connaître que l'histoire des grands et des rois, qui ne sert à personne. Il n'y a jamais qu'un côté agréable à connaître dans la vie humaine : semblable au globe sur lequel nous tournons, notre révolution rapide n'est que d'un jour, et une partie de ce jour ne peut recevoir la lumière que l'autre ne soit livrée aux ténèbres. La vie de l'homme, avec tous ses projets, s'élève comme une petite tour, dont la mort est le couronnement. Il y a des maux si terribles et si peu mérités, que l'espérance même du sage en est ébranlée. La patience est le courage de la vertu. C'est un instinct commun à tous les êtres sensibles et souffrants de se réfugier dans les lieux les plus sauvages et les plus déserts, comme si des rochers étaient des remparts contre l'infortune, et comme si le calme de la nature pouvait apaiser les troubles malheureux de l'âme [1].

CHAPITRE XLII.

SUITE. — ZALEUCUS. — CHARONDAS.

Pythagore fut suivi de deux autres législateurs, Zaleucus et Charondas, qui brillèrent dans la Grande-Grèce, au moment de la gloire de la mère-patrie [2].

Charondas s'appliqua moins à la politique qu'à la réforme de la morale : car telles mœurs, tel gouvernement. Voici ses principes :

« Frappez le calomniateur de verges. Livrez le méchant à son propre cœur dans une profonde solitude : que quiconque se lie d'amitié avec lui soit puni. Que le novateur, proposant un changement dans les lois antiques, se présente la corde au cou, afin d'être étranglé si son statut est rejeté [3]. »

Zaleucus fondait sa législation sur le principe du théisme : « Dieu, excellent, demande des âmes pures, charitables et aimant les hommes [4]. » Les lois somptuaires de ce philosophe montrent son peu de connaissance de l'humanité. Il crut bannir le luxe et dévoiler la corruption, en laissant aux gens de mauvaises mœurs l'usage exclusif des riches parures [5]. Il ne vit pas qu'il n'en coûtait au citoyen diffamé qu'un masque de plus, l'hypocrisie, pour paraître honnête homme. Ce n'était pas la peine de lui laisser ses vices, et d'en faire de plus un comédien.

---

[1] *Paul et Virginie.*
[2] Il y a ici un schisme entre les chronologistes. Plusieurs rejettent Charondas à deux siècles avant l'époque où je le place, et je crois même avec raison. Cependant les difficultés étant très-grandes, et des historiens célèbres ayant adopté l'ère que j'assigne, je me suis cru autorisé à la suivre.
[3] Strab., lib. xiv : *Charond. ap.* Stob., *Serm.* 42.
[4] Stob. *Serm.* 42. — [5] Diod., lib. xii.

CHAPITRE XLIII.

INFLUENCE DE LA RÉVOLUTION D'ATHÈNES SUR LA GRANDE-GRÈCE.

L'influence de la révolution de la Grèce sur ses colonies d'Italie fut considérable et dans un sens excellent. Crotone et Sybaris, au moment du renversement de la monarchie à Athènes, étaient, de même que les colonies actuelles de la France, plongées dans les horreurs des guerres civiles [1], et ravagées par des brigands [2]. C'est une chose remarquable, que les rameaux d'un État surpassent bientôt le tronc paternel en luxe et en beauté vicieuse. Des hommes laissés sur une côte déserte se croient tout à coup délivrés du frein des lois ; et, loin de l'œil du magistrat, s'abandonnent aux désordres de la société, sans avoir les vertus de la nature. La fertilité d'un sol nouveau les élève bientôt à la prospérité : et de ces deux causes combinées résulte ce mélange de richesses et de mauvaises mœurs, qu'on trouve dans les colonies.

Quoi qu'il en soit, la révolution républicaine de France a précipité la destruction des îles de l'Amérique, tandis que l'établissement du gouvernement populaire à Athènes retarda au contraire celle des villes grecques d'Italie. Athènes, plaignant le sort de ces malheureuses cités, fit partir une nouvelle association de ses citoyens qui rétablit le calme et bâtit une ville [3] à laquelle Charondas donna des lois [4]. Mais ces réformes ne furent que passagères. La corruption avait jeté des racines trop profondes, pour être désormais extirpée, et la maladie du corps politique ne pouvait finir que par sa mort.

CHAPITRE XLIV.

LA SICILE.

A l'extrémité de la Grande-Grèce se trouve l'île de Sicile [5], où l'on comptait déjà plusieurs villes célèbres. Nous ne nous arrêterons qu'à Syracuse, qui occupe une place si considérable dans l'histoire des hommes.

Archias, Corinthien, avait jeté les fondements de cette colonie, vers la quatrième année de la dix-septième olympiade [6]. Depuis cette époque, jusqu'aux beaux jours de la liberté en Grèce, on ignore presque sa destinée. Si l'obscurité fait le bonheur, Syracuse fut heureuse.

Il lui en coûta cher pour ces instants de calme : on ne jouit point impunément de la félicité; ce n'est qu'une avance que la nature vous a faite sur la petite somme des joies humaines. On n'est heureux que par exception et par injustice; si vous avez eu beaucoup de prospérités, d'autres ont dû beaucoup

---

[1] Strab., lib. xiv; Diod., lib. xii.
[2] C'est ce qui se prouve par la mort de Charondas. On sait qu'il se perça de son épée, pour être entré en armes, contre ses propres lois, dans l'assemblée du peuple, en revenant de poursuivre des brigands.
[3] Turium.
[4] Strab., lib. xiv.
[5] Elle porta tour à tour le nom de *Trinacrie*, *Sicanie* et *Sicile*, et avant tout celui de *pays des Lestrigons*. (Voyez Hom. et Virg.)
[6] Dionys. Halicarn., *Antiq. Rom.*, lib. ii, pag. 128.

souffrir, parce que, la quantité des biens étant mesurée, il a fallu prendre sur eux pour vous donner ; mais tôt ou tard vous serez tenu à rembourser à gros intérêts : quiconque a été très-fortuné, doit s'attendre à de très-grands revers. Dans ceci les Syracusains sont un exemple. Depuis le moment de l'invasion de Xerxès en Grèce, jamais peuple n'offrit un plus étonnant spectacle ; une révolution étrange et continuelle commença son cours, et ne finit qu'à la prise de la métropole par les Romains. Ce fut une chose commune que de voir les rois tombés du faîte des grandeurs au plus bas degré de fortune : monarques aujourd'hui, pédagogues demain. N'anticipons pas ce grand sujet.

La forme du gouvernement en Sicile avait été républicaine jusque vers le temps de la chute des Pisistratides à Athènes. Les mœurs, la politique, la religion, étaient celles de la mère-patrie. Un historien, nommé *Antiochus*, plusieurs sophistes, quelques poëtes [1], avaient déjà paru. Bientôt cette île célèbre devint le rendez-vous des beaux esprits de la Grèce. Ils y accoururent de toutes parts, alléchés par l'or des tyrans qui s'amusaient de leur bavardage politique et de leurs dissensions littéraires [2].

CHAPITRE XLV.

SUITE.

Que la réaction du renversement de la monarchie en Grèce fut grande ; prompte et durable sur la Sicile, c'est ce que nous avons déjà entrevu ailleurs [3]. Syracuse, par le contre-coup de la chute d'Hippias, se vit attaquée des Carthaginois. Elle obtint la victoire en même temps qu'elle se forgea des chaînes. Les Syracusains, par reconnaissance, élevèrent Gélon, leur général, à la royauté [4]. Ainsi, au gré de ces chances, mères des vertus et des vices, de la réputation et de l'obscurité, du bonheur et de l'infortune, la même révolution qui donna la liberté à la Grèce produisit l'esclavage en Sicile [a].

Un sujet plus aimable nous appelle. Il est doux de ramener ses yeux, fatigués du spectacle des vices, sur les scènes tranquilles de l'innocence. En tra-

---

[1] Stésichore, Parménide, etc.
[2] Pindare appelait, à la cour d'Hiéron, ses rivaux Simonide et Bacchylide, des corbeaux croassants, et ceux-ci le rendaient en aussi bonne plaisanterie au lyrique. D'une autre part le poëte Simonide débitait gravement des maximes politiques au tyran cacochyme et de mauvaise humeur, qui, sans doute, se rappelait que le flatteur d'Hipparque avait aussi élevé les assassins de ce même prince aux nues. Pindare, de son côté, harassait les muses pour célébrer les chevaux d'Hiéron, etc. Quand donc est-ce que les gens de lettres sauront se tenir dans la dignité qui convient à leur caractère? quand ne chanteront-ils que la vertu? quand cesseront-ils d'encenser les tyrans, de quelque nom que ceux-ci se revêtissent? (Vid. ÆLIAN., lib. IV, cap. XVI ; CIC., lib. I, *de Nat. Deor.*, 60 ; PIND., *Nem.* 3, etc.)
[3] A l'article *Carthage.*
[4] PLUT., *in Timol.*

[a] Je ne fais plus de notes sur ces rapprochements, parce que j'en ai assez prouvé ailleurs la futilité. J'en dis autant de mes aberrations philosophiques : je reviens, dans le paragraphe ci-dessus, aux chances de l'aveugle fortune ; quelques lignes après, je rentrerai dans les convictions intellectuelles. Rien ne montre mieux ma bonne foi : je n'étais fixé sur rien en morale et en religion. Plongé dans les ténèbres, je cherchais la lumière que mon esprit et mon instinct me reproduisaient par intervalles. (N. ED.)

versant la mer Adriatique, nous allons chercher au bord de l'Ister [1] les vertus que nous n'avons pas su trouver sur les rivages de l'Italie. On peut s'arrêter quelques instants avec une sorte d'intérêt dans une société corrompue, mais le cœur ne s'épanouit qu'au milieu des hommes justes.

CHAPITRE XLVI.

LES TROIS AGES DE LA SCYTHIE ET DE LA SUISSE [2] — PREMIER AGE. — LA SCYTHIE HEUREUSE ET SAUVAGE.

Les heureux Scythes, que les Grecs appelaient *Barbares*, habitaient ces régions septentrionales qui s'étendent à l'est de l'Europe et à l'ouest de l'Asie. Un roi, ou plutôt un père, guidait la peuplade errante. Ses enfants le suivaient plutôt par amour que par devoir. N'ayant que leur simplicité pour justice, pour lois que leurs bonnes mœurs, ils trouvaient en lui un arbitre pendant la paix, et un chef durant la guerre [3]. Et qu'auraient gagné les monarques voisins à attaquer une nation qui méprisait l'or et la vie [4]? Darius fut assez insensé pour le faire. Il reçut de ses ennemis le symbole énergique, présage de sa ruine [5]. Il les envoya défier au combat par une vaine forfanterie : — « Viens « attaquer les tombeaux de nos pères, » lui répondirent ces hommes pauvres et vertueux [6]. C'eût été une digne proie pour un tyran.

Libre comme l'oiseau de ses déserts, le Scythe, reposé à l'ombrage de la vallée, voyait se jouer autour de lui sa jeune famille et ses nombreux troupeaux. Le miel des rochers, le lait de ses chèvres, suffisaient aux nécessités de sa vie [7]; l'amitié, aux besoins de son cœur [8]. Lorsque les collines prochaines avaient donné toutes leurs herbes à ses brebis, monté sur son chariot couvert de peaux, avec son épouse et ses enfants, il émigrait à travers les bois [9] au rivage de quelque fleuve ignoré, où la fraîcheur des gazons et la beauté des solitudes l'invitaient à se fixer de nouveau.

Quelle félicité devait goûter ce peuple aimé du ciel! A l'homme primitif sont réservées mille délices. Le dôme des forêts, le vallon écarté qui remplit l'âme de silence et de méditation, la mer se brisant au soir sur des grèves lointaines, les derniers rayons du soleil couchant sur la cime des rochers, tout est pour lui spectacle et jouissance. Ainsi je l'ai vu sous les érables de l'Érie [10], ce favori de la nature [11] qui sent beaucoup et pense peu, qui n'a d'autre raison

---

[1] Le Danube.
[2] Je vais présenter au lecteur l'âge sauvage, pastoral-agricole, philosophique et corrompu, et lui donner ainsi, sans sortir du sujet, l'index de toutes les sociétés, et le tableau raccourci mais complet, de l'histoire de l'homme.
[3] Just., lib. xi, cap. ii; Herod., lib. iv; Strab., lib. vii; Arrian., lib. iv.
[4] Just., *ibid*.
[5] Herod., lib. iv, cap. cxxxiii.
Une souris, une grenouille et cinq flèches.
[6] Herod., lib. iv, cap. cxxvi-cxxvii.
[7] Just., lib. ii, cap. ii.
[8] Lucian., *in Toxari*, pag. 54.
[9] Horat., lib. iii, *Od*. xxiv.
[10] Un des grands lacs du Canada.
[11] Je supplée ici par la peinture du Sauvage mental * de l'Amérique ce qui manque dans

* Qu'est-ce que cela veut dire? (N. Éd.)

que ses besoins, et qui arrive au résultat de la philosophie, comme l'enfant, entre les jeux et le sommeil. Assis insouciant, les jambes croisées à la porte de sa hutte, il laisse s'écouler ses jours sans les compter. L'arrivée des oiseaux passagers de l'automne, qui s'abatttent à l'entrée de la nuit sur le lac, ne lui annonce point la fuite des années, et la chute des feuilles de la forêt ne l'avertit que du retour des frimas. Heureux jusqu'au fond de l'âme, on ne découvre point sur le front de l'Indien, comme sur le nôtre, une expression inquiète et agitée. Il porte seulement avec lui cette légère affection de mélancolie qui s'engendre de l'excès du bonheur, et qui n'est peut-être que le pressentiment de son incertitude. Quelquefois, par cet instinct de tristesse particulier à son cœur, vous le surprendrez plongé dans la rêverie, les yeux attachés sur le courant d'une onde, sur une touffe de gazon agitée par le vent, ou sur les nuages qui volent fugitifs par-dessus sa tête, et qu'on a comparés quelque part aux illusions de la vie : au sortir de ses absences de lui-même, je l'ai souvent observé jetant un regard attendri et reconnaissant vers le ciel, comme s'il eût cherché ce je ne sais quoi inconnu qui prend pitié du pauvre Sauvage.

Bons Scythes, que n'existâtes-vous de nos jours! J'aurais été chercher parmi vous un abri contre la tempête. Loin des querelles insensées des hommes, ma vie se fût écoulée dans tout le calme de vos déserts ; et mes cendres, peut-être honorées de vos larmes, eussent trouvé sous vos ombrages solitaires le paisible tombeau que leur refusera la terre de la patrie [a].

CHAPITRE XLVII.

SUITE DU PREMIER AGE. LA SUISSE PAUVRE ET VERTUEUSE.

Le voyageur qui, pour la première fois, entre sur le territoire des Suisses, gravit péniblement quelque montée creuse et obscure. Tout à coup, au détour d'un bois, s'ouvre devant lui un vaste bassin illuminé par le soleil. Les cônes blancs des Alpes, couverts de neige, percent à l'horizon l'azur du ciel. Les fleuves et les torrents descendent de la cime des monts glacés, des plantes saxatiles pendent échevelées du front des grands blocs de granit, des chamois sautent une cataracte, de vieux hêtres sur la corniche d'une roche se groupent dans les airs, des capillaires lèchent les flancs d'un marbre éboulé, des forêts de pins s'élancent du fond des abîmes, et la cabane du Suisse agricole et guerrier se montre entre des aulnes dans la vallée.

Lorsque les mœurs d'un peuple s'allient avec le paysage qu'il vivifie, alors nos jouissances redoublent. L'ancien laboureur de l'Helvétie auprès de ses plantes alpines, d'autant plus robustes qu'elles sont plus battues des vents, végéta vigoureusement sur ses montagnes, toujours plus libre en proportion des efforts des tyrans pour courber sa tête. Adorer Dieu, défendre la patrie, cultiver son champ, chérir et l'épouse et les enfants que le ciel lui a donnés, telle était

---

Justin, Hérodote, Strabon, Horace, etc., à l'histoire des Scythes. Les peuples naturels, à quelques différences près, se ressemblent ; qui en a vu un a vu tous les autres.

[a] Ce chapitre est presque tout entier dans *René*, dans *Atala* et dans quelques paragraphes du *Génie du Christianisme*. (N. Ed.)

la profession religieuse et morale du Suisse [1]. Ignorant le prix de l'or [2], de même que le Scythe, il ne connaissait que celui de l'indépendance. S'il paraissait quelquefois au milieu des cours, c'était dans le costume simple et naïf du villageois et avec toute la franchise de l'homme sans maître [3]. « Et j'en ay veu, dit Philippe de Comines, de ce village (Suitz) un estant ambassadeur, avec autres, en bien humble habillement, et néantmoins disoit son avis comme les autres. »

Les Scythes dans le monde ancien, les Suisses dans le monde moderne, attirèrent les yeux de leurs contemporains par la célébrité de leur innocence. Cependant la diverse aptitude de leur vie dut introduire quelques différences dans leurs vertus. Les premiers, pasteurs, chérissaient la liberté pour elle; les seconds, cultivateurs, l'aimaient pour leurs propriétés. Ceux-là touchaient à la pureté primitive; ceux-ci étaient plus avancés d'un pas vers les vices civils. Les uns possédaient le contentement du sauvage; les autres y substituaient peu à peu des joies conventionnelles. Peut-être cette félicité, qui se trouve sur les confins où la nature finit et où la société commence, serait-elle la meilleure si elle était durable. Au delà des barrières sociales les peuples restent longtemps à la même distance de nos institutions; mais ils n'ont pas plutôt franchi la ligne de marque, qu'ils sont entraînés vers la corruption sans pouvoir se retenir.

C'est ainsi que, malgré soi, on s'arrête à contempler le tableau d'un peuple

---

[1] *De Repub. Helvetior.*, lib. I, pag. 50-58, etc.

[2] Après avoir fait le récit de la bataille où Charles le Téméraire, duc de Bourgogne, fut tué par les Suisses, Philippe de Comines ajoute : « Les dépouilles de son host enrichirent fort ces pauvres gens de Suisses, qui, de prime face, ne connurent les biens qu'ils eurent en leur main, et par especial les plus ignorants. Un des plus beaux et riches pavillons du monde fut départi en plusieurs pièces. Il y en eut qui vendirent une grande quantité de plats et d'écuelles d'argent, pour deux grands blancs la pièce, cuidant que ce fust estaing. Son gros diamant (qui estoit un des plus gros de la chrestienté), où pendoit une grosse perle, fut levé par un Suisse; et puis remis dans son estuy; puis rejeté sous un chariot; puis le revint quérir et l'offrir à un prestre pour un florin. Cestui-là l'envoya à leurs seigneurs, qui lui donnèrent trois francs, etc.... »

[3] On se trompe généralement sur les auteurs de l'indépendance des Suisses. Les trois grands patriotes qui donnèrent la liberté à leur pays furent Stauffacher, Melchtal et Gautier-Furst. Les scènes tragiques qui préludèrent à l'indépendance de l'Helvétie sont décrites au long dans l'*Helvetiorum Respublica*, je crois de Simler. Elles sont du plus extrême intérêt. L'aventure du vieux Henri, auquel le gouverneur de Landeberg fit arracher les yeux; celle du gentilhomme Wolffenschiesz avec la femme du paysan Conrad; la surprise des divers châteaux des ducs d'Autriche par les paysans, portent avec elles un air romantique qui, se mariant aux grandes scènes naturelles des Alpes, cause un plaisir bien vif au lecteur. Quant à l'anecdote de la pomme et de Guillaume Tell, elle est très-douteuse. L'historien de la Suède, Grammaticus, rapporte exactement le même fait d'un paysan et d'un gouverneur suédois[*]. J'aurais cité les deux passages s'ils n'étaient trop longs. On peut voir le premier dans Simler (*Helvet. Resp.*, lib. I, pag. 58); et l'on trouve l'autre cité tout entier à la fin de *Coke's Lettres on Switzerland*. A la page 62 du recueil intitulé : *Codex Juris Gentium*, publié par Guillaume Leibnitz, en 1593, on trouve le traité original d'alliance entre les trois premiers cantons, Uri, Schwitz et Underwalden ; on y lit : « 1er mardi d'après la Saint-Nicolas, 1315. Au nom de Dieu. Amen.... Nous les paysans d'Hury, de Schuitz et d'Underwalden... sommes résolus, par les dessus dicts serments que nul de nous des dicts pays ne permettra ni n'endurera être gouverné par seigneurs, ni recevoir aucun prince et seigneur. — Si aucun de nous (les dicts alliez), temerairement et par mechanceté, endommageroit un autre *par fou*, un tel ne sera jamais reçu pour paysan..... » La vertu des bons Suisses se peint ici dans toute sa naïveté. C'est une chose singulière que l'orthographe du treizième siècle est plus aisée à lire que celle du quinzième. J'ai aussi remarqué la même chose dans les vieilles ballades écossaises, qui se déchiffrent plus facilement que l'anglais de la même période.

[*] Ce fait est assez peu connu. (N. Éd.)

satisfait. Il semble qu'en s'occupant du bien-être des autres on s'en approprie quelque petite partie. Nous vivons bien moins en nous que hors de nous. Nous nous attachons à tout ce qui nous environne. C'est à quoi il faut attribuer la passion que des misérables ont montrée pour des meubles, des arbres, des animaux. L'homme avide de bonheur, et souvent infortuné, lutte sans cesse contre les maux qui le submergent. Comme le matelot qui se noie, il tâche de saisir son voisin heureux, pour se sauver avec lui. Si cette ressource lui manque, il s'accroche au souvenir même de ses plaisirs passés, et s'en sert comme d'un débris avec lequel il surnage sur une mer de chagrins.

CHAPITRE XLVIII.

SECOND AGE : LA SCYTHIE ET LA SUISSE PHILOSOPHIQUES.

J'eusse voulu m'arrêter ici; j'eusse désiré laisser au lecteur l'illusion entière. Mais en retraçant la félicité des hommes, à peine a-t-on le temps de sourire que les yeux sont déjà pleins de larmes.

Il n'est point d'asile contre le danger des opinions. Elles traversent les mers, pénètrent dans les déserts, et remuent les nations d'un bout de la terre à l'autre. Celles de la Grèce républicaine parvinrent dans les forêts de la Scythie; elles en chassèrent le bonheur.

L'innocence d'un peuple ressemble à la sensitive; on ne peut la toucher sans la flétrir. Le malheur des Scythes fut de donner naissance à des philosophes qui ignorèrent cette vérité. Zamolxis, à une époque inconnue, introduisit parmi eux un système de théologie, dont les principales teneurs étaient : l'existence d'un Être suprême, l'immortalité de l'âme, et la doctrine de la prédestination pour les héros moissonnés sur le champ de bataille [1].

Ce père de la sagesse des Scythes fut suivi d'Abaris, député de sa nation à Athènes. Il pratiqua la médecine, et prétendait voyager dans les airs sur une flèche qu'Apollon lui avait donnée [2]. Il devint célèbre dans les premiers siècles de l'Église pour avoir été opposé à Jésus-Christ par les Platonistes.

Toxaris succéda en réputation à Abaris. Il abandonna sa femme et ses enfants pour aller étudier à Athènes, où il mourut honoré pour sa probité et ses vertus [3].

Mais le corrupteur de la simplicité antique des Scythes fut le célèbre Anacharsis. Il s'imagina que ses compatriotes étaient barbares parce qu'ils vivaient selon la nature. Sa philosophie était de cette espèce qui ne voit rien au delà du cercle de nos conventions. Enthousiaste de la Grèce, il déserta sa patrie, et vint s'instruire auprès de Solon [4] dans l'art de donner des lois à ceux qui n'en avaient pas besoin. Il ne tarda pas à s'acquérir le nom de *sage*, qui convient si peu aux hommes, et se fit connaître par ses maximes. Il disait que la vigne porte trois espèces de fruits : le premier, le plaisir; le second, l'ivresse; le troi-

---

[1] JULIAN., *in Cæsaribus*; SUID., *Zamolx*.
Quelques-uns croient que Zamolxis était Thrace d'origine. Il n'est pas vrai qu'il fût disciple de Pythagore.
[2] JAMBL.., *in Vit. Pyth.*, pag. 146-148; BAYLE, à la lettre A; ABARIS.
[3] LUCIAN., *in Toxar.*
[4] PLUT., *in Solon.*

sième, le remords. A un Athénien d'une réputation flétrie qui lui reprochait son extraction barbare, il répondit : Mon pays fait ma honte; vous faites la honte de votre pays[1]. L'orgueil et la bassesse de ce mot sont également intolérables; celui qui peut être assez lâche pour renier sa patrie est indigne d'être écouté d'un honnête homme. Ce philosophe disait encore que les lois sont semblables aux toiles d'araignées, qui ne prennent que les petites mouches et sont rompues par les grosses. Au reste, il écrivit en vers de l'art de la guerre, et dressa un code des institutions scythiques. Les épîtres qui portent son nom sont controuvées.

Ainsi la philosophie fut le premier degré de la corruption des Scythes. Lorsque les Suisses étaient vertueux ils ignoraient les lettres et les arts. Lorsqu'ils commencèrent à perdre leurs mœurs, les Haller, les Tissot, les Gessner, les Lavater, parurent[2].

CHAPITRE XLIX.

SUITE. — TROISIÈME AGE : LA SCYTHIE ET LA SUISSE CORROMPUES. — INFLUENCE DE LA RÉVOLUTION GRECQUE SUR LA PREMIÈRE, DE LA RÉVOLUTION FRANÇAISE SUR LA SECONDE.

Ainsi la Scythie vit naître dans son sein des hommes qui, se croyant meilleurs que le reste de leurs semblables, se mirent à moraliser aux dépens du bonheur de leurs compatriotes. La révolution républicaine de la Grèce, en déterminant le penchant de ces génies inquiets, agit puissamment, par leur ressort, sur la destinée des nations normandes. Enflés du vain savoir puisé dans les écoles d'Athènes, les Abaris, les Anacharsis, rapportèrent dans leur pays une foule d'opinions et d'institutions étrangères, avec lesquelles ils corrompirent les coutumes nationales. Il n'est point de petit changement, même en bien, chez un peuple : pour dénaturer tels Sauvages, il suffit d'introduire chez eux la roue du potier[3].

Anacharsis paya ses innovations de sa vie[4]; mais le levain qu'il avait jeté continua de fermenter après lui. Les Scythes, dégoûtés de leur innocence, burent le poison de la vie civile[5]. Longtemps celle-ci paraît amère à l'homme libre des bois; mais l'habitude ne la lui a pas plutôt rendue supportable, qu'elle

---

[1] Laert., *in Anach.*
[2] J'ai connu deux Suisses très-originaux. L'un ne faisait que de sortir de ses montagnes, et me racontait que, dans son enfance, il était commun qu'une jeune fille et un jeune homme destinés l'un à l'autre couchassent ensemble avant le mariage dans le même lit, sans que la chasteté des mœurs en reçût la moindre atteinte; mais que, dans les derniers temps, on avait été obligé, pour plusieurs raisons, de réformer cet usage. L'autre Suisse était un excellent horloger, depuis longtemps à Paris, et qui s'était rempli la tête de tous les sophismes d'Helvétius sur la vertu et le vice. Le mode d'éducation que cet homme avait embrassé pour sa fille prouve à quel point on peut se laisser égarer par l'esprit de système. Il avait suivi Lycurgue. Je voudrais bien en rapporter quelques traits, mais cela ne serait possible qu'en les mettant en latin, et alors trop de lecteurs les perdraient. Il prétendait, par sa méthode, avoir donné des sens de marbre à son enfant, et que la vue d'un homme ne lui inspirait pas le moindre désir. Je ne sais à quel point ceci était vrai; et je ne sais encore jusqu'à quel point un pareil avantage, en le supposant obtenu, eût été recommandable. J'ai vu sa fille; elle était jeune et jolie.
[3] Laert.; Suidas, *Anach.*; Strab., lib. vii.
[4] Il fut tué par son frère d'un coup de flèche à la chasse.
[5] Strab., lib. vii, pag. 331.

se tourne pour lui en une passion enivrante ; le venin coule jusqu'à ses os ; un univers étrange, peuplé de fantômes, s'offre à sa tête troublée : simplicité, justice, vérité, bonheur, tout disparaît[1].

Le torrent des maux de la société ne se précipita pas chez les Scythes par une seule issue. Ces nations guerrières et pastorales trafiquaient de leur sang avec les puissances voisines[2], trop lâches ou trop faibles pour défendre elles-mêmes leur territoire. Athènes entretenait une garde scythe[3], de même que les rois de France se sont longtemps entourés de braves paysans de la Suisse[4]. Ce fut le sort des anciens habitants du Danube et de ceux de l'Helvétie de se distinguer au temps de l'innocence par les mêmes qualités, la fidélité et la simplesse[5] ; et par les mêmes vices au jour de la corruption, l'amour du vin et la soif de l'or[6]. Ces deux peuples combattirent à la solde des monarques pour des querelles autres que celles de la patrie. Neutres dans les grandes révolutions des États qui les environnaient, ils s'enrichirent des malheurs d'autrui, et fondèrent une banque sur les calamités humaines. Soumis en tout à la même fatalité, ils durent la perte de leurs mœurs aux peuples, ancien et moderne, qui ont eu le plus de ressemblance, les Athéniens et les Français. A la fois objet de l'estime et des railleries de ces nations satiriques[7], le montagnard des Alpes et le pasteur de l'Ister apprirent à rougir de leur simplicité dans Paris et dans Athènes. Bientôt il ne resta plus rien de leur antique vertu brisée sur l'écueil des révolutions. La tradition seule s'en élève encore dans l'histoire, comme on aperçoit les mâts d'un vaisseau qui a fait naufrage [a].

---

[1] Strab., lib. VII, pag. 331.

[2] On trouve souvent, dans les anciens historiens, les Scythes servant à la solde des Perses. (Vid. Herod. et Xenoph.) Louis XI fut le premier souverain à stipendier les cantons. (Voyez *Mémoires de Phil. de Com.*) — [3] Suidas, *Toxar*.

[4] Les Suisses ont été égorgés deux fois, et à peu près dans les mêmes circonstances, en défendant les rois de France contre ce peuple qui, disait-on, chérissait tant ses maîtres : la première, à la journée des Barricades, du temps de la Ligue ; la seconde, de notre propre temps. Davila (*Istor. del. Guer. civil. di Franc.*, tom III, pag. 282), rapporte ainsi le premier meurtre des Suisses. « Pioché fu sbarrata e fortificata la città — passando per ogni parte parola, con altissime e ferocissime voci, che si taglia a pezzi la soldatesca straniera, furono assaliti gli Svizzeri, nel cimiterio degl' Innocenti, ove serrati, e quasi per cosi dire imprigionati, non poterono far difesa di sorte alcuna, ma essendo nel primo impeto restati trentasei morti ; gli altri si arresero senza contesa. Furono dal popolo con jattanza, e con violenza grandissima svaligiati. Furono espugnate, nel medesimo tempo, tutte le altre guardie del Castelletto, etc. » On s'imagine voir la journée du 10 août.

[5] Justin., lib. XI, cap. XI ; Philipp. de Com. ; *de Rep. Helv.*, lib. I.

[6] Strab.,; Athen,, lib. XI, cap VII, pag. 427, *Dict. de la Suisse*.

On connaît les proverbes populaires d'Athènes et de Paris : *Boire comme un Scythe, boire comme un Suisse.*

[7] On jouait les Scythes sur le théâtre d'Athènes, comme on joue les Suisses sur ceux de Paris, pour leur prononciation étrangère du grec, du français. Le grec n'étant plus une langue vivante, le sel des plaisanteries d'Aristophane est perdu pour nous. Je doute que ce misérable genre de comique fût d'un meilleur goût que la scène du Suisse dans *Pourceaugnac.*

[a] Ces trois chapitres, sur les trois âges de la Scythie et de la Suisse, sont la surabondance d'un esprit qui se plaît au tableau de la nature : ils ne sont pas plus dans le sujet de l'*Essai* que les trois quarts de l'ouvrage. J'étais alors, comme Rousseau, grand partisan de l'état sauvage, et j'en voulais à l'état social. Je me suis raccommodé avec les hommes, et je pense aujourd'hui, avec un autre philosophe du dix-huitième siècle, que le superflu est une chose assez nécessaire.

Il y a encore dans ces chapitres des pensées, des images, des expressions même, que j'ai transportées depuis dans mes autres ouvrages. (N. Ed.)

CHAPITRE L.

LA THRACE. — FRAGMENTS D'ORPHÉE.

L'Ister divisait la Scythie de ces régions qui descendent en amphithéâtre jusqu'aux rivages du Bosphore. Ce pays, connu sous le nom général de *Thrace*, et conquis dernièrement par Darius, fils d'Hystaspe[1], se partageait en plusieurs petits royaumes, les uns barbares, les autres civilisés. Plusieurs colonies grecques y avaient transporté les arts[2], et Miltiade l'avait longtemps honoré de sa présence[3].

Nous savons peu de chose de ces premiers habitants, sinon qu'ils étaient cruels et guerriers[4]. Un de leurs usages mérite cependant d'être rapporté : à la naissance d'un enfant, les parents s'assemblaient et versaient abondamment des larmes[5]. Cet usage est aussi philosophique qu'il est touchant.

Au reste, c'est à la Thrace que la Grèce doit le plus ancien et peut-être le meilleur de ses poëtes[6]. Ce que la Fable ingénieuse a raconté de la douceur des chants d'Orphée[7] est connu de tous les lecteurs. Sans doute la magie des prodiges attribués à sa muse consistait en une vraie peinture de la nature. Ce poëte vivait dans un siècle à demi sauvage[8], au milieu des premiers défrichements des terres. Les regards étaient sans cesse frappés du grand spectacle des déserts, où quelques arbres abattus, un bout de sillon mal formé à la lisière d'un bois, annonçaient les premiers efforts de l'industrie humaine. Ce mélange de l'antique nature et de l'agriculture naissante, d'un champ de blé nouveau au milieu d'une vieille forêt, d'une cabane couverte de chaume auprès de la hutte native d'écorce de bouleaux [a], devait offrir à Orphée des images consonnantes à la tendresse de son génie ; et lorsqu'un amour malheureux eut prêté à sa voix les accents de la mélancolie[9], alors les chênes s'attendrirent, et l'enfer même parut touché.

De plusieurs ouvrages qu'on attribue à ce poëte, il n'y a que les fragments que je vais donner qui soient vraiment de lui[10]. *Les Argonautes* n'en sont pas.

---

[1] Hérod., lib. IV, cap. CXLIV.
[2] Id., lib. VI.
[3] Id., ibid., cap. XL ; Lact., lib. VIII.
[4] Id., lib. VI ; Julian., *in Cæsaribus*.
[5] Hérod., lib. V.
[6] Diod. Sic., lib. IV, cap. XXV ; Pline, *Hist. nat.*, lib. XXV, cap. II.
[7] Hor., *Carm.*, lib. I, *Od.* XII ; Virg. *Georg.*, lib. IV.
[8] Diod., lib. IV, cap. XXV.

[a] C'est en partie la peinture de la mission du père Aubry. (N. Ed.)

[9] Virgile, *Georg.*, lib. IV.
Le *Qualis populea* de Virgile a été traduit ainsi par l'abbé Delille :

> Telle sur un rameau, durant la nuit obscure,
> Philomèle plaintive attendrit la nature,
> Accuse en gémissant l'oiseleur inhumain
> Qui, glissant dans son nid une furtive main,
> Ravit ces tendres fruits que l'amour fit éclore,
> Et qu'un léger duvet ne couvrait pas encore.

[10] Il n'est pas même certain qu'ils en soient, mais cela est très-probable. Cicéron a nié qu'il eût jamais existé un Orphée.

Tout ce qui appartient à l'univers : l'arche hardie de l'immense voûte des cieux, la vaste étendue des flots indomptés, l'incommensurable Océan, le profond Tartare, les fleuves et les fontaines, les Immortels même, dieux et déesses, sont engendrés dans Jupiter.

Jupiter tonnant est le commencement, le milieu et la fin; Jupiter immortel est mâle et femelle; Jupiter est la terre immense et le ciel étoilé; Jupiter est la dimension de tout corps, l'énergie du feu et la source de la mer; Jupiter est roi, et l'ancêtre général de ce qui est. Il est un et tout, car tout est contenu dans l'être immense de Jupiter[1].

Il serait difficile d'exprimer avec plus de grandeur un sujet plus sublime.

Comme province de l'empire des Perses, la Thrace eut sa part des malheurs que l'influence de la révolution grecque causa au genre humain. Les troupes marchèrent à travers ses campagnes[2] : et l'on peut juger des ravages que dut y commettre une armée de trois millions d'hommes indisciplinés. Mais ces calamités ne furent que passagères; et les Thraces, abrités de leurs forêts et de leurs mœurs sauvages, échappèrent à l'action prolongée de la chute de la monarchie à Athènes[3].

CHAPITRE LI.

LA MACÉDOINE. — LA PRUSSE.

Près de la Thrace se trouvait le petit royaume de Macédoine, dont la destinée a porté des ressemblances singulières avec la Prusse. D'abord, aussi obscur que la patrie des chevaliers teutoniques, il n'était connu des Grecs que par la protection qu'ils voulaient bien lui accorder. Peu à peu, agrandi par des conquêtes, sa considération augmenta dans la proportion de celle de l'électorat de Brandebourg. Enfin, sous Philippe, il devint maître de la Grèce, et sous Alexandre, de l'univers. On ne saurait conjecturer jusqu'à quel degré de puissance la Prusse, en suivant son système actuel, peut atteindre [a].

Le même génie semble avoir animé les souverains de ces deux États. La guerre, et surtout la politique, furent le trait qui les caractérisa. L'histoire nous peint les rois de Macédoine changeant de parti selon les temps et les circonstances [4]; endormant leurs voisins par des traités et envahissant leur pays le moment d'après [5]. Je parlerai ailleurs du monarque régnant lors de l'expédition de Xerxès.

---

[1] *De Poes. Orphic.*; APUL., *de Mundo.*
On peut voir quelques autres fragments dans les *Poetæ Minores Græci*, p. 459.

[2] HÉROD., lib. VII, cap. LIX.

[3] Un roi de Thrace se rendit célèbre pour avoir pris le parti des Grecs, et fait crever les yeux à ses fils qui avaient suivi Xerxès.

[a] Le soldat héritier de la révolution a brisé bien des destinées. (N. ED.)

[4] HÉROD., lib. V, cap. XVII-XXI; *id.*, lib. VIII, cap. CXL; PLUT., *in Aristid.*, pag. 327.
Amyntas, qui eut la bassesse de livrer ses femmes aux députés de Darius, permit à son fils Alexandre de faire égorger ces mêmes députés; et ce même Alexandre eut l'adresse de se conserver, malgré cet outrage, dans les bonnes grâces de Xerxès, successeur de Darius. (HÉROD., lib. V, cap. XVII-XXI.)

[5] DIOD., lib. XVI; JUSTIN., lib. VII; POLLÆN., *Stratag.*, lib. IV, cap. XVII.

A l'époque dont nous retraçons l'histoire, les mœurs, la religion, les usages des Macédoniens, ressemblaient à ceux du reste des Grecs. Seulement plus reculés que ces derniers vers la barbarie, et par conséquent moins près de la corruption, ils n'avaient produit aucun philosophe dont le nom mérite d'être rapporté.

Que la chute d'Hippias à Athènes eut des conséquences sérieuses pour la Macédoine, c'est ce dont on ne saurait douter. Le politique Alexandre, profitant des calamités des temps, sut se ménager adroitement entre les Perses et les Grecs; et tandis qu'ils se déchiraient mutuellement, il recevait l'or de Xerxès [1], et protestait amitié à ses ennemis. Maintenant ainsi son pays tranquille, il l'enrichissait de la dépouille de tous les partis; et durant que ceux-ci s'épuisaient dans une guerre funeste, il jeta les fondements de la grandeur future d'Alexandre. Destinée incompréhensible! Xerxès fuit à Salamine devant le génie de la liberté; et son or, resté dans un petit coin de la Grèce, va anéantir cette même liberté, et renverser l'empire de Cyrus!

CHAPITRE LII.

ILES DE LA GRÈCE. — L'IONIE.

Entre les côtes de l'Europe et de l'Asie se trouvent une multitude d'îles qui, au temps dont nous parlons, avaient reçu les habitants des différents peuples de la Grèce. Je n'entreprendrai point de les décrire, puisqu'elles forment elles-mêmes partie de l'empire des Grecs, et sont conséquemment comprises dans ce que je dis de la révolution générale de ces derniers.

Cependant il est nécessaire de faire quelques remarques sur les différences morales et politiques qui pouvaient se trouver entre ces insulaires et leurs compatriotes sur les deux continents d'Europe et d'Asie au moment de l'invasion des Perses.

La Crète était la plus considérable, comme la plus renommée de toutes ces îles. On sait que Lycurgue y avait calqué ses institutions sur celles de Minos; mais les lois de ce monarque, par diverses causes de décadence, étaient tombées en désuétude [2]. Une démocratie turbulente avait pris la place du gouvernement royal mixte [3], et les Crétois passaient, au temps de l'expédition de Xerxès, pour le peuple le plus faux et le plus injuste de la Grèce. Ils refusèrent de secourir les Athéniens contre les Mèdes [4].

Les autres îles, tour à tour soumises à de petits tyrans ou plongées dans la démocratie, flottaient dans un état perpétuel de troubles. Rhodes se distinguait par son commerce [5]; Lesbos, par sa corruption [6]; Samos par ses ri-

---

[1] Je ne cite point, parce que je citerai ailleurs.
[2] ARIST., *de Rep.*, lib. II, cap. X.
[3] *Id., ibid.*
[4] HEROD., lib. VII, cap. CLXIX.
[5] STRAB., lib. XIV, pag. 654; DIOD., lib. V, pag. 329.
[6] ATHEN., lib. X.

Le savant abbé Barthélemy a appliqué la comparaison ingénieuse (d'Aristote) de la règle de plomb aux mœurs lesbiennes. Quelque erreur s'étant glissée dans l'impression, je prends la

chesses[1]. Quelques-unes joignirent les Perses[2]; d'autres furent subjuguées[3]; un petit nombre adhéra au parti de la liberté[4]. Enfin, on peut regarder les insulaires de la Grèce comme tenant le milieu entre la vertu de Sparte et d'Athènes et les vices des villes ioniennes, formant la demi-teinte par où l'on passait des bonnes mœurs des Lacédémoniens à la corruption des Grecs asiatiques. Quant à ces derniers, nous verrons bientôt comment ils devinrent les causes de la guerre Médique. En ne les considérant ici que du côté moral, la vertu n'était plus parmi les peuples de l'Ionie : voluptueux, riches, énervés par les délices du climat[5], on les eût pris pour ces esclaves que Xerxès traînait à sa suite, si leur langage n'avait décelé leur origine.

CHAPITRE LIII.

TYR. — LA HOLLANDE.

Ainsi, après avoir fait le tour de l'Europe nous rentrons enfin en Asie. Avant de décrire les grandes scènes que la Perse va nous offrir, il ne nous reste plus qu'à dire un mot d'une puissance maritime qui, bien que soumise à l'empire de Cyrus, a joué un rôle trop fameux dans l'antiquité pour ne pas mériter un article séparé dans cet ouvrage.

En quittant les villes de l'Ionie, et s'avançant le long des côtes de l'Asie-Mineure vers le nord, on trouve Tyr, cité célèbre dans tout l'Orient par son commerce et ses richesses.

Hypsuranius, dans les siècles les plus reculés, avait jeté les fondements de cette capitale de la Phœnicie[6]. Elle se trouva déterminée vers le commerce par la même position qui y entraîne ordinairement les peuples, l'âpreté de son sol. Rarement les pays très-favorisés de la nature ont eu le génie mercantile[7].

Bientôt ce village formé, comme les premières cités de la Hollande, de méchantes huttes de pêcheurs couvertes de roseau[8], devint une métropole superbe. Ses vaisseaux allaient lui chercher le produit crû des terres plus fécondes, et ses industrieux habitants le convertissaient, par leurs manufactures, aux voluptés ou aux nécessités de la vie. Le Batavia des Phœniciens était la Bétique,

---

liberté de rétablir la citation avec tout le respect qu'on doit à la profonde érudition et au grand mérite. La citation, dans *Anacharsis*, est ainsi : ARIST., *de Mor.*, lib. v, cap. XIV ; lisez lib. v, cap. x. Le cinquième livre *des Mœurs* n'a que onze chapitres. Voici le passage original : « Rei enim non definitæ infinita quoque regula est, ut et structuræ Lesbiæ regula plumbea. Nam ad lapidis figuram torquetur et inflectetur neque regula eadem manet, sic et populi scitum ad res accommodatur. » (*Voyage d'Anach.*, vol. II, pag. 52 cit. u.)

[1] PLAT., *in Pericl.*
[2] Cypre, Paros, Andros, etc.
[3] Eubée.
[4] Salamine, Egine. Celle-ci s'était d'abord déclarée pour les Perses sous le règne de Darius ; elle retourna ensuite à la cause de la patrie.
[5] PLUT., *de Leg.*, lib. III, tom. II, pag. 680 ; HEROD., lib. VI.
[6] SANCHONIAT., apud EUSEB., *Præpar Evangel.*
Si je ne suis pas ici l'opinion commune, qui fait de Tyr une colonie de Sidon, c'est qu'il me parait qu'on doit plutôt en croire un historien phœnicien que des auteurs étrangers. (Voyez JUST., lib. XVIII, cap. III.)
[7] Il faut en excepter Carthage chez les anciens, et Florence chez les modernes.
[8] SANCHONIAT., apud EUSEB., *Præpar. Evangel.*

d'où l'or coulait dans leurs États [1]. Ils recevaient de l'Égypte le lin, le blé, et les richesses de l'Inde et de l'Arabie [2] : les côtes occidentales de l'Europe leur fournissaient l'étain, le fer et le plomb [3]. Ils achetaient aux marchés d'Athènes l'huile, le bois de construction et les balles de livres [4]; à ceux de Corinthe, les vases, les ouvrages en bronze [5]. Les îles de la mer Égée leur donnaient les vins et les fruits [6]; la Sicile, le fromage [7]; la Phrygie, les tapis [8]; le Pont-Euxin, les esclaves, le miel, la cire, les cuirs [9]; la Thrace et la Macédoine, les bois et les poissons secs [10]. Ces marchands avides reportaient ensuite ces denrées chez les différents peuples; et Tyr, ainsi qu'Amsterdam, était devenu l'entrepôt général des nations.

La constitution de Phœnicie paraît avoir été monarchique [11]; mais il est probable que l'oligarchie dominait dans le gouvernement. La richesse des Tyriens, que les Écritures comparent aux princes de la terre [12], donne lieu à cette conjecture.

Dans les contrées où les hommes s'occupent exclusivement du commerce, les belles-lettres sont ordinairement négligées; l'esprit mercantile rétrécit l'âme; le commis qui sait tenir un livre de compte ouvre rarement celui du philosophe. Cependant la Phœnicie fournit quelques noms célèbres. On y trouve Moschus et Sanchoniathon. Le premier est l'auteur du système des atomes, qui, d'abord reçu par Pythagore, fut ensuite adopté et étendu par Épicure [13]. Le second écrivit l'histoire de Phœnicie, dont j'ai déjà cité plusieurs fragments, et de laquelle je vais extraire encore quelques nouveaux passages.

Et alors Hypsuranius habita à Tyr et il inventa la manière de bâtir des huttes de roseaux. Et une grande inimitié s'éleva entre lui et son frère Usoüs, qui, le premier, avait couvert sa nudité de la peau des bêtes sauvages. Et une violente tempête de vent et de pluie ayant frotté les branches les unes contre les autres, elles s'enflammèrent. Et la forêt fut consumée à Tyr. Et Usoüs prenant un arbre, après en avoir rompu les branches, fut le premier assez hardi pour s'aventurer sur les flots. . . . .

Ils engendrèrent Agrus (un champ) et Agrotes (laboureur). La statue de celui-ci était particulièrement honorée; une ou plusieurs couples de bœufs pro-

---

[1] Diod., lib. v, pag. 312.
[2] Les Tyriens faisaient eux-mêmes le commerce de l'Inde, s'étant emparés de plusieurs ports dans le golfe Arabique. De là les marchandises étaient portées par terre à Rhinocolure, sur la Méditerranée, et frétées de nouveau pour Tyr. (Robertson's *Disquis. on the Anc. Ind.*, sect. I, pag. 9.)
[3] Hérod., lib. III, cap. cxxiv.
[4] Plut., *in Solon.*; Xenoph., *Exped. Cyr.*, lib. vii, pag. 412.
[5] Cicer., *Tuscul.*, lib. iv, cap. xiv.
[6] Athen., lib. i, cap. xxi, lii; *id.*, lib. iii.
[7] Aristoph.., *in. Vesp.*
[8] *Id.*, *in Av.*
[9] Polyb., lib. iv, pag. 306; Demosth., *in Leptin.*, pag. 545.
[10] Thucyd., lib. iv, cap. cviii.
[11] Nous trouvons des princes de Tyr et de Sidon dans l'histoire. Les Écritures sont notre guide à ce sujet. Mais les anciens entendaient les mots *princes* et *rois* si différemment des peuples modernes, qu'il ne faut pas se hâter d'en conclure la forme d'un gouvernement.
[12] Isaïe, xxiii, 8.
[13] Stob., *Ecl. Phys.*, lib. i, cap. xiii.

menaient son temple par toute la Phœnicie. Et il est nommé dans les livres le plus grand des dieux [1].

Indépendamment des origines curieuses de la navigation et de l'agriculture que l'on trouve dans ce passage, la simplicité antique du récit, si bien en harmonie avec les mœurs qu'il rappelle, a quelque chose d'aimable. La Hollande se glorifie d'avoir produit Érasme, Grotius et une foule de savants, connus par leurs recherches laborieuses.

CHAPITRE LIV.

SUITE.

La Phœnicie avait éprouvé de grandes révolutions. De même que la Hollande, elle eut à soutenir des guerres mémorables, et les différents siéges de sa capitale reportent à la mémoire ceux de Harlem [a] et d'Anvers [2] au temps de Philippe II. Vers le milieu du sixième siècle avant notre ère, Tyr, après une résistance de treize années, fut prise et détruite de fond en comble par un roi d'Assyrie [3]. Les habitants, échappés à la ruine de leur patrie, bâtirent une nouvelle Tyr sur une île, non loin du continent où la première avait fleuri. Cette cité passa tour à tour sous le joug des Mèdes et des Perses [4], et resta débile et obscure jusqu'au temps de Darius, qui la rétablit dans ses anciens priviléges. Ce fut durant cette époque de calamité que Carthage s'était élevée sur ses débris.

A l'époque de la guerre Médique, la Phœnicie fut contrainte par ses maîtres à entrer dans la ligue générale contre la Grèce. Sans opinion à elle, elle prêta ses vaisseaux au grand roi [5], comme elle les aurait joints aux républiques si celles-ci eussent été d'abord les plus fortes. Vaincue à la bataille de Salamine [6], le commerce ferma bientôt cette plaie, et l'influence immédiate de la révolution grecque se borna pour les Tyriens à ce malheur passager, quoiqu'elle s'étendît sur eux par la suite, et que Tyr tombât comme le reste de l'Orient devant Alexandre. Les froids négociants continuèrent à importer et

---

[1] Sanchoniat., apud Euseb., *Præpar. Evang.*, lib. I, cap. x.

[a] Tyr et Harlem ! Le lecteur ne remarquerait peut-être pas que je daigne à peine citer les livres saints en parlant de Tyr, mais que je fais un grand cas de Sanchoniathon. Quel esprit fort ! Il y a pourtant des recherches dans ces divers chapitres, et c'est ce qui en rend la lecture supportable. (N. Ed.)

[2] Bentivogl., *Istor. del Guer. di Fiand.*
Bentivoglio a raconté au long, avec toute son affèterie ordinaire, les travaux de ces deux siéges. Le premier fut levé miraculeusement, les Hollandais ayant envahi le camp des Espagnols en bateau, à la marée de l'équinoxe d'automne. Le second passa pour le chef-d'œuvre du grand Farnèse ; il ressembla en quelque sorte à celui de Tyr par Alexandre. Anvers fut prise par la jetée d'une digue.

[3] Joseph., *Antiq.*, lib. xviii, cap. xi.

[4] Elle suivit les révolutions des royaumes d'Orient auxquels elle était désormais sujette.

- Ce furent les Phœniciens et les Egyptiens qui construisirent le pont de bateaux sur lequel Xerxès passa son armée. (Vid. Herodot.)

[6] Les galères phœniciennes formaient l'aile gauche de l'escadre persane à la bataille de Salamine. Elles avaient en tête les Athéniens, et étaient commandées par un frère de Xerxès. Elles combattirent avec beaucoup de valeur. (Vid. Herod., lib. viii, cap. lxxxix.)

exporter de pays en pays le superflu des nations, sans s'embarrasser des vains systèmes qui tourmentaient ces peuples. Tout leur génie était dans leurs balles d'étoffes, et on les voyait, comme les Bataves, colporter les livres des beaux esprits du temps sans en avoir jamais ouvert un seul. Peut-être aussi l'habitant de Tyr trafiquait-il de ses principes politiques ; car dans les temps de révolutions les opinions sont les seules marchandises dont on trouve la défaite *a*.

CHAPITRE LV.

LA PERSE.

Nous montons enfin sur le grand théâtre. Après avoir considéré en détail les États par rapport à l'établissement des républiques en Grèce, et réciproquement, cet établissement par rapport à ces divers États, nous allons maintenant contempler tous ces peuples se mouvant en masse sous l'influence générale de cette même révolution, et ne faisant plus qu'un seul corps. Nous allons les voir se lever ensemble pour renverser des principes et un gouvernement qu'ils ne feront que consolider ; et les efforts de ces alliés viendront, mal dirigés, tièdes et partiels, se perdre contre une communauté peu nombreuse, mais unie ; peu riche, mais libre.

Je passe sous silence les Éthiopiens, les Juifs, les Chaldéens, les Indiens, quoiqu'à l'époque de la révolution grecque ils eussent déjà fait des progrès considérables dans les sciences. La somme de leur philosophie et de leurs lumières se réduisait généralement à la foi dans un Être suprême, à la connaissance des astres et des secrets de la nature. Ils étaient, comme le reste du monde oriental, gouvernés par des rois et des sectes de prêtres qui, de même que leurs frères d'Égypte, se conduisaient d'après le système du mystère, afin de dompter les peuples, par l'ignorance, au joug de la tyrannie civile et religieuse. En Éthiopie, les membres de cette caste sacrée portaient le nom de *Gymnosophistes*[1] ; en Judée, celui de *Lévites*[2] ; dans la Chaldée, celui de *Prêtres*[3] ; en Arabie, celui de *Zabiens*[4] ; aux Indes, celui de *Brahmanes*[5]. Chaque pays comptait aussi ses grands hommes : les Éthiopiens reconnaissaient *Atlas*[6] ; les Arabes, *Lokman*[7] ; les Juifs, *Moïse*[8] ; les Chaldéens, *Zoroastre*[9] ; l'Inde, *Buddas*[10] *b*. Les uns avaient écrit de la nature, les autres de l'histoire, plusieurs de la morale[11]. De tous ces ouvrages, les fables de Lokman et l'histoire de Moïse sont les seuls qui nous soient parvenus. Les livres qu'on attribue à Zoroastre[12] ne sont pas originaux.

---

a Si je n'avais fait cette remarque il y a une trentaine d'années, ne la prendrait-on pas pour une allusion aux choses du jour ? (N. ED.)

[1] DIOD., lib. XI. — [2] *La Bible*. — [3] DIOD., lib. XI. — [4] HYDE, *Rel. Pers.*, cap. III. — [5] STRAB., lib. XV, pag. 822. Aussi gymnosophistes. — [6] VIRG., *Æn.* lib. IV, v. 480 ; lib. I, v. 745. — [7] LOKM., *Fab.*, Epern. Edit. — [8] *Genèse*. — [9] JUSTIN., lib. I, cap. II.

[10] Ce que nous savons de Buddas est très-incertain. Les partisans de l'ancienne religion, au moment de l'établissement du christianisme, opposaient Buddas à Jésus-Christ, disant que le premier avait aussi été tiré du sein d'une vierge. (Vid. SAINT JÉRÔME, *Contra Jovin.*)

b Me voilà mêlant *très-philosophiquement* les Juifs aux autres peuples, les lévites aux brahmanes, Moïse à Buddas ! (N. ED.)

[11] Vid. *loc. cit.* — [12] Zoroastre l'ancien, ou le Chaldéen. Je parlerai de ceux du second Zoroastre.

La plupart de ces différentes contrées étant ou soumises à la cour de Suze ou ignorées des Grecs, il serait inutile de nous y arrêter : revenons aux vastes États de Cyrus.

L'empire des Perses et des Mèdes, au moment de la chute d'Hippias, s'étendait depuis le fleuve Indus, à l'est, jusqu'à la Méditerranée à l'occident; et depuis les frontières de l'Éthiopie et de Carthage, au midi, jusqu'à celles des Scythes au nord; comprenant un espace de quarante degrés en latitude et de plus de seize en longitude [1].

Formé par degrés des débris de plusieurs États, peu d'années s'étaient écoulées depuis que cet énorme colosse pesait sur la terre. L'empire des Assyriens, qui en composait d'abord la plus grande partie, fut conquis par les Mèdes vers le sixième siècle avant notre ère [2]. Le célèbre Cyrus, ayant réuni sur sa tête les couronnes de Perse et de Médie, renversa le trône de Lydie, qui florissait sous Crésus dans l'Asie-Mineure, vers le règne de Pisistrate à Athènes [3]. Cambyse, successeur de Cyrus, ajouta l'Égypte à ses possessions [4]; et Darius, fils d'Hystaspe, sous lequel commence la guerre mémorable des Perses et des Grecs, réunit à ses immenses domaines quelques régions de la Thrace et des Indes [5].

CHAPITRE LVI.

TABLEAU DE LA PERSE AU MOMENT DE L'ABOLITION DE LA MONARCHIE EN GRÈCE. — GOUVERNEMENT. — FINANCES. — ARMÉE. — RELIGION.

Principem dat Deus [a], maxime qui conduisit Charles Ier à l'échafaud, formait tout le droit politique de la Perse [6]. De là nous pouvons concevoir le gouvernement.

Cependant l'autorité du grand roi n'était pas aussi absolue que celle des sultans de Constantinople de nos jours; il la partageait avec un conseil qui composait une partie du souverain [7].

Au civil, les lois étaient pures, et la justice scrupuleusement administrée par des juges tirés de la classe des vieillards [8]. Dans les cas graves, la cause était portée devant le roi [9].

Au criminel, la procédure se faisait publiquement. On confrontait l'accusateur à l'accusé, et celui-ci obtenait tous les moyens de défense qu'il pouvait croire favorables à son innocence, ou à l'excuse de son crime [10]. Cette admi-

---

[1] Huit cents lieues en latitude, et trois cents en longitude, estimant les degrés de longitude à environ dix-huit lieues les uns dans les autres sous ces parallèles.
[2] Herod., lib. I, cap. xcv.
[3] Xenoph., *Cyrop.*, lib. I, pag. 2; lib. vii, pag. 180, etc.
[4] Herod., lib. III, cap. vii.
[5] *Id.*, lib. IV, cap. xliv-cxxvii.

[a] Le principe du droit divin pour les princes, et celui de la souveraineté du peuple pour les nations, ne doivent jamais être controversés par des esprits sages. Il faut jouir du pouvoir et de la liberté sans en rechercher la source; c'est de leur mélange que se compose la société, et leur origine est à la fois mystérieuse et sacrée. (N. Ed.)

[6] Plut., *in Themist.*, pag. 125. — [7] Herod., lib. III, cap. lxxxviii. — [8] Xenoph., *Cyrop.* — [9] Herod., lib. I, cap. cxxxvii; lib. vii, cap. dcxciv. — [10] Diod., lib. xv.

rable coutume, que nous retrouvons en Angleterre, était remplacée en France par l'exécrable loi des interrogations secrètes *a*.

Au moment de l'abolition de la monarchie en Grèce, la société avait peut-être fait plus de progrès en Perse vers la civilisation qu'en aucune autre partie du globe. Un cours régulier d'administration mouvait en harmonie tous les ressorts de l'empire. Les provinces se gouvernaient par des satrapes ou commandants délégués de la couronne [1]. Les armées et les finances étaient réduites en système [2]; et, ce qui n'existait alors chez aucun peuple, des postes, établies par Cyrus sur le principe de celles des nations modernes, liaient les membres épars de ce vaste corps [3]. Cet institut, après la découverte de l'imprimerie, tient le second rang parmi les inventions qui ont changé pour ainsi dire la race humaine; et il n'entre pas pour peu dans les causes de l'influence rapide que la révolution grecque eut sur la Perse. Il ne faudrait que l'usage des courriers employés aux relations communes de la vie, pour renverser tous les trônes d'Orient d'aujourd'hui *b*. Chez les Mèdes, ils étaient réservés aux affaires d'État.

Les Perses différaient en religion du reste de la terre alors connue. Ils adoraient l'astre dont la flamme productive semble l'âme de l'univers [4]. Ils n'avaient ni les solennités de la Grèce, ni des monuments élevés à leurs dieux [5]. Le désert était leur temple; une montagne [6], leur autel; et la pompe de leurs sacrifices, le soleil levant suspendu aux portes de l'est, et jetant un premier regard sur les forêts, les cataractes et les vallées [7] *c*.

CHAPITRE LVII.

TABLEAU DE L'ALLEMAGNE AU MOMENT DE LA RÉVOLUTION FRANÇAISE.

A l'époque de la chute de la royauté en France, l'Allemagne, de même que

---

a Toujours la haine de l'arbitraire et de l'oppression. Qui me l'inspirait alors, moi pauvre émigré, moi fidèle serviteur du roi, sorti de la France avec lui pour la cause de la légitimité et de l'ancienne monarchie? Avais-je attendu la violence ou la corruption des systèmes administratifs sous la restauration, pour m'élever contre l'injustice? en un mot, mon opposition à tout ce qui comprime les sentiments généreux est-elle née de mon ambition politique, ou la portai-je en moi dès les premiers jours de ma jeunesse, sans qu'elle se soit démentie un seul moment? (N. ED.)

[1] XENOPH., *Cyrop.*, lib. VIII.
[2] HEROD., lib. III, cap. LXXXIX-XCI-XCV; lib. I, cap. CXCII; STRAB., lib. II-XV; XENOPH., *Cyrop.*, lib. IX; DIOD., lib. II, p. 24.
Le revenu en argent se montait à peu près à quatre-vingt-dix millions de notre monnaie, en le reconnaissant en talents euboïques. Les provinces fournissaient la maison du roi et les armées en nature. Quant aux armées, elles étaient composées comme les nôtres, de troupes régulières, en garnison dans les provinces, et de milices obligées de marcher au premier ordre.
[3] XENOPH., *Cyrop.*, lib. VIII; HEROD., lib. VIII, cap. XCVIII.

b Cela est hasardé, mais il y a quelque vérité dans la remarque. (N. ED.)

[4] XENOPH., *Cyrop.*, lib. I, cap. CXXXI; STRAB., lib. XV.
[5] HEROD., *ibid.*
Ceci n'est vrai que de la religion primitive des Perses. Par la suite ils eurent des temples.
[6] HEROD., lib. I, cap. CXXXI. [7] — *Id., ibid.*
Il est probable que le nom de *Mithra*, sous lequel les Perses adoraient le soleil, était dans l'origine celui de quelque héros. On le trouve représenté sur d'anciens monuments, monté sur un taureau, armé d'une épée, la tiare en tête. Quelques-uns de ces attributs conviennent à l'Apollon des Grecs.

c Mettez les fleuves au lieu des cataractes, et le tableau sera plus vrai. (N. ED.)

la Perse d'autrefois, présentait un corps composé de diverses parties réunies sous un chef commun. Bien que Léopold n'eût pas, de droit, le même pouvoir sur les cercles que Darius sur les satrapies, il l'avait néanmoins de fait. Le même abus prévalait à l'égard de la dignité suprême ; l'empire germanique, quoique électif, pouvant être regardé comme héréditaire *a*.

Le système militaire de Joseph II jouissait parmi nous de la même réputation que celui de Cyrus chez les anciens. Ces deux princes firent consister leurs principales forces en cavalerie [1], mais le second mettait la sûreté de ses États dans les places fortifiées [2] ; le premier crut devoir les détruire.

Les anabaptistes, les hernutes, les protestants, les catholiques, se partageaient les opinions religieuses du moderne empire d'Occident, de même que les adorateurs de Mithra [3], de Jéhovah [4], de Jupiter [5], de Brahma [6], d'Apis [7], occupaient l'antique puissance orientale.

Le régime féodal écrasait le laboureur germanique, à peu près de la même manière que l'esclavage persan abattait le sujet du grand roi. Cependant une différence considérable se fait sentir entre ces hommes malheureux. Elle consiste dans les mœurs. Celles du premier sont justes et pures, par la grande raison de son indigence. Il ne faut pas en conclure que l'Allemagne manque de lumières. J'ai trouvé plus d'instruction, de bon sens chez les paysans de cette contrée [8] que chez toute autre nation européenne, sans en excepter l'Angleterre, où le peuple est plein de préjugés. Une des principales causes qui sert à maintenir la morale parmi les Allemands vient de la vertu de leur clergé. J'en parlerai ailleurs *b*.

---

a Je suis tellement choqué de ces comparaisons, que toujours promettant de n'en plus parler, je ne puis m'en taire. Quel insigne parallèle veux-je établir entre l'Allemagne et la Perse antique, entre les Perses et les Allemands, entre Léopold et Darius? Pour m'infliger la seule peine que ces parallèles méritent, il suffit de rapprocher les noms. (N. ED.)

[1] XENOPH., *Cyrop.* — [2] *Id., ibid.* — [3] Les Perses. — [4] Les Juifs. — [5] Les Ioniens. — [6] Les peuples de l'Indus. — [7] Les Egyptiens.

[8] En entrant, il y a quelques années dans un mauvais cabaret, sur la route de Mayence à Francfort, j'aperçus un vieux paysan en guêtres, un bonnet sur la tête et un chapeau par-dessus son bonnet, tenant un bâton sous son bras, déliant le cordon d'une bourse de cuir, pleine d'or, dont il payait son écot. Je lui marquai mon étonnement qu'il osât voyager avec une somme assez considérable par des chemins remplis de Tyroliens et de Pandours. « C'est l'argent de mes bestiaux et de mes meubles, dit-il ; et je vais en Souabe avec ma femme et mes enfants. J'ai vu la guerre : au moins les pauvres laboureurs étaient épargnés ; mais ceci n'est pas une guerre, c'est un brigandage : amis, ennemis, tous nous pillent. » Le paysan apercevant l'ancien uniforme de l'infanterie française sous ma redingote, ajouta : « Monsieur, excusez. — Vous vous trompez, ami, repris-je ; j'étais du métier, mais je n'en suis plus ; je ne suis rien qu'un malheureux réfugié comme vous. — Tant pis » fut sa seule réponse. Alors retroussant sous son chapeau quelques cheveux blancs qui passaient sous son bonnet, prenant d'une main son bâton, et de l'autre un verre à moitié vide de vin du Rhin, il me dit : « Mon officier, Dieu vous bénisse ! » Il partit après. Je ne sais pourquoi le TANT PIS et le DIEU VOUS BÉNISSE de ce bon homme me sont restés dans la mémoire.

b Je vais donc louer un clergé dans cet ouvrage philosophique ! J'avais un terrible besoin d'impartialité. (N. ED.)

RÉVOLUTIONS ANCIENNES.

CHAPITRE LVIII.

SUITE. — LES ARTS EN PERSE ET EN ALLEMAGNE. — POÉSIE. — KREESHNA. — KLOPSTOCK. — FRAGMENT DU POEME MAHABARAT, TIRÉ DU SANSCRIT. — FRAGMENTS DU MESSIE. — SACONTALA. — ÉVANDRE.

Les jardins suspendus de Babylone, les vastes palais des rois, décorés de peintures et de statues, attestent le règne des beaux-arts dans l'empire de Cyrus. Ses immenses États, formés de mille peuples divers, devaient fournir une mine inépuisable de poésie, différente dans ses coloris, selon les mœurs et la nature dont elle réfléchissait les teintes. Efféminée dans l'Ionie, superbe dans la pourpre du Mède, simple et agreste sur les montagnes de la Perse, voluptueuse dans les Indes, elle chantait, avec l'Arabe, le patriarche, au milieu de ses troupeaux et de sa famille, assis sous le palmier du désert[1] [a].

Je vais faire connaître aux lecteurs quelques morceaux précieux de littérature orientale. Je les tire du sanscrit[2], dont j'ai eu déjà occasion de parler plu-

[1] JOB.

[a] L'*Essai historique*, comme les *Natchez*, est la mine d'où j'ai tiré la plupart des matériaux employés dans mes autres écrits ; mais au moins les lecteurs ne verront les *Natchez* que dégagés de leur alliage. (N. ÉD.)

[2] Une note sur le sanscrit peut faire plaisir à plusieurs lecteurs [*]. Le hanscrit, mieux le sanscrit, est, comme on le sait, la langue sacrée dans laquelle les livres des Brahmins sont écrits, langue qui n'est plus connue que d'eux seuls. Cette langue était autrefois si universelle dans l'Orient, que, selon M. Halhed, le premier Anglais qui soit parvenu à l'entendre, on la parlait depuis le golfe Persique jusqu'aux mers de la Chine. Les preuves qu'il en apporte sont tirées des inscriptions des différents coins de ce pays [**], et de la ressemblance entre les noms collectifs et les noms de nombre dans les langues vulgaires de ces contrées, et les noms collectifs et les noms de nombre du sanscrit ; il étend même ceci au grec et au latin [***]. Le sanscrit n'était parlé que dans les rangs élevés de la société : il y avait deux langues vulgaires pour le peuple. Cette singularité est mise hors de doute par les drames écrits dans ces trois dialectes. Les différents ouvrages traduits du sanscrit en anglais sont le *Mahabarat* et *Sacontala*, dont je cite des passages ; *Heeto-Pades*, ou l'ouvrage original dont sont empruntées les fables d'Esope et de Pilpay ; les *Cinq Diamants*, ou les stances de cinq poëtes ; une ode traduite de *Wulli*, et une partie du *Shaster*. Outre ces ouvrages d'agrément, le sanscrit en a fourni plusieurs de sciences, entre autres le fameux *Surya-Siddhânta*. Ce sont des tables astronomiques de la plus haute antiquité, et calculées sur des théorèmes de trigonométrie d'une vérité rigoureuse. La chronologie des Indiens se divisait en quatre âges : 1° Le Suttee Jogue, ou l'âge de pureté. Sa durée fut de trois millions deux cent mille ans. Les hommes vivaient cent mille ans.

2° Le Tirtah Jogue (le tiers du monde corrompu). Sa période fut de deux millions quatre cent mille ans. La vie de l'homme était de dix mille ans.

3° Le Davapar Jogue (la moitié de la race humaine vicieuse) dura un million seize cent mille ans. L'homme ne vécut plus que mille ans.

4° Le Collé Jogue (tous les hommes dépravés) est l'âge actuel, qui durera quatre cent mille

[*] Cette note sur le sanscrit était assez curieuse dans son temps ; aujourd'hui le sanscrit est si connu, que mes citations n'ont plus d'intérêt. Comme je triomphais dans ces quatre *jogues* qui renfermaient tant de millions d'années ! Quel bon démenti donné à la chronologie de Moïse ! Hélas ! il est arrivé qu'une connaissance plus approfondie de la langue savante de l'Inde a fait rentrer ces siècles innombrables dans le cercle étroit des traditions de la Bible. Bien m'en a pris d'être redevenu croyant, avant d'avoir éprouvé cette mortification. (N. ÉD.)

[**] Ceci n'est pas une raison probante, car l'alphabet sanscrit peut être gravé sur des monnaies persanes, indiennes, etc., sans qu'il en résulte qu'on parlât la même langue dans ces divers pays. On sait qu'actuellement les Chinois et les Tartares s'entendent en s'écrivant, quoique leurs idiomes soient aussi différents l'un de l'autre que le turc l'est du français. Les lettres chinoises ne sont que des caractères généraux, comme les chiffres arabes. Elles sont les signes de certaines idées, et chacun les traduit ensuite dans sa langue.

[***] Je suis assez tenté de croire qu'il y a eu autrefois une langue universelle. La ressemblance des anciens caractères grecs et romains avec les caractères arabes ; les étymologies multipliées entre le sanscrit, les langues orientales, le grec, le latin, le celte, les dialectes de la mer du Sud et de l'Amérique, et beaucoup d'autres raisons qui ne sont pas de mon sujet, semblent venir à l'appui de cette conjecture. (Vidend., DANET, *Diction. d'Antiquit.*; COOK's *Voyages*; HALHED's *Grammar of the Bengal language*; SAVARY, *Voyage d'Égypte*; BRIGAND, *sur les langues*; HARRIS, HERMÈS.)

sieurs fois. J'y suis d'ailleurs autorisé, puisque l'empire persan s'étendait sur une partie considérable des Indes.

Le premier fragment est extrait du *Mahabarat*, poëme épique, d'environ quatre cent mille vers, composé par le brahmane Kreeshna Dioypayen Veïas, trois mille ans avant notre ère. De ce poëme, l'épisode appelé *Baghvat-Geeta* était le seul morceau publié par le traducteur anglais, M. Wilkins, en 1785.

Le sujet de cet ancien monument du génie indien est une guerre civile entre deux branches de la maison royale de Bhaurat.

Les deux armées, rangées en bataille, se disposent à en venir aux mains, lorsque le dieu Kreeshna, qui accompagne Arjoon, l'un des deux rois, comme Minerve Télémaque, invite son élève à faire avancer son char entre les combattants. Arjoon regarde : il n'aperçoit de part et d'autre que des pères, des fils, des frères, des amis prêts à s'égorger ; saisi de pitié et de douleur, il s'écrie :

O Kreeshna ! en voyant ainsi mes amis impatients du signal de la bataille, mes membres m'abandonnent, mon teint pâlit, le poil de ma chair se hérisse, tout mon corps tremble d'horreur; Grandew même, mon arc, échappe à ma main, et ma peau, collée à mes os, se dessèche. Lorsque j'aurai donné la mort à ces chers parents, demanderai-je encore le bonheur ? Je n'ambitionne point la victoire, ô Kreeshna ? Qu'ai-je besoin de plaisir ou de puissance ? Qu'importent les empires, les joies, la vie même, lorsque ceux-là ne seront plus, ceux-là qui donnaient seuls quelque prix à ces empires, à ces joies, à cette vie ? Pères, ancêtres, fils, petits-fils, oncles, neveux, cousins, parents et amis, vous voudriez ma mort, et cependant je ne souhaite pas la vôtre ; non ! pas même pour l'empire des trois régions de l'univers, encore bien moins pour cette petite terre[1].

La simplicité et le pathétique de ce fragment sont d'une beauté vraie ; on s'étonne surtout de n'y point trouver cette imagination déréglée, ce luxe de coloris, caractère dominant de la poésie orientale. Tout y est dans le ton d'Homère ; mais, après cette apostrophe d'Arjoon, Kreeshna, pour lui prouver qu'il doit combattre, s'étend sur les devoirs d'un prince, s'engage avec son élève dans une longue controverse théologique et morale. Ici le mauvais goût et le prêtre se décèlent. Nous choisirons pour pendant à l'épique indien l'épique de la Germanie. La muse allemande, nourrie de la méditation des Écritures, a souvent toute la majesté, toute la simple magnificence hébraïque : et l'on retrouve dans les froides régions de l'Empire l'enthousiasme et la chaleur du génie des poëtes d'Israël.

Klopstock, dans son poëme immortel, a peint la conjuration de l'enfer contre le Messie. Le sacrifice est prêt à s'accomplir ; les prêtres triomphent, et le Fils de l'Homme est condamné. Suivi de sa mère, de ses disciples, des gardes romaines et de toute la Judée, il s'avance, chargé de sa croix, au lieu du supplice : il arrive sur Golgotha. Alors Éloa, envoyé par l'Éternel, distribue les

ans, dont cinq mille sont déjà écoulés. Il est incroyable que ces traductions, qui nous paraissent si extravagantes, soient supportées par les calculs les plus certains d'astronomie. Mon autorité dans tout ceci est *Roberstson's Historical Disquisitions*.

[1] *Baghvat-Geeta*, pag. 34.

anges de la terre autour de la montagne. Les uns s'assemblent sur des nuages, les autres planent dans les airs.

Gabriel va chercher les âmes des patriarches, et les place sur la montagne des Oliviers, pour être témoins du grand sacrifice; Uriel en même temps amène toutes celles des races à naître. Le globe immense qu'elles habitaient reçoit l'ordre de voler vers le soleil et d'intercepter sa lumière. Satan, et tout l'enfer caché dans la mer Morte sous les ruines de Gomorrhe, contemple la Rédemption. Les innombrables esprits célestes qui peuplent les étoiles et les soleils, ceux qui environnent Jéhovah, ont l'œil attaché sur le Sauveur; et le Saint des saints, retiré dans sa profondeur incompréhensible, compte les heures du grand mystère; alors

Les bourreaux s'approchent de Jésus. Dans ce moment tous les mondes, avec un bruit qui retentissait au loin, parvinrent au point de leur course, d'où ils devaient annoncer la réconciliation. Ils s'arrêtent; insensiblement le mouvement des pôles se ralentit, et cessa tout à coup. Un vaste silence régnait dans toute l'étendue de la création. La marche de tous les globes suspendue annonçait dans les cieux les heures du sacrifice. . . . . Les anges, interdits, étaient attentifs à ce qui allait se passer. Jéhovah jeta un coup d'œil sur la terre, la vit prête à s'abîmer et la retint. Jéhovah, le dieu Jéhovah avait ses regards fixés sur Jésus-Christ... et les bourreaux le crucifièrent! . . . . A ce spectacle terrible, les anges et les patriarches restaient dans un morne silence. Le calme effrayant qui régnait dans toute la nature était l'image de la mort. On aurait dit qu'elle venait d'en détruire tous les habitants, et que rien d'animé n'existait plus dans aucun monde.....

Bientôt l'obscurité couvrit la terre, où régnait un profond silence, et ce silence morne augmentait avec les ténèbres et l'inquiétude. Les oiseaux, devenus muets, s'envolèrent au fond des forêts; les animaux cherchèrent un asile dans les cavernes et les fentes des rochers; la nature entière était ensevelie dans un calme sinistre. Les hommes, respirant avec peine un air qui n'avait plus de ressort, levaient les yeux vers le ciel, où ils cherchaient en vain la lumière. L'obscurité augmentait de plus en plus; elle devint universelle et effrayante, lorsque l'astre[1] eut entièrement occupé le disque du soleil; toutes les plaines de la terre furent enveloppées dans les horreurs d'une nuit épouvantable.....

Les couleurs de la vie reparurent sur le front du Messie, mais elles s'éteignirent rapidement et ne revinrent plus. Ses joues livides se flétrirent davantage, et sa tête, succombant sous le poids du jugement du monde, se pencha sur sa poitrine. Il fit des efforts pour la relever vers le ciel, mais elle tomba de nouveau. Les nuages suspendus s'étendirent autour de Golgotha, d'une manière lente et pleine d'horreur, comme les voûtes funèbres des tombeaux sur les cadavres que la pourriture dévore. Un nuage plus noir que les autres s'arrêta au haut de la Croix. Le silence, le calme affreux de la mort semblait distiller de son sein. Les immortels en frissonnèrent. Un bruit inattendu, et qui

---

[1] L'astre occupé par les âmes à naître dont j'ai parlé.

n'avait été précédé d'aucun autre bruit, sortit tout à coup des entrailles de la terre : les ossements des morts en tremblèrent, et le temple en fut ébranlé jusqu'au faîte.

Cependant le silence était rétabli sur la terre, et les hommes vivants, les morts, et ceux qui devaient naître, avaient les regards fixés sur le Rédempteur. En proie à toutes les douleurs, Ève regardait son fils, qui succombait insensiblement sous une mort lente et pénible. Ses yeux ne s'arrachaient de ce triste spectacle que pour se porter sur une mortelle qui se tenait chancelante au pied de la Croix, la tête penchée, le visage pâle, et dans un silence semblable au silence de la mort. Ses yeux ne pouvaient verser de larmes : elle était sans mouvement. . . . . . « Ah ! dit en elle-même la mère du genre humain, c'est la Mère du plus grand des hommes ; l'excès de sa douleur ne l'annonce que trop. Oui, c'est l'auguste Marie ; elle éprouve dans ce moment ce que je sentis moi-même lorsque je vis Abel auprès de l'autel, nageant dans les flots de son sang. Oui, c'est la Mère du Sauveur expirant. » Elle fut tirée de ces pensées par l'arrivée de deux anges de la mort, qui venaient du côté de l'Orient. Ils planaient dans les airs d'un vol mesuré et majestueux, et gardaient un profond silence. Leurs vêtements étaient plus sombres que la nuit ; leurs yeux, plus étincelants que la flamme : leur air annonçait la destruction. Ils s'avançaient lentement vers la colline de la Croix, où le Juge suprême les avait envoyés ; les âmes des patriarches, épouvantées, tombèrent sur la poussière de la terre, et sentirent l'impression de la mort et les horreurs du tombeau, autant que peuvent les sentir des substances indestructibles. Les deux génies redoutables, parvenus à la Croix, contemplent le Mourant, prennent leur vol, l'un à droite et l'autre à gauche ; et d'un air morne et présageant sa mort, ils volent sept fois autour de la Croix. Deux ailes couvraient leurs pieds, deux ailes tremblantes couvraient leur face, et deux autres les soutenaient dans les airs, dont l'agitation produisait un mugissement semblable aux accents lamentables de la mort. C'est ce bruit qui tonne aux oreilles d'un ami de l'humanité, lorsque des milliers de morts et de mourants nagent dans leur sang sur le champ de bataille, et qu'il fuit en détournant les yeux. Les terreurs de Dieu étaient répandues sur les ailes des deux anges, et retentissaient vers la terre ; ils volaient pour la septième fois, lorsque le Sauveur, accablé, releva sa tête appesantie, et vit ces ministres de la mort. Il tourna ses yeux obscurcis vers le ciel, et s'écria d'une voix qu'il tira du fond de ses entrailles, et qui ne put se faire entendre : « Cessez d'effrayer le Fils de l'Homme, je vous reconnais au bruit de vos ailes... il m'annonce la mort... Cesse, Juge des mondes... cesse... » En disant ces mots, son sang sortit à gros bouillons... Alors les anges de la mort tournèrent leur vol bruyant vers le ciel, et laissèrent les spectateurs dans une surprise muette, et des réflexions plus inquiétantes et plus confuses sur ce qui se passait à leurs yeux... et l'Éternel laissait toujours sur le mystère un voile impénétrable[1]...

Les enfers, les cieux, les hommes, les générations écoulées et les générations à naître, les globes arrêtés dans leurs révolutions, le cours de l'univers

---

[1] *Messie*, chant VIII.

suspendu, la nature couverte d'un voile, un Dieu expirant, quel tableau! Sa sublimité fera excuser la longueur de la citation.

Le second fragment qui me reste à donner du sanscrit est d'un genre totalement opposé au premier. On a découvert parmi les Indiens une foule de pièces de théâtre écrites dans la langue sacrée, régulières dans leur marche, et intéressantes dans leurs sujets. S'il était possible de douter de la haute civilisation des anciennes Indes, cette particularité seule suffirait pour la prouver, en même temps qu'elle dépouille les Grecs de l'honneur d'avoir été les inventeurs du genre dramatique.

La scène indienne non-seulement admet le masque et le cothurne, mais elle emprunte encore la houlette. Elle se plaît à représenter les mœurs champêtres, et ne craint point de s'abaisser en peignant les tableaux de la nature. Sacontala, princesse d'une naissance illustre, avait été élevée par un ermite dans un bocage sacré, où les premières années de sa vie s'étaient écoulées au milieu des soins rustiques et de l'innocence pastorale. Prête à quitter sa retraite chérie pour se rendre à la cour d'un grand monarque auquel elle était promise, les compagnes de sa jeunesse déplorent ainsi leur perte et font des vœux pour le bonheur de Sacontala :

Écoutez, ô vous, arbres de cette forêt sacrée! écoutez, et pleurez le départ de Sacontala pour le palais de l'époux! Sacontala! celle qui ne buvait point l'onde pure avant d'avoir arrosé vos tiges; celle qui, par tendresse pour vous, ne détacha jamais une seule feuille de votre aimable verdure, quoique ses beaux cheveux en demandassent une guirlande; celle qui mettait le plus grand de tous ses plaisirs dans cette saison qui entremêle de fleurs vos rameaux flexibles.

CHŒUR DES NYMPHES DES BOIS.

Puissent toutes les prospérités accompagner ses pas! puissent des brises légères disperser, pour ses délices, la poussière odorante des riches fleurs! Puissent les lacs d'une eau claire, et verdoyante sous les feuilles du lotos, la rafraîchir dans sa marche! Puissent des branches ombreuses la défendre des rayons brûlants du soleil!

Sacontala sortant du bois et demandant à Cana, l'ermite, la permission de dire adieu à la liane Madhavi, *dont les fleurs rouges enflamment le bocage,* après avoir baisé *la plus radieuse de toutes les fleurs*, et l'avoir priée de lui *rendre ses embrassements avec ses bras amoureux*, s'écrie :

Ah! qui tire ainsi les plis de ma robe?

CANA. C'est ton fils adoptif, le petit chevreau dont tu as si souvent humecté la bouche avec l'huile balsamique de l'ingoudi, lorsque les pointes du cusa l'avaient déchirée. Lui, que tu as tant de fois nourri dans ta main des graines du synmaka. Il ne veut pas quitter les pas de sa bienfaitrice.

SACONTALA. Pourquoi pleures-tu, tendre chevreau? Je suis forcée d'abandonner notre commune demeure. Lorsque tu perdis ta mère, peu de temps après ta naissance, je te pris sous ma garde. Mon père Cana veillera sur toi lorsque je ne serai plus ici. Retourne, pauvre chevreau; retourne, il faut nous séparer. (*Elle pleure.*)

CANA. Les larmes, mon enfant, conviennent peu à ta situation. Nous nous reverrons; rappelle tes forces. Si la grosse larme se montre sur tes belles paupières, que ton courage la retienne lorsqu'elle cherche à s'échapper. Dans notre passage sur cette terre, où la route tantôt plonge dans la vallée, tantôt gravit la montagne, et où le vrai sentier est difficile à distinguer, tes pas doivent être nécessairement inégaux; mais suis la vertu, elle te montrera le droit chemin [1].

Si ce dialogue n'est pas dans nos mœurs, du moins il respire le calme et la fraîcheur de l'idylle.

La dernière leçon de Cana, dans le style de l'apologue oriental, quoique venant inapropos, est pleine d'une aimable philosophie. Le Théocrite des Alpes va nous fournir pour l'Allemagne le parallèle de ce morceau.

Pyrrhus, prince de Krissa, et Arates, ami de Pyrrhus, ont envoyé, par ordre des dieux, le premier, son fils Évandre, le second, sa fille Alcimne, afin d'être élevés secrètement chez des bergers. L'amour touche le cœur d'Évandre et d'Alcimne, ils s'aiment sans connaître leur rang illustre. Les princes arrivent, révèlent le secret, les amants s'unissent. L'*Évandre* de Gessner n'est pas son meilleur ouvrage, mais il est curieux à cause de sa ressemblance avec *Sacontala*. Il y a quelque chose qui ouvre un vaste champ de pensées philosophiques à trouver l'esprit humain reproduisant les mêmes sujets, à cinq mille ans d'intervalle, d'un bout du globe à l'autre. Lorsque l'auteur de *Sacontala* florissait sous le beau ciel de l'Inde, qu'était la barbare Helvétie?

Alcimne a appris sa naissance; elle est entourée de suivantes qui lui parlent des mœurs de la cour. Elle regrette, comme la princesse indienne, ses bois, ses moutons, sa houlette, et surtout ses amours.

LA DEUXIÈME SUIVANTE. Permettez-moi de vous dire qu'il faut que vous renonciez aux mœurs de la campagne, pour suivre celles de la cour. Une grande dame doit savoir tenir son rang. Nous avons ordre de ne point vous quitter et de vous donner des leçons.

ALCIMNE. J'aime mieux nos mœurs; elles sont simples, naturelles, et s'apprennent toutes seules. Parmi nous on ne voit personne en donner des leçons; on s'en moquerait comme de quelqu'un qui voudrait apprendre à un oiseau un autre chant que le sien. Mais dites-moi quelque chose de la manière dont on vit à la ville. Je crains fort de ne pas la trouver de mon goût.

LA DEUXIÈME SUIVANTE. Le matin, quand vous vous éveillez, ce qui n'est qu'à midi, car les dames du grand monde ne s'éveillent pas à l'heure des artisans...

ALCIMNE. A midi! Je n'entendrais donc plus, le matin, le chant des oiseaux; je ne verrais donc plus le lever du soleil? cela ne m'accommoderait pas.

LA PREMIÈRE SUIVANTE. Votre beauté ne manquera pas de vous faire beaucoup

---

[1] *Sacont.*, acte IV, pag. 47, etc.

d'amants. Il faudra vous étudier à plaire à tous, et ne donner à chacun que peu d'espérance.

ALCIMNE. Tous nos seigneurs m'ennuieront en me parlant d'amour, parce que je n'aimerai jamais que celui que j'aime déjà.

LA DEUXIÈME SUIVANTE. Quoi! vous aimez déjà?

ALCIMNE. Oui, sans doute; je ne rougis pas d'en convenir. J'aime un berger de tout mon cœur, et lui il m'aime de tout le sien. Il est beau comme le soleil levant, charmant comme le printemps; le rossignol ne chante peut-être pas si bien que lui.... Oui, mon bien-aimé, tu seras le seul que j'aimerai toujours. Ces arbres verts mourront, le soleil cessera d'éclairer ces belles prairies, avant que ton Alcimne te soit infidèle. Oui, mon bien-aimé, je fais le serment...

LA DEUXIÈME SUIVANTE. Ne le faites pas; votre père ne vous laissera point avilir jusque-là votre illustre naissance.

ALCIMNE, *avec colère*. Que voulez-vous dire, mon illustre naissance! Eh quoi! peut-il y en avoir qui ne soit noble et honorable? Oh! je n'entends rien à toutes vos leçons. Il faut y mettre moins d'esprit et plus de naturel. Non, je ne les comprendrai jamais. Mon père est raisonnable, j'en suis sûre. Il ne voudra pas que j'abandonne ce que j'aime le mieux au monde, et que j'aime ce que je hais le plus. Je ne vous quitterai qu'à regret, charmantes retraites, ombrages frais, occupations innocentes: je vous préférerai toujours au fracas de la ville; mais il faut que je vous quitte pour suivre un père que je chéris. Il ne sera pas venu me chercher ici pour me rendre malheureuse: oui, je serais malheureuse, plus que je ne puis dire, s'il voulait me séparer de celui que j'aime plus que moi-même. Oh! ne me donnez pas ces inquiétudes, mes amies! N'est-il pas vrai que j'aurais tort de les avoir [1] [a] ?

CHAPITRE LIX.

PHILOSOPHIE. — LES DEUX ZOROASTRE. — POLITIQUE.

Le nom du célèbre Zoroastre [2] rappelle le fondateur de la philosophie persane

---

[1] *Évandre*, acte III, scène v.

[a] La littérature allemande a réellement quelque ressemblance avec la littérature orientale; mais il est évident qu'à l'époque où j'analysais Klopstock, je connaissais peu la première; car comment n'aurais-je pas cité Wiéland, Gœthe, etc.? J'ignorais les différentes révolutions que les auteurs de la langue germanique avaient rapidement éprouvées; j'en étais encore à Klopstock et à Gessner.

Je ne puis aujourd'hui trouver sublime ce que je regardais comme tel dans la composition du *Messie*. Toutes les fois que l'on sort de la peinture des passions, et que l'on se jette dans les inventions gigantesques, rien n'est plus facile que de remuer l'univers: il n'est pas besoin d'avoir du génie. Qu'on arrête les globes dans l'espace, qu'on fasse arriver des comètes, qu'on place dans des mondes divers les morts et les vivants, le passé et l'avenir, tout cela n'est qu'une stérile grandeur sans sublimité, une débauche d'imagination qui pourrait être le rêve d'un enfant, un conte de fées. Le morceau de Klopstock que j'ai cité n'offre pas un trait à retenir: l'auteur passe souvent auprès d'une beauté sans l'apercevoir. Quand les deux anges de la mort s'approchent du Christ, qui ne s'attend, par exemple, à quelque chose d'extraordinaire? Tout se réduit à des lieux communs sur la mort, et le poëte est si embarrassé de ses anges, qu'il se hâte de les renvoyer on ne sait où. (N. ED.)

[2] Ce premier Zoroastre est le Zoroastre chaldéen, dont j'ai déjà parlé. Aristote le place six mille ans avant la prise de Troie.

et celui de l'ordre des mages. De même que sa morale, ses dogmes étaient sublimes. Il enseignait l'existence des deux principes, l'un bon, l'autre méchant, qui se disputaient l'empire de la nature[1]; la durée du premier embrassait tous les temps écoulés et à venir. L'existence du second devait passer avec le monde.

Cet ancien sage fut suivi, vers le temps de Darius, fils d'Hystaspe, d'un autre philosophe du même nom, qui altéra quelque chose à la doctrine de son prédécesseur. Tel que le premier Zoroastre, il admettait les deux natures; mais il les dérivait d'un être primitif, dont les regards immenses ne tombaient jamais sur la race imperceptible des hommes[2]. Il disait que ces pouvoirs subordonnés régneraient tour à tour sur la terre, chacun durant une période de six mille années; que le méchant génie serait à la fin subjugué par le bon, et qu'alors les habitants d'ici-bas, dépouillés de leur enveloppe grossière, sans besoins et dans un parfait état de bonheur, erreraient parmi des bois enchantés comme des ombres légères[3].

Les écrits du premier Zoroastre ont péri dans la révolution des empires; quelques-uns de ceux du second ont été sauvés. Le plus considérable d'entre eux est le *Zend*[4], qui existe encore parmi les anciens Persans dispersés sur les frontières des Indes. Ce livre sacré se divise en deux parties : l'une traite des cérémonies religieuses, l'autre renferme des préceptes moraux.

Nous possédons en outre les fragments d'un autre ouvrage du même philosophe, sous le titre des *Oracles de Zoroastre*[5].

La théorie des gouvernements semble aussi avoir été familière aux sages de la Perse. Quelques auteurs représentent Zoroastre l'ancien sous les traits d'un législateur; et Hérodote introduit ailleurs les seigneurs persans, après l'assassinat du mage, délibérant sur le mode de gouvernement à adopter pour l'empire. Othanès propose la démocratie. « Le tyran, dit-il, τὰ μὲν γὰρ, ὕβρει κεκορημένος, ἔρδει πολλὰ καὶ ἀτάσθαλα· τὰ δὲ φθόνῳ, tantôt gonflé de haine, tantôt d'orgueil, commet des actions horribles. » Mégabyze opine à l'oligarchie, et représente les fureurs du peuple. Darius parle en faveur de la royauté, et l'emporte[6].

Les mages et les autres prêtres soumis aux Perses excellaient dans les études de la nature. On peut juger de leurs connaissances en astronomie par une série d'observations de dix-neuf cent trois années, que Callisthènes, philosophe grec, attaché à la suite d'Alexandre, trouva à Babylone[7]. N'oublions pas la science mystérieuse appelée du nom de la secte qui la pratiqua[8]. La magie

---

[1] Hyde raconte quelque chose de curieux au sujet du méchant pouvoir. Les Persans en écrivaient le nom en lettres inverties; il s'appelait Arimanius, et le bon, Oromasde.
[2] Laert., lib. § 6-9.
[3] Plut., *Isis et Osiris*, tom. ii, pag. 155.
[4] Les mages ont formé un épitome de ce livre, sous le nom de *Salder*, qu'ils lisent au peuple les jours de fêtes.
[5] Patricius en publia trois cent vingt-trois vers à la suite de sa *Nova Philosophia de Universis*, imprimée à Ferrare en 1594. Je n'ai pu me procurer cet ouvrage assez tôt pour l'impression de cet article. Si je puis le découvrir, je donnerai la traduction de ces vers à la fin du volume.
[6] Herod., lib. iii, cap. lxxx.
[7] Simpl., lib. ii, *de Cœlo*.
[8] Diod. Sic., lib. xi, pag. 83; Naudæi *Apol. pro Vir. Mag., Magiæ Suspect.*, cap. viii.

prouve deux choses : l'ignorance des peuples de l'Orient, et les malheurs des hommes d'autrefois. On ne cherche à sonder l'avenir que lorsqu'on souffre au présent.

Il est impossible de supposer que tant de lumières pesassent dans un des bassins de la balance sous un contre-poids égal de corruption *a*. Aussi trouvons-nous qu'un affreux despotisme s'étendait sur l'empire de Cyrus; que les satrapes, devenus autant de petits tyrans dans leurs provinces, écrasaient les peuples prosternés à leurs pieds, et qu'un virus de luxe et de misère dévorait et les grands et les petits [1]. Il résulte de ce tableau moral et politique de l'Orient, considéré au moment de l'établissement des républiques en Grèce, qu'il était arrivé à ce point de maturité où les révolutions sont inévitables, ou du moins à ce degré de connaissances et de vices qui rend une nation plus susceptible d'être ébranlée par la commotion des troubles politiques des États qui l'environnent. Favorisée par ces causes internes, l'influence de la révolution républicaine de la Grèce sur la Perse fut directe, prompte et terrible, parce qu'elle se trouva déterminée vers les armes, en conséquence des événements que je vais décrire.

Remarquons encore que le principal effet de la révolution française sur l'Allemagne s'est aussi dirigé par la voie militaire. Mais cet empire, étant dans une autre position morale que celui de Cyrus, ne peut n'y n'a à craindre les mêmes maux *b*. Voulez-vous prédire l'avenir, considérez le passé. C'est une donnée sûre qui ne trompera jamais, si vous partez du principe : les mœurs.

Avant d'entrer dans le détail de la guerre Médique et de la guerre présente, il faut dire un mot de la situation politique de la Perse et de l'Allemagne, vues quelques moments avant ces grandes calamités.

a En lisant avec attention l'*Essai*, on découvre sous le rapport politique que mon dessein est de prouver, sans admettre et sans rejeter le gouvernement républicain en théorie, que la république ne pourrait s'établir en France, parce que les mœurs n'y sont plus assez innocentes. Je faisais même de cette observation un principe général ; en donnant pour contre-poids la corruption aux lumières, je ne supposais pas la république possible chez un vieux peuple civilisé. Ce système, né chez moi de l'étude des républiques anciennes, comme je l'ai déjà dit, était faux, et même dangereux, en tant qu'appliqué à la société moderne ; car il suivrait de là qu'aucune liberté ne pourrait exister chez une nation policée, et que la civilisation nous condamnerait à un éternel esclavage. Heureusement il n'en est pas ainsi : les lumières, quand elles sont descendues, comme aujourd'hui, dans toutes les classes sociales, composent une sorte de raison publique qui rend impossible l'établissement du despotisme, et qui produit pour la liberté le même effet que l'innocence des mœurs. Seulement, dans cet âge avancé du monde, la liberté est plus aimable sous la forme monarchique que sous la forme républicaine, parce que le pouvoir exécutif, placé dans une famille souveraine, exclut les ambitions individuelles, toujours plus vives dans l'absence des mœurs. (N. Ed.)

[1] Plut., in *Apophtegm.*, pag. 213 ; Plat., lib. iii, *de Leg.*, pag. 697 ; *Cyrop.*, lib. viii, pag. 239.

b Ces prédictions sont très-peu certaines : le passage des Français en Allemagne, la réunion pendant plusieurs années de diverses provinces de cet empire à l'empire français, et surtout les principes de la révolution, ont laissé dans les populations germaniques un ébranlement considérable. La révolution française n'est pas d'ailleurs un fait isolé : le monde civilisé a marché, et continue de marcher vers un nouvel ordre de choses. La France, qui va toujours plus vite que les autres nations, les a devancées : par le mouvement de ses opinions et de ses armes, elle a sans doute pressé le pas de la foule autour d'elle, mais elle a trouvé partout les chemins préparés. La France n'a pas fait ce qui est, elle a seulement hâté la maturité d'un fruit qui tombera au jour marqué. (N. Ed.)

CHAPITRE LX.

SITUATION POLITIQUE DE LA PERSE A L'INSTANT DE LA GUERRE MÉDIQUE ; — DE L'ALLEMAGNE A L'INSTANT DE LA GUERRE *républicaine* [1]. — DARIUS, JOSEPH, LÉOPOLD.

Ce fut sous le règne de Darius, fils d'Hyslaspe, qu'éclata la fameuse guerre Médique [2] dont nous allons retracer l'histoire. Ce monarque semble avoir réuni dans sa personne les différentes qualités des empereurs d'Allemagne, Joseph et Léopold. Réformateur et guerrier [3] comme le premier, législateur [4] comme le second, il eut à combattre à peu près la même fortune que celle des deux princes germaniques.

Le roi des Perses, en parvenant à la couronne, opéra une grande révolution religieuse. Les mages, jusqu'alors maîtres de l'opinion, et qui s'étaient même emparés du pouvoir suprême [5], reçurent de la main de Darius un coup mortel [6]. Non content de les avoir précipités d'un trône usurpé, il les attaqua à la source de leur puissance, et, substituant superstition à superstition, le culte des étoiles [7] à l'ancienne adoration du soleil, il les supplanta adroitement dans le cœur du peuple.

Ce fait, qui, si l'on considère la circonstance des troubles de la Grèce, devient extrêmement remarquable, et qui par lui-même est un très-grand événement [a], a à peine été recueilli des écrivains. Cependant les conséquences durent en être vivement senties. Si la science des hommes demeure en tout temps la même, et qu'il soit permis de raisonner de l'effet des passions, d'après la connaissance de ces passions, on peut hardiment conjecturer que l'insurrection de la Babylonie [8], peut-être même celle de l'Ionie, par des causes maintenant impossibles à découvrir, provinrent de ces innovations [9]. Qui sait jusqu'à quel degré elles n'influèrent point sur le sort des armes dans la guerre Médique, et

---

[1] Je me servirai désormais de cette expression pour faire entendre la guerre présente, afin d'éviter les périphrases.

[2] Les Grecs ne comptaient la guerre Médique que depuis l'invasion de Xerxès jusqu'à la défaite de Mardonius à Platée. Moi je comprendrai sous ce nom toute la période entre la bataille de Marathon sous Darius, et la paix générale sous Artaxerxès. J'avertis que, parlant désormais de la Perse et de l'Allemagne ensemble, pour sauver les longueurs et les tours traînants, j'indiquerai seulement le changement d'un empire à l'autre par ce signe —.

[3] HEROD., lib. V, cap. LXXXIX; lib. IV, cap. I; PLAT., *de Leg.*, lib. III.

[4] PLAT., *ibid.*; DIOD., lib. I, pag. 85.

[5] HEROD., lib. III, cap. LXXX.

[6] *Id., ibid.*

[7] On croit que ce fut le second Zoroastre qui rétablit l'ancien culte du soleil. Or, ce Zoroastre vivait sous Darius même. Ainsi les innovations de celui-ci n'auraient servi qu'à troubler ses Etats sans avoir obtenu le but qu'il s'était proposé. (HYDE, *Rel. Pers.*, pag. 311; BAY. *Let. Z. Zor.*; PRIDEAUX, pag. 240; SUID., *in Zor.*)

[a] De tous les rapprochements présentés dans l'*Essai*, voilà le plus curieux et le fait historique le moins observé. (N. ED.)

[8] HEROD., lib. III, cap. CLX, CLXI.

[9] Il est impossible qu'un ordre religieux de la plus haute antiquité, et qui gouvernait le peuple à son gré, se laissât massacrer, proscrire, sans mettre en usage toutes les ressources de sa puissance. Et puisque Lucien nous apprend que de son temps les mages existaient dans tout leur éclat en Perse, il faut en conclure qu'ils obtinrent la victoire sur Darius. D'ailleurs, Pline et Arien parlent des mages tout-puissants sous Xerxès, et de ce prince lui-même comme d'un grand sectaire du second Zoroastre.

par conséquent sur la destinée des Perses? Ces réformes sacerdotales de Darius et de Joseph dans leurs États, presque au moment de l'abolition de la monarchie en Grèce et en France, présentent un des rapports les plus intéressants de l'histoire.

Ce dernier prince n'eut pas plutôt touché aux hochets sacrés, que les prêtres, alarmant les villes des Pays-Bas, leur persuadèrent qu'on en voulait à leur liberté, lorsqu'il ne s'agissait que de quelques couvents de moines inutiles. La révolte du Brabant a eu les suites les plus funestes. Le peuple, dompté seulement par la force des armes, froid dans la cause de ses maîtres, qu'il regardait comme ses tyrans, loin d'épouser la querelle des alliés, a présenté aux Français une proie facile. Observons encore la réaction de la justice générale : le clergé flamand soulève les Brabançons contre leurs souverains légitimes, pour sauver quelques parties de ses immenses richesses; les républicains arrivent et s'emparent de tout [a].

Une guerre malheureuse venait de désoler la Perse, — de ruiner l'Allemagne. Darius, dans son expédition de Scythie, avait perdu une armée florissante [1]. — Les États de Joseph s'étaient épuisés pour seconder son entreprise contre la Porte. Mais ici se trouve une différence locale essentielle. Les troupes persanes, en se rendant par la Thrace aux bords de l'Ister, se rapprochèrent de la Grèce. — L'armée autrichienne, en se jetant sur la Turquie, s'éloignait au contraire des frontières de France. Cette chance de position a décidé en partie du succès de la guerre présente; car, ou les empereurs se fussent déclarés plus tôt contre la république, et l'eussent trouvée moins préparée; ou les Français eux-mêmes n'auraient su pénétrer dans le Brabant. Autres données, autres effets.

Joseph étant mort à Vienne, son frère Léopold, grand-duc de Toscane, lui succéda. Celui-ci, accoutumé, dans une position moins élevée, à un horizon peu étendu, ne put saisir l'immensité de la perspective, lorsqu'il eut atteint à de hautes régions. La nature l'avait doué de cette vue microscopique qui distingue les parties de l'infiniment petit, et ne saurait embrasser les dimensions plus nobles du grand. Il porta cependant avec Darius quelques traits de ressemblance : l'amour de la justice et la connaissance des lois. Mais le prince persan considéra ses sujets du regard du monarque qui dirige des hommes [2], et le prince germanique, de l'œil du maître qui surveille un troupeau. L'un possédait la chaleur et la libéralité du chef qui donne [3]; l'autre, la froideur et l'économie du dépositaire qui compte [4].

Tels étaient les monarques et l'état des deux empires, lorsque la révolution

---

[a] Il y a quelque chose d'assez bien jugé dans ces remarques, c'est dommage qu'elles soient gâtées par la manifestation d'un esprit antireligieux. Qu'il y ait eu des moines inutiles, tout le monde en convient : on peut être encore un bon catholique en convenant avec Fleury, et tant d'autres saints prêtres, que des abus s'étaient glissés dans le clergé; mais je ne veux point avoir recours à cette défense, et j'aime mieux dire ce qui est vrai : c'est que dans le paragraphe qui fait le sujet de cette note, l'écrivain était imbu des doctrines de son siècle. (N. Ed.)

[1] Strab., lib. vii, pag. 305; Herod., lib. iv, cap. mcccxli
[2] Plut., Apopht., tom. ii, pag. 173.
[3] Herod., lib. iii, cap. cxxxii, etc.; lib, vi, cap. cxx.
[4] Je juge ici d'après le livre des Institutions toscanes de Léopold, imprimé en italien, et que j'ai eu quelque temps entre les mains; en outre, sur ce que j'ai appris en Allemagne touchant cet empereur, dans plusieurs conversations avec des Florentins; enfin par l'histoire gé-

républicaine de la Grèce, et celle de la France, firent éclater la guerre Médique dans l'ancien monde, — la guerre présente dans le monde moderne. Nous allons essayer d'en développer les causes. *a*.

CHAPITRE LXI.

INFLUENCE DE LA RÉVOLUTION RÉPUBLICAINE DE LA GRÈCE SUR LA PERSE — ET DE LA RÉVOLUTION RÉPUBLICAINE DE LA FRANCE SUR L'ALLEMAGNE. — CAUSES IMMÉDIATES DE LA GUERRE MÉDIQUE, — DE LA GUERRE RÉPUBLICAINE. — L'IONIE [1]. — LE BRABANT.

Les différentes colonies que les Grecs avaient fondées sur les côtes de l'Asie-Mineure étaient tombées peu à peu sous la puissance des rois de Lydie [2]. Celle-ci ayant été à son tour renversée par Cyrus, les villes d'Ionie passèrent alors sous le joug de la Perse [3].

Elles ne connurent cependant que le nom de l'esclavage. Leurs maîtres leur laissèrent leur ancien gouvernement populaire, et n'exigeaient d'elles qu'un léger tribut [4]; mais les habitants de ces cités, incapables de modération, ne connaissaient pas de plus grand tourment que le repos. Amollis dans le luxe et les voluptés, ils n'avaient conservé de la pureté de leurs mœurs primitives qu'une inquiétude toujours prête à les plonger dans les malheurs des révolutions, sans qu'ils fussent jamais assez vertueux pour en recueillir les fruits [5].

Les colonies grecques-asiatiques formaient un corps de républiques qui se gouvernaient par leurs propres lois, sous la protection de la cour de Suze [6], de même que les États fédératifs des Pays-Bas sous la puissance des empereurs d'Allemagne. Plusieurs fois les premières avaient cherché à se soustraire

nérale de l'Europe à cette époque. La justice cependant m'oblige de dire que j'ai trouvé des Allemands grands admirateurs des vertus de Léopold.

a Me voilà à la fin de ce qui forme dans cette édition (celle de 1826) le premier volume de l'*Essai*. Jamais coupable ne s'est imposé pénitence plus rude. Il ne faut pas croire que je n'aie pas souffert en me traitant comme je viens de le faire. Je défie la critique la plus malveillante d'aller au delà de la mienne, car je n'ai pas plus ménagé mon amour-propre que mes principes ; je m'épargnerai encore moins dans les notes du second volume.

Néanmoins qu'il me soit permis à présent de demander au lecteur ce qu'il pense de ce qu'il vient de lire? Est-ce là ce livre qui devait révéler en moi un homme tout autre que l'homme connu du public? Que voit-on dans l'*Essai*? est-ce un impie, un révolutionnaire, un factieux ou un jeune homme accessible à tous les sentiments honnêtes, impartial avec ses ennemis, juste contre lui-même, et auquel, dans le cours d'un long ouvrage, il n'échappe pas un seul mot qui décèle une bassesse de cœur? L'*Essai* est certes un très-méchant livre ; mais si l'on ne veut, si l'on ne doit accorder aucune louange à l'auteur, peut-on lui refuser de l'estime?

Littérairement parlant, l'*Essai* touche à tout, attaque tous les sujets, soulève une multitude de questions, remue un monde d'idées, et mêle toutes les formes de style. J'ignore si mon nom parviendra à l'avenir ; je ne sais si la postérité entendra parler de mes ouvrages; mais si l'*Essai* échappait à l'oubli, tel qu'il est en lui-même cet *Essai*, et tel qu'il est surtout avec les *Notes critiques*, ce serait un des plus singuliers monuments de ma vie. (N. ED.)

[1] Je comprends sous le nom général de l'*Ionie*, l'Ionie proprement dite, l'Eolide et la Doride.
[2] HEROD., lib. I, cap. VI.
[3] *Id.*, *ibid.*, cap. CXLI ; THUCYD., lib. I, cap. XVI.
[4] *Id.*, lib. VI, cap. XLII, XLIII.
[5] ATHEN., lib. XII, pag. 526 ; HEROD., lib. IX, cap. CIV ; THUCYD., lib. VI, cap. LXVII, LXXVII ; XENOPH., *Instit. Cyr.*, pag. 158 ; DIOD., lib. XIV ; PAUSAN., lib. III.
[6] HEROD., lib. I, cap. CXLIII ; STRAB., lib. VIII, cap. CCCLXXXIV.

RÉVOLUTIONS ANCIENNES.

à la domination de la Perse [1] sans avoir pu y parvenir. Dans la dix-neuvième année du règne de Darius, les peuples de l'Ionie se soulevèrent à la fois [2]. Le motif général de l'insurrection était ces plaintes vagues de tyrannie, le grand texte des factieux, et qui ne veut dire autre chose, sinon qu'on a besoin d'expressions figurées pour éviter d'employer au sens propre, haine, envie, vengeance, et tous ces mots qui composent le vrai dictionnaire des révolutions.

— Le Brabant, autrefois partie du duché de Bourgogne, étant passé, après plusieurs successions, à la maison d'Autriche, demeura en possession de ses priviléges politiques, formant une espèce de république soumise à un grand empire.

Le caractère des Flamands, considéré au civil, présentait encore des analogies frappantes avec celui des Grecs-Asiatiques. Indomptables dans leur humeur, les habitants des Pays-Bas tendaient sans cesse à s'insurger, sans autre raison qu'une impossibilité d'être paisibles. La république du brasseur Artavelle [3], le bannissement de plusieurs de leurs comtes [4], les révoltes sous Charles le Téméraire [5], les grands troubles sous Philippe II [6], ne prouvent que trop cette vérité. Les innovations de Joseph étaient plus que suffisantes pour soulever un peuple impatient et superstitieux. Dans un instant les Pays-Bas furent en armes; et l'empereur germanique s'aperçut trop tard qu'il avait méconnu le génie des hommes [7] [a].

CHAPITRE LXII.

DÉCLARATION DE LA GUERRE MÉDIQUE, L'AN 1er DE LA SOIXANTE-NEUVIÈME OLYMPIADE (505 AVANT J. C.). — DÉCLARATION DE LA GUERRE PRÉSENTE, 1792. — PREMIÈRES HOSTILITÉS.

Durant que ceci se passait en Ionie et dans le Brabant [b], de grandes scènes s'étaient ouvertes en Grèce et en France. Soulevées au nom de la liberté, ces deux contrées avaient chassé leurs princes et changé la forme de leur gouvernement. Dans le moment le plus chaud de cet enthousiasme, les Athéniens voient tout à coup arriver les ambassadeurs de l'Ionie révoltée, qui les supplient de secourir leurs concitoyens dans la cause commune de l'indépendance [8].
— Les députés du Brabant en insurrection font à Paris la même prière à l'assemblée nationale.

L'impétuosité attique et française aurait bien désiré se précipiter dans la

[1] HEROD., lib. I, cap. VI.
[2] *Id.*, lib. V, cap. XCVIII.
[3] FROISSARD, chap. XXXIV; DAN., tom. III, pag. 418, etc.
[4] FROISSARD, chap. XXIV; HUME's *Hist. of Engl.*, t. II, p. 395.
[5] PHILIPP. DE COMIN.
[6] BENTIV., *Guer. di Fiand.*, lib I, pag. 10, etc.; lib. II; CAMDEN, *in Elizab.*
[7] *Test. Pol. de Joseph.*

[a] Je n'ai aucune remarque à faire sur ce chapitre : c'est toujours la suite de ces comparaisons dont j'ai montré si souvent l'impertinence dans les notes précédentes. Comparer les voluptueux habitants de la *molle* Ionie, sous leur ciel enchanté, au milieu des arts, dans la patrie d'Homère et d'Aspasie; les comparer, dis-je, aux Brabançons, c'est une singulière débauche d'imagination, une merveilleuse faculté de voir tout ce qu'on veut. (N. ÉD.)
[b] L'Ionie et le Brabant! je parle de tout cela couramment. (N. ÉD.)

[8] HEROD., lib. V, cap. LV.

mesure proposée, mais l'heure n'était pas venue. On ne comptait encore que des préparations peu avancées : un reste de crainte retenait; d'ailleurs il était impossible, sans renoncer à toute pudeur, de rompre la paix avec la Perse, — avec l'Allemagne, dont on n'avait aucun sujet de plainte. On renvoya donc les députés avec des paroles obligeantes, se contentant de fomenter sous main des troubles auxquels on ne pouvait encore prendre de part ouverte [1] [a].

Le prétexte ne tarda pas à se présenter. Hippias, dernier roi d'Athènes, s'était retiré à la cour d'Artapherne [2], frère de Darius, et satrape de Lydie. — Les princes frères de Louis XVI avaient cherché un refuge à la cour de Coblentz. — Aussitôt les Athéniens disent que Darius favorise le tyran; que celui-ci intrigue pour susciter des ennemis à sa patrie [3]. On députe vers Artapherne, on lui signifie qu'il ait à cesser de protéger la cause d'Hippias [4]. — Les Français exigent de Léopold qu'il défende les rassemblements d'émigrés dans ses États, et abandonne les princes fugitifs. — Artapherne répond ouvertement que, si les Athéniens désirent se concilier la faveur du grand roi, il faut qu'ils rétablissent le fils de Pisistrate sur le trône [5]. — L'empereur germanique semble obéir aux ordres de l'assemblée nationale, en même temps qu'il tient secrètement une conduite opposée [b].

D'un autre côté Darius se plaignait de ce que les Grecs entretenaient la révolte des villes d'Ionie, et s'arrogeaient le droit de se mêler du gouvernement intérieur de ses provinces [6], à peu près de même que les princes allemands réclamaient contre les décrets de l'assemblée nationale, qui s'étendaient sur leur territoire.

Il était impossible qu'au milieu de ces reproches mutuels, les esprits conservassent longtemps la modération dont ils affectaient encore de se parer. Les partis, protestant toujours le désir de la paix, se préparaient secrètement à la guerre [7]. On s'aigrissait de plus en plus. Hippias, à la cour de Suze, représentait les Grecs comme des factieux ennemis de l'ordre et des rois [8]. — Les émigrés invoquaient l'Europe contre les régicides qui avaient juré haine éternelle

---

[1] On est forcé de concevoir ainsi la chose d'après le récit d'Hérodote, qui se contredit avec les faits qu'il rapporte lui-même. Il représente Aristagore à Athènes, vers le commencement de la seconde année de la révolte de l'Ionie, et il ajoute qu'il obtint le but de sa négociation; et cependant les Athéniens ne joignirent leur flotte aux Grecs-Asiatiques que l'année suivante. D'ailleurs, Plutarque, dans plusieurs endroits de ses ouvrages, et Platon, dans le troisième livre des Lois, confirment ce que j'avance ici. (HÉROD., lib. v, cap. LV-XCVI, XCVII-XCIX-CIII; PLUT., in Themist.; Id., de Glor. Athen; PLAT., de Leg., lib III.

[a] Ceci est grave : je mets mes conjectures à la place de l'histoire, j'accuse et je n'apporte aucune preuve à l'appui de mon accusation. Le gouvernement français essaya sans doute de propager les principes révolutionnaires, de soulever les peuples contre les rois; mais ce fut plus tard, sous le règne de la Terreur, au milieu du désordre révolutionnaire; et dans ce passage, il n'est encore question que de l'époque de l'assemblée constituante. Je calomnie donc, sans m'en apercevoir, par une confusion de temps et par un anachronisme né de la préoccupation de mon système. (N. ED.)

[2] HÉROD., lib. v, cap. XCVI. — [3] Id., lib. VI, cap. CII. — [4] Id., lib. v, cap. XCVI. — [5] Id., ibid.

[b] Ce que je dis des Athéniens est appuyé d'une autorité historique; mais je n'offre, au soutien de ce que je dis de l'Allemagne, que mon propre récit : ce n'est pas assez. Remarquons en passant qu'on ne doit pas dire en bon français l'empereur germanique; c'est là du style de réfugié. (N. ED.)

[6] HÉROD., lib. IV, cap. CV. — [7] Id., lib. v, cap. LV. — [8] Id., ibid., cap. XCI.

à tous les trônes. — Les Grecs et les Français disaient qu'on devait se lever contre les tyrans qui menaçaient la liberté des peuples[1]. Les uns crient au républicanisme[2]; les autres, à l'esclavage[3]; on s'insulte; on vole aux armes. Les Athéniens et les patriotes de France, gagnant de vitesse le flegme oriental et allemand, se hâtent d'attaquer la Perse[4], — la Germanie. L'an 1er de la soixante-neuvième olympiade, et l'année 1792 de notre ère, virent les premières hostilités de ces guerres trop mémorables. Les Athéniens se précipitèrent sur l'Asie-Mineure, où ils brûlèrent Sardes[5]; — les Français sur le Brabant, où ils se signalèrent de même par des incendies. Les uns et les autres bientôt forcés à une fuite honteuse[6], se retirèrent, laissant après eux des flammes que des torrents de sang pouvaient seuls éteindre [a].

CHAPITRE LXIII.

PREMIÈRES CAMPAGNES. — AN 3 DE LA SOIXANTE-DOUZIÈME OLYMPIADE[7]. — 1792. — PORTRAIT DE MILTIADE. — PORTRAIT DE DUMOURIEZ. — BATAILLE DE MARATHON. — BATAILLE DE JEMMAPES. — ACCUSATION DE MILTIADE, — DE DUMOURIEZ.

Les Perses, ainsi que les Autrichiens, se déterminèrent à tirer de leurs ennemis une vengeance éclatante. Les premiers firent partir Datis à la tête de cent dix mille hommes, ayant sous lui le prince athénien Hippias[8]. — Les seconds s'avancèrent sous le roi de Prusse conduisant les frères de Louis XVI. L'armée asiatique, après s'être emparée de quelques îles voisines de l'Attique, descendit victorieusement à Marathon[9]. — Les troupes coalisées contre la France, s'étant saisies de plusieurs places frontières se déployèrent dans les plaines de Champagne.

La plus extrême confusion se répandit alors en Grèce[10], — en France. Les uns, partisans de la royauté, se réjouissaient en secret de l'approche des légions étrangères[11]; d'autres, dont les opinions varient avec les événements, commençaient de s'excuser de leur patriotisme passé[12]; enfin, les amants de la liberté, exaltés par le danger des circonstances, sentaient leur courage s'augmenter en proportion des malheurs de la patrie[13], et je ne sais quoi de sublime qui tourmentait leurs âmes [b].

[1] Herod, lib. v, cap. cii — [2] Id., ibid., cap. xcvi. — [3] Id., ibid., cap. xcvi.
[4] Je commence la guerre Médique au moment où les Athéniens prirent une part active dans la révolte des Ioniens. Il n'y eut alors aucune déclaration formelle de guerre; elle n'eut lieu que lors de l'invasion de Xerxès.
[5] Herod. lib. v, cap. cii. — [6] Id., ibid., cap. ciii.

[a] Il faut bien me laisser faire des tableaux, puisque mon système le veut ainsi. Mais je dois remarquer, pour la vérité historique, que je torture ici quelques passages d'Hérodote, et que je ne suis pas même exact dans le récit des premières hostilités des Français en 1792. (N. Ed.)

[7] Quatre cent quatre-vingt-dix ans avant J.-C. — [8] Herod., lib. vi, cap. xciv-cii; Plat., de Leg., lib. iii, Corn. Nep., in Milt., cap. v. — [9] Herod., lib. vi, cap. ci; C. Nep., in Milt. — [10] Plat., de Leg., lib. iii. — [11] Herod, lib. vi. — [12] Id., ibid., cap. xliii. — [13] Id., ibid.

[b] Si l'on me demandait ce que j'ai voulu dire par cette phrase, je ne saurais trop que répondre; mais telle qu'elle est, cette phrase, elle ne me déplaît pas, et je crois, sinon la comprendre, du moins la sentir. (N. Ed.)

Au nom de Miltiade, on frissonne d'un saint respect, non que l'éclat de ses victoires nous éblouisse, mais parce qu'il arracha son pays à la servitude *a*. Les qualités guerrières de cet homme fameux furent l'activité et le jugement[1]. Connaissant le caractère de ses compatriotes, il ne balança pas à les précipiter sur les Perses, à Marathon [2], certain que la réflexion était dangereuse à ces bouillants courages. Les traits du général athénien brillaient de ses vertus, dirai-je de ses vices? Un front large, un nez un peu aquilin, une bouche ferme et compressée, une vigueur de génie répandue sur tout son visage, montraient le redoutable ennemi des tyrans, mais peut-être l'homme un peu enclin lui-même à la tyrannie [3] *b*. Le poignard d'un Brutus peut être aisément forgé dans le sceptre de fer d'un César; et les âmes énergiques, comme les volcans, jettent de grandes lumières et de grandes ténèbres.

De petites formes, de petits traits, un air remuant et pertinent, cachent cependant dans M. Dumouriez des talents peu ordinaires. On lui a fait un crime de la versatilité *c* de ses principes; supposé que ce reproche fût vrai, aurait-il été plus coupable que le reste de son siècle? Nous autres Romains de cet âge de vertu, tous tant que nous sommes, nous tenons en réserve nos costumes politiques pour le moment de la pièce; et, moyennant un demi-écu qu'on donne à la porte, chacun peut se procurer le plaisir de nous faire jouer avec la toge ou la livrée, tour à tour, un Cassius ou un valet *d*.

Rassurés par la noble confiance de Miltiade, les Athéniens volèrent au combat. — Les Français, conduits par Dumouriez, cherchèrent l'armée combinée. Les Perses et les Prussiens, par la plus incroyable des inactions, semblaient paralysés dans leur camp [4]. Bientôt les derniers furent contraints de se replier,

---

a C'est un émigré qui écrit cela. (N. Ed.)

[1] Herod., lib. vi, cap. cxvi-cxx ; C. Nep., *in Milt.*; Plut., *in Arist.*

[2] Herod., lib. vi, cap. cix; Plut., *in Arist.*, pag. 321 ; Corn. Nep., *in Milt.*, cap. v.

[3] Voyez les différentes têtes de Miltiade *en gemme*. J'ai dessiné celle dont je me sers d'après une excellente collection d'estampes antiques, gravées à Rome, en 1666, sur les originaux, et que le Rév. B. S. a bien voulu me communiquer.

b Portrait à la manière d'une mauvaise école. Je me montre plus rigoureux ici que les Athéniens, car à la seule inspection des traits d'un grand homme, plus ou moins bien reproduits par la gravure, je déclare Miltiade un peu enclin à la tyrannie. Cela prouve que j'aurais fait pendre les tyrans sur la mine. (N. Ed.)

c Cette facilité de confronter les hommes d'un jour avec les hommes des siècles, de comparer des personnages vivants, dont le nom est à peine connu, à des personnages qui reposent depuis des milliers d'années dans la tombe, et dont le temps a sanctionné la gloire; cette facilité est un prodigieux exemple de la folie de l'esprit de système. Qu'il y a déjà loin du jugement que l'on prononçait sur Dumouriez en 1794, à celui que l'on porte de ce général aujourd'hui ! (N. Ed.)

d La satire historique n'est pas l'histoire ; la satire historique juge la société générale par les exceptions; on sacrifie une vérité à une phrase brillante. Il arrive cependant que des hommes remplis d'indulgence et de philanthropie ont quelquefois du penchant à la satire, mais alors elle n'est chez eux qu'une arme défensive, tandis que cette arme est offensive entre les mains des véritables satiriques.

Si je ne m'étais fait une loi de ne rien changer au texte de l'*Essai*, j'aurais effacé dans ces passages les incorrections d'un écrivain jeune et peu exercé. Par exemple, il fallait écrire ici : « Pour un peu d'argent qu'on donne à la porte, chacun peut se procurer le plaisir « de nous faire jouer en toge ou en livrée le rôle d'un Cassius ou celui d'un valet. » (N. Ed.)

[4] Il y avait dix généraux dans l'armée athénienne qui devaient commander chacun à leur tour, mais ils cédèrent cet honneur à Miltiade. Celui-ci cependant attendit que le jour où il

RÉVOLUTIONS ANCIENNES. 149

en abandonnant leurs conquêtes, et les républicains marchèrent aussitôt en Flandre. Marathon et Jemmapes[1] ont appris au monde que l'homme qui défend ses foyers, et l'enthousiaste qui se bat au nom de la liberté, sont des ennemis formidables.

Un calme de peu de durée succéda à ces premières tempêtes. Les Athéniens et les Français le remplirent de leur ingratitude. Miltiade et Dumouriez, ayant éprouvé quelques revers[2], furent accusés de royalisme[3], et de s'être laissé corrompre par l'or de la Perse[4] et de l'Autriche. Le premier expira dans les fers, des blessures qu'il avait reçues à la défense de la patrie[5] ; le second n'échappa à la mort que par la fuite[6].

CHAPITRE LXIV.

XERXÈS. — FRANÇOIS. — LIGUE GÉNÉRALE CONTRE LA GRÈCE, — CONTRE LA FRANCE. — RÉVOLTE DES PROVINCES.

Cependant l'empire d'Orient et celui d'Allemagne avaient changé de maîtres. Darius et Léopold[7] n'étaient plus. A ces monarques, savants dans la connaissance des hommes et dans l'art de gouverner, succédèrent leurs fils, Xerxès et François[a]. Ces jeunes princes, placés au timon de deux grands États dans des circonstances orageuses, égaux en fortune, se montrèrent différents en génie. Le roi des Perses, élevé dans la mollesse, était aussi pusillanime[8] que l'empereur germanique, nourri dans les camps de Joseph, est courageux[9]. Ils semblent

commandait de droit fût arrivé pour donner la bataille. D'ici il résulte que la petite poignée de Grecs, se montant à dix mille Athéniens et mille Platéens, restèrent plusieurs jours en présence des cent dix mille Perses, sans que ceux-ci songeassent à les attaquer. Quant au roi de Prusse, il se donna le plaisir pieux de réinstaller l'évêque de Verdun dans son siége épiscopal, et d'entendre les chanoines chanter la messe, à la grande satisfaction de tous les assistants.

[1] Ces deux batailles, si semblables dans leurs effets pour la Grèce et pour la France, diffèrent totalement quant aux circonstances. Dix mille Athéniens défirent cent dix mille Perses, et cinquante mille Français eurent bien de la peine à forcer dix mille Autrichiens. La retraite de Clerfayt, après la bataille, a passé pour un chef-d'œuvre d'art militaire. Les Perses perdirent six mille quatre cents hommes, les Grecs cent quatre-vingt-douze. J'ai vu deux prisonniers patriotes qui s'étaient trouvés à Jemmapes, et qui m'ont assuré que les Français y laissèrent de douze à quinze mille tués. — La bataille de Marathon se donna le 29 septembre, 490 avant J.-C. — Celle de Jemmapes, le 8 novembre 1792.

[2] HÉROD., lib. VI, cap. CXXXII ; C. NEP., *in Milt.*, cap. VII.

[3] C. NEP., *in Milt.*, cap. VIII.

[4] HÉROD., lib. VI, cap. CXXXVI.

[5] *Id., ibid.* ; C. NEP. *in Milt.*, cap. VIII.

[6] *Mémoires du général Dumouriez.*

[7] Léopold ne vit pas la première campagne, puisqu'il mourut à Vienne, le jour même que la guerre fut déclarée à Paris. Mais comme cette déclaration se fit en son nom, j'ai négligé de parler plus tôt de cet événement, qui ne change rien à la vérité des faits, et pouvait nuire à l'ensemble du tableau.

[a] Le lecteur doit être accoutumé à ces rapprochements. Ne semble-t-il pas que je connaisse Xerxès aussi bien que le respectable empereur d'Autriche, qui vit encore ? Je fais le dénombrement des deux armées des Perses et des Allemands, à peu près comme le noble chevalier de la Manche nommait les généraux des deux grandes armées de moutons : « Ce « chevalier, disait-il, qui porte trois couronnes en champ d'azur, est le redoutable Micoco- « lembo, grand-duc de Quirocie, etc. » (N. ED.)

[8] PLAT., *de Leg.*, lib. III, pag. 698.

[9] François a donné les plus grandes marques de bravoure dans la guerre des Turcs, parti-

seulement avoir partagé en commun l'obstination de caractère[1]. Ils eurent aussi le malheur d'être trompés par leurs ennemis, qui s'introduisirent jusque dans leurs conseils[2].

Résolu de poursuivre vigoureusement la guerre que son père lui avait laissée avec la couronne[3] Xerxès assemble son conseil; il y montre la nécessité de rétablir dans tout son lustre l'honneur de la Perse, terni aux champs de Marathon. « J'irai, dit-il, je traverserai les mers, je raserai la ville coupable, et j'emmènerai les citoyens captifs dans les fers[4]. » Les alliés ont aussi tenu à peu près le même langage.

Après un tel discours, on ne songea plus qu'aux immenses préparatifs de l'expédition projetée. Des courriers chargés des ordres de la cour de Suze, se rendent dans les provinces pour hâter la marche des troupes[5]. En même temps une ligue générale de tous les États de l'Asie, de l'Afrique et de l'Europe se forme contre le petit pays de la Grèce. Les Carthaginois, prenant à leur solde des Gaulois, des Italiens, des Ibériens, se déclarent et signent un traité d'alliance offensive avec le grand roi[6]. La Phœnicie et l'Égypte équipent leurs vaisseaux pour la coalition[7]. La Macédoine y joint ses forces[8]. De ses États proprement dits, la Médie et la Perse, Xerxès tire des troupes aguerries[9]. La Babylonie, l'Arabie, la Lydie, la Thrace et les diverses satrapies, fournissent leur contingent à la ligue[10], et une armée de trois millions de combattants s'assemble dans la plaine de Doriscus[11].

Au bruit de ces préparatifs formidables, des provinces de la Grèce, soit par lâcheté, soit par opinion, se rangent du parti des étrangers[12]. Et l'on vit bientôt la Béotie, l'Argolide, la Thessalie, et plusieurs îles de la mer Égée[13], joindre leurs efforts à ceux des tyrans.

François, de son côté, faisait des préparatifs immenses. Ses États de Hongrie, de Bohême, de Lombardie, etc., lui donnent d'excellents soldats; la Prusse le soutient de tout son pouvoir; les cercles de l'empire mettent sur pied leurs légions; l'Angleterre, la Hollande, l'Espagne, la Sicile, la Sardaigne, la Russie, se combinent dans la ligue générale, et de nombreuses armées s'avancent sur toutes les frontières de la France. Aussitôt la Vendée, le Lyonnais, le Languedoc, s'insurgent; et la république naissante, attaquée au dedans et au dehors, se voit menacée d'une ruine prochaine.

Un très-petit nombre de peuples restèrent tranquilles spectateurs de ces

---

culièrement un jour que, s'étant emporté fort loin à la poursuite des ennemis, il revint seul au camp, où on était dans les plus vives alarmes sur son compte. Je tiens ce fait du colonel des hussards de la garde du roi de Prusse.

[1] Plat., de Leg., lib. III, pag. 698.
[2] Thémistocle fit plusieurs fois donner des avis à Xerxès en particulier, l'un avant, l'autre après la bataille de Salamine. — On dit que le cabinet de l'empereur est composé de gens entièrement vendus à la France.
[3] Entre la première invasion de la Grèce par les Perses sous Darius, et la seconde sous Xerxès, il se trouve un intervalle de dix ans, presque tout employé en préparatifs de guerre.
[4] Herod., lib. VII, pag. 382. — [5] Id., ibid., cap. XX. — [6] Diod., lib. II, pag. 1, 2, etc. — [7] Herod., lib. VII, cap. LXXXIX-XCIX. — [8] Id., ibid., cap. CLXXXV. — [9] Id., ibid., cap. LX-LXXXVII. — [10] Id., ibid. — [11] Id., ibid., Isocrat., Panath., pag. 305; Just., lib. I, cap. X; Plut., in Themist. — [12] Herod., lib. VII, cap. XXXII; Diod., lib. II. — [13] Herod., lib. VII, cap. CLXXXV; lib. VIII, cap. V; lib. IX, cap. XII.

grandes scènes. Dans le monde ancien on ne compta que ceux de la Crète [1], de l'Italie [2], de la Scythie. — Le Danemark, la Suède, la Suisse, et quelques autres petites républiques, demeurèrent neutres dans le monde moderne. Ni les Grecs, ni les Français, n'eurent d'alliés au commencement de la guerre. Leurs armes leur en firent par la suite [3].

Afin que le lecteur puisse parcourir d'un coup d'œil ce tableau intéressant, je vais joindre ici une carte, où l'on a rangé les alliés de la guerre Médique et de la guerre républicaine sur deux colonnes, les peuples qui se correspondent opposés les uns aux autres, les provinces soulevées, les dates des batailles, des paix partielles, etc., etc. [a].

---

[1] Herod., lib. VII, cap. CLXXI.
[2] Encore l'Italie avait-elle des troupes à la solde de Carthage.
[3] Plut., *in Cim.*; Thucyd., lib. I, pag. 66; Diod., lib. II, pag. 47.

[a] Que de soins, que de recherches perdus! les faits n'en sont pas moins curieux. (N. Ed.)

TABLEAU DES PEUPLES COALISÉS CONTRE LA GRÈCE DANS LA GUERRE *MÉDIQUE*.		TABLEAU DES PEUPLES COALISÉS CONTRE LA FRANCE DANS LA GUERRE *RÉPUBLICAINE*.	
PUISSANCES CONTINENTALES.	BATAILLES, PAIX, DIVERSES CONQUÊTES, PAIX GÉNÉRALE.	PUISSANCES CONTINENTALES.	BATAILLES, PAIX, DIVERSES CONQUÊTES.
LA PERSE.	Avant J.-C. Années.	L'*ALLEMAGNE*. ÉTATS PROPREMENT DITS DE L'EMPEREUR.	De notre ère. Années.
ÉTATS PROPREMENT DITS DU ROI DES PERSES. La Perse. La Médie. La Babylonie.	Les Grecs ravagent la Lydie, et sont repoussés............ 504 Bataille de Marathon, 29 septembre...... 490 Coalition générale..... 485 et suivantes.	La Hongrie. La Bohême. L'Autriche. Le Brabant. La Lombardie, etc. CERCLES DE L'EMPIRE.	Les Français tentent l'invasion du Brabant, et sont repoussés, 29 avril 1792............. 1792 Bataille de Jemmapes, 7 novembre.......... Coalition générale, fév. et mars............ 1793 Invasion des Autrichiens, avril............ Bataille de Maubeuge, 17 octobre......... La Vendée ravagée par les Français, octobre.. Bataille de Fleurus, 29 juin.............. 1794 Conquêtes, déprédations, tyrannie des Français, 7 octobre........... Le roi de Prusse fait la paix, 5 avril...... 1795 Le roi d'Espagne et celui de Sardaigne contraints de traiter, 28 juin.... et suivantes.
SATRAPIES DE LA PERSE. La Lydie. L'Arménie. La Pamphylie, etc.	Invasion des Perses..... 480 Combat des Thermopyles, août.............. 480 Bataille de Salamine, 20 octobre........ 480 Carthage fait la paix.... — Bataille de Platée et de Mycale, 19 septembre. 479 La Béotie saccagée par les Grecs........... La Macédoine et diverses îles de la mer Égée concluent la paix avec les Grecs........... 479 et suivantes.	La Bavière. La Saxe. Les électorats de Trèves, de Hanovre, etc. ALLIÉS. La Russie. Les princes d'Italie. L'Espagne. La Prusse. PUISSANCES MARITIMES. L'Angleterre. La Hollande.	
ALLIÉS. Divers peuples arabes. Divers rois de Thrace. La Macédoine. PUISSANCES MARITIMES. Carthage. Tyr. L'Égypte. L'Ionie.			
PROVINCES RÉVOLTÉES. La Béotie. L'Argolide. Plusieurs îles de la mer Égée. GRECS ÉMIGRÉS. Hippias, prince d'Athènes, etc. NATIONS NEUTRES. Les Scythes. Les peuples d'Italie. Les Thessaliens. Les Crétois, Et quelques autres.	Conquêtes, déprédations, tyrannie des Grecs... La Lycie, la Carie, forcées par eux à se déclarer contre les Perses 470 La Thrace subjuguée... 469 et suivantes. Invasion de l'Égypte par les Grecs.......... 462 Ils y périssent........ 462 et suivantes. Paix générale......... 449	PROVINCES RÉVOLTÉES. La Vendée. Le Morbihan. Le Lyonnais. La Provence, Et quelques autres départements. ÉMIGRÉS FRANÇAIS. Les Bourbons, etc. NATIONS NEUTRES. Les Suisses. Le Danemark. La Suède. Les villes anséatiques Les États-Unis d'Amérique.	Le premier, environ un an après la pacification, forcé de se déclarer contre les alliés. — Invasion de l'Italie par les Français .... 1796 Invasion de l'Allemagne, juin .... Les Français y sont détruits, septembre.... Ouverture de paix générale, décembre......
Les Grecs n'eurent aucun allié dans le commencement de la guerre.	Autant qu'on peut en juger par les différents relevés des batailles, il périt environ dix millions d'hommes par les armes dans la guerre des Perses et des Grecs.	Les Français n'eurent aucun allié dans le commencement de la guerre.	Environ un million d'hommes ont péri par les armes aux frontières, dans la Vendée et ailleurs. Je fais ce calcul, qui peut paraître modéré, sur l'addition des tués dans les différentes batailles, et d'après les *Mémoires sur la Vendée*, par le général Turreau.

CHAPITRE LXV.

CAMPAGNE DE LA QUATRIÈME ANNÉE DE LA SOIXANTE-QUATORZIÈME OLYMPIADE [1] (480 AV. J. C.) — CAMPAGNE DE 1793. — CONSTERNATION A ATHÈNES ET A PARIS. — BATAILLE DE SALAMINE. — BATAILLE DE MAUBEUGE.

Tout étant disposé pour l'invasion préméditée, Xerxès lève son camp et s'avance vers l'Attique, suivi de ses innombrables cohortes [2]. — Cobourg, généralissime des forces combinées, marche de même sur la France. Dans les armées florissantes de la Perse et de l'Autriche on voyait briller également une foule de princes [a]. Les Alexandre, les Artémise, les rois de Cilicie, de Tyr, de Sidon [3]; — les York, les Orange, les Saxe. Bien différentes étaient les troupes opposées. Des citoyens obscurs, dont les noms même avaient été jusqu'alors ignorés, commandaient d'autres citoyens pauvres et leurs égaux [b]. Je ne ferai point le portrait de Thémistocle et d'Aristide, qui sauvèrent alors la Grèce. Si j'avais eu des hommes à leur opposer dans mon siècle, je n'eusse pas écrit cet *Essai*.

Tout céda à la première impulsion des forces combinées. Les Thermopyles, Thèbes, Platée, Thespies, tombèrent devant les Perses [4]; — Valenciennes, Condé, le Quesnoi, devant les Autrichiens. Pour les premiers, il ne restait plus qu'à marcher sur l'Attique; — pour les seconds, qu'à se jeter dans l'intérieur de la France.

Le trouble, la consternation, le désespoir qui régnaient alors à Athènes et à Paris, ne sauraient se peindre. Les frontières forcées, les étrangers prêts à pénétrer dans le cœur de l'État, des soulèvements dans plusieurs provinces, tout paraissait inévitablement perdu. Pour comble de maux, une division fatale d'opinions parmi les patriotes, achevait d'éteindre jusqu'au moindre rayon d'espérance. La mort d'Hippias à Marathon [5], — la prise de Valenciennes, au nom de l'empereur, ne laissait plus aux royalistes de la Grèce et de la France les moyens de douter des intentions des puissances coalisées. Tous les citoyens tombaient donc d'accord de la défense, mais personne ne s'entendait sur le mode. Les Lacédémoniens opinaient à se renfermer dans le Péloponèse [6]; un parti des Athéniens voulait qu'on défendît la cité [7], un autre qu'on mît toutes ses forces dans la marine [8]. L'ambition des particuliers venait à la traverse.

---

[1] Les jeux olympiques, se célébrant dans l'été, il en résultait qu'une campagne occupait chez les Grecs la fin d'une année civile et le commencement de l'autre; par exemple, les trois derniers mois de la quatrième année de la soixante-quatorzième olympiade et les trois premiers de la soixante-quinzième, ainsi de suite. Je n'en marque qu'une pour abréger.

[2] Il avait passé l'Hellespont au commencement du printemps de l'an 480 avant J. C. Il séjourna un peu plus d'un mois à Doriscus. Ainsi il put recommencer sa marche vers la fin de mai.

[a] Je poursuis toujours mon dénombrement avec un sang-froid imperturbable; je découvrirai bientôt l'*invincible Timonel, de Carcassonne*, etc. (N. ED.)

[3] HEROD., lib. VIII, cap. LXVIII.

[b] Bien : hors de mon système je retrouve la raison. (N. ED.)

[4] HEROD., lib. VII, lib. VIII, cap. L. — [5] *Id.*, lib. VI, cap. CXIV. — [6] *Id.*, lib. VIII, cap. XL; ISOCRAT., pag. 166. — [7] HEROD., lib VII, cap. CXLIII; PLUT., *in Cim.* — [8] HEROD., lib. VII; PLUT., *in Themist.*

Des hommes sans talents prétendaient à des places auxquelles les plus grands génies suffisaient à peine [1] [a] ; Thémistocle écarta ses rivaux, détermina les citoyens à se porter sur leurs galères [2], et la patrie fut sauvée. — En France les avis étaient encore plus partagés. Chaque tête enfantait un projet et s'efforçait de le faire adopter aux autres. Ceux-ci ne voyaient de salut que dans les places fortifiées ; ceux-là parlaient de se retirer dans l'intérieur. Un plus grand nombre voulait que la république se précipitât en masse sur les alliés. Ce dernier plan parut le meilleur, et son adoption ramena la victoire.

Cependant les diversités de sentiments, non moins fatales à leur cause, frappaient les armées conquérantes d'imbécillité et de faiblesse. Xerxès, épouvanté du combat des Thermopyles, flottait incertain de la conduite qu'il devait tenir [3]. Il apprenait qu'une partie de la Grèce était assise tranquillement aux jeux olympiques [4], tandis qu'il ravageait leur contrée, et il ne savait qu'en croire [5]. Dans son conseil, le roi de Sidon se déclarait en faveur d'une attaque immédiate sur les galères athéniennes [6]. Artémise, au contraire, représentait qu'en tirant la guerre en longueur, les ennemis étaient infailliblement perdus [7]. — Parmi les Autrichiens et leurs alliés, plusieurs maintenaient qu'il fallait s'emparer des villes frontières ; le duc d'York se rangeait de l'avis de marcher sur la capitale. Le sentiment de la reine d'Halicarnasse [8], — celui du prince anglais, furent rejetés et les opinions contraires adoptées. Ainsi, par cette destinée qui dispose des empires, des diverses mesures en délibération, les Grecs et les Français choisirent celles qui pouvaient seules les sauver ; les Perses et les Autrichiens celles qui devaient nécessairement les perdre [b].

Aussitôt Xerxès se prépare à la célèbre action de Salamine. — Cobourg divise ses forces, bloque Maubeuge et envoie les Anglais attaquer Dunkerque. Il se passait alors sur la flotte réunie des Grecs, de ces grandes choses qui peignent les siècles, et qu'on ne retrouve qu'à des intervalles considérables dans l'histoire. La division s'était mise entre les généraux. Les Spartiates, toujours obstinés dans leurs projets, voulaient abandonner le détroit de Salamine et se retirer sur les côtes du Péloponèse [9]. A cette mesure, qui eût perdu la patrie, Thémistocle s'opposait de tous ses efforts. Le général s'emportant, lève la canne sur l'Athénien : « Frappe, mais écoute, » lui crie le grand homme [10], et sa magnanimité ramène Eurybiade à son opinion.

[1] PLUT., *in Themist.*

[a] C'est ce qui arrive dans tous les temps, jusqu'au moment où le génie qui doit tout dominer paraisse. (N. ED.)

[2] PLUT., *in Themist.*
[3] HEROD., lib. VII, cap. CCX.
[4] Comme les Français aux fêtes de leur capitale, tandis que le prince de Cobourg prenait Valenciennes. Ceci ne détruit point ce que j'ai dit plus haut, et est fondé sur la vérité de l'histoire. C'était le caractère des Grecs (comme c'est celui des Français) : plongés le matin dans le plus grand trouble, à six heures du soir à la foire, et désespérés de nouveau en en sortant.
[5] HEROD., lib. VIII, cap. XXVI. — [6] *Id., ibid.*, cap. LXVIII. — [7] *Id., ibid.* — [8] *Id., ibid.*,

[b] Malgré le duc d'York et la reine d'Halicarnasse, la réflexion n'est pas indigne de l'histoire. (N. ED.)

[9] HEROD., lib. VIII, cap. LVI.
[10] PLUT., *in Themist.*

C'était la veille de la bataille de Salamine [a]. La nuit était obscure. Les cœurs, sur la petite flotte des Grecs, agités par tout ce qu'il y a de cher aux hommes, la liberté, l'amour, l'amitié, la patrie, palpitaient sous un poids d'inquiétudes, de désirs, de craintes, d'espérances. Aucun œil ne se ferma dans cette nuit critique, et chacun veillait en silence les feux des galères ennemies. Tout à coup on entend le sillage d'un vaisseau qui se glisse dans le calme des ténèbres. Il aborde à Salamine ; un homme se présente à Thémistocle : « Savez-vous, lui dit-il, que vous êtes enveloppés, et que les Perses font le tour de l'île pour vous fermer le passage? » — « Je le sais, répond le général athénien ; cela s'exécute par mon avis [1]. » Aristide admira Thémistocle : celui-ci avait reconnu le plus juste des Grecs.

— La veille de l'attaque du camp des Autrichiens, par Jourdan, devant Maubeuge, fut un jour de crainte et d'anxiété. Jusque-là, les alliés victorieux n'avaient trouvé aucun obstacle, et les troupes françaises découragées ne rendaient presque plus de combat ; cependant le salut de la France tenait à celui de la forteresse assiégée. Cette place tombée entraînait la prise de plusieurs autres ; et les alliés, réunissant les forces qu'ils avaient eu l'imprudence de diviser, pénétraient sans opposition dans l'intérieur du pays. Il fallait donc saisir

---

[a] Je puis dire aujourd'hui de Salamine ce que je disais en 1796 de Lexington : *J'ai vu les champs de Salamine*. Qu'on me pardonne de citer ici un passage de l'*Itinéraire* :

« Vers les cinq heures du soir, nous arrivâmes à une plaine environnée de montagnes au nord, au couchant et au levant. Un bras de mer long et étroit baigne cette plaine au midi, et forme comme la corde de l'arc des montagnes ; l'autre côté de ce bras de mer est bordé par les rivages d'une île élevée ; l'extrémité orientale de cette île s'approche d'un des promontoires du continent : on remarque entre ces deux points un étroit passage. Je résolus de m'arrêter à un village bâti sur une colline qui terminait au couchant, près de la mer, le cercle des montagnes dont j'ai parlé.

« On distinguait dans la plaine les restes d'un aqueduc, et beaucoup de débris épars au milieu du chaume d'une moisson nouvellement coupée ; nous descendîmes de cheval au pied du monticule, et nous grimpâmes à la cabane la plus voisine : on nous y donna l'hospitalité.

« Tandis que j'étais à la porte, recommandant je ne sais quoi à Joseph, je vis venir un Grec qui me salua en italien. Il me conta tout de suite son histoire : il était d'Athènes, il s'occupait à faire du goudron avec les pins des monts Géraniens ; il était l'ami de M. Fauvel, et certainement je verrais M. Fauvel. Je répondis que je portais des lettres à M. Fauvel. Je fus charmé de rencontrer cet homme, dans l'espoir de tirer de lui quelques renseignements sur les ruines dont j'étais environné, et sur les lieux où je me trouvais. Je savais bien quels étaient ces lieux ; mais un Athénien qui connaissait M. Fauvel devait être un excellent cicérone. Je le priai donc de m'expliquer un peu ce que je voyais, et de m'orienter dans le pays. Il mit la main sur son cœur, à la façon des Turcs, et s'inclina humblement : « J'ai entendu souvent, « me répondit-il, M. Fauvel expliquer tout cela ; mais moi, je ne suis qu'un ignorant, et je « ne sais pas si tout cela est bien vrai. Vous voyez d'abord au levant, par-dessus le promon- « toire, la cime d'une montagne toute jaune ; c'est le Telo-Vouni (le Petit-Hymette) ; l'île de « l'autre côté de ce bras de mer, c'est Coulouri ; M. Fauvel l'appelle *Salamine*, etc. »

Le Grec aujourd'hui ne fait plus de goudron, à moins que ce ne soit pour les vaisseaux de Miaulis ou de Canaris. Coulouri a repris pour lui le nom de Salamine. Il connaît maintenant les monuments de sa race. Devenu antiquaire dans sa patrie, il a fouillé le champ de ses aïeux, déterré leur renommée, et retrouvé la statue de la Gloire. Pour creuser cette terre féconde, il n'a eu besoin que du fer d'une lance. (N. ED.)

[1] PLUT., *in Themist., in Arist.*

Les Grecs étant prêts à se retirer, Thémistocle en fit donner avis à Xerxès, qui s'empressa de bloquer les passages par où la flotte ennemie eût pu s'échapper. Ainsi les Grecs se virent obligés de combattre dans ce lieu favorable, ce qui leur procura la victoire. Aristide, en passant à Salamine, s'aperçut du mouvement que faisaient les galères persanes pour envelopper celles d'Eurybiade, et, ignorant le stratagème de Thémistocle, il donna avis du danger à celui-ci.

le moment et faire un dernier effort pour arracher la patrie des mains des étrangers, ou s'ensevelir sous ses ruines.

Jourdan, le général français chargé de cette importante expédition, est un froid militaire dont les talents, moins brillants que solides, n'ont été couronnés de succès que dans cette action importante et à Fleurus. Ayant tout disposé pour l'attaque, le soldat passa la nuit sous les armes, attendant, avec plus de crainte que d'espérance, le résultat de cette grande journée.

Du côté des alliés, tout était joie et certitude. — Xerxès, assis sur un trône élevé pour contempler sa gloire, fait placer des soldats dans des îles adjacentes, afin qu'aucun Grec sauvé de la ruine de ses vaisseaux, ne puisse échapper à sa vengeance. — On comptait tellement sur la victoire parmi les nations coalisées contre la France, qu'à chaque instant on annonçait la prise de Dunkerque et de Maubeuge.

— Entre la côte orientale de l'île de Salamine [1] et le rivage occidental de l'Attique, se forme un détroit en spirale d'environ quarante stades [2] de long, et de huit [3] de large. L'extrémité du détroit se trouve presque fermée par le promontoire Trophée de l'île, qui se jette à travers les flots dans la forme d'une lance. La première ligne des galères grecques s'étendait depuis cette pointe au port Phoron, qui lui correspond sur la côte du continent opposé. La seconde ligne, parallèle à la première, se plaçait immédiatement derrière, et ainsi successivement des autres, en remontant dans l'intérieur du détroit.

La première ligne des galères persanes, faisant face à celle des Grecs, se formait en demi-lune, depuis la même pointe Trophée jusqu'au port Phoron; et les autres se rangeaient derrière, en dehors du détroit. Non-seulement, par cette disposition, les Perses perdaient l'avantage du nombre [4], mais encore leur ordre de bataille se trouvait coupé [5] par la petite île Psyttalie, qui gît un peu au-dessous et en avant de l'embouchure du canal.

A l'aile gauche de l'armée navale des Perses étaient placés les Phœniciens, ayant en tête les Athéniens [6]; à l'aile droite les Ioniens, qui devaient combattre les Lacédémoniens, les Mégariens, les Éginètes [7]. Ariabignès [8] avait le commandement général des galères médiques; Eurybiade [9], celui des vaisseaux des Grecs.

— Les Autrichiens, après avoir pris Valenciennes, s'avancèrent sur Maubeuge, dont ils formèrent aussitôt le blocus. Le prince de Cobourg, avec une armée d'observation, couvrait les troupes qui se préparaient à assiéger la forteresse.

— Xerxès ayant donné le signal de la bataille, les Athéniens attaquèrent avec impétuosité les Phœniciens qui leur étaient opposés. Le combat fut opiniâtre, et soutenu longtemps avec une égale valeur. Mais enfin l'amiral persan, Ariabignès, s'étant élancé sur une galère ennemie, y demeura percé de coups [10]. Alors la confusion, augmentée par la multitude des vaisseaux que la

---

[1] C'est ici que le défaut de cartes se fait particulièrement sentir.
[2] Environ deux lieues. — [3] Un peu plus d'un tiers de lieue.
[4] Herod., lib., viii, cap. lxi. — [5] Diod., lib. ii, pag. 15. — [6] Herod., lib. ii, cap. lxxxiii. — [7] *Id., ibid.*, cap. xv.
[8] Il ne paraît pas, d'après Hérodote et Diodore, que la flotte persane eût un amiral en chef. Mais Ariabignès, frère de Xerxès, semble avoir eu le commandement principal.
[9] Plut., *in Themist.* — [10] Herod., lib. viii, cap. lxxx.

position locale rendait inutile, devint générale chez les Mèdes[1]. Tout fuit devant les Grecs victorieux; et la flotte innombrable du grand roi, qui, un moment auparavant, obscurcissait la mer, disparut devant le génie d'un peuple libre.

— A Maubeuge, les Français recouvrèrent ce brillant courage qu'ils avaient perdu depuis Jemmapes. Ils se précipitèrent sur les lignes ennemies, avec cette volubilité [a] qui distingue leur première charge de celles de tous les autres peuples. Fossés, canons, baïonnettes, montagnes, fleuves, marais, rien ne les arrête. Ils se trouvent dans mille lieux à la fois. Ils se multiplient comme les soldats de la terre. Ils grimpent, ils sautent, ils courent. Vous les avez vus dans la plaine, et ils sont au haut du retranchement emporté [b].

Les Autrichiens soutinrent le choc avec leur valeur accoutumée. Ces braves soldats, qu'aucun revers ne peut désespérer, qui seraient battus vingt ans de suite et qui se battraient la vingtième année comme la première, repoussèrent partout leurs nombreux assaillants. Mais le prince de Cobourg, jugeant une plus longue résistance inutile, abandonna sa position, et Maubeuge fut délivré. Bientôt une colonne, commandée par Houchard, obligea les Anglais à lever le siége de Dunkerque; et les espérances de conquêtes s'évanouirent pour cette année.

C'est ainsi que la flotte persane, composée de diverses nations; — l'armée autrichienne, formée de même de différents peuples; ces coalisés, les uns traîtres[2], les autres pusillanimes[3], ceux-ci craignant des succès qui reflèteraient trop de gloire sur tel ou tel général[4], telle ou telle nation; toute cette masse indigeste d'alliés fut brisée à Salamine et à Maubeuge. — Le grand roi repassa dans une petite barque, en fugitif, cette même mer à laquelle il avait donné des chaînes[5]; — Cobourg mit ses troupes en quartiers d'hiver, et tous les partis, en attendant les événements futurs d'une nouvelle campagne, eurent le temps de méditer sur l'inconstance de la fortune et de déplorer leur folie.

CHAPITRE LXVI.

PRÉPARATION A UNE NOUVELLE CAMPAGNE. — PORTRAITS DES CHEFS. — MARDONIUS, — COBOURG. — PAUSANIAS, — PICHEGRU. — ALEXANDRE, ROI DE MACÉDOINE.

Il s'en fallait beaucoup que le danger fût passé pour la Grèce et pour la France. Xerxès, en laissant après lui une armée de trois cent mille hommes choisis, avait plus fait pour sa cause qu'en y traînant trois millions d'esclaves. — L'échec que les alliés avaient reçu devant les places assiégées n'était qu'un léger revers, qui pouvait même tourner à leur profit, en leur enseignant une leçon utile. Ainsi on n'attendait que le retour de la nouvelle année pour recommencer de toutes parts les hostilités : avant d'entrer dans le détail de cette campagne, nous dirons un mot des chefs qui s'y distinguèrent.

---

[1] Diod., lib. II.

[a] Lisez *vivacité*, à moins que je n'aie voulu dire que l'attaque des Français est rapide comme la parole. (N. Ed.)
[b] J'ai transporté quelque chose de cette peinture dans le combat des *Francs* dans les *Martyrs*. (N. Ed.)

[2] Hérod., lib. VIII, cap. LXXXIV. — [3] *Id., ibid.*, cap. LXVIII. — [4] *Id.*, lib. IX, cap. LXVI, LXVII, LXVIII. — [5] *Id.*, lib. VIII, cap. CXV.

Mardonius, qui commandait les troupes persanes demeurées en Grèce, était un satrape d'un rang élevé et allié au sang de ses maîtres[1]. Son ambition[2], trop immense pour son génie, en faisait un de ces êtres disproportionnés qui paraissent grands parce qu'ils sont difformes. Vain, impatient, orgueilleux[3], il ne possédait que le courage brutal du grenadier qui donne la mort sans pitié, et la reçoit sans crainte[4] [a].

— Placé à la tête des troupes alliées de l'Autriche, le prince de Cobourg, d'une naissance encore plus illustre que Mardonius, le surpassait de même en qualités personnelles. A la fois brave et prudent, il réunissait les talents et les vertus militaires, l'art du général et la loyauté du soldat [b].

Pausanias, de la famille royale de Lacédémone, généralissime des armées combinées des Grecs, était un homme plein de jactance et de paroles magnifiques ; toujours prêt à faire valoir ses grands services et à trahir son pays[5]. Il sauva la patrie aux champs de Platée, et la vendit quelques mois après au tyran de Suze[6].

— Pichegru, dont le nom plébéien, l'humble fortune et la modestie contrastent avec l'éclat de sa renommée, conduisait les Français aux combats. Cet homme extraordinaire, enfanté par la révolution, sut s'élever, de l'obscurité d'une classe inférieure, à la place la plus brillante de son pays, et redescendre avec non moins de grandeur à l'ombre de sa condition première [c].

Enfin, dans l'armée des Perses on remarquait un homme appelé Alexandre, roi de Macédoine, qui, traître aux deux partis qu'il savait ménager, trafiquait de son honneur et de sa conscience avec le plus riche ou le plus fort. Avant le combat des Thermopyles il donna avis aux Grecs du danger de leur position à la vallée de Tempé[7], et marcha avec Xerxès à Salamine. Après la défaite du monarque de l'Orient, il se dit l'ami des Athéniens, et les invita, par humanité, à se soustraire au tyran de l'Asie[8]. Aux champs de Platée, accompagnant Mardonius, il trahit ce général, pour se ménager une ressource en cas de revers ; et avertit en personne Pausanias qu'il serait attaqué le lendemain par les Mèdes[9].

---

[1] Hérod., lib. xvi, cap. xliii. — [2] Id., ibid., cap. v. — [3] Id., lib. ix, cap. vi. — [4] Id., ibid., cap. lxxi.

[a] En parlant de Mardonius, il fallait dire *du soldat*, et non *du grenadier*. Au reste, cette disproportion entre la capacité et l'ambition est une chose extrêmement commune, et une des plaies de la société ; mais elle ne produit pas toujours une sorte de grandeur comme dans Mardonius : l'ambition est souvent placée dans des hommes si inférieurs sous tous les rapports, qu'ils n'ont pas même la force d'en porter le poids, et qu'ils en sont écrasés. (N. Ed.)

[b] C'est fort bien de faire des portraits, mais encore faut-il qu'ils ressemblent. Les talents du prince de Cobourg étaient au-dessous de ses autres qualités. (N. Ed.)

[5] Corn. Nep., *in Pausan*. ; Thucyd., lib. i.
[6] Thucyd., lib. i, cap. cxxxiv.
Etant condamné à mort à Sparte, il se retira dans un temple. On en mura les portes, et le roi lacédémonien y périt.

[c] Ce portrait est tracé par un émigré en 1795 et 1796, avant que Pichegru eût embrassé la cause de la monarchie légitime, et plusieurs années avant la mort tragique de ce grand et infortuné général. L'impartialité du royaliste était ici une espèce de pressentiment. (N. Ed.)

[7] Hérod., lib. vii, cap. clxxii. — [8] Id., ibid., cap. cxl. — [9] Plut., *in Arist*, pag. 328.

Les Grecs, malgré leur haine des rois, respectèrent Alexandre par mépris [a]. Ils daignèrent peser sur les ressorts du mannequin vénal, tandis qu'il pouvait leur être bon à quelque chose.

Je ne parlerai point du roi de Prusse.

CHAPITRE LXVII.

CAMPAGNE DE L'AN 479 AVANT NOTRE ÈRE, Ire ANNÉE DE LA SOIXANTE-QUINZIÈME OLYMPIADE. — CAMPAGNE DE 1794. — BATAILLE DE PLATÉE; — BATAILLE DE FLEURUS. — SUCCÈS ET VICES DES GRECS, — DES FRANÇAIS. — DIFFÉRENTES PAIX. — PAIX GÉNÉRALE.

Tels étaient les généraux qui commandaient dans les campagnes mémorables dont nous retraçons l'histoire. Au retour de la saison favorable aux armes, les Perses et les Autrichiens reprirent le champ avec une nouvelle vigueur. Mardonius ravagea une seconde fois l'Attique[1]; — de son côté, le prince de Cobourg emporta Landrecies et obtint plusieurs avantages. Mais bientôt la fortune changea de face. Pausanias, évitant de combattre dans la plaine, attira enfin les ennemis sur un terrain qui leur était défavorable. — Pichegru, en envahissant la Flandre maritime, obligea les alliés à abandonner leurs conquêtes. Après des marches et des actions multipliées, les grandes armées grecques et persanes, — françaises et autrichiennes, se rencontrèrent au lieu marqué par la destinée.

La cause ordinaire des guerres est si méprisable, que le récit d'une bataille, où vingt mille bêtes féroces se déchirent pour les passions d'un homme, dégoûte et fatigue. Mais des citoyens s'ébranlant au moment de la charge, contre une horde de conquérants; d'un côté, des fers, ou un anéantissement politique par un démembrement; de l'autre, la liberté et la patrie : si jamais quelque chose de grand a mérité d'attirer les yeux des hommes, c'est sans doute un pareil spectacle. On le retrouve à Platée et à Fleurus, mais en des degrés d'intérêt fort différents. Les Français, sans mœurs, ayant signalé leur révolution par les crimes les plus énormes, n'offrent pas le touchant tableau des Grecs innocents et pauvres, d'ailleurs infiniment plus exposés que les premiers. Athènes n'existait plus; un camp sacré renfermait tout ce qui restait des fils, des pères, des dieux, de la patrie; desséchée par le souffle stérile de la servitude, une terre indépendante ne promettait plus de subsistance en cas de revers. Mais les héros de Platée s'embarrassaient peu de l'avenir : prêts à faire un dernier sacrifice de sang à Jupiter Libérateur, qu'avaient-ils besoin de s'enquérir s'ils auraient pu vivre demain esclaves, lorsqu'ils étaient sûrs de mourir aujourd'hui libres [b] ?

---

[a] Il fallait s'arrêter à ce trait, et supprimer la mauvaise phrase qui termine ce chapitre. (N. Éd.)

[1] HEROD., lib. IX, cap. III.

[b] On ne dira pas, j'espère, en lisant cette page, que les émigrés détestaient la liberté; qu'ils aimaient les étrangers, et qu'ils désiraient le démembrement de la France. Ici, plus de Don Quichottisme par système, l'impartialité de l'historien est complète; le sentiment de la patrie même ne l'aveugle pas; et, tout en désirant le succès des Français, tout en applaudissant à ce succès, il représente leur cause comme moins touchante que celle des Grecs, ce qui était la vérité.

Quand je parle aujourd'hui avec amour des libertés publiques, avec horreur de la servitude,

Au midi de la ville de Thèbes, en Béotie, s'étend une grande plaine, traversée dans son extrémité méridionale par l'Asopus, dont le cours se dirige d'occident en orient, déclinant un degré nord. De l'autre côté du fleuve, la plaine continue, et va se terminer au pied du mont Cithéron, formant ainsi, entre la rivière et la montagne, une étroite lisière d'environ douze stades [1] dans sa plus grande largeur.

Les Perses, occupant la rive gauche de l'Asopus avec trois cent cinquante mille hommes, déployaient leur nombreuse cavalerie dans la plaine, ayant des retranchements sur leur front, Thèbes et un pays libre sur leur derrière [2]. Les troupes combinées des Lacédémoniens, des Athéniens et des autres alliés, consistant en cent dix mille hommes d'infanterie, campaient sur le penchant du Cithéron. A peu près sur la même ligne on apercevait à l'ouest les ruines de la petite ville de Platée, et entre cette ville et le camp des Grecs se trouvait à moitié chemin la fontaine Gargaphie : de sorte que l'Asopus divisait les deux armées ennemies.

Il s'y fit deux mouvements avant l'action générale.

Pausanias manquant d'eau dans son premier emplacement, fit défiler ses troupes par la lisière dont j'ai parlé, et prit une nouvelle position aux environs de la fontaine Gargaphie [3]. Les Perses exécutèrent une marche parallèle sur le bord opposé du fleuve [4]. Le général lacédémonien, inquiété par l'ennemi, leva une seconde fois son camp, dans le dessein de se saisir d'une île formée à l'occident par deux branches de l'Asopus [5]; mais à peine avait-il atteint Platée, que Mardonius, ayant traversé la rivière, vint fondre sur lui avec toute sa cavalerie [6]. Il fallut se former à la hâte [7]. Les Lacédémoniens, composant l'aile droite, se trouvèrent opposés aux Perses et aux Saces. Les Athéniens, à l'aile gauche, eurent en tête les Grecs alliés de Xerxès. Le centre de l'armée, se trouvant rompu par des collines, n'avait pu se développer.

— Charleroi venait d'être emporté par les Français; mais on ignorait encore cette nouvelle dans le camp autrichien. Le prince de Cobourg, déterminé à secourir la place, et ayant reçu la veille un renfort de vingt mille Prussiens, s'avança le 26 juin (8 messidor) à trois heures du matin sur la Sambre. Son armée se montait à cent mille hommes. La droite se trouvait commandée par le prince d'Orange, la gauche, composée de Hollandais et d'émigrés, par Beaulieu; le prince de Lambesc était à la tête de la cavalerie. L'armée française se formait de la réunion de l'armée de la Moselle, des Ardennes et du Nord. Jourdan avait le commandement en chef [8].

Enfin, le 3 de Boédromion [9], deuxième année de la soixante-quinzième olympiade, et le 12 messidor de l'an III de la république [10] se levèrent : jours destinés

j'en ai acquis le droit par ces pages écrites dans ma première jeunesse : mes doctrines politiques ne se démentent pas un seul moment. (N. Ed.)

[1] Environ onze cents toises.
[2] Herod., lib. ix, cap. xv; Plut., in Aristid. — [3] Herod., lib, ix, cap. xxii; Diod., lib. ii. — [4] Herod., lib. ix, cap. xxxii. — [5] Id., ibid., cap. li. — [6] Id, ibid., cap. lviii. — [7] Id., ibid., cap. lvii. — [8] Moniteur du 12 messidor (30 juin).
[9] 19 septembre 479 avant J. C.
[10] 20 juin 1794. Je me sers des formes révolutionnaires pour conserver la vérité des couleurs.

par celui qui dispose des empires à renverser les projets de l'ambition et à étonner les hommes.

Les combats muets des anciens, où de longs hurlements [1] s'élevaient par intervalles du milieu du silence de la mort, étaient peut-être aussi formidables que nos batailles rugissantes des détonations de la foudre. Le paysan du Cythéron, et celui des rives de la Sambre, purent en contempler les diverses horreurs, et bénir en même temps le sort qui les fit naître sous le chaume. Platée et Fleurus brillèrent de toutes les vertus guerrières. Là, le Perse, exposé sous un frêle bouclier aux armes des Lacédémoniens, brise de ses mains, avec le courage le plus intrépide, la pique dont il est percé [2]. — Ici le grenadier hongrois assomme avec la crosse de son mousquet les Français qui se multiplient autour de lui [3]. — Ailleurs les Athéniens peuvent à peine surmonter leurs compatriotes qui combattent dans les rangs ennemis [4]. — Les émigrés opposent aux soldats de Robespierre une valeur indomptée. La fortune enfin se déclare, Mardonius tombe au premier rang [5]. Ses troupes plient, sont enfoncées, poursuivies dans leur camp, où on les égorge [6]. — Le prince de Cobourg, se reformant sous le feu de l'ennemi, se dispose à retourner à la charge, lorsqu'il apprend que Charleroi a capitulé, et il fait sonner la retraite. Deux cent mille [7] Perses tombèrent à Platée, — une multitude d'Autrichiens et de Français, à Fleurus ; et les Grecs et les Français perdent leurs vertus sur le même champ où ils obtiennent la victoire.

Depuis ce moment, l'ambition des conquêtes et la soif de l'or remplacèrent l'enthousiasme de la liberté. Les Grecs, conduits par d'autres généraux, non moins célèbres que les premiers [8], parcoururent les rivages de l'Asie, de l'Afrique, de l'Europe, brûlant, pillant, détruisant tout sur leur passage, levant des contributions forcées, et faisant vivre leurs armées à discrétion chez les nations vaincues. — Je n'ai pas besoin de rappeler au lecteur l'incendie de l'Italie, les réquisitions, les spoliations des temples ; les ravages des Français dans le Brabant, en Allemagne, en Hollande, etc. J'ai dit ailleurs quelle fut la conséquence d'une telle conduite pour la Grèce. Le peuple d'Athènes, volage et cruel, qui s'était le plus distingué dans ses coupables excès, s'attira d'abord la guerre des alliés, et finit par succomber dans celle du Péloponèse.

---

[1] Diod., lib. II ; Plut., in Arist. ; Herod., lib. IX, cap LXII.

[2] Plut., in Arist., pag. 329.

[3] Ce trait de la bataille de Fleurus, que des officiers présents m'ont conté, s'est renouvelé plusieurs fois dans la guerre présente, entre autres à Jemmapes, où les grenadiers hongrois, manquant de cartouches, assommaient avec une espèce de rage les Français qui fourmillaient dans les retranchements.

[4] Herod., lib. IX, cap. LXVII. — [5] Id., ibid., cap. LXX. — [6] Id., ibid., cap. LXVII ; Diod., lib. II, pag. 25.

[7] Justin., lib. II, cap. XIV.

Artabaze emmena quarante mille hommes : des cinquante mille Grecs auxiliaires, qui tinrent peu, excepté les Béotiens, je suppose que quarante mille échappèrent ; tout le reste de l'armée, à l'exception de trois mille soldats, périt, disent les historiens. Or, cette armée était originairement de trois cent cinquante mille hommes, et même de six cent mille hommes, si nous en croyons Diodore. Ainsi mon calcul est modéré. Il est certain que les batailles étaient infiniment plus meurtrières avant l'invention de la poudre.

[8] Ce paragraphe n'étant qu'une espèce de répétition de ce que j'ai dit ailleurs, je le laisse sans citation. Les autres généraux dont il est parlé ici sont Cimon, qui conquit la presqu'île de Thrace ; et Myronidès, qui s'empara de la Phocide et de la Béotie, etc.

Depuis la bataille de Platée jusqu'à la pacification générale, il s'écoula trente années. Mais, dans cet intervalle, les différents coalisés avaient traité partiellement avec le vainqueur. Les Carthaginois commencèrent[1], la Macédoine suivit; ensuite[2] les îles voisines, et différents États. Les uns se rachetèrent à force d'argent[3], d'autres furent contraints de se déclarer contre les Perses[4]. Ceci nous retrace la Prusse, l'Espagne, les petits princes d'Italie et d'Allemagne. Enfin, Artaxerxès[5], fatigué d'une guerre inutile, s'abaissa à demander la paix en suppliant. Voici les conditions qu'on daigna lui dicter : 1° Que ses galères armées ne pourraient naviguer dans les mers de la Grèce ; 2° que ses troupes ne s'approcheraient jamais à plus de trois jours de marche des côtes de l'Asie-Mineure; 3° qu'enfin, les villes Ioniennes seraient déclarées indépendantes[6]. Puisque les Perses avaient eu la folie d'entreprendre la guerre, ils devaient la soutenir noblement, n'eût-ce été que pour obtenir des conditions moins honteuses. Ce traité d'Artaxerxès fut le coup mortel qui livra l'empire de Cyrus à Alexandre. Il en arriva au grand roi comme à plusieurs souverains de l'Europe actuelle : il conclut, par lassitude, une paix ignominieuse au moment où il aurait pu en commander une en vainqueur. Les Grecs n'étaient déjà plus les Grecs de Platée. On ne parlait plus à Athènes que de la conquête de l'Égypte, de Carthage, de la Sicile : agrandir la république, amener toutes les puissances enchaînées à ses pieds, était la seule idée qui demeurât en possession des esprits[7]. — Ainsi, nous avons vu les Français ne savoir plus où fixer les limites de leur empire. Le Rhin, durant un moment, leur offrait une frontière trop resserrée. Lorsque Athènes se flatta de conquérir le monde, le jour qui devait la livrer à Lysander était venu [a].

Ainsi passa ce fléau terrible, né de la révolution républicaine de la Grèce. Depuis la première invasion des Perses[8], sous Darius, l'an 490 avant notre ère, jusqu'à l'époque du traité de paix sous Artaxerxès, l'an 449, même chronologie, il étendit ses ravages dans une période de quarante et une années. Jamais guerre (de même que la présente) ne commença avec plus de flatteuses espérances de succès, et ne finit par de plus grands revers.

---

[1] An 480 avant J. C.
[2] Probablement après la bataille de Platée et la défaite complète des Perses, an 479 avant J. C.
[3] Tels que Thasos, Scyros, etc.
[4] Les villes de Carie et de Lycie. (Vid. PLUT., *in Cim.*; THUCYD., lib. I ; DIOD., lib. II.)
[5] Il avait succédé à Xerxès, assassiné.
[6] DIOD., lib. XII., pag. 74.
[7] ISOCR., *de Pæ.*, pag. 402 ; PLUT., *in Pericl*.

[a] Les tableaux et les rapprochements contenus dans ce chapitre me paraissent moins défectueux et plus intéressants que les autres ; ils finissent par un trait qui semblait prédire Buonaparte et le résultat final de ses conquêtes. (N. ED.)

[8] J'appelle la première invasion ce qui n'était effectivement que la seconde, Mardonius en ayant tenté une première sans succès avant Datis.

CHAPITRE LXVIII.

DIFFÉRENCE GÉNÉRALE ENTRE NOTRE SIÈCLE ET CELUI OU S'OPÉRA LA RÉVOLUTION RÉPUBLICAINE DE LA GRÈCE.

Après avoir examiné les rapports qui se trouvent entre la révolution républicaine de la Grèce et celle de la France, on ne peut, sans partialité, s'empêcher de considérer aussi leurs différences. Nous ne cherchons point à surprendre la foi de nos lecteurs, et à diriger leur opinion. Notre désir est d'éloigner de cet ouvrage tout esprit de système, en exposant avec candeur la vérité [a]. Non que nous croyions qu'en cas que nous eussions le bonheur d'en approcher, elle nous valût autre chose que la haine des partis; mais il n'y a qu'une règle certaine de conduite : faire, autant qu'il est en nous, du bien aux hommes, et mépriser leurs clameurs.

Il en est des corps politiques comme des corps célestes; ils agissent et réagissent les uns sur les autres, en raison de leur distance et de leur gravité. Si le moindre accident venait à déranger le plus petit des satellites, l'harmonie se romprait en même temps partout; les corps se précipiteraient les uns sur les autres; un chaos remplacerait un univers, jusqu'au moment où toutes ces masses, après mille chocs et mille destructions, recommenceraient à décrire des courbes régulières dans un nouveau système.

En Grèce, une petite ville exile un tyran, et la commotion se fait sentir aussitôt aux extrémités de l'Europe et de l'Asie : mille peuples brisent leurs fers ou tombent dans l'esclavage, le trône de Cyrus est ébranlé, et le germe de tous les événements, de tous les troubles futurs se déploie. Chaque révolution est à la fois la conséquence et le principe d'une autre; en sorte qu'il serait vrai à la rigueur de dire que la première révolution du globe a produit de nos jours celle de France.

Veut-on se convaincre de cette fatalité qui règle tout, qui se trouve en raison dernière de tout, et qui fait que si vous retranchiez un pied à l'insecte qui rampe dans la poussière, vous renverseriez des mondes [b]; supposez, pour un moment, que l'événement le plus frivole se fût passé autrement à Athènes qu'il n'est réellement arrivé; qu'il y eût existé un homme de moins, ou que cet homme n'eût pas occupé la même place; par exemple, Épycide l'emportant sur Thémistocle : Xerxès réduisait la Grèce en servitude; c'en était fait des Socrate, des Platon, des Aristote; le rusé Philippe vieillissait sous le fouet de son maître, Alexandre mourait sur le cothurne, ou brigand sur la croix tyrienne; d'autres chances se développaient, d'autres États se levaient sur la scène; les Romains rencontraient d'autres obstacles à combattre; l'univers était changé.

---

[a] J'ai déjà signalé cette prétention de tous les hommes à système de n'avoir pas de système. Au surplus, presque tout ce chapitre est raisonnable : je ne dirais pas autrement et je n'écrirais pas autrement aujourd'hui. (N. Ed.)

[b] La fatalité vient mal à propos : le pied retranché à l'insecte dérangerait un ordre de choses physiques pour établir un autre ordre de choses physiques, mais n'agirait point sur un événement de l'ordre moral. Quoi qu'il en soit, les idées me semblent avoir trouvé leur juste expression. Le rusé Philippe, qui *aurait vieilli sous le fouet de son maître;* Alexandre, qui aurait été un *acteur tragique,* ou un *voleur de grands chemins,* si *Épycide l'eût emporté sur Thémistocle,* sont de ces espèces de remarques dont chaque événement dérangé peut offrir une longue série. (N. Ed.)

Lorsqu'on vient à jeter les yeux sur l'état des hommes lors de l'établissement des gouvernements populaires à Sparte et à Athènes et sur la position des peuples à l'instant de l'abolition de la royauté en France, on est d'abord frappé d'une différence considérable. Au moment de la révolution de la Grèce, tout, ou presque tout, se trouvait république; — tout, ou presque tout, monarchie, à l'époque de la révolution française. Dans le premier cas, c'étaient des gouvernements populaires qui devaient agir sur des gouvernements populaires; dans le second, une constitution républicaine heurtait des constitutions royales. Or, plus les corps en collision sont de matière hétérogène, plus l'inflammation est rapide. Il faut donc s'attendre que l'effet des mouvements actuels de la France surpasse infiniment celui des troubles de la Grèce [a]. N'avançons rien sans preuve.

Où la plus grande secousse se fit-elle sentir à l'époque des troubles de ce dernier pays? En Perse. Pourquoi? Parce que ce fut là que les principes politiques se choquèrent avec le plus de violence. Mais ceci nous découvre une seconde disparité.

Le serf persan devint la proie du citoyen de la Grèce. Comment les républiques anciennes subsistaient-elles? Par des esclaves. Comment nos pères barbares vivaient-ils si libres? Par des esclaves. Il est même impossible de comprendre sur quel principe une vraie démocratie pourrait s'établir sans esclaves. Ainsi nos systèmes modernes excluent de fait toute république parmi nous [b]. Je m'étonne que les Français, imitateurs des anciens, n'aient pas réduit les peuples conquis en servitude. C'est le seul moyen de retrouver ce qu'on appelle la liberté civile [c].

Voilà donc deux différences fondamentales dans les siècles : l'une de gouvernement, l'autre de mœurs. N'y a-t-il point, dans le concours fortuit des choses, des circonstances qui déterminent, éloignent, hâtent, ou ralentissent l'effet de tel ou tel événement? C'est ce qu'il faut maintenant examiner.

La plupart des États contemporains des Athéniens et des Spartiates étaient éloignés de ces peuples célèbres. Par quel canal les lumières de ce petit coin du monde se seraient-elles répandues sur le globe? Les Grecs mêmes se souciaient-ils de les communiquer, ces lumières? Les anciens, attachés à la patrie, vivant et mourant sur le sol qu'ils savaient cultiver et défendre avec des mains libres, entretenaient à peine quelques liaisons les uns avec les autres. Parlant divers dialectes, sans le secours des postes, des grands chemins, de l'imprimerie, les nations vivaient comme isolées. De là une découverte en morale, en politique, ou en toute autre science, périssait aux lieux qui l'avaient vue naître, ou devenait la proie d'un petit nombre d'hommes, qui n'avaient souvent que

---

[a] L'expérience a prouvé la justesse de la réflexion; mais en montrant si bien à présent l'énorme différence qui existe entre la révolution française et la révolution républicaine de la Grèce, je bats en ruine mon propre système. (N. Ed.)

[b] Oui, toute république à la manière des anciens, toute république fondée sur les mœurs (lesquelles à leur tour produisaient et maintenaient la liberté), mais non pas cette république qui vient des progrès de la civilisation, de l'infiltration des lumières dans tous les esprits, si j'ose m'exprimer de la sorte, et d'où il résulte une autre espèce de liberté. Les peuples éclairés ne veulent plus servilement obéir, et les gouvernements, éclairés à leur tour, ne se soucient plus du despotisme. J'ai déjà remarqué, dans une note de l'*Essai*, qu'à l'époque où j'écrivais cet ouvrage, je ne comprenais bien que la liberté, fille des mœurs; je n'avais pas encore signalé cette autre liberté, résultat d'une civilisation perfectionnée. (N. Ed.)

[c] C'est *politique* qu'il fallait dire. (N. Ed.)

trop d'intérêt à la cacher au reste de la foule. Les peuples d'ailleurs, par leurs préjugés nationaux, et par amour de la patrie, renfermaient soigneusement dans leur sein leurs connaissances et leur bonheur. Je doute que cette fraternité universelle des républicains du jour soit du bon coin de la grande antiquité [a].

Ici, la dissemblance des temps se fait sentir dans toute sa force. Nos courriers, nos voies publiques, notre imprimerie, ont rendu presque tous les Européens citoyens du même pays. Une idée nouvelle, une découverte intéressante a-t-elle pris naissance à Londres, à Paris? quelques semaines après elle parvient au paysan du Danube, à l'habitant de Rome, au sujet de Pétersbourg, à l'esclave de Constantinople, qui se l'approprient, la commentent, et en font leur profit en bien ou en mal. Les anciens visitèrent rarement les contrées étrangères, parce que les difficultés du déplacement étaient presque insurmontables. De nos jours, un voyage en Russie, en Allemagne, en Italie, en France, en Angleterre; que dis-je! autour du globe, n'est qu'une affaire de quelques semaines, de quelques mois, de quelques années calculées à une minute près. Il en est résulté, que la diversité des langues, qui offrait dans l'antiquité un autre obstacle à la propagation des connaissances, n'en est plus un chez les modernes, les idiomes étrangers étant réciproquement entendus de tous les peuples.

Ainsi, lorsqu'une révolution arrivait dans l'ancien monde, les livres rares, les monuments des arts disparaissaient; la barbarie submergeait une autre fois la terre, et les hommes qui survivaient à ce déluge étaient obligés, comme les premiers habitants du globe, de recommencer une nouvelle carrière, de repasser lentement par tous les degrés de leurs prédécesseurs. Le flambeau expiré des sciences ne trouvait plus de dépôt de lumières où reprendre la vie. Il fallait attendre que le génie de quelque grand homme vînt y communiquer le feu de nouveau, comme la lampe sacrée de Vesta, qu'on ne pouvait rallumer qu'à la flamme du soleil, lorsqu'elle venait à s'éteindre. Il n'en est pas de même pour nous; il serait impossible de calculer jusqu'à quelle hauteur la société peut atteindre, à présent que rien ne se perd, que rien ne saurait se perdre : ceci nous jette dans l'infini.

Je semble donc détruire dans ce chapitre ce que j'ai avancé dans le précédent [b], car je montre une telle différence de siècle, qu'on ne saurait conclure de l'un pour l'autre? sans doute, pour plusieurs lecteurs que le système de perfection éblouit. Si c'était ici le lieu d'entrer dans cette discussion intéressante, je pourrais prouver aisément que notre position est réellement la même quant aux résultats, que celle des anciens peuples; que nous avons perdu en mœurs ce que nous avons gagné en lumières. Celles-ci semblent tellement disposées par la nature, que les unes se corrompent toujours, en proportion de l'agrandissement des autres : comme si cette balance était destinée à prévenir la perfection parmi les hommes. Or il est certain que les lumières ne donnent pas la vertu; qu'un grand

[a] Voilà encore une page qui renverse de fond en comble mon système, et j'ai déjà fait précédemment une note précisément dans le même esprit, en réfutation de ce système.
(N. Ed.)

[b] Sans doute, et très-bien même. La manière subtile dont je cherche ensuite à me raccrocher à mon système n'est pas admissible. Mon bon sens et mon amour de la vérité l'emportaient sur les rêves de mon esprit. (N. Ed.)

moraliste peut être un malhonnête homme. La question du bonheur reste donc la même pour les peuples modernes et pour les anciens, puisqu'elle ne peut se trouver que dans la pureté de l'âme. Nous revenons donc à la même donnée, quant aux conséquences heureuses qu'on peut espérer de la révolution présente, quelles que soient d'ailleurs nos lumières, l'esprit n'agissant point sur le cœur. Et qui vous dira le secret de changer par des mots et des sciences la nature de l'âme? de déraciner les chagrins de ce sol défriché pour eux? Si l'homme, en dépit de la philosophie, est condamné à vivre avec ses désirs, il sera à jamais esclave, à jamais l'homme des temps d'adversité qui furent, l'homme de l'heure douloureuse où je vous parle, et des nouveaux siècles de misère qui s'avancent. Lorsque l'Être puissant qui tient dans sa main le cœur des hommes a voulu, dans les voies profondes de sa sagesse, resserrer cet organe de leur félicité, qu'importe que, pour les confondre, il ait élevé leurs têtes gigantesques au-dessus des sphères roulantes? Si le cœur ne peut se perfectionner, si la morale reste corrompue malgré les lumières, république universelle, fraternité des nations, paix générale, fantôme brillant d'un bonheur durable sur la terre, adieu ᵃ.

Si l'influence immédiate de la révolution républicaine de la Grèce fut retardée par toutes les causes que nous venons d'assigner, il est à croire que la révolution française, dégagée de ces obstacles, aura un effet encore plus rapide en cas qu'il ne se trouve point d'autres forces d'amortissement plus puissantes que la vélocité de son action. Ce n'est pas ici le lieu d'entrer dans cet examen. Mais on peut douter que l'extinction de la royauté, en France, produise, pour le genre humain, des effets éloignés plus grands, plus durables que ceux qui résultèrent de l'abolition de la monarchie en Grèce. L'Attique, rendue à la liberté, se couvrit de tous les monuments des arts. Les Praxitèle, les Phidias, les Zeuxis, les Apelles, unirent les efforts de leur génie à ceux des Sophocle, des Euripide. Les lumières, disséminées dans les différentes parties du monde, vinrent se concentrer dans ce foyer commun, d'où les divers peuples les ont empruntées par la suite. Sans la Grèce, Rome demeurait barbare : l'éloquence d'un Démosthènes contenait le germe de celle d'un Cicéron; il fallait le sublime d'un Homère, la simplicité d'un Hésiode, et les grâces d'un Théocrite, pour former le triple génie d'un Virgile; les loups de Phèdre n'eussent point parlé comme les hommes, si ceux d'Ésope avaient été muets; enfin, nous autres Celtes grossiers, sortis des forêts, nous ne compterions ni les Racine, ni les Boileau, ni les Montesquieu, ni les Pope, ni les Dryden, ni les Sidney, ni les Bacon, et mille autres; et nous serions encore, comme nos pères, soumis à des druides ou à des tyrans.

Heureux si les Grecs, en acquérant des lumières, n'eussent pas perdu la pureté des mœurs! Heureux s'ils n'eussent échangé les vertus qui les sauvèrent

---

ᵃ Il y a du vrai dans tout cela. Les personnes qui ont lu mes ouvrages pourront remarquer que l'*Essai* est la mine brute où j'ai puisé une partie des idées que j'ai répandues dans mes autres écrits. Mais si l'homme est infini par la tête, ce qui est la vérité, rien ne peut empêcher l'ordre intellectuel d'aller toujours en se perfectionnant. La science politique, qui est de l'ordre intellectuel chez les vieux peuples, comme elle est de l'ordre moral chez les jeunes peuples, ne peut donc être arrêtée dans ses progrès par une corruption qui n'a pas de prise sur elle. (N. Ed.)

de Xerxès contre les vices qui les livrèrent à Philippe ! Nous allons maintenant commencer cette seconde révolution, et nous terminerons ici la première partie du premier livre, après un dernier chapitre de réflexions. Nous passerons souvent ainsi, dans le cours de cet ouvrage, des lumières aux ténèbres, et du bonheur du genre humain à sa misère. Et pourquoi nous en plaindrions-nous ? Il est à croire que notre félicité a été calculée sur l'inconstance de nos désirs : la dose du bonheur nous a été mesurée, parce que notre cœur est insatiable. La nature nous traite comme des enfants malades, dont on refuse de satisfaire les appétits, mais dont on apaise les pleurs par des illusions et des espérances. Elle fait danser autour de nous une multitude de fantômes, vers lesquels nous tendons les mains sans pouvoir les atteindre ; et elle a poussé si loin l'art de la perspective, qu'elle a peint des Élysées jusque dans le fond de la tombe [a].

CHAPITRE LXIX

RÉCAPITULATION.

Ainsi j'ai montré l'action immédiate de la révolution républicaine de l'Attique sur la Perse. Elle fit insurger les peuples soumis à cet empire par le ressort des opinions, l'enveloppa dans une guerre funeste qui coûta la vie à des millions d'hommes, sans que les nations y gagnassent beaucoup de bonheur ou beaucoup de liberté. Il est vrai que la cour de Suze fut humiliée ; mais la Grèce en fut-elle plus heureuse ? Ses succès ne la corrompirent-ils pas ? et le résultat de ces actions, si glorieuses en apparence, ne fut-il pas des vices et des fers ?

Quant à l'effet éloigné produit sur l'empire de Cyrus par la chute de la royauté à Athènes, il n'est personne qui ignore la conquête de l'Asie et le nom d'Alexandre.

Tâchons de récapituler en peu de mots les différentes influences que l'établissement du gouvernement populaire en Grèce eut sur les nations contemporaines. De la somme de ces données doivent naître les vérités qui forment le but de nos recherches dans cet *Essai*.

La révolution républicaine de la Grèce agit :

Sur l'Égypte,

par la voie des armes. Elle y causa quelques malheurs passagers. Elle ne put avoir de prise sur les opinions, la subdivision des classes de la société et le système théocratique lui opposant des obstacles insurmontables.

Sur Carthage,

encore au militaire. La position locale, l'excellence du gouvernement punique, sauvèrent celui-ci du danger des innovations et de l'exemple.

Dans l'Ibérie,

la réaction des troubles de l'Attique ne causa que des malheurs. Vraisembla-

[a] C'est toujours l'homme qui croit et qui veut douter. Par une faiblesse toute paternelle, j'ai été au moment de me faire grâce pour ces phrases.   (N. Éd.)

blement l'esclave au fond de ses mines paya la liberté d'Athènes par des larmes et des sueurs.

Chez les Celtes,

elle apporta des lumières, et partant de la corruption ª. Elle devint aussi la cause éloignée de la servitude de ces peuples, en facilitant les conquêtes des Romains.

En Italie,

l'influence de l'établissement des républiques grecques se dirigea vers la politique ; il n'est pas même impossible qu'elle n'y eût produit la révolution de Brutus, par la circonstance du voyage de ce grand homme à Delphes presque au moment de l'assassinat d'Hipparque par Harmodius. Ceux qui savent comment les grandes conceptions naissent souvent des causes les plus triviales[1] ne mépriseront pas cette conjecture.

Dans la Grande-Grèce,

la révolution dont nous recherchons les effets agit au moral. Elle y occasionna quelques réformes utiles, mais passagères.

En Sicile,

elle produisit la guerre et la monarchie : l'une ne fut qu'un fléau d'un moment ; l'autre coûta longtemps des pleurs et du sang à Syracuse.

En Scythie,

son influence agit philosophiquement dans le sens vicieux ; les pasteurs pauvres et vertueux de l'Ister se laissèrent corrompre par l'attrait des sciences, et finirent par se livrer à celui de l'or.

Dans la Thrace,

elle ne causa que quelques ravages ; heureusement la barbarie des peuples les mit à couvert des effets politiques et moraux de la révolution républicaine de la Grèce.

Tyr, enfin,

n'échappa pas aux armes de cette révolution ; mais elle en évita la séduction par l'esprit commerçant et occupé de ses citoyens *b*.

Nous avons parlé de la Perse au commencement de ce chapitre.

Le lecteur, sans doute, en parcourant cette échelle, a déjà trouvé avec étonnement la vérité qui résulte de ses parties. Cette révolution si vantée, cette révolution qui mérite de l'être, cette révolution toute vertu, toute vraie liberté, n'a donc produit, en exceptant Rome et la Grande-Grèce, que des maux chez tous les autres peuples? Quoi! lorsqu'une nation devient indépendante, n'est-ce qu'aux dépens du reste des hommes? La réaction du bien serait-elle le mal? L'histoire ne s'offre-t-elle pas ici sous une perspective nouvelle? Un rayon de

---

ª Voilà le disciple de Rousseau. (N. Ed.)

[1] La chute d'une pomme a dévoilé à Newton le système de l'univers.

b Cette récapitulation des influences de la révolution populaire de la Grèce paraît assez raisonnable quand on la voit dépouillée du cortége des comparaisons entre les temps et les hommes. (N. Ed.)

lumière ne pénètre-t-il pas dans le système obscur des choses, et n'entrevoit-on pas comment les nations sont respectivement ordonnées les unes aux autres? Si les Grecs du temps d'Aristide, en brisant leurs chaînes, n'ont apporté que des maux au genre humain, que peut-on raisonnablement espérer (système de perfection à part) de l'influence de la révolution française? Croirons-nous que tout va devenir vertueux et libre, parce qu'il a plu aux Français corrompus d'échanger un roi contre cinq maîtres [a]? Ici l'avenir s'entr'ouvre. Je laisse le lecteur à l'abîme de réflexions pénibles, de conjectures, de doutes, où ceci conduit.

CHAPITRE LXX.

SUJETS ET RÉFLEXIONS DÉTACHÉES.

Après avoir parcouru un ouvrage, il nous reste ordinairement une multitude de pensées confuses et de réflexions incohérentes; les unes immédiatement liées au sujet du livre, les autres s'étendant au delà, et seulement formées par association. Je vais présenter ici cet effet naturel d'une première lecture, en rapportant mes idées détachées, telles que je les jetai sans ordre sur le papier, après avoir revu moi-même l'esquisse de mon travail. Je n'y ajouterai que ces nuances nécessaires pour diviser des couleurs trop heurtées. Il n'y a point d'ailleurs de perception si brusque dont on ne découvre la connexion intermédiaire avec une précédente, en y réfléchissant un peu; et c'est quelquefois une étude très-instructive, de rechercher les passages secrets par où on arrive tout à coup d'une idée à une autre totalement opposée.

Lorsque, pour la première fois, je conçus le plan de ce livre, je revis les classiques, qui m'introduisaient aux révolutions de la Grèce. A chaque page une mer de réflexions, de rapports nouveaux, s'ouvrait devant moi. Étant parvenu à crayonner l'ébauche de la révolution décrite dans ce premier livre de l'*Essai*, je commençai à voir les objets un peu moins troubles, surtout lorsque j'eus examiné le côté de l'influence de cette révolution : partie toute nouvelle dans l'histoire et à laquelle je ne sache pas que personne ait encore songé. Élaguant une multitude de pensées secondes, je jetai sur le papier les notes suivantes, qui forment une espèce de résultat des vérités générales, qu'on peut tirer de la révolution républicaine de la Grèce.

Est-il une liberté civile? J'en doute. Les Grecs furent-ils plus heureux, furent-ils meilleurs après leur révolution? Non. Leurs maux changèrent de valeur nominale, la valeur intrinsèque resta la même.

Malgré mille efforts pour pénétrer dans les causes des troubles des États, on sent quelque chose qui échappe; un je ne sais quoi, caché je ne sais où, et ce je ne sais quoi paraît être la raison efficiente de toutes les révolutions. Cette raison secrète est d'autant plus inquiétante, qu'on ne peut l'apercevoir dans

---

[a] Il y a un côté vrai à ces réflexions; mais lorsqu'on place la révolution particulière de la France dans le mouvement de l'ordre social, dans la révolution générale qui s'opère visiblement parmi l'espèce humaine, ce n'est voir ni d'assez haut ni d'assez loin que de réduire la révolution française au seul fait du sacrifice d'un roi légitime et de l'établissement d'une usurpation. (N. Ed.)

l'homme de la société. Mais l'homme de la société n'a-t-il pas commencé par être l'homme de la nature? C'est donc celui-ci qu'il faut interroger. Ce principe inconnu ne naît-il point de cette vague inquiétude, particulière à notre cœur, qui nous fait nous dégoûter également du bonheur et du malheur, et nous précipitera de révolution en révolution jusqu'au dernier siècle? Et cette inquiétude, d'où vient-elle à son tour? Je n'en sais rien : peut-être de la conscience d'une autre vie, peut-être d'une aspiration secrète vers la Divinité. Quelle que soit son origine, elle existe chez tous les peuples. On la rencontre chez le Sauvage et dans nos sociétés. Elle s'augmente surtout par les mauvaises mœurs, et bouleverse les empires.

J'en trouve une preuve bien frappante dans les causes de notre révolution. Ces causes ont différé totalement de celles des troubles politiques de la Grèce, au siècle de Solon. On ne voit pas que les Athéniens fussent très-malheureux, ou très-corrompus alors. Mais nous, qu'étions-nous au moral dans l'année 1789? Pouvions-nous espérer échapper à une destruction épouvantable? Je ne parlerai point du gouvernement : je remarque seulement que, partout où un petit nombre d'hommes réunit, pendant de longues années, le pouvoir et les richesses, quels que soient d'ailleurs la naissance de ces gouvernants, plébéienne ou patricienne, le manteau dont ils se couvrent, républicain ou monarchique, ils doivent nécessairement se corrompre, dans la même progression qu'ils s'éloignent du premier terme de leur institution. Chaque homme alors a ses vices, plus les vices de ceux qui l'ont précédé : la cour de France avait treize cents ans d'antiquité.

Un monarque faible et amateur de son peuple était aisément trompé par des ministres incapables ou méchants. L'intrigue faisait et défaisait chaque jour des hommes d'État; et ces ministres éphémères qui apportaient dans le gouvernement leur ineptie et leurs cœurs, y apportaient encore la haine de ceux qui les avaient précédés. De là ce changement continuel de systèmes, de projets, de vues : ces nains politiques étaient suivis d'une nuée famélique de commis, de laquais, de flatteurs, de comédiens, de maîtresses. Tous ces êtres d'un moment se hâtaient de sucer le sang du misérable, et s'abîmaient bientôt devant une autre génération d'insectes, aussi fugitive et dévorante que la première.

Tandis que les folies et les imbécillités du gouvernement exaspéraient l'esprit du peuple, les désordres de l'ordre moral étaient montés à leur comble, et commençaient à attaquer l'ordre social d'une manière effrayante. Les célibataires avaient augmenté dans une proportion démesurée, et étaient devenus communs, même parmi les dernières classes. Ces hommes isolés, et par conséquent égoïstes, cherchaient à remplir le vide de leur vie en troublant les familles des autres. Malheur à un État où les citoyens cherchent leur félicité hors de la morale et des plus doux sentiments de la nature! Si, d'un côté, les célibataires se multipliaient, de l'autre les gens mariés avaient adopté des idées pour le moins aussi destructibles de la société. Le principe du petit nombre d'enfants était presque généralement reçu dans les villes en France; chez quelques-uns par misère, chez le plus grand nombre par mauvaises mœurs. Un père et une mère ne voulaient pas sacrifier les aisances de la vie à l'éducation d'une nombreuse famille, et l'on couvrait cet amour de soi des apparences de la philosophie. Pourquoi créer des êtres malheureux? disaient les uns : pourquoi faire des gueux? s'écriaient les autres. Je jette un voile sur d'autres motifs secrets de cette dépravation. Je ne dirai rien des femmes : meilleures que nous, elles n'ont que la faiblesse d'être ce que nous voulons qu'elles soient; la faute est à nous.

Si ces mœurs affectaient la société en général, elles influaient encore davantage sur chacun de ses membres en particulier. L'homme qui ne trouvait plus son bonheur dans l'union d'une famille, qui souvent se défiait même du doux nom de père, s'accoutumait à se former une félicité indépendante des autres. Rejeté du sein de la nature par les mœurs de son siècle, il se renfermait dans un dur égoïsme, qui flétrit jusqu'à la racine de la vertu. Pour comble de maux, en perdant le bonheur sur la terre, des bourreaux philosophes lui avaient enlevé l'espérance d'une meilleure vie. Dans cette situation, se trouvant seul au milieu de l'univers, n'ayant à dévorer qu'un cœur vide et solitaire, qui n'avait jamais senti un autre cœur battre contre lui, faut-il s'étonner que le Français fût prêt à embrasser le premier fantôme qui lui montrait un univers nouveau?

On s'écriera qu'il est absurde de représenter le peuple de la France comme isolé et malheureux; qu'il était nombreux, florissant, etc. La population qui semble détruire mon assertion est une preuve pour elle, car elle n'était réelle que dans les campagnes, parce qu'il y existait encore des mœurs; or, on sait assez que ce ne sont pas les paysans qui ont fait la révolution. Quant à la seconde objection, il n'est pas question de ce que la nation semblait être, mais de ce qu'elle était réellement. Ceux qui ne voient dans un État que des voitures, des grandes villes, des troupes, de l'éclat et du bruit, ont raison de penser que la France était heureuse. Mais ceux qui croient que la grande question du bonheur est le plus près possible de la nature; que plus on s'en écarte, plus on tombe dans l'infortune; qu'alors on a beau avoir le sourire sur les lèvres devant les hommes, le cœur, en dépit des plaisirs factices, est agité, triste, consumé dans le secret de la vie : dans ce cas, on ne peut disconvenir que ce mécontentement général de soi-même, qui augmente l'inquiétude secrète dont j'ai parlé; que ce sentiment de malaise que chaque individu porte avec soi, ne soient, dans un peuple, l'état le plus propre à une révolution.

Eh bien! c'était au moment que le corps politique, tout maculé des taches de la corruption, tombait en une dissolution générale, qu'une race d'hommes, se levant tout à coup, se met, dans son vertige, à sonner l'heure de Sparte et d'Athènes. Au même moment, un cri de liberté se fait entendre; le vieux Jupiter, réveillé d'un sommeil de quinze cents ans, dans la poussière d'Olympie, s'étonne de se trouver à Sainte-Geneviève; on coiffe la tête du badaud de Paris du bonnet du citoyen de la Laconie; et tout corrompu, tout vicieux qu'il est, poussant de force le petit Français dans les grandes vertus lacédémoniennes, on le contraint à jouer le Pantalon aux yeux de l'Europe, dans cette mascarade d'Arlequin.

O grands politiques, qui, prenant la raison inverse de Lycurgue, prétendez établir la démocratie chez un peuple, à l'époque même où toutes les nations retournent par la nature des choses à la monarchie, je veux dire à l'époque de la corruption! O fameux philosophes, qui croyez que la liberté existe au civil, qui préférez le nombre cinq à l'unité, et qui pensez qu'on est plus heureux sous la canaille du faubourg Saint-Antoine que sous celle des bureaux de Versailles! — Mais que fallait-il donc faire? Je l'ignore. Tout ce que je sais, c'est que, puisque vous aviez la fureur de détruire, il fallait au moins rebâtir un édifice propre à loger des Français, et surtout vous garder de l'enthousiasme des institutions étrangères. Le danger de l'imitation est terrible. Ce qui est bon pour un peuple est rarement bon pour un autre. Et moi aussi je voudrais passer mes jours sous une démocratie telle que je l'ai souvent rêvée, comme le plus sublime des gouvernements en théorie; et moi aussi j'ai vécu citoyen de l'Italie et de la Grèce; peut-être mes opinions actuelles ne sont-elles que le triomphe de ma raison sur mon penchant. Mais prétendre former des républiques partout, et en dépit de tous les obstacles, c'est une absurdité dans la bouche de plusieurs, une méchanceté dans celle de quelques-uns.

J'ai réfléchi longtemps sur ce sujet : je ne hais point une constitution plus qu'une autre, considérée abstraitement. Prise en ce qui me regarde comme individu, elles me sont toutes parfaitement indifférentes : mes mœurs sont de la solitude et non des hommes. Eh! malheureux, nous nous tourmentons pour un gouvernement parfait, et nous sommes vicieux! bon, et nous sommes méchants! Nous nous agitons aujourd'hui pour un vain système, et nous ne serons plus demain! Des soixante années que le ciel peut-être nous destine à traîner sur ce globe, nous en dépenserons vingt à naître et vingt à mourir, et la moitié des vingt autres s'évanouira dans le sommeil. Craignons-nous que les misères inhérentes à notre nature d'homme ne remplissent pas assez ce court espace, sans y ajouter des maux d'opinion? Est-ce un instinct indéterminé, un vide intérieur que nous ne saurions remplir, qui nous tourmente? Je l'ai aussi sentie, cette soif vague de quelque chose. Elle m'a traîné dans les solitudes muettes de l'Amérique, et dans les villes bruyantes de l'Europe; je me suis enfoncé pour la satisfaire dans l'épaisseur des forêts du Canada, et dans la foule qui inonde nos jardins et nos temples. Que de fois elle m'a contraint de sortir des spectacles de nos cités, pour aller voir le soleil se coucher au loin sur quelque site sauvage; que de fois échappé à la société des hommes, je me suis tenu immobile sur une grève solitaire à contempler durant des heures, avec cette même inquiétude, le tableau philosophique de la mer! Elle m'a fait suivre autour de leurs palais, dans leurs chasses pompeuses, ces rois qui laissent après eux une longue renommée; et j'ai aimé, avec elle encore, à m'asseoir en silence à la porte de la hutte hospitalière, près du Sauvage qui passe inconnu dans la vie, comme les fleuves sans nom de ses déserts. Homme, si c'est ta destinée de porter partout un cœur miné d'un désir inconnu; si c'est là ta maladie, une ressource te reste. Que les sciences, ces filles du ciel, viennent remplir le vide fatal qui te conduira tôt ou tard à ta perte. Le calme des nuits t'appelle. Vois ces millions d'astres étincelants, suspendus de toutes parts sur ta tête; cherche, sur les pas de Newton, les lois cachées qui promènent magnifiquement ces globes de feu à travers l'azur céleste; ou si la Divinité touche ton âme, médite en l'adorant sur cet Être incompréhensible qui remplit de son immensité ces espaces sans bornes. Ces études sont-elles trop sublimes pour ton génie, ou serais-tu assez misérable pour ne point espérer dans ce Père des affligés qui consolera ceux qui pleurent? Il est d'autres occupations aussi aimables et moins profondes. Au lieu de t'entretenir des haines sociales, observe les paisibles générations, les douces sympathies, et les amours du règne le plus charmant de la nature. Alors tu ne connaîtras que des plaisirs. Tu auras du moins cet avantage, que chaque matin tu retrouveras tes plantes chéries ; dans le monde, que d'amis ont pressé le soir un ami sur leur cœur, et ne l'ont plus trouvé à leur réveil ! Nous sommes ici-bas comme au spectacle : si nous détournons un moment la tête, le coup de sifflet part, les palais enchantés s'évanouissent ; et lorsque nous ramenons les yeux sur la scène, nous n'apercevons plus que des déserts et des acteurs inconnus.

Mais quelles que puissent être nos occupations, soit que nous vieillissions dans l'atelier du manœuvre, ou dans le cabinet du philosophe, rappelons-nous que c'est en vain que nous prétendons être politiquement libres. Indépendance individuelle, voilà le cri intérieur qui nous poursuit. Écoutons la voix de la conscience. Que nous dit-elle, selon la nature? « Sois libre. » Selon la société : « Règne. » Que si on le nie, on ment. Ne rougissons point, parce que j'arrache d'une main hardie le voile dont nous cherchions à nous couvrir à nos propres yeux. La liberté civile n'est qu'un songe, un sentiment factice que nous n'avons point, qui n'habite point dans notre sein : apprenons à nous élever à la hauteur de la vérité, et à mépriser les sentences de l'étroite sagesse des hommes. On nous insultera peut-être, parce qu'on ne nous entendra pas; les gens de bien nous accuseront de principes dangereux, parce que nous aurons été les chercher jusqu'au fond de leur âme, où ils se croyaient en sûreté, et que nous saurons exposer à la vue toute la petite machine de leur cœur. Rions des clameurs de la foule, contents de savoir que, tandis que nous ne retournerons pas à la vie du Sauvage, nous dépendrons toujours d'un homme. Et qu'importe alors que nous soyons dévorés par une cour, par un directoire, par une assemblée du peuple?

Nous nous apercevons continuellement que nous nous trompons ; que l'heure qui succède accuse presque toujours l'heure passée d'erreur; et nous irions déchirer et nous-mêmes et nos semblables, pour l'opinion fugitive du matin, avec laquelle le soir ne nous retrouvera plus ! Tout gouvernement est un mal, tout gouvernement est un joug : mais n'allons pas en conclure qu'il faille le briser. Puisque c'est notre sort que d'être esclaves, supportons notre chaîne sans nous plaindre; sachons en composer les anneaux de rois ou de tribuns selon les temps et surtout selon nos mœurs. Et soyons sûrs, quoi qu'on en publie, qu'il vaut mieux obéir à un de nos compatriotes riche et éclairé, qu'à une multitude ignorante, qui nous accablera de tous les maux.

Et vous, ô mes concitoyens! vous qui gouvernez cette patrie toujours si chère à mon cœur, réfléchissez; voyez s'il est dans toute l'Europe une nation digne de la démocratie ! Rendez le bonheur à la France, en la rendant à la monarchie, où la force des choses vous entraîne. Mais si vous persistez dans vos chimères, ne vous abusez pas. Vous ne réussirez jamais par le modérantisme. Allons, exécrables bourreaux, en horreur à vos compatriotes, en horreur à toute la terre, reprenez le système des Jacobins, tirez de leurs loges vos guillotines sanglantes ; et, faisant rouler les têtes autour de vous, essayez d'établir, dans la France déserte, votre affreuse république, comme la Patience de Shakespeare, « assise sur un monument, et souriant à la Douleur*! »

LIVRE PREMIER.

SECONDE PARTIE.

CHAPITRE PREMIER.

SECONDE RÉVOLUTION. — PHILIPPE ET ALEXANDRE.

Le théâtre change ; de la ressemblance des événements nous passons à celle des hommes. Jusqu'ici les tableaux se sont rapprochés par les sites, mais presque toujours les personnages ont différé. Maintenant, au contraire, les similitudes se montreront dans les groupes, les oppositions dans les fonds. Plus nous avancerons vers les temps de corruption, de lumières et de despotisme, plus nous retrouverons nos temps et nos mœurs. Souvent nous nous croirons transportés dans nos sociétés, au milieu des grandes femmes et des petits hommes, des philosophes et des tyrans ; des gens rongés de vice pousseront de grands cris de vertu ; de beaux livres sur la science de la liberté conduiront les peuples à l'esclavage : enfin nous allons nous revoir parmi les deux tiers et

---

a Voilà, certes, un des plus étranges chapitres de tout l'ouvrage, et peut-être un des morceaux les plus extraordinaires qui soient jamais échappés à la plume d'un écrivain : c'est une sorte d'orgie noire d'un cœur blessé, d'un esprit malade, d'une imagination qui reproduit les fantômes dont elle est obsédée ; c'est du Rousseau, c'est du René, c'est du dégoût de tout, de l'ennui de tout. L'auteur s'y montre royaliste par désespoir de ne pouvoir être républicain, jugeant la république impossible ; il déduit hardiment les causes d'une révolution devenue, selon lui, *inévitable*; et il attaque en même temps avec la même hardiesse cette révolution. Ne trouvant rien ni dans le passé ni dans le présent qui puisse le satisfaire, il en conclut qu'un gouvernement quelconque est un mal ; que la liberté *civile* (il veut dire *politique*) n'existe point ; que tout se réduit à l'indépendance individuelle, d'où il part pour vous proposer de vous faire Sauvage. Il ne sait comment exprimer ce qu'il sent ; il crée une langue nouvelle, il invente les mots les plus barbares, et détourne d'autres mots de leur acception naturelle. Assis sur le trépied, il est tourmenté par un mauvais génie : une seule chose lui reste au milieu de ce délire, le sentiment religieux.

J'avais entrepris de réfuter phrase à phrase ce chapitre, mais la plume m'est bientôt tombée des mains. Il m'a été impossible de me suivre moi-même à travers ce chaos : la folie des idées, la contradiction des sentiments, la fausseté des raisonnements, le néologisme, réduisaient tout mon commentaire à des exclamations de douleur ou de pitié. J'ai donc pensé qu'il valait mieux me condamner tout à la fois à la fin de ce chapitre, et faire, la corde au cou, amende honorable au bon sens. Mais, cette exécution achevée, je dois dire aussi, avec la même impartialité, qu'il y a dans ce chapitre insensé une inspiration, de quelque nature qu'elle soit, qu'on ne retrouve dans aucune autre partie de mes ouvrages. (N. Éd.)

demi de sots et le demi-tiers de fripons, dont nous sommes sans cesse entourés ª.

Périclès avait pris le vrai sentier pour arriver au bonheur. Traitant le monde selon sa portée, lorsque la nécessité le forçait d'y paraître, il s'y présentait avec des idées communes et un cœur de glace. Mais le soir, renfermé secrètement avec Aspasie et un petit nombre d'amis choisis, il leur découvrait ses opinions cachées et un cœur de feu. Les sots s'aperçurent de son mépris pour eux, car les sots ont un tact singulier sur cet article, et rien ne les chagrine tant que l'indifférence du mépris. Ils accusèrent donc la tendre amie de Périclès; celui-ci parvint à peine à la sauver par ses larmes. Et qui cependant devait prétendre plus que lui à la gratitude de ses concitoyens? Il y comptait peu, ayant étudié les hommes. La reconnaissance est nulle chez le très-nécessiteux, parce que le sentiment du premier besoin absorbe tous les autres; elle existe quelquefois comme vertu chez le mécanique pauvre, mais non indigent; elle se change en haine dans l'individu placé immédiatement un rang au-dessous du bienfaiteur; elle pèse aux philosophes; les courtisans l'oublient. Il suit de là qu'il faut faire du bien au petit peuple par devoir, obliger l'artiste par satisfaction de cœur, n'avoir qu'une extrême politesse avec les classes mitoyennes, prêter seulement aux gens de lettres ce qu'ils peuvent exactement vous rendre, et ne donner aux grands que ce qu'on compte jeter par la fenêtre ᵇ.

A ces petites caricatures de nos sociétés se mêleront aussi nos grandes scènes tragiques : la tyrannie, les proscriptions, les rois jugés et massacrés par les peuples, d'autres tombés du trône et réduits à gagner leur vie du travail de leurs mains ; enfin nos hideuses révolutions, entourées du cortége de nos vices.

Expliquons le plan de cette partie.

On sent qu'il est impossible de suivre maintenant le cours régulier de l'histoire, ni même de s'attacher à de grands détails. Ce qui nous reste à peindre des Grecs consiste en cette partie qui s'étend depuis l'époque que nous avons traitée jusqu'au règne de Philippe et d'Alexandre, où Athènes et Lacédémone perdirent leur liberté, non de nom, mais de fait.

Dans cette période, qui, à la compter de l'année de la paix avec les Perses jusqu'à la bataille de Chéronée, renferme un espace de cent onze ans, nous saisirons seulement trois traits caractéristiques : le renversement de la constitution et le règne des Trente Tyrans à Athènes, la chute de Denys le jeune à Syracuse, et, par extension, la condamnation d'Agis à Sparte. Nous verrons ainsi l'âge de corruption dans les trois principales villes grecques de l'ancien monde. Quant à la révolution même de Philippe, nous ne ferons que l'indiquer, parce qu'elle ne va pas directement au but de cet ouvrage ; mais, en même temps, nous nous étendrons sur le siècle d'Alexandre, dont les rapports

---

ª Voilà mon siècle bien arrangé. (N. Ed.)

ᵇ Singulier train d'idées! Cette inclination à la satire se manifeste continuellement dans l'*Essai*. Il est visible, dans tous ces passages, que ce n'est qu'avec de grands efforts sur moi-même que je parviens à étouffer ce penchant au dédain et à l'ironie.

On s'aperçoit, au reste, que je commençais déjà à écrire moins mal. Sous le rapport de l'art, l'*Essai* va se trouver à peu près de niveau avec mes ouvrages subséquents ; il y restera cependant, toujours avec des idiotismes étrangers, quelque chose de fougueux et de déclamatoire. (N. Ed.)

avec le nôtre ont été si grands, considérés sous le jour philosophique. Au reste, nous avons donné, pour abréger, à cette seconde partie le nom général de *révolution de Philippe et d'Alexandre;* elle forme la seconde de cet *Essai*.

CHAPITRE II.

ATHÈNES. — LES QUATRE-CENTS [1].

Déjà vingt années de guerre ont désolé l'Attique [2], une peste, non moins destructive, en a enlevé la plus grande partie des habitants, et plongé le reste dans tous les vices; Périclès n'est plus; et Alcibiade, fugitif depuis la malheureuse expédition de Sicile, après avoir dirigé quelque temps la ligue du Péloponèse contre son pays, est maintenant retiré auprès de Tissapherne, satrape de Lydie.

Là, touché des malheurs dont il fut en partie l'instrument, il commence à tourner les yeux vers sa patrie. De leur côté, les citoyens d'Athènes, accablés sous le poids de leurs calamités, ayant à lutter à la fois contre toutes les forces du Péloponèse et de l'Asie, ne voyaient de ressource que dans le génie de leur illustre compatriote. On entama donc des négociations avec Alcibiade; mais celui-ci, banni par le peuple, refusa de retourner à Athènes, à moins qu'on ne changeât la forme du gouvernement, en substituant l'oligarchie à la constitution démocratique. Le tyran voulait faire sa couche avant de s'y reposer.

Une prompte réconciliation, à quelque prix que ce fût, était devenue d'une nécessité absolue. Agis, avec les forces lacédémoniennes, bloquait Athènes par terre et occupait les campagnes voisines, dont les habitants s'étaient réfugiés dans la capitale. D'un autre côté, l'armée athénienne tenait l'île de Samos, qu'elle venait d'emporter. De manière que les habitants de l'Attique se trouvaient divisés en deux parties : l'une servant aux expéditions du dehors, l'autre demeurée à la défense de la ville.

La proposition d'Alcibiade, malgré ces circonstances calamiteuses, ne passa pas sans une forte opposition de la part du peuple et des soldats : mais, comme il ne restait que ce seul moyen d'échapper à une ruine presque inévitable, il fallut enfin se soumettre et consentir à l'abolition de la démocratie.

Alors commencèrent à Athènes les scènes tragiques qui se renouvelèrent bientôt après sous les Trente Tyrans. On ne saurait se figurer une position plus affreuse que celle de cette malheureuse cité, ni qui ressemblât davantage à l'état de la France durant le règne de la Convention. Attaquée au dehors par mille ennemis, et prête à succomber sous des armes étrangères, une aristocratie dévorante vint consumer au dedans le reste de ses habitants. D'abord il fut décrété qu'il n'y aurait plus que les soldats et cinq mille citoyens à prendre part aux affaires de la république, et, pour faire perdre à jamais l'envie de s'opposer aux mesures des conjurés, on se hâta de dépêcher tous ceux qui passaient

---

[1] Je suis ici exactement le viie livre de THUCYDIDE; j'en préviens, afin de ne pas être obligé à chaque ligne de multiplier les *idem* et les *ibid*.

[2] Il y avait eu une trêve qui devait durer cinquante ans, et qui fut rompue au bout de six ans et dix mois.

pour être attachés à l'ancienne constitution. Le peuple et le sénat s'assemblaient encore, mais si quelqu'un osait délivrer *a* une opinion contraire à la faction, il était immédiatement assassiné. Environnés d'espions et de traîtres, les citoyens craignaient de se communiquer; le frère redoutait le frère, l'ami se taisait devant l'ami, et le silence de la terreur régnait sur la ville désolée.

Ayant établi cette tyrannie provisoire, les conspirateurs procédèrent à l'achèvement d'une constitution. On nomma un comité des Dix, chargé de faire incessamment un rapport à ce sujet. Celui-ci, à l'époque fixée, donna son plan, qui consistait à établir un conseil de quatre cents avec un pouvoir absolu, et le droit de convoquer les Cinq-Mille à sa volonté.

On jugea par le premier acte du nouveau gouvernement ce qu'on devait attendre de sa justice. Les Quatre-Cents, armés de poignards et suivis de leurs satellites, entrèrent au sénat dont ils chassèrent les membres. Ils renversèrent ensuite les anciens établissements, firent massacrer ou exilèrent les ennemis de leur despotisme; mais ils ne rappelèrent aucun des anciens bannis dont ils avaient d'abord embrassé la cause, soit dans la crainte d'Alcibiade, soit pour jouir des biens de ces infortunés. Je me figure le monde comme un grand bois, où les hommes s'entr'attendent pour se dévaliser *b*.

Cependant l'armée, en apprenant les troubles d'Athènes, se déclara contre la nouvelle constitution. Alcibiade, que les tyrans avaient négligé, qui ne se souciait ni de la démocratie ni de l'aristocratie, et n'entretenait pour les hommes qu'un profond mépris, ne se trouva pas plus disposé à favoriser les conspirateurs. Les soldats, de même que les troupes françaises, fiers de leurs exploits, remarquaient que, loin d'être payés par la république, c'étaient eux au contraire qui la faisaient subsister de leurs conquêtes, et qu'il était temps de mettre fin à tant de calamités, en marchant à la ville coupable.

Tandis que ces pensées agitaient les esprits, arrive un transfuge d'Athènes. On s'empresse autour de lui; les nouvelles les plus sinistres sortent de sa bouche. Il rapporte que le crime est à son comble; que les tyrans ravissent les épouses, égorgent les citoyens, et jettent dans les cachots les familles unies aux soldats par les liens du sang [1]. A ces mots, un cri d'indignation et de fureur s'élève du milieu de l'armée; elle jure d'exterminer les scélérats, chasse ses officiers, partisans de la faction aristocratique, en nomme de plus populaires, et rappelle à l'instant Alcibiade.

Tout annonçait la chute des Quatre-Cents. Il se trouvait parmi eux des hommes d'un talent extraordinaire : Antiphon, parlant peu, mais reviseur des discours de ses collègues; Phrynique, d'un esprit audacieux et entreprenant; Théramènes, plein d'éloquence et de génie. La discorde ne tarda pas à se mettre parmi eux. Les hommes ressemblent peu à ces animaux justes dont parlent les voyageurs, qui, après avoir chassé en commun, divisent également le fruit de leurs fatigues : les factieux s'entendent sur la proie, presque jamais

---

a Anglicisme. (N. Ed.)
b J'avais là une idée bien peu gracieuse du monde. Cette allure d'un esprit qui se permet tout est assez amusante. (N. Ed.)

[1] Ce rapport était exagéré.

sur la dépouille. Théramènes, sentant que le pouvoir leur échappait, revenait peu à peu à l'ancienne constitution, et se rangeait du côté du peuple. Phrynique, par des motifs d'ambition, soutenait le nouvel ordre de choses ; et, pour se ménager des ressources, il députa secrètement à Sparte, et se mit à bâtir une forteresse au Pirée, afin d'y recevoir les ennemis et de s'y retirer lui-même en cas d'événement. Sur ces entrefaites, on apprend tout à coup qu'il vient d'être assassiné sur la place publique, comme Marat au milieu de ses triomphes. Théramènes, maintenant à la tête du parti populaire, insurge les citoyens, et se saisit du général de la faction opposée. Les Quatre-Cents courent aux armes pour leur défense. A l'instant même la flotte lacédémonienne se montre à l'entrée du Pirée ; le tumulte est à son comble. Théramènes vole au port ; il parle aux soldats ; il leur représente que le fort a été élevé par les tyrans, non pour la sûreté de la place, mais pour y introduire l'ennemi de la patrie, dont les vaisseaux sont déjà en vue. La rage s'empare des troupes ; le fort, rasé jusqu'aux fondements, disparaît sous la main empressée d'une multitude furieuse ; l'abolition du tribunal des Quatre-Cents est prononcée par acclamation ; les conjurés épouvantés s'échappent de la ville ; et la constitution populaire se rétablit au milieu des bénédictions et des cris de joie de la foule.

Tels furent ces troubles passagers, où nous retrouvons si bien le caractère de ceux de la France. On y sent le même fond d'immoralité et de vice intérieur. Nous apercevons un gouvernement flattant la soldatesque, et s'entourant du militaire, signe certain de ruine et de tyrannie. On y découvre un je ne sais quoi d'étroit en choses et en idées, qui fait qu'on s'imagine lire l'histoire de notre propre temps. Ce ne sont plus les Thémistocle, les Aristide, les Cimon : ce sont les Robespierre, les Couthon, les Barrère. Au reste, cette révolution d'Athènes tient à un principe politique que nous allons examiner avant de passer aux Trente Tyrans [a].

CHAPITRE III.

EXAMEN D'UN GRAND PRINCIPE EN POLITIQUE.

Par un principe généralement adopté des publicistes, les nations ont le droit de se choisir un gouvernement, et par un autre principe aussi fameux, « que tout pouvoir vient du peuple, » elles peuvent reprendre leurs droits et changer leur constitution. C'est ce que firent les Athéniens qui consentirent à l'abolition de la démocratie, et la rétablirent ensuite. Voyons où ces principes nous mènent.

Des trois partis qui composent la foule, les uns adoptent absolument ces propositions et disent : Une nation a le droit de se choisir un gouvernement, parce que celle-ci était avant celui-là : que la première est un corps réel, existant dans la nature, dont l'autre n'est qu'une modification, qu'une pensée. La loi ne peut être en ascension de l'effet à la cause, mais descendante du principe à la conséquence. Tout pouvoir découle ainsi du peuple, et il ne saurait aliéner

---

[a] Ce ne sont plus des comparaisons directes, mais quelques rapprochements généraux de faits et de personnages : le système devient supportable. (N. Ed.)

sa liberté, car le contrat est nul entre celui qui donne tout et celui qui n'engage rien ; entre tel qui ne saurait acheter et tel qui n'a pas droit de vendre.

Les autres nient le tout, et les modérateurs jettent un voile religieux sur cet axiome.

Je ne puis penser de même ; cet air secret fait beaucoup de mal. Le peuple est un enfant; présentez-lui un hochet dont il sorte des sons, si vous ne lui en expliquez la cause, il le brisera pour voir ce qui les produit. Pour moi, j'avoue hautement ce que je crois, et suis persuadé qu'en toute occasion, la vérité, bien expliquée, est bonne à dire. Je reçois donc les deux principes, inattaquables dans leur base, et indisputables dans le raisonnement, mais en adoptant la majeure avec les républicains, voyons si nous admettrons le corollaire.

Conclurai-je que ce qui est rigoureusement vrai en logique soit nécessairement salutaire dans l'application? Il y a des vérités abstraites qui seraient absurdes si on voulait les réduire en vérités de pratique. Il y a des vérités négatives et des vérités de maux, que le titre de *vérités* ne rend pas pour cela meilleures. J'ai la fièvre, c'est une vérité ; est-ce une bonne chose que d'avoir la fièvre? Le chaos où les deux propositions nous plongent est évident de soi. Le peuple a le pouvoir de se choisir un gouvernement, mais il a aussi celui de changer ce gouvernement, puisque toute souveraineté émane de lui. Ainsi, hier une république, aujourd'hui une monarchie, et demain encore une république. Par le premier droit, dira-t-on, une nation courrait les risques de tomber dans l'esclavage, comme à Athènes, si elle n'avait le second pour se sauver. D'accord.

Mais cette seconde faculté ne le livre-t-elle pas à la merci des factieux sans nombre, qui ne vivent que dans les orages? des factieux qui, connaissant trop le penchant inquiet de la multitude, lui persuaderont incessamment que sa constitution du moment est la pire de toutes, par cela même qu'elle en jouit ; et un éternel carnage et une éternelle révolution règneront parmi les hommes. Est-il d'ailleurs quelque puissance qui puisse rompre le soir les serments solennels que vous avez faits le matin? L'honneur, les engagements les plus sacrés, que dis-je! la morale même ne sont qu'une folie si j'ai le droit incontestable de les violer, et si, par cette violation je crois mériter, non des reproches, mais des louanges. Quoi! le manque de foi que vous puniriez dans l'individu, vous le récompenserez dans le corps collectif? Y a-t-il donc deux vertus, l'une de l'homme et l'autre des nations ? O vertu! peux-tu être autre qu'une? Que si tu es double, tu es triple, quadruple, ou plutôt tu n'es rien qu'un être de raison qui nivelle le scélérat et l'honnête homme, qu'un vain fantôme omniforme, modifié selon les cœurs et variant au souffle de l'opinion. Que deviendra l'univers?

Tel est l'abîme où nous font accourir ceux qui tiennent de loin devant nous ces lumières funestes, comme ces phares trompeurs que les brigands allument la nuit sur des écueils pour attirer les vaisseaux au naufrage. Voulez-vous encore vous convaincre davantage de l'illusion de ces préceptes? examinez les contradictions où est tombée la Convention en voulant les faire servir à l'économie politique. C'était un crime digne de mort en France, à une certaine époque, d'oser soutenir qu'une nation n'eût pas le droit de se constituer. L'anarchie est venue, et les révolutionnaires n'ont point eu de honte de nier la proposition au soutien de laquelle ils avaient versé tant de sang. Ainsi ils sont réduits à abandonner la base de leur propre édifice, tandis qu'ils continuent d'en suspendre en l'air la coupole. Est-ce supériorité de talent ou foi menteuse? Pour moi, qui, simple d'esprit et de cœur, tire tout mon génie de ma conscience, j'avoue que je crois en théorie au principe de la souveraineté du peuple; mais j'ajoute aussi que, si on le met rigoureusement en pratique, il vaut beaucoup mieux, pour le genre humain, redevenir sauvage, et s'enfuir tout nu dans les bois [a].

CHAPITRE IV.

LES TRENTE TYRANS. — CRITIAS, MARAT. — THÉRAMÈNES, SIÉYÈS [b].

Quelques années après la révolution des Quatre-Cents, Athènes fut prise par les Lacédémoniens. Lysander, ayant fait abattre les murailles de la ville, y abolit la démocratie, et y nomma trente citoyens qui devaient s'occuper du soin de faire une nouvelle constitution [1]. Ces hommes pervers s'emparèrent bientôt de l'autorité remise entre leurs mains. Faisons connaître les principaux acteurs de cette scène sanglante.

A la tête des Trente Tyrans paraissait Critias, philosophe et bel esprit de l'école de Socrate. Ce despote avait tous les vices de ceux qui désolèrent si longtemps la France. Athée par principe, sanguinaire par plaisir, tyran par inclination [2], il reniait, comme Marat, Dieu et les hommes.

Théramènes, son collègue, avec plus de talents, avait aussi plus de souplesse.

---

[a] L'audace de ce chapitre est inconcevable; certes, je n'aurais pas aujourd'hui le courage de couper ainsi le nœud gordien. Aurais-je réellement trouvé dans ma jeunesse la manière la plus sûre de toucher à cette question de la souveraineté du peuple? Je me débarrasse de tous les raisonnements en faveur de cette souveraineté en la *reconnaissant*, et j'en évite tous les périls en la déclarant *impraticable* : je la tiens comme une vérité de la nature de la peste; la peste est aussi une vérité.

Au surplus, et je l'ai déjà dit dans ces *notes*, le droit divin pour le prince, la souveraineté pour le peuple, sont des mystères qu'aucun esprit raisonnable ne doit essayer de sonder. Il est tout aussi aisé, après tout, de nier la souveraineté du peuple que de l'admettre. Ce principe, que le peuple existait avant le gouvernement, n'a aucune solidité; on répond fort bien que c'est, au contraire, le gouvernement qui, constituant les hommes en société, fait le peuple : supposez le gouvernement absent, il y a des individus, il n'y a point de nation.

Le principe de la souveraineté du peuple n'est d'ailleurs d'aucun intérêt pour la liberté : il y aurait même un danger réel à faire sortir la liberté du droit politique, car le droit politique est toujours contestable, susceptible d'interprétations et de modifications. La liberté a une origine plus assurée, elle sort du droit de nature : l'homme est né libre. Ce n'est point par sa réunion avec les autres hommes qu'il acquiert sa liberté; il la perd plus souvent qu'il ne la trouve dans les agrégations politiques; mais l'homme apporte dans la société son droit imprescriptible à la liberté. Dieu n'a soumis ce droit qu'à l'ordre, et n'a exposé ce droit à périr que par la violence des passions.

Il résulte de là que la liberté ne doit et ne peut supporter que le joug de la règle ou de la loi; qu'aucun souverain n'a d'autorité politique sur elle; que plus cette liberté est éclairée, moins elle est exposée à se perdre par les passions; qu'elle a pour ennemi principal le vice, pour sauvegarde naturelle, la vertu. (N. ED.)

[b] Oubliez le rapprochement des noms, Critias et Marat, Théramènes et Siéyès, et il y a quelque intérêt historique dans ces chapitres. (N. ED.)

[1] XENOPH., *Hist. Græc.*, lib. II; DIOD. SIC., lib. III.
[2] XENOPH., *Hist. Græc.*, lib. II; ISOCR., *Areop.*, tom. I, pag. 330; BAYLE, *Crit.*

De même que Siéyès, amateur de la démocratie, il consentit cependant à devenir l'un des Quatre-Cents [1], renversa bientôt après leur autorité [2], et fut choisi de nouveau l'un des Trente, après la reddition d'Athènes [3].

La première opération de ces misérables fut de s'associer trois mille brigands et de tirer une garde de Lacédémone, prête à exécuter leurs ordres [4]. Lorsqu'ils se crurent assez forts, ils désarmèrent la cité, ainsi que la Convention les sections de Paris, excepté les Trois-Mille, qui conservèrent les droits des citoyens [5]. C'est encore de cette manière que les conjurés de France avaient fait des Jacobins les seuls citoyens actifs de la république, tandis que le reste du peuple, plongé dans la nullité et la terreur, tremblait sous un gouvernement révolutionnaire.

Désormais certains de leur empire, les Trente lâchèrent la main au crime. Tous les Athéniens soupçonnés d'attachement à l'ancienne liberté, tous ceux qui possédaient quelque fortune, furent enveloppés dans la proscription générale [6]. Critias disait, comme Marat, qu'il fallait, à tout hasard, faire tomber les principales têtes de la ville [7]. Les monstres en vinrent au point de choisir tour à tour un riche habitant qu'ils condamnaient à mort, afin de payer de la confiscation de ses biens les satellites de leur tyrannie [8]. Et comme si tout, dans cette tragédie, devait ressembler à celle de Robespierre et de la Convention en France, les corps des citoyens massacrés étaient privés des honneurs funèbres [9].

Cependant Athènes n'était plus qu'un vaste tombeau habité par la terreur et le silence. Le geste, le coup d'œil, la pensée même, devenaient funestes aux malheureux citoyens. On étudiait le front des victimes ; et sur ce bel organe de vérité, les scélérats cherchaient la candeur et la vertu, comme un juge tâche d'y découvrir le crime caché du coupable [10]. Les moins infortunés des Athéniens furent ceux qui, s'échappant dans les ténèbres de la nuit, allaient, dépouillés de tout, traîner le fardeau de leur vie chez les nations étrangères [11].

L'énormité de cette conduite ouvrit enfin les yeux à quelques-uns des tyrans. Théramènes, quoique facile, avait, au fond, du courage et du penchant à bien faire. Ces atrocités le firent frémir. Il s'y opposa avec magnanimité, et sa perte fut résolue [12]. Tallien, de même, détesté de Robespierre, se vit sur le point de succomber sous une dénonciation ; mais, plus heureux ou plus adroit que l'Athénien, il détourna le poignard contre l'accusateur même. C'est ainsi que les chances disposent de la vie des hommes. Je vais rapporter l'une auprès de l'autre ces deux accusations célèbres ; nous y verrons que les factions ont toujours parlé le même langage, cherché à s'accuser par les mêmes raisons et à s'excuser sur les mêmes principes. Je ne puis donner une meilleure leçon aux ambitieux, aux

---

[1] Thucyd., lib. viii. — [2] *Id., ibid.*
[3] Xenoph., *Hist Græc.*, lib. ii. — [4] *Id., ibid.* — [5] *Id., ibid.* — [6] *Id., ibid.* — [7] *Id., ibid.* — [8] *Id., ibid.*
[9] Isocrat., *Areopag.*, tom. i, pag. 445 ; Demosth., *in Tim.*; Æschin., *in Ctesiph.*
Selon les derniers auteurs cités, il y eut à peu près de douze à quinze cents citoyens massacrés ; mais, d'après Xénophon, le nombre paraîtrait avoir été bien plus considérable, comme j'aurai occasion de le faire remarquer ailleurs.
[10] Xenoph., *Hist. Græc.*, lib. ii.
[11] Xenoph., *Hist. Græc.*, lib. ii ; Diod., lib. xiv.
[12] Xenoph., *Hist. Græc.*, lib. ii.

partisans des révolutions, que de leur montrer que dans tous les siècles elles n'ont eu qu'une issue pour ceux qui s'y sont engagés, la tombe *a*.

CHAPITRE V.

ACCUSATION DE THÉRAMÈNES ; SON DISCOURS ET CELUI DE CRITIAS. — ACCUSATION DE ROBESPIERRE.

En abolissant les autorités constituées à Athènes, les Trente avaient laissé subsister le sénat, qui, subjugué par la terreur, ne pouvait leur faire d'ombrage. Ce fut devant ce tribunal que Critias dénonça Théramènes. Le peuple, dans un morne silence, assistait en tremblant au jugement de son dernier défenseur, tandis que les émissaires des tyrans, cachant des poignards sous leurs robes, occupaient les avenues et entouraient les juges[1].

Les parties étant arrivées, Critias prit ainsi la parole :

« Sénateurs, on accuse notre gouvernement de sévérité, et on ne considère pas que c'est une malheureuse nécessité qui suit la réforme de tout État. Mais Théramènes, lui, membre de ce gouvernement, n'est-il pas, en nous faisant ce reproche, plus coupable qu'un autre ? Ah ! il n'a pas appris aujourd'hui à conspirer ! Se disant l'ami du peuple, il établit le pouvoir des Quatre-Cents. Jugeant que ceux-ci finiraient par succomber, il les abandonna bientôt et se rangea du parti contraire, d'où il en acquit le surnom de *Cothurne*. Sénateurs, celui qui trahit sa foi par intérêt, serait-il digne de vivre ? Otez, par sa mort, un chef aux factieux, dont il entretient les espérances par son audace[2]. »

Alors Théramènes :

« Qui de Critias ou de moi, sénateurs, est réellement votre ennemi ? Je vous en fais juges. J'ai été de son avis lorsqu'il fit punir les délateurs ; mais je me suis opposé à ce qu'on proscrivît les honnêtes gens : un Léon de Salamine, un Nicias, dont la mort épouvante les propriétaires ; un Antiphon[3] dont la condamnation fait encore frémir tous ceux qui ont bien mérité de la patrie. J'ai réprouvé la confiscation des biens comme injuste, le désarmement des citoyens comme tendant à affaiblir l'État ; j'ai opiné contre les gardes étrangères comme tyranniques, contre le bannissement des Athéniens comme dangereux à la sûreté de l'État. Ceux qui s'emparent de la fortune des autres, condamnent les innocents au supplice, ne ruinent-ils pas en effet votre autorité, sénateurs ? On m'accuse de versatilité. Est-ce à Critias à me faire ce reproche ? Ennemi du peuple dans la démocratie, ennemi des hommes vertueux dans le gouvernement du petit nombre, il ne veut de la constitution populaire qu'avec la canaille, de la constitution aristocratique qu'avec la tyrannie[4]. »

---

a Ami des libertés publiques, ennemi des révolutions, voilà comme je me montre partout et à toutes les époques de ma vie. Je suis convaincu qu'avec de la constance et de la raison on peut produire, dans l'ordre politique, les réformes nécessaires, sans bouleverser la société, sans acheter la liberté par des injustices ou des crimes.   (N. Ed.)

[1] Xenoph., lib. ii.
[2] Xenoph., *Hist. Græc.*, lib. ii.
[3] Antiphon, proscrit par les Trente, avait entretenu à ses frais deux galères au service de la patrie durant la guerre du Péloponèse. (Vid. Xenoph., *loc. cit.*)
[4] Xenoph., *Hist. Græc.*, lib. ii.

Critias, s'apercevant que ce discours faisait impression sur le sénat, appela ses satellites : « Voilà, dit-il, des patriotes qui ne sont pas disposés à laisser échapper le coupable. En vertu de ma souveraineté, j'efface Théramènes du rôle des citoyens et le condamne à mort. — Et moi, s'écrie celui-ci, s'élançant sur l'autel, je demande que mon procès me soit fait selon la loi. Ne voyez-vous pas, Athéniens, qu'il est aussi aisé d'effacer votre nom du rôle des citoyens que celui de Théramènes[1] ? » Critias ordonne aux assassins de s'avancer; on arrache Théramènes de l'autel[2]; le sénat, sous le coup du poignard, est obligé de garder le silence[3]; Socrate seul s'oppose courageusement, mais en vain, à l'infâme décret[4]. Le malheureux collègue de Critias, entraîné par les gardes, cherchait, en passant à travers la foule, à attendrir le peuple[5]; mais le peuple se souvient-il des bienfaits[6]? Arrivé aux cachots des Trente, Théramènes but avec intrépidité la ciguë, et en jetant en l'air les dernières gouttes comme à un festin : « Voilà, dit-il, pour le beau Critias[7]. »

N'est-ce pas là la Convention? N'est-ce pas ainsi que ses membres se sont tant de fois traînés dans la boue, qu'ils se sont couverts d'accusations infâmes, tandis que l'opinion était enchaînée par des tribunes pleines d'assassins? Le philosophe y voit plus : il y remarque que partout où les révolutions ont été durables, jamais de pareilles scènes ne les déshonorèrent. Que conclut-il de cette observation?

Une des époques les plus mémorables de notre révolution est sans doute celle de la chute de Robespierre. Ce tyran, auquel il ne restait plus qu'un degré à franchir pour s'asseoir sur le trône, résolut d'abaittre la tête du modéré Tallien, de même que Critias s'était défait de Théramènes. Il reparut à la Convention après une longue absence. On aurait dit que le froid de la tombe collait déjà la langue du misérable à son palais : obscur, embarrassé, confus, il sembla parler du fond d'un sépulcre. Une autre circonstance non moins remarquable, c'est que son discours, dont on avait ordonné l'impression par la plus indigne des flatteries, n'était pas encore sorti de la presse, que déjà l'homme

---

[1] Xenoph., *Hist. Græc.*, lib. II. — [2] *Id., ibid.* — [3] *Id., ibid.* — [4] Diod. Sic. lib. XIV; Xenoph., *Memor.* — [5] Xenoph., *Hist. Græc.*, lib. II,

[6] Cela me rappelle la réflexion touchante de Velleius Paterculus sur Pompée, qui, croyant trouver un asile chez un roi comblé de ses bienfaits n'y trouva que la mort. — *Sed quis*, dit l'historien, *beneficiorum servat memoriam? Aut quis ullam calamitosis deberi putat gratiam? Aut quando fortuna non mutat fidem?* Les fastueuses pyramides d'Égypte, bâties par les efforts réunis de tout un peuple; l'humble tombeau de sable du grand Pompée, élevé furtivement sur le même rivage par la piété d'un vieux soldat, durent offrir à César deux monuments bien extraordinaires de la vanité des choses humaines. Les peintres devraient chercher dans l'histoire des sujets de tableaux qui réuniraient à la fois la majesté de la morale et la grandeur de l'art. Le tombeau du rival de César pourrait offrir cette double pompe. Une mer agitée, les ruines de Carthage à moitié ensevelies dans le sable et sous le jonc marin, Marius contemplant l'orage, appuyé dans une attitude pensive sur le tronçon d'une colonne, où l'on distingue peut-être, en caractères puniques, les premières lettres brisées du nom d'*Annibal* : voilà le sujet d'un second tableau non moins sublime que le premier. L'histoire des Suisses en fournit un troisième. Le peintre représenterait les trois grands libérateurs de l'Helvétie, vêtus de leurs simples habits de paysans, assemblés secrètement, dans un lieu désert, au bord d'un lac solitaire, et délibérant de la liberté de leur patrie, au milieu des montagnes, des torrents, des forêts; le silence de la nature les environne, et ils n'ont pour témoin de cette sainte union que le Dieu qui entassa ces Alpes glacées, et déroula ce firmament sur leurs têtes.

[7] Xenoph., *Hist. Græc.*, lib. II.

tout-puissant qui l'avait prononcé avait péri du dernier supplice. *O Altitudo!*

Enfin le jour des vengeances arriva. On conçoit à peine comment Robespierre, qui devait connaître le cœur humain, fit dénoncer aux Jacobins les députés qu'il voulait perdre; c'était les réduire au désespoir et les rendre par cela même formidables. Ils allèrent donc à la Convention, résolus de périr ou de renverser le despote. Celui-ci exerçait encore un tel empire sur ses lâches collègues, qu'ils n'osèrent d'abord l'attaquer en face; mais, s'encourageant peu à peu les uns les autres, l'accusation prit enfin un caractère menaçant. Robespierre veut parler, les cris d'*à bas le tyran* retentissent de toutes parts. Tallien, sautant à la tribune : « Voici, dit-il, un poignard pour enfoncer dans le sein du tyran, si le décret d'accusation est rejeté. » Il ne le fut pas. Barrère, abandonnant son ami, et se portant lui-même pour délateur, fit pencher la balance contre le malheureux Robespierre. On l'arrête. Délivré par les Jacobins, il se réfugie à l'hôtel de ville, où il essaie vainement d'assembler un parti. Mis hors de la loi par un décret de la Convention, déserté de toute la terre, il ne put même échapper à ses ennemis par ce moyen qui nous soustrait à la persécution des hommes, et la fortune le trahit jusqu'à lui refuser un suicide. Arraché par les gardes de derrière une table, où il avait voulu attenter à ces jours, il fut porté, baigné dans son sang, à la guillotine. Robespierre, sans doute, n'offrait, par sa mort, qu'une faible expiation de ses forfaits; mais, quand un scélérat marche à l'échafaud, la pitié alors compte les souffrances, et non les crimes du coupable [a].

CHAPITRE VI.

GUERRE DES ÉMIGRÉS. — EXÉCUTIONS A ÉLEUSINE. — MASSACRES DU 2 SEPTEMBRE.

Après l'exécution de Théramènes, aucun citoyen, hors le seul Socrate, n'osa s'opposer aux mesures des Trente. Cependant les émigrés, chassés au dehors par la tyrannie, n'avaient pu trouver un lieu où reposer leur tête. Lacédémone menaçait de sa puissance quiconque recevrait ces infortunés [1]. C'est ainsi que la Convention a poursuivi les Français expatriés, et que plusieurs États ont eu la lâcheté d'obéir. Thèbes [2] et Mégare seules donnèrent le courageux exemple que l'Angleterre a renouvelé de nos jours, et se firent un devoir d'accueillir l'humanité souffrante.

Bientôt les fugitifs se réunirent sous Thrasybule, citoyen distingué par ses vertus. Leur petite troupe, grosse seulement de soixante-dix héros, s'empara

---

[a] Il faut encore que je fasse remarquer pour la centième fois que l'*Essai* est l'ouvrage d'un émigré. On voit que cet émigré ne savait rien ou presque rien des hommes auxquels la France alors était assujettie; il prend pour des personnages de vulgaires factieux déjà rentrés dans leur obscurité naturelle. Mais les comparaisons sont ici moins choquantes, parce que Critias et Théramènes sont eux-mêmes des acteurs communs et sans nom. Ce n'étaient pas pourtant des esprits violents que ces exilés qui éprouvaient de la pitié même pour Robespierre. (N. ED.)

[1] Elle ordonna même qu'on les livrât aux Trente, et condamna à cinq talents d'amende quiconque leur donnerait un asile.

[2] Thèbes poussa la générosité jusqu'à faire un édit contre ceux qui refuseraient de prêter main-forte à un émigré athénien.

du fort Phylé. Les Trente y accoururent avec leur cavalerie, furent repoussés avec perte; et, craignant un soulèvement dans Athènes, se retirèrent à Éleusine[1].

La manière dont ils en usèrent avec les habitants de cette ville (apparemment soupçonnés d'attachement au parti contraire), rappelle une des scènes les plus tragiques de la révolution française. Ayant fait ériger leur tribunal sur la place publique, on publia que chaque citoyen eût à venir inscrire son nom, sous prétexte d'un enrôlement. Lorsque la victime s'était présentée, on la faisait passer par une petite porte qui donnait sur la mer, derrière laquelle la cavalerie se trouvait rangée sur deux haies. Le malheureux était à l'instant saisi et livré au juge criminel pour être exécuté[2]. A quelques différences près, on croit voir les massacres du 2 septembre.

Thrasybule ayant augmenté son parti, s'avança jusqu'au Pirée, dont il se saisit[3]. L'opinion commençait à se tourner vers lui, et l'on se sentait attendrir en voyant cette poignée d'honnêtes citoyens lutter contre une tyrannie puissante. Il n'y eut pas jusqu'à l'orateur Lysias qui n'envoyât cinq cents hommes[4] aux émigrés d'Athènes. Les Trente, avec leur armée, se hâtèrent de venir déloger Thrasybule. Celui-ci rangea aussitôt en bataille ses soldats, infiniment inférieurs en nombre à ceux de Critias, et posant à terre son bouclier : « Allons, mes amis, s'écria-t-il en se montrant à ses compagnons d'infortune; allons, combattons pour arracher par la victoire nos biens, notre famille, notre pays des mains des tyrans. Heureux qui jouira de sa gloire ou recouvrera la liberté par la mort! Rien de si doux que de mourir pour la patrie[5] ! »

Les fugitifs, à ces mots, se précipitèrent sur les troupes ennemies. Le combat était trop inégal pour que le succès fût longtemps douteux. D'un côté, la vengeance et la vertu; de l'autre, le crime et sa conscience. Les tyrans furent renversés : Critias y perdit la vie, et le reste des Trente, épouvanté, se renferma dans Athènes[6].

Après l'action, les soldats des deux partis se parlèrent; ceux qui combattirent sous Critias étaient du nombre des cinq mille habitants qui, comme je l'ai dit, avaient seuls conservé le droit de citoyens. Cléocrite, attaché au parti de Thrasybule, leur fit sentir la folie de se déchirer pour les maîtres. Les Trois-Mille [a], mécontents de leurs anciens tyrans, en élurent dix autres qui ne

---

[1] Xenoph., *Hist. Græc.*, lib. II.
[2] Ceci demande une explication. Xénophon, qui rapporte ce fait dans le second livre de son Histoire, ne dit pas expressément *pour être exécuté*; il dit que le général de la cavalerie livra les citoyens au juge criminel; que le lendemain les Trente assemblèrent les troupes, et leur déclarèrent qu'elles devaient prendre part à la *condamnation* des habitants d'Eleusine, puisqu'elles partageaient avec eux (les Trente) la même fortune. N'est-ce pas là un langage assez clair? quelques auteurs que j'ai déjà cités ont porté le nombre des suppliciés à Athènes à environ quinze cents; mais Xénophon fait dire à Cléocrite, dans un discours, que les Trente ont fait périr plus de citoyens en quelques mois de paix que la guerre du Péloponèse en vingt-sept années de combats. S'il y a ici de l'exagération, il faut aussi qu'il y ait quelque chose de vrai. D'ailleurs il serait peut-être possible de montrer que l'expression grecque renferme le sens que je lui donne, si je voulais ennuyer le lecteur par une dissertation grammaticale. Il est donc, après tout, très-raisonnable de conclure qu'il y eut un massacre à Eleusine.
[3] Xenoph., *Hist. Græc.*, lib. II. — [4] Just., lib. V, cap. IX. — [5] Xenoph., *Hist. Græc.*, lib. II. — [6] *Id., ibid.*

[a] Lisez les Cinq-Mille. (N. Ed.)

se conduisirent pas moins criminellement que les premiers. Les Trente et leur faction s'enfuirent à Éleusine[1].

CHAPITRE VII.

ABOLITION DE LA TYRANNIE. — RÉTABLISSEMENT DE L'ANCIENNE CONSTITUTION.

C'était une maxime du peuple libre de Sparte, de soutenir partout la tyrannie. Si le principe n'est pas généreux, du moins est-il naturel. Nous cherchons à être heureux, mais nous ne pouvons souffrir le bonheur dans nos voisins. Les hommes ressemblent à ces enfants avides qui, non contents de leurs propres hochets, veulent encore saisir ceux des autres [a]. Les Lacédémoniens volèrent au secours des Trente, Lysander bloqua le Pirée[2]; c'en était fait des émigrés athéniens, lorsque les passions humaines vinrent les sauver et rendre la paix à leur patrie.

Pausanias, roi de Sparte, jaloux de la gloire de Lysander, eut l'adresse de se faire envoyer à Athènes avec une armée. Il livra un combat pour la forme à Thrasybule, et en même temps l'invita sous main à députer à Sparte quelques-uns de ses amis.

Ceux-ci y conclurent un traité par lequel la tyrannie fut abolie, et l'ancien gouvernement rétabli dans sa première forme. Cette heureuse nouvelle étant apportée à Athènes, les partis se réconcilièrent; et Thrasybule, après avoir offert un sacrifice à Minerve, termina ainsi le discours qu'il adressait à l'ancienne faction des Trente et des Dix : « Pourquoi voulez-vous nous commander, citoyens? Valez-vous mieux que nous? Avons-nous, quoique pauvres, convoité vos biens? et ne commîtes-vous pas mille crimes pour nous dépouiller des nôtres?... Je ne veux point rappeler le passé, mais apprenez de nous que souvent l'opprimé a plus de foi et de vertu que l'oppresseur. »

Les Trente et les Dix, retirés à Éleusine, voulurent encore lever des troupes pour se rétablir. Un tyran dans l'impuissance est un tigre muselé qui n'en devient que plus féroce. On marcha à ces misérables. Ils furent massacrés dans une entrevue. Ceux qui les avaient suivis firent un accommodement avec les vainqueurs, et une sage amnistie ferma toutes les plaies de l'État.[3]

CHAPITRE VIII.

UN MOT SUR LES ÉMIGRÉS.

Je me suis fait une question en écrivant le règne des Trente. Pourquoi élève-t-on Thrasybule aux nues? et pourquoi ravale-t-on les émigrés français au plus bas degré? Le cas est rigoureusement le même. Les fugitifs des deux pays, forcés à s'exiler par la persécution, prirent les armes sur des terres étrangères en faveur de l'ancienne constitution de leur patrie. Les mots ne sauraient

---

[1] Xénoph., *Hist. Græc.*, lib. ii.

[a] Qui avait pu me donner une idée aussi abominable de la nature humaine? (N. Éd.)

[2] Xénoph. — [3] *Id., ibid.*

dénaturer les choses : que les premiers se battissent pour la démocratie, les seconds, pour la monarchie, le fait reste le même en soi. Ces différences d'opinions sur des objets semblables naissent de nos passions : nous jugeons le passé selon la justice, le présent selon nos intérêts.

Les émigrés français, comme toute chose en temps de révolution, ont de violents détracteurs et de chauds partisans. Pour les uns, ce sont des scélérats, le rebut et la honte de leur nation : pour les autres, des hommes vertueux et braves, la fleur et l'honneur du peuple français. Cela rappelle le portrait des Chinois et des Nègres : tout bons, ou tout méchants. Si l'on convient qu'un grand seigneur peut être un fripon, qu'un royaliste peut être un malhonnête homme, cela ne suffit pas actuellement : un ci-devant gentilhomme est de nécessité un scélérat. Et pourquoi? Parce qu'un de ses ancêtres, qui vivait du temps du roi Dagobert, pouvait obliger ses vassaux à faire taire les grenouilles de l'étang voisin lorsque sa femme était en couche.

Un bon étranger, au coin de son feu, dans un pays bien tranquille, sûr de se lever le matin comme il s'est couché le soir, en possession de sa fortune, la porte bien fermée, des amis au dedans et la sûreté au dehors, prononce en buvant un verre de vin, que les émigrés français ont tort, et qu'on ne doit jamais quitter sa patrie : et ce bon étranger raisonne conséquemment. Il est à son aise, personne ne le persécute; il peut se promener où il veut sans crainte d'être insulté, même assassiné : on n'incendie point sa demeure, on ne le chasse point comme une bête féroce, le tout parce qu'il s'appelle Jacques et non pas Pierre, et que son grand-père, qui mourut il y a quarante ans, avait le droit de s'asseoir dans tel banc d'une église, avec deux ou trois arlequins en livrée derrière lui [a]. Certes, dis-je, cet étranger pense qu'on a tort de quitter son pays.

C'est au malheur à juger du malheur. Le cœur grossier de la prospérité ne peut comprendre les sentiments délicats de l'infortune. Nous nous croyons forts au jour de la félicité; nous nous écrions : « Si nous étions dans cette position, nous ferions comme ceci, nous agirions de cette manière. » L'adversité vient-elle, nous sentons bientôt notre faiblesse, et, avec des larmes amères, nous nous rappelons les vaines forfanteries et les paroles frivoles du temps du bonheur.

Si l'on considère sans passion ce que les émigrés ont souffert en France, quel est l'homme, maintenant heureux, qui, mettant la main sur son cœur, ose dire : « Je n'eusse pas fait comme eux? »

La persécution commença en même temps dans toutes les parties de la France; et qu'on ne croie pas que l'opinion en fût la cause. Eussiez-vous été le meilleur patriote, le démocrate le plus extravagant, il suffisait que vous portassiez un nom connu pour être noble, pour être persécuté, brûlé, lanterné : témoin les Lameth et tant d'autres, dont les propriétés furent dévastées, quoique révolutionnaires et de la majorité de l'assemblée constituante.

Des troupes de Sauvages, excitées par d'autres Sauvages, sortirent de leur antre. Un malheureux gentilhomme, dans sa maison de campagne, voyait tour

---

[a] Je ne sais si cette manière de défendre mes compagnons d'infortune leur plaisait beaucoup. (N. Ed.)

à tour accourir les paysans effrayés : « Monsieur, on sonne le tocsin ; monsieur, les voici ; monsieur, ils ont résolu de vous tuer ; monsieur, fuyez, fuyez, ou vous êtes perdu !..... » Au milieu de la nuit, réveillés par des cris de feu et de meurtre, si ces infortunés, échappés à travers mille périls de leurs châteaux réduits en cendres, voulaient, avec leurs épouses et leurs enfants à demi nus, se retirer dans les villes voisines, ils étaient reçus avec les cris de mort : « A la lanterne, l'aristocrate ! » Aussitôt la municipalité en ruban rouge, et à la tête de la populace, venait, dans une visite solennelle, examiner s'ils n'avaient point d'armes. Que malheureusement un vieux couteau de chasse rouillé, un pistolet sans batterie, se trouvassent en leur possession, les vociférations de *traîtres*, de *conspirateurs*, de *scélérats*, retentissaient de toutes parts. Ici on les traînait à la Maison commune, pour rendre compte de prétendus discours contre le peuple ; là, pour avoir entendu la messe, selon la foi de leurs pères ; ailleurs, on les surchargeait de taxes arbitraires, par d'infâmes décrets qui les obligeaient de payer sur le pied de leurs anciennes rentes, tandis que d'autres décrets, en abolissant ces rentes mêmes, ne leur avaient quelquefois rien laissé : taxes qui souvent surpassaient le revenu de la terre entière [1], tant ils étaient absurdes et méchants !

Dans l'abandon général et la persécution attachée à leurs pas, il restait aux gentilshommes une ressource : la capitale. Là, perdus dans la foule, ils espéraient échapper par leur petitesse, contents de dévorer en paix, dans quelque coin obscur, le triste morceau de pain qui leur restait : il n'en fut pas ainsi.

Il semble que l'on fit tout ce que l'on put pour les forcer à s'expatrier, et plusieurs pensent que c'était un plan de l'assemblée pour s'emparer de leurs biens. Ces victimes dévouées étaient obligées de quitter Paris dans un certain temps donné. Le matin ils voyaient leur hôtel marqué de rouge ou de noir, signe de meurtre ou d'incendie. Ce fut alors qu'ils se trouvèrent dans une position si horrible, que j'essaierais en vain de la peindre. Où aller ? où fuir ? où se cacher ? Réduits à la plus profonde misère, encore pleins de l'amour de la patrie, on les vit à pied, sur les grands chemins, retourner dans les villes de province, où, plus connus, ils éprouvèrent tout ce qu'une haine raffinée peut faire souffrir. D'autres rentrèrent dans les ruines de leurs châteaux dévastés par la flamme. Ils y furent saisis et assassinés ; quelques-uns, rôtis, comme sous le roi Jean, à la vue de leur famille, plusieurs y virent leurs épouses violées avec la plus inhumaine barbarie. En vain les malheureux gentilshommes qui survécurent criaient : Nous sommes patriotes, nous vous cédons nos biens, notre vêtement, notre demeure ; on insultait à leurs cris, on redoublait de rage : le désespoir les prit, et ils émigrèrent.

Voilà une partie des raisons sans réplique de l'émigration. Qui serait assez absurde pour se laisser prendre aux déclamations des révolutionnaires, qui joignent la moquerie à la férocité, en condamnant des misérables sur un principe qu'ils ne leur ont pas permis de suivre ? Vous m'assassinez, et vous m'ap-

---

[1] Ceci est arrivé à la mère de l'auteur. Pour payer les taxes de 1791, elle fut obligée d'ajouter au revenu de la terre taxée six mille livres de sa poche.

pelez un traître si je crie ! Vous mettez le feu à ma maison, et vous me condamnez à mort parce que je me sauve par la fenêtre ? Et quel droit avez-vous de me punir comme déserteur ? Laissant un moment à part votre barbarie, ne m'avez-vous pas, par des décrets multipliés, rendu incapable de toute fonction? Ne m'avez-vous pas condamné à la plus parfaite inactivité sous les peines les plus sévères ? Et vous osez dire que la patrie avait besoin de moi ! Grand Dieu, quand la pudeur est perdue jusqu'à cet excès, tout raisonnement est inutile. Comme le philosophe dont parle Jean-Jacques, nous nous bouchons les oreilles de peur d'entendre le cri de l'humanité, et nous argumentons.

Mais c'est dans cette conduite même que je découvre la vraie raison qui nous force à calomnier les émigrés. Nous avons été cruels envers eux; ils sont malheureux, et leur misère nous est à charge. Quand les hommes ont commis, ou veulent commettre une injustice, ils commencent par accuser la victime : lorsqu'on jetait des enfants dans le bûcher à Carthage, on faisait battre les tambours et sonner les trompettes. Lorsqu'on m'a dit : Tel se plaint violemment de vous, j'en ai toujours conclu que ce tel méditait de me faire quelque mal, ou que je lui avais fait du bien [a].

CHAPITRE IX.

DENYS LE JEUNE.

D'autres scènes nous appellent à Syracuse. Après avoir considéré longtemps des républiques, nous allons examiner des monarchies. Au reste, ce sont les mêmes passions, les mêmes vices, les mêmes vertus que nous retrouverons sous des appellations différentes. Le bandeau royal, celui de la religion, le bonnet de la liberté, peuvent déformer plus ou moins la tête des hommes, mais le cœur reste toujours le même.

Tandis que la tyrannie s'était glissée à Athènes, elle avait aussi levé l'étendard en Sicile. Tranquille possesseur d'une autorité usurpée par la ruse, Denys l'Ancien soutint trente-huit années sa puissance par des vices et des vertus : avec les premiers il extermina ses ennemis; avec les secondes il rendit son joug supportable[1] : en cela, comme Auguste, il proscrivit et régna.

A sa mort, son fils le remplaça sur le trône. Esprit médiocre, il ne se distinguait de la foule que par l'habit qu'il portait et le rang où le sort l'avait fait naître. De même que plusieurs autres princes du monde ancien et du monde moderne, c'était un bon et aimable jeune homme, qui savait caresser une femme, boire du Chio, rire agréablement, et qui croyait qu'il suffisait de s'appeler Denys et de ne faire de mal à personne, pour être à la tête d'une nation[2].

[a] Ces sentiments de misanthropie sont ici plus excusables. Il faut dire, pour être juste, que toute l'émigration ne fut pas produite par la violence, comme je l'avance ici; qu'une grande partie de cette émigration fut volontaire. La noblesse de province surtout, et les officiers de l'armée, émigrèrent par le plus noble sentiment d'honneur, et pour se réunir sous le drapeau blanc qu'avaient emporté leurs princes légitimes. Quel Français fût resté dans ses foyers lorsqu'on lui envoyait une quenouille ? En défendant les émigrés, je ne défendais ma cause que sous le rapport de la fidélité et des souffrances, car mes opinions politiques n'étaient point représentées par celles de l'émigration. (N. Ed.)

[1] Diod., lib. xi-xv; Plut., in Moral.; id. in Dion. — [2] Diod., lib. xvi, pag. 410; Plut., in Dion., in Timol.; Athen., lib. x, pag. 436 ; Plat., Epist. vii.

Denys eût trouvé très-doux de jouer ainsi le roi à Syracuse; et peut-être les peuples l'auraient-ils souffert : car, après tout, il importe peu qui nous gouverne «. Malheureusement le nouveau prince avait un oncle philosophe [1].

Dion commit une grande erreur : il méconnut le génie de Denys. Amant de la philosophie, il s'imagina que chacun devait en avoir le goût comme lui. En voulant forcer le tyran de Sicile à s'élever au-dessus des bornes que la nature lui avait prescrites, il ne fit que lui mettre mille idées indigestes dans la tête, et peut-être lui donner des vices dont les semences n'étaient pas dans son cœur.

« Je veux dire que tout gouvernement dans ce bas monde est une chose détestable, et que la perfection serait de vivre pêle-mêle, sans aucune forme de gouvernement. Ces chapitres sont bien plus difficiles à combattre et à réfuter que les chapitres de la première partie, et ils sont bien plus dangereux que toutes les niaiseries antireligieuses de l'*Essai*. Me croyant près de mourir, ayant pris les hommes en horreur par les crimes révolutionnaires, n'estimant point ce qui avait précédé la révolution, n'aimant point ce qui l'avait suivie, mes opinions intérieures allaient droit à l'anarchie et à la destruction de la société. Dans ma verve satirique, je n'épargnais pas plus les morts que les vivants, les anciens que les modernes, et je vais troubler les cendres de Pompée et de César, de Cicéron et de Brutus. (N. Ed.)

[1] Il faut bien se donner de garde, en lisant l'histoire ancienne, de tomber dans l'enthousiasme. Il y a toujours beaucoup à rabattre des idées exaltées que nous nous faisons des Grecs et des Romains. Dion était sans doute un grand homme; mais, au rapport de Platon même, il avait beaucoup de défauts. Voici comme Cicéron parle de Pompée dans ses lettres à Atticus : « Tuus autem ille amicus, nos, ut ostendit, admodum diligit, amplectitur, amat, perte laudat; occulte, sed ita ut perspicuum sit, invidet nihil como, nihil simplex, nihil ἐν τοῖς πολιτικοῖς honestum (in reb. quæ sunt reip.) nihil illustre, nihil forte, nihil liberum. » Et c'est ce même homme pour lequel le même Cicéron a écrit l'oraison *Pro lege Manilia!* Et ce fameux Brutus, ce vertueux régicide, vraisemblablement assassin de son père, dont Plutarque et tant d'autres nous ont laissé de si magnifiques éloges; Brutus avait prêté de l'argent aux habitants de Salamine, et il veut que Cicéron force ces malheureux citoyens de payer l'intérêt de cette somme à quatre pour cent par mois, tandis que les plus grands usuriers, dit l'orateur romain, qui est justement révolté de la proposition, se contentent d'un pour cent? Brutus met dans ses sollicitations, au sujet de cette affaire, toute la chaleur et l'aigreur d'un malhonnête homme, jusque-là qu'il cherche à faire nommer à la préfecture un misérable qui avait tenu assiégés pour dettes, avec un parti de cavalerie, les sénateurs de Salamine, dont trois cents étaient morts de faim ; et Brutus espère qu'une seconde exécution militaire lui fera obtenir son argent. « Je suis fâché, ajoute Cicéron, de trouver votre ami (Brutus) si différent de ce que je le croyais. » C'est dans ces mêmes lettres de Cicéron à Atticus qu'on lit cette anecdote fort peu connue, et qui mérite bien de l'être. Le trait est d'autant plus odieux, que Brutus réclamait cet argent au nom de deux de ses amis, quoiqu'il lui appartînt réellement.

Quant au bon Cicéron lui-même, ses propres ouvrages, et sa vie écrite par Plutarque, nous font assez connaître ses faiblesses. Il est amusant de voir de quel air César lui écrivait au sujet des guerres civiles : « Mon cher Cicéron, lui mande le tyran, restez tranquille ; un bon citoyen comme vous ne doit se mêler de rien. » Et le pauvre Cicéron se désole. « Eh! que deviendrais-je, mon cher Atticus, si j'allais être arrêté avec mes licteurs ! Ah ! grands Dieux ! on débite les plus mauvaises nouvelles! Si j'étais à ma maison de Tusculum ! Mais je veux me retirer dans une île de la Grèce. Antoine ne le voudra pas. Que faire? etc. » Et il écrit une belle lettre à Antoine, qui arrive dans une litière avec trois comédiennes; ensuite il prononce les Philippiques, et Antoine montre la malheureuse lettre. Pour ce qui est de César, il ne se cachait point de ses vices. La proclamation de son collègue Bibulus : « Bithynicam reginam, eique regem antea fuisse cordi, nunc esse regnum ; » et les vers des soldats :

Gallias Cæsar subegit, Nicomedes Cæsarem :
Ecce Cæsar nunc triumphat qui subegit Gallias;
Nicomedes non triumphat, quæ subegit Cæsarem,

apprennent assez les désordres de la reine de Bythinie. Auguste, après avoir proscrit ses concitoyens dans sa jeunesse, et obligé le père et le fils à mourir de la main l'un de l'autre, se faisait amener dans sa vieillesse les jeunes vierges de ses Etats. Voilà les grands hommes de Rome. Je ne parle ni des Néron, ni des Tibère. Il paraît cependant singulier que Suétone n'ait pas rapporté ce que Tacite nous apprend du commerce incestueux d'Agrippine et de son fils, lui qui était si curieux de pareilles anecdotes.

Savoir bien juger d'un homme, du langage qu'il faut lui parler, est un art extrêmement difficile. Un esprit d'un ordre supérieur est trop porté à supposer dans les autres les qualités qu'il se trouve, et va se communiquant sans cesse, sans s'apercevoir qu'il n'est pas entendu. C'est une nécessité absolue pour l'homme de génie de sacrifier à la sottise ; quelqu'un me disait qu'il se voyait prodigieusement recherché de la société, parce qu'il était toujours plus nul que son voisin [a].

La réputation de Platon s'étendait alors dans toute la Grèce. Dion persuada à Denys d'attirer le philosophe en Sicile [1]. Celui-ci, après quelques difficultés, consentit à venir donner des leçons au jeune prince [2]. Bientôt la cour se transforma en une académie ; Denys, du soir au matin, argumentait du meilleur et du pire des gouvernements [3] ; mais il se lassa enfin de déraisonner sur ce qu'il ne comprenait pas. Les courtisans murmurèrent ; les soldats ne se souciaient pas beaucoup du *monde d'idées* [4], et la vertu philosophique était trop chaste pour le tyran. Dion fut exilé, et Platon le rejoignit peu de temps après en Grèce [5]. Le moraliste eut à peine quitté Syracuse, que Denys brûla du désir de le revoir. Dans les rois les désirs sont des besoins. Cette fois-ci il fallut que les philosophes de la Grande-Grèce engageassent, pour sûreté, leur parole au vieillard de l'Académie. Il y a je ne sais quoi d'aimable et de touchant dans cet intérêt de tout le corps des sages en un de leurs membres : lorsque Jean-Jacques fuyait de pays en pays [b], peu importait aux savants de la France, de l'Angleterre [6] et de l'Italie.

Platon, de retour auprès du tyran, voulut obtenir de lui le rappel de Dion [7]. Non-seulement Denys se montra inexorable, mais sous un prétexte frivole, confisqua les biens de celui-ci, que jusqu'alors il avait respectés [8]. Le philosophe, piqué de l'injustice qu'on faisait à son ami, demanda la permission de se retirer ; il l'obtint avec beaucoup de peine [9]. Le prince, demeuré seul avec ses vices et ses courtisans, se replongea dans les excès du despotisme et de la débauche. La mesure des maux du peuple monta à son comble, et l'heure de la vengeance approchait.

[a] Je traite le public comme mon camarade ; je le prends par le bras ; je lui raconte familièrement ce que *quelqu'un* m'a dit ou ne m'a pas dit. Il est impossible d'être plus à l'aise.
(N. ED.)

[1] PLUT, *in Dion*. — [2] *Id., Ibid.* — [3] PLAT.; *Epist.* VII, tom. III. — [4] PLUT.; *in Tim.*, pag. 29. — [5] PLUT., *in Dion.*; PLAT., *Epist.* III.

[b] Les prétendues persécutions éprouvées par Rousseau étaient pour la plus grande partie dans sa tête. Il fut condamné, il est vrai, pour quelques-uns de ses ouvrages ; mais plusieurs autres écrivains dans le même cas se moquaient d'une condamnation qui ne faisait qu'accroître leur renommée, et dont la plus grande rigueur se réduisait à prononcer quelques jours d'arrêts au château de Vincennes. Je ne veux pas dire qu'on n'avait pas eu grand tort de décréter Rousseau de prise de corps : j'aime trop la liberté individuelle et la liberté de la pensée pour ne pas en revendiquer les droits ; mais je dis qu'il ne faut rien exagérer, et qu'il n'est pas juste de donner le nom de *proscription*, d'*exil*, à ce qui n'avait dans le fond rien de ce caractère odieux.
(N. ED.)

[6] Il y aurait de l'injustice à oublier que Hume donna l'hospitalité à Jean-Jacques ; qu'il trouva dans le duc de Portland la protection d'un Mécène et les lumières de la philosophie ; enfin que S. M. Britannique elle-même accorda une pension honorable à l'illustre réfugié.

[7] PLAT.; *Epist.* VII. — [8] PLUT., *in Dion.* — [9] *Id., ibid.*

CHAPITRE X.

EXPÉDITION DE DION. — FUITE DE DENYS. — TROUBLES A SYRACUSE.

Dion, dépouillé de ses biens, et blessé au cœur par le divorce de son épouse, que Denys avait donnée en mariage à l'un de ses favoris, résolut d'arracher la Sicile à la tyrannie [1]. Il se mit en mer avec deux vaisseaux et huit cents hommes [2] pour attaquer un prince qui possédait des escadres et des armées [3], mais il comptait sur les vices du roi de Syracuse et sur l'inconstance du peuple : il ne s'était pas trompé.

[1] Plat, *Epist.* vii ; Plut., *in Dion*. — [2] Diod., lib. vi, pag. 113.
[3] Mais Denys était alors sans finances, grande cause des révolutions *. On trouvera dans cet *Essai* trois ou quatre chapitres où il y a quelques recherches sur le système comparé des finances des anciens et des modernes. Ce sujet est obscur et m'a donné beaucoup de travail, ayant suivi pas à pas, autant que le sujet me l'a permis, l'état des impôts, des prêts, des opérations fiscales, depuis les premiers temps de l'histoire jusqu'à nos jours. On verra qu'il n'est pas improbable que les lettres de change ne fussent connues des anciens, et qu'en cela, comme en toute autre chose, notre supériorité n'est pas considérable. Quant au papier-monnaie, nous n'avons guère de quoi nous vanter, son usage a toujours été calamiteux. La France en présente un grand exemple ; l'Amérique avait été désolée auparavant par ce fléau. En 1775, le congrès décréta l'émission de bills de crédit pour la somme de deux millions de dollars, qui devaient être retirés graduellement de la circulation par des taxes, le premier retrait étant fixé au 31 novembre 1779. Plusieurs autres émissions suivirent ; et au mois de février 1776, il y avait déjà pour vingt millions de dollars en bills dans les Etats-Unis.
L'enthousiasme du peuple les soutint pendant quelque temps en paix : mais enfin, l'intérêt l'emportant sur le patriotisme, ils commencèrent à perdre. Le congrès continuant à multiplier le papier, la somme totale s'éleva bientôt à deux cents millions de dollars. Outre cette masse énorme, chaque Etat avait encore ses bills particuliers, comme les départements de France leurs petits assignats. En 1779, les bills perdant vingt-sept et vingt-huit pour un, le congrès voulut avoir recours à un expédient que la Convention a employé depuis dans l'opération de ses mandats : c'était de remplacer l'ancien papier par un nouveau. Le premier devait être brûlé progressivement, tandis que le second aurait été émis dans la proportion de vingt à un avec l'autre ; en sorte que les deux cents millions de dollars en bills continentaux se trouvent rachetés par dix millions. L'opération était trop fallacieuse pour réussir, et le papier continua de tomber de plus en plus. Alors le congrès mit en usage, pour soutenir ses bills, tous les moyens dont se sont servis les révolutionnaires français pour supporter leurs assignats. Il fixa un maximum au prix des denrées, à celui des journées d'ouvrier. Les dettes contractées en argent furent déclarées payables en papier ; d'autres lois forçaient le marchand à recevoir les bills à leur valeur nominale, de vendre au même taux pour du papier que pour de l'argent ; les biens des royalistes furent mis à l'encan. L'effet de ces mesures coërcitives fut de créer la disette, de ruiner les propriétaires, et de répandre l'immoralité. Il fallut bientôt rappeler ces décrets, et les bills, perdant quatre cents pour un en 1781, cessèrent enfin de circuler.
Ainsi s'opéra la banqueroute. C'est une chose extraordinaire, mais prouvée, que la chute d'un papier-monnaie n'a jamais opéré de grands mouvements dans un État : on en voit plusieurs raisons. A la première émission d'un papier, il a ordinairement toute sa valeur. Celui qui le reçoit alors, loin d'éprouver une perte, assez souvent y fait un gain. Lorsque le discrédit commence, le billet a changé de main ; le capitaliste qui l'a reçu à perte le passe à un autre avec cette même perte ; et le papier continue ainsi de circuler, pris et rendu au prix du change lors de la négociation ; en sorte que la diminution est insensible d'un individu à l'autre. Il n'y a à souffrir considérablement que pour le créancier et celui entre les mains duquel le papier expire. Quant à l'Etat, les fortunes ayant seulement changé de mains, il s'y trouve la même quantité de propriétaires qu'auparavant, et l'équilibre est conservé.

* On a généralement cru, quand j'ai parlé de finances à la tribune, ou quand j'ai mieux fait pour mon pays, quand je me suis tu sur des opérations désastreuses ; on a généralement cru que je commençais, comme tant d'autres, mon éducation financière : on s'est trompé : cette note de l'*Essai* et plusieurs passages de ce même ouvrage le prouveront. L'étude et la langue des finances me sont familières depuis longtemps ; j'en avais pris le goût en Angleterre. En arrivant aux affaires dans mon pays, je n'étais étranger à aucune partie essentielle des devoirs que j'avais à remplir. Je ne sais si j'aurais été un bon ministre des finances, mais j'aurais eu au moins cette ressemblance avec M. Pitt : l'État eût peut-être été obligé de faire les frais de mon enterrement. La maison de ce grand ministre était dans un complet désordre, tout le monde le volait, et il ne pouvait parvenir à régler les mémoires de sa blanchisseuse : je suis plus fort que tout cela. (N. Éd.)

Tout réussit : Denys se trouvait absent, les Syracusains se soulevèrent. Dion entra dans la cité, et proclama le rétablissement de la république [1]. Le tyran, accouru au bruit de cette nouvelle, hasarda une action où il fut défait. Après plusieurs pourparlers, il se retira en Italie, laissant la citadelle, dont il avait eu le bonheur de s'emparer, entre les mains de son fils [2].

Cependant la division régnait dans la ville. Les uns soutenaient Dion, leur libérateur; les autres s'attachaient à Héraclide, qui proposait des mesures populaires [3]. Celui-ci l'emporte, et Dion, poursuivi par les plus ingrats de tous les hommes, est obligé de se retirer avec un petit nombre d'amis fidèles, au milieu d'une populace furieuse, prête à le déchirer [4].

Ce grand patriote avait à peine abandonné Syracuse, que le parti de Denys, toujours bloqué dans la citadelle, fait une vigoureuse sortie, force les lignes des assiégeants, et les citoyens épouvantés députent humblement vers Dion, qui a la magnanimité de revenir à leur secours [5].

Il s'avançait au milieu de la nuit vers la capitale, lorsqu'il reçoit tout à coup des courriers qui lui apportent l'ordre de se retirer de nouveau. Les soldats de Denys étaient rentrés dans la citadelle; le peuple, toujours lâche, avait repris son audace; et le parti d'Héraclide, s'étant saisi des portes de la ville, comptait en disputer l'entrée à la troupe de Dion [6].

Cependant un bruit sourd vient, roulant de proche en proche. Bientôt des cris affreux se font entendre. Des hurlements confus, des sons aigus, entrecoupés de grands silences, durant lesquels on distingue quelque voix lamentable et solitaire, comme d'un homme égorgé dans une rue écartée; enfin, tout l'effroyable murmure d'une ville en insurrection et en proie à l'ennemi monte à la fois dans les airs [7].

Un incendie général vient éclairer les horreurs de cette nuit, que le pinceau seul de Virgile [8] pourrait rendre. Les teintes scarlatines et mouvantes du ciel annoncent à Dion, encore loin dans la campagne [9], l'embrasement de la patrie. Un messager arrive à la hâte; il apprend aux soldats du philosophe guerrier que la garnison de la citadelle a fait une seconde sortie; qu'elle égorge femmes, enfants, vieillards; qu'elle a mis le feu à la ville; que le parti même d'Héraclide sollicite Dion de précipiter sa marche, et d'étouffer dans le danger commun, tout ressentiment des injures passées [10].

Dion ne balance plus. Il entre dans Syracuse avec sa petite troupe de héros, aux acclamations des citoyens prosternés à ses pieds, qui le regardaient non comme un homme, mais comme un Dieu, après leur ingratitude. Le philosophe patriote s'avançait dans les rues à travers mille dangers, sur les cadavres

---

[1] Plut., *in Dion.* — [2] *Id., ibid.* — [3] *Id., ibid.* — [4] *Id., ibid.* — [5] *Id., ibid.*; Diod. Sic., lib. xvi. — [6] Plut., *in Dion.* — [7] *Id., ibid.*

[8] La description que les historiens nous ont laissée de l'embrasement de Syracuse a tant de traits de ressemblance avec celui de Troie décrit par Virgile, qu'il ne me paraît pas impossible que ce poëte, dont on connaît d'ailleurs la vérité, et qui, ayant passé une partie de sa vie à la vue de la Sicile, devait s'en rappeler sans cesse l'histoire, n'ait emprunté plusieurs choses de cet événement pour le second chant de son *Énéide*; à moins qu'on ne suppose que les historiens qui ont écrit après lui n'aient eux-mêmes imité l'épique latin.

[9] A environ deux lieues.

[10] Plut., *in Dion.*

des habitants massacrés, à la réverbération des flammes, entre des murs rouges et crevassés, tantôt plongé dans des tourbillons de fumée et de cendres brûlantes, tantôt exposé à la chute des toits et des charpentes embrasées qui croulaient de toutes parts autour de lui [1].

Il parvint enfin à la citadelle, où les troupes du tyran s'étaient rangées en bataille. Il les attaque, les force de se renfermer dans leur repaire, d'où elles ne sortirent plus que pour remettre la place, par capitulation, entre les mains des citoyens de Syracuse [2].

Dion, ayant rétabli le calme dans sa patrie, ne jouit pas longtemps du fruit de ses travaux [3]. Il périt assassiné [4], après s'être lui-même rendu coupable d'un assassinat. Callippe, le meurtrier, fût à son tour chassé par le frère de Denys, et Denys lui-même, sortant de sa retraite après dix ans d'interrègne, remonta sur le trône [5].

Platon connut mieux que Dion les hommes de son siècle. Il lui prédit qu'il ne causerait que des maux, sans réussir [6]. C'est une grande folie que de vouloir donner la liberté républicaine à un peuple qui n'a plus de vertu. Vous le traînez de malheur en malheur, de tyran en tyran, sans lui procurer l'indépendance. Il me semble qu'il existe un gouvernement particulier, pour ainsi dire naturel à chaque âge d'une nation : la liberté entière aux Sauvages, la république royale aux pasteurs, la démocratie dans l'âge des vertus sociales, l'aristocratie dans le relâchement des mœurs, la monarchie dans l'âge du luxe, le despotisme dans la corruption. Il suit de là que, lorsque vous voulez donner à un peuple la constitution qui ne lui est pas propre, vous l'agitez sans parvenir à votre but, et il retourne tôt ou tard au régime qui lui convient, par la seule force des choses [a]. Voilà pourquoi tant de prétendues républiques se transforment tout à coup en monarchies sans qu'on en sache bien la raison : de tel principe, telle conséquence; de telles mœurs, tels gouvernements. Si des hommes vicieux bouleversent un État, quels que soient d'ailleurs leurs prétextes, il en résulte le despotisme ; les tyrans sont les remords des révolutions des méchants.

CHAPITRE XI.

NOUVEAUX TROUBLES A SYRACUSE. — TIMOLÉON. — RETRAITE DE DENYS.

Denys ne resta que deux années en possession de son trône. Les intraitables Syracusains se soulevèrent de nouveau. Ils appelèrent à leur secours un tyran

---

[1] Plut., *in Dion.* — [2] *Id.*, *ibid.*

[3] Dion avait entrepris avec les philosophes platoniciens d'établir en Sicile une de ces républiques idéales qui font tant de mal aux hommes. C'est peut-être la seule fois qu'on ait tenté de former le gouvernement d'un peuple sur des principes purement abstraits. Les Français ont voulu faire la même chose de notre temps. Ni Dion ni les théoristes de France n'ont réussi, parce que le vice était dans les mœurs des nations. Il est presque incroyable combien l'âge philosophique d'Alexandre ressemble au nôtre.

[4] Plut., *in Dion.* — [5] Diod., lib. xvi, pag. 532. — [6] Plat., *Epist.* vii.

[a] Je combats ici avec avantage cette fureur de donner à des peuples des constitutions uniformes s'en s'embarrassant du degré de civilisation où ces peuples sont parvenus. J'ai tenu le même langage à la tribune depuis dix ans, soit comme membre de l'opposition, soit comme

voisin, nommé Icétas [1]. Celui-ci, loin de combattre pour la liberté de la Sicile, ne cherchant qu'à se substituer à Denys, traita sous main avec les Carthaginois. Bientôt la flotte punique parut à la vue du port. L'ancien tyran était alors renfermé dans la citadelle, où il se défendait contre le nouveau maître de la ville. Dans cette conjoncture, les citoyens opprimés envoyèrent demander du secours à Corinthe, leur mère-patrie, et contre Denys, et contre Icétas et ses alliés [2]. Les Corinthiens, touchés des malheurs de leur ancienne colonie, firent partir Timoléon avec dix vaisseaux [3]. Le grand homme aborda en Sicile et remporta un avantage sur Icétas. Denys, voyant s'évanouir ses espérances, se rendit au général corinthien, qui fit passer en Grèce, sur une seule galère, sans suite, avec une petite somme d'argent, celui qui avait possédé des flottes, des trésors, des palais, des esclaves, et un des plus beaux royaumes de l'antiquité. Peu de temps après Timoléon se trouva maître de Syracuse, battit les Carthaginois, et, appelant le peuple à la liberté, fit publier qu'on eût à démolir les citadelles des tyrans [4]. Les Syracusains se précipitent sur ces monuments de servitude ; ils les nivellent à la terre ; et fouillant jusque dans les sépulcres des despotes, dispersent leurs os dans les campagnes, comme on suspend dans les moissons la carcasse des bêtes de proie pour épouvanter leurs semblables [a]. On érigea des tribunaux de justice nationale sur l'emplacement même de cette forteresse, d'où émanaient les ordres arbitraires des rois. Leurs statues furent publiquement jugées et condamnées à être vendues. Une seule, celle de Gélon, fut acquittée par le peuple [5]. Le bon, le patriote Henri IV, qui n'était pas comme Gélon un usurpateur, n'a pas échappé aux républicains de la France. Les anciens respectaient la vertu, même dans leurs ennemis ; et ceux qui accordèrent les honneurs de la sépulture à l'étranger Mardonius n'auraient pas laissé les cendres d'un Turenne, leur compatriote, au milieu d'une ostéologie de singes. Nous avons beau nous élever sur la pointe des pieds pour imiter les géants de la Grèce, nous ne serons jamais que de petits hommes [b].

ministre, souhaitant à toutes les nations une liberté mesurée sur l'étendue de leurs lumières. C'est le seul moyen d'élever les hommes à la liberté complète : autrement on échoue dans tout ce que l'on prétend faire pour cette liberté. Ma vieille raison approuve donc aujourd'hui ce que ma jeune raison disait dans cette page il y a trente années ; je ferai seulement observer que, raisonnant toujours ici d'après le système des républiques anciennes, et fondant la liberté uniquement sur les mœurs, j'oublie cette autre liberté qu'amènent les progrès de la civilisation. (N. Ed.)

[1] Diod., lib. xvi, pag. 457-470 ; Plut., in Timol.
[2] Diod., lib. xvi, pag. 457-470 ; Plut., in Timol.
[3] Plut., in Timol.; Diod., lib. xvi, pag. 462.
[4] Plut., in Timol.

[a] L'image n'est que trop juste ; mais il ne faut pas pousser la haine de la tyrannie jusqu'à approuver la violation des tombeaux. (N. Ed.)

[5] Diod., lib. xvi, pag. 462 ; Plut., in Timol.

[b] C'est beaucoup d'humeur avec quelque vérité. Le sentiment d'indépendance qui respire dans toutes ces pages ne nuisait point, comme on le voit, à mon attachement pour la famille de mes rois légitimes. On ne peut condamner plus sincèrement les excès révolutionnaires et aimer plus franchement la liberté. (N. Ed.)

CHAPITRE XII.

DENYS A CORINTHE. — LES BOURBONS.

Cependant Denys était arrivé à Corinthe. On s'empressa de venir repaître ses regards du spectacle d'un monarque dans l'adversité. Nous chérissons moins la liberté que nous ne haïssons les grands, parce que nous ne pouvons souffrir le bonheur dans les autres, et que nous nous imaginons que les grands sont heureux. Comme les rois semblent d'une autre espèce que le reste de la foule, au jour de l'affliction ils ne trouvent pas une larme de pitié. Voilà donc, dit chacun en soi-même, cet homme qui commandait aux hommes, et qui, d'un coup d'œil, aurait pu me ravir la liberté et la vie. Toujours bas, nous rampons sous les princes dans leur gloire, et nous leur crachons au visage lorsqu'ils sont tombés [a].

Qu'eût dû faire Denys dans ses revers? Il eût dû savoir que les tigres et les déserts sont moins à craindre pour les misérables que la société. Il eût dû se retirer dans quelque lieu sauvage pour gémir sur ses fautes passées, et surtout pour cacher ses pleurs; ou plutôt il pouvait, comme les anciens, se coucher et mourir. Un homme n'est jamais très à plaindre lorsqu'il a le droguiste ou le marchand de poignards à sa porte, et qu'il lui reste quelques *mines* [b].

L'âme de Denys n'était pas de cette trempe. Le tyran abandonné tenait, on ne sait pourquoi, à l'existence. Peut-être quelque lien caché qu'il n'osait découvrir, quelque sentiment secret... Denys n'était-il pas père? et les faiblesses du cœur n'attachent-elles pas à la vie? C'est un effet cruel de l'adversité, qu'elle redouble notre sensibilité, en même temps qu'elle l'éteint pour nous dans le cœur des autres, et qu'elle nous rend plus susceptibles d'amitiés lorsque l'heure des amis est passée.

Le prince de Syracuse offrait une grande leçon à Corinthe, où les étrangers s'empressaient de venir méditer ce spectacle extraordinaire. Le malheureux roi, couvert de haillons, passait ses jours sur les places publiques ou à la porte des cabarets, où on lui distribuait, par pitié, quelque reste de vin et de viande. La populace s'assemblait autour de lui, et Denys avait la lâcheté de l'amuser de ses bons mots [1]. Il se rendait ensuite dans les boutiques des parfumeurs, ou chez des chanteuses auxquelles il faisait répéter leurs rôles, s'occupant à disputer avec elles sur les règles de la musique [2]. Bientôt, pour ne pas mourir de faim,

---

[a] Si l'espèce humaine était telle que je la voyais alors, il faudrait aller se noyer. Il est vrai que l'on crache au visage des princes quand ils sont tombés : reste à savoir si les princes, lorsqu'ils ont recouvré leur pouvoir, ne crachent pas au visage de ceux qui les ont servis.
(N. Ed.)

[b] Il ne me restait plus, pour couronner l'œuvre, qu'à recommander le suicide. Si cent pages de l'*Essai* n'étaient en contradiction directe avec de tels principes, n'expiaient ces incartades d'un esprit blessé, il n'y a point de reproche que l'on ne dût adresser à l'auteur d'un pareil livre. Si je pouvais chercher une excuse à des doctrines aussi pernicieuses, je ferais remarquer que c'est encore un sentiment généreux et même monarchique qui me les fait énoncer ici. J'aurais voulu que Denys se fût tué, plutôt que d'avilir à la fois sa personne et son sceptre, l'homme et le roi; le conseil est criminel, mais le motif de ce conseil est noble. (N. Ed.)

[1] Plut., *in Timol.* — [2] *Id., ibid.*

il fut obligé de donner des leçons de grammaire dans les faubourgs aux enfants du petit peuple ¹, et ce ne fut pas le dernier degré d'avilissement où le réduisit la fortune.

Une conduite aussi indigne a porté les hommes à en chercher les causes. Cicéron fait là-dessus une remarque cruelle ². Denys, dit-il, voulut dominer sur des enfants par habitude de tyrannie. Justin ³, au contraire, croit qu'il n'agissait ainsi que dans la crainte que les Corinthiens ne prissent de lui quelque ombrage. Ne serait-ce point plutôt le désespoir qui jeta le roi de Syracuse dans cet excès de bassesse? A force de l'insulter on le rendit digne d'insultes. Le malheur est une maladie de l'âme qui ôte l'énergie nécessaire pour se défaire de la vie; et lorsqu'un misérable sent que son caractère s'avilit, que la pitié des hommes ne s'étend plus sur lui, alors il se plonge tout entier dans le mépris, comme dans une espèce de mort.

Malgré le masque d'insensibilité que le monarque de Sicile portait sur le visage, je doute que la borne de la place publique, qui lui servait d'oreiller durant la nuit, et qu'il partageait peut-être avec quelque mendiant de Corinthe ⁴, fût entièrement sèche le matin. Plusieurs mots échappés à ce prince justifient cette conjecture.

Diogène, le rencontrant un jour, lui dit : « Tu ne méritais pas un pareil sort ! » Denys, se trompant sur le motif de cette exclamation, et étonné de trouver de la pitié parmi les hommes, ne put se défendre d'un mouvement de sensibilité. Il repartit : « Tu me plains donc ! je t'en remercie. » La simplicité de ce mot, qui devait briser l'âme de Diogène ne fit qu'irriter le féroce cynique. « Te plaindre ! s'écria-t-il, tu te trompes, esclave : je suis indigné de te voir dans une ville où tu puisses jouir encore de quelques plaisirs ⁵. » A Dieu ne plaise qu'une pareille philosophie soit jamais la mienne !

Dans une autre occasion, le même prince, importuné par un homme qui l'accablait de familiarités indécentes, dit tranquillement : « Heureux ceux qui ont appris à souffrir ⁶ ! »

Quelquefois il savait repousser une injure grossière par une raillerie piquante. Un Corinthien, soupçonné de filouterie, s'approche de lui en secouant sa tunique, pour montrer qu'il ne cachait point de poignard (manière dont on en usait en abordant les tyrans) : « Fais-le en sortant, » lui dit Denys ⁷.

La fortune voulut mêler quelques douceurs à l'amertume de ses breuvages, pour en rendre le déboire plus affreux. Denys obtint la permission de voyager, et Philippe le reçut dans son royaume avec tous les honneurs dus à son rang. Pédagogue à Corinthe, roi encore à la table de celui de Macédoine, réduit de nouveau à la mendicité, ces étranges vicissitudes devaient bien apprendre au prince de Sicile la folie de la vie et la vanité des rôles qu'on y remplit. Du moins le père d'Alexandre s'honora-t-il en respectant l'infortune. Il ne put s'empêcher de dire à son hôte, en le voyant, avec une espèce de cha-

---

¹ Plut., in Timol. Cic., Tusc., lib. III, n° 27; Just., lib. XXI; Lucian., Somn., cap. XXIII; Val. Max., lib. VI, cap. IX. — ² Cic., Tusc. — ³ Just., lib. XXI, c. V. — ⁴ Val. Max., lib. VI, cap. IX. — ⁵ Plut., in Timol. — ⁶ Stob., Serm. 110. — ⁷ Plut., in Timol.; Ælian., Var. Hist., lib. IV, cap. XVIII.

leur : « Comment avez-vous perdu un empire que votre père sut conserver si longtemps ? — J'héritai de sa puissance, répondit Denys, et non de sa fortune[1]. » Ce mot-là explique l'histoire du genre humain. Un soir que les deux tyrans s'entretenaient familièrement dans une orgie, celui de la Grèce demanda à celui de Sicile quel temps son père, Denys l'Ancien, prenait pour composer un si grand nombre de poëmes : « Le temps que vous et moi mettons ici à boire, » répliqua gaiement le roi détrôné [2] [a].

Le sort voulut enfin terminer ce grand drame de l'école des rois par un dénoûment non moins extraordinaire que les autres scènes. Denys, réduit au dernier degré de misère, ou rendu fou de chagrin, s'engagea dans une troupe de prêtres de Cybèle, et l'on vit le monarque de Syracuse, avec sa grosse taille[3], et ses yeux à moitié fermés[4], parcourant les villes et les bourgs de la Grèce, sautant et dansant en frappant un tympanon, et allant après tendre la main à la ronde, pour recevoir les chétives aumônes de la populace[5].

Si je me suis arrêté longtemps aux infortunes de Denys, on en sent assez la raison. Outre la grande leçon qu'elles présentent, l'Europe a devant les yeux, au moment où j'écris ceci, un exemple frappant, non des mêmes vices, mais presque des mêmes malheurs. Déjà un Bourbon, qui devait être le plus riche particulier de l'Europe, a été obligé, pour vivre, d'avoir recours en Suisse au moyen employé par Denys à Corinthe. Sans doute le duc d'Orléans aura enseigné à ses pupilles les dangers d'une ambition coupable, et surtout les périls d'une mauvaise éducation. Il se sera fait une loi de leur répéter que le premier devoir de l'homme n'est pas d'être roi, mais d'être probe. Si ce mot paraît sévère, j'en appelle à ce prince lui-même, qu'on dit d'ailleurs plein de courage et de vertus naturelles [b]. Qu'il jette les regards autour de lui en Europe, qu'il contemple les milliers de victimes sacrifiées chaque jour à l'ambition de sa famille : j'aurais voulu éviter de nommer son père.

Le reste de la famille des Bourbons a éprouvé diverses calamités. L'héritier des rois, le souverain légitime de la France, erre maintenant en Europe à la merci des hommes [c] ; et le maître de tant de palais serait trop heureux de posséder dans quelque coin de la terre la moindre des cabanes de ses sujets.

---

[1] Ælian., *Var. Hist.*, lib. xii, cap. ix — [2] Plut., *in Timol.*

[a] Je n'ai pas tiré tout le parti que je pouvais tirer de cette entrevue de Denys et de Philippe. Denys l'Ancien était un tyran assez remarquable ; il eut un misérable fils. Philippe était un prince habile qui eut pour héritier un des plus grands hommes dont l'histoire ait conservé le souvenir. Ce petit despote qui finissait le royaume de Sicile, dînant avec le jeune Alexandre en qui allait commencer un des trois grands royaumes du monde, formait un contraste qui n'aurait pas dû m'échapper. (N. Ed.)

[3] Just., lib. xxi, cap. ii. — [4] Athen., lib. x, pag. 439 ; Just., *ibid.* ; Plut., *de Aduli*, tom. ii. — [5] Ælian., *Var. Hist.*, lib. ix, cap. viii ; Athen., lib. xii, cap. xi.

[b] Voyez la note [b], page 39. (N. Ed.)

[c] Mes sentiments pour la monarchie de saint Louis et pour mes rois légitimes sont nettement exprimés ici ; mais le parallèle entre Denys et les héritiers de tant de monarques offre la même impertinence qu'une foule d'autres rapprochements de l'*Essai*. Le petit tyran de quelques villes de la Sicile, fils d'un autre tyran, premier né de sa race, a-t-il avec la dynastie des Bourbons quelque rapport d'influence, de caractère et de grandeur ? L'histrion royal descendu du trône pour danser dans une troupe de prêtres de Cybèle peut-il être nommé sans honte auprès de ce roi magnanime qui repoussa si noblement les propositions de l'usur-

Cependant si un royaume florissant, un peuple nombreux, une naissance illustre, se réunissent pour augmenter l'amertume des regrets de Louis, il ne saurait craindre, comme les rois de l'antiquité, l'excès de l'indigence. Cette différence tient à l'état relatif des constitutions. Chez les anciens un prince fugitif ne rencontrait que des républiques qui insultaient à sa misère ; dans le monde moderne il trouve du moins d'autres princes qui lui procurent les nécessités de la vie *a*. S'il arrivait que l'Europe se formât en démocraties, le dernier des monarques détrônés serait aussi malheureux que Denys.

Depuis les premiers âges du monde jusqu'à la catastrophe des Bourbons en France, l'histoire nous offre un grand nombre de princes fugitifs et en proie aux douleurs, le partage commun des hommes. On remarque particulièrement, chez les anciens, le monarque aveugle qui parcourait la Grèce appuyé sur son Antigone ; Thésée, le législateur, le défenseur de sa patrie, et banni par un peuple ingrat ; Oreste suivi d'un seul ami ; Idoménée, chassé de Crète ; Démarate, roi de Sparte, retiré auprès de Darius ; Hippias, mort au champ de Marathon, en cherchant à recouvrer sa couronne ; Pausanias II, roi de Sparte, condamné à mort et sauvé par la fuite ; Denys à Corinthe, Darius fuyant seul devant Alexandre, et assassiné par ses courtisans ; Cléomène, digne successeur d'Agis, crucifié en Égypte, où il s'était retiré ; Antiochus Hiérax, réfugié chez Ptolémée, qui le jette dans les cachots ; Antiochus X, errant chez les Parthes et en Cilicie ; Mithridate, cherchant en vain un asile auprès de Tigrane son gendre, et réduit à s'empoisonner ; à Rome, Tarquin chassé par Brutus, et soulevant en vain l'Italie en sa faveur ; une foule d'empereurs des deux empires qu'il serait trop long d'énumérer *b*. Parmi les peuples modernes, on reconnaît en Afrique Gélimer [1], chassé du trône des Vandales et réduit à cultiver un champ de ses

pateur de sa couronne? Mais il me fallait, bon gré mal gré, des comparaisons, afin d'arriver à des réflexions plus ou moins justes, à des pages plus ou moins dans le sujet. (N. Ed.)

a Il y a quelque chose d'étroit, de sec et de vulgaire dans cette remarque. Je l'ai dit ailleurs, et plus noblement : Un roi de France qui manque de tout est encore roi quand il peut dormir sur la terre enveloppé dans sa casaque fleurdelisée, ayant pour bâton le sceptre de saint Louis, et pour épée celle d'Henri IV. (N. Ed.)

b J'aurais dû au moins, dans ce catalogue des rois détrônés, nommer Persée, ne fût-ce que pour rappeler le trône d'Alexandre. (N. Ed.)

[1] Son histoire est touchante, et présente un des jeux les plus extraordinaires de la fortune. Le lendemain du jour que Gélimer sortit secrètement de Carthage, Bélisaire, dans le palais de ce prince des Vandales, servi par ses propres esclaves, dîna sur la table, dans les plats, et des viandes mêmes préparées pour le repas du malheureux monarque. Le roi fugitif s'étant ensuite remis entre les mains du général romain, il fut conduit à Constantinople, où, après s'être prosterné devant Justinien, on lui donna quelque terre dans un coin de l'empire. (Procop., *Bell. Vandal.*, lib. I, cap. XXI, etc.) Ce bon Procope, qui raconte si naïvement ses songes, l'amour d'Honorius pour une poule nommée *Rome*, et les chansons des petits enfants qui disaient : « G. chassera B., et B. chassera G.., » me fait ressouvenir qu'on trouve, dans son Histoire de la guerre des Perses, un chapitre intéressant sur la mer Rouge et le commerce des Indes, qui a, je crois, échappé au savant Robertson, dans sa *Disquisition*. On y apprend que l'on construisait les vaisseaux sans clous pour cette navigation, en attachant seulement les planches avec des cordes, non à cause des rochers d'aimant, dit Procope, qui se pique alors d'incrédulité, mais pour les rendre plus légers *. (*De Bell. Pers.*, lib. I, cap. XVIII.)

* Cette note est écrite à la diable, bien qu'elle soit assez curieuse. Mais à quoi bon tout cela, et les petits enfants qui chantent, et Honorius et Robertson, et le commerce des Indes, et les rochers d'aimant, etc., etc.? Érudition tout à fait digne du *Chef-d'œuvre d'un Inconnu*. (N. Ed.)

propres mains; en Italie, Lamberg, premier prince fugitif de l'Europe moderne; Pierre de Médicis, qui, sans Philippe de Comines, n'eût pu trouver une retraite à Venise; l'empereur Henri IV, fuyant devant son fils; le comte de Flandre, chassé par Artavelle; Charles V de France, dépouillé par la faction de Charles de Navarre; Charles VII, réduit à sa ville d'Orléans; Henri VI d'Angleterre, détrôné, puis rétabli, puis détrôné encore; Édouard IV, errant dans les Pays-Bas, privé de tout secours; Henri IV de France, chassé par la Ligue; Charles II d'Angleterre, obligé de dormir sur un chêne dans ses États, tandis que sa famille sur le continent était forcée de se tenir au lit, faute de feu; Gustave Vasa, retiré dans les mines; Stanislas, roi de Pologne, s'échappant déguisé de son palais; Jacques II, trouvant une cour en France, mais dont les descendants n'avaient pas un lieu où reposer leur tête *a*; Marie, portant son fils dans les rangs hongrois; enfin les Bourbons, terminant cette liste d'illustres infortunés. Dans ce catalogue de misères, chacun pourra satisfaire le penchant de son cœur: l'envie y verra des rois; la pitié, des malheureux; et la philosophie, des hommes.

CHAPITRE XIII.

AUX INFORTUNÉS.

Thrice happy you, who look as from the shore
And have no venture in the wreck you see!

Ce chapitre n'est pas écrit pour tous les lecteurs; plusieurs peuvent le passer sans interrompre le fil *b* de cet ouvrage: il est adressé à la classe des malheureux; j'ai tâché de l'écrire dans leur langue, qu'il y a longtemps que j'étudie *c*!

Celui-là n'était pas un favori de la prospérité qui répétait les deux vers qu'on voit à la tête de ce chapitre. C'était un monarque, le malheureux Richard II, qui, le matin même du jour où il fut assassiné, jetant à travers les soupiraux de sa prison un regard sur la campagne, enviait le pâtre qu'il voyait assis tranquillement dans la vallée auprès de ses chèvres.

Quelles qu'aient été tes erreurs, innocent ou coupable, né sur un trône ou dans une chaumière; qui que tu sois, enfant du malheur, je te salue: *Experti invicem sumus, ego ac fortuna.*

On a beaucoup disputé sur l'infortune comme sur toute autre chose. Voici quelques réflexions que je crois nouvelles *d*.

Comment le malheur agit-il sur les hommes? Augmente-t-il la force de leur âme? La diminue-t-il?

S'il l'augmente, pourquoi Denys fut-il si lâche?

S'il la diminue, pourquoi la reine de France déploya-t-elle tant de fortitude?

---

a La France les repoussa, mais Rome, cette mère commune des infortunés, les accueillit.
(N. Ed.)

b On n'interrompt point le fil d'un ouvrage, on le rompt. Langue à part, cette phrase condamne tout le chapitre. C'est au lecteur à dire s'il veut qu'on le supprime. (N. Ed.)

c On va voir en effet que j'ai examiné la question dans tous ses rapports, que je suis savant dans la science des infortunés. Je me délectais à parler du malheur: j'étais là comme un poisson dans l'eau. (N. Ed.)

d J'ai un grand penchant à m'applaudir. (N. Ed.)

Prend-il le caractère de la victime? Mais, s'il le prend, pourquoi Louis, si timide au jour du bonheur, se montra-t-il si courageux au jour de l'adversité *a*? Et pourquoi ce Jacques II, si brave dans la prospérité, fuyait-il sur les bords de la Boyne lorsqu'il n'avait plus rien à perdre?

Serait-ce que le malheur transforme *b* les hommes? Sommes-nous forts parce que nous étions faibles, faibles parce que nous étions forts? Mais le pusillanime empereur romain qui se cachait dans les latrines de son palais au moment de sa mort avait toujours été le même, et le Breton Caractacus fut aussi noble dans la capitale du monde que dans ses forêts.

Il paraît donc impossible de raisonner d'après une donnée certaine sur la nature de l'infortune.

Il est vraisemblable qu'elle agit sur nous par des causes secrètes qui tiennent à nos habitudes et à nos préjugés, et par la position où nous nous trouvons relativement aux objets environnants. Denys, si vil à Corinthe, eût peut-être été très-grand entre les mains de ses sujets à Syracuse.

Autre recherche. Voilà le malheur considéré en lui-même; examinons-le dans ses relations extérieures.

La vue de la misère cause différentes sensations chez les hommes. Les grands, c'est-à-dire les riches, ne la voient qu'avec un dégoût extrême; il ne faut attendre d'eux qu'une pitié insolente, que des dons, des politesses, mille fois pires que des insultes.

Le marchand, si vous entrez dans son comptoir, ramassera précipitamment l'argent qui se trouve atteint : cette âme de boue confond le malheureux et le malhonnête homme.

Quant au peuple, il vous traite selon son génie. L'infortuné rencontre en Allemagne la vraie hospitalité; en Italie, la bassesse, mais quelquefois des éclairs de sensibilité et de délicatesse; en Espagne, la morgue et la lâcheté, parfois aussi de la noblesse; le peuple français, malgré sa barbarie, lorsqu'il s'assemble en masse, est le plus charitable, le plus sensible de tous envers le misérable, parce qu'il est sans contredit le moins avide d'or. Le désintéressement est une qualité que mes compatriotes possèdent éminemment au-dessus des autres nations de l'Europe. L'argent n'est rien pour eux, pourvu qu'ils aient exactement la vie. En Hollande, le malheureux ne trouve que brutalité; en Angleterre, le peuple méprise souverainement l'infortune; il sent, il frotte, il mord, il examine, il fait sonner son schelling; il ne voit partout que du cuivre ou de l'argent. Au reste, il est précisément le contraire du Français. Autant les individus qui le composent feraient des bassesses pour quelques demi-couronnes, autant ils sont généreux pris en corps. Au fait, je ne connais point deux nations plus antipathiques de génie, de mœurs, de vices et de vertus, que les Anglais et les Français, avec cette différence, que les premiers reconnaissent généreusement plu-

---

a Je louais et j'admirais ces grandes victimes lorsque je ne demandais rien et n'avais rien à attendre de leurs héritiers. (N. Ed.)

b Le verbe *transformer* ne s'emploie guère absolument; mais si je m'étais mis à relever les hardiesses de langue dans l'*Essai*, je n'en aurais pas fini. (N. Ed.)

sieurs qualités dans les derniers, tandis que ceux-ci refusent toute vertu aux autres *a*.

Examinons maintenant si de ces diverses remarques on ne peut retirer quelques règles de conduite dans le malheur. J'en sais trois :

Un misérable est un objet de curiosité pour les hommes. On l'examine, on aime à toucher la corde des angoisses, pour jouir du plaisir d'étudier son cœur au moment de la convulsion de la douleur, comme ces chirurgiens qui suspendent des animaux dans des tourments, afin d'épier la circulation du sang et le jeu des organes *b*. La première règle est donc de cacher ses pleurs. Qui peut s'intéresser au récit de nos maux? Les uns les écoutent sans les entendre, les autres avec ennui, tous avec malignité. La prospérité est une statue d'or dont les oreilles ressemblent à ces cavernes sonores décrites par quelques voyageurs : le plus léger soupir s'y grossit en un son épouvantable.

La seconde règle, qui découle de la première, consiste à s'isoler entièrement. Il faut éviter la société lorsqu'on souffre, parce qu'elle est l'ennemie naturelle des malheureux : sa maxime est : l'infortuné — coupable. Je suis si convaincu de cette vérité sociale, que je ne passe guère dans les rues sans baisser la tête.

Troisième règle : Fierté intraitable. L'orgueil est la vertu du malheur. Plus la fortune vous abaisse, plus il faut nous élever, si nous voulons sauver notre caractère. Il faut se ressouvenir que partout on honore l'habit et non l'homme. Peu importe que vous soyez un fripon, si vous êtes riche ; un honnête homme si vous êtes pauvre. Les positions relatives font dans la société l'estime, la considération, la vertu. Comme il n'y a rien d'intrinsèque dans la naissance, vous fûtes roi à Syracuse, et vous devenez particulier malheureux à Corinthe. Dans la première position vous devez mépriser ce que vous êtes; dans la seconde, vous enorgueillir de ce que vous avez été; non qu'au fond vous ne sachiez à quoi vous en tenir sur ce frivole avantage, mais pour vous en servir comme d'un bouclier contre le mépris attaché à l'infortune. On se familiarise aisément avec le malheureux ; et il se trouve sans cesse dans la dure nécessité de se rappeler sa dignité d'homme, s'il ne veut que les autres l'oublient.

Enfin vient une grande question sur le sujet de ce chapitre : que faut-il faire pour soulager ses chagrins! Voici la pierre philosophale.

D'abord la nature du malheur n'étant pas parfaitement connue, cette question reste pour ainsi dire insoluble. Lorsqu'on ne sait où gît le siège du mal, où peut-on appliquer le remède?

Plusieurs philosophes anciens et modernes ont écrit sur ce sujet. Les uns nous proposent la lecture, les autres la vertu, le courage. C'est le médecin qui dit au patient : Portez-vous bien.

Un livre vraiment utile au misérable, parce qu'on y trouve la pitié, la tolérance, la douce indulgence, l'espérance plus douce encore, qui composent le

---

a Il y avait peut-être quelque courage à écrire ainsi en Angleterre ; mais il y a une transposition évidente dans le texte. Au lieu de lire : « Je ne connais point deux nations plus antipathiques... que les Anglais et les Français... » Il faut lire : *Que les Français et les Anglais.*
(N. Ed.)

b Cette idée abominable que j'ai des hommes me poursuit. Il y a incohérence dans les images.
(N. Ed.)

seul baume des blessures de l'âme, ce sont les Évangiles. Leur divin auteur ne s'arrête point à prêcher vainement les infortunés, il fait plus : il bénit leurs larmes, et boit avec eux le calice jusqu'à la lie *a*.

Il n'y a point de panacée universelle pour le chagrin, il en faudrait autant que d'individus. D'ailleurs la raison trop dure ne fait qu'aigrir celui qui souffre, comme la garde maladroite qui, en tournant l'agonisant dans son lit pour le mettre plus à son aise, ne fait que le torturer. Il ne faut rien moins que la main d'un ami pour panser les plaies du cœur, et pour vous aider à soulever doucement la pierre de la tombe.

Mais, si nous ignorons comment le malheur agit, nous savons du moins en quoi il consiste : en une privation. Que celle-ci varie à l'infini; que l'un regrette un trône; l'autre, une fortune; un troisième, une place; un quatrième, un abus: n'importe, l'effet reste le même pour tous. M*** me disait : Je ne vois qu'une infortune réelle; celle de manquer de pain. Quand un homme a la vie, l'habit, une chambre et du feu, les autres maux s'évanouissent. Le manque du nécessaire absolu est une chose affreuse, parce que l'inquiétude du lendemain empoisonne le présent. M*** avait raison, mais cela ne tranche pas la question *b*.

Car que faudrait-il faire pour se procurer ce premier besoin? Travailler, répondent ceux qui n'entendent rien au cœur de l'homme. Nous supportons l'adversité non d'après tel ou tel principe, mais selon notre éducation, nos goûts, notre caractère et surtout notre génie. Celui-ci, s'il peut gagner passablement sa vie par une occupation quelconque, s'apercevra à peine qu'il a changé de condition; tandis que celui-là, d'un ordre supérieur, regardera comme le plus grand des maux de se voir obligé de renoncer aux facultés de son art, de faire sa compagnie de manœuvres, dont les idées sont confinées autour du bloc qu'ils scient, ou de passer ses jours dans l'âge de la raison et de la pensée, à faire répéter des mots aux stupides enfants de son voisin. Un pareil homme aimera mieux mourir de faim que de se procurer à un tel prix les besoins de la vie. Ce n'est donc pas chose si aisée que d'associer le nécessaire et le bonheur : tout le monde n'entendra pas ceci *c*.

Ainsi nous ne sommes pas juges compétents du bon et du mauvais pour les autres : il ne s'agit pas de l'apparence, mais de la réalité.

Je m'imagine que les malheureux qui lisent ce chapitre le parcourent avec cette avidité inquiète que j'ai souvent portée moi-même dans la lecture des moralistes, à l'article des misères humaines, croyant y trouver quelque soulagement. Je m'imagine encore que, trompés comme moi, ils me disent : Vous ne nous apprenez rien; vous ne nous donnez aucun moyen d'adoucir nos peines;

---

a J'ai déjà cité ce passage dans ma préface comme une preuve de mon *incrédulité*. (N. Ed.)

b N'est-il pas étrange que je ne fasse aucune mention des peines morales, des douleurs paternelles, maternelles et filiales, de celles de l'amitié? Le secret de cet oubli, c'est que je vivais au milieu de l'émigration, où j'étais sans cesse frappé de la vue des maux physiques et des chagrins politiques. Aussi mettais-je au nombre des infortunes l'*indigence* et les *abus*.

c Il faut me pardonner cet éternel *moi* et ce ton de confidence que je prends avec les lecteurs. L'amour du raisonner que j'avais dans ma jeunesse, cette manière de faire une thèse de tout, ces argumentations en forme sur le malheur, ces aphorismes à l'usage des infortunés, s'éloignent tout à fait de la manière que j'emploierais aujourd'hui dans un pareil sujet : les traits pourraient être semblables, mais la chaîne des idées ne serait pas la même (N. Ed.)

au contraire, vous prouvez trop qu'il n'en existe point. O mes compagnons d'infortune ! votre reproche est juste : je voudrais pouvoir sécher vos larmes, mais il vous faut implorer le secours d'une main plus puissante que celle des hommes [a]. Cependant ne vous laissez point abattre ; on trouve encore quelques douceurs parmi beaucoup de calamités. Essaierai-je de montrer le parti qu'on peut tirer de la condition la plus misérable? Peut-être en recueillerez-vous plus de profit que de toute l'enflure d'un discours stoïque.

Un infortuné parmi les enfants de la prospérité ressemble à un gueux qui se promène en guenilles au milieu d'une société brillante : chacun le regarde et le fuit. Il doit donc éviter les jardins publics, le fracas, le grand jour ; le plus souvent même il ne sortira que la nuit. Lorsque la brune commence à confondre les objets, notre infortuné s'aventure hors de sa retraite, et, traversant en hâte les lieux fréquentés, il gagne quelque chemin solitaire, où il puisse errer en liberté. Un jour il va s'asseoir au sommet d'une colline qui domine la ville et commande une vaste contrée : il contemple les feux qui brillent dans l'étendue du paysage obscur, sous tous ces toits habités. Ici, il voit éclater le réverbère à la porte de cet hôtel, dont les habitants, plongés dans les plaisirs, ignorent qu'il est un misérable occupé seul à regarder de loin la lumière de leurs fêtes, lui qui eut aussi des fêtes et des amis ! Il ramène ensuite ses regards sur quelque petit rayon tremblant dans une pauvre maison écartée du faubourg, et il se dit : Là, j'ai des frères [b].

Une autre fois, par un clair de lune, il se place en embuscade sur un grand chemin, pour jouir encore à la dérobée de la vue des hommes, sans être distingué d'eux ; de peur qu'en apercevant un malheureux, ils ne s'écrient, comme les gardes du docteur anglais, dans la *Chaumière Indienne :* Un Paria ! un Paria !

Mais le but favori de ses courses sera peut-être un bois de sapins, planté à quelque deux milles de la ville. Là, il a trouvé une société paisible, qui, comme lui, cherche le silence et l'obscurité. Ces Sylvains solitaires veulent bien le souffrir dans leur république, à laquelle il paie un léger tribut ; tâchant ainsi de reconnaître, autant qu'il est en lui, l'hospitalité qu'on lui a donnée [c].

Lorsque les chances de la destinée nous jettent hors de la société, la surabondance de notre âme, faute d'objet réel, se répand jusque sur l'ordre muet de la création, et nous y trouvons une sorte de plaisir que nous n'aurions jamais soupçonnée. La vie est douce avec la nature. Pour moi, je me suis sauvé dans la solitude, et j'ai résolu d'y mourir, sans me rembarquer sur la mer du monde [d]. J'en contemple encore quelquefois les tempêtes, comme un homme jeté seul sur une île déserte, qui se plaît, par une secrète mélancolie, à voir les flots se briser au loin sur les côtes où il fit naufrage. Après la perte de nos amis [e], si

---

[a] Ces cris religieux, échappés tout à coup et comme involontairement du fond de l'âme, prouvent mieux mes sentiments intérieurs que tous les raisonnements de la terre. (N. Ed.)
[b] On trouve quelque chose de ce passage dans *René*. (N. Ed.)
[c] Qu'est-ce que ces Sylvains ?... — Des oiseaux ? En vérité, je l'ignore. Jeannot Lapin pourrait bien être là dedans. Qui sait ? (N. Ed.)
[d] C'était vrai, et je n'aurais pas eu le temps de me lasser de cette solitude, puisque je me croyais au moment d'en trouver une autre plus profonde. (N. Ed.)
[e] Voilà enfin les douleurs morales. (N. Ed.)

nous ne succombons à la douleur, le cœur se replie sur lui-même; il forme le projet de se détacher de tout autre sentiment, et de vivre uniquement avec ses souvenirs. S'il devient moins propre à la société, sa sensibilité se développe aussi davantage. Le malheur nous est utile; sans lui les facultés aimantes de notre âme resteraient inactives : il la rend un instrument tout harmonie, dont, au moindre souffle, il sort des murmures inexprimables. Que celui que le chagrin mine s'enfonce dans les forêts; qu'il erre sous leur voûte mobile; qu'il gravisse la colline, d'où l'on découvre, d'un côté de riches campagnes, de l'autre le soleil levant sur des mers étincelantes, dont le vert changeant se glace de cramoisi et de feu, sa douleur ne tiendra point contre un pareil spectacle : non qu'il oublie ceux qu'il aima, car alors ses maux seraient préférables; mais leur souvenir se fondra avec le calme des bois et des cieux : il gardera sa douceur et ne perdra que son amertume. Heureux ceux qui aiment la nature! ils la trouveront, et trouveront seulement elle, au jour de l'adversité.

Telle est la première sorte de plaisir qu'on peut tirer du malheur; mais on en compte plusieurs autres. Je recommanderais particulièrement l'étude de la botanique comme propre à calmer l'âme en détournant les yeux des passions des hommes, pour les porter sur le peuple innocent des fleurs. Armé de ses ciseaux, de son style, de sa lunette, on s'en va tout courbé, longeant les fossés d'un vieux chemin, s'arrêtant au massif d'une tour en ruine, aux mousses d'une antique fontaine, à l'orée septentrionale d'un bois; ou peut-être on parcourt des grèves que les algues festonnent de leurs grands falbalas frisés et couleur d'écaille fondue. Notre botanophile se plaît à rencontrer la *tulipa silvestris* qui se retire comme lui sous les ombrages les plus solitaires; il s'attache à ces *lis* mélancoliques, dont le front penché semble rêver sur le courant des eaux. A l'aspect attendrissant du *convolvulus*, qui entoure de ses fleurs pâles quelque aune décrépit, il croit voir une jeune fille presser de ses bras d'albâtre son vieux père mourant; l'*ulex* épineux, couvert de ses papillons d'or, qui présente un asile assuré aux petits des oiseaux, lui montre une puissance protectrice du faible; dans les *thyms* et le *calamens*, qui embellissent généreusement un sol ingrat de leur verdure parfumée, il reconnaît le symbole de l'amour de la patrie. Parmi les végétaux supérieurs, il s'égare volontiers sous ces arbres dont les sourds mugissements imitent la triste voix des mers lointaines; il affecte cette famille américaine, qui laisse pendre ses branches négligées comme dans la douleur; il aime ce saule au port languissant, qui ressemble, avec sa tête blonde et sa chevelure en désordre, à une bergère pleurant au bord d'une onde. Enfin il recherche de préférence, dans ce règne aimable, les plantes qui, par leurs accidents, leurs goûts, leurs mœurs, entretiennent des intelligences secrètes avec son âme [a][1].

Oh! qu'avec délices, après cette course laborieuse, on rentre dans sa misé-

---

[a] On retrouve quelques-unes de ces idées et de ces études dans le *Génie du Christianisme*.
(N. Ed.)

[1] Je suis fâché que ce ne soit pas le botaniste de la duchesse de Portland (J. J.) qui ait appelé *Portlandia* l'arbuste de la famille des Rubiacées, connu sous ce nom. La protectrice, le protégé et la plante se fussent prêtés mutuellement des charmes, et la reconnaissance d'un grand homme eût vécu éternellement dans le parfum d'une fleur.

rable demeure chargé de la dépouille des champs! Comme si l'on craignait que quelqu'un ne vînt ravir ce trésor, fermant mystérieusement la porte sur soi, on se met à faire l'analyse de sa récolte, blâmant ou approuvant Tournefort, Linné, Vaillant, Jussieu, Solander, du Bourg. Cependant la nuit approche. Le bruit commence à cesser au dehors, et le cœur palpite d'avance du plaisir qu'on s'est préparé. Un livre qu'on a eu bien de la peine à se procurer, un livre qu'on tire précieusement du lieu obscur où on le tenait caché, va remplir ces heures de silence. Auprès d'un humble feu et d'une lumière vacillante, certain de n'être point entendu, on s'attendrit sur les maux imaginaires des Clarisse, des Clémentine, des Héloïse, des Cécilia. Les romans sont les livres des malheureux : ils nous nourrissent d'illusions, il est vrai; mais en sont-ils plus remplis que la vie?

Eh bien ! si vous le voulez, ce sera un grand crime, une grande vérité, dont notre solitaire s'occupera : Agrippine assassinée par son fils. Il veillera au bord du lit de l'ambitieuse Romaine, maintenant retirée dans une chambre obscure à peine éclairée d'une petite lampe. Il voit l'impératrice tombée faire un reproche touchant à la seule suivante qui lui reste, et qui elle-même l'abandonne; il observe l'anxiété augmentant à chaque minute sur le visage de cette malheureuse princesse qui, dans une vaste solitude, écoute attentivement le silence. Bientôt on entend le bruit sourd des assassins qui brisent les portes extérieures; Agrippine tressaille, s'assied sur son lit, prête l'oreille. Le bruit approche, la troupe entre, entoure la couche; le centurion tire son épée et en frappe la reine aux tempes ; alors *Ventrem feri!* s'écrie la mère de Néron : mot dont la sublimité fait hocher la tête.

Peut-être aussi, lorsque tout repose, entre deux ou trois heures du matin, au murmure des vents et de la pluie qui battent contre vos fenêtres, écrivez-vous ce que vous savez des hommes. L'infortuné occupe une place avantageuse pour les bien étudier, parce qu'étant hors de leur route il les voit passer devant lui.

Mais, après tout, il faut toujours en revenir à ceci : sans les premières nécessités de la vie, point de remèdes à nos maux. Otway, en mendiant le morceau de pain qui l'étouffa; Gilbert, la tête troublée par le chagrin, avalant une clef à l'hôpital, sentirent bien amèrement à cet égard, quoique hommes de lettres, toute la vanité de la philosophie [a].

CHAPITRE XIV.

AGIS A SPARTE [1].

La révolution des Trente Tyrans à Athènes eut des conséquences funestes pour la république imprudente qui l'avait favorisée. Lysander, en faisant por-

---

[a] Dans un ouvrage bien composé ce chapitre serait un véritable hors-d'œuvre ; mais dans un ouvrage aussi incohérent que l'*Essai* il importe peu que j'aie parlé des infortunés ou de toute autre chose. (N. ED.)

[1] Voyez *Plutarque*

ter à Lacédémone l'or et l'argent de l'Attique, introduisit les vices de ce dernier pays dans sa patrie. Bientôt la simplicité des mœurs y passa pour grossièreté; la frugalité, pour sottise; l'honnêteté pour duperie : et, l'éphore Epitadès ayant publié une loi par laquelle on pouvait aliéner le patrimoine de ses pères, toutes les propriétés passèrent entre les mains des riches; et les Spartiates, jadis si égaux en rang et en fortune, se trouvèrent divisés en un vil troupeau d'esclaves et de maîtres.

Tel était l'état de la république de Lycurgue, lorsqu'il s'éleva à Lacédémone un roi digne des grands siècles de la Grèce. Agis, épris des charmes de la vertu, entreprit, dans l'âge où la plupart des hommes sentent à peine leur existence, de rétablir les lois et les mœurs de l'antique Laconie. Il s'ouvrit de ses desseins à la jeunesse lacédémonienne, qu'il trouva, contre son attente, plus disposée que les vieillards à favoriser son entreprise. On a remarqué la même chose en France au commencement de la révolution : il y a dans le bel âge une chaleur généreuse qui nous porte vers le bien, tant que la société n'a point encore dissipé la douce illusion de la vertu *. Cependant le roi de Lacédémone parvint à gagner trois hommes d'une grande influence, Lysander, Mandroclide et Agésilas; il réussit de même auprès de sa mère Agésistrata.

Tout semblait favoriser l'entreprise. Lysander avait été nommé éphore, les dettes publiquement abolies. Le roi Léonidas s'était vu forcé à la fuite, après une vaine opposition aux projets de son collègue Agis, et l'on avait élu son gendre Cléombrotus à sa place. Enfin, il ne restait plus qu'à procéder au partage des terres, lorsque Agésilas, qui jusqu'alors avait secondé la révolution, trahit la cause de son parti, et fit changer la fortune.

Ce Spartiate possédait de grandes propriétés, et se trouvait en même temps écrasé de dettes. Il embrassa donc avidement l'occasion de se décharger de celles-ci, mais il ne voulut plus de la réforme aussitôt qu'elle atteignit ses biens. Ayant eu l'adresse de se faire nommer éphore, et Agis se trouvant absent, il exerça mille tyrannies. Les citoyens se voyant joués par Agésilas, et croyant que le jeune roi s'entendait avec lui, se liguèrent ensemble et rappelèrent sous main Léonidas, ce roi exilé dont Cléombotrus occupait la place.

Cependant Agis était de retour à Lacédémone; bientôt Léonidas y rentra lui-même en triomphe, et il ne resta plus pour Agis et Cléombrotus qu'à éviter sa vengeance et celle de la faction des riches, maintenant toute-puissante. Le dernier se rendit suppliant dans le temple de Neptune; et, sauvé peu après par la vertu de son épouse, il fut seulement condamné à l'exil. Il n'en arriva pas ainsi du jeune et malheureux prince Agis, réfugié dans le temple de Minerve. Je laisse parler le bon Amyot.

* A présent que je suis vieux on pourrait me prendre pour un flatteur de la jeunesse, lorsque je donne à cette jeunesse les louanges qu'elle mérite; mais on voit que je m'exprimais avec le même attachement et la même admiration pour elle lorsque j'étais dans ses rangs. (N. Ed.)

CHAPITRE XV.

CONDAMNATION ET EXÉCUTION D'AGIS ET DE SA FAMILLE.

« Ainsi, Leonidas ayant chassé Cleombrotus hors de la ville, et au lieu des premiers ephores qu'il deposa, en ayant substitué d'autres, se mit incontinent à penser les moyens comment il pourroit avoir Agis : si tascha de luy persuader premierement qu'il sortist de la franchise du temple, et qu'il s'en allast avec luy à seureté exercer sa royauté, lui donnant à entendre que ses citoyens luy avoient pardonné tout le passé, à cause qu'ils cognoissoient bien qu'il avoit esté deceu et circonvenu par Agesilaus, comme jeune homme desireux d'honneur qu'il estoit. Toutefois pour cela Agis ne bougeoit point de sa franchise, ains avoit pour suspect tout ce que l'autre luy alléguoit : au moyen de quoi Leonidas se desporta de tascher de l'attirer et l'abuser par belles paroles : mais Amphares, Demochares et Arcesilaus alloient souvent le visiter et deviser avec luy, tant quelques fois qu'ils le menoient jusques aux estuves ; puis, quand il s'y estoit estuvé et lavé, ils le ramenoient dedans la franchise du temple, car ils estoient ses familiers. Mais Amphares ayant de nagueres emprunté d'Agesistrata quelques precieux meubles, comme tapisseries et vaisselle d'argent, entreprint de trahir, luy, sa mere et son ayeule, sous espérances que ses meubles qu'il avoit empruntez lui demeureroient. Et dit-on que ce fut luy qui, plus que nul autre, presta l'oreille à Leonidas, et incita et irrita les ephores, du nombre desquels il estoit, à l'encontre de luy. Comme doncques Agis eut accoustumé de se tenir tousiours le reste du temps dedans le temple, excepté quelquefois il alloit jusques aux estuves, ils proposerent de le surprendre quand il seroit hors de la franchise. Si espierent un jour qu'il s'estoit estuvé, ainsi qu'ils avoient accoustumé lui allerent au-devant, et le saluerent, faisant semblant de le vouloir renvoyer, en devisant et raillant avec lui comme avec un jeune homme duquel ils se tenoient fort familiers ; mais quand ils furent à l'endroit du destour d'une rue tournante qui alloit à la prison, Amphares mettant la main sur luy pource qu'il estoit magistrat, luy dit : « Je te fais prisonnier, Agis, et te mene devant les ephores pour rendre compte et raison de ce que tu as innové en l'estat de la chose publique. Et lors, Demochares, qui estoit grand et puissant homme, luy jeta aussitost sa robe à l'entour du col et le tira par devant ; les autres le poussoient par derriere comme ils avoient conspiré entre eux. Ainsi n'y ayant personne auprès d'eux qui peust secourir Agis, ils firent tant qu'ils le traisnerent en prison, et incontinent y arriva Leonidas avec bon nombre de soldats estrangers, qui environnerent la prison par le dehors. Les ephores entrerent dedans et envoyerent querir ceux du sénat, qu'ils sçavoient bien estre de mesme volonté qu'eux : puis, ils commanderent à Agis, comme par forme de procés, de dire pour quelle cause il avoit fait ce qu'il avoit remué en l'administration de la chose publique. Le jeune homme se prit à rire de leur simulation : et adonc Amphares luy dit qu'il n'estoit pas temps de rire, et qu'il falloit qu'il payast la peine de sa folle temerité. Un autre ephore faisant semblant de luy favoriser et de luy monstrer un expedient pour eschapper de cette criminelle procedure, luy demanda s'il n'avoit pas esté seduit et contraint à ce faire par Agesilaus et par Lysander. Agis respondit qu'il n'avoit esté enduit ne forcé de personne : mais qu'il l'avoit fait seulement pour ensuivre l'ancien Lycurgus, ayant voulu remettre la chose publique en mesme estat que luy jadis l'avoit ordonnée. Le mesme ephore lui demanda s'il se repentoit pas de ce qu'il avoit fait. Le jeune homme respondit franchement qu'il ne se repentiroit jamais de chose si sagement et si vertueusement entreprinse; encore qu'il vist la mort toute certaine devant ses yeux. Alors ils le condamnerent à mourir, et commanderent aux sergents de le mener dans la Decade, qui est un certain lieu de la prison, là où on estrangle ceux qui sont condamnés à mourir par justice. Et Demochares voyant que les sergents n'osoient mettre la main sur lui, et que semblablement les soldats estrangers refuyoient et avoient en horreur une telle execution, comme chose contraire à tout droit divin et humain, de mettre la main sur la personne d'un roy, en les menaçant et leur disant injures, traisna lui-mesme Agis dedans ceste chartre : car plusieurs avoient desia entendu sa prinse, et y avoit jà grand tumulte à la porte de la prison, et force lumieres, torches, et y accoururent aussitost la mere et l'ayeule d'Agis, qui crioient et requeroient que le roy de Sparte peust avoir justice, et que son procez lui soit fait par ses citoyens. Cela fut cause de faire haster et precipiter son execution pour que ses ennemis eurent peur qu'on ne le recourust par force la nuict d'entre leurs mains s'il arrivoit encore plus de gens. Ainsi estant Agis mené à la fourche, apperceut en allant l'un des sergents qui ploroit et se tourmentoit, auquel il dit : Mon ami, ne te tourmente point pour pitié de moi, car je suis plus homme de bien que ceulx qui me font mourir si meschamment et si malheureusement; et en disant ces paroles, il bailla volontairement son col au cordeau. Cependant Amphares sortit à la porte de la prison, là où il trouva Agesistrata, mere d'Agis, qui se jeta à ses pieds; et luy, la relevant comme pour la familiarité et l'amitié qu'il avoit euë avec elle, luy dit qu'on ne feroit force ni violence à Agis, et qu'elle le pouvoit aller voir si bon lui sembloit; elle pria qu'on laissast entrer sa mere quand et elle. Amphares respondit que rien ne l'empeschoit, et ainsi les met dedans toutes deux, faisant refermer les portes de la prison après elles. Mais entrées qu'elles furent, il bailla au sergent Archidamia la premiere a executer, laquelle estoit fort ancienne et avoit vescu jusqu'à son extresme vieillesse en plus grand honneur et plus de dignité qu'aucune autre dame de la ville. Celle-là executée, il commanda à Agesistrata d'entrer après, et elle voyant le corps de son fils mort et estendu et sa mere encore pendue au gibet, aida elle-mesme aux bourreaux à la despendre, et l'estendit au long du corps de son fils; et, après l'avoir accoustrée et couverte, se jeta par terre auprès du corps de son fils en le baisant au visage : Helas! dit-elle, ta trop grande bonté, douceur et clemence, mon fils, sont cause de ta mort et de la nostre. Adonc Amphares, qui regardoit de la porte ce qui se passoit au dedans, oyant ce qu'elle disoit, entra sur ce point et lui dict en colere : Puisque tu as esté consentante du faict de ton fils, tu souffriras aussi mesme peine que lui. Lors Agesistrata se relevant pour estre estranglée : Au moins, dit-elle, puisse ceci profiter à Sparte. Ce cas estant divulgué par la ville et les trois corps portez hors de la prison, la crainte des magistrats ne peut estre si grande que les citoyens de Sparte ne montrassent évidemment qu'ils en estoient fort desplaisants, et qu'ils ne haïssent de mort Leonidas et Amphares, estimant qu'il n'avoit oncques esté commis un si cruel, si malheureux ni si damnable forfait en Sparte, depuis que les Doriens estoient venus habiter le Peloponese : car les ennemis mesme en bataille ne mettoient pas volontiers les mains sur les rois lacedemoniens, ains s'en destournoient s'il leur estoit possible pour la crainte et reverence qu'ils portoient à leur majesté.... Il est certain que cet Agis fut le premier des rois que les ephores firent mourir, pour avoir voulu faire de tres belles choses et tres convenables à la gloire et dignité de Sparte, estant en l'aage en laquelle, quand les hommes faillent, encore leur pardonne-t-on, et ayant eu ses amis plus juste occasion de se plaindre de luy que non pas ses ennemis pour ce qu'il sauva la vie à Leonidas et se fia aux autres comme la plus douce et la plus humaine creature du monde qu'il estoit[1]. »

On a pu remarquer dans cette histoire touchante plusieurs circonstances semblables à celles qui ont accompagné la mort de Louis : l'appel au peuple refusé, l'injustice et l'incompétence des juges, etc. Je vais donner l'esquisse rapide de la condamnation de Charles Ier, roi d'Angleterre, et de celle de Louis XVI, roi de France, afin que le lecteur trouve ici rassemblés sous un seul point de vue les trois plus grands événements de l'histoire.

CHAPITRE XVI.

JUGEMENT ET CONDAMNATION DE CHARLES Ier, ROI D'ANGLETERRE

Le grand projet de juger Charles avait depuis longtemps été développé dans le conseil secret de Cromwell[2]; mais soit que celui-ci ne pût faire tremper le

---

[1] Pag. 529, tom II. Paris, 1619.

[2] On connaît les farces religieuses que ce grand homme employa pour se faire autoriser dans son crime. J'ai entre les mains une collection de pamphlets du temps de Cromwell, en trois gros volumes large in-8°. Il est presque impossible de les parcourir, tant ils sont dégoûtants et vides de faits ; mais en même temps ils peignent d'une manière frappante l'esprit et les malheurs du siècle où ils furent écrits. Ce sont, pour la plupart, des espèces de sermons politiques, d'une absurdité et d'un ridicule qui passent toute croyance. Je rapporterai l'inscription de quelques-uns de ces étranges monuments des révolutions pour amuser le lecteur : « A tender visitation of the Father's love to all the elect-children, or an Epistle unto the righteous congregation who in the light are gathered and are worshippers of the Father in spirit and truth. » Tendre visitation de l'amour du Père à tous les enfants élus, ou une Epître aux très-justes congrégations qui sont assemblées dans la lumière, et sont les adorateurs du Père en esprit et en vérité. « A few words of tender counsel unto the Pope, with all that walk that way. » Quelques tendres avis au Pape, et à tous ceux qui suivent ce chemin. « An alarm to all flesh with an invitation to the true seeker. » Alarme à la chair, avec une invitation au vrai chercheur. En voilà bien assez. Il faut faire connaître maintenant le style de ces productions littéraires.

« An alarm to all flesh, etc.

« Howle, howle, shriek, bawl and roar, ye lust-full, cursing, swearing, drunken, lewd, superstitious, devilish, sensual, carthly inhabitants of the whole earth ; bow, bow you must surly trees and lofty oaks ; ye tall cedars and low shrubs, cry out aloud ; hear, hear ye, proud waves, and boistrous seas ; also listen, ye uncircumcised, stiff-necked and mad-raging bubbles, who even hate to be reformed.

« In the name of the Lord God of gods, King of Kings, hear, hear, repent, repent forthwith, repent; for be as sure as the Lord liveth you shall feel... the irresistible and the mighty

parlement dans son crime, tandis que ce corps était encore intègre, soit par tout autre motif, l'exécution du dessein s'était trouvée suspendue. Aussitôt que les communes furent réduites à un petit nombre de scélérats dévoués aux ordres du tyran, il lui fut aisé de faire jouer l'étonnante tragédie.

On chargea un comité d'enquérir dans la conduite de Sa Majesté Britannique, et, sur le rapport qui en fut fait, la Chambre basse nomma une haute cour de justice, composée de cent trente-trois membres, pour juger Charles Stuart, roi d'Angleterre, comme coupable de trahison envers la nation. Cromwell et Ireton étaient du nombre des juges; Cook, accusateur pour le peuple; Bradshaw, président.

Le bill fut rejeté par les pairs, mais les communes passèrent outre; et le colonel Harrison, fils d'un boucher, et le plus furieux démagogue d'Angleterre, reçut ordre d'amener son souverain à Londres.

La cour était séante à Westminster. Charles parut dans cet antre de mort au

hand of the All-Mighty... for behold, his invincible, glittering, invisible sword is on his thigh... Then shall the Bashan oaks, Ismael and Diveses of this generation, roar and reel, yea shake and quake, look upward and downward, and curse their leaders and their God which now is their lust, bellyes, superstitions and pleasures. Horror shall lay hold on their right, and terror shall seize upon their left; and every man's hands shall be upon his loyns shall be « who whills hew us any good? » And an unparalleled dart of amazement shall pierce quitte through the liver of the champion, etc.

« Hurlez, hurlez, criez, beuglez, rugissez, ô vous libidineux, maudits, jureurs, ivrognes, impurs, superstitieux, diaboliques, sensuels, habitants terrestres de la terre. Courbez-vous, courbez-vous, ô vous arbres très-dédaigneux; et vous, chênes élevés, vous, hauts cèdres et petits buissons, criez de toutes vos forces; écoutez, écoutez, vagues orgueilleuses, et vous mers indomptables; écoutez-moi, vous écume raide, nue, incirconcise et enragée, qui haïssez la réforme.

« Au nom du Seigneur, Dieu des dieux, et Roi des rois, écoutez, écoutez, repentez-vous, repentez-vous; oui, repentez-vous; car, soyez-en aussi sûrs que de l'existence du Seigneur, vous sentirez la main puissante et irrésistible du Tout-Puissant. Oh! voyez! son épée invincible, brillante, invisible, est sur sa cuisse... Alors les chênes de Basham, d'Ismaël et de Diveses, de cette génération, rugiront et râleront; ils trembleront même et craqueront; ils regarderont en haut et en bas, et maudiront leurs chefs et leur Dieu, qui sont maintenant leurs jouissances, leur ventre, leurs superstitions et leurs plaisirs. L'horreur saisira leur main droite, la terreur, la main gauche; chaque homme mettra le poing sur sa hanche, et s'écriera : « Qui veut nous montrer le bien?... » et un incroyable dard de surprise percera d'outre en outre le foie du champion, etc. »

Le reste est de la même force. Je suis fâché que l'auteur d'un pareil écrit ait eu la modestie de cacher son nom; car il n'est pas d'un certain George Fox, qui joue un grand rôle dans mon recueil.

Je finirai cette note par quelques vers d'un jeune quaker qui se trouvent dans cette même collection : les beaux-arts y figurent auprès de la saine logique.

> Dear friend J. C., with true unfeigned love
> I thee salute......................
> ....
> Feel me, dear friend; a member joyntly knit
> To all in Christ, in heavenly places sit;
> And there, to friends no stranger would I be,
> Though they my face, as outward, ne'er did see.
> For truly, friend, I dearly love and own
> All travelling souls, who truly sigh and groan
> For the adoption which sets free from sin, etc.

« Mon cher ami Jésus-Christ, je te baise avec un amour sans réserve... Touche-moi, cher ami, moi, membre conjointement uni à tous en Jésus-Christ, qui est assis aux lieux célestes. Là, je ne serais point étranger parmi les amis; j'aime tendrement, et je l'avoue, les âmes voyageuses qui soupirent et gémissent véritablement pour l'adoption qui rachète les péchés. »

Ce sont de tels hommes que Butler a peints si admirablement, surtout dans le second

milieu de ses assassins avec les cheveux blancs de l'infortune et la sérénité de l'innocence[1]. Depuis dix-huit mois accoutumé à contempler les scènes trompeuses de la vie du fond d'une prison solitaire, il n'espérait plus rien des hommes, et il parut devant ses juges dans toute la splendeur du malheur. Il serait difficile d'imaginer une conduite plus noble et plus touchante. De prince ordinaire devenu monarque magnanime, il refusa avec dignité de reconnaître l'autorité de la cour. Trois fois il fut conduit devant ses bourreaux, et trois fois il déploya les talents d'un homme supérieur, la majesté d'un roi et le calme d'un héros. Il eut à y souffrir des peines de plusieurs espèces. Des soldats demandaient sa mort à grands cris et lui crachaient au visage, tandis que le peuple fondait en larmes et l'accablait de bénédictions. Charles était trop grand pour être ému de ces injures atroces, mais trop tendre pour n'être pas touché de ces témoignages d'amour : ce ne sont pas les outrages, ce sont les marques de bienveillance qui brisent le cœur des infortunés[2].

A la quatrième confrontation, les juges condamnèrent à mort Charles Stuart, roi d'Angleterre, comme traître, assassin, tyran et ennemi de la république. Trois jours lui furent accordés pour se préparer.

De toute la famille royale il ne restait en Angleterre que la princesse Élisabeth et le duc de Glocester. Charles obtint la permission de dire un dernier adieu à cet aimable enfant, qui, sous les traits naïfs de l'innocence, semblait déjà porter le cœur sympathique d'un homme. Durant les trois jours de grâce, l'intrépide monarque dormit d'un profond sommeil au bruit des ouvriers qui dressaient l'appareil de son supplice.

---

chant de la deuxième partie d'*Hudibras*, où il trace de main de maître le tableau raccourci de la révolution de Cromwell. Les amateurs ne doivent pas négliger ce morceau friand, trop long pour être cité.

[1] Charles n'était pas innocent sans doute, mais il l'était de ce dont on l'accusait ; il l'était par l'incompétence des juges qui osaient le condamner, de l'aveu même de l'auteur de la *Defection of the Court*, de celui de l'histoire *of Independency*. Les lecteurs qui se sont arrêtés aux citations de cet Essai auront pu remarquer que j'ai poussé l'impartialité jusqu'à citer toujours ensemble, autant que cela était possible, deux auteurs d'un parti contraire *.

[2] O Lord, let the voice of his blood (Christ) be heard for my murderers, louder than the cry of mine against them.
O deal not with them as blood-thirsty and deceitful men ; but overcome their cruelty with thy compassion and my charity. *Icon Basilike*, pag. 289. Tels étaient les souhaits du malheureux Charles pour ses cruels ennemis. L'*Icon* et le *Testament* de Louis ont fait plus de royalistes que n'auraient pu faire les édits de ces princes dans toute leur prospérité. Les écrits posthumes nous intéressent ; il semble que ce soit une voix qui s'élève du fond de la tombe : l'effet surtout en est prodigieux, s'ils nous découvrent les vertus cachées d'un homme que nous avons persécuté, et nous font sentir le poids de notre ingratitude. Malgré les plaisanteries de Milton et le silence de Burnet, quoique les preuves externes soient contre l'authenticité de l'*Icon*, les preuves internes sont si fortes, que je suis persuadé, comme Hume, qu'il est écrit de la main de Charles.

* On ne peut nier cependant que le parlement d'Angleterre, ou une commission nommée par ce parlement, pouvait faire valoir, en essayant d'excuser son crime, des précédents que la Convention nationale n'avait pas. Les limites qui ont séparé de tout temps dans la Grande-Bretagne l'aristocratie de la monarchie sont extrêmement confuses. L'omnipotence parlementaire est aujourd'hui un dogme politique chez nos voisins : le parlement s'est cru plus d'une fois le droit de déposer et de juger ses rois, témoin l'histoire de Richard II. Que le parlement ait été l'instrument de l'ambition du duc de Lancastre en 1399, ou de Cromwell en 1640, ou de Guillaume en 1688, peu importe ; il partait toujours du principe que lui, parlement, avait le droit de faire ce qu'il faisait.

Mais dans la monarchie française il n'y avait rien d'équivoque : si le parlement de Paris commença en 1589 le procès de Henri III, ce ne fut qu'une monstrueuse usurpation, laquelle ne pouvait pas créer un droit. Le parlement sous Cromwell pouvait se dire héritier du parlement sous Richard II, mais quand la Convention aurait eu la prétention de descendre des états généraux, elle n'aurait pu en faire dériver son autorité régicide, car les états généraux ne s'étaient jamais arrogé le droit de juger leur souverain. (N. Éd.)

Le 30 de janvier 1649 le roi d'Angleterre fut conduit à l'échafaud élevé à la vue de son palais, raffinement de barbarie qui n'a pas été oublié par les régicides de France. On avait eu soin d'entourer le lieu du sacrifice d'une foule de soldats, de peur que la voix de la victime ne parvînt jusqu'au peuple, rangé au loin dans une morne épouvante. Charles, voyant qu'il ne pouvait se faire entendre, voulut du moins laisser en mourant une grande leçon à la postérité : il reconnut que le sang de l'innocent, qu'il avait autrefois permis de répandre, rejaillissait justement sur lui. Après cet aveu, il présenta hardiment la tête au bourreau, qui la fit voler d'un seul coup[1].

CHAPITRE XVII.

M. DE MALESHERBES. — EXÉCUTION DE LOUIS XVI.

La monarchie française n'existait plus. Le descendant de Henri IV attendait à chaque instant que les régicides consommassent le crime, et le crime fut résolu.

De tous les serviteurs de Louis XVI, un seul était resté à Paris. Ce digne vieillard, le plus honnête homme de la France, de l'aveu même des révolutionnaires, s'était tenu éloigné de la cour durant la prospérité du monarque. Ce fut sans doute un beau spectacle que de voir M. de Malesherbes, honoré de soixante-douze années de probité, se rendre, non au palais de Versailles, mais dans les prisons du Temple, pour défendre seul son souverain infortuné, lorsque les flatteurs et les gardes avaient disparu. De quel front les prétendus républicains osaient-ils regarder à leur barre l'ami de Jean-Jacques ? celui qui, dans tout le cours d'une longue vie, s'était fait un devoir de prendre la défense de l'opprimé contre l'oppresseur, et qui, de même qu'il avait protégé le dernier individu du peuple contre la tyrannie des grands, venait à présent plaider la cause d'un roi innocent contre les despotes plébéiens du faubourg Saint-An-

---

[1] Les temps dans lesquels nous vivons et la nature de mes études m'ont fait désirer de voir l'endroit où Charles Ier fut exécuté. Je demeurais alors dans le Strand. J'arrivai après bien des passages déserts, par des derrières de maisons et des allées obscures, jusqu'au lieu où l'on a érigé très-impolitiquement la statue de Charles II, montrant du doigt le pavé arrosé du sang de son père. A la vue des fenêtres murées de Witehall, de cet emplacement qui n'est plus une rue, mais qui forme avec les bâtiments environnants une espèce de cour, je me sentis le cœur serré et oppressé de mille sentiments. Je me figurais un échafaud occupant le terrain de la statue, les gardes anglaises formant un bataillon carré, et la foule se pressant au loin derrière. Il me semblait voir tous ces visages, les uns agités par une joie féroce, les autres par le sourire de l'ambition, le plus grand nombre par la terreur et la pitié ; et maintenant ce lieu si calme, si solitaire, où il n'y avait que moi et quelques manœuvres qui équarrissaient des pierres en sifflant avec insouciance. Que sont devenus ces hommes célèbres, ces hommes qui remplirent la terre du bruit de leur nom et de leurs crimes, qui se tourmentaient comme s'ils eussent dû exister toujours ? J'étais sur le lieu même où s'était passée une des scènes les plus mémorables de l'histoire : quelles traces en restait-il *? C'est ainsi que l'étranger, dans quelques années, demandera le lieu où périt Louis XVI, et à peine des générations indifférentes pourront le lui dire **. Je regagnai mon appartement plein de philosophie et de tristesse ; et plus que jamais convaincu par mon pèlerinage de la vanité de la vie, et du peu, du très-peu d'importance de ses plus grands événements.

* Quelque chose de ces sentiments a passé dans le récit de René. Voyez cet épisode. (N. Éd.)
** Non pas, car le lieu où a péri Louis XVI est consacré aux fêtes publiques : la joie perpétuera la mémoire de la douleur ; et quand on ira dîner aux Champs-Élysées, quand on tirera des pétards sur la place arrosée du sang du Juste, il faudra bien se souvenir de l'échafaud du roi martyr. (N. Éd.)

toine? Ah! il était donné à notre siècle de contempler le vénérable magistrat revêtu de la chemise rouge, monté sur un tombereau sanglant, et mené à la guillotine entre sa fille, sa petite-fille et son petit-fils, aux acclamations d'un peuple ingrat, dont il avait tant de fois pleuré la misère. Qu'on me pardonne ce moment de faiblesse : Vertueux Malesherbes ! s'il est vrai qu'il existe quelque part une demeure préparée pour les bienfaiteurs des hommes, vos mânes illustres, réunis à ceux de l'auteur de l'*Émile* [a], habitent maintenant ce séjour de paix. D'autres [b], plus heureux que moi, ont mêlé leur sang au vôtre [1] : c'était ma destinée de traîner après vous sur la terre une vie désormais sans illusions et pleine de regrets.

[a] Je ne veux point déshériter Rousseau du ciel que je lui ai donné dans ma jeunesse, mais je dois dire que l'âme de M. de Malesherbes ne ressemblait en rien à celle du citoyen de Genève. Le doute misérable exprimé dans cette phrase n'est qu'une contradiction de plus dans cet amas de contradictions que j'ai appelé *Essai historique*. (N. Ed.)
[b] Mon frère. (N. Ed.)

[1] Ce que l'on sent trop n'est pas toujours ce qu'on exprime le mieux, et je ne puis parler aussi dignement que je l'aurais désiré du défenseur de Louis XVI. L'alliance qui unissait ma famille à la sienne me procurait souvent le bonheur d'approcher de lui. Il me semblait que je devenais plus fort et plus libre en présence de cet homme vertueux qui, au milieu de la corruption des cours, avait su conserver dans un rang élevé l'intégrité du cœur et le courage du patriote. Je me rappellerai longtemps la dernière entrevue que j'eus avec lui. C'était un matin; je le trouvai par hasard seul chez sa petite-fille. Il se mit à me parler de Rousseau avec une émotion que je ne partageais que trop. Je n'oublierai jamais le vénérable vieillard voulant bien condescendre à me donner des conseils, et me disant : « J'ai tort de vous entretenir de ces choses-là; je devrais plutôt vous engager à modérer cette chaleur d'âme qui a fait tant de mal à votre ami (J. J.). J'ai été comme vous; l'injustice me révoltait; j'ai fait autant de bien que j'ai pu, sans compter sur la reconnaissance des hommes. Vous êtes jeune, vous verrez bien des choses ; moi j'ai bien peu de temps à vivre. » Je supprime ce que l'épanchement d'une conversation intime et l'indulgence de son caractère lui faisaient alors ajouter. De toutes ses prédictions, une seule s'est accomplie : je ne suis rien, et il n'est plus. Le déchirement de cœur que j'éprouvai en le quittant me sembla dès lors un pressentiment que je ne le reverrais jamais.
M. de Malesherbes aurait été grand, si sa taille épaisse ne l'avait empêché de le paraître. Ce qu'il y avait de très-étonnant en lui, c'était l'énergie avec laquelle il s'exprimait dans une vieillesse avancée. Si vous le voyiez assis sans parler, avec ses yeux un peu enfoncés, ses gros sourcils grisonnants et son air de bonté, vous l'eussiez pris pour un de ces augustes personnages peints de la main de Lesueur. Mais si on venait à toucher la corde sensible, il se levait comme l'éclair, ses yeux à l'instant s'ouvraient et s'agrandissaient : aux paroles chaudes qui sortaient de sa bouche, à son air expressif et animé, il vous aurait semblé voir un jeune homme dans toute l'effervescence de l'âge : mais à sa tête chenue, à ses mots un peu confus, faute de dents pour les prononcer, vous reconnaissiez le septuagénaire. Ce contraste redoublait les charmes que l'on trouvait dans sa conversation, comme on aime ces feux qui brûlent au milieu des neiges et des glaces de l'hiver.
M. de Malesherbes a rempli l'Europe du bruit de son nom ; mais le défenseur de Louis XVI n'a pas été moins admirable aux autres époques de sa vie que dans les derniers instants qui l'ont si glorieusement couronnée. Patron des gens de lettres, le monde lui doit l'*Émile*, et l'on sait que c'est le seul homme de cour, le maréchal de Luxembourg excepté, que Jean-Jacques ait sincèrement aimé. Plus d'une fois il brisa les portes des bastilles ; lui seul refusa de plier son caractère aux vices des grands, et sortit par des places où tant d'autres avaient laissé leur vertu. Quelques-uns lui ont reproché de donner dans ce qu'on appelle *les principes du jour*. Si par principes du jour on entend haine des abus, M. de Malesherbes fut certainement coupable. Quant à moi, j'avouerai que s'il n'eût été qu'un bon et franc gentilhomme, prêt à se sacrifier pour le roi son maître, et à en appeler à son épée plutôt qu'à sa raison, je l'eusse sincèrement estimé, mais j'aurais laissé à d'autres le soin de faire son éloge.
Je me propose d'écrire la vie de M. de Malesherbes, pour laquelle je rassemble depuis longtemps des matériaux. Cet ouvrage embrassera ce qu'il y a de plus intéressant dans le règne de Louis XV et de Louis XVI. Je montrerai l'illustre magistrat mêlé dans toutes les affaires des temps. On le verra patriote à la cour, naturaliste à Malesherbes, philosophe à Paris. On le suivra au

Mais pourquoi parlerais-je du jugement de Louis XVI? qui en ignore les circonstances? Qui ne sait que tout fut inutile contre un torrent de crimes et de factions? Agis, Charles et Louis périrent avec tout l'appareil et toute la moquerie de la justice. Laissons d'Orléans observer son roi et son parent la lorgnette à la main, et prononçant *la mort*, à l'effroi même des scélérats. Fions-nous-en à la postérité, dont la voix tonnante gronde déjà dans l'avenir; à la postérité qui, juge incorruptible des âges écoulés, s'apprête à traîner au supplice la mémoire pâlissante des hommes de mon siècle [a].

Le fatal 21 de janvier 1793 se leva pour le deuil éternel de la France. Le monarque, averti qu'il fallait mourir, se prépara avec sérénité à ce grand acte de la vie : sa conscience était pure et la religion lui ouvrait les cieux. Mais que de liens il avait eu auparavant à rompre sur la terre! Louis avait vu son épouse, il avait vu aussi sa fille et son jeune fils qui courait parmi les gardes en demandant la grâce de son père : tant d'angoisses ne déchirèrent jamais le cœur d'un homme.

L'heure était venue. Le carrosse attendait à la porte. Louis descendit avec son confesseur. Il ne put s'empêcher, dans la cour, de jeter un regard vers les fenêtres de la reine, où il ne vit personne : ce regard-là dut peindre bien de la douleur. Cependant le roi était monté dans la voiture qui roulait lentement au milieu d'un morne silence; Louis, répétant avec son confesseur les prières des agonisants, savourait à longs traits la mort. Il arrive enfin à la place où l'instrument de destruction était élevé à la vue du palais de Henri IV. Louis, descendu de la voiture, voulut au moins protester de son innocence : « Vous n'êtes pas ici pour parler, mais pour mourir, » lui dit un barbare. Ce fut alors que l'on vit un des meilleurs rois qui aient jamais régné sur la France, lié sur une planche ensanglantée, comme le plus vil des scélérats, la tête passée de force dans un croissant de fer et attendant le coup qui devait le délivrer de la vie : et comme s'il ne fût pas resté un seul Français attaché à son souverain, ce fut un étranger qui assista le monarque à sa dernière heure, au milieu de tout son peuple. Il se fait un grand silence : « Fils de saint Louis! vous montez aux cieux, » s'écrie le pieux ecclésiastique en se penchant à l'oreille du monarque. On entend le bruit du coutelas qui se précipite [b].

conseil des rois et dans la retraite du sage. On le verra écrivant d'un côté aux ministres sur des matières d'État, de l'autre entretenant une correspondance de cœur avec Rousseau sur la botanique. Enfin je le ferai voir disgracié par la cour pour son intégrité, et voulant porter sa tête sur l'échafaud avec son souverain.

[a] Qu'en disent les accusateurs de l'*Essai?* est-ce là le *révolutionnaire?* (N. Ed

[b] Ceux qui aiment les libertés publiques en sont-ils moins attachés à leurs princes et moins fidèles au malheur?

Il reste un étrange monument du courage de Louis XVI; monument, pour ainsi dire, aussi infernal que le testament de ce monarque est divin : le ciel et l'enfer se sont entendus pour louer la victime. Je veux parler de la lettre de Sanson, bourreau de Paris. L'original même de cette lettre m'a été confié par mon digne et honorable ami, M. le baron Hyde de Neuville, l'homme des sacrifices à la royauté, si bien traité par les ministres du roi. J'ai tenu, je tiens encore dans ce moment même ce papier sur lequel s'est traînée la main sanglante de Sanson, cette main qui a osé toucher à la tête de mon roi, qui a fait tomber cette tête sacrée et l'a présentée au peuple épouvanté.

La lettre de Sanson a été donnée par celui qui en était propriétaire à M. Tastu, impri-

CHAPITRE XVIII.

TRIPLE PARALLÈLE : AGIS, CHARLES ET LOUIS.

Ainsi les Grecs virent tomber Agis, roi de Sparte; ainsi nos aïeux furent témoins de la catastrophe de Charles Stuart, roi d'Angleterre; ainsi a péri sous

meur, qui a très-noblement refusé de la vendre à des étrangers, quelque prix qu'ils en aient offert. C'est un monument de remords, de douleur; de gloire et de vertu, qui appartient à la France : c'est un papier de famille qui doit rester au trésor des chartes dans les archives de la maison de Bourbon. Peu de jours avant la clôture de la dernière session, M. Aimé Martin, secrétaire-rédacteur de la Chambre des députés, homme aussi connu par ses talents comme écrivain que par ses sentiments comme royaliste, parla de la lettre de M. Sanson à M. le baron Hyde de Neuville. Celui-ci fut d'abord saisi d'horreur ; mais bientôt, en lisant la lettre, il n'y vit plus que le dernier rayon mis à la couronne du roi martyr.

M. Hyde de Neuville avait plus qu'un autre des droits à devenir l'un des instruments de la Providence pour la plus grande manifestation de cette lettre. On sait à quels dangers il fut exposé pendant le procès du roi. Ce fut appuyé sur le bras de ce fidèle sujet que M. de Malesherbes quitta la barre de la Convention, après être venu pour la dernière fois implorer les bourreaux de Louis XVI. Vingt années de péril ont succédé à cet acte de courage. Et où étaient ceux qui frappent aujourd'hui mon honorable ami?

Aucun doute ne peut s'élever sur l'authenticité de la lettre de Sanson : l'écriture et la signature de cet homme sont trop connues ; il a certifié *conforme* la plupart de nos crimes et de nos malheurs. D'ailleurs cette lettre a été imprimée dans un journal révolutionnaire du temps, appelé le *Thermomètre du jour*; et, autant qu'il m'en souvient, elle fut répétée dans le journal de Peltier à Londres.

Voici l'article du *Thermomètre;* il est du 13 février 1793, n° 440, page 356. Cette dernière partie de l'historique de la lettre de Sanson a été fournie par M. Aimé Martin.

L'article du *Thermomètre* a pour titre : *Anecdote très-exacte sur l'exécution de Louis Capet*, et on lit ce qui suit :

« Au moment où le *condamné* monta sur l'échafaud » (c'est Sanson l'exécuteur des hautes œuvres criminelles qui a raconté cette circonstance, et qui s'est servi du mot *condamné*), « je fus surpris de son assurance et de sa fermeté; mais au roulement des tambours qui in-
« terrompit sa harangue, et au mouvement soudain que firent mes garçons pour saisir le
« condamné, sur-le-champ sa figure se décomposa; il s'écria trois fois de suite très-préci-
« pitamment : *Je suis perdu*. Cette circonstance, réunie à une autre que Sanson a égale-
« ment racontée, savoir que le condamné avait soupé copieusement dans la veille et fortement
« déjeuné le matin, nous apprend que Louis Capet avait été dans l'illusion jusqu'à l'instant
« précis de sa mort, et qu'il avait compté sur sa grâce. Ceux qui l'avaient maintenu dans
« cette illusion avaient eu sans doute pour objet de lui donner une contenance assurée qui
« pourrait en imposer aux spectateurs et à la postérité; mais le roulement des tambours a
« dissipé le charme de cette fausse fermeté, et les contemporains, ainsi que la postérité,
« sauront actuellement à quoi s'en tenir sur les derniers moments du tyran condamné. »

« Le bourreau ayant lu cette note (c'est M. Aimé Martin qui parle), crut devoir réclamer contre tous les faits qu'elle renferme; et le lundi 18 février 1793, le *Thermomètre du jour* contenait un article ainsi conçu :

« Le citoyen Sanson, exécuteur des jugements criminels, m'a écrit (disait le rédacteur du
« *Thermomètre*) pour réclamer contre un article inséré dans le n° 440 du *Thermomètre*,
« dans lequel on lui fait raconter les dernières paroles de Louis Capet. *Il déclare que ce récit
« est de toute fausseté.* »

« Je ne suis pas l'auteur de cet article (continue le rédacteur); il a été tiré des *Annales
« patriotiques* par Carra, qui en annonce le contenu comme certain. Je l'invite à se rétrac-
« ter. J'invite aussi le citoyen Sanson à me faire parvenir, comme il me le promet, le récit
« exact de ce qu'il sait sur un événement qui doit occuper une grande place dans l'histoire.
« Il est intéressant pour le philosophe d'apprendre comment les rois savent mourir. »

« Cette leçon terrible (c'est encore M. Aimé Martin qui parle), que des assassins osaient
« demander au nom de la philosophie, ne leur fut point refusée. Au milieu de la multitude
« frappée d'épouvante, un seul témoignage était possible, un seul était irrécusable! La Pro-
« vidence permit que celui qui avait versé le sang devînt l'historien de la victime ; et la main
« du bourreau, puisqu'il faut le nommer, traça cette page sanglante, qui pénètre à la fois

nos yeux Louis de Bourbon, roi de France. Je n'ai rapporté en détail l'exécution du second que pour montrer jusqu'à quel point les Jacobins ont porté l'imitation dans l'assassinat du dernier. J'ose dire plus : si Charles n'avait pas

« d'horreur et de respect *. » Le jeudi 21 février 1793, un mois juste après la mort de la victime, le *Thermomètre* publia la lettre suivante. On la donne avec toutes ses fautes d'orthographe : c'est un *original* auquel il n'est pas permis de toucher.

CITOYEN,

« Un voyage d'un instant a été la cause que je n'ais pas eu l'honneur de répondre à l'in-
« vitation que vous me faite dans votre Journal au sujet de Louis Capet. Voici suivant ma
« promesse l'exacte véritée de ce qui c'est passé. Descendant de la voiture pour l'exécution
« on lui a dit qu'il falait ôter son habit. Il fit quelques difficultés en disant qu'on pouvait
« l'exécuter comme il était. Sur la représentation que la chose était impossible, il a lui-
« même aidé à ôter son habit. Il fit encore la même difficultée lorsqu'il cest agit de lui lier
« les mains, qu'il donna lui-même lorsque la personne qui lacompagnait lui eût dit (que
« c'était un dernier sacrifice. Alors? il s'informa sy les tembours batteraient toujour. Il lui fut
« répondu que l'on n'en savait rien, et c'était la véritée. Il monta à l'echafaud et voulut foncer
« sur le devant comme voulant parler. Mais? on lui representa que la chose était impossible
« encore, il se l'aissa alors conduire a l'endroit où on l'attachat et où il s'est écrié trés-haut :
« Peuple je meurs innocent. Ensuitte se retournant vers nous, il nous dit : Messieurs, je
« suis innocent de tout ce dont on m'inculpe. Je souhaite que mon sang puisse cimenter le
« bonheur des Français. Voilà citoyen ses dernières et ses véritables paroles.
« L'espèce de petit débat qui se fit au pied de l'echaffaud roullait sur ce qu'il ne croyait
« pas nécessaire qu'il otat son habit et qu'on lui liat les mains. Il fit aussi la proposition de
« se couper lui-même les cheveux.
« Et pour rendre homage à la véritée, il a soutenu tout cela avec un sang froid et une
« fermeté qui nous a tous étonnés. Je reste très-convaincu qu'il avait puisé cette fermeté dans
« les principes de la religion dont personne plus que lui ne paraissait pénétrée ny persuadé.
« Vous pouvez être assuré, citoyen, que voila la véritée dans son plus grand jour.
« J'ay lhonneur destre, citoyen,

« Votre concitoyen,
« *Signé* SANSON. »

»Paris, ce 20 février 1793, l'an IIe de la république française. »

On est presque généralement étonné, en lisant cette lettre, de l'angélique douceur de la victime et de la naïveté de cet homme de sang, qui parle de ce qui s'est passé comme un ouvrier parlerait de son ouvrage.

Louis XVI déclare *qu'on pouvait l'exécuter comme il était*. Sur la représentation que la chose était impossible, *il aide lui-même à ôter son habit*. Même difficulté quand il s'agit de lier les mains à cet autre Christ, qui donne ensuite lui-même ses mains royales, *lorsque la personne* (le confesseur que le bourreau n'ose nommer) *qui l'accompagnait lui eut dit que c'était un dernier sacrifice*. Louis XVI déclare qu'il meurt innocent, et souhaite que *son sang puisse cimenter le bonheur des Français*. C'est le bourreau qui a entendu ces paroles testamentaires, et qui les redit à la France! *Voilà, citoyen*, dit-il, *ses dernières et ses véritables paroles!*

Le bourreau rend compte *du petit débat qui se fit au pied de l'échafaud* entre lui et la victime : il ne s'agissait que d'ôter l'habit au roi, de lui lier les mains et de lui couper les cheveux! Tel était *le petit débat* entre Sanson et le fils de saint Louis!

Mais que dire des dernières paroles du bourreau lui-même, paroles qui diffèrent tellement du reste de la lettre, qu'on hésiterait à croire qu'elles sont de l'auteur de cette lettre, s'il ne s'y trouvait la faute de langue la plus grossière, et si ce document n'était tout entier de la main de Sanson. *Je reste très-convaincu qu'il avait puisé cette fermeté* (Louis XVI) *dans les principes de la religion, dont personne plus que lui ne paraissait pénétré ni persuadé.*

Ne croit-on pas entendre le centenier chargé de garder Jésus glorifier Dieu malgré lui au moment où le Juste expire, en disant : *Certe hic homo justus est!* Cet aveu de Sanson est peut-être un des plus grands triomphes que jamais la religion ait obtenus.

S'il était permis de mêler des réflexions étrangères à un sujet aussi sacré, je ferais remarquer qu'à l'époque de la mort de Louis XVI la presse était libre : on massacrait, il est vrai, les écrivains royalistes, mais cela ne les dégoûtait pas; et ils auraient enfin ramené le roi légi-

---

* Ici finit le récit de M. Aimé Martin.

été décapité à Londres, Louis n'eût vraisemblablement pas été guillotiné à Paris *a*.

Si nous comparons ces trois princes, la balance, quant à l'innocence, penche évidemment en faveur d'Agis et de Louis. L'un et l'autre furent pleins d'amour pour leurs peuples; l'un et l'autre succombèrent en voulant ramener leurs sujets à la liberté et à la vertu; tous les deux méconnurent les mœurs de leur siècle. Le premier dit aux Spartiates corrompus : Redevenez les citoyens de Lycurgue; et les Spartiates le sacrifièrent. Le second donna aux Français à goûter le fruit défendu : « Tout ou rien, » fut le cri.

Charles, dans une monarchie limitée, avait envahi les droits d'une nation libre : Louis, dans une monarchie absolue, s'était continuellement dépouillé des siens en faveur de son peuple.

Les trois monarques, bons, compatissants, moraux, religieux, eurent toutes les vertus sociales. Le premier était plus philosophe; le second, plus roi; le troisième, plus homme privé : la destinée se servit de défauts diamétralement opposés dans leurs caractères, pour leur faire commettre les mêmes erreurs et les conduire à la même catastrophe : l'esprit de système dans Agis, l'obstination dans Charles, et le manque de vouloir dans Louis. Tous les trois, modérés et sincères, se firent accuser tous les trois de despotisme et de duplicité; le roi de Lacédémone en s'attachant avec trop d'ardeur à ses notions exaltées, le roi d'Angleterre en n'écoutant que sa volonté, le roi de France en ne suivant que celle des autres *b*.

Quant aux souffrances, Louis, au premier coup d'œil, semble avoir laissé loin derrière lui Agis et Charles [1]. Mais qui nous transportera à Lacédémone? Qui nous fera voir le digne imitateur de Lycurgue obligé de se tenir caché dans un temple pour prix de sa vertu, et, en attendant la mort, méditant au pied des autels sur l'ingratitude des hommes? Qui nous introduira auprès du malheureux Charles, abandonné de l'univers entier? Qui nous le montrera à Carisbrook avec sa barbe négligée, sa tête vénérable blanchie par les chagrins, aidant le matin au pauvre vieillard, sa seule compagnie, à allumer son feu; le reste du jour livré à une vaste solitude, et veillant dans les longues nuits sur sa triste couche, pour entendre retentir les pas des assassins dans les corridors

---

time, si Robespierre et ensuite le Directoire n'avaient eu recours à la censure des geôliers et des bourreaux. C'est donc à la liberté de la presse, le 21 janvier 1793, que nous devons le Testament de Louis XVI et la lettre de Sanson. Il y a pourtant aujourd'hui des prétendus hommes d'Etat qui pensent, comme le pensait Robespierre, qu'on ne peut gouverner sans la censure. (N. Ed.)

a Je le crois encore aujourd'hui. (N. Ed.)
b Cela me semble écrit avec impartialité. (N. Ed.)

[1] Il ne faut pas oublier qu'Agis, Charles et Louis furent tous les trois condamnés, au mépris des lois de la plus commune justice, et d'après une manifeste violation de toutes les formes légales *. En sorte que s'il était possible d'admettre le principe que le peuple a le droit de juger ses chefs, principe qui détruirait toute société humaine, il n'en resterait pas moins certain encore qu'Agis, Charles et Louis furent assassinés. Néron, tout justement condamné qu'on pût être le penser, ne le fut cependant que par contumace. Conrad fut indignement massacré à Naples. Elisabeth n'avait pas plus de droit sur Marie Stuart que Charles d'Anjou sur Conrad. La reine de France ne fut pas même écoutée. Ces observations sont de la plus haute importance, et prouvent beaucoup dans l'histoire des peuples et des hommes.

* Très-juste. (N. Ed.)

de la prison ¹? Enfin qui nous ouvrira les portes du Temple? Qui nous introduira auprès du roi de France, à peine vêtu, livré à des barbares qui l'obsédaient sans cesse, et le cœur fendu de douleur au spectacle des misères de son épouse et de ses enfants incessamment sous ses yeux? Voyons Agis trahi par ses amis, traîné à travers les rues de Sparte au tribunal du crime; le tendre Charles dans Whitehall, tenant son fils sur ses genoux, et donnant à l'enfant attentif un dernier conseil et un dernier baiser; Louis, dans le Temple, disant le fatal adieu à sa famille : le roi de Lacédémone étranglé ignominieusement dans le cachot des scélérats, et bientôt suivi au tombeau par sa mère et son aïeule auguste; le roi d'Angleterre sur l'échafaud, se dépouillant à la vue de son peuple, et se préparant à la mort; le roi de France au pied de la guillotine, les cheveux coupés, la chemise ouverte, et les mains liées derrière le dos. Terminons ce parallèle affligeant pour l'humanité. Monarque ou esclave, guerrier ou philosophe, riche ou pauvre, souffrir et mourir, c'est toute la vie. Entre les malheurs du roi et ceux du sujet, il n'y a, pour la postérité, que cette différence qui se trouve entre deux tombeaux, dont l'un chargé d'un marbre douloureux, se fait voir durant quelques années, tandis que l'autre, couvert d'un peu d'herbe, ne forme qu'un petit sillon que les enfants du voisinage, en se jouant, ont bientôt effacé sous leurs pas ᵃ².

¹ Charles s'attendait à être secrètement assassiné.

ᵃ Voici de la philosophie fort mal à propos. Certainement pour l'homme *qui meurt*, qu'il soit roi ou sujet, la mort est absolument la même chose; mais pour les hommes qui vivent, la mort d'un roi puissant est d'une tout autre importance que la mort d'un sujet obscur. La tête de Louis XVI en tombant a fait tomber la tête de plusieurs millions d'hommes. Et qu'importe à la France que la tête de mon frère ait roulé sur l'échafaud, ou que celle de mon cousin, Armand de Chateaubriand, ait été percée d'une balle à la plaine de Grenelle? (N. Éd.)

² Je n'aime point à écrire l'histoire de mon temps. On a beau tâcher de faire justice, on doit toujours craindre que quelque passion cachée ne conduise votre plume. Lorsque je me trouve donc obligé de parler d'un homme de mon siècle, je me fais ces questions : L'ai-je connu? M'a-t-il fait du bien? M'a-t-il fait du mal? Ne m'a-t-on point prévenu pour ou contre lui? Ai-je entendu discuter les deux côtés de la question? Quelle est ma passion favorite? Ne suis-je point sujet à l'enthousiasme, à la trop grande pitié, à la haine, etc.? Et malgré tout cela, j'écris encore en tremblant. J'avouerai donc que j'ai approché de Louis XVI, qu'il avait accordé des grâces à ma famille et à moi-même, quoique leur objet n'ait jamais été rempli. Cependant mon caractère était si antipathique avec la cour; j'avais un tel mépris pour certaines gens, et je le cachais si peu; je me souciais si peu encore de ce qu'on appelait *parvenir*, que j'étais comme les confidents dans les tragédies, qui entrent, sortent, regardent et se taisent *. Aussi S. M. ne m'a-t-elle jamais parlé que deux fois dans ma vie, la première, lorsque j'eus l'honneur de lui être présenté; la seconde à la chasse. Il me semble donc que je n'ai eu aucun motif d'intérêt secret dans ce que j'ai dit plus haut du roi de France, et je crois que c'est avec candeur et impartialité que j'ai rendu justice à ses vertus. Quant à son innocence, elle est même avouée des Jacobins.

Louis était d'une taille avantageuse; il avait les épaules larges, le ventre prédominant; il marchait en roulant d'une jambe sur l'autre. Sa vue était courte; ses yeux, à demi fermés; sa bouche, grande; sa voix, creuse et vulgaire. Il riait volontiers aux éclats; son air annonçait la gaieté, non peut-être cette gaieté qui vient d'un esprit supérieur, mais cette joie cordiale de l'honnête homme qui naît d'une conscience sans reproche. Il n'était pas sans connaissances, surtout en géographie; au reste il avait ses faibles comme les autres hommes. Il aimait, par exemple, à jouer des tours à ses pages; à guetter, à cinq heures du matin, au travers des fenêtres du palais, les seigneurs de sa cour qui sortaient des appartements. Si à la chasse, vous passiez entre le cerf et lui, il était sujet à des emportements, comme je l'ai

* Je me peignais il y a trente ans comme je me suis peint dans la préface générale de cette édition. On trouvera peut-être qu'il y a de l'ingénuité dans ces aveux. (N. Éd.)

CHAPITRE XIX.

QUELQUES PENSÉES.

Je ne ferai que quelques courtes réflexions sur ces événements fameux. Les grands crimes comme les grandes vertus nous étonnent. Tout ce qui fait événement plaît à la multitude. On aime à être remué, à s'empresser, à faire foule; et tel honnête homme qui plaint son souverain légitime massacré par une faction, serait cependant bien fâché de manquer sa part du spectacle, peut-être même trompé, s'il n'allait pas avoir lieu *a*. Voilà la raison pour laquelle les révolutions où il a péri des rois éblouissent tant les hommes, et pour laquelle les générations suivantes sont si fort tentées de les imiter : lorsqu'on mène des enfants à une tragédie, ils ne peuvent dormir à leur retour, si l'on ne couche auprès d'eux l'épée ou le poignard des conspirateurs qu'ils ont vus. D'ailleurs il y a toujours quelque chose de bon dans une révolution, et ce quelque chose survit à la révolution même. Ceux qui sont placés près d'un événement tragique sont beaucoup plus frappés des maux que des avantages qui en résultent : mais pour ceux qui s'en trouvent à une grande distance, l'effet est précisément inverse ; pour les premiers, le dénoûment est en action; pour les seconds, en récit. Voilà pourquoi la révolution de Cromwell n'eut presque point d'influence sur son siècle, et pourquoi aussi elle a été copiée avec tant d'ardeur de nos jours. Il en sera de même de la révolution française qui, quoi qu'on en dise, n'aura pas un effet très-considérable sur les générations contemporaines, et peut-être bouleversera l'Europe future *b*.

Mais la grande différence qui se fait sentir entre les troubles de Sparte sous Agis, ceux de l'Angleterre sous Charles Ier, et ceux de la France sous Louis, vient surtout des hommes. A qui peut-on comparer parmi nous un Lysander, patriote ferme, intègre et modèle des vertus antiques? un Cromwell, cachant

éprouvé moi-même. Un jour qu'il faisait une chaleur étouffante, un vieux gentilhomme de ses écuries qui l'avait suivi à la chasse, se trouvant fatigué, descendit de cheval, et, se couchant sur le dos, s'endormit à l'ombre. Louis vint à passer par là, et, apercevant le bonhomme, trouva plaisant de le réveiller. Il descend donc lui-même de cheval, et, sans avoir intention de blesser cet ancien serviteur, lui laisse tomber une pierre assez lourde sur sa poitrine. Celui-ci se réveille, et, dans le premier mouvement de la douleur et de la colère, s'écrie : « Ah! je vous reconnais bien là! voilà comme vous étiez dans votre enfance ; vous êtes un tyran, un homme cruel, une bête féroce. » Et il se met à accabler le roi d'injures. S. M. regagne vite son cheval, moitié riant, moitié fâché d'avoir fait mal à cet homme qu'il aimait beaucoup, et disant en s'en allant : « Oh! il se fâche! il se fâche! il se fâche!

Ces petits traits, tout misérables qu'ils puissent paraître, peignent le caractère mieux que les grandes actions, qui ne sont, pour la plupart du temps, que des vertus de parade, et d'ailleurs n'ôtent rien du respect que l'on doit avoir pour Louis. L'innocence de ses mœurs, sa haine de la tyrannie, son amour pour son peuple, en feront toujours, aux yeux d'un homme impartial, un monarque estimable et digne d'éloges. Louis n'a que trop prouvé que parmi les hommes il vaut mieux, pour notre intérêt, être méchant que faible.

a C'est abominable. (N. Ed.)
b Oserais-je dire que tout ce paragraphe était digne d'un meilleur ouvrage que l'*Essai?* Quand je l'écrivais, ce paragraphe, la France élevait partout des républiques ; je prévoyais que ces républiques ne seraient pas de longue durée ; mais je prévoyais aussi les conséquences éloignées de la révolution, et j'avais raison de les prévoir ; j'avais le courage d'écrire *qu'il y a toujours quelque chose de bon dans une révolution.* (N. Ed.)

sous une apparence vulgaire tout ce qu'il y a de grand dans la nature humaine; profond, vaste et secret comme un abîme, roulant une ambition de César dans une âme immense, trop supérieur pour être connu de ses collègues, hors du seul Hampden, qui l'avait su pénétrer?

Lui opposerons-nous le sombre Robespierre, méditant des crimes dans la cavernosité de son cœur, et grand de cela même qu'il n'avait pas une vertu? Rapprocherons-nous du vertueux Hampden, qui l'eût été même dans la Rome du premier Brutus, ce Mirabeau, à la fois législateur, chef de parti, orateur, nouvelliste, historien, d'une politique incommensurable, savant dans la connaissance des hommes, à la fois le plus grand génie et le cœur le plus corrompu de la révolution [a]?

Lorsqu'il se trouve de telles disproportions entre les hommes, il doit en exister de très-grandes entre les temps où ces hommes ont vécu. Mais nous verrons ceci ailleurs; et il faut maintenant revenir sur nos pas au siècle d'Alexandre.

CHAPITRE XX.

PHILIPPE ET ALEXANDRE.

Tandis que Denys tombait à Syracuse, qu'Athènes était en proie aux factions, un tyran s'était élevé en Macédoine. Le caractère de Philippe est trop connu, et n'entre pas assez dans le plan de cet *Essai* pour que je m'y arrête. Il me suffira de remarquer que Philippe est le père de cette politique moderne, qui consiste à troubler pour recueillir, à corrompre pour régner. En vain Démosthènes le foudroya de son éloquence, le roi de Macédoine, avançant dans l'ombre tant qu'il se sentit faible, leva le masque aussitôt qu'il se trouva fort. Les Grecs alors se réveillèrent, mais trop tard, et leur bel édifice à la liberté, élevé avec tant de périls au milieu de mille tempêtes, s'écroula dans les plaines de Chéronée, devant le génie de deux hommes qui vinrent encore changer la face de l'univers.

CHAPITRE XXI.

SIÈCLE D'ALEXANDRE.

Si l'âge d'Alexandre diffère du nôtre par la partie historique, il s'en rapproche du côté moral. Ce fut alors que s'éleva, comme de nos jours, une foule de philosophes, qui se mirent à douter de Dieu, de l'univers et d'eux-mêmes. Jamais on ne poussa plus loin l'esprit de recherche. On écrivait sur tout, on analysait tout, on disséquait tout. Point de petit sentier de politique, point de subtilité métaphysique qu'on n'eût soigneusement examinés. Les peuples, instruits de leurs droits, connaissant toutes les espèces de gouvernement, possédaient bien plus que des livres qui leur apprenaient à être libres; ils avaient

---

[a] J'ai fait déjà remarquer que le nom de *Buonaparte* ne se rencontre dans l'*Essai* qu'une seule fois, et dans une note où ce nom fameux est jeté comme par hasard avec quelques autres noms. Mirabeau avait *du génie*, mais ce n'était pas un *grand génie* : il y a exagération.
(N. Ed.)

les traditions de leurs ancêtres, et leurs tombeaux aux champs de Marathon. Ils jouissaient même des formes républicaines, vains jouets que les tyrans leur laissèrent, comme on permet aux enfants de toucher des armes dont ils n'ont pas la force de faire usage; grand exemple qui renverse nos systèmes sur l'effet des lumières [a]. Il prouve qu'il ne suffit pas de raisonner sciemment sur la vertu pour parvenir à l'indépendance; qu'il faut l'aimer, cette vertu, et que tous les moralistes de l'univers ne sauraient en donner le goût lorsqu'on l'a une fois perdu. Les siècles de lumières, dans tous les temps, ont été ceux de la servitude; par quel enchantement le nôtre sortirait-il de la règle commune? Les rapprochements des philosophes anciens et modernes qui vont suivre mettront le lecteur à même de juger jusqu'à quel point l'âge d'Alexandre ressembla au nôtre. On verra que, loin d'avoir rien imaginé de nouveau, nous sommes demeurés, excepté en histoire naturelle, fort au-dessous de la Grèce. On remarquera qu'à l'instant où les sophistes commencèrent à attaquer la religion et les idées reçues du peuple, celui-ci se trouva lié des chaînes de Philippe.

D'après les données de l'histoire, je ne puis m'empêcher de trembler sur la destinée future de la France [b].

CHAPITRE XXXII.

PHILOSOPHES GRECS.

Deux beaux génies, vivant à peu près dans le même temps, devinrent les fondateurs des diverses classes philosophiques de la Grèce

Thalès fut le père de l'école Ionique, Pythagore celui de l'école Italique.

[a] Pas du tout. Dans l'antiquité l'esprit humain était jeune, bien que les peuples fussent déjà vieux; c'est faute d'avoir fait cette distinction que l'on a voulu mal à propos juger les nations modernes d'après l'histoire des nations anciennes, que l'on a confondu deux sociétés essentiellement différentes. J'ai déjà dit cela dans ma Préface, et montré vingt fois dans ces *Notes critiques* d'où provenait mon erreur. (N. Ed.)

[b] Le despotisme a suivi la république en France, et j'avais raison de trembler : mais je me trompe dans le reste de ce passage, et toujours par la préoccupation où je suis de cette liberté des anciens fondée sur les mœurs. On verra bientôt une note de l'*Essai* où je combats moi-même le système qui me domine ici. (N. Ed.)

RÉVOLUTIONS ANCIENNES.

VOICI LES ARBRES DE CES DEUX ÉCOLES.

ARBRE IONIQUE.	ARBRE ITALIQUE.
THALÈS.	**PYTHAGORE.**
SES DISCIPLES SUCCESSIFS : ANAXIMÈNES, ANAXAGORE, ARCHÉLAÜS, SOCRATE.	Ses disciples sont peu connus jusqu'à Empédocle ; sous celui-ci l'école se divise en trois sectes.
De l'école de Socrate sortiront cinq principaux rameaux, subdivisés en d'autres branches, telles qu'on les voit tracées ci-dessous.	

SOCRATE.

SECTE MEGAR.	SECTE ÉLIQUE.	SECTE ACADÉMIQ.	SECTE CYRÉN.	SECTE CYNIQUE.
Euclide.	Phœdon.	Platon.	Aristippe.	Antisthènes.
(Bientôt éteinte.)	(Bientôt éteinte.)	Pure doctrine de Socrate : la raison et la morale pratique. Speusippe, Polémon, Cratès, Moyenne Académie, Archélaüs, N. Ac., Carnéades. Système de la chaîne des êtres : dialectique. Académique. Système de spiritualité. Moy. Acad., le doute. Nouv. Acad., un doute moins fort. Aristide. Secte issue se des péripatéticiens. (Branche des académiques.) Zénon. Grande secte des stoïques. (Branche des cyniques.)	Système du plaisir des sens. (Bientôt éteinte.) Toute action naturelle est bonne de soi. Mépris des sciences. Cynique. Fortitude d'âme. Fatalité.	Système de dialectique, ou l'art de tout prouver, et de ne prouver rien.

EMPÉDOCLE.

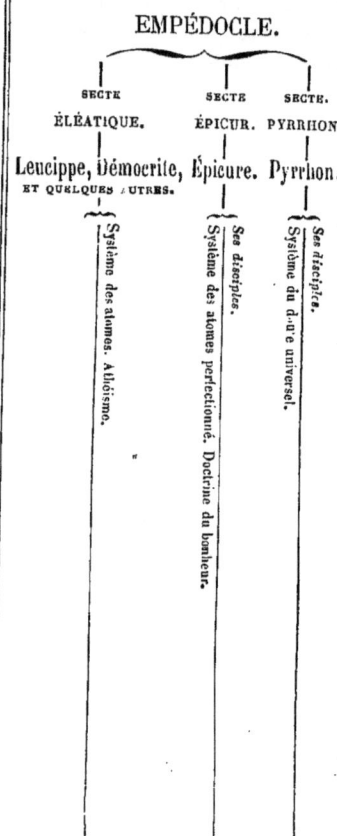

J'ai parlé ailleurs de leurs systèmes [1]. Traçons rapidement la philosophie des fondateurs des principales sectes de ces deux écoles, nous bornant à Platon, Aristote, Zénon, Épicure et Pyrrhon.

Platon [2]. La sagesse, prise dans toute l'étendue platonique du mot, est la connaissance de ce qui est [3].

Philosophie, selon Platon, veut dire désir de science divine [4]. Elle se divise en trois classes : philosophie de dialectique, philosophie de théorie, philosophie de pratique [5]. Je passe la première.

Philosophie de théorie. Rien ne se fait de rien. De là deux principes de toute éternité : Dieu et la matière. Le premier imprima le mouvement et l'ordre à la seconde. Dieu ne peut rien créer, il a tout arrangé [6].

Dieu, le principe opposé à la matière, est un Être entièrement spirituel, bon par excellence, intelligent dans le degré le plus supérieur [7], mais non omnipuissant, car il ne peut subjuguer la propension au mal de la matière [8].

Dieu a arrangé le monde d'après le modèle existant de toute éternité en lui-même [9], d'après cette raison de la Divinité, qui contient les moules incréés des choses passées, présentes et à venir. Les idées de l'Essence spirituelle vivent d'elles-mêmes, comme êtres distincts et réels [10]. Les objets visibles de cet univers ne sont que les ombres des idées de Dieu, qui forment seules les vraies substances [11].

Enfin, outre ces idées préexistantes, la Divinité fit couler un souffle de sa vie dans l'univers, et en composa un troisième principe mixte, à la fois esprit et matière, appelé l'âme du monde [12].

Tel est le système théologique de Platon, d'où l'on prétend que les chrétiens ont emprunté leur mystère de la Trinité.

Au reste, Platon admettait l'immortalité de l'âme [13] qui devait retourner, après la mort du corps, à Dieu, dont elle était émanée [14]. Quant à la politique, j'en parlerai ailleurs ; j'observe seulement ici que Platon admettait la monarchie comme le meilleur gouvernement.

---

[1] Thalès : l'eau, principe de création. Pythagore : système des harmonies. J'ajouterai que Thalès trouva en mathématiques les théorèmes suivants : les angles opposés au sommet sont égaux ; les angles faits à la base du triangle isocèle sont égaux. Si deux angles et un côté d'un triangle sont égaux à deux angles et un côté d'un autre triangle, les deux triangles sont égaux. Pythagore découvrit ces belles vérités : dans un triangle rectangle le carré de l'hypothénuse est égal à la somme des carrés faits sur les deux autres côtés ; les seuls polygones qui puissent remplir un espace autour d'un point donné sont le triangle équilatéral, le quadrilatère et l'hexagone : le premier pris six fois, le second quatre, le troisième trois. De toutes les manières de démontrer le carré de l'hypothénuse, celle de Bezout me semble la plus claire *.

[2] Platon, né avant J. C. 429, ol. 87, 3e année ; mort avant J. C. 347, ol. 108.

[3] *In Phæd.*, pag. 278. — [4] *Protag.*, pag. 313. — [5] *Resp.*, lib. VI, pag. 495. — [6] *Tim.*, pag. 28 ; Diog., Laert., lib. 3 ; Plut., *de Gen. Anim.*, pag. 78. — [7] *De leg.*, pag. 886 ; *Tim.*, pag. 30. — [8] *Polit.*, pag. 474.

[9] *Tim.*, pag. 249. — [10] *Id., ibid.*

[11] *Respub.*, lib. VII, pag. 545.

[12] *Tim.*, pag. 34.

[13] Tout singulier que cela puisse paraître, il y a eu des auteurs qui ont prétendu que Platon ne croyait point à l'immortalité de l'âme, et ce n'est pas sans raison.

[14] *Tim.*, pag. 298.

* J'ai parlé ailleurs de mon premier penchant pour les mathématiques ; il faut pardonner cette note à un jeune homme élevé d'abord pour le service de la marine. (N. Éd)

Aristote[1] divisait la philosophie en trois sortes, de même que Platon ; sans parler de sa malheureuse dialectique, qui a si longtemps servi de retraite à l'ignorance, je ne m'arrête qu'à sa métaphysique.

La doctrine des péripatéticiens est le système célèbre de la chaîne des êtres. Aristote remonte d'action en action, et prouve qu'il faut qu'il existe quelque part un premier agent du mouvement. Or ce premier mobile de toute chose incréée et mue est la seule substance en repos. Elle n'a, de nécessité ni quantité ni matière. Quant au problème insoluble, savoir : comment l'âme agit sur le corps, le Stagirite croyait avoir répondu en attribuant le phénomène à un acte immédiat de la volonté du Moteur universel[2].

Il n'en savait pas davantage sur la nature de l'âme, qu'il appelait une parfaite énergie ; non le premier mouvement, mais un principe de mouvement, etc.[3] : il la tenait immortelle.

Zénon[4] *père de la secte stoïcienne*. La philosophie est un effort de l'âme vers la sagesse, et dans cet effort consiste la vertu[5].

Le monde s'arrangea par sa propre énergie. La nature est ce tout, qui comprend tout, et dont tout ne peut être que membre ou partie. Ce tout se compose de deux principes, l'un actif, l'autre passif, non existant séparés, mais unis ensemble. Le premier s'appelle *Dieu ;* le second *matière*. Dieu est un pur éther, un feu qui enveloppe la surface extérieure et convexe du ciel : la matière est une masse inerte et à repos[6].

Outre les deux principes, il en existe un troisième, auquel Dieu et la matière sont également soumis. Ce principe est la chaîne nécessaire des choses ; c'est cet effet qui résulte des événements, et est en même temps la cause inévitable : c'est la fatalité[7].

Dieu, la matière, la fatalité, ne font qu'un. Ils composent à la fois les roues, le mouvement, les lois de la machine, et obéissent, comme parties, aux lois qu'ils dictent comme tout[8].

Les stoïciens affirmaient encore que le monde périra alternativement par l'eau et le feu, pour renaître ensuite sous la même forme[9] ; que l'homme a une âme immortelle ; et ils admettaient, comme l'Église romaine, les trois états de récompense, de purification et de punition dans une autre vie, ainsi que la résurrection des corps après l'embrasement général du monde[10].

Épicure[11]. La philosophie est la recherche du bonheur. Le bonheur consiste dans la santé et la paix de l'âme. Deux espèces d'études y conduisent : celle de la physique et celle de la morale.

---

[1] Aristote, né avant J. C. 384, ol. 99, 1re année ; mort avant J. C. 332, ol. 114, 2e année.
[2] *De Gen. Anim.*, lib. II, cap. III ; *Met.*, lib. II, cap. VI, etc ; *De Cœlo*, lib. XI, cap. III, etc.
[3] *De Gen. Anim.*, lib. II, cap. IV ; lib. III, cap. XI.
[4] Zénon, né avant J. C. 359, ol. 195, 2e année ; mort avant J. C. 261, ol. 129, 1re année.
[5] PLUT., *de Plac. Phil.*, lib. IV ; SEN., *Ep.* LXIX.
[6] LAERT., lib. V ; STOB., *Eccl. Phys.*, cap. XIV ; SEN., *Consol.*, cap. XXIX.
[7] CIC., *de Nat. Deor.*, lib. I ; ANTON., lib. VII.
[8] Loc. cit.
[9] CIC., *de Nat. Deor.*, lib. III, cap. XLVI ; LAERT., lib. VII ; SENEC., *Ep.* IX, XXXVI, etc.
[10] SENEC, *Ep.* XC ; PLUT. *Resign. Stoic.*, pag. 31 ; LAERT., lib. VII ; SEN., *ad Marc.* ; PLUT., *de Fac. lun.*, pag. 383.
[11] Épicure, né avant J. C. 343 ; ol. 109, 3e année ; mort avant J. C. 270, ol. 127, 2e année.

L'univers subsiste de toute éternité. Il n'y a que deux choses dans la nature : les corps et le vide [1].

Les corps se composent de l'agrégation de parties de matière infiniment petites, ou d'atomes.

Les atomes ont un mouvement interne : la gravité. Leur motion se ferait dans le plan vertical [2], si, par une loi particulière, ils ne décrivaient une ellipse dans le vide [3].

La terre, le ciel, les planètes, les étoiles, les animaux, l'homme compris, naquirent du concours fortuit de ces atomes ; et lorsque la vertu séminale du globe se fut évaporée, les races vivantes se perpétuèrent par la génération [4].

Les membres des animaux, formés au hasard, n'avaient aucune destination particulière. L'oreille concave n'était point creusée pour entendre, l'œil convexe, poli, pour voir ; mais, ces organes se trouvant propres à ces différents usages, les animaux s'en servirent machinalement, et de préférence à un autre sens [5].

Il y a des dieux, non que la raison nous les montre, l'instinct seul nous le dit. Mais ces dieux, extrêmement heureux, ne se mêlent ni ne peuvent se mêler des choses humaines. Ils résident au séjour inconnu de la pureté, des délices et de la paix [6].

Morale. Deux espèces de plaisirs : le premier consiste en un parfait repos d'esprit et de corps ; l'autre, en une douce émotion des sens qui se communique à l'âme. Par plaisir il ne faut pas entendre cette ivresse de passions qui nous subjugue, mais une tranquille absence de maux. Cet état de calme à son tour ne doit pas être une profonde apathie, un marasme de l'âme, mais cette position où l'on se sent lorsque toutes les fonctions mentales et corporelles s'accomplissent avec une paisible harmonie. Une vie heureuse n'est ni un torrent rapide, ni une eau léthargique, mais un ruisseau qui passe lentement et en silence, répétant dans son onde limpide les fleurs et la verdure de ses rivages [7].

Tel était le système charmant d'Épicure, si longtemps calomnié. Quant à Pyrrhon, le vrai scepticisme antique n'était pas tant une négative universelle qu'une indifférence de tout. Le Pyrrhonien ne rejetait pas l'existence des corps, les accidents du chaud et du froid, etc. ; mais il disait qu'il croyait apercevoir et sentir telle ou telle chose, sans savoir si cette chose était réellement, et sans qu'il importât qu'elle fût ou quelle ne fût pas. Dieu est ou n'est pas ; tel corps paraît rond, carré, ovale ; il semble qu'il neige, que le soleil brille : voilà le langage du sceptique *[8].

---

[1] Lucret., lib. II ; Laert., lib. x.

[2] Epicure imagina ce mouvement de déclinaison pour éviter de tomber dans le système des fatalistes qui exclut de droit toute recherche du bonheur. Mais l'hypothèse est absurde ; car si ce mouvement est une loi, il est de nécessité : et comment une cause obligée produira-t-elle un effet libre ?

[3] Lucret., lib. II ; Laert., lib. x. — [4] Lucret., lib. v-x ; Cic., *de Nat. Deor.*, lib. I, cap. VIII-IX. — [5] Lucret., lib. IV-V. — [6] *Id.*, lib. x ; Cic., *de Nat. Deor.*

[7] Laert., lib. x ; Cic., *Tuscul.*, lib. III, cap. XVII ; *de Finib.*, lib. I, cap. XI-XVII.

* L'explication de ces systèmes a paru aux critiques du temps prouver quelque lecture. J'aimais passionnément la métaphysique ; mais que n'aimais-je pas ? Je me plaisais à l'algèbre comme à la poésie, et j'avais pour l'érudition historique le goût d'un véritable bénédictin.
(N. Ed.)

[8] Il reste toujours contre le pyrrhonisme une objection insurmontable dans les vérités ma-

RÉVOLUTIONS ANCIENNES. 227

Nous devons moins considérer ce qu'il y a de vrai ou de faux dans ces systèmes que l'influence qu'ils ont eue sur le bonheur des peuples où ils furent enseignés. Nous examinerons ailleurs cette influence. Nous remarquerons seulement ici que, par leur teneur, ils s'élevaient directement contre les institutions morales, religieuses et politiques de la Grèce. Aussi les prêtres et les magistrats de la patrie s'y opposèrent-ils avec vigueur; ils sentaient qu'ils attaquaient l'édifice jusqu'à la base; que des livres qui prêchaient monarchie dans une république, athéisme ou déisme chez des nations pleines de foi, devaient amener tôt ou tard la destruction de l'ordre social. Ainsi les philosophes grecs, de même que les nôtres, se trouvaient en guerre ouverte avec leur siècle. Mais ils disaient la vérité! Et qu'importe? La vérité simple et abstraite ne fait pas toujours la vérité complexe et relative. Ne précipitons point le cours des choses par nos opinions. Un gouvernement est-il mauvais, une religion superstitieuse, laissons agir le temps, il y remédiera mieux que nous. Les corps politiques, quand on les abandonne à eux-mêmes, ont leurs métamorphoses naturelles, comme les chrysalides. Longtemps l'animal, entouré des chaînes qu'il s'est lui-même forgées, languit dans le sommeil de l'abjection, sous l'apparence la plus vile, lorsqu'un matin, aux regards surpris, il perce les murs de sa prison, et, déployant deux ailes brillantes, s'envole dans les champs de la liberté; mais si, par une chaleur factice, vous cherchez à hâter le phénomène, souvent le ver meurt dans l'opération délicate; et, au lieu de reproduire la vie et la beauté, il ne vous reste qu'un cadavre et des formes hideuses *a*.

Avant de passer à ce grand sujet, de l'influence des opinions sur les mœurs et les gouvernements des peuples *b*, rapprochons nos philosophes de ceux de la Grèce

CHAPITRE XXIII.

PHILOSOPHES MODERNES. — DEPUIS L'INVASION DES BARBARES JUSQU'A LA RENAISSANCE DES LETTRES.

L'Italie, la France, la Grande-Bretagne, étant tombées sous le joug des peuples du Nord, une philosophie barbare s'étendit sur l'Occident en même temps que

thématiques. Que les corps ne soient que la modification de mes sens, à la bonne heure ; mais les choses géométriques existent d'elles-mêmes. Les propriétés du cylindre, du polygone, de la tangente, de la sécante, etc., me sont démontrées à l'évidence, soit que je me considère comme corps ou comme esprit. Il y a donc quelque chose qui ne m'appartient pas, qui ne saurait être une combinaison de mes pensées, parce que toute vérité qui peut se démontrer (il n'y a que les vérités mathématiques de cette espèce) est d'elle-même. D'ailleurs, si je suis esprit, ou partie du tout, Dieu ou matière, comment la quantité mesurée de la ligne deviendrait-elle l'effet d'une cause incommensurable ? Dès lors qu'il se trouve quelque chose hors de moi, le système des scepticiens s'écroule; car, quoique je ne puisse prouver la réalité de tel objet, j'ai lieu de croire à son identité, à moins qu'on n'admit les vérités mathématiques comme les *Nombres de Pythagore* ou le *Monde d'idées de Platon*. Dans ce cas, elles seraient le vrai Dieu tant cherché des philosophes*.

a L'image est peut-être trop prolongée; mais elle renferme une grande vérité : il n'y a de révolution durable que celle que le temps amène graduellement et sans efforts. (N. ÉD.)

b Ici mon système devient raisonnable; il est impossible de nier l'influence de l'opinion sur les mœurs. (N. ÉD.)

* On voit par cette note même, où je combats de si bonne foi le pyrrhonisme, combien j'étais loin au fond de l'athéisme et du matérialisme. (N. ÉD.)

la haine des sciences régnait dans ceux qui auraient pu les protéger. C'était alors que des empereurs faisaient des lois pour bannir les *mathématiciens* et les *sorciers* [1]; que les papes incendiaient les bibliothèques de Rome [2] [a]. On étudiait avec ardeur dans les cloîtres le *Trivium* et le *Quadrivium* [3]. Un moine [4] inventait les notes de musique sur l'*Ut queant laxis* [5]; et pour comble de maux, vers le douzième siècle reparurent les ouvrages d'Aristote. Alors on vit se former cette malheureuse philosophie scolastique, qui se composait des subtilités de la dialectique péripatéticienne et du jargon mystique de Platon.

Bientôt la nouvelle secte se divisa en *nominalistes, albertistes, occamistes, réalistes.* Souvent les champions en vinrent aux mains, et les papes et les rois prenaient parti pour et contre. Entre les nouveaux philosophes brillèrent Thomas d'Aquin, Albert, Roger Bacon; et avant eux, Abailard, qu'il ne faut pas oublier. Il y a des morts dont le simple nom nous dit plus qu'on ne saurait exprimer [b] [6].

[1] *Cod. Just.*, lib. x, tit. xviii; *Cod. Theod. de Pagan.*, pag. 37.
[2] Sarisbériens. Policrat., lib. ii-viii, cap. ii-vi.
Grégoire fit brûler la belle bibliothèque du temple d'Apollon formée par les empereurs romains.

[a] C'est fort bien de ne pas vouloir qu'on brûle les livres; mais pourquoi vouloir mettre au nombre des *calamités* du temps le nom donné aux notes de musique par Guido Aretin? Quelle est la transition entre l'étude du *Trivium* et les premières syllabes d'une strophe de l'*Ut queant laxis?* Et comment les ouvrages d'Aristote ont-ils comblé les maux commencés par *ut, re, mi, fa, sol, la?* Je savais tout cela il y a trente ans. (N. Ed.)

[3] Alcuin., *Op. Fab. Bibl. Lat. Med.*, tom. i, pag. 134.
La science du Trivium et du Quadrivium était toute renfermée dans ces deux vers fameux :

Gramm. loquitur, *Dia.* vera docet, *Rhet.* verba colorat,
Mus. canit, *Ar.* numerat, *G. o.* ponderat, *Ast.* colit astra.

[4] Guido Aretin. Il trouva l'expression des six notes sur l'hymne de Paul Diacon.

Ut queant laxis.	Re sonare fibris.
Mi ra gestorum.	Fa muli tuorum.
Sol ve polluti.	La biis reatum.
	Sancte Joanes.

[5] Weizius, *in Heortologio*, pag. 263.

[b] Il faut convenir que c'est accrocher subtilement une note à un mot. Voici, à propos d'Abailard, un assez long morceau de mes *Voyages en Amérique*. On y retrouve la description de la cataracte de Niagara, description que j'ai transportée dans *Atala*. J'entre dans un récit assez circonstancié sur mes projets de découverte dans l'Amérique septentrionale. Ce ne sont donc ni les voyages de Mackenzie ni les dernières expéditions des Anglais qui m'ont fait dire que j'avais voulu autrefois tenter la découverte du passage dans les mers polaires, au nord-ouest du Canada, découverte que poursuit dans ce moment même le capitaine Francklin. Mon projet avait précédé toutes ces entreprises; en voilà la preuve consignée dans l'*Essai* publié à Londres en 1797, il y a vingt-neuf ans. C'est ainsi que la Providence m'a placé plusieurs fois à l'entrée de diverses carrières où j'ai toujours eu en perspective le but le plus difficile et le plus éloigné; elle m'a mis tour à tour à la main le bâton du voyageur, l'épée du soldat, la plume de l'écrivain et le portefeuille du ministre. (N. Ed.)

[6] J'ai bien éprouvé une fois dans ma vie cet effet d'un nom. C'était en Amérique. Je partais alors pour le pays des Sauvages, et je me trouvais embarqué sur le paquebot qui remonte de New-York à Albany par la rivière d'Hudson. La société des passagers était nombreuse et aimable, consistant en plusieurs femmes et quelques officiers américains. Un vent frais nous conduisait mollement à notre destination. Vers le soir de la première journée, nous nous assemblâmes sur le pont pour prendre une collation de fruits et de lait. Les femmes s'assirent sur les bancs du gaillard, et les hommes se mirent à leurs pieds. La conversation ne fut pas longtemps bruyante : j'ai toujours remarqué qu'à l'aspect d'un beau tableau de la nature on tombe involontairement dans le silence. Tout à coup je ne sais qui de la compagnie s'écria : « C'est auprès de ce lieu que le major André fut exécuté. » Aussitôt voilà mes idées boule-

Cependant Constantinople venait de passer sous le joug des Turcs, et le reste des philosophes grecs fugitifs trouvèrent un asile en Italie. Les lettres commencèrent à revivre de toutes parts. Dante et Pétrarque avaient paru.

versées : on pria une Américaine très-jolie de chanter la romance de l'infortuné jeune homme ; elle céda à nos instances, et commença à faire entendre une voix timide, pleine de volupté et d'émotion. Le soleil se couchait, nous étions alors entre de hautes montagnes. On apercevait çà et là, suspendues sur des abîmes, des cabanes rares qui disparaissaient et reparaissaient tour à tour entre des nuages, mi-partis blancs et roses, qui filaient horizontalement à la hauteur de ces habitations. Lorsque au-dessus de ces mêmes nuages on découvrait la cime des rochers et les sommets chevelus des sapins, on eût cru voir de petites îles flottantes dans les airs. La rivière majestueuse, tantôt coulant nord et sud, s'étendait en ligne droite devant nous, encaissée entre deux rives parallèles comme une table de plomb ; puis tout à coup, tournant à l'aspect du couchant, elle courbait ses flots d'or autour de quelque mont qui, s'avançant dans le fleuve avec toutes ses plantes, ressemblait à un gros bouquet de verdure noué au pied d'une zone bleue et aurore. Nous gardions un profond silence ; pour moi, j'osais à peine respirer. Rien n'interrompait le chant plaintif de la jeune passagère, hors le bruit insensible que le vaisseau, poussé par une légère brise, faisait en glissant sur l'onde. Quelquefois la voix se renflait un peu davantage lorsque nous rasions de plus près la rive ; dans deux ou trois endroits elle fut répétée par un faible écho : les anciens se seraient imaginé que l'âme d'André, attirée par cette mélodie touchante, se plaisait à en murmurer les derniers sons dans les montagnes. L'idée de ce jeune homme, amant, poëte, brave et infortuné, qui, regretté de ses concitoyens et honoré des larmes de Washington, mourut dans la fleur de l'âge pour son pays, répandait sur cette scène romantique une teinte encore plus attendrissante. Les officiers américains et moi nous avions les larmes aux yeux ; moi, par l'effet du recueillement délicieux où j'étais plongé ; eux sans doute, par le souvenir des troubles passés de la patrie, qui redoublait le calme du moment présent. Ils ne pouvaient contempler sans une sorte d'extase de cœur, ces lieux naguère chargés de bataillons étincelants et retentissants du bruit des armes, maintenant ensevelis dans une paix profonde, éclairés des derniers feux du jour, décorés de la pompe de la nature, animés du doux sifflement des cardinaux et du roucoulement des ramiers sauvages, et dont les simples habitants, assis sur la pointe d'un roc, à quelque distance de leurs chaumières, regardaient tranquillement notre vaisseau passer sur le fleuve au-dessous d'eux.

Au reste, ce voyage que j'entreprenais alors n'était que le prélude d'un autre bien plus important, dont à mon tour j'avais communiqué les plans à M. de Malesherbes, qui devait les présenter au gouvernement. Je ne me proposais rien moins que de déterminer par terre la grande question du passage de la mer du Sud dans l'Atlantique par le nord. On sait que, malgré les efforts du capitaine Cook et des navigateurs subséquents, il est toujours resté un doute. Un vaisseau marchand, en 1786, prétendit avoir entré, par le 48° lat. N., dans une mer intérieure de l'Amérique septentrionale, et que tout ce qu'on avait pris pour la côte, au nord de la Californie, n'était qu'une longue chaîne d'îles extrêmement serrées. D'une autre part, un voyageur, parti de la baie d'Hudson, a vu la mer par les 72° de lat. N. à l'embouchure de la rivière du *Cuivre*. On dit qu'il est arrivé l'été dernier une frégate, que l'amirauté d'Angleterre avait chargée de vérifier la découverte du vaisseau marchand dont j'ai parlé, et que cette frégate confirme la vérité des rapports de Cook. Quoi qu'il en soit, voici sommairement le plan que je m'étais tracé :

Si le gouvernement avait favorisé mon projet, je me serais embarqué pour New-York. Là, j'eusse fait construire deux immenses chariots couverts, traînés par quatre couples de bœufs. Je me serais procuré en outre six petits chevaux, pareils à ceux dont je me suis servi dans mon premier voyage. Trois domestiques européens et trois Sauvages des Cinq-Nations m'eussent accompagné. Quelques raisons m'empêchent de m'étendre davantage sur les plans que je comptais suivre : le tout forme un petit volume en ma possession, qui ne serait pas inutile à ceux qui explorent des régions inconnues. Il me suffira de dire que j'eusse renoncé à parcourir les déserts de l'Amérique, s'il en eût dû coûter une larme à leurs simples habitants. J'aurais désiré que, parmi ces nations sauvages, *l'homme à longue barbe*, longtemps après mon départ, eût voulu dire l'ami, le bienfaiteur des hommes.

Enfin tout étant préparé, je me serais mis en route, marchant directement à l'ouest, en longeant les lacs du Canada jusqu'à la source du Mississipi, que j'aurais reconnue. De là, descendant par les plaines de la haute Louisiane, jusqu'au 40° degré de latitude nord, j'eusse repris ma route à l'ouest, de manière à attaquer la côte de la mer du Sud, un peu au-dessus de la tête du golfe de Californie. Suivant ici le contour des côtes, toujours en vue de la mer, j'aurais remonté droit au nord, tournant le dos au Nouveau-Mexique. Si aucune découverte n'eût arrêté ma marche, je me fusse avancé jusqu'à l'embouchure de la grande rivière de *Cook*, et de là jusqu'à celle de la rivière du *Cuivre*, par les 72 degrés de latitude septen-

Celui-ci est plus connu par ses *Cansones* que par ses traités *De contemptu mundi; De sua ipsius et aliorum ignorantia*, quoique ce dernier ouvrage vaille mieux que la plupart de ses sonnets. Mais Laure, Vaucluse, sont de doux noms,

trionale. Enfin, si nulle part je n'eusse trouvé un passage, et que je n'eusse pu doubler le cap le plus nord de l'Amérique, je serais rentré dans les Etats-Unis par la baie d'Hudson, le Labrador et le Canada.

Tel était l'immense et périlleux voyage que je me proposais d'entreprendre pour le service de ma patrie et de l'Europe. Je calculais qu'il m'eût retenu (tout accident à part) de cinq à six ans. On ne saurait mettre en doute son utilité. J'aurais donné l'histoire des trois règnes de la nature, celle des peuples et de leurs mœurs, dessiné les principales vues, etc.

Quant à ce qui est des risques du voyage, ils sont grands sans doute ; mais je suppose que ceux qui calculent tous les dangers ne vont guère voyager chez les Sauvages. Cependant on s'effraie trop sur cet article. Lorsque je me suis vu exposé en Amérique, le péril venait toujours du local et de ma propre imprudence, mais presque jamais des hommes. Par exemple, à la cataracte de Niagara, l'échelle indienne qui s'y trouvait jadis étant rompue, je voulus, en dépit des représentations de mon guide, me rendre au bas de la chute par un rocher à pic d'environ deux cents pieds de hauteur. Je m'aventurai dans la descente. Malgré les rugissements de la cataracte et l'abîme effrayant qui bouillonnait au-dessous de moi, je conservai ma tête, et parvins à une quarantaine de pieds du fond. Mais ici le rocher lisse et vertical n'offrait plus ni racines ni fentes où pouvoir reposer mes pieds. Je demeurai suspendu par la main à toute ma longueur, ne pouvant ni remonter ni descendre, sentant mes doigts s'ouvrir peu à peu de lassitude sous le poids de mon corps, et voyant la mort inévitable : il y a peu d'hommes qui aient passé deux minutes dans leur vie comme je les comptai alors, suspendu sur le gouffre de Niagara. Enfin mes mains s'ouvrirent, et je tombai. Par le bonheur le plus inouï je me trouvai sur le roc vif, où j'aurais dû me briser cent fois, et cependant je ne me sentais pas grand mal ; j'étais à un demi-pouce de l'abîme, et je n'y avais pas roulé : mais lorsque le froid de l'eau commença à me pénétrer, je m'aperçus que je n'en étais pas quitte à aussi bon marché que je l'avais cru d'abord. Je sentis une douleur insupportable au bras gauche ; je l'avais cassé au-dessus du coude. Mon guide, qui me regardait d'en haut, et auquel je fis signe, courut chercher quelques Sauvages qui, avec beaucoup de peine, me remontèrent avec des cordes de bouleau, et me transportèrent chez eux.

Ce ne fut pas le seul risque que je courus à Niagara : en arrivant, je m'étais rendu à la chute, tenant la bride de mon cheval entortillée à mon bras. Tandis que je me penchais pour regarder en bas, un serpent à sonnettes remua dans les buissons voisins ; le cheval s'effraie, recule en se cabrant et en approchant du gouffre ; je ne puis désengager mon bras des rênes, et le cheval, toujours plus effarouché, m'entraîne après lui. Déjà ses pieds de devant quittaient la terre, et, accroupi sur le bord de l'abîme, il ne s'y tenait plus que par la force des reins. C'en était fait de moi, lorsque l'animal, étonné lui-même du nouveau péril, fait un dernier effort, s'abat en dedans par une pirouette, et s'élance à dix pieds loin du bord.

Lorsque j'ai commencé cette note, je ne comptais la faire que de quelques lignes ; le sujet m'a entraîné : puisque la faute est commise, une demi-page de plus ne m'exposera pas davantage à la critique, et le lecteur sera peut-être bien aise qu'on lui dise un mot de cette fameuse cataracte du Canada, la plus belle du monde connu.

Elle est formée par la rivière Niagara, qui sort du lac Érié et se jette dans l'Ontario. A environ neuf milles de ce dernier lac se trouve la chute ; sa hauteur perpendiculaire peut être d'environ deux cents pieds. Mais ce qui contribue à la rendre si violente, c'est que, depuis le lac Érié jusqu'à la cataracte, le fleuve arrive toujours en déclinant par une pente rapide, dans un cours de près de six lieues ; en sorte qu'au moment même du saut, c'est moins une rivière qu'une mer impétueuse, dont les cent mille torrents se pressent à la bouche béante d'un gouffre. La cataracte se divise en deux branches, et se courbe en un fer à cheval d'environ un demi-mille de circuit. Entre les deux chutes s'avance un énorme rocher creusé en dessous, qui pend avec tous ses sapins sur le chaos des ondes. La masse du fleuve qui se précipite au midi se bombe et s'arrondit comme un vaste cylindre au moment qu'elle quitte le bord, puis se déroule en nappe de neige, et brille au soleil de toutes les couleurs du prisme : celle qui tombe au nord descend dans une ombre effrayante comme une colonne d'eau du déluge. Des arcs-en-ciel sans nombre se courbent et se croisent sur l'abîme, dont les terribles mugissements se font entendre à soixante milles à la ronde. L'onde, frappant le roc ébranlé, rejaillit en tourbillons d'écume qui, s'élevant au-dessus des forêts, ressemblent aux fumées épaisses d'un vaste embrasement. Des rochers démesurés et gigantesques, taillés en forme de fantômes, décorent la scène sublime ; un aubier rougeâtre et écailleux, croissent chétivement sur ces squelettes fossiles. On ne voit auprès aucun animal vivant, hors des aigles qui, en planant au-dessus de la cataracte où ils viennent chercher leur

et les hommes se prennent plus aisément par le cœur que par la tête. Pic de la Mirandole, Politien, Ficinus et mille autres furent des prodiges d'érudition [1]. Érasme suivit : ses *Lettres* et son *Éloge de la folie* sont pleins d'esprit et d'élégance. Bientôt les réformateurs de l'Église romaine attaquèrent plus vigoureusement encore la secte scolastique [2]. On commença à faire revivre les autres philosophies de la Grèce. Gassendi renouvela peu après la secte d'Épicure [3], et se rendit célèbre par son génie astronomique. Trois hommes enfin, Jordan Bruno, Jérôme Cardan et François Bacon s'élevèrent en Europe, et, dédaignant de marcher sur les pas des Grecs, se frayèrent une route nouvelle : en eux commence la *philosophie moderne*.

CHAPITRE XXIV.

SUITE. — DEPUIS BACON JUSQU'AUX ENCYCLOPÉDISTES.

Le chancelier lord Bacon [4], un de ces hommes dont le genre humain s'honore, a laissé plusieurs ouvrages. C'est à son Traité *On the advancement of learning* et à celui du *Novum Organum Scientiarum*, qu'il doit particulièrement son immortalité.

Dans le premier, il examine en son entier le cercle des sciences, classant chaque chose sous sa faculté, facultés dont il reconnaît quatre : l'âme, la mémoire, l'imagination, l'entendement. Les sciences s'y trouvent réduites à trois : la poésie, l'histoire, la philosophie. Dans le second ouvrage, il rejette la méthode de raisonner par syllogismes; il propose seulement la physique expérimentale pour seul guide dans la nature. C'est ainsi que ce grand homme ouvrit à ceux qui l'ont suivi le vrai chemin de la philosophie; et que chacun, écoutant son génie, sut désormais où se placer [5].

Tandis que Bacon brillait en Angleterre, Campanella [6] florissait en Italie. Cet homme extraordinaire attaqua vigoureusement les préjugés de son siècle et tomba lui-même dans le vague des systèmes. Plongé vingt-sept ans dans les cachots [7], il y vécut, comme une salamandre, au milieu du feu de son génie, n'ayant ni plume ni papier pour lui ouvrir une issue au dehors. Ses écrits étincellent [8], mais on y remarque une tête déréglée. Au reste, il admettait l'âme du monde de Platon, etc.

proie, sont entraînés par le courant d'air, et forcés de descendre en tournoyant au fond de l'abîme. Quelque *carcajou* tigré, se suspendant par sa longue queue à l'extrémité d'une branche abaissée, essaie d'attraper les débris des corps noyés des élans et des ours que le remole jette à bord; et les serpents à sonnettes font entendre de toutes parts leurs bruits sinistres.

[1] FABR., *Bibl. Gr.*, v. 10, pag. 278; SHELBORN, *Amœnitat. Leter.*, tom. I, pag. 18; *Vita a J. Fr. Pico in Bates Vet. Select.*
[2] *Declarationes ad Hoildelbergentes*, apud Werensdorf.
[3] SORBIÈRE, *de Vit. Gass. Præf. Synt. Phil. Epic.*; BAYLE.
[4] Né en 1560, mort en 1626.
[5] Voyez les ouvrages cités.
[6] Né en 1568, mort en 1639.
[7] Pour une prétendue conspiration contre le roi d'Espagne.
[8] Entre autres les ouvrages intitulés : *Philosophia rationalis; de Libris Propriis; Civitas Solis.*

Hobbes[1], contemporain de Bacon, publia plusieurs ouvrages : son livre *de la Nature humaine*, son Traité *de Corpore Politico*, son *Leviathan* et sa *Dissertation sur l'homme* sont les plus considérables. En politique, il trouva à peu près les principes du *Contrat Social* de J. J. Rousseau; mais il soutient les opinions les plus destructives de la société. Il avance que l'autorité, non la vérité, doit faire le principe de la loi; que le magistrat suprême, qui punit l'innocent, pèche contre Dieu, mais non contre la justice; qu'il n'y a point de propriétés, etc. En morale, il dit que l'état de nature est un état de guerre, que la félicité consiste en un continuel passage de désir en désir [2].

Descartes [3] fit revivre le pyrrhonisme, et ouvrit les sources du déluge de la philosophie moderne. La seule vérité, selon lui, consistait en son fameux argument, *je pense, donc j'existe*. Il admettait les idées innées, l'existence de la matière. Il expliquait l'action de l'âme sur le corps d'après les principes de Platon [4]. On connaît ses tourbillons en physique.

Leibnitz publia son système des *Monades*, par lesquelles il entendait une simple substance sans parties. Mais cette substance varie en propriétés et relations, et c'est de ces diverses modifications apparentes que résultent plusieurs dans l'unité. Cela rentre dans les *Nombres* de Pythagore et les *Idées* de Platon. Leibnitz [5] est l'auteur du *Calcul différentiel* [6].

Spinosa [7] rappelle l'athée par excellence. Il admettait une substance universelle, laquelle substance a en elle-même tous les principes de modification : elle est Dieu. Tout vient ainsi de Dieu : le mort et le mourant, le riche et le pauvre, l'homme qui sourit et celui qui pleure, la terre, les astres, tout cela se passe et est en Dieu [8].

Locke [9] a laissé dans son Traité *On human understanding* un des plus beaux monuments du génie de l'homme. On sait qu'il y détruit la doctrine des idées innées; qu'il explique la nature de ces idées, les dérivant de deux sources : la sensation et la réflexion [10].

Grotius [11] après Machiavel, Mariana, Bodin [12], fut un des premiers à faire revivre en Europe la politique. Son livre *de Jure Belli et Pacis* manque de méthode, et s'étend au delà de son titre. Il part d'ailleurs d'une majeure douteuse : la sociabilité de l'homme [a]. Au reste, on y trouve du génie et de l'érudition.

---

[1] Né en 1588, mort en 1679.
[2] Voyez les ouvrages cités, particulièrement le *Leviathan*.
[3] Né en 1596, mort en 1650.
[4] Vid. *Princip. Phil.*; *Medit. Phil*; *de Prima Phil.*
[5] Né en 1646, mort en 1704.
[6] Vid. Theodicea, *Calculus differentialis*, etc.
Un monument littéraire, bien plus précieux que la correspondance des encyclopédistes, est celle de Newton, Clarke et Leibnitz; par exemple, Leibnitz faisant part à Newton de sa découverte de son *Calcul différentiel*, et Newton lui demandant son avis sur sa *Théorie des marées*.
[7] Né en 1632, mort en 1677. — [8] *Tractat. Theolog. Politic.*; *Or. pro Chr.*, Bayl. Spin.
[9] Né en 1632, mort en 1704. — [10] *Essay on hum. underst.*
[11] Né en 1583, mort en 1645.
[12] Sidney écrivit quelque temps après. Il ne faut pas confondre ce Sidney, écrivain d'un excellent *Traité sur le gouvernement*, avec le Sidney, auteur de l'*Arcadie*.

[a] Eh bien! vais-je nier aussi la sociabilité de l'homme? (N. Ed.)

Puffendorf[1] a déployé moins de génie que Grotius dans son Traité *de Jure Naturæ et Gentium;* mais on y apprend davantage, par l'excellent plan de l'ouvrage. Il y part de la morale pour remonter à la politique (le seul chemin par où on puisse arriver à la vérité), considérant l'homme dans ses rapports avec Dieu lui-même et ses semblables [a].

L'universel scepticisme de Bayle[2] se fait apercevoir dans ses écrits. Il y détruit tous les systèmes des autres, sans en élever un lui-même[3]. Il passe avec raison pour le plus grand dialecticien qui ait existé.

Malebranche[4] a laissé un nom célèbre. Les deux opinions les plus extraordinaires qui aient peut-être été jamais avancées par aucun philosophe, se trouvent dans sa *Recherche de la Vérité.* Il y affirme que la pensée ne se produit pas de l'entendement, mais découle immédiatement de Dieu, et que l'esprit humain communique directement avec la Divinité, et voit tout en elle[5].

Rappeler ces grands hommes qui travaillaient en même temps à l'*Histoire naturelle* serait trop long et hors du sujet de cet ouvrage. Copernic, qui rendit à l'univers son vrai système[6], perdu depuis Pythagore; Galilée, qui inventa le télescope, découvrit les satellites de Jupiter, l'anneau de Saturne, etc.[7]; enfin l'immortel Newton, qui traça le chemin aux comètes, vit se mouvoir tous les mondes, pénétra dans le principe des couleurs, et vola pour ainsi dire à Dieu le secret de la nature[8]; tous ces hommes illustres précédèrent les encyclopédistes dont il me reste à parler.

CHAPITRE XXV.

LES ENCYCLOPÉDISTES[9].

Il serait impossible d'entrer dans le détail de la philosophie des encyclopédistes; la plupart sont déjà oubliés, et il ne reste d'eux que la révolution française[10]. Traiter de leurs livres n'est pas plus facile; ils n'y ont point exposé de

---

[1] Né en 1631, mort en 1694.

[a] J'avais du moins étudié quelque chose de mon métier avant d'être ambassadeur. (N. ED.)

[2] Né en 1647, mort en 1706. — [3] *Dict. Resp. ad Provincial. Quend.* — [4] Né en 1638, mort en 1715. — [5] *Recherches de la Vérité.* — [6] *De Orbium Cœlest. Revol.* — [7] VIVIANI, *Vit. Gal.; Act. Phil.; Systema Cosmicum.*

[8] *Philosophiæ naturalis Principia mathematica.*

On ne sait lequel admirer le plus des trois grands hommes que je viens de nommer, lorsqu'on les voit s'élever les uns après les autres de merveilles en merveilles. Je ne puis m'empêcher d'observer qu'on doit à Galilée les vérités importantes : que l'espace parcouru dans la chute des corps est en raison du carré des temps : que le mouvement des projectiles se fait dans la courbe parabolique [*].

[9] Je comprends sous ce nom non-seulement les vrais encyclopédistes, mais encore les philosophes qui les ont suivis jusqu'à notre temps.

[10] Qu'il soit bien entendu qu'ils n'en sont pas la seule cause, mais une grande cause. La révolution française ne vient point de tel ou tel homme, de tel ou tel livre : elle vient des choses. Elle était inévitable; c'est ce que mille gens ne veulent pas se persuader. Elle provient surtout du progrès de la société à la fois vers les lumières et vers la corruption ; c'est pourquoi on remarque dans la révolution française tant d'excellents principes et de conséquences funestes. Les premiers dérivent d'une théorie éclairée ; les secondes, de la corruption des

[*] Toujours mes chères mathématiques : cela prouve du moins que je n'avais pas la mauvaise habitude d'écrire avant d'avoir lu ; habitude trop commune dans ce siècle. (N. ÉD.)

systèmes complets. Nous voyons seulement par plusieurs ouvrages de Diderot qu'il admettait le pur athéisme, sans en apporter que de mauvaises raisons [1] [a]. Voltaire n'entendait rien en métaphysique : il rit, fait de beaux vers, et distille l'immoralité. Ceux qui se rapprochent encore plus de nous ne sont guère plus forts en raisonnement. Helvétius a écrit des livres d'enfants, remplis de sophismes que le moindre grimaud de collège pourrait réfuter. J'évite de parler de Condillac et de Mably, je ne dis pas de Jean-Jacques et de Montesquieu, deux hommes d'une trempe supérieure aux encyclopédistes.

Quel fut donc l'esprit de cette secte? La destruction. Détruire, voilà leur but; détruire, leur argument. Que voulaient-ils mettre à la place des choses présentes? Rien. C'était une rage contre les institutions de leur pays, qui, à la vérité, n'étaient pas excellentes; mais enfin quiconque renverse doit rétablir [b], et c'est la chose difficile, la chose qui doit nous mettre en garde contre les innovations. C'est un effet de notre faiblesse que les vérités négatives sont à la portée de tout le monde, tandis que les raisons positives ne se découvrent qu'aux grands hommes. Un sot vous dira aisément une bonne raison contre, presque jamais une bonne raison pour.

Ayant à parler ailleurs des encyclopédistes [2], je finirai ici leur article, après avoir remarqué que, si l'on trouve que je parle trop durement de ces savants, estimables à beaucoup d'autres égards, et moi aussi je leur rends justice de ce côté-là [c]. Mais j'en appelle à tout homme impartial : qu'ont-ils produit? Dois-je me passionner pour leur athéisme? Newton, Locke, Bacon, Grotius, étaient-ils des esprits faibles, inférieurs à l'auteur de *Jacques le Fataliste*, à celui des *Contes de mon Cousin Vadé?* N'entendaient-ils rien en morale, en physique, en métaphysique, en politique? J. J. Rousseau était-il une petite âme ! Eh bien ! tous croyaient au Dieu de leur patrie, tous prêchaient religion et vertu. D'ailleurs, il y a une réflexion désolante : était-ce bien l'opinion intime de leur conscience que les encyclopédistes publiaient? Les hommes sont si vains, si faibles, que souvent l'envie de faire du bruit les fait avancer des choses dont ils ne possèdent pas la conviction [d]; et après tout, je ne sais si un homme est jamais parfaitement sûr de ce qu'il pense réellement [e].

Avant de parler de l'influence que les beaux esprits du siècle d'Alexandre et ceux du nôtre eurent sur leur âge respectif, nous allons les présenter au lecteur

---

mœurs. Voilà le véritable motif de ce mélange incompréhensible des crimes entés sur un tronc philosophique; voilà ce que j'ai cherché à démontrer dans tout le cours de cet *Essai* [*].

[1] Cela n'est pas vrai de tous ses ouvrages, mais résulte de leur ensemble : il est même déiste en plusieurs endroits de ses écrits : il est difficile d'être conséquent.

[a] *Sans en apporter que de mauvaises raisons.* Comme j'arrangeais la langue ! Quel barbare ! (N. Ed.)

[b] *C'est du bon sens.* (N. Ed.)

[2] À l'article du Christianisme

[c] De quel côté? (N. Ed.)

[d] Suis-je un athée? Réflexion très-juste ; on a un million d'exemples de cette déplorable vanité. (N. Ed.)

[e] Naïveté comique. (N. Ed.)

[*] Si j'ai écrit quelque chose de bon dans ma vie, il faut y comprendre cette note. N. Ed.

rassemblés. Nous choisirons les plus aimables, pour donner une idée de leurs ouvrages et de leur style : de là nous passerons au tableau de leurs mœurs; et nous aurons ainsi une petite histoire complète de la philosophie et des philosophes.

CHAPITRE XXVI.

PLATON, FÉNELON, J. J. ROUSSEAU. — LA *République* DE PLATON, LE *Télémaque*, l'*Émile*.

Si les grâces de la diction, la chaleur de l'imagination, un je ne sais quoi dans l'expression de mystique et d'intellectuel, qui ressemble au langage des anges, font le grand, le sublime écrivain, Platon en mérite le titre. Peut-être sa manière ressemble-t-elle plus à celle du vertueux archevêque de Cambrai qu'au style de Jean-Jacques ; mais celui-ci, d'une autre part, s'en est rapproché davantage par son sujet. Nous allons offrir le beau groupe de ces trois génies, qui renferme tout ce qu'il y a d'aimable dans la vertu, de grand dans les talents, de sensible dans le caractère des hommes.

Platon, dans sa *République*; Fénelon, dans son *Télémaque*; Jean-Jacques, dans son *Émile*, ont cherché l'homme moral et politique.

Le premier divise sa *République* en trois classes [1] : Le peuple, ou les mécaniques ; les guerriers qui défendent la patrie, et les magistrats qui la dirigent. L'éducation du citoyen commence à sa naissance. Sans doute de tendres parents s'empressent autour de son berceau? Non. Porté dans un lieu commun [2], il attend qu'un lait inconnu vienne satisfaire à ses besoins ; et sa propre mère, qui ne le reconnaît plus, nourrit auprès de lui le fils de l'étrangère.

Lorsque le citoyen commence à entrer dans l'âge de l'adolescence, le gymnase occupe ses instants.

La première chose qui y frappe sa vue, c'est la pudeur sans voile, et les formes [a] de la jeune fille souillées, comme une rose dans la poussière de l'arène [3]. Son œil s'accoutume à parcourir les grâces nues, et son imagination perd les traits du beau idéal. Privé d'une famille, il ne pourra avoir une amante ; et, lorsque la patrie aura choisi pour lui une compagne [4], il sera peu après obligé de rompre ses premiers liens, pour recevoir dans la couche nuptiale, non une vierge timide et rougissante, mais une épouse banale [5], pour qui les baisers n'ont plus de chasteté, ni l'amour de mystères.

Si, parmi ces enfants communs de la patrie, il s'en trouve un qui, par la beauté de ses traits, les indices de son génie, décèle le grand homme futur, on l'enlève à la foule [6], on l'instruit dans les sciences ; il va ensuite combattre avec les autres à la défense de la patrie. A mesure qu'il avance en âge, on lui confie les plus importants emplois, et bientôt on lui découvre les causes secrètes de la

---

[1] PLAT., *de Rep.*, lib. II, pag. 273, etc.
[2] *Id., ibid.*, lib. V, pag. 460.
[a] *Les formes*. Mauvais jargon du temps, emprunté des arts. (N. ED.)
[3] PLAT., *de Rep.*, lib. V, pag. 452, etc.
[4] *Id., ibid.*, pag. 459.
[5] *Id., ibid.*, pag. 447.
[6] PLAT., *de Rep.*, lib. VI, pag. 486.

nature. Un philosophe lui dévoile le grand Être. Il apprend à se détacher des choses humaines : voyageur dans le monde intellectuel, il se dépouille pour ainsi dire de son corps, il s'associe à la sagesse divine, dont la nôtre n'est que l'ombre; et lorsque cinquante années d'étude et de méditations l'ont rendu d'une nature supérieure à ses semblables, alors il redescend sur la terre, et devient un des magistrats de la patrie [1].

Tel est l'homme politique de Platon. Le divin disciple de Socrate, dans le délire de sa vertu, voulait spiritualiser les hommes terrestres; et, pour les rendre pareils à Dieu, il commençait par opprimer le peuple, en établissant un corps de janissaires, par faire des législateurs métaphysiciens, et par enlever à tous la piété maternelle, l'amour conjugal, que la nature donne aux tigres mêmes dans leurs déserts. Les enfants communs! O blasphème philosophique! Plus heureuse cent fois la femme indigente de nos cités, qui mendie ses premiers besoins en portant son fils dans ses bras! La société l'abandonne, mais la nature lui reste; elle ne sentira point l'inclémence des hivers, si, dans ses haillons, elle peut trouver un coin de manteau pour envelopper son tendre fruit. La faim même qui la dévore, elle l'oublie, si sa mamelle donne encore la nourriture accoutumée au cher enfant qui sourit à ses larmes et presse son sein maternel de ses petites mains [a].

Fénelon vit mieux que Platon l'état de la société. Son jeune homme moral quitte le lieu de sa naissance pour aller chercher son père. La Sagesse, sous la figure de Mentor, l'accompagne. Le premier pas qu'il fait dans la carrière est, comme dans la vie, vers le malheur. La mort le menace en Sicile; échappé à ce danger; l'esclavage et la pauvreté l'attendent en Égypte : les dieux et les lettres viennent à son secours. Prêt à retourner dans sa patrie, la main du sort le saisit de nouveau et le replonge dans les cachots. Là, du haut d'une tour il passe ses jours à contempler les flots qui se brisent au loin sur les rivages, et les mortels agités par la tempête. Tout à coup un grand combat attire ses regards; il voit tomber un roi despotique, dont la tête sanglante, secouée par les cheveux, est montrée en spectacle au peuple qu'il opprimait.

Télémaque quitte l'Égypte, et la tyrannie la plus affreuse se montre à lui en Phœnicie. Il abandonne cette terre d'esclavage et arrive à celle des plaisirs. Le jeune homme va succomber : tout à coup la Sagesse se présente à lui; il fuit avec elle cette île empoisonnée, et, durant une navigation tranquille, il écoute les discours divins sur Dieu et la vertu, qui rouvrent son cœur aux voluptés morales.

Bientôt à l'horizon on découvre des montagnes, dont le sommet se colore des premières réfractions de la lumière. Peu à peu la Crète s'avance au-devant du vaisseau. Des moissons verdoyantes, des champs d'oliviers, des villages champêtres, des cabanes riantes entrecoupées de bouquets de bois, toute l'île enfin se déploie en amphithéâtre sur l'azur calme et brillant de la mer.

---

[1] PLAT., *de Rep.*, lib. IV, pag. 503-505 ; lib. VII, pag. 517.

[a] J'ai transporté quelque chose de ceci dans le *Génie du Christianisme*, mais le morceau entier est mieux dans l'*Essai*.   (N. ED.)

Quelle baguette magique a créé cette terre enchantée? Un bon gouvernement. Ici le spectacle d'un peuple heureux développe au jeune homme le secret des lois et de la politique. Il y apprend que le gouverné n'est pas fait pour le gouvernant, mais celui-ci pour le premier. Toujours croissant en sagesse, Télémaque refuse par amour de la patrie, la royauté qu'on lui offre. Il s'embarque, après avoir mis un philosophe à la tête des Crétois; et Vénus, irritée de ses mépris, l'attend avec l'Amour à l'île de Calypso.

Ici il ne sent point cette volupté grossière qui subjuguait son corps à Cypre. Ce qu'il éprouve tient d'une nature céleste, et règne à la fois dans son âme et dans ses sens. Ce ne sont plus des beautés hardies, dont les grâces faciles n'offrent rien à deviner au désir, ce sont les tresses flottantes d'Eucharis qui voilent des charmes inconnus; c'est la modestie, c'est la pudeur de la vierge qui aime, et n'ose avouer son amour, mais l'exhale comme un parfum autour d'elle.

D'une autre part, une passion dévorante consume la malheureuse Calypso. La jalousie, plus dévorante encore, marbre ses yeux de taches livides. Ses joues se creusent; elle rugit comme une lionne. Télémaque effrayé ne trouve d'abri qu'auprès d'Eucharis, que la déesse est prête à déchirer, tandis que l'enfant Cupidon, au milieu de cette troupe de nymphes, s'applaudit en riant des maux qu'il a faits.

C'en est fait; le jeune homme succombe, il va périr : la Sagesse se présente à lui, l'entraîne vers le rivage. Insensible à la vertu, Télémaque ne voit qu'Eucharis; il voudrait baiser la trace de ses pas, et il demande à lui dire au moins un dernier adieu. Mais des flammes frappent soudain sa vue; elles s'élèvent du vaisseau que Minerve avait bâti, et que l'Amour vient de consumer. Une secrète joie pénètre dans le cœur du fils d'Ulysse; la Sagesse prévoit le retour de sa faiblesse, saisit l'instant favorable, et poussant son élève du haut d'un roc dans les flots, s'y précipite avec lui.

Télémaque aborde à la nage un vaisseau arrêté à la vue de l'île. Là il retrouve un ancien ami. Celui-ci lui raconte la mort d'un tyran, et lui fait la peinture d'un peuple heureux selon la nature. Le jeune homme, au milieu de ces doux entretiens, croyant arriver dans sa patrie, touche à des rives étrangères. Des tours à moitié élevées, des colonnes entourées d'échafauds, des temples sans combles, annoncent une ville qui s'élève. Là règne Idoménée, chassé de Crète par ses sujets.

Ici Télémaque reçoit les dernières leçons. Le tableau des cours et de leurs vices passe devant ses yeux; l'homme vertueux banni, le fripon en place, les ambitions, les préjugés, les passions des rois, les guerres injustes, les plans faux de législation; enfin, non l'excès de la tyrannie, mais ce mal général peut-être pis encore, qui règne dans les gouvernements corrompus, est développé aux yeux de l'élève de Minerve. Après être descendu aux enfers, après y avoir vu les tourments réservés aux despotes et les récompenses accordées aux bons rois; après avoir supporté les fatigues de la guerre, et chéri une flamme licite pour l'épouse qu'il se choisit, Télémaque retourne dans sa patrie, instruit par la sagesse et l'adversité; également fait désormais pour commander ou obéir aux hommes, puisqu'il a vaincu ses passions.

Le défaut de cet immortel ouvrage vient de la hauteur de ses leçons, qui ne sont pas calculées pour tous les hommes. On y trouve des longueurs, surtout dans les derniers livres. Mais ceux qui aiment la vertu et chérissent en même temps le beau antique ne doivent jamais s'endormir sans avoir lu le second livre de *Télémaque*. L'influence de cet ouvrage de Fénelon a été considérable; il renferme tous les principes du jour : il respire la liberté, et la révolution même s'y trouve prédite. Que l'on considère l'âge où il a paru, et l'on verra qu'il est un des premiers écrits qui ont changé le cours des idées nationales en France [a].

« Tout est bien sortant des mains de l'Auteur des choses, tout dégénère entre les mains de l'homme. » C'est ainsi que commence l'*Émile*, et cette phrase explique tout l'ouvrage. Jean-Jacques prend, comme Platon, l'homme dans ses premiers langes; il recommande le sein maternel. Il veut qu'aussitôt que l'enfant ouvre ses yeux à la lumière il soit soumis sur-le-champ à la nécessité, la seule loi de la vie : s'il pleure, on ne l'apaise point; s'il demande un objet, on l'y porte. La louange, le blâme, la frayeur, le courage, sont des ressorts de l'âme, dont il ignore même le nom. Dieu demande toute la force de la raison pour le comprendre, on n'en parle donc point à l'Émile de Jean-Jacques.

Aussitôt qu'il sort des mains des femmes, on le remet entre les mains de son ami, non de son maître, il n'en a point. L'étude difficile de celui-ci est de ne rien lui apprendre. Émile ne sait ni lire ni écrire, mais il connaît sa faiblesse; et tous les jours, dans ses jeux, quelques accidents lui font désirer de s'instruire des lettres, des mathématiques, et des autres arts. Il en est ainsi pour lui des idées morales et civiles. On a bien pris garde de lui enseigner ce que c'est que la justice, la propriété [b]; mais un joueur de gobelets, un jardinier et mille autres hasards développent graduellement dans son cerveau le système des choses relatives.

Émile ne sait point rester où il s'ennuie, veiller lorsqu'il veut dormir. S'il a faim, il mange; s'il ne peut satisfaire ses besoins ou ses désirs il ne murmure point : ne connaît-il pas la nécessité?

Courageux, il ne l'est point parce qu'il faut l'être, mais parce qu'il ignore le danger. La mort, il ne sait ce que c'est. Il a vu mourir, et cela lui semble bon, parce que c'est une chose naturelle, et surtout une nécessité.

Cependant Émile a appris une question. A quoi cela est-il bon? demande-t-il lorsqu'il voit faire quelque chose qu'il ne connaît pas. Souvent on ne répond point à cette question; et Émile, par hasard, ne manque pas de trouver tôt ou tard lui-même la raison dont il s'enquérait.

Mais l'âge des passions s'avance, et l'on commence à entendre gronder l'orage. L'élève de Jean-Jacques a appris dans ses jeux, non-seulement les principes des sciences abstraites, mais ceux des arts mécaniques, tels que la menuiserie; car, quoique Émile soit riche, il peut être exposé aux révolutions des États. « Vous vous fiez, dit Jean-Jacques, à l'ordre actuel de la société, sans songer que cet ordre est sujet à des révolutions inévitables, et qu'il vous

---

[a] Il me semble par ces pages que j'avais appris à écrire. (N. ED.)
[b] Phrase inintelligible qui veut dire : *On ne lui a pas enseigné.* (N. ED.)

est impossible de prévoir ni de prévenir celle qui peut regarder vos enfants. Le grand devient petit, le riche devient pauvre, le monarque devient sujet. Les coups du sort sont-ils si rares que vous puissiez compter d'en être exempt? Nous approchons de l'état de crise et du siècle des révolutions. *Je tiens pour impossible que les grandes monarchies de l'Europe aient encore longtemps à durer; toutes ont brillé, et tout État qui brille est sur son déclin. J'ai de mon opinion des raisons plus particulières que cette maxime; mais il n'est pas à propos de les dire, et chacun ne les voit que trop* [a][1].

Enfin Émile parvient à l'âge de la raison, et Dieu va lui être dévoilé. Un philosophe sensible se rend un matin au sommet d'une haute colline, au bas de laquelle coule le Pô, tandis que le soleil levant projette l'ombre des arbres

---

[a] Je n'ai rien à rétracter des éloges que je donne ici à Rousseau, dans le *texte* et dans la *note*. Quant à mon jugement général sur ses ouvrages, je renvoie le lecteur à la note *a*, pag. 76-77. (N. ED.)

[1] Tom. XI, pag. 85, édit. de Londres, 1781.

Voilà le fameux passage de l'*Emile*. Il y a plusieurs choses à remarquer ici. La première est la clarté avec laquelle Jean-Jacques a prédit la révolution présente. La seconde a rapport à sa célèbre idée de faire apprendre un métier à chaque enfant. Comme on s'en moqua à l'époque de la publication de l'*Emile!* Comme on trouvait le philosophe ridicule! Je n'ai pas besoin de demander si nous en sentons maintenant la vérité. Il y a beaucoup de nos seigneurs français qui seraient trop heureux maintenant de savoir faire le métier d'Emile. Ils recevraient par jour leur demi-couronne, ou leurs quatre schellings, et seraient citoyens utiles du pays où le sort les aurait jetés.

La troisième remarque, et la plus importante, tient à la nature du passage même. Il est clair que non-seulement Jean-Jacques a prévu la révolution, mais encore les horreurs dont elle serait accompagnée. Il annonce que le dessein d'Emile est d'émigrer. Comment le républicain Jean-Jacques aurait-il pu avoir une telle pensée, s'il n'avait entrevu l'espèce de gens qui feraient une révolution en France, s'il n'avait jugé par l'état des mœurs du peuple qu'une révolution vertueuse était impossible? Sans doute le sensible philosophe, qui disait qu'une révolution qui coûte la vie à un homme est une mauvaise révolution, n'aurait pas célébré celle de la France. J'ai entendu une discussion très-intéressante, au sujet de Voltaire et de Rousseau, dans une société de gens de lettres qui les avaient connus, par ailleurs grands partisans de la révolution. On examinait quelle aurait été vraisemblablement la conduite du poëte et du philosophe, s'ils avaient vécu jusqu'à la révolution. Il fut conclu à l'unanimité qu'ils auraient été des aristocrates. Voltaire, disait-on, n'aurait jamais pu oublier sa qualité de gentilhomme du roi, ni pardonner l'apothéose de Jean-Jacques. Quant à celui-ci, l'horreur du sang répandu en aurait fait un anti-révolutionnaire décidé. Ces remarques sont très-justes, et peignent les deux hommes; mais quelle force de génie, dans Rousseau, d'avoir à la fois prédit la révolution et ses crimes! et quelle incroyable circonstance que ses écrits mêmes aient servi à les amener!

Il paraît encore que Rousseau prévoyait plusieurs autres catastrophes. Je ne sais, mais s'il m'était permis de m'expliquer, j'aurais peut-être quelque chose d'intéressant à dire à ce sujet. Si l'Angleterre doit éprouver une révolution, elle sera totalement différente de celle de France[*], parce que, d'après mille raisons, trop longues à détailler, les partis en viendraient à une guerre civile ouverte et non à un carnage sourd, comme dans ma patrie. Si l'Angleterre évite le sort dont elle est menacée, ce ne sera que par beaucoup de prudence et de justice dans le gouvernement. Au reste, l'idée de Jean-Jacques, de faire apprendre un métier à Emile, n'est que ce que disait Néron, lorsqu'on lui reprochait l'ardeur avec laquelle il se livrait à l'étude de la musique; il répondait par une fameuse phrase grecque : « Un artiste vit partout. » Il est singulier que la pensée d'un philosophe ne soit que le mot d'un tyran.

---

[*] Sans doute, parce qu'il y a une aristocratie puissante dans la Grande-Bretagne, et que l'aristocratie n'était plus rien en France. Non-seulement les hautes classes de la société en Angleterre se sauveront avec la prudence et la justice que je leur recommande, mais elles se sauveront encore mieux en dirigeant les idées nouvelles, et se mettant, comme elles l'ont fait toujours, à la tête des siècles à mesure qu'ils se succèdent. Ainsi ces hautes classes, n'étant jamais dépassées par les classes qui les suivent, conservent tous leurs droits à une supériorité naturelle. Il faut aussi se souvenir qu'il n'y a point de peuple proprement dit en Angleterre, excepté dans les grandes villes; tout est client et patron comme dans l'ancienne Rome. Cela rend une révolution populaire presque impossible. Quand les prolétaires ou les ouvriers se soulèvent, les propriétaires s'arment; on tue quelques-uns des plus mutins, et tout est fini. (N. ED.)

dans la vallée. Après quelques instants de silence et de recueillement, inspirés par ce beau spectacle et par les idées qu'il fait naître de la Divinité, le vicaire savoyard prouve l'existence du grand Être, non d'après des raisonnements métaphysiques, mais sur le sentiment qu'il en trouve dans son cœur. Un Dieu juste, bienfaisant et aimant les humains, est le seul que reconnaisse Émile. Il confesse dans les Évangiles une morale tendre et sublime; mais il n'y voit qu'un homme [a].

L'amour a ses droits sur le cœur de l'élève de Jean-Jacques, mais il veut une femme telle que son imagination éprise de la vertu se plaît à la lui peindre. Il la rencontre enfin dans une retraite. La modestie, la grâce, la beauté, règnent sur le front de Sophie. Émile brûle, et ne peut l'obtenir. Son ami l'arrache à son ivresse pour le mener parcourir l'Europe. La passion du jeune homme amoureux survit au temps et à l'absence; il revient, épouse sa maîtresse, et trouve le bonheur [b].

Quoi! c'est à cela que se réduit l'*Emile?* Sans doute; et Émile est autant au-dessus des hommes de son siècle qu'il y a de différence entre nous et les premiers Romains. Que dis-je! Émile est l'homme par excellence; car il est l'homme de la nature. Son cœur ne connaît point les préjugés. Libre, courageux, bienfaisant, ayant toutes les vertus sans y prétendre, s'il a un défaut, c'est d'être isolé dans le monde, et de vivre comme un géant dans nos petites sociétés.

Tel est le fameux ouvrage qui a précipité notre révolution. Son principal défaut est de n'être écrit que pour peu de lecteurs. Je l'ai quelquefois vu entre les mains de certaines femmes qui y cherchaient des règles pour l'éducation de leurs enfants, et j'ai souri. Ce livre n'est point un livre pratique; il serait de toute impossibilité d'élever un jeune homme sur un système qui demande un concours d'êtres environnants qu'on ne saurait trouver; mais le sage doit regarder cet écrit de Jean-Jacques comme un trésor. Peut-être n'y a-t-il dans le monde entier que cinq ouvrages à lire : l'*Émile* en est un [c].

Je commettrais un péché d'omission impardonnable, si je finissais cet article sans parler de l'influence que l'*Émile* a eue sur ce siècle. J'avance hardiment qu'il a opéré une révolution complète dans l'Europe moderne, et qu'il forme époque dans l'histoire des peuples. L'éducation, depuis la publication de cet ouvrage, s'altéra totalement en France; et qui change l'éducation change les hommes. Quel dut être l'étonnement des nations, lorsque Rousseau, sortant du cercle obscur des opinions reçues, aperçut au delà la lumière de la vérité; que, brisant l'édifice de nos idées sociales, il montra que nos principes, nos sentiments même, tenaient à des habitudes conventionnelles sucées avec le lait de nos mères; que par conséquent nos meilleurs livres, nos plus justes institutions, n'avaient point encore montré la créature de Dieu; que nous existons comme dans une espèce

---

[a] Voilà ce que j'ai appelé dans mon jugement général un sermon socinien. (N. Ed.)

[b] Rousseau a peint avec moins de charme l'épouse dans Sophie que l'amante dans Julie : le caractère de son talent s'arrangeait mieux de l'ardeur d'une couche illégitime que de la chasteté du lit conjugal. (N. Ed.)

[c] Cela est risible à force d'être exagéré. Qu'il me soit permis de renvoyer encore le lecteur à la note de la page 76. (N. Ed.)

de monde factice! l'étonnement, dis-je, dut être grand, lorsque Rousseau vint à jeter parmi ses contemporains abâtardis l'homme vierge de la nature *a*.

Je ne fais oint ces réflexions sur l'immortel *Émile* sans un sentiment douloureux. La Profession de foi du Vicaire Savoyard, les principes politiques et moraux de cet ouvrage, sont devenus les machines qui ont battu l'édifice des gouvernements actuels de l'Europe, et surtout celui de la France *b*, maintenant en ruine. Il s'ensuit que la vérité n'est pas bonne aux hommes méchants; qu'elle doit demeurer ensevelie dans le sein du sage, comme l'espérance au fond de la boîte de Pandore. Si j'eusse vécu du temps de Jean-Jacques, j'aurais voulu devenir son disciple; mais j'eusse conseillé le secret à mon maître. Il y a plus de philosophie qu'on ne pense au système de mystère adopté par Pythagore et par les anciens prêtres de l'Orient.

CHAPITRE XXVII.

MOEURS COMPARÉES DES PHILOSOPHES ANCIENS ET DES PHILOSOPHES MODERNES,

Si les philosophes anciens et modernes ont eu, par leurs opinions, la même influence sur leur siècle, ils n'eurent cependant ni les mêmes passions ni les mêmes mœurs.

Tout le monde a entendu parler du tonneau de Diogène. Ménédus de Lampsaque paraissait en public revêtu d'une robe noire, un chapeau d'écorce sur la tête, où l'on voyait gravés les douze signes du zodiaque; une longue barbe descendait à sa ceinture; et, monté sur le cothurne tragique, il tenait un bâton de frêne à la main. Il se prétendait un esprit revenu des enfers pour prêcher la sagesse aux hommes [1].

Anaxarque, maître de Pyrrhon, étant tombé dans une ravine, celui-ci refusa gravement de l'en retirer, parce que toute chose est indifférente de soi; et qu'autant valait demeurer dans un trou que sur la terre [2].

Lorsque Zénon marchait dans les villes, ses amis l'accompagnaient dans la crainte qu'il ne fût écrasé par les voitures : il ne se donnait pas la peine d'échapper à la fatalité [3].

Démocrite s'enfermait, pour étudier, dans les tombeaux [4]; et Héraclite broutait l'herbe de la montagne [5].

Empédocle, voulant passer pour une divinité, se précipita dans l'Etna; mais le volcan ayant rejeté les sandales d'airain de cet impie [6], sa fourbe fut dé-

---

a Il ne jeta point parmi ses contemporains un homme *vierge*, mais un homme factice qui n'était en rapport avec rien de ce qui existait; son Émile n'est que le songe d'un système, la création d'un sophiste, l'être imaginaire qui n'a de réel que le rabot dont il est armé. (N. ED.)

b Je n'ai pu m'empêcher de faire, dans ce passage, la part aux faits; mais je suis si épris de Rousseau, que je ne puis me résoudre à le trouver coupable; j'aime mieux soutenir qu'on a abusé de ses principes, que je m'obstine à trouver bons, même en avouant qu'ils ont fait un mal affreux; j'aime mieux condamner le genre humain tout entier que le citoyen de Genève. Quelle infatuation! (N. ED.)

[1] SUID.; ATHEN., lib. IV, pag. 162. — [2] LAERT., *lib. in Pyrrhon.* — [3] LAERT., lib. VII. — [4] *Id.*, lib. IX., *in Dem.* — [5] *Id., ibid., in Heracl.* — [6] *Id.*, lib. VIII; LUCIAN.; STRAB., lib. VI; HOR., *Ars poet.*

couverte. Cette fable des Grecs est ingénieuse. Ne veut-elle pas dire que les dieux savent punir l'orgueil du philosophe superbe, en le dénonçant à l'humanité par quelques parties viles et honteuses de son caractère [a] ?

Nos philosophes modernes gardèrent au moins plus de mesure. Spinosa, il est vrai, vivait avec ses chiens, ses oiseaux, ses chats; et J. J. Rousseau portait l'habit arménien [1]; mais aucun ne s'en est allé dans les faubourgs prêchant la sagesse à la canaille assemblée, et je doute que celui qui aurait voulu se loger dans un tonneau eût été laissé tranquille par la populace de nos villes; tant nos mœurs diffèrent de celles des anciens!

Mais si les sophistes de la Grèce affectèrent l'originalité de conduite, ils ne se distinguèrent pas moins par la chasteté et la pureté de leurs mœurs [b]. Ils s'occupaient tous des autres exercices des citoyens, et supportaient comme eux les travaux de la patrie. Solon, Socrate, Charondas, et mille autres, furent nonseulement de grands philosophes, mais de grands guerriers. La frugalité, le mépris des plaisirs, toutes les vertus morales brillaient dans leur caractère.

Nos philosophes, bien différents, enfermés dans leur cabinet, brochaient le matin des livres sur la guerre où ils n'avaient jamais été; sur le gouvernement où ils n'avaient jamais eu de part; sur l'homme naturel qu'ils n'avaient jamais étudié que dans les sociétés de la capitale; et, après avoir écrit un chapitre rigide contre le luxe, la corruption du siècle, le despotisme des grands, ils s'en allaient le soir flatter ceux-ci dans nos cercles, corrompre la femme de leur voisin, et partager tous les vices du monde.

« Vieux fou, vieux gueux! » se disait Diderot, âgé de soixante-deux ans, et amoureux de toutes les femmes, « quand cesseras-tu donc de t'exposer à l'affront d'un refus ou d'un ridicule [2]? »

« Voici de quoi composer votre paradis, » disait madame de Rochefort à Duclos, « du pain, du vin, du fromage et la première venue [3]. »

Helvétius, par ailleurs honnête homme et bon homme (mot dont on a trop mésusé, et qu'il faut faire revenir à sa première valeur), Helvétius marié se faisait amener chaque nuit une nouvelle maîtresse par son valet de chambre, qui les cherchait, autant qu'il pouvait, dans la classe honnête du peuple. Madame de... n'a pas, dit-on, été à l'abri des caresses du vieillard de Ferney, dont l'immoralité est d'ailleurs bien connue [4] [b].

---

[a] Décidément j'aime beaucoup la liberté dans l'*Essai*, et fort peu les philosophes, dont je me moque ici peut-être pas trop mal. (N. ED.)

[1] Rousseau portait cet habit par nécessité. Il me semble pourtant qu'il aurait pu en choisir un un peu moins remarquable.

[b] Pas Diogène au moins. (N. ED.)

[2] CHAMF., *Pens., Max.* — [3] *Id., ibid.*

[4] Je ne parle pas des sales romans sortis de la plume de la plupart de nos philosophes

[b] Puisque j'ai eu le courage d'écrire une pareille page, je suis obligé d'avouer que les faits qu'elle contient sont encore au-dessous de la vérité. Tous les Mémoires publiés depuis l'apparition de l'*Essai* nous montrent des philosophes du dix-huitième siècle bien misérables par les mœurs. On peut voir ces détails scandaleux dans les écrits de Grimm, de madame d'Epinay, des secrétaires de Voltaire, etc., etc. Les mœurs de nos réformateurs littéraires ne valaient pas mieux que les mœurs de la cour contre lesquelles ils jetaient de si hauts cris; et

J'ai entendu Chamfort conter une anecdote curieuse sur Jean-Jacques. Il avait vu (Chamfort) des lettres du philosophe genevois à une femme, dans lesquelles celui-ci employait toute la séduction de son éloquence pour prouver à cette même femme que l'adultère n'est pas un crime. « Voulez-vous savoir le secret de ces lettres? » ajoutait Chamfort, « l'ami des mœurs était amoureux. »

Enfin personne n'ignore que les mains du grand chancelier Bacon n'étaient pas pures ; que Hobbes, ce philosophe si hardi dans ses écrits, ne put se résoudre à mourir [1] ; et qu'excepté Fénelon et Catinat, les mœurs des philosophes [a] de notre âge diffèrent totalement de celles des anciens sages de la Grèce.

A Dieu ne plaise que je révèle la turpitude de ces grands hommes [b], par une malignité que je ne trouve point dans mon cœur! Malgré leurs faiblesses, je les crois des plus honnêtes gens de notre siècle ; et il n'y a pas un de nous qui les blâmons, qui les valions au fond du cœur : mais j'ai été contraint, contre mon goût, de faire apercevoir ces différences, parce qu'elles mènent à des vérités essentielles au but de cet *Essai*.

Il doit résulter de ce tableau que nos philosophes modernes, vivant plus dans le monde et selon le monde que les anciens, ont dû mieux peindre la société, et connaître davantage les passions et leurs ressorts. De là il résulte que les ouvrages, plus calculés pour leur siècle, ont dû avoir une influence plus rapide sur leurs contemporains que les livres des Platon et des Aristote. Aussi voyons-nous qu'il s'est écoulé moins d'années entre la subversion des principes en France et le règne des encyclopédistes [c], qu'entre la même subversion des principes en Grèce et le triomphe des sophistes. Cependant, et les premiers et les seconds parvinrent à renverser les lois et les opinions de leur pays. La recherche de l'influence des philosophes de l'âge d'Alexandre sur leur siècle, et de celle des philosophes modernes sur notre propre temps, demande à présent toute l'attention du lecteur.

CHAPITRE XXVIII.

DE L'INFLUENCE DES PHILOSOPHES GRECS DE L'AGE D'ALEXANDRE SUR LEUR SIÈCLE, ET DE L'INFLUENCE DES PHILOSOPHES MODERNES SUR LE NÔTRE.

C'est une grande question que celle-là : savoir comment la philosophie agit sur les hommes ; si elle produit plus de bien que de mal, plus de mal que de

---

les Mémoires de M. de Besenval et de Lauzun n'offrent rien de plus immoral que ceux que je viens de citer. La société tout entière était en décomposition ; les philosophes, qui appelaient de leurs vœux la révolution, comme les courtisans qui la redoutaient, ne valaient pas mieux les uns que les autres. (N. ED.)

[1] Hume's *Hist. of Engl.*, vol. vii, p. 346 ; Bayle, *Art. Hob.*

[a] Par quelle étrange aberration d'esprit remonté-je jusqu'à Bacon, Fénelon et Catinat, en parlant des philosophes de notre âge? (N. ED.)

[b] *Ces grands hommes!* Je ne veux pas parler sans doute de Diderot et de d'Alembert? Je réclame ici contre mon humilité, et je crois valoir tout autant *que les plus honnêtes gens de notre siècle.*

[c] Je ne me suis point réconcilié avec les philosophes du dix-huitième siècle ; j'ai très-bien fait de les traiter comme je l'ai fait dans l'*Essai*. Je ne puis souffrir des hommes qui croyaient

bien ; comment elle détermine les révolutions, et dans quel sens elle les détermine, et jusqu'à quel point un peuple qui ne se conduirait que d'après des systèmes philosophiques serait heureux ?

Nous n'embrasserons pas cette question générale, qui nous mènerait trop loin, et nous considérerons seulement la philosophie, par l'influence qu'elle a eue sur la Grèce et sur la France, en nous bornant à la politique et à la religion. Un essai est un livre pour faire des livres ; il ne peut passer pour bon qu'en raison du nombre de fétus d'ouvrages qu'il renferme. D'ailleurs, le sujet que je traite s'étend si loin, et mes talents sont si faibles, que je tâche de me circonscrire ; d'une autre part, le temps se précipite, et je me fatigue.

CHAPITRE XXIX.

INFLUENCE POLITIQUE.

On aperçoit une différence considérable entre l'âge philosophique d'Alexandre et le nôtre, considérés du côté de leur influence politique. Les divers écrits sur le gouvernement, qui parurent en Grèce à cette époque, devinrent le signal d'une révolution générale dans les constitutions des peuples. L'Orient commua ses institutions despotiques en des monarchies plus modérées, tandis que les républiques grecques rentrèrent sous le joug des tyrans.

Les livres de nos publicistes modernes ont développé au contraire une révolution totalement opposée. Des États populaires se sont érigés sur les débris des trônes ; ceci naît d'une position relative différente dans les siècles.

Lorsque les Platon, les Aristote, publièrent leurs *Républiques*, la Grèce possédait encore les formes de ce gouvernement. Le disciple de Socrate et le Stagyrite n'apprenaient donc rien de nouveau aux peuples ; et n'avaient-ils pas les lois des Solon et des Lycurgue ? Nous pénétrons ici dans les replis du cœur de l'homme. Quel gouvernement les philosophes légistes d'Athènes exaltèrent-ils dans leurs écrits comme le meilleur ? Le monarchique [1]. Pourquoi ? parce qu'ils avaient senti les inconvénients du populaire ; mais non, disons plutôt parce qu'ils ne possédaient pas le monarchique. L'état où nous vivons nous semble toujours le pire de tous ; et mille petites passions honteuses, que nous n'osons nous avouer, nous font continuellement haïr et blâmer les institutions de notre patrie. Si nous descendions plus souvent dans notre conscience pour examiner les grandes passions du patriotisme et de la liberté qui nous éblouissent, peut-être découvririons-nous la fourbe. En les touchant avec l'anneau de la vérité, nous verrions ces magiciennes, comme celle de l'Arioste, perdre tout à

qu'on peut rendre un peuple libre *en étranglant le dernier roi avec le boyau du dernier prêtre,* et qui voulaient substituer, pour le triomphe des lumières, la lecture d'un roman obscène à celle de l'Evangile. Je vois avec joie qu'ils tombent tous les jours en discrédit parmi notre raisonnable jeunesse, et j'en augure bien pour l'avenir. L'incrédulité n'est pas plus une preuve de la force de l'esprit, qu'une marque de l'indépendance du caractère. La superstition déplaît aujourd'hui, l'hypocrisie est en horreur, mais le siècle rejette également les turpitudes irréligieuses et le fanatisme philosophique. On traite gravement la liberté, et l'on a cessé de vouloir en faire une impie ou une prostituée. (N. Ed.)

[1] Je ne cite point ; j'ai cité en mille endroits.

coup leurs charmes empruntés, et reparaître sous les formes naturelles et dégoûtantes de l'intérêt, de l'orgueil et de l'envie *a*. Voilà le secret des révolutions.

Du moins les philosophes grecs, en vantant la monarchie, suivaient-ils en cela les mœurs du peuple, désormais trop corrompues pour admettre la constitution démocratique *b*. Les livres de ces hommes célèbres durent avoir une très-grande influence sur les opinions de ceux qui, se trouvant à la tête de l'État, pouvaient beaucoup pour en altérer les formes. Démosthènes eut beau crier contre Philippe, plusieurs pensaient à Athènes que son gouvernement n'était pourtant pas si mauvais. Leurs préjugés contre les rois s'étaient adoucis par la lecture des ouvrages politiques, et bientôt la Grèce passa sans murmurer sous l'autorité royale.

Jean-Jacques, Mably, Raynal, en embouchant la trompette républicaine, trouvèrent l'Europe endormie dans la monarchie. Le peuple réveillé ouvrit les yeux sur des livres qui ne prêchaient qu'innovations et changements ; un torrent de nouvelles idées se précipita dans les têtes. Le relâchement des mœurs, l'enthousiasme des choses nouvelles, l'envie des petits et la corruption des grands, le souvenir des oppressions monarchiques, et plus que cela la fureur des systèmes qui s'était glissée parmi les courtisans mêmes ; tout seconda l'influence de l'esprit philosophique, et jeta la France dans une révolution républicaine. Car, par la même raison que les publicistes grecs vantèrent le gouvernement royal, les publicistes français célébrèrent la constitution populaire *c*.

Ainsi l'influence politique des philosophes de l'âge d'Alexandre et de ceux de notre siècle agit dans le sens le plus contraire. En Grèce elle produisit la monarchie, en France, la République ; mais il ne faut pas admettre trop promptement ces vérités. La France affecte maintenant des formes qu'on appelle démocratiques ; les conservera-t-elle ? voilà la question *d*. Si nous partons des mœurs, nous trouvons que celles des peuples de la Grèce, au moment de la révolution d'Alexandre, étaient à peu près au même degré de corruption que les mœurs des Français à l'instant de l'institution de leur république : or, ces mœurs produisirent l'esclavage à Athènes ; sera-ce un livre de plus ou de moins qui les rendra mères de la liberté à Paris *e*?

Passons à l'influence religieuse des philosophes. Je n'ai pas besoin de faire remarquer que religion et politique se tiennent de si près, que beaucoup de

---

a Cela est vrai pour les individus, cela n'est pas vrai pour les nations. (N. Ed.)

b L'observation est très-vraie en ce qui regarde les anciens, elle est fausse pour nous. (N. Ed.)

c C'est chercher une trop petite cause à de trop grands effets ; c'est attribuer des révolutions qui ont changé la face du monde à un mouvement d'humeur et à un esprit de contradiction, tandis que les causes réelles de ces révolutions venaient du changement graduellement opéré dans les croyances religieuses et politiques. (N. Ed.)

d Cette question a été promptement résolue ; le despotisme militaire est sorti de la démocratie française, et de ce despotisme est née à son tour la monarchie constitutionnelle, sorte de monarchie qui est l'heureuse alliance de l'ordre qu'apporte le pouvoir royal et de la liberté que donne le pouvoir populaire. (N. Ed.)

e Raisonnement dont le vice est toujours dans la comparaison insoutenable entre l'ordre politique et moral des peuples anciens, et l'ordre politique et moral des peuples modernes. (N. Ed.)

choses, que j'ai supprimées dans ce chapitre et qu'on trouvera dans les suivants, auraient pu tomber également sous l'article que je viens de traiter.

CHAPITRE XXX.

INFLUENCE RELIGIEUSE.

C'est ici que les philosophes de la Grèce et ceux de la France ont eu, par leurs écrits, une influence absolument la même sur leur âge respectif. Ils renversèrent le culte de leur pays, et, en introduisant le doute et l'athéisme, amenèrent les deux plus grandes révolutions dont il soit resté des traces dans l'histoire. Ce fut l'altération des opinions religieuses qui produisit en partie la chute du colosse romain ; altération commencée par les sectes dogmatiques d'Athènes : et c'est le même changement d'idées religieuses dans le peuple qui a causé de nos jours le bouleversement de la France et renouvellera dans peu la face de l'Europe. Je vais essayer de rappeler toutes mes forces pour terminer ce volume par ce grand sujet. Il faut, pour bien l'entendre, donner l'histoire du polythéisme et du christianisme. Loin d'ici celui qui chérit ses préjugés. Que nul qui n'a un cœur vrai et simple ne lise ces pages. Nous allons toucher au voile qui couvre le Saint des saints, et nos recherches demandent à la fois le recueillement de la religion, l'élévation de la philosophie et la pureté de la vertu [a].

CHAPITRE XXXI.

HISTOIRE DU POLYTHÉISME, DEPUIS SON ORIGINE JUSQU'A SON PLUS HAUT POINT DE GRANDEUR.

Il est un Dieu. Les herbes de la vallée et les cèdres du Liban le bénissent, l'insecte bruit ses louanges, et l'éléphant le salue au lever du soleil ; les oiseaux le chantent dans le feuillage, le vent le murmure dans les forêts, la foudre tonne sa puissance, et l'Océan déclare son immensité ; l'homme seul a dit : Il n'y a point de Dieu.

Il n'a donc jamais, celui-là, dans ses infortunes, levé les yeux vers le ciel ? Ses regards n'ont donc jamais erré dans ces régions étoilées, où les mondes furent semés comme des sables ? Pour moi, j'ai vu, et c'en est assez, j'ai vu le soleil suspendu aux portes du couchant dans des draperies de pourpre et d'or. La lune, à l'horizon opposé, montait comme une lampe d'argent dans l'orient d'azur. Les deux astres mêlaient au zénith leurs teintes de céruse et de carmin. La mer multipliait la scène orientale en girandoles de diamants, et roulait la pompe de l'Occident en vagues de roses. Les flots calmés, mollement

---

[a] N'ai-je pas l'air d'un homme qui se sent au moment de commettre une grande faute, et qui cherche à la justifier d'avance, en voulant la faire passer pour une action méritoire ? Quel droit avais-je d'invoquer la religion, la philosophie, la vertu, lorsque j'allais, de la main la plus téméraire, essayer d'ébranler les bases de l'ordre social ? Et pourtant il est vrai que, dans ces mêmes pages, je repousse avec horreur l'athéisme, et que, dans mes raisonnements non sans vue, s'ils sont sans prudence, j'annonce le renouvellement de la *face de l'Europe*.
(N. ED.)

enchaînés l'un à l'autre, expiraient tour à tour à mes pieds sur la rive, et les premiers silences de la nuit et les derniers murmures du jour luttaient sur les coteaux, au bord des fleuves, dans les bois et dans les vallées *a*.

O toi que je ne connais point! toi, dont j'ignore et le nom et la demeure, invisible Architecte de cet univers, qui m'as donné un instinct pour te sentir, et refusé une raison pour te comprendre, ne serais-tu qu'un être imaginaire, que le songe doré de l'infortune; mon âme se dissoudra-t-elle avec le reste de ma poussière? Le tombeau est-il un abîme sans issue, ou le portique d'un autre monde? N'est-ce que par une cruelle pitié que la nature a placé dans le cœur de l'homme l'espérance d'une meilleure vie à côté des misères humaines. Pardonne à ma faiblesse, Père des miséricordes! non je ne doute point de ton existence; et soit que tu m'aies destiné une carrière immortelle, soit que je doive seulement passer et mourir, j'adore tes décrets en silence, et ton insecte confesse ta Divinité *b*.

Lorsque l'homme sauvage, errant au milieu des déserts, eut satisfait aux premiers besoins de la vie, il sentit je ne sais quel autre besoin dans son cœur. La chute d'une onde, la susurration du vent solitaire, toute cette musique qui s'exhale de la nature, et qui fait qu'on s'imagine entendre les germes sourdre dans la terre, et les feuilles croître et se développer, lui parut tenir à cette cause cachée. Le hasard lia ces effets locaux à quelques circonstances heureuses ou malheureuses de ses chasses; des positions relatives d'un objet ou d'une couleur le frappèrent aussi en même temps : de là le Manitou du Canadien, et le Fétiche du Nègre, la première de toutes les religions.

Cet élément du culte, une fois développé, ouvrit la vaste carrière des superstitions humaines. Les affections du cœur se changèrent bientôt dans les plus aimables des dieux; et le Sauvage en élevant le *mont* du tombeau à son ami, la mère en rendant à la terre son petit enfant, vinrent, chaque année à la chute des feuilles de l'automne, le premier répandre des larmes, la seconde épancher son lait sur le gazon sacré. Tous les deux crurent que ce qu'ils avaient tant aimé ne pouvait être insensible à leur souvenir; ils ne purent concevoir que ces absents si regrettés, toujours vivants dans leurs pensées, eussent entièrement cessé d'être; qu'ils ne se réuniraient jamais à cette autre moitié d'eux-mêmes. Ce fut sans doute l'Amitié en pleurs sur un monument qui imagina le dogme de l'immortalité de l'âme et la religion des tombeaux *c*.

a J'ai repris ces images et ces descriptions pour le *Génie du Christianisme*, où on les retrouve plus pures et plus correctes. (N. Éd.)

b Au commencement de ce paragraphe, je doute de l'existence de Dieu; quelques lignes plus bas je n'en doute plus, et j'arrive enfin à m'arranger d'avoir une âme ou de n'en point avoir, tout cela par soumission aux décrets de la Divinité. Mon respect pour Dieu est si grand, que je consens à me faire matérialiste : quel excellent déiste! et comme tout est logique et concluant dans cette philosophie de collège!

Ici ma besogne s'abrége, et ma réfutation est faite par moi-même depuis longtemps : c'est surtout contre cette dernière partie de l'*Essai* que j'ai écrit le *Génie du Christianisme*.
(N. Éd.)

c Voici à peu près le même texte purgé du philosophisme : « Les derniers devoirs qu'on « rend aux hommes seraient bien tristes, s'ils étaient dépouillés des signes de la religion. « La religion a pris naissance aux tombeaux; et les tombeaux ne peuvent se passer d'elle : « il est beau que le cri de l'espérance s'élève du fond du cercueil, et que le prêtre du Dieu

Cependant l'homme, sorti de ses forêts, s'était associé à ses semblables. Des citoyens laborieux, secondés par des chances particulières, trouvèrent les premiers rudiments des arts, et la reconnaissance des peuples les plaça au rang des divinités. Leurs noms, prononcés par différentes nations, s'altérèrent dans des idiomes étrangers. De là le Thoth des Phœniciens, l'Hermès des Égyptiens, et le Mercure des Grecs [1]. Des législateurs fameux par leur sagesse, des guerriers redoutés par leur valeur, Jupiter, Minos, Mars, montèrent dans l'Olympe. Les passions des hommes se multipliant avec les arts sociaux, chacun déifia sa faiblesse, ses vertus ou ses vices : le voluptueux sacrifia à Vénus; le philosophe, à Minerve ; le tyran, aux déités infernales [2]. D'une autre part, quelques génies favorisés du ciel, quelques âmes sensibles aux attraits de la nature, un Orphée, un Homère, augmentèrent les habitants de l'immortel séjour. Sous leurs pinceaux, les accidents de la nature se transformèrent en esprits célestes : la Dryade se joua dans le cristal des fontaines; les Heures, au vol rapide, ouvrirent les portes du jour; l'Aurore rougit ses doigts, et cueillit ses pleurs sur les feuilles de roses humectées de la fraîcheur du matin; Apollon monta sur son char de flammes ; Zéphyr, à son aspect, se réfugia dans les bois; Téthys rentra dans ses palais humides [3]; et Vénus, qui cherche l'ombre et le mystère, enlaçant de sa ceinture le beau chasseur Adonis [4], se retira, avec lui et les Grâces, dans l'épaisseur des forêts.

Des hommes adroits, s'apercevant de ce penchant de la nature humaine à la superstition, en profitèrent. Il s'éleva des sectes sacerdotales, dont l'intérêt fut d'épaissir le voile de l'erreur. Les philosophes se servirent de ces idées des peuples pour sanctifier de bonnes lois par le sceau de la religion [5]; et le polythéisme, rendu sacré par le temps, embelli du charme de la poésie et de la pompe des fêtes, favorisé par les passions du cœur et l'adresse des prêtres, atteignit, vers le siècle de Thémistocle et d'Aristide, à son plus haut point d'influence et de solidité.

CHAPITRE XXXII.

DÉCADENCE DU POLYTHÉISME CHEZ LES GRECS, OCCASIONNÉE PAR LES SECTES PHILOSOPHIQUES ET PLUSIEURS AUTRES CAUSES.

Mais tandis que le polythéisme voyait se multiplier ses temples, une cause de destruction avait germé dans son sein. Les écoles de Thalès et de Pythagore voyaient chaque jour s'augmenter leurs disciples. Les ravages de la peste, les malheurs de la guerre du Péloponèse, la corruption des mœurs toujours croissante, avaient relâché graduellement les liens sociaux. Bientôt la philosophie, qui s'était longtemps traînée dans l'ombre, se montra à découvert. Platon, Aristote, Zénon, Épicure, et mille autres, levèrent l'étendard contre la religion de leur pays, et érigèrent l'autel du matérialisme, du théisme, de l'athéisme. Le

« vivant escorte au monument la cendre de l'homme ; c'est en quelque sorte l'immortalité
« qui marche à la tête de la mort. » (*Génie du Chr.*, ive part., liv. II, chap. 1er.) (N. Ed.)

[1] Sanchon., *apud* Euseb. — [2] Apoll., etc. — [3] Hom., *Iliad.*; Hesiod., *Theog. Poes.*; Orph., etc. — [4] Bion, *apud Poet. Minor. Græc.* — [5] Thucyd., Plut., Herod, etc.

lecteur se rappelle leurs systèmes. Qu'y avait-il de plus opposé aux opinions reçues sur la nature des dieux? N'ébranlaient-ils pas les idées religieuses de la Grèce jusqu'à la base? Et pourquoi ce déchaînement contre le culte national? Des atomes, des mondes d'idées, des chaînes d'êtres, valaient-ils mieux qu'un Jupiter vengeur du crime et protecteur de l'innocence? Il y avait bien peu de philosophie dans cette philosophie-là.

Les poëtes, imitant les sophistes de leur âge osèrent mettre sur le théâtre des principes métaphysiques[1]. Les prêtres et les magistrats firent quelques efforts pour arrêter le torrent : on obligea les dramatistes à se rétracter; plusieurs philosophes furent condamnés à l'exil, d'autres même à la mort[2]. Mais ils trouvèrent le moyen d'échapper, et bientôt ils devinrent trop nombreux pour avoir rien à craindre. La même chose est exactement arrivée parmi nous, et dans les deux cas une grande révolution a eu lieu : toutes les fois que la religion d'un État change, la constitution politique s'altère de nécessité [a]. Nous voyons, par l'exemple de la Grèce, à quel point l'esprit systématique peut nuire aux hommes : les sectaires ne pouvaient pas, comme les nôtres, avoir le prétexte des mauvaises institutions de leur pays, puisqu'ils vivaient sous les lois des Solon et des Lycurgue, et cependant ils ne purent s'empêcher d'en saper les fondements. C'est qu'il faut que les hommes fassent du bruit, à quelque prix que ce soit. Peu importe le danger d'une opinion, si elle rend son auteur célèbre ; et l'on aime mieux passer pour un fripon que pour un sot [b].

Les changements moraux et politiques des États vinrent à leur tour attaquer les principes du polythéisme. Les peuples désormais soumis à des maîtres, n'avaient plus les grands intérêts de la patrie à consulter à Delphes. Que leur faisait d'apprendre de l'oracle si ce serait Alexandre, Antipater, Démétrius ou d'autres tyrans qui les gouverneraient? Ceux-ci, de leur côté, sûrs de leur puissance, en voyant la corruption des nations, s'embarrassaient peu d'envoyer de riches présents à la Pythie ; et, la superstition ne leur étant plus nécessaire, ils se firent eux-mêmes philosophes. Ainsi l'ancien culte tombait de jour en jour : il ne se soutenait désormais que par la machine extérieure des fêtes. Plus on devenait tiède en matière de religion, plus on en apercevait l'absurdité. Le double sens de l'oracle n'était plus la majesté d'un dieu, mais la fourberie

---

[1] EURIPID., ARISTOPH.
[2] XENOPH., *Hist. Græc.*; PLUT., *Mor.*; PLAT., *in Phæd.*; LAERT., PLUT., etc.

[a] Cela est vrai, et j'énonçais cela, comme on le voit, longtemps avant les écrivains qui ont cherché à faire de la liaison de la religion et de la politique un argument pour attaquer ce que nous avons. Ces écrivains ont interverti l'axiome, et ils ont dit : Lorsque la constitution d'un État change, la religion de cet État change nécessairement; ainsi nous deviendrons protestants, parce que nous avons une monarchie constitutionnelle : principe aussi absurde en logique que faux en histoire. (N. ED.)

[b] Rien n'est plus étrange que la disposition de mon esprit dans tout cela. Je partage en partie les opinions de ces mêmes philosophes contre lesquels je m'élève; j'adopte intérieurement leurs principes, et je repousse extérieurement l'application qu'ils en ont faite. Que voulais-je donc? Que les philosophes joignissent l'hypocrisie à l'impiété? Non, sans doute, et pourtant telle serait la conclusion qu'il faudrait nécessairement tirer de mon amour pour leurs doctrines et de ma haine pour leurs personnes. Le fait est que je n'étais qu'un blanc-bec de sophiste, dont les idées et les sentiments en opposition produisaient ces misérables incohérences. (N. ED.)

d'un prêtre; on s'amusait à le surprendre en défaut; les phénomènes de la nature, expliqués par la physique, perdirent leur divinité, et les lumières arrachèrent du Panthéon les dieux que l'ignorance y avait placés. Telle était la décadence du polythéisme en Grèce lorsque les Romains soumirent la terre à leur joug. Les religions naissent de nos craintes et de nos faiblesses, s'agrandissent dans le fanatisme et meurent dans l'indifférence *a*.

CHAPITRE XXXIII.

LE POLYTHÉISME A ROME JUSQU'AU CHRISTIANISME.

La réduction de la Grèce en province romaine fut l'époque de la décadence de la religion en Italie. L'esprit philosophique émigra à la capitale du monde. Bientôt tout ce qu'il y eut de grand à Rome en fut attaqué [1]. Les Caton, les Brutus, en pratiquèrent les vertus; les Lucrèce, les Cicéron, en développèrent les principes; et les Tibère et les Néron, les vices.

Une autre cause, particulière aux Romains, contribua à la chute du polythéisme; l'admission des dieux étrangers au Panthéon national. En répandant la confusion dans les objets de foi, on affaiblit la religion dans les cœurs. Bientôt les Romains, encore républicains, mais corrompus, tombèrent dans l'apathie du culte. Il n'y a que les peuples très-libres ou très-esclaves qui soient essentiellement religieux. Les premiers, par leurs vertus, se rapprochent de la Divinité; les seconds se réfugient au pied de son trône, par l'instinct de leurs malheurs. L'honnête homme et l'infortuné sont rarement incrédules : le vice l'est presque toujours *b*.

Mais un homme extraordinaire *c* avait paru dans l'Orient. Le commencement du christianisme étant la fin du polythéisme, l'histoire de celui-ci va désormais se trouver réunie à celle du premier.

CHAPITRE XXXIV.

HISTOIRE DU CHRISTIANISME, DEPUIS LA NAISSANCE DU CHRIST JUSQU'A SA RÉSURRECTION [2].

Il existait un peuple haï des autres peuples; nation esclave et cruelle, qui, hors un législateur, un roi et quelques poëtes d'un beau génie, n'avait jamais produit un seul grand homme. Le Dieu de Sinaï était son Dieu. Ce n'était point, comme le Jupiter des Grecs, une divinité revêtue des passions humaines mais

---

a Toute cette page est bonne, appliquée au polythéisme.   (N. Ed.)

[1] Dès avant cette époque la philosophie avait été connue à Rome, comme le montre Cicéron au commencement du quatrième livre des *Tusculanes*. Il y parle d'un Amafanius qui écrivit de la philosophie, et forma une secte nombreuse. Mais je ne sais où on a pris que cet Amafanius enseignait la doctrine d'Épicure. Cicéron garde là-dessus un profond silence.

b Voilà mon bon génie revenu au milieu de toutes mes folies.   (N. Ed.)
c Ce bon génie ne m'a pas conduit bien loin.   (N. Ed.)

[2] Je ne marque point les dates, parce qu'elles se trouvent aux chapitres des philosophes modernes.

un Dieu tonnant, un Dieu sublime, qui, entre toutes les cités de la terre, choisit la ville de Jacob pour y être adoré.

Parmi ce peuple juif, l'Éternel avait dit qu'une vierge, de la maison de David, écraserait la tête du serpent, et enfanterait un Homme-Dieu. Et cependant les siècles s'étaient écoulés, et Jérusalem gémissait sous le joug d'Auguste, et le grand monarque tant attendu n'avait point encore paru.

Tout à coup le bruit se répand que le Sauveur a vu le jour dans la Judée. Il n'est point né dans la pourpre, mais dans l'humble asile de l'indigence; il n'a point été annoncé aux grands et aux superbes, mais les anges l'ont révélé aux petits et aux simples; il n'a point réuni autour de son berceau les heureux du monde, mais les infortunés; et, par ce premier acte de sa vie, il s'est déclaré de préférence le Dieu du misérable.

Si la morale la plus pure et le cœur le plus tendre, si une vie passée à combattre l'erreur et à soulager les maux des hommes, sont les attributs de la Divinité, qui peut nier celle de Jésus-Christ? Modèle de toutes les vertus, l'amitié le voit endormi sur le sein de Jean, ou léguant sa mère à ce disciple chéri; la tolérance l'admire avec attendrissement, dans le jugement de la femme adultère; partout la pitié le trouve bénissant les pleurs de l'infortuné; dans son amour pour les enfants, son innocence et sa candeur se décèlent; la force de son âme brille au milieu des tourments de la croix; et son dernier soupir, dans les angoisses de la mort, est un soupir de miséricorde.

CHAPITRE XXXV.

ACCROISSEMENT DU CHRISTIANISME JUSQU'A CONSTANTIN.

Le Christ, dans sa glorieuse ascension, ayant disparu aux yeux des hommes, ses disciples, doués de son esprit, se disséminèrent dans les contrées voisines: bientôt ils passèrent en Grèce et en Italie. Nous avons vu les diverses raisons qui tendaient alors à affaiblir le culte de Jupiter; quelle fut la surprise des peuples, lorsque les apôtres, sortis de l'Orient, vinrent étonner leur esprit par des récits de prodiges, et consoler leur cœur par la plus aimable des morales! Ils étaient esclaves, et la nouvelle religion ne prêchait qu'égalité; souffrants, et le Dieu de paix ne chérissait que ceux qui répandent des larmes; ils gémissaient écrasés par des tyrans, et le prêtre leur chantait, *deposuit potentes de sede, et exaltavit humiles*. Enfin Jésus avait été pauvre comme eux, et il promettait un asile aux misérables dans le royaume de son père. Quelle divinité du paganisme pouvait, dans le cœur du faible et du malheureux, balancer le nouveau Dieu qu'on offrait à ses adorations? Qu'avait le plébéien à espérer d'un Élysée où l'on ne comptait que des princes et des rois?

Voilà les grands moyens qui favorisèrent la propagation du christianisme. Aussi est-il remarquable qu'il se glissa d'abord dans les classes indigentes de la société. Les disciples furent bientôt assez nombreux pour former une secte. On la persécuta, et conséquemment on l'accrut. Les premiers chrétiens, trompant les bourreaux, se dérobaient au supplice, et s'affermissaient dans leur culte. Une religion a bien des charmes, lorsque, prosterné au pied des autels, dans le silence redoutable des catacombes, on dérobe aux regards des humains un Dieu persécuté; tandis qu'un prêtre saint, échappé à mille dangers, et nourri dans quelque souterrain par des mains pieuses, célèbre peut-être à la lueur des flambeaux, devant un petit nombre de fidèles, des mystères que le péril et la mort environnent.

Des martyrs, des miracles populaires, les vices des Néron [1] et des Caligula, tout concourut à multiplier la nouvelle doctrine. Après avoir essayé de la doctrine, les empereurs songèrent à s'en servir. Constantin arbora l'étendard de la croix, et les dieux du paganisme tombèrent du Capitole [b].

CHAPITRE XXXVI.

SUITE. — DEPUIS CONSTANTIN JUSQU'AUX BARBARES.

La religion chrétienne ne fut pas plutôt solidement établie, qu'elle se divisa en plusieurs sectes [2]. On vit alors ce qu'on avait ignoré jusqu'à ce temps, je veux dire un caractère nouveau de culte. On vit des hommes se jeter dans tous les écarts de l'imagination, et se persécuter les uns les autres pour des mots qu'ils n'entendaient pas. Les prêtres, durant ces troubles, commencèrent à acquérir une influence que ceux du polythéisme n'avaient jamais eue, et à jeter les fondements de la grandeur des papes.

Julien voulut faire un dernier effort en faveur des dieux de l'Olympe. Il abjura le christianisme; et, en qualité de guerrier, de politique et de philosophe, il avait une triple raison de s'opposer aux progrès du christianisme. Il sentait que, partout où une nouvelle religion s'établit, l'État court à une révolution inévitable; mais il était trop tard pour y remédier, et en cela Julien se trompa.

Il ne se contenta pas d'attaquer le christianisme par la force civile, il le fit encore par le sel de ses écrits [c]. Plusieurs philosophes s'exercèrent aussi sur le même sujet : on opposait aux miracles de Jésus ceux de divers imposteurs. Les

---

[a] Bien qu'il soit plus question, dans cette partie, des Révolutions modernes que des RÉVOLUTIONS ANCIENNES, ce dernier titre a dû rester en tête de toutes les pages, en conformité de l'édition de Londres, qui porte les mots RÉVOLUTIONS ANCIENNES en marge jusqu'à la fin.

[1] Suétone nous apprend comment l'impie Néron en usait avec les dieux : *Religionum usquequaque contemptor, præter unius deæ Syriæ. Hanc mox ita sprevit, ut urina contaminaret.*

[b] Ces deux derniers chapitres ont été transportés presque tout entiers dans le *Génie du Christianisme*, et ils méritaient cet honneur : c'est l'excuse et l'expiation de tout ce qui va suivre. Quand je suis chrétien ainsi, sans vouloir l'être, il y a un accent de vérité dans ce que j'écris qui ne se trouve point au fond de mes radotages philosophiques. Pour tout homme de bonne foi la question est jugée par ces deux chapitres. J'étais chrétien et très-chrétien avant d'être chrétien. (N. ÉD.)

[2] Les Ariens, etc.

[c] « L'Eglise, sous l'empereur Julien, fut exposée à une persécution du caractère le plus
« dangereux. On n'employa pas la violence contre les chrétiens; mais on leur prodigua le
« mépris. On commença par dépouiller les autels; on défendit ensuite aux fidèles d'enseigner
« et d'étudier les lettres. Mais l'empereur, sentant l'avantage des institutions chrétiennes,
« voulut, en les abolissant, les imiter; il fonda des hôpitaux et des monastères; et à l'instar

poëtes, d'un autre côté, trouvant que Belzébuth et Astaroth entraient mal dans le mètre de Virgile, regrettaient Pluton et l'ancien Tartare.

Les chrétiens ne manquaient pas de champions, qui réussirent à railler les dieux du Panthéon, que Lucien avait déjà traînés dans la boue. Julien ayant péri dans son expédition contre les Perses, la croix sortit triomphante.

Mais le moment critique était arrivé. Constantin, en divisant l'empire et réformant les légions, lui avait porté un coup mortel. Les malheurs de la famille de ce prince ébranlèrent le système romain; les opinions religieuses vinrent augmenter le désordre : des myriades de Barbares se précipitèrent sur toutes les frontières. Théodose soutint un moment le choc; le calme avait reparu, quand tout à coup le destructeur de l'empire, le génie des Huns, qui du mur de la Chine s'était, durant trois siècles, avancé en silence à travers les forêts, jeta un cri formidable dans le désert. A la voix du fantôme, les Goths épouvantés se précipitèrent dans l'empire. Valens tomba du trône de l'Orient et peu après un roi d'Italie régna sur le patrimoine des Brutus [1].

CHAPITRE XXXVII.

SUITE. — CONVERSION DES BARBARES.

Si le christianisme avait trouvé dans les malheurs des hommes une cause de ses premiers succès, cette cause agit dans sa plus grande force au moment de l'invasion des Barbares. Un bouleversement général de propriétés et de libertés eut lieu en même temps dans tout le monde connu. On écrasait les hommes comme des insectes : lorsque les Vandales ne pouvaient prendre une ville, ils massacraient leurs prisonniers ; et, abandonnant leurs cadavres à l'ardeur du soleil autour de la cité assiégée, ils y communiquaient la peste [2].

Toute autorité étant donc dissoute au civil, les prêtres seuls pouvaient protéger les peuples. Ce qui restait encore d'habitants attachés à l'ancien culte se rangea sous la bannière du christianisme. Si jamais la religion a paru grande, c'est lorsque, sans autre force que la vertu, elle opposa son front auguste à la fureur des Barbares, et, les subjuguant d'un regard, les contraignit de dépouiller à ses pieds leur férocité native [a].

On conçoit aisément comment les Sauvages, sortis de leurs forêts, n'ayant aucun préjugé religieux antérieur à déraciner, se soumirent à la première théo-

« du culte évangélique, il essaya d'unir la morale à la religion, en faisant prononcer des espèces
« de sermons dans les temples.
« Les sophistes dont Julien était environné se déchaînèrent contre le christianisme ; Julien
« ne dédaigna pas de se mesurer avec les Galiléens. L'ouvrage qu'il écrivit contre eux ne nous
« est pas parvenu ; mais saint Cyrille, patriarche d'Alexandrie, en cite des fragments dans
« la réfutation qu'il a faite, et que nous avons encore. Lorsque Julien est sérieux, saint
« Cyrille triomphe du philosophe ; mais lorsque l'empereur a recours à l'ironie, le patriarche
« perd ses avantages. » (*Génie du Ch.*, 1re part., liv. 1er, chap. 1er.)

[1] *Vidend.* FLEURY, *Hist. Ecclésiast.*; *Hist. August.*; GIBB., *Rise and fall of the romain empire*; DE GUINES, *Hist. des Huns et des Tartares*; MONTESQUIEU, *Cause de la grandeur et de la décadence des Romains.* — [2] ROBERTSON, *Hist. of Charles V*, vol. I.

[a] Mais, en vérité, n'est-ce pas là le *Génie du Christianisme* tout pur, et ne suis-je pas, dans ces paragraphes, l'apologiste plutôt que le détracteur de la religion ? (N. ED.)

logie que le hasard leur offrit. L'imagination est une faculté active, à la fois écho et miroir de la nature qui l'environne : celle de l'homme des bois, frappée du spectacle des déserts, des cavernes, des torrents, des montagnes, se remplit de murmures, de fantômes, de grandeur. Présentez-lui alors des objets intellectuels, elle les saisira avidement, surtout s'ils sont incompréhensibles, car la mort de l'imagination, c'est la connaissance de la vérité.

D'autres raisons facilitaient encore la conversion des Barbares au christianisme. A mesure qu'ils émigraient vers le sud, en quittant les régions sombres et tempétueuses du septentrion, ils perdaient l'idée de leur culte paternel, inhérent au climat qu'ils habitaient. Un ciel rasséréné ne leur montrait plus dans les nuages les âmes des héros décédés; ils ne retenaient plus, à la pâle lueur de la lune, des bruyères désertes, des vallées solitaires, où l'on entendait derrière soi les pas légers des fantômes; des ombres irritées ne saisissaient plus la cime des pins dans leur course; le météore ne reposait plus entre les rameaux du cerf, au bord du torrent bleuâtre; le brouillard du soir avait cessé d'envelopper les tours; la bouffée de la nuit, de siffler dans les salles abandonnées du guerrier; le vent du désert, de soupirer dans l'herbe flétrie, et autour des quatre pierres moussues de la tombe [1] : enfin la religion de ces peuples s'était dissipée avec les orages, les nues et les vapeurs du nord [2].

D'ailleurs le nouveau culte qu'on leur offrait n'était pas si étrange aux dogmes de leurs pères qu'on l'a généralement cru. Si Jéhovah créa Adam et Ève, Odin aussi avait formé de limon le brave Askus et la belle Emla : Hencœrus leur donna la raison; et Lœdur, versant dans leurs veines les flots d'un sang pur, ouvrit leurs yeux à la vie [3].

Enfin les rois barbares, déjà politiques, embrassèrent le christianisme pour obtenir des empires; et les hommes, ayant changé de mœurs, de langage, de religion, ayant perdu jusqu'au souvenir du passé, crurent être nouvellement créés sur la terre [4].

[1] Les *deux Edda*; MALLET, *Introd. à l'Hist. du Dan.*; OSSIAN.

[2] Si je cite Ossian avec d'autres auteurs, c'est que je suis, avec le docteur Blair en Angleterre, M. Goëthe en Allemagne, et plusieurs autres, un de ces esprits crédules auxquels les plaisanteries de Johnson n'ont pu persuader qu'il n'y eût pas quelque chose de vrai dans les ouvrages du barde écossais. Que Johnson, lorsqu'on lui demandait s'il connaissait beaucoup d'hommes capables d'écrire de pareils poëmes, ait répondu : « Oui, plusieurs hommes, plusieurs femmes, plusieurs enfants, » le mot est gai, mais ne prouve rien. Il me parait singulier que, dans cette dispute célèbre, on ait oublié de citer la collection du ministre Smith, qui cote le celte continuellement au bas des pages, et propose une édition de l'original des poëmes d'Ossian par souscription. On trouve dans cette collection de Smith un chant sur la mort de Gaul, où il y a des choses extrêmement touchantes, particulièrement Gaul expirant de besoin sur un rivage désert, et nourri du lait de son épouse [*].

[3] BARTHOLIN, *Antiq. Dan.*

Askum et Emlam, omni conatu destitutos,
Animam nec possidebant, rationem nec habebant,
Nec sanguinem, nec sermonem, nec faciem venustam :
Animam dedit Odinus; rationem dedit Hencœrus;
Lœdur sanguinem addidit et faciem venustam.

[4] DANIEL, *Hist. de France*; GRÉG. DE TOURS, liv. I ; HUME'S, *Hist. of Engl.*; HENRY'S, *ibid.*, etc.

[*] Je ne suis plus convaincu de l'authenticité des poëmes d'Ossian; au lieu de croire aujourd'hui que le celte d'Ossian a été traduit en anglais par Macpherson, je crois, au contraire, que l'anglais de Macpherson a été traduit en celte par les bons Écossais amoureux de la gloire de leur pays. (N. ÉD.)

CHAPITRE XXXVIII.

DEPUIS LA CONVERSION DES BARBARES JUSQU'A LA RENAISSANCE DES LETTRES. — LE CHRISTIANISME ATTEINT A SON PLUS HAUT POINT DE GRANDEUR.

Au milieu de ces orages, les prêtres, croissant de plus en plus en puissance, étaient parvenus à s'organiser dans un système presque inébranlable. Des sectes de solitaires, vivant à l'abri des cloîtres, formaient les colonnes de l'édifice; le clergé régulier, classé de même en ordres distincts et séparés, exécutait les décrets du pontife romain, qui, sous le nom modeste de *pape*, s'était placé par degrés à la tête du gouvernement ecclésiastique. L'ignorance, redoublant alors ses voiles, servait à donner à la superstition une apparence plus formidable; et l'Église, environnée de ténèbres qui agrandissaient ses formes, marchait comme un géant au despotisme.

Ce fut après le règne de Charlemagne et la division de son empire, que le christianisme atteignit à son plus haut point de grandeur. Les guerres civiles d'Italie, connues sous le nom des guerres des Guelfes et des Gibelins, offrent un caractère neuf à quiconque n'a pas étudié les hommes. Les papes, attaqués par les empereurs, avaient contre eux la moitié des peuples d'Italie, qui les regardaient comme des tyrans et des scélérats; et cependant un édit de la cour de Rome détrônait tel ou tel souverain, l'obligeait à venir pieds et tête nus se morfondre en hiver sous les fenêtres du pontife, qui daignait enfin lui accorder une absolution humblement demandée à genoux[1]. Rome religieuse se trouvait alors mêlée dans toutes les affaires civiles, et disposait des couronnes, comme des hochets de sa puissance.

Les croisades qui suivirent bientôt après, forment époque dans l'histoire du christianisme[2], parce qu'en adoucissant les mœurs par l'esprit de chevalerie, elles préparèrent la voie au retour des lettres. C'était alors que les sires de Créqui, embrassant leur écu, abandonnaient leur manoir pour aller en quête de royaumes et d'aventures. Ces bons chevaliers se trouvaient-ils sans armes dans un péril imminent, ils se jetaient tous aux pieds les uns des autres, comme le rapporte le sire de Joinville, en s'entre-demandant naïvement l'absolution. Avaient-ils la lance au poing au milieu des dangers, ils se disaient en riant : « Biaux sires, et en fairons moult recits à les damselles. »

CHAPITRE XXXIX.

DÉCADENCE DU CHRISTIANISME OCCASIONNÉE PAR TROIS CAUSES : LES VICES DE LA COUR DE ROME, LA RENAISSANCE DES LETTRES, ET LA RÉFORMATION.

C'est de l'époque des croisades qu'il faut dater la décadence de la religion chrétienne. Les papes, expulsés d'Italie, s'étaient retirés pendant quelque

---

[1] Denin., *Ist. del Ital.*; Macchiav., *Ist. Fior.*; Abr., *Chron. d'Allem.*; Hen., *Chron.*; Gian., *Ist. di Nap.*
[2] Vert., *Hist. des Crois.*; *Mém. de Joinv.*

temps à Avignon; et la création des antipapes, en faisant naître des schismes, affaiblissait l'autorité de l'Église. D'une autre part, les pontifes, subjugués par le luxe et l'ivresse de la puissance, s'étaient plongés dans tous les vices. L'athéisme public de quelques-uns, l'effronterie et le scandale de leur vie privée, ne devaient pas beaucoup servir au maintien du culte chez les peuples. Le clergé, aussi dépravé que son chef, se livrait à tous les excès; et les couvents servaient de repaire à la crapule et à la débauche [1].

Dans ces circonstances, un grand événement vint porter un coup mortel au christianisme. L'empire d'Orient étant tombé sous le joug des Turcs, le reste des savants grecs se réfugia auprès des Médicis, en Italie. Par un concours singulier de choses, l'imprimerie avait été découverte en Occident quelque temps avant l'arrivée de ces philosophes, comme si elle eût été préparée pour la réception des illustres fugitifs. J'ai parlé ailleurs de la renaissance des lettres et de ses effets. Elle fut bientôt suivie de la réformation; de sorte que le christianisme eut à soutenir coup sur coup des attaques dont il ne s'est jamais relevé [a].

CHAPITRE XL.

LA RÉFORMATION.

C'est une grande époque dans l'Europe moderne que celle de la réformation. Dès que les hommes commencent à douter en religion, ils doutent en politique. Quiconque ose rechercher les fondements de son culte, ne tarde pas à s'enquérir des principes de son gouvernement. Quand l'esprit demande à être libre, le corps aussi veut l'être : c'est une conséquence naturelle [b].

Érasme avait préparé le chemin à Luther; Luther ouvrit la voie à Calvin; celui-ci à mille autres. L'influence politique de la réformation se trouvera dans les révolutions qui me restent à décrire. En la considérant seulement ici sous le rapport religieux, on peut remarquer que les diverses sectes qu'elle engendra produisirent sur le christianisme le même effet que les écoles philo-

---

[1] Dante, *Inferno*; Petr., *Lett.*; Macch., *Ist. Fiorent.*

[a] Il y a quelque chose de vrai, historiquement parlant, dans ce que je viens de dire du christianisme depuis la conversion des Barbares jusqu'à la réformation; mais on sent un ennemi dans l'historien; l'esprit de satire perce de toutes parts. Quant au christianisme, qui ne *s'est jamais relevé des attaques qu'il a eues à soutenir*, c'est une erreur capitale que d'en avoir jugé ainsi. La religion chrétienne n'a point péri dans la révolution; elle ne périra point chez les hommes, parce qu'elle a ses racines dans la nature divine et dans la nature humaine. La foi pourra changer de pays; mais elle subsistera toujours, selon la parole de Dieu. (N. Ed.)

[b] J'expose ici dans quatre lignes deux ou trois vérités sur lesquelles on a élevé depuis de gros ouvrages remplis de déclamations contre les libertés publiques. Il n'y a point de mal à s'enquérir des principes de son gouvernement pour s'y attacher quand ils sont bons, pour les réformer quand ils sont mauvais; je ne vois aucune raison de mettre un bandeau sur les yeux des hommes afin de les faire marcher droit. Je sais bien, il est vrai, que celui qui prétend guider les hommes a un grand intérêt à leur laisser ce bandeau, parce qu'il peut alors les conduire où il veut et comme il veut. Le christianisme, de son côté, ne craint pas plus la lumière que la liberté ne la craint : plus on l'examinera, plus on le trouvera digne d'admiration et d'amour. Il n'est pas bien d'ailleurs de vouloir faire de la religion et de la politique une cause commune; il s'ensuivrait que quand un peuple est esclave il faudrait qu'il le restât éternellement, dans la peur de toucher aux choses saintes. Ce serait faire un tort immense à la foi que de l'associer aux injustices du despotisme. (N. Ed.)

sophiques de la Grèce sur le polythéisme : elles affaiblirent tout le système sacerdotal. L'arbre, partagé en rameaux, ne poussa plus vigoureusement sa tige unique, et devint ainsi plus aisé à couper branche à branche. Je ne puis quitter l'article de la réformation sans faire une réflexion de plus. Pourquoi toutes ces scènes de carnage? La Ligue [1], où l'on vit, comme de nos jours, les Fran-

[1] *Esprit de la Ligue.*
On trouve dans les *Lettres de Pasquier* deux passages intéressants sur les malheurs que les révolutions ont causés à la France, et surtout à la capitale de ce royaume. Je les citerai tous les deux.
Le premier a rapport aux guerres civiles du temps de Charles VI. Pasquier, après avoir parlé de la population et de la richesse de Paris sous Charles V, ajoute :
« Pendant que furieusement nostre ville s'amusa de soustenir le party bourguignon, elle deuint, sans y penser, toute deserte, et commencerent ces grands hostels de Flandres, Artois, Bourbon, Bourgongne, Nesles, et plusieurs autres, seruir de nids à corneilles, au lieu où au precedent c'estoient receptacles de princes, ducs, marquis et comtes. I'ai leu dans vn liure escrit à la main, en forme de papier iournal, que de ce temps-là il y auoit vn loup qui tous les mois passoit au trauers de la ville, lequel ils appelloyent *le Courtaut*, estant le peuple tant accoustumé de le voir, qu'il n'en faisoit que rire. Chose qui se faisoit, ou pour les massacres qui se commettoient dans Paris, et pour les cadaures qui pouuoient estre (n'y ayant animal qui ait le flair si subtil comme le loup), ou parce que la ville estoit lors grandement deshabitee. Quoy que soit, s'estant sur les troubles de Bourguignon et Orleannois entre la guerre de l'Anglois et du François, il faut tenir pour chose très-certaine que la ville de Paris vint en grande souffrette, veu qu'en l'histoire mesdisante du roy Louys vj, nous trouuons que, pour la repeupler, il voulut faire comme Romulus auait fait autrefois dans Rome, et donner toute impunité des mesfaits precedents, et rappel de ban à tous ceux qui s'y voudroient habituer. Mais plus grande demonstration ne pouuez-vous auoir cette pauureté et solitude, que de l'ordonnance qui se trouue aux vieux registres du Chastellet, par laquelle il estoit permis de mettre en criees les lieux vagues de la ville ; et si, pendant les six sepmaines, il ne se trouuoit nul proprietaire qui s'y opposast, le lieu demouroit à celui qui se le faisoit adiuger. Aussi quand nous lisons dans nos vieux tiltres et enseignemens quelques maisons et heritages, tant en la ville qu'ès champs, vendus à non-prix, tant s'en faut que ce soit vn argument de la félicité de ce temps-là, qu'au contraire c'est vne demonstration très-certaine du malheur qui estoit lors en règne, par la longue suite des troubles. » (Tom. I, liv. x, pag. 655.)
Si, dans une histoire de la révolution actuelle, on traduisait mot à mot en français le morceau suivant du même auteur, personne ne douterait qu'il s'agit de la Ligue. « Il y a longtemps que ie ronge ie ne sçay quelle humeur melancholique dans moi, qu'il faut maintenant que ie vomisse en vostre sein. Ie crain, ie croy, ie voi presentement la fin de nostre republique. Nous ne pouuons denier que n'ayons vn grand Roi ; toutes fois si Dieu ne l'aduise d'un œil de pitié, il est sur le poinct ou de perdre sa couronne, ou de voir son royaume tout renuersé. — Le vray subside dont le Prince doit faire fonds, est de la bienveillance de ses subiects. La plus grande partie de ceux qui ont esté près du Roy, ont estimé n'auoir plus beau magazin pour s'accroistre, qu'en lui fournissant memoires à la ruine du pauure peuple, c'est-à-dire à la ruine de lui-mesme : dignes certes, ces malheureux ministres, d'vne punition plus horrible, que celuy qu'on tire à quatre cheuaux, pour auoir voulu attenter contre la Maiesté de son Prince. D'autant qu'en conseruant leur grandeur par ces damnables inuentions, ils ont mis leur maistre en tel desarroy que nous le voyons maintenant.....
« Dieu doua nostre Roy de plusieurs grandes benedictions, qui luy sont particulieres ; mais comme il est né homme, aussi ne peut-il estre accomply de tant de bonnes parties qu'il n'ait des imperfections. Y a-t-il aucun seigneur (ie n'en excepteray vn) de ceux qui ont eu part en ses bonnes graces, qui ait, ie ne diray point resisté (ce mot seroit mal mis en œuure contre un Roy), mais qui ne se soit estudié de fauoriser en toutes choses ses opinions, ores qu'elles se foruoyassent à l'œil, du chemin de la raison? On le voyoit naturellement enclin à vne liberalité. C'estoit une inclination qu'il tenoit de la Royne sa mere, vertu vraymant royale, quand elle ne se desborde à la foule et oppression des subiects : qui est celuy qui par ses importunitez extraordinaires n'en ait abuzé?.. Le malheur veut que nul de ses principaux officiers, qui estoient près de luy ne la controole. Voilà comment un grand et beau prince se laissant en premier lieu emporter par ses volontez, puis vaincu par les importunitez des siens, enfin non secouru de ceux qui pour la nécessité de leurs charges y deuoient avoir l'œil, il n'a pas esté mal aisé de voir toutes nos affaires tomber au désordre et confusion telle que nous voyons aujourd'hui.
Sur ce pied a esté batie la ruine de notre France ; premierement par ie ne sçay quelle

çais traîner les entrailles fumantes de leurs victimes, dévorer leurs cœurs encore palpitants, leurs chairs encore tièdes, et, fouillant dans les sépulcres, couvrir le sol de la patrie des carcasses à moitié consumées de leurs pères? Pourquoi ces troubles des Pays-Bas, où le duc d'Albe joua le premier acte de la tragédie de Robespierre[1]? les massacres des paysans d'Allemagne, les guerres civiles d'Écosse[2]? la révolution de Cromwell, durant laquelle des malheureux, entassés dans les cales humides des vaisseaux, périssaient empoisonnés les uns par les autres[3]? Pourquoi, dis-je, ces abominables spectacles? Parce qu'un moine s'avisa de trouver mauvais que le pape n'eût pas donné à son ordre, plutôt qu'à un autre, la commission de vendre des indulgences en Allemagne. Pleurons sur le genre humain[a].

malheureuse inuention de contents (qui ont rendu tous les gens de bien malcontents), lesquels ne pouuans à la longue fournir aux liberalitez extraordinaires du Roy, ont eu recours à une infinité de meschants edicts, non pour subuenir aux necessitez publiques, ains pour en faire dons, voire au milieu des troubles, à vns et autres. Et pour leur faire sortir effect, on a forcé les seigneurs des Cours Souueraines de les passer, tan tost par la presence du Roy, tan tost des Princes du sang : liberalité qui ne s'estoit jamais pratiquee en autre republique que la nostre. Et si l'argent n'y estoit prompt, pour suppleer à ce deffaut, la malignité du temps produisit vne vermine de gens, que appellasmes par vn nouueau mot *partisans*, qui auanceoient la moitié ou tiers du denier, pour auoir le tout : race vrayement de viperes, qui ont fait mourir la France, leur mere, aussi tost qu'ils furent esclos.

On adiousta à tout cela, pour chef d'œuure de nostre malheur, vn esloignement des Princes et des grands seigneurs, et auancement des moindres près du Roy. Ie vous racompte tout cecy en gros. Car si j'auoy entrepris de vous particularizer en détail, et par le menu, comme toutes ces choses se sont passees, l'encre me deffaudroit plus tost que la matiere. Mais quel fruit a produit tout ce mesnage? Vne oppression de tous les subiects, vne pauureté par tout le royaume, vn mescontentement general des grands, vne haine presque de tout le peuple encontre son Roy. Et puis au bout de tout cela, que pouuions-nous attendre autre chose que ce meschef, qui nous est ces iours passez aduenu?.. Tant de nouuitez mises sus à la foule des pauures subiects, estoient autant de malignes humeurs ramassees au corps de nostre republique, lesquelles ne nous promettoient autre chose, que ce grand esclat de scandale, que nous auons veu dans Paris. C'estoit un pus, c'estoit vne bouë qui couuoit dans nous, à laquelle le medecin supernaturel a voulu donner vent, lors que nul de nous n'y pensoit. Le Roy mesme l'a fort bien recogneu; quand soudain apres estre arriué à Chartres, pour donner quelque ordre à ce mal, il a reuoqué trente malheureux edicts et encores promis par autres lestres patentes de n'user plus de contents. Pleut à Dieu que deux mois auparauant il les eust reuoquez de son seul instinct, affin que ceux que ie voy contre luy vicerez eussent estimé luy devoir totalement ceste grace, et non au scandale aduenu. Mais c'est un mal commun à tous Roys, de ne recognoistre iamais leurs fautes, quand ils sont visitez de Dieu....... De ma part, ie ne pense point que iamais Roy ait receu vn plus grand affront de son peuple (il faut que ceste parole à notre trés grande honte m'eschape), que celui qu'a receu le nostre. Que luy, qui à son retour de la Beauce auoit esté receu auec tant de congratulations et applaudissements du Parisien, six ou sept mois apres ait esté caressé de telle façon qu'auons veu, en la iournée des Barricades, mesmes dans vne ville qu'il auoit aimée et cherie par-dessus toutes les autres. Que le ieudy et vendredy qu'il demeura dans la ville, on ne veit iamais plus grand chaos et emotion populaire, et le samedy soudain que l'on fust adverty de son partement, nous veismes un raquoisement inopiné de toutes choses : signe malheureux et trop expres de la haine qu'on lui porte. » (Tom. I, liv. XII, pag. 796, etc.)

[1] BENTIVOG., GROTIUS, STRADA, etc.
[2] ROBERTSON'S, *Hist. of Scotland*.
[3] HUME, WHITELOCK, WALKER, etc.

[a] Ce chapitre avait bien commencé pour la réformation; c'est dommage, pour le philosophisme, qu'il ait fini aussi mal. Il paraît que je n'étais dans l'*Essai* ni pour *Genève* ni pour *Rome*. (N. ED.)

CHAPITRE XLI.

DEPUIS LA RÉFORMATION JUSQU'AU RÉGENT.

Lorsque les tempêtes élevées par la réformation se furent apaisées, le Vatican reparut, mais à moitié en ruine. Il avait perdu l'orgueil de ses murs, et ses combles entr'ouverts étaient sillonnés de ses propres foudres, que la fureur de l'orage avait repoussées contre lui. Les rois et les papes, en s'opposant par des mesures violentes aux innovations religieuses, n'avaient fait qu'irriter les esprits. Petite et faible dans le calme, la liberté devient un géant dans la tempête.

Entre les conséquences funestes qui résultèrent de ces troubles pour la religion, une ne doit pas être omise. Les révolutions ravagent les mœurs dans leurs cours, comme ces sources empoisonnées qui font mourir les fleurs sur leur passage. L'œil de la loi, fermé pendant les convulsions d'un État, ne veille plus sur le citoyen, qui lâche les rênes à ses passions et se plonge dans l'immoralité ; il faut ensuite des années, quelquefois des siècles, pour épurer un tel peuple. Ce fut évidemment le cas en Europe, après les troubles dont je viens de parler ; et la religion, qui se calcule toujours sur les mœurs, dut, en proportion de la relaxation de celles-ci, perdre beaucoup de son influence.

Cependant, l'harmonie s'étant rétablie, les hommes reportèrent les yeux en arrière et commencèrent à rougir de leur folie. Les lumières, toujours croissantes, secondaient ce penchant à haïr ce qui semblait la cause de tant de maux. En matière de foi, il n'est point de bornes; aussitôt qu'on cesse de croire quelque chose, on cessera bientôt de croire le tout. Rabelais, Montaigne, Mariana, étonnèrent les esprits par la nouveauté et la hardiesse de leurs opinions politiques et religieuses. Hobbes et Spinosa, levant ensuite le masque, se montrèrent à découvert ; et bientôt après, Louis XIV donna à l'Europe le dernier exemple de fanatisme national, par la révocation de l'édit de Nantes [1].

CHAPITRE XLII.

LE RÉGENT. — LA CHUTE DU CHRISTIANISME S'ACCÉLÈRE.

Enfin le régent parut, et de cette époque il faut dater presque la chute totale du christianisme [a]. Le duc d'Orléans brillait de génie, de grâces, d'urbanité ; mais il était l'homme le plus immoral de son siècle, et le moins fait pour gouverner une nation volage, sur laquelle les vices de ses chefs avaient tant d'influence, lorsqu'ils étaient aimables. Ce fut alors qu'on vit naître la secte philosophique, cause première [b] et finale de la révolution présente.

---

[1] Je ne parle pas des scènes scandaleuses de la populace de Londres contre les catholiques, en 1680.

[a] Toujours la *chute du christianisme !* Le christianisme ne tombait point ; les mœurs seulement se corrompaient. Et quand la religion chrétienne se serait affaiblie en France, cela voudrait-il dire qu'elle s'éteint également dans le reste du monde ? (N. Ed.)

[b] Il fallait mettre au lieu de *cause première,* cause seconde. (N. Ed.)

Lorsque les nations se corrompent, il s'élève des hommes qui leur apprennent qu'il n'y a point de vengeance céleste.

Le bouleversement que Law[1] opéra dans l'État par son papier ne contribua pas peu à ébranler la morale du peuple. Intérêt et cœur humain sont deux mots semblables [a]. Changer les mœurs d'un État, ce n'est qu'en changer les fortunes. Dans les accès du désespoir, et dans le délire des succès, tout sentiment de l'honnête s'éteint, avec cette différence que le parvenu conserve ses vices, et l'homme tombé perd ses vertus.

La presse, cette invention céleste et diabolique [b], commençait à vomir les chansons, les pamphlets, les livres philosophiques. Chaque poste annonçait au citoyen, tantôt l'inceste d'un père, l'exécrable mort d'un cardinal, des débauches que la plume d'un Suétone rougirait de décrire ; et, en payant les taxes, il soldait à la fois et les vils courtisans et les troupes qui le forçaient à leur obéir. Le mépris, puis la rage, étaient les sentiments qui devaient s'emparer du cœur de ce citoyen [c]. Que le peuple alors apprenne le secret de sa force, et l'État n'est plus.

Ce fut sous le règne suivant qu'éclata la secte encyclopédique, dont j'ai déjà touché quelque chose. Je vais, comme je l'ai promis, la considérer à présent dans ses rapports religieux et politiques avec les institutions de la France.

CHAPITRE XLIII.

LA SECTE PHILOSOPHIQUE SOUS LOUIS XV.

Cet esprit d'innovation et de doute, qui prit naissance sous le Régent, fit en peu de temps des progrès rapides. On vit enfin sous Louis XV se former une société des plus beaux génies que la France ait produits : les Diderot, les d'Alembert, les Voltaire [d]. Deux grands hommes seulement, et les deux plus grands, refusèrent d'en être, Jean-Jacques Rousseau et Montesquieu [e] : de là, la haine de Voltaire contre eux, et surtout contre le premier, l'apôtre de Dieu et de la morale. Cette société disait avoir pour fin la diffusion des lumières et le renversement de la tyrannie : rien de plus noble sans doute ; mais le vrai esprit des encyclopédistes était une fureur persécutante de systèmes, une intolérance d'opinions qui voulait détruire dans les autres jusqu'à la liberté de

---

[1] Dans les projets de cet étranger, on retrouve le plan littéral exécuté de nos jours par Mirabeau l'aîné : le paiement de la dette nationale en papier, la vente des biens du clergé, etc.

[a] Cela n'est pas vrai en France. (N. Ed.)

[b] La presse n'est diabolique que lorsqu'elle n'est pas réglée par des lois. Si vous l'enchaînez par l'arbitraire, c'est-à-dire par la censure, elle perd ce qu'elle a de céleste, et ne conserve que ce qu'elle a de diabolique. Personne n'approuve les abus de la presse ; mais c'est aux lois seules à prévenir et à punir les abus. (N. Ed.)

[c] J'ai raison dans mon indignation contre la régence. La régence et le règne de Louis XV sont deux époques de notre histoire qu'on ne saurait assez maltraiter. (N. Ed.)

[d] Diderot et d'Alembert placés au nombre des plus beaux génies que la France ait produits est une chose parfaitement ridicule. (N. Ed.)

[e] Non, Voltaire les vaut, et Buffon se place, comme écrivain, auprès de ces grands hommes. (N. Ed.)

penser; enfin, une rage contre ce qu'ils appelaient l'*Infâme,* ou la religion chrétienne, qu'ils avaient résolu d'exterminer *ᵃ*.

Ce qu'il y a de bien étonnant dans l'histoire du cœur humain, c'est que le despote Frédéric était de cette coalition, qui sapait la base du pouvoir des princes. Le monument le plus extraordinaire de littérature qui existe, est peut-être la correspondance entre Diderot, Voltaire, d'Alembert et le roi de Prusse. C'est là qu'à chaque page on s'étonne de voir les philosophes jetant le manteau dont ils se revêtaient pour la foule; le monarque, déposant le masque royal, traiter de fable la morale de la terre, parler hardiment de liberté entre eux, en réservant l'esclavage pour le peuple stupide; se jouer de ce qu'il y a de plus sacré, et se jeter les uns aux autres, ballotter d'une main criminelle et puissante les hommes et leurs opinions comme de vains jouets.

Telle était cette fameuse secte, qui, sous Louis XV, commença à s'étendre et à détruire la morale en France; ses progrès furent étonnants. L'infatigable Voltaire ne cessait de répéter: «Frappons, écrasons l'infâme.» Une foule de petits auteurs, pour être regardés du grand homme, se mirent à écrivailler à l'exemple de leur maître. Le bon ton fut bientôt d'être incrédule. Jean-Jacques avait beau crier d'une voix sainte: « Peuple, on vous égare; il est un Dieu vengeur des « crimes, et rémunérateur des vertus; » les efforts du sublime athlète furent vains contre le torrent des philosophes et des prêtres, ennemis mortels réunis pour persécuter le grand homme *ᵇ*.

Tandis que les principes religieux étaient combattus par une troupe de philosophes, d'autres attaquaient la politique; car il est remarquable que la secte athée déraisonnait pitoyablement en matière d'État. Montesquieu *ᶜ*, J.-J. Rousseau, Mably, Raynal *ᵈ*, vinrent malheureusement éclairer des hommes qui avaient perdu cette force et cette pureté d'âme, nécessaires pour faire un bon usage de la vérité. Depuis la révolution, chaque faction a déchiré ces illustres citoyens: les Jacobins, Montesquieu; les royalistes, Jean-Jacques: cela n'empêchera pas que l'immortel *Esprit des Lois,* et le sublime *Émile,* si peu entendu, ne passent à la dernière postérité. Quant au *Contrat social,* comme on en retrouve une partie dans l'*Émile,* que ce n'est d'ailleurs qu'un extrait d'un grand ouvrage, qu'il rejette tout et ne conclut rien, je crois que, dans son état actuel d'imperfection, il a fait peu de bien et beaucoup de mal *ᵉ* : je suis seu-

---

ᵃ Bien jugé, très-bien jugé, selon mon âge mûr: les encyclopédistes étaient les plus intolérants des hommes, et c'est pour cela que je ne les puis souffrir. Je les regarde comme des hypocrites de liberté, comme de faux apôtres de philosophie, qui prenaient l'honneur de leur vanité blessée pour un sentiment d'indépendance, leurs mauvaises mœurs pour un retour au droit naturel, et leur fureur irréligieuse pour la sagesse. Ce ne sont point leurs doctrines qui ont produit ce qu'il y a de bon au fond de notre révolution; nous ne leur devons dans cette révolution que le massacre des prêtres, les déportations à la Guiane, et les échafauds. (N. Ed.)

ᵇ Ai-je dans le *Génie du Christianisme* rien de plus fort, rien de plus énergique contre le philosophisme anti-religieux? J'oppose très-bien ici Rousseau aux autres philosophes. (N. Ed.)

ᶜ Cela est vrai: l'athéisme n'est bon à rien; il n'est qu'une preuve de la faiblesse de l'esprit et de la médiocrité des talents. (N. Ed.)

ᵈ Mably et Raynal, avec Montesquieu et Rousseau, ce sont de ces associations que l'on fait dans la jeunesse, lorsque le jugement n'est pas formé, et que le goût est incertain. (N. Ed.)

ᵉ Je juge bien le *Contrat Social,* et très-mal l'*Émile.* (N. Ed.)

lement étonné que les républicains du jour l'aient pris pour leur règle; il n'y a pas de livre qui les condamne davantage.

Ainsi, au moment que le peuple commença à lire, il ouvrit les yeux sur des écrits qui ne prêchaient que politique et religion : l'effet en fut prodigieux. Tandis qu'il perdait rapidement ses mœurs et son ignorance, la cour, sourde au bruit d'une vaste monarchie qui commençait à rouler en bas vers l'abîme où nous venons de la voir disparaître, se plongeait plus que jamais dans les vices et le despotisme. Au lieu d'élargir ses plans, d'élever ses pensées, d'épurer sa morale, en progression relative à l'accroissement des lumières, elle rétrécissait ses petits préjugés, ne savait ni se soumettre à la force des choses ni s'y opposer avec vigueur. Cette misérable politique, qui fait qu'un gouvernement se resserre quand l'esprit public s'étend, est remarquable dans toutes les révolutions : c'est vouloir inscrire un grand cercle dans une petite circonférence; le résultat en est certain. La tolérance s'accroît, et les prêtres font juger à mort un jeune homme qui, dans une orgie, avait insulté un crucifix : le peuple se montre incliné à la résistance, et tantôt on lui cède mal à propos, tantôt on le contraint imprudemment : l'esprit de liberté commence à paraître, et on multiplie les lettres de cachet. Je sais que les lettres ont fait plus de bruit que de mal; mais, après tout, une pareille institution détruit radicalement les principes. Ce qui n'est pas loi est hors de l'essence du gouvernement, est criminel. Qui voudrait se tenir sous un glaive suspendu par un cheveu sur sa tête, sous prétexte qu'il ne tombera pas? A voir ainsi le monarque endormi dans la volupté, des courtisans corrompus, des ministres méchants ou imbéciles, le peuple perdant ses mœurs; les philosophes, les uns sapant la religion, les autres l'État; des nobles, ou ignorants, ou atteints des vices du jour; des ecclésiastiques, à Paris la honte de leur ordre, dans les provinces pleins de préjugés, on eût dit d'une foule de manœuvres s'empressant à l'envi de démolir un grand édifice [a].

Depuis le règne de Louis XV, la religion ne fit plus que décliner en France; et elle s'est enfin évanouie [b] avec la monarchie dans le gouffre de la révolution.

Pour compléter l'histoire du christianisme, je vais maintenant montrer les armes avec lesquelles les philosophes modernes sont parvenus à le renverser, de même que j'ai expliqué les systèmes par lesquels les sophistes grecs ébranlèrent le polythéisme. Il y a cependant entre eux cette différence, que les Platon et les Aristote se contentèrent de publier des dogmes nouveaux, sans attaquer directement la religion de leur pays; tandis que les Voltaire et les d'Alembert, sans énoncer d'autres opinions, se déchaînèrent contre le culte de leur patrie : en cela, bien plus immoraux que les sectaires d'Athènes [c].

J'avertis que, dans les chapitres qui vont suivre, je n'y suis plus pour rien.

---

[a] Courageusement jugé, et aussi bien écrit que je puisse écrire. (N. Ed.)

[b] La religion, encore une fois, ne s'est pas évanouie. Quand la monarchie passerait, la religion resterait. (N. Ed.)

[c] On ne peut être ni plus impartial ni plus sévère. Si je suis un philosophe dans l'*Essai*, il faut convenir que les philosophes n'ont jamais eu un confrère d'une humeur plus aigre et plus désagréable. (N. Ed.)

Simple narrateur des faits, je rapporte, comme mon sujet m'y oblige, les raisonnements des autres sans les admettre *a*. Il est nécessaire de faire connaître les causes qui nous ont plongés dans la révolution actuelle ; or celles-ci sont d'entre les plus considérables.

CHAPITRE XLIV.

OBJECTIONS DES PHILOSOPHES CONTRE LE CHRISTIANISME. — OBJECTIONS PHILOSOPHIQUES.

On peut diviser les différentes objections des philosophes contre le christianisme en quatre sortes : 1° objections philosophiques proprement dites ; 2° objections historiques et critiques ; 3° objections contre le dogme ; 4° objections contre la discipline. Voyons les premières.

Objections philosophiques[1]. La création est absurde. Quelle volonté peut tirer une parcelle de matière du néant? Toutes les raisons imaginables ne renverseront jamais cet axiome commun : Rien ne se fait de rien. Mais les Écritures mêmes ne l'admettent pas, le néant : et *l'Esprit de Dieu reposait sur les eaux*. Voilà donc la matière coexistante avec l'esprit ; voilà donc un chaos.

Dieu, dites-vous, a été l'architecte? Ce n'est plus le système chrétien. Mais voyons si cela même peut être admis.

Si Dieu a arrangé la matière, c'est un être impuissant et borné. Le chaos était la première forme, et de nécessité la meilleure, puisqu'elle est la forme naturelle ; puisque les vices, les souffrances, les chagrins y dorment passifs. Qu'a fait Dieu? Il a tout séparé, tout divisé, et, en classant les maux, il n'a fait qu'un monde vulnérable dans toutes ses parties, d'un univers engourdi et tranquille ; il a donné une âme à la douleur, et rendu les peines sensibles *b*. Il s'est donc mépris, et son prétendu ordre est un affreux désordre.

Mais nous vous abandonnons la majeure. Nous supposons, pour un moment, que tout est émané de Dieu. Ce Dieu, en créant l'homme, lui a dit : Tu ne pécheras point, ou tu mourras, et il avait prévu qu'il pécherait et qu'il mourrait : Tu seras bon, vertueux, ou je te condamnerai aux peines de l'en-

---

a Passage bien remarquable dans l'*Essai !* Il suffirait seul pour me laver des reproches que l'on a voulu me faire comme antichrétien. On ne peut prétendre que ces paroles soient une précaution de l'écrivain ; car il n'y a pas de trace d'hypocrisie ou de frayeur dans l'*Essai* : rien n'y est caché ; je ne capitule ni avec les choses ni avec les hommes, j'écris tout avec l'outrecuidance d'un jeune homme. Je ne cherchais donc point par ces paroles à me mettre à l'abri de l'avenir. Je disais simplement la vérité ; je disais que j'allais rapporter les raisonnements des autres *sans les admettre* ; que je n'étais pour rien dans les chapitres qui allaient suivre : ce sont pourtant ces chapitres qui ont servi principalement d'acte d'accusation contre moi. En vérité, plus on lit l'*Essai*, plus on l'examine, et moins on me trouve coupable. Cependant je ne prétends point me faire un bouclier du passage qui donne lieu à cette note ; j'ai eu tort, très-grand tort, de rapporter les objections des philosophes contre le christianisme ; d'autant plus tort qu'il est évident que je m'y complais, que tout en disant qu'elles ne sont pas de moi, ce qui est vrai, j'ai pourtant l'air d'y applaudir. (N. Ed.)

[1] Il serait impossible de citer à chaque ligne les auteurs dont ces raisonnements sont empruntés, parce qu'ils se trouvent répétés d'un bout à l'autre de leurs livres, et qu'il faudrait pour ainsi dire noter toutes les pages. Je les rassemblerai donc en commun à la fin de chaque chapitre.

b Voyez, pour la réfutation de toutes ces belles choses, les *Notes et Éclaircissements du Génie du Christianisme.* (N. Ed.)

fer; et Dieu savait qu'il ne serait ni bon ni vertueux, et c'était lui qui l'avait créé! Dieu, répondez-vous, vous a fait libre? Ce n'est pas là la question. A-t-il prévu que je tomberais, que je serais à jamais malheureux? Oui, indubitablement. Eh bien! votre Dieu n'est plus qu'un tyran horrible et absurde. Il donne aux hommes des passions plus fortes que leur raison, et il s'écrie : Je t'ai donné la raison! — Sans doute, et les passions aussi ; et tu savais que celles-ci l'emporteraient ; et tu prévis, des millions de siècles avant ma naissance, que je serais vicieux, que je serais condamné à ton tribunal aux éternelles douleurs. Qui t'obligeait à me tirer du néant? Qui te forçait, Être tout-puissant, à faire un misérable? Ne pouvais-tu me rendre fort et vertueux au degré nécessaire pour me rendre heureux? Tu te crées des victimes et tu les insultes au milieu des tourments, en leur parlant d'un franc arbitre, sur des choses que ta prescience t'avait fait connaître de toute éternité, et qui, par la raison même que tu les avais prévues, devaient nécessairement arriver!

Dieu ne pouvait vous empêcher de naître dans la chaîne des êtres où votre place se trouvait marquée : — d'accord ; mais ceci n'est plus le Dieu des Juifs, c'est la destinée, autre système qui a ses inconvénients. Vous vous retranchez dans le grand argument, et vous dites que nous ne pouvons pas plus comprendre le grand Être qu'un ciron ne saurait comprendre un homme : cette raison, excellente en elle-même, ne prouve rien pour les Écritures. Je m'en tiens à ce que je ne puis comprendre Dieu ; et là-dessus je n'ai pas plus de motifs d'en croire Moïse que Platon, excepté que celui-ci raisonne mieux que celui-là.

Je passe une multitude d'autres raisons philosophiques, telles que celles tirées de diverses espèces de l'homme, de l'ancienneté du globe, etc. ; et je viens aux raisons historiques et critiques[1].

CHAPITRE XLV.

OBJECTIONS HISTORIQUES ET CRITIQUES.

Les prophètes d'Israël avaient depuis longtemps annoncé la mission du Fils de Dieu. Et il est venu, ce Fils de Dieu ; et la lettre des prophéties a été accomplie.

Une chose n'est pas prédite parce qu'elle arrivera, mais elle arrive parce qu'elle est prédite. De cela les évangiles mêmes font preuve ; ils ont la naïveté de nous dire à chaque ligne : « Et Jésus fit cette chose, *afin que la parole du prophète fût accomplie.* » Mais, sans nous arrêter à combattre votre futile argument, nous vous montrerons que cette annonce du Christ ne vient que de la honteuse ignorance des Juifs : ils convertirent en prédictions le calendrier céleste des Égyptiens qu'ils n'entendaient pas. Là, on voyait tout le mystère de la Vierge et de son Fils, qui ne signifiait autre chose que le lever et le coucher de diverses constellations. Les Hébreux, en sortant d'Égypte, emportèrent ces signes, et les transformèrent bientôt en des fables les plus absurdes.

Il y a bien plus : c'est qu'il n'est pas du tout démontré qu'il exista jamais un

---

[1] BAYLE ; *Lettres de Diderot au roi de Prusse* ; TOLAND, VOLT., *Dictionn. Philosoph.*: HUME'S *Philosoph. Essay* ; LE BOUCHER, BUFFON, etc.

homme appelé Jésus, qui se fit crucifier à Jérusalem. Quelles sont vos preuves de ce fait? Les évangiles. Admettriez-vous, dans un procès, comme valides, des papiers visiblement écrits par l'une des parties? Nous raisonnons ici comme si nous croyions à l'authenticité du Nouveau Testament (ce que nous sommes bien loin de faire, comme on le verra par la suite). Loin de rien trouver dans l'histoire qui admette la vérité de l'existence du Christ, nous voyons, d'après les auteurs latins, qui parlent avec le dernier mépris de la secte naissante[1], que les évangiles n'étaient pas même entendus à la lettre par les premiers chrétiens. C'étaient des espèces d'allégories, des mystères auxquels on se faisait initier comme à ceux d'Éleusis.

Mais encore il vous a plu de supprimer une multitude d'évangiles, que vous appelez apocryphes, qui cependant ne le sont pas plus que les autres. Là, on remarque tant de contradictions (contradictions que vous n'avez pu même faire disparaître des évangiles que vous nous avez laissés), qu'il faut nécessairement en conclure que, dans le principe, l'histoire du Christ était un conte qu'on brodait selon son bon plaisir.

Les premiers schismes de l'Église viennent à l'appui de cette opinion. Les Pères ne s'entendaient pas plus sur le fond que sur la forme. Comment se peut-il qu'étant si près de l'événement ils ignorassent la vérité? Il est trop clair, par ce choc de sentiments opposés, que le système chrétien n'étant pas encore formé, chacun le modifiait à sa manière. Rien ne paraît donc moins prouvé que l'existence du Christ.

Allons plus loin. Admettons la réalité de sa vie et l'authenticité des évangiles. De la simple lecture de ceux-ci résulte le renversement de la divinité de Jésus. Nous voyons que tout ce qu'il y avait d'honnêtes gens à Jérusalem, les prêtres, les magistrats, enfin cette classe d'hommes que, dans tous les temps, on croit de préférence à la populace, regardait le Christ comme un imposteur qui cherchait à se faire un parti. On lui demanda des miracles publics, et il ne put en faire; mais il ressuscitait, il est vrai, des morts parmi la canaille. Dans ses réponses il ne s'explique jamais clairement, il parle obscurément, comme l'oracle de Delphes. Quant à sa résurrection, un peu de vin et d'argent aux gardes en explique tout le mystère. A qui apparut-il après sa sortie triomphante du tombeau? A ses disciples, à des femmes crédules, à des gens qui avaient intérêt à prolonger l'imposture. Il ne se montra pas aux prêtres, au peuple, aux magistrats, qui le virent expirer, et qui étaient bien sûrs qu'il n'était plus. Passons aux dogmes[2].

CHAPITRE XLVI

OBJECTIONS CONTRE LE DOGME.

Il paraît, par les preuves internes et externes, que les évangiles ne furent

---

[1] « Afflicti suppliciis christiani, genus hominum superstitionis novæ ac maleficæ, » (Suet., in Neron.) Tacite n'en parle guère mieux.
[2] Voyez les auteurs cités aux chapitres précédents.

jamais prêchés par Jésus, ni écrits par ses disciples. Ils furent, en toute probabilité, composés à Alexandrie dans les premiers siècles de l'Église.

Après les conquêtes d'Alexandre, et l'érection du royaume égyptien par les Ptolémées, les écoles de la Grèce furent transférées à Alexandrie, où elles prirent un nouvel éclat. De la situation de cette cité, qui formait le passage entre l'Orient et l'Occident, il en résulta que les opinions des brahmanes des Indes, des mages de la Perse, des anciens prêtres de l'Égypte, et des philosophes de l'Ouest, vinrent se concentrer dans ce foyer commun d'erreurs et de lumières. C'est au milieu de la bibliothèque d'Alexandrie et de cette foule de sectes, que les évangiles furent visiblement compilés. Ils sont un mélange de diverses doctrines recueillies dans un corps et revêtues du langage figuré de l'Orient. Leur auteur ou leurs auteurs furent sans doute doués d'un beau génie et d'une âme sensible. En rassemblant la morale de tous les sages, la simplicité, la pureté des leçons de Socrate, l'élévation des principes de Confucius, de Moïse, ils mêlèrent une tendresse de cœur qui leur était propre ; et, en y faisant entrer le roman touchant et allégorique du Christ, ils parvinrent à répandre le plus grand charme sur leur ouvrage. Telle est l'histoire de la partie morale des évangiles ; quant aux dogmes, les voici :

Le mystère de la Trinité est emprunté de l'école de Platon : Dieu, l'esprit, ou les idées, l'âme du monde, ou le fils incorporé à la matière [1]. Du Whisnou des brahmanes vient le mystère de l'Incarnation [2], qui correspond d'ailleurs à

---

[1] Voyez les différents systèmes aux articles des philosophes grecs et persans. Il y a eu des modernes qui ont avancé que Jésus-Christ n'était autre chose que Platon, qu'on disait aussi sorti du sein d'une vierge. Les Indiens avaient de même une trinité : Sree-Mun Narrain, Mhah Letchimy, une belle femme (comme le Fils, emblème de l'amour), et le Serpent, ou l'esprit *Sketches on the Mythology and Customs of the Hindoos*, page 41.) « These persons, » dit l'auteur du livre cité, « are supposed by the Hindoos to be wholly indivisible. The one is « three, ond the three are one. » (Pag. 42.)

[2] Whisnou n'était pas le seul Dieu des Indiens qui se fût incarné. Voici l'histoire d'une des incarnations de Sree-Mun Narrain. « Sree-Mun Narrain, la grande divinité des Indiens, avec ses inséparables associés Mhah Letchimy, et le Serpent, résolut de s'incarner, pour corriger d'énormes abus qui s'étaient glissés parmi les hommes. Narrain prit la figure du guerrier Ram ; Letchimy devint sa femme, sous le nom de Seetah Deveo ; et le Serpent métamorphosé joua le personnage de Letchimum, frère et compagnon de Ram. Un jour qu'ils voyageaient dans un désert, Ram se trouvant obligé de quitter Seetah, la confia, jusqu'à son retour, à la garde de son frère Letchimum. Celui-ci demeura quelque temps avec sa belle-sœur sans qu'il lui arrivât aucun accident ; mais un fameux magicien ayant aperçu Seetah, en devint éperdument amoureux. Pour la séparer de son fidèle gardien, il se transforma en un oiseau du plus brillant plumage. La faible épouse de Ram n'eut pas plutôt remarqué le perfide oiseau qu'elle supplia Letchimum de l'attraper. C'est en vain que celui-ci représente le danger : désir de femme est irrésistible ; Seetah, sourde à toutes les raisons, dans un moment de dépit, accuse son beau-frère d'avoir des vues criminelles sur elle. A cette horrible accusation, Letchimum ne balance plus ; mais, avant de quitter l'ingrate beauté pour courir après l'oiseau, il trace un cercle autour d'elle, en lui apprenant que, tandis qu'elle se tiendra dans cet espace, elle n'a rien à craindre. A peine est-il parti, que le magicien, prenant la forme d'un vieillard décrépit, s'approche de Seetah, et la supplie de lui procurer un peu d'eau pour apaiser une soif ardente. La malheureuse et compatissante épouse de Ram franchit le cercle fatal, et devient la proie du cruel enchanteur. »

L'auteur dont je tire cette historiette se tait sur la suite de l'aventure. Il paraît seulement que le magicien n'obtint pas le but de sa perfidie ; car lorsque Ram eut retrouvé Seetah, ne se fiant pas trop aux protestations de sa femme, il ordonna l'épreuve par le feu. Seetah marcha sur les fers rouges ; « mais ses pieds, dit l'auteur, bronzés par l'innocence, les foulèrent comme un lit de fleurs. » (*Sketches of the Mythology of the Hindoos*, pag. 74-81.)

l'âme du monde des académiques. La Vierge, comme nous l'avons déjà dit, renferme un emblème astronomique. La persécution, le martyre et la résurrection du Christ ne sont que le dogme allégorique persan concernant le bon et le mauvais Principe, dans lequel le méchant triomphe et détruit d'abord le bon; ensuite le bon renaît, et subjugue à son tour le méchant. La doctrine de la rénovation des choses, et de la résurrection des corps, après l'incendie général du globe, se tire de la secte de Zénon, ou des fatalistes. Il serait aisé, disaient les philosophes, de morceler ainsi tous vos évangiles et d'en montrer les pièces de rapport; mais tenons-nous-en ici: il suffit d'avoir fait voir où vos dogmes fondamentaux ont été puisés. Nous allons maintenant parler de la discipline de votre Église[1].

CHAPITRE XLVII.

OBJECTIONS CONTRE LA DISCIPLINE.

Vous dites que c'est Dieu lui-même qui a établi votre Église, où tout respire une origine divine. En vérité, il faut que vous supposiez les hommes bien sots ou bien ignorants.

Votre hiérarchie de cardinaux, d'archevêques, d'évêques, de prêtres, de diacres, de sous-diacres, sont des institutions égyptiennes. Là, se trouvait un hiérophante, d'où découlait une suite de prêtres, qui diminuaient d'ordres et de pouvoir en raison de leur plus ou moins d'éloignement du chef suprême. L'Occident, et l'Orient surtout, vous fournirent le modèle de vos cérémonies et de vos costumes. Vous imitâtes les chœurs d'enfants, la marche sur deux colonnes, les oscillations de l'encensoir, la génuflexion et le chant à de certains signaux réguliers, d'après les pompes attiques et romaines. Vous retenez de nos jours, dans vos cérémonies funèbres, l'air qu'on chantait à Athènes dans des occasions semblables au siècle de Périclès; et plusieurs de vos sectes marchent encore dans la sandale grecque.

La tenture, l'exposition des tableaux, la suspension des lampes, le dais, les vases d'or et d'argent vous viennent de l'Orient. Mais que disons-nous! vous portez sur vous-même les marques du paganisme, sans vous en apercevoir! La tonsure sur votre tête, l'étole à votre cou, l'hostie et le sacrement rayonnant dans vos mains, ne sont-ils pas les mêmes symboles qui, parmi les prêtres de la Perse représentaient le disque et les rayons de l'astre qu'on y adorait? Si les mages revenaient parmi nous, ne croiraient-ils pas, en voyant vos mitres, vos robes, vos surplis, vos chapes, que vous êtes des membres de leurs sectes, disséminés chez des peuples barbares?

Les détails de vos cérémonies offrent les mêmes rapports. On sait que la communion est une institution judaïque. L'époque de vos fêtes correspond exactement à celle des fêtes chez les anciens. Vous avez conservé même dans vos prières les formes latines. La messe des Rameaux, dans le onzième siècle, où le peuple répétait trois fois en chorus le cri d'un âne après l'*Ite Missa est*,

---

[1] *Les Ruines* de VOLNEY et les auteurs précédents.

cachait une des allégories les plus obscènes de l'antiquité. Le carnaval, avant le jour des Cendres, n'était qu'un reste des bacchanales. Enfin il est clair que vous dérivez votre discipline des prêtres du polythéisme [1].

Nous ne condamnons pas ceci absolument, ajoutaient les philosophes, nous vous en voulons seulement de n'être pas de bonne foi, et de vouloir faire passer tout cela comme provenant d'une origine céleste [a]. Nous sentons fort bien que vous n'auriez jamais converti les peuples au christianisme sans la solennité du culte. C'est en quoi nous préférons la secte romaine. Il est ridicule d'être luthérien, calviniste, quaker, etc.; de recevoir, à quelque différence près, l'absurdité du dogme, et de rejeter la religion des sens, la seule qui convienne au peuple. Il n'est pas plus difficile de croire le tout qu'une partie; et lorsqu'on admet l'incarnation, il n'en coûte pas davantage d'adopter la présence réelle.

Telles étaient les objections des philosophes modernes contre le christianisme; objections dont je n'ai extrait qu'une très-petite partie. Je suis bien fâché que mon sujet ne me permette pas de rapporter les raisons victorieuses avec lesquelles les Abadie, les Houteville, les Bergier, les Warburton ont combattu leurs antagonistes, et d'être obligé de renvoyer à leurs ouvrages [b].

Moi qui suis très-peu versé dans ces matières, je répèterai seulement aux incrédules, en ne me servant que de ma propre raison, ce que je leur ai déjà dit. « Vous renversez la religion de votre pays, vous plongez le peuple dans l'impiété, et vous ne proposez aucun autre palladium de la morale. Cessez cette cruelle philosophie, ne ravissez point à l'infortuné sa dernière espérance : qu'importe qu'elle soit une illusion, si cette illusion le soulage d'une partie du fardeau de l'existence, si elle veille dans les longues nuits à son chevet solitaire et trempé de larmes; si enfin elle lui rend le dernier service de l'amitié, en fermant elle-même sa paupière, lorsque seul et abandonné sur la couche du misérable, il s'évanouit dans la mort [c]? »

CHAPITRE XLVIII.

DE L'ESPRIT DES PRÊTRES CHEZ LES ANCIENS ET CHEZ LES MODERNES, CONSIDÉRÉ DANS UN GOUVERNEMENT POPULAIRE.

Nous avons consacré la fin de ce premier livre à des recherches sur les religions. Les prêtres tiennent de si près à ce sujet, et leur influence a été si grande dans tous les siècles, qu'on ne peut s'empêcher d'en dire un mot en parlant du

[1] SAINT-FOIX, *Essai sur Paris*. *Les Ruines* de VOLNEY et les auteurs cités.

[a] Jamais l'Eglise n'a prétendu que les vêtements de ses prêtres, les ornements de ses autels, etc., eussent une origine céleste. J'ai mieux raisonné dans le *Génie du Christianisme*, lorsque, pour faire aimer la majesté de notre culte, j'ai montré qu'il se rattachait aux plus nobles coutumes de l'antiquité, et aux traditions historiques les plus vénérables. (N. ED.)

[b] Puisque j'avais cité contre la religion d'aussi misérables autorités que celles de Diderot, de Toland, de Saint-Foix, etc., je pouvais bien citer pour la religion les Abadie, les Warburton, les Clarke, etc. (N. ED.)

[c] J'ai cité ce paragraphe dans la préface de l'*Essai* : réuni à celui où je déclare que *je rapporte les objections des autres sans les admettre*, il détruit, en grande partie, l'effet de ces misérables et odieux chapitres. (N. ED.)

culte. Au reste, ceci demanderait un volume, et je n'ai que quelques chapitres à y consacrer.

J'entends par prêtres des ministres dévoués au service de l'autel ; qui ont souvent des vertus, quelquefois des vices ; vivent des préjugés du peuple, comme mille autres états ; ne sont ni moins ni plus fripons que le reste de leur siècle, ni meilleurs ni pires que les autres hommes *a*.

Ceux de l'antiquité nous offrent un esprit un peu différent de ceux de notre âge : ceci tient aux positions politiques des nations. Distinguons donc entre les prêtres dans un État monarchique et les prêtres dans une république. Commençons par les derniers.

Chez les Grecs et chez les Romains, l'influence du sacerdoce était considérable ; mais l'État se trouvant administré sous une forme populaire, l'intérêt des prêtres penchait du côté de la liberté. Lorsqu'on allait consulter l'oracle de Delphes, les réponses du dieu se faisaient généralement dans le sens de l'indépendance ; cependant il se ménageait toujours adroitement une porte de retraite ; et les trépieds des tyrans étaient suspendus aux voûtes du temple, comme ceux des patriotes. En cela, les prêtres anciens et les prêtres modernes se ressemblaient parfaitement.

Autre ressemblance. La caste religieuse d'Athènes n'était guère moins persécutante que les ministres du christianisme *b*. Les sophistes s'en trouvaient aussi mal en Grèce que les encyclopédistes en France ; mais comme la loi, dans le premier pays, protégeait le citoyen, lorsque la charge d'*impiété* n'était pas prouvée, le magistrat renvoyait l'accusé. Pour claquemurer parmi nous un philosophe à la Bastille, il ne fallait pas tant de cérémonies *c*. Venons maintenant aux différences.

D'abord, une très-importante se présente. Les prêtres des Grecs avaient un pouvoir considérable sur la masse du peuple, mais ils n'en exerçaient aucun sur les particuliers : les nôtres, au contraire, nous environnaient, nous assiégeaient. Ils nous prenaient au sortir du sein de nos mères, et ne nous quittaient plus qu'après nous avoir déposés dans la tombe. Il y a des hommes qui font le métier de vampires, qui vous sucent de l'argent, le sang, et jusqu'à la pensée *d*.

Seconde différence. Chez les anciens, surtout à Rome, les prêtres ignoraient ce système d'association, qui communique tant de force aux choses religieuses.

---

a Quoique dur, le jugement est impartial. Mais le mot de fripon, qui vient sans cesse sous ma plume en parlant du siècle, est très-peu poli. (N. Ed.)

b Les ministres de la *philosophie* ont été moins *persécutants* que les ministres du christianisme. (N. Ed.)

c Ici, je suis extrêmement injuste, même historiquement parlant. On condamnait très-bien à l'exil ou à la mort à Athènes pour cause d'impiété, et cela sur un simple écrit, quelquefois sur un seul vers. Il ne faut ni tuer ni emprisonner personne pour cause de religion ; mais quand on écrit l'histoire il ne faut pas dénaturer les faits. Il n'est pas bien de représenter les philosophes persécutés par les prêtres, à l'époque même où les philosophes triomphaient des prêtres. J'aurais dû être averti : quand j'écrivais ces choses-là, n'avais-je pas sous les yeux, dans les rues de Londres, ces prélats vénérables, ces milliers de prêtres déportés, exilés par les disciples des encyclopédistes ? (N. Ed.)

d Toutes ces injures sont ignobles, et j'en ai fait justice dans le *Génie du Christianisme*. (N. Ed.)

Les ministres des dieux, dispersés dans l'État, ne s'appuyaient point les uns les autres, et par conséquent ne pouvaient, comme individus, devenir dangereux à la liberté. La constitution hiérarchique de l'Église romaine, chez les peuples modernes, infusait dans tout le clergé un esprit de corps trop formidable. Au reste, les gardiens du culte en Grèce, graves, posés, vertueux, se tenaient dans la mesure de leur profession *a*. Nos abbés en manteau court exhibaient à Paris le vice, le ridicule et la sottise *b*; et l'on concevrait à peine comment des hommes pouvaient ainsi se donner en spectacle, si l'on ne connaissait la bêtise et la friponnerie du monde. Lorsque je vois les différents personnages de la société, je me figure ces escrocs qui se rendent exprès sur les promenades publiques, bizarrement vêtus. Tandis que la foule hébétée se rassemble à considérer le bout de ruban rouge, bleu, noir, dont le pasquin est bariolé, celui-ci lui vide adroitement ses poches; et c'est toujours le plus chargé de décorations qui fait fortune *c*.

Tout considéré, les prêtres sont nécessaires aux mœurs et excellents dans une république; ils ne sauraient y causer de mal, et peuvent y faire beaucoup de bien.

CHAPITRE XLIX.

DE L'ESPRIT DES PRÊTRES CHEZ LES ANCIENS ET CHEZ LES MODERNES, CONSIDÉRÉ DANS UN GOUVERNEMENT MONARCHIQUE.

Mais si l'esprit du sacerdoce peut être salutaire dans une république *d*, il devient terrible dans un état despotique, parce que, servant d'arrière-garde au tyran, il rend l'esclavage légitime et saint aux yeux du peuple *e*.

Les prêtres de la Perse et de l'Égypte ressemblèrent parfaitement aux nôtres. Leur esprit se composait également de fanatisme et d'intolérance *f*. Les mages

---

a Cela n'est pas vrai; il y avait en Grèce des prêtres de tous les dieux, de tous les vices, de toutes les folies. Les ministres de Bacchus, de Mercure, de Cybèle, de Priape, de Cupidon, n'étaient ni graves ni posés. *La mesure de leur profession* était de se prostituer, de s'enivrer, de courir les champs comme des forcenés, ou de faire les saltimbanques dans les villages et aux carrefours des cités. (N. Ed.)

b Vulgairement écrit et injuste : le vice de quelques individus dans un ordre ne peut jamais être considéré comme le caractère d'un ordre entier. (N. Ed.)

c J'en voulais sérieusement à la société. Je ne lui pardonnais pas, quand j'étais jeune, le mal qu'elle m'avait fait. Aujourd'hui je suis sans rancune; nous allons bientôt nous quitter. Je reconnais que mes observations n'étaient pas toutes également justes : par exemple, j'ai été à mon tour chargé de rubans; je ne vois pas qu'ils m'aient servi à enchaîner la fortune. (N. Ed.)

d Je ne sais pas pourquoi les prêtres seraient plus utiles dans une république que dans une monarchie; je dirais même tout le contraire aujourd'hui, et je crois dire plus vrai. D'ailleurs, est-ce là une grande vue du sujet? Politiquement et philosophiquement parlant, il fallait montrer ce qu'étaient les prêtres en Grèce et à Rome dans l'ordre social, quelle part ils avaient à la politique, quelle portion du pouvoir ils retenaient, et comment ils influaient sur les destinées de l'État, soit qu'ils fussent placés en dedans, soit qu'ils fussent laissés en dehors des institutions. On ne peut pas dire que des hommes qui, dans de certains cas, pouvaient éloigner ou dissoudre les assemblées du peuple, empêcher ou ordonner de livrer une bataille, étaient des hommes sans autorité politique, surtout lorsqu'il y avait des charges pontificales souvent occupées par des citoyens ambitieux et puissants. Je n'ai donc su absolument ce que je disais dans ce passage de l'*Essai*, qui me paraît, sous tous les rapports, pitoyable. (N. Ed.)

e Si je n'avais dit que de ces choses-là j'aurais eu moins de corrections fraternelles à m'administrer. (N. Ed.)

f J'ai toujours la même horreur du fanatisme et de l'intolérance; mais l'esprit des prêtres

RÉVOLUTIONS ANCIENNES. 271

firent brûler et ravager les temples de la Grèce lors de l'expédition de Xerxès. Ils gouvernaient le trône, et avaient exclusivement l'oreille des rois : deux traits cependant les distinguent des ministres du culte chez les chrétiens.

Ils ne croyaient pas à la religion qu'ils enseignaient ; ils professaient secrètement une autre doctrine, et adressaient leurs prières au vrai Dieu qui gouverne le monde. Nos prêtres, pour la plupart, admettent les dogmes qu'ils publient [a].

La seconde différence se trouve dans les lumières. Les mages étudiaient particulièrement les sciences ; notre clergé, au contraire, faisait vœu d'y renoncer [b]. Les deux chemins conduisent au même but : l'on domine également du fond du tonneau de Diogène et du haut de l'observatoire babylonien.

Mais une institution particulière a contribué à donner à nos ministres un esprit différent de celui des prêtres de l'antiquité, je veux dire la confession auriculaire. Cet ouvrage a été un des grands textes des déclamations des philosophes. Comment, disaient-ils, l'innocence allant peut-être déposer ses secrets dans le sein du crime, la pudeur dans celui de l'immoralité, l'homme libre révélant sa pensée au tyran, les inimitiés entre deux amis, entre l'époux et l'épouse, enfin tout ce qui ne doit être connu que du ciel et de nous, le confier à un homme faible, à un homme sujet à nos passions! Prêtre, je m'agenouille à ton tribunal : j'ai péché ; j'ai trahi l'amitié, la beauté, la jeunesse, l'innocence..... Mais je te vois pâlir! Et toi aussi serais-tu coupable? et n'es-tu pas homme? Sois donc mon ami, et ne sois pas mon juge ; console-moi, laisse-moi te consoler ; prions ce Dieu qui nous créa faibles, afin que nous nous appuyions l'un sur l'autre ; ce Dieu qui, pour toute pénitence, nous a donné le remords [c]. Ainsi raisonnaient les philosophes.

Finissons par quelques remarques générales.

---

chrétiens n'était point l'intolérance et le fanatisme. Ces prêtres ont été quelquefois fanatiques et intolérants selon les siècles ; et même dans ces siècles où ils subissaient les mœurs de leur temps, ils se sont souvent montrés plus éclairés et plus charitables que leurs contemporains. Des évêques se sont opposés aux massacres de la Saint-Barthélemy. Que Rome ait applaudi à ces massacres ; que quelques prêtres indignes de ce nom se soient fait remarquer par leur fureur à différentes époques de notre histoire, encore une fois il n'est pas juste de conclure du particulier au général. Des citations du *Génie du Christianisme* vont bientôt répondre à mes accusations philosophiques. (N. Ed.)

[a] Cet aveu du moins est honorable au clergé. (N. Ed.)

[b] Mais étais-je devenu fou? Quand donc le clergé a-t-il renoncé aux sciences? Les plus beaux génies, les hommes les plus savants, ne sont-ils pas sortis de l'ordre du clergé? N'est-ce pas le clergé qui a sauvé les lettres du naufrage de la barbarie, etc., etc.? Le clergé fait vœu de renoncer aux sciences ! Une telle assertion suffirait seule pour décréditer tout un livre. Voyez, au reste, le *Génie du Christianisme* sur les services rendus aux lettres par le clergé. (N. Ed.)

[c] « La confession suit le baptême ; et l'Eglise, avec une prudence qu'elle seule possède, a fixé l'époque de la confession à l'âge où l'idée du crime peut être conçue : il est certain qu'à sept ans l'enfant a les notions du bien et du mal. Tous les hommes, les philosophes même, quelles qu'aient été d'ailleurs leurs opinions, ont regardé le sacrement de pénitence comme une des plus fortes barrières contre le vice, et comme le chef-d'œuvre de la sagesse. « Que de restitutions, de réparations, dit Rousseau, la confession ne fait-elle point faire chez « les catholiques! » Selon Voltaire, « la confession est une chose très-excellente, un frein au « crime, inventé dans l'antiquité la plus reculée : on se confessait dans la célébration de « tous les anciens mystères. Nous avons imité et sanctifié cette sage coutume : elle est très-« bonne pour engager les cœurs ulcérés de haine à pardonner. »

« Sans cette institution salutaire, le coupable tomberait dans le désespoir. Dans quel

L'esprit dominant du sacerdoce doit être l'égoïsme *a*. Le prêtre n'a que lui seul dans le monde ; repoussé de la société, il se concentre ; et voyant que tous les hommes s'occupent de leurs intérêts, il cherche le sien. Sans femme et sans enfants, il peut rarement être bon citoyen, parce qu'il prend peu d'intérêt à l'État. Pour aimer la patrie, il faut avoir fait le tour de la chambre sur ses mains comme Henri IV *b*.

Autre trait général du caractère des prêtres : le fanatisme. En cela ils ressemblent au reste du monde : chacun fait valoir le chaland dont il vit. Nous sommes assis dans la société comme des marchands dans leurs boutiques : l'un vend des lois ; l'autre, des abus ; un troisième, du mensonge ; un quatrième, de l'esclavage : le plus honnête homme est celui qui ne falsifie point sa drogue et qui la débite toute pure, sans en déguiser l'amertume avec de la liberté, du patriotisme, de la religion *c*.

Enfin, la haine doit dominer chez les prêtres, parce qu'ils forment un corps. Il n'est point de la nature du cœur humain de s'associer pour faire du bien ; c'est le grand danger des clubs et des confréries. Les hommes mettent en commun leurs haines et presque jamais leur amour *d*.

CHAPITRE L.

DU CLERGÉ ACTUEL EN EUROPE.

DU CLERGÉ EN FRANCE.

Nous allons maintenant examiner l'état du clergé en Europe. Commençons par la France.

Le clergé gallican peut se diviser en trois classes : les évêques, les abbés et les curés.

Les évêques conservaient peut-être encore trop de l'ancien esprit de leur ordre, mais ils étaient généralement instruits et charitables ; ils connaissaient mieux l'état de l'opinion que les grands, parce qu'ils vivaient davantage avec le peuple ; et si tous avaient imité quelques-uns d'entre eux, si éminents pour la pureté des mœurs, ils seraient encore à la tête de leur troupeau. Mais,

---

sein déchargerait-il le poids de son cœur ? Serait-ce dans celui d'un ami ? Eh ! qui peut compter sur l'amitié des hommes ? Prendra-t-il les déserts pour confidents ? Les déserts retentissent toujours pour le crime du bruit de ces trompettes que le parricide Néron croyait ouïr autour du tombeau de sa mère. Quand la nature et les hommes sont impitoyables, il est bien touchant de trouver un Dieu prêt à pardonner. Il n'appartient qu'à la religion chrétienne d'avoir fait deux sœurs de l'innocence et du repentir. » (*Génie du Christianisme*, Ire part., liv. Ier, chap. VI.) (N. ED.)

a Cela serait vrai pour tout autre prêtre qu'un prêtre chrétien. Mais la charité évangélique est là pour lui donner toutes les saintes tendresses de l'âme ; par elle, le prêtre devient un prêtre compatissant, un frère dévoué, un ami fidèle : comme son divin Maître, *il va faisant le bien*. (N. ED.)

b Nos révolutionnaires les plus atroces, ces tigres qui s'enivraient du sang français, adoraient les petits enfants ; on n'a jamais vu de meilleurs pères : aussi *comme ils aimaient la patrie !* (N. ED.)

c Je serais bien fâché de mépriser autant la race humaine aujourd'hui. (N. ED.)

d Si ces réflexions étaient vraies, il faudrait mettre le feu aux quatre coins des cités (N. ED.)

malgré leur connaissance du génie national, ils ne furent pas assez au niveau de leur siècle; en cela pourtant moins ignorants que la cour, dont l'ineptie était révoltante sur cet article *a*. J'ai vu des hommes me dire, en 1789 : La révolution ! on en parlera, dans deux ou trois ans d'ici, comme du mesmérisme et de l'affaire du collier ! Dès lors je prévis de grands malheurs.

Les abbés, qui forment la seconde classe, ont été en partie la cause de ce déluge de haines qui a fondu sur la tête du clergé. N'oublions pas cependant que les Raynal, les Mably, les Condillac, les Barthélemy, et mille autres, se trouvaient dans l'ordre des abbés *b*.

Quant aux curés, ils étaient pleins de préjugés et d'ignorance : mais la simplicité du cœur, la sainteté de la vie, la pauvreté évangélique, la charité céleste, en faisaient la partie la plus respectable de la nation. J'en ai connu quelques-uns qui semblaient moins des hommes que des esprits bienfaisants descendus sur la terre pour soulager les maux de l'humanité. Souvent ils se dépouillèrent de leurs vêtements pour en couvrir la nudité de leurs semblables; souvent ils se refusèrent la vie même pour nourrir le nécessiteux. Qui oserait reprocher à de tels hommes quelque sévérité d'opinion ? Qui de nous, superbes philanthropes, voudrait, durant la rigueur des hivers, dans l'épaisseur des ténèbres, se voir réveiller au milieu de la nuit, pour aller porter au loin dans la campagne un Dieu de vie à l'indigent expirant sur un peu de paille? Qui de nous voudrait avoir sans cesse le cœur brisé du spectacle d'une misère qu'on ne peut secourir? se voir environné d'une famille à moitié nue, dont les joues creuses, les yeux hâves, annoncent l'ardeur de la faim et de tous les besoins? Consentirions-nous à suivre le curé de la ville dans le séjour du crime et de la douleur, pour consoler le vice et l'impureté sous ses formes les plus dégoûtantes, pour verser l'espérance dans un cœur désespéré? Qui de nous enfin voudrait se séquestrer du monde des heureux pour vivre éternellement parmi les souffrances; et ne recevoir en mourant, pour tant de bienfaits, que l'ingratitude des pauvres et la calomnie des riches *c*?

On peut conjecturer, de cet état du clergé en France, que le christianisme y subsistera encore longtemps *d*. Le prêtre vivant au milieu du petit peuple, étant presque aussi indigent que lui, est un compagnon d'infortune que le misérable se résoudra difficilement à perdre. Le protestantisme serait mal calculé pour mes compatriotes *e*; ils détesteraient un ministre distant, qu'ils n'apercevraient qu'un moment chaque dimanche : ils demandent un curé populaire, qu'ils puissent adorer et couvrir d'injures. Le Français est la plus aimante des

---

a Ce jugement n'est pas trop partial pour un petit philosophe en jaquette. (N. Ed.)
b C'est encore juste pour les abbés. (N. Ed.)
c J'ai transporté cet éloge des curés dans le *Génie du Christianisme*. Il ne fallait pas dire dans le précédent chapitre que l'esprit dominant du sacerdoce est l'égoïsme, le fanatisme, la haine, pour dire dans celui-ci tout le contraire, à propos des évêques et des curés. (N. Ed.)
d Très-juste; mais pourquoi ai-je dit dans les chapitres précédents que la religion chrétienne avait reçu un coup mortel, qu'elle n'en reviendrait pas, que c'était une affaire finie? (N. Ed.)
e Bien observé : la France pourrait être impie ou indifférente en matière religieuse; elle ne sera jamais protestante. (N. Ed.)

créatures; il lui faut des gestes, des expressions chaudes, de l'intimité. Au reste, cette communication du pasteur avec l'indigent est un des liens les plus respectables qui se soient jamais formés entre des hommes [a]. Le christianisme a repris une nouvelle vigueur en France par la persécution du bas clergé; et il est à présumer qu'il durera quelques années de plus qu'il n'aurait fait dans le calme [b].

CHAPITRE LI.

DU CLERGÉ EN ITALIE.

La multiplicité des sectes monastiques en Italie sert à y nourrir la superstition. Qui croirait qu'à la fin du dix-huitième siècle les nobles de Rome font encore des pèlerinages, pieds nus et la hart au cou, pour racheter le pardon d'un assassinat? Mais comme les contraires existent toujours l'un près de l'autre, il suit de cette crédulité que les liens de la religion sont aussi plus près de se rompre.

De tous les temps les Italiens furent divisés en deux sectes, l'une athée, l'autre superstitieuse : voisins des abus et des vices de la cour de Rome, c'est nécessairement le résultat de leur position locale [c]. La dégénération du caractère moral, plus avancée en Italie que dans le reste de l'Europe, y accélérera aussi la chute du christianisme [d].

CHAPITRE LII.

DU CLERGÉ EN ALLEMAGNE.

C'est en Allemagne que la religion trouvera son dernier refuge. Elle s'y soutient par la force morale du peuple et par les vertus et les lumières du clergé. J'y ai souvent vu quelque vénérable pasteur, à la porte de son presbytère champêtre, faire un prône naïf à de bonnes gens qui semblaient tout attendris, et je me suis cru transporté à ces temps où le Dieu de Jacob se communiquait aux patriarches au bord des fontaines.

CHAPITRE LIII.

DU CLERGÉ EN ANGLETERRE.

Le christianisme expirera en Angleterre dans une profonde indifférence. La

---

[a] Encore très-bien; mais pourquoi disais-je tout à l'heure le contraire? Pourquoi parlais-je de l'égoïsme des prêtres? (N. Ed.)

[b] *Quelques années de plus*: je me suis souvenu tout à coup (on le voit par cette phrase) de ce que j'avais écrit plus haut; et, pour ne pas me mettre trop en contradiction avec moi-même, je me fais une petite concession de *quelques années*. (N. Ed.)

[c] Il y a quelque vérité dans ces observations, mais je prononce trop en général. Il aurait fallu distinguer les divers Etats de l'Italie; ne pas prendre Rome pour toute la Péninsule, ne pas parler de la cour de Rome sous Pie VI, Pie VII et Léon XII, comme de cette même cour sous les Borgia. Il y a confusion de temps, d'hommes et de choses. (N. Ed.)

[d] Voyez, pour la réfutation de tous ces chapitres, relatifs au clergé catholique, une note à la page 295 de ce volume, contenant quelques extraits du *Génie du Christianisme*; note que, par son étendue, je n'ai pu placer ici. Il m'a paru important de mettre ces extraits im-

raison de cette tiédeur, en matière religieuse, si remarquable dans la Grande-Bretagne, se tire de deux causes[1] : du culte et du clergé.

Du culte. La religion n'y a pas assez d'extérieur : défaut de toutes les religions réformées; les exercices de piété n'y sont pas assez multipliés : dans les campagnes, les temples restent fermés pendant la semaine, et tout s'y borne à quelques courtes prières le dimanche. Johnson se plaint souvent de cet usage et en prédit la chute du christianisme.

Du clergé. Le ministre anglais, riche et homme du monde, ne se rapproche pas assez du peuple; à peine ses paroissiens le connaissent-ils. L'abus de non-résidence est aussi au grand détriment de la religion : un ministre va desservir en hâte deux ou trois églises le dimanche dans la campagne, ensuite il se retire dans la ville voisine, où il disparaît pour huit jours. Vu sous le jour philosophique, on ne saurait blâmer le mode de vie qu'a choisi le clergé britannique : considéré sous le jour religieux, il accélère certainement la chute du christianisme. On ne peut se figurer l'étonnement des étrangers lorsqu'on leur apprend que les ministres anglais dansent au bal, donnent des fêtes, font des parties de vin et de femmes; que rien, en un mot, ne distingue leurs mœurs de celles de leurs compatriotes[2]. Les lumières, l'érudition, la philosophie, la générosité, que j'ai rencontrées parmi quelques membres de l'Église anglicane, me font déplorer du fond du cœur la ruine où je vois que la force des choses et le train du siècle les précipitent. Il me semble impossible que leur manière de vivre s'accorde longtemps avec leurs grands revenus, parce que la première est d'eux, et que les seconds sont du peuple. Si je parle sévèrement, qu'on m'excuse : j'ai fait profession de vérité; c'est par reconnaissance même que j'ose m'expliquer avec cette franchise, afin que le clergé cherche dans sa sagesse les moyens les plus propres à éloigner la catastrophe que je lui prédis [a].

CHAPITRE LIV

DU CLERGÉ EN ESPAGNE ET EN PORTUGAL. — VOYAGE AUX AÇORES. — ANECDOTE.

Je considère les prêtres espagnols et portugais comme ne formant qu'un seul corps, et je vais raconter un fait dont j'ai été témoin, qui servira plus à faire connaître leurs mœurs que tout ce que je pourrais en dire.

---

médiatement sous les yeux du lecteur, sans le renvoyer au *Génie du Christianisme*. (N. Ed.)

[1] Je ne parle que des causes religieuses et non des causes politiques. On sent que, le commerce obligeant chacun de songer à ses affaires, on a peu le temps de passer ses jours à l'église.

[2] Ceci a encore un autre effet dangereux, en tendant à augmenter la secte presbytérienne, qui profite de cette facilité de mœurs pour calomnier les ministres anglais. Aussi les presbytériens augmentent-ils en une proportion effrayante, parce que la politique vient en outre à l'appui de la religion. Il est vrai que l'Église d'Angleterre subsistera aussi longtemps que la constitution de l'État; mais il faut bien prendre garde que, par un relâchement de mœurs, on ne donne lieu à saper une partie de l'édifice qui amènerait bientôt la chute du tout. Craignons surtout les révolutions. S'il en arrivait une maintenant en Angleterre, celle de Cromwell ne serait qu'un jeu auprès : j'en sais bien là raison.

[a] Ce qu'il y a de trop positif dans ce texte est corrigé dans la note, où je dis que l'Eglise d'Angleterre subsistera aussi longtemps que la constitution de l'Etat. Dans ce cas elle subsistera longtemps. (N. Ed.)

Manquant d'eau et de provisions fraîches, et nous trouvant au printemps de 1791 par la hauteur des Açores, il fut résolu que nous y relâcherions. Dans le vaisseau sur lequel je passais alors en Amérique, il y avait plusieurs prêtres français qui émigraient à Baltimore, sous la conduite du supérieur de Saint........, M. N. Parmi ces prêtres se trouvaient quelques étrangers, en particulier M. T., jeune Anglais d'une excellente famille, qui s'était nouvellement converti à la religion romaine [1].

[1] L'histoire de ce jeune homme est trop singulière pour n'être pas racontée, surtout écrivant en Angleterre, où elle peut intéresser plusieurs personnes. J'invite le lecteur à la parcourir avant de continuer la lecture du chapitre.

M. T. était né d'une mère écossaise et d'un père anglais, ministre, je crois, de W. (quoique j'aie fait en vain des démarches pour trouver celui-ci, et que je puis d'ailleurs avoir oublié les vrais noms). Il servait dans l'artillerie, où son mérite l'eût sans doute bientôt fait distinguer. Peintre, musicien, mathématicien, parlant plusieurs langues, il réunissait, aux avantages d'une taille élevée et d'une figure charmante, les talents utiles et ceux qui nous font rechercher de la société.

M. N., supérieur de Saint..., étant venu à Londres, je crois en 1790, pour ses affaires, fit la connaissance de T. A l'esprit rusé d'un vieux prêtre, M. N. joignait une chaleur d'âme qui fait aisément des prosélytes parmi des hommes d'une imagination aussi vive que celle de T. Il fut donc résolu que celui-ci passerait à Paris, renverrait de là sa commission au duc de Richemont, embrasserait la religion romaine, et, entrant dans les ordres, suivrait M. N. en Amérique. La chose fut exécutée; et T., en dépit des lettres de sa mère, qui lui tiraient des larmes, s'embarqua pour le Nouveau-Monde.

Un de ces hasards qui décident de notre destinée m'amena sur le même vaisseau où se trouvait ce jeune homme. Je ne fus pas longtemps sans découvrir cette âme, si mal assortie avec celles qui l'environnaient; et j'avoue que je ne pouvais cesser de m'étonner de la chance singulière qui jetait un Anglais, riche et bien né, parmi une troupe de prêtres catholiques. T., de son côté, s'aperçut que je l'entendais : il me recherchait, mais il craignait M. N., qui marquait de moi une juste défiance, et redoutait une trop grande intimité entre moi et mon disciple.

Cependant notre voyage se prolongeait, et nous n'avions pu encore nous ouvrir l'un à l'autre. Une nuit enfin nous restâmes seuls sur le gaillard, et T. me conta son histoire. Je lui représentai que, s'il croyait la religion romaine meilleure que la protestante, je n'avais rien à dire à cet égard; mais que d'abandonner sa patrie, sa famille, sa fortune, pour aller courir à l'autre bout du monde avec un séminaire de prêtres, me paraissait une insigne folie dont il se repentirait amèrement. Je l'engageai à rompre avec M. N. : comme il lui avait confié son argent, et qu'il craignait de ne pouvoir le ravoir, je lui dis que nous partagerions ma bourse; que mon dessein était de voyager chez les Sauvages aussitôt que j'aurais remis mes lettres de recommandation au général Washington; que, s'il voulait m'accompagner dans cette intéressante caravane, nous reviendrions ensemble en Europe ; que je passerais par amitié pour lui en Angleterre, et que j'aurais le plaisir de le remettre moi-même au sein de sa famille. Je me chargeai en même temps d'écrire à sa mère, et de lui annoncer cette heureuse nouvelle. T. me promit tout, et nous nous liâmes d'une tendre amitié.

T. était, comme moi, épris de la nature. Nous passions les nuits entières à causer sur le pont, lorsque tout dormait dans le vaisseau, qu'il ne restait plus que quelques matelots de quart; toutes les voiles étant pliées, nous roulions au gré d'une lame sourde et lente, tandis qu'une mer immense s'étendait autour de nous dans les ombres, et répétait l'illumination magnifique d'un ciel chargé d'étoiles. Nos conversations alors n'étaient peut-être pas tout à fait indignes du grand spectacle que nous avions sous les yeux; et il nous échappait de ces pensées qu'on aurait honte d'énoncer dans la société, mais qu'on serait trop heureux de pouvoir saisir et écrire. Ce fut dans une de ces belles nuits, qu'étant à environ cinquante lieues des côtes de la Virginie, et cinglant sous une légère brise de l'ouest, qui nous apportait l'odeur aromatique de la terre, il composa, pour une romance française, un air qui exhalait le sentiment entier de la scène qui l'inspira. J'ai conservé ce morceau précieux; et lorsqu'il m'arrive de le répéter dans les circonstances présentes, il fait naître en moi des émotions que peu de gens pourraient comprendre.

Avant cette époque, le vent nous ayant forcés de nous élever considérablement dans le nord, nous nous étions trouvés dans la nécessité de faire une seconde relâche à l'île de Saint-Pierre [*].

[*] Sur la côte de Terre-Neuve.

Le 6 mai, vers huit heures du matin, nous découvrîmes le pic de l'île du même nom, qui, dit-on, surpasse en hauteur celui de Ténériffe ; bientôt nous aperçûmes une terre plus basse, et, entre onze heures et midi, nous jetâmes l'ancre dans une mauvaise rade, sur un fond de roches, par quarante-cinq brasses d'eau.

L'île *Gracioza*, sur laquelle nous étions mouillés, se forme de petites collines un peu renflées au sommet, comme les belles courbes des vases corinthiens. Elles étaient alors couvertes de la verdure naissante des blés, d'où s'exhalait une odeur suave, particulière aux moissons des Açores. On voyait paraître, au milieu de ces tapis onduleux, les divisions symétriques des champs formées de pierres volcaniques mi-parties blanches et noires, et entassées les unes sur les autres, comme des murs à hauteur d'appui bâtis à froid. Des figuiers sauvages, avec leurs feuilles violettes et leurs petites figues pourprées, arrangées comme des nœuds de chapelet sur les branches, étaient semés çà et là dans la campagne. Une abbaye se montrait au haut d'un mont ; au pied de ce mont, dans une anse caillouteuse, apparaissaient les toits rouges de la petite

---

Durant les quinze jours que nous passâmes à terre, T. et moi nous allions courir dans les montagnes de cette île affreuse ; nous nous perdions au milieu des brouillards dont elle est sans cesse couverte. L'imagination sensible de mon ami se plaisait à ces scènes sombres et romantiques : quelquefois, errant au milieu des nuages et des bouffées de vent, en entendant les mugissements d'une mer que nous ne pouvions découvrir, égarés sur une bruyère laineuse et morte, au bord d'un torrent rouge qui roulait entre des rochers, T. s'imaginait être le barde de Cona ; et, en sa qualité de demi-Écossais, il se mettait à déclamer des passages d'*Ossian*, pour lesquels il improvisait des airs sauvages, qui m'ont plus d'une fois rappelé le « *'t was like the memory of joys that are past, pleasing and mournful to the soul.* » Je suis bien fâché de n'avoir pas noté quelques-uns de ces chants extraordinaires, qui auraient étonné les amateurs et les artistes. Je me souviens que nous passâmes toute une après-dînée à élever quatre grosses pierres en mémoire d'un malheureux célébré dans un petit épisode à la manière d'*Ossian* *. Nous nous rapelions alors Rousseau s'amusant à lever des rochers dans son île, pour regarder ce qui était dessous : si nous n'avions pas le génie de l'auteur de l'*Émile*, nous avions du moins sa simplicité. D'autres fois nous herborisions.

Mais je prévis dès lors que T. m'échapperait. Nos prêtres se mirent à faire des processions, et voilà mon ami qui se monte la tête, court se placer dans les rangs, et se met à chanter avec les autres. J'écrivis aussi de Saint-Pierre à la mère de T. Je ne sais si ma lettre lui aura été remise, comme le gouverneur me l'avait promis ; je désire qu'elle se soit perdue, puisque j'y donnais des espérances qui n'ont pas été réalisées.

Arrivé à Baltimore, sans me dire adieu, sans paraître sensible à notre ancienne liaison, à ce que j'avais fait pour lui (m'étant attiré la haine des prêtres), T. me quitta un matin, et je ne l'ai jamais revu depuis. J'essayai, mais en vain, de lui parler ; le malheureux était circonvenu, et il se laissa aller. J'ai été moins touché de l'ingratitude de ce jeune homme que de son sort : depuis ma retraite en Angleterre, j'ai fait de vaines recherches pour découvrir sa famille. Je n'avais d'autre envie que d'apprendre qu'il était heureux, et de me retirer ; car, quand je le connus, je n'étais pas ce que je suis : je rendais alors des services, et ce n'est pas ma manière de rappeler des liaisons passées avec les riches, lorsque je suis tombé dans l'infortune. Je me suis présenté chez l'évêque de Londres, et, sur les registres qu'on m'a permis de feuilleter, je n'ai pu trouver le nom du ministre T. Il faut que je l'orthographie mal. Tout ce que je sais, c'est que T. avait un frère, et que deux de ses sœurs étaient placées à la cour. J'ai peu trouvé d'hommes dont le cœur fût mieux en harmonie avec le mien que celui de T. ; cependant mon ami avait dans les yeux une arrière-pensée que je ne lui aurais pas voulue **.

* Il était tiré de mes *Tableaux de la Nature*, que quelques gens de lettres ont connus, et qui ont péri comme je le rapporte ci-après.
** Il n'y a de passable dans cette note que mes descriptions comme voyageur. Il fallait bien, au reste, puisque j'étais philosophe, que j'eusse tous les caractères de ma secte : la fureur du propagandisme et le penchant à calomnier les prêtres. J'ai été plus heureux comme ambassadeur que je ne l'avais été comme émigré. J'ai retrouvé à Londres, en 1822, M. T. Il ne s'est point fait prêtre ; il est resté dans le monde ; il s'est marié ; il est devenu vieux comme moi ; il n'a plus d'*arrière-pensée dans les yeux* ; son roman, ainsi que le mien, est fini. (N. Ed.)

ville de Santa-Crux. Toute l'île, avec ses découpures de baies, de caps, de criques, de promontoires, répétait son paysage interverti dans les flots. De grands rochers nus, verticaux au plan des vagues, lui servaient de ceinture extérieure, et contrastaient, par leurs couleurs enfumées, avec les festons d'écume qui s'y appendaient au soleil comme une dentelle d'argent. Le pic de l'île du même nom, par delà Gracioza, s'élevait majestueusement dans le fond du tableau au-dessus d'une coupole de nuages. Une mer couleur d'émeraude et un ciel du bleu le plus pur formait la tenture de la scène, tandis que des goëlands, des mauves blanches, des corneilles marbrées des Açores, planaient pesamment en criant au-dessus du vaisseau à l'ancre, coupaient la surface des vagues avec leurs grandes ailes recourbées en manière de faux, et augmentaient autour de nous le bruit, le mouvement et la vie.

Il fut décidé que j'irais à terre comme interprète avec T., un autre jeune homme et le second capitaine : on mit la chaloupe en mer, et nos matelots ramèrent vers le rivage, dont nous étions à environ deux milles. Bientôt nous aperçûmes du mouvement sur la côte, et un large canot s'avança vers nous. Aussitôt qu'il parvint à la portée de la voix, nous distinguâmes une quantité de moines. Ils nous hélèrent en portugais, en italien, en anglais, et nous répondîmes, dans ces trois langues, que nous étions Français. L'alarme régnait dans l'île : notre vaisseau était le premier bâtiment d'un grand port qui y eût jamais abordé et qui eût osé mouiller dans la rade dangereuse où nous nous trouvions; d'une autre part, notre pavillon tricolore n'avait point encore flotté dans ces parages, et l'on ne savait si nous sortions d'Alger ou de Tunis. Quand on vit que nous portions figures humaines et que nous entendions ce qu'on nous disait, la joie fut universelle : les moines nous firent passer dans leur bateau, et nous arrivâmes à Santa-Crux, où nous débarquâmes avec difficulté, à cause d'un ressac assez violent qui se forme à terre.

Toute l'île accourut pour nous voir. Quatre ou cinq malheureux, qu'on avait armés de vieilles piques à la hâte, s'emparèrent de nous. L'uniforme de Sa Majesté m'attirant particulièrement les honneurs, je passai pour l'homme important de la députation. On nous conduisit chez le gouverneur, dans une misérable maison où son éminence [a], vêtue d'un méchant habit vert autrefois galonné d'or, nous donna audience de réception. Il nous permit d'acheter les différents articles dont nous nous faisions besoin.

On nous relâcha après cette cérémonie, et nos fidèles religieux nous menèrent à un hôtel large, commode et éclairé, qui ressemblait bien plus à celui du gouverneur que le véritable.

T...... avait trouvé un compatriote. Le principal frère, qui se donnait tous les mouvements pour nous, était un matelot de Jersey, dont le vaisseau avait péri sur Gracioza plusieurs années auparavant. Lorsqu'il se fut sauvé seul à terre, ne manquant pas d'intelligence, il s'aperçut qu'il n'y avait qu'un métier

---

[a] Cet habit vert aurait dû m'avertir que le gouverneur n'était pas cardinal, et que je ne devais pas l'appeler *éminence*. La faute est peut-être au proto anglais, qui aura pris une *excellence* pour une *éminence*. On ne sait pas trop distinguer ces choses-là en Angleterre.
(N. Ed.)

dans l'île, celui de moine. Il se résolut de le devenir; il se montra extrêmement docile aux leçons des bons pères, apprit le portugais, et à lire quelques mots de latin; enfin, sa qualité d'Anglais parlant pour lui, on sacra cette brebis ramenée au bercail. Le matelot jerseyais, nourri, logé, chauffé à ne rien faire et à boire du *fayal*, trouvait cela beaucoup plus doux que d'aller ferler la misaine sur le bout de la vergue.

Il se ressouvenait encore de son ancien métier. Ayant été longtemps sans parler sa langue, il était enchanté de trouver enfin quelqu'un qui l'entendît; il riait, jurait, nous racontait en vrai marin l'histoire scandaleuse du père tel, qui se trouvait présent, et qui ne se doutait guère du genre de conversation dont le frère anglais nous régalait. Il nous promena ensuite dans l'île et à son couvent.

La moitié de Gracioza, sans beaucoup d'exagération, me sembla peuplée de moines, et le reste des habitants doit aussi leur appartenir par de tendres liens. De cela j'ai non-seulement l'aveu de plusieurs femmes, mais ce que j'ai vu de mes yeux ne peut me laisser là-dessus aucun doute. Je passe plusieurs anecdotes plaisantes[1], et je m'en tiens à ce qui regarde le clergé.

Le soir étant venu, on nous servit un excellent souper. Nous eûmes pour échansons de très-jolies filles; il fallut avaler du *fayal* à grands flots. On prévoit assez ce qui nous arriva; à une heure du matin pas un convive ne pouvait se tenir dans sa chaise. A six heures, notre moine de Jersey nous déclara en balbutiant, et avec un serment anglais très-connu, qu'il prétendait dire sur-le-champ la messe : nous l'accompagnâmes à l'église, où dans moins de cinq minutes il sut expédier le tout. Plusieurs Portugais assistèrent très-dévotement au saint sacrifice; et, en nous en retournant, nous rencontrâmes beaucoup de peuple qui baisait religieusement la manche du père. L'impudence avec laquelle ce matelot, encore pris de vin et de débauche, présentait son bras à la foule, me divertissait, en même temps que je ne pouvais m'empêcher de déplorer au fond du cœur la stupidité humaine.

[1] Deux traits peuvent servir à donner aux lecteurs une idée de l'ignorance, de l'oisiveté, de l'espèce d'enfance dans laquelle ces bons moines sont restés à la fin du dix-huitième siècle. On nous avait menés mystérieusement à un petit buffet d'orgue de la paroisse, pensant que nous n'avions jamais vu un si rare instrument. L'organiste, d'un air triomphant, se mit à toucher une misérable kyrielle de plain-chant, cherchant à voir dans nos yeux notre admiration. Nous parûmes extrêmement surpris; T. s'approcha modestement, et fit semblant de peser sur les touches avec le plus grand respect; l'organiste lui faisait des signes, avec l'air de lui dire : « Prenez garde! » Tout à coup T. déploya l'harmonie d'un célèbre passage de Pleyel. Il serait difficile d'imaginer une scène plus plaisante : l'organiste en était à moitié tombé par terre; les moines, la figure pâle et allongée, ouvraient une bouche béante, tandis que les frères servants faisaient des gestes d'étonnement les plus ridicules autour de nous.
La seconde anecdote n'est pas aussi gaie, mais elle montre le moine. On nous présenta un père, dont l'air réservé et important nous annonçait le savantasse de son cloître. Il tira de sa manche un *Cœur de Jésus*, tout barbouillé de grimoires : mes voisins n'y entendaient rien; la *curiosité* me parvint à mon tour. Je ne sais pourquoi, un jour, en France, que je n'avais rien à faire, il m'était tombé dans la tête qu'il serait bon que j'apprisse l'hébreu; je savais donc un peu le lire. Le bon père avait copié un verset de la Bible; mais n'en sachant pas davantage, il avait omis les points qui, dans certains cas, forment, par leurs positions relatives, les voyelles; de sorte que c'était un assemblage de consonnes parfaitement indéchiffrables. Je m'en aperçus, et je souris, mais je ne dis rien : pouvoir lire le *Cœur de Jésus* eût été trop fort, et je ne me souciais pas que l'inquisition se fût mêlée d'une sorcellerie si manifeste. Il en fut ensuite de même du Camoëns, et de quelques livres espagnols que nous expliquâmes.

Ayant embarqué nos provisions vers les midi, nous retournâmes nous-mêmes à bord, accompagnés de nos inséparables religieux, qui nous présentèrent un compte énorme qu'il fallut payer ; ils se chargèrent ensuite de nos lettres pour l'Europe, et nous quittèrent avec de grandes protestations d'amitié. Le vaisseau s'étant trouvé en danger la nuit précédente, par la levée d'une forte brise de l'est, on voulut virer l'ancre ; mais, comme on s'y attendait, on la perdit. Telle fut la fin de notre expédition.

Je veux croire que ces mœurs du clergé espagnol et portugais ne soient pas générales ; mais on sait qu'elles ne sont pas pures. On pourrait en prédire la chute de la religion, si en même temps le peuple n'était si avili, si superstitieux, qu'on conçoit à peine où il pourrait trouver assez d'énergie pour se soustraire aux abus qui le rongent. Le christianisme subsistera donc encore longtemps en Espagne, à moins que quelques raisons étrangères ne viennent en hâter la chute. Il est curieux qu'à Gracioza les moines parlassent aussi de réformes qui devaient avoir lieu dans leurs couvents : ils avaient ouï dire quelque chose des affaires de France. Quant à la conduite du matelot de Jersey, elle ne manquait ni d'esprit ni d'une espèce de philosophie ; il possédait du moins celle qui consiste à se ranger du côté des fripons plutôt que du parti des dupes. En cela, il était toujours sûr d'avoir pour lui la voix d'une majorité respectable de la société *a*.

CHAPITRE LV.

QUELLE SERA LA RELIGION QUI REMPLACERA LE CHRISTIANISME.

A la fin de cette histoire abrégée du polythéisme et du christianisme, une question se présente : Quelle sera la religion qui remplacera le christianisme *b* ?

a Qu'est-ce que prouve cette anecdote du matelot devenu moine aux Açores ? Rien du tout. Qu'est-ce que prouve la licence d'un couvent de moines placé dans une petite île, loin des regards des supérieurs ecclésiastiques ? Rien du tout. Ce récit de mauvais ton, et qui sent son sous-lieutenant d'infanterie, était un très-méchant argument dans mon système, mais je voulais absolument raconter, je voulais parler de mes voyages : si je m'en étais tenu à la description de l'île de Gracioza, cela aurait suffi.

Une seule phrase est sérieuse dans ce récit, c'est celle où je dis que le christianisme subsistera encore longtemps en Espagne, à moins que quelques causes étrangères ne viennent en hâter la chute. Je dis encore que l'on conçoit à peine où le peuple espagnol pourrait trouver assez d'énergie pour se soustraire aux abus qui lui le rongent. La guerre de l'indépendance d'Espagne a prouvé du moins que ce peuple avait assez d'énergie pour se soustraire au joug étranger. J'ai été meilleur prophète dans le *Génie du Christianisme*, lorsque j'ai dit : « L'Espagne, séparée des autres nations, présente encore à l'historien un caractère plus original : l'espèce de stagnation de mœurs dans laquelle elle repose lui sera peut-être utile un jour ; et, lorsque les peuples européens seront usés par la corruption, elle seule pourra reparaître avec éclat sur la scène du monde, parce que le fond des mœurs subsiste chez elle. » (*Génie du Christ.*, IIIe part., liv. III, chap. v.) Au surplus, je ne sais pas pourquoi je veux absolument confondre les Espagnols et les Portugais dans ce chapitre de l'*Essai* ; ces peuples sont fort différents l'un de l'autre : depuis l'époque de l'alliance de la maison de Lancastre avec la maison souveraine de Portugal sous Richard II, les Anglais ont eu avec les Portugais des rapports multipliés, qui ont beaucoup influé sur les mœurs de ce dernier peuple.
(N. Ed.)

b Ce chapitre a quelque rapport avec le dernier et peut-être le meilleur chapitre du *Génie du Christianisme*, ayant pour titre : *Quel serait aujourd'hui l'état de la société si le Christianisme n'eût pas paru sur la terre ?* Mais dans l'*Essai* je suppose (très-mal à propos) que le christianisme va s'éteindre, et dans le *Génie du Christianisme* je suppose que

Tout intéressante que soit cette question, elle demeure presque insoluble d'après les données communes. Le christianisme tombe de jour en jour, et cependant nous ne voyons pas qu'aucune secte cachée circule sourdement en Europe, et envahisse l'ancienne religion : Jupiter ne saurait revivre; la doctrine de Swedenborg ou des illuminés ne deviendra point un culte dominant; un petit nombre peut prétendre aux inspirations, mais non la masse des individus; un culte moral, où l'on personnifierait seulement les vertus, comme la sagesse, la valeur, est absurde à supposer.

La religion naturelle n'offre pas plus de probabilité; le sage peut la suivre, mais elle est trop au-dessus de la foule : un Dieu, une âme immortelle, des peines et des récompenses, ramènent le peuple de nécessité à un culte composé; d'ailleurs cette métaphysique ne sera jamais à sa portée.

Peut-on supposer que quelque imposteur, quelque nouveau Mahomet, sorti d'Orient, s'avance la flamme et le fer à la main, et vienne forcer les chrétiens à fléchir le genou devant son idole? La poudre à canon nous a mis à l'abri de ce malheur [a].

S'élèvera-t-il parmi nous, lorsque le christianisme sera tombé en un discrédit absolu, un homme qui se mette à prêcher un culte nouveau? Mais alors les nations seront trop indifférentes en matières religieuses, et trop corrompues pour s'embarrasser des rêveries du nouvel envoyé, et sa doctrine mourrait dans le mépris, comme celle des illuminés de notre siècle. Cependant il faut une religion, ou la société périt. En vérité, plus on envisage la question, plus on s'effraie; il semble que l'Europe touche au moment d'une révolution, ou plutôt d'une dissolution, dont celle de la France n'est que l'avant-coureur.

Autre hypothèse. Ne serait-il pas possible que les peuples atteignissent à un degré de lumières et de connaissances morales suffisant pour n'avoir plus besoin de culte? La découverte de l'imprimerie ne change-t-elle pas à cet égard toutes les anciennes données? Ceci tombe dans le système de perfection que j'examinerai ailleurs; je n'ai qu'un mot à en dire ici.

Lorsqu'on réfléchit que la grande cause qui renouvela si souvent la face du

---

le christianisme n'a point existé. Or, la position de la société ne serait pas la même dans les deux cas; car si le christianisme pouvait être détruit, il resterait toujours des traces de son passage parmi les hommes, sa morale survivrait à ses dogmes. Il faut pourtant conclure de ce chapitre de l'*Essai* une chose grave, c'est que j'admets que la société ne peut exister sans la religion, et que je m'effraie de la perte de la religion sur la terre. Il y a dans cette idée un principe d'ordre qui fait compensation pour toutes les divagations de mon esprit. (N. Ed.)

[a] Non pas si les gouvernements chrétiens ont la folie de discipliner les sectateurs du Coran. Ce serait un crime de lèse-civilisation que notre postérité, enchaînée peut-être, reprocherait avec des larmes de sang à quelques misérables hommes d'Etat de notre siècle. Ces prétendus politiques auraient appelé au secours de leurs petits systèmes les soldats fanatiques de Mahomet, et leur auraient donné les moyens de vaincre en permettant qu'on leur enseignât l'art militaire. Or, la discipline n'est pas la civilisation; avec des renégats chrétiens pour officiers, les brutes du Coran peuvent apprendre à vaincre dans les règles les soldats chrétiens.

Le monde mahométan *barbare* a été au moment de subjuguer le monde chrétien *barbare*; sans la vaillance de Charles-Martel nous porterions aujourd'hui le turban : le monde mahométan *discipliné* pourrait mettre dans le même péril le monde chrétien *discipliné*. Il ne faut pas pour cela autant de temps que l'on se l'imagine : dix ans suffisent pour former une bonne armée; et, puisque les Cosaques, sujets du czar, sont bien venus des murailles de la Chine se baigner dans la Seine, les nègres de l'Abyssinie, esclaves du Grand Turc, pourraient très-bien venir aussi se réjouir dans la cour du Louvre. (N. Ed.)

monde ancien a entièrement cessé, que l'irruption des peuples sauvages n'est plus à craindre pour l'Europe, on voit s'ouvrir devant soi un abîme immense de conjectures.

Que deviendront les hommes?

Deux solutions :

Ou les nations, après un amas énorme de lumières, deviendront toutes éclairées et s'uniront sous un même gouvernement, dans un état de bonheur inaltérable;

Ou, déchirées intérieurement par des révolutions partielles, après de longues guerres civiles et une anarchie affreuse, elles retourneront tour à tour à la barbarie. Durant ces troubles, quelques-unes d'entre elles, moins avancées dans la corruption et les lumières, s'élèveront sur les débris des premières, pour devenir à leur tour la proie de leurs dissensions et de leurs mauvaises mœurs : alors les premières nations tombées dans la barbarie en émergeront de nouveau, et reprendront leurs places sur le globe; ainsi de suite dans une révolution sans terme.

Si nous jugeons du futur par le passé, il faut avouer que cette solution convient mieux que l'autre à notre faiblesse [a] : si l'on demandait à présent quels sont les peuples qui se détruiront les premiers, je répondrais, ceux qui sont les plus corrompus. Cependant, il y a des chances et des événements incalculables qui peuvent précipiter une nation à sa ruine avant l'époque marquée par la nature. Mais ces visions politiques sont trop incertaines; elles servent tout au plus à satisfaire ce penchant de notre âme qui la porte à s'arrêter à des perspectives infinies : puisqu'on ne saurait rien apprendre d'utile, cessons d'interroger des siècles à naître, trop loin pour que nous puissions les entendre, et dont la faible voix expire en remontant jusqu'à nous, à travers l'immensité de l'avenir.

Ici j'ai rempli la première partie de ma tâche. On a maintenant sous les yeux une histoire à peu près complète des révolutions de la Grèce, considérées dans leurs rapports avec la révolution française. Nous allons maintenant quitter, pour n'y plus revenir, la terre sacrée des talents. Si j'ai fait voyager le lecteur avec un peu d'intérêt, peut-être consentira-t-il à me suivre dans mes nouvelles courses en Italie et chez les peuples modernes; mais, avant de les commencer, ces courses, il faut dire un dernier adieu à Sparte et à Athènes, et tâcher de résumer ce nous avons appris.

---

[a] Non, le progrès des lumières est certain; et comme ces lumières ne peuvent plus périr, grâce à la découverte de l'imprimerie, quelque révolution que vous supposiez, le dépôt des lumières ira toujours s'accroissant. Il est impossible de supposer que ces lumières, descendues plus ou moins dans tous les esprits, soient sans effet sur la société en général. Poserez-vous l'hypothèse d'une extermination presque complète du monde civilisé par la peste ou par la guerre? Mais l'Amérique s'est civilisée à son tour loin de la vieille Europe; il faudrait donc admettre la destruction des nations du nouveau continent en même temps que l'anéantissement de celles de l'ancien. L'espace que la civilisation occupe aujourd'hui sur le globe est encore un moyen de salut pour elle. Autrefois, renfermée dans la Grèce, elle pouvait succomber sous une invasion de Barbares; mais ces Barbares iraient-ils la chercher maintenant dans les quatre parties du monde, et jusque dans les îles de l'océan Pacifique? (N. Ed.)

CHAPITRE LVI.

RÉSUMÉ.

Dans la première partie de ce premier livre, nous avons étudié la *révolution républicaine* de la Grèce, recherché son influence sur les nations contemporaines, et suivi ses ramifications aussi loin que nous avons pu les découvrir.

Dans la seconde partie de ce même livre, comprise sous le titre de *Révolution de Philippe et d'Alexandre*, nous venons de passer en revue les tyrans d'Athènes, Denys à Syracuse, Agis à Sparte, les philosophes grecs, leur influence politique et religieuse, l'histoire de la naissance, de l'accroissement et de la chute du polythéisme; et pour parallèle nous avons eu la Convention en France, les Bourbons fugitifs, Louis XVI à Paris, les philosophes modernes et leur influence sur leur siècle; enfin l'histoire du christianisme et du clergé. La première partie forme un tout compacte qui se lie; la seconde, un assemblage de pièces de rapport, non moins instructif. Ce qui nous reste à faire ici est de reconnaître le point où nous sommes parvenus, et jusqu'à quel degré nous nous trouvons avancés vers le but général de cet *Essai*.

Nous sommes toujours occupés à la recherche de ces questions (et nous le serons encore longtemps), savoir :

1° Quelles sont les révolutions arrivées autrefois dans les gouvernements des hommes? Quel était alors l'état de la société, et quelle a été l'influence de ces révolutions sur l'âge où elles éclatèrent et les siècles qui les suivirent?

2° Parmi ces révolutions en est-il quelques-unes qui, par l'esprit, les mœurs et les lumières des temps, puissent se comparer à la révolution française?

Il s'agit maintenant de savoir si nous avons fait quelques pas vers la solution de ces questions.

Certainement un pas considérable : quoique ce volume ne forme qu'une très-petite partie de l'immense sujet de cet ouvrage, on peut prononcer hardiment que déjà la majorité des choses qu'on voulait faire passer pour nouvelles dans la révolution française se trouve presque à la lettre dans l'histoire des Grecs d'autrefois. Déjà nous possédons cette importante vérité, que l'homme, faible dans ses moyens et dans son génie, ne fait que se répéter sans cesse; qu'il circule dans un cercle dont il tâche en vain de sortir[a]; que les faits même qui ne dépendent pas de lui, qui semblent tenir au jeu de la fortune, sont incessamment reproduits : en sorte qu'il deviendrait impossible de dresser une table dans laquelle tous les événements imaginables de l'histoire d'un peuple donné se trouveraient réduits à une exactitude mathématique, et je doute que les caractères primitifs en fussent extrêmement nombreux, quoique de leur composition résulterait une immense variété de calculs[1].

---

[a] Le génie de l'homme ne circule point dans un cercle dont il ne peut sortir. Au contraire (et pour continuer l'image), il trace des cercles concentriques qui vont en s'élargissant, et dont la circonférence s'accroîtra sans cesse dans un espace infini. M'obstinant dans l'*Essai* à juger le présent par le passé, je déduis bien des conséquences, mais je pars d'un mauvais principe; je nie aujourd'hui la *majeure* de mes raisonnements, et tous ces raisonnements tombent à terre. (N. Ed.)

[1] Cette table serait aisée à faire, et ne serait pas un jeu frivole. On y poserait, par exemple,

Mais quel fruit tirer de cette observation pour la révolution française? Un très-grand.

Premièrement, il s'ensuit qu'un homme bien persuadé qu'il n'y a rien de nouveau en histoire perd le goût des innovations, goût que je regarde comme un des plus grands fléaux qui affligent l'Europe dans ce moment. L'enthousiasme vient de l'ignorance; guérissez celui-ci, l'autre s'éteindra : la connaissance des choses est un opium qui ne calme que trop l'exaltation.

Mais outre ce grand avantage, qui ne voit que ce tableau général des causes, des effets, des fins des révolutions, mène par degré à la solution de la question dernière, proposée pour but de cet ouvrage, savoir : « Si la révolution française se consolidera? » En effet, si nous trouvons des peuples qui, dans la même position que celle des Français, aient tenté les mêmes choses; si nous voyons les raisons qui firent réussir ou renversèrent leurs projets, n'est-ce pas un motif d'en conjecturer l'établissement ou la chute de la république en France ? On a déjà pu entrevoir mon opinion [a] à ce sujet; mais il n'est pas temps de la développer : elle doit résulter de l'ensemble des révolutions, et non d'une partie. Quelle qu'elle puisse être, il demeure certain que j'ai pris la seule route qui mène à la découverte de cette vérité qui intéresse non-seulement l'Europe, mais le reste du monde.

Mais je dois faire observer que, pour juger sainement, le lecteur ne saurait trop se donner de garde de se méprendre : il faut considérer les objets sous leur vrai jour. Il est bien moins question de la ressemblance de position en politique et de la similitude d'événements que de la situation morale du peuple : les mœurs, voilà le point où il faut se tenir, la clef qui ouvre le livre secret du sort [b]. Que si je me prends à répéter souvent *les mœurs*, c'est qu'elles sont le centre autour duquel tournent les mondes politiques : en vain ceux-ci prétendent s'en éloigner; il faut, malgré eux, décrire autour de ce point leur courbe obligée, ou, détachés de ce foyer commun d'attraction, tomber dans un vide incommensurable.

Le second volume de cet *Essai* va s'ouvrir avec les révolutions romaines [c],

pour principes, deux sortes de gouvernement : le monarchique et le républicain, l'homme politique et l'homme civil se trouveraient rangés sur deux colonnes : sur une troisième seraient marqués les degrés de lumières et d'ignorance; sur une quatrième, les chances et les hasards. On multiplierait alors tous ces nombres par les différentes passions, comme l'envie, l'ambition, la haine, l'amour, etc., qu'on verrait écrites sur une cinquième colonne [*] : tout cela tomberait en fractions composées, par les nuances des caractères, etc. Mais donnons-nous de garde de tracer une pareille table : les résultats en seraient si terribles que je ne voudrais même pas les faire soupçonner ici.

[a] Cette opinion était apparemment que la révolution française ne se consoliderait pas. Il y avait du vrai et du faux dans cette opinion; du vrai, parce que la république devait se transformer en despotisme militaire ou en monarchie tempérée; du faux, parce qu'il était impossible que la révolution ne laissât pas de traces après elle. Enfin, ce qu'il y avait surtout de faux dans cette opinion, c'était de vouloir conclure de la société ancienne à la société moderne; de juger, les uns par les autres, des temps et des hommes qui n'avaient aucun rapport.
(N. Ed.)

[b] Tout cela était vrai pour les peuples anciens, nullement pour les peuples modernes. Je répète cette vérité pour la millième fois. (N. Ed.(

[c] L'*Essai* ne formait dans l'édition de Londres qu'un gros volume de six cent quatre-vingt

[*] Ingénieux, mais sans résultat. Du temps de la Calprenède et de mademoiselle d Scudéri, on faisait des cartes du *Tendre* qui ne ressemblent pas mal à ma carte *du Politique*. (N. Ed.)

sujet peut-être encore plus magnifique que celui que nous venons de quitter; on a pu s'apercevoir que je cherche, autant qu'il est en moi, à varier la marche de cet ouvrage : tout sujet a son vice; le défaut de celui-ci, malgré sa grandeur, est de tomber dans les répétitions : je tâcherai donc d'écrire chaque révolution sur un plan différent des autres, comme je l'ai déjà fait à l'égard des deux parties de ce premier livre.

Après avoir montré ce qui résulte de la lecture de ce volume pour la vérité générale de l'ouvrage, voici quelques vérités particulières qu'on peut en tirer sur la nature de l'homme considéré dans ses rapports moraux et politiques ; je vais les donner comme je les trouve dans mon manuscrit, en pensées détachées, indiquant seulement le sujet qui me les a fournies.

L'homme est composé de deux organes différents dans leur essence, sans relations dans leur pouvoir : la tête et le cœur.

Le cœur sent, la tête compare.

Le cœur juge du bon et du méchant, la tête des rapports et des effets.

La vertu découle donc du cœur, les sciences fluent de la tête.

La vertu est la science écoutée et obéie; la science, la nature éclairée.

Le vice et la vertu, d'après l'histoire, paraissent une somme donnée qui n'augmente ni ne diminue ; les sciences, au contraire, des inconnues qui se dégagent sans cesse. Que devient le système de perfection *? (*Pensées résultantes de la Considération de l'âge philosophique d'Alexandre, plein de lumières et de corruption* [b].)

Il n'y a que deux principes de gouvernement : l'assemblée générale du peuple, la non-assemblée générale du peuple.

Dans le premier cas, l'État est une république; dans le second, une monarchie.

Si le peuple s'assemble partiellement, la constitution demeure monarchique ou un assemblage de petites républiques. La réunion des suffrages n'est pas alors la voix du peuple, mais un nombre collectif de voix.

Chacune de ces assemblées, ayant en elle-même toutes les propriétés du corps politique, devient une petite république parfaite et vivante dans son tout; et cette petite république n'a pas plus le droit de soumettre son opinion à celle de la section voisine qu'elle n'est tenue elle-même à adopter celle de cette autre section. D'ici la France, avec ses assemblées primaires, n'est point une république.

Et comment ces assemblées primaires représenteraient-elles le peuple ! N'est-ce pas la lie des villes qui se réunit, et qui, écartant les honnêtes gens, nomme

---

et une pages. Dans l'édition actuelle ce serait aussi le second volume, s'il pouvait jamais me tomber dans la tête de continuer un pareil ouvrage : il est pourtant vrai que j'en ai la suite, mais le feu m'en fera raison, à quelques pages près qui me serviront pour un autre travail. Je suis saisi d'une espèce d'épouvante à la vue de mon énorme fécondité. Il faut que dans ma jeunesse les jours aient eu pour moi plus de vingt-quatre heures : quelque démon allongeait sans doute le temps que j'employais à ma diabolique besogne. (N. ED.)

[a] Précisément ma distinction entre la partie morale et la partie intellectuelle de l'homme ne détruit pas ce système. (N. ED.)

[b] Cette parenthèse en *italique*, ainsi que les parenthèses qui suivent, se trouvent imprimées de même dans l'édition de Londres : cela veut dire que les réflexions répandues dans ce chapitre sont suggérées par les différents passages de l'*Essai* auxquelles les parenthèses en *italique* renvoient le lecteur. (N. ED.)

tel ou tel député pour une quantité donnée d'assignats? N'est-ce pas de cela même que les représentants prennent le prétexte de se prolonger dans leurs fonctions? En livrant leur république à des hommes sans mœurs, les gouvernants de France semblent ne chercher qu'une raison légale de la détruire ᵃ : cela me rappelle ce tyran de Rome qui, pour sauver la lettre de la loi qui défendait de mettre une vierge à mort, la faisait violer auparavant par le bourreau. (*Réflexions tirées de l'examen des gouvernements de la Grèce où la représentation était inconnue.*)

N'êtes-vous pas étonné des prodiges de la révolution française, l'Europe vaincue, etc., etc.? Sans doute : j'assiste à ses tours de force comme devaient le faire les Romains à la danse des éléphants sur la corde, bien moins surpris de la merveille qu'effrayés de voir un colosse suspendu en l'air sur une base élastique de quelques pouces, et menaçant d'écraser les spectateurs dans sa chute ᵇ. (*Tiré du parallèle de la guerre Médique et de la guerre Républicaine.*)

De quoi s'agissait-il entre Harmodius et Hipparque? D'une affaire, comme nous dirions, d'étiquette. Hipparque avait forcé la sœur d'Harmodius de se retirer d'une procession publique : voilà la guerre Médique. La politique est au moral ce que le feu est au physique, un élément universel qui se tire de tous les chocs, naît de toutes les collisions. (*On voit d'où cela est tiré.*)

Comme ces enfants qu'on est forcé d'enlever à leur mère vicieuse, pour les confier à un lait plus pur, la liberté, fille de la vertu guerrière, ne saurait vivre qu'elle ne soit nourrie au sein des bonnes mœurs. (*De la considération de l'état d'Athènes après la guerre Médique.*)

Pourquoi Agis périt-il à Sparte? pourquoi Denys fut-il chassé de Syracuse? pourquoi Thrasybule erra-t-il loin d'Athènes, sa patrie? pourquoi, etc.? Parce qu'à Sparte, à Syracuse et à Athènes, il y avait des hommes, et qu'avec le cœur de cet incompréhensible bipède on explique tout. (*Sparte, Athènes, Syracuse.*)

Liberté! le grand mot! et qu'est-ce que la liberté politique? je vais vous l'expliquer. Un homme libre à Sparte veut dire un homme dont les heures sont réglées comme celles de l'écolier sous la férule; qui se lève, dîne, se promène, lutte sous les yeux d'un maître en cheveux blancs qui lui raconte qu'*il a été jadis jeune, vaillant et hardi* : si les besoins de la nature, si les droits d'un chaste hymen parlent à son cœur, il faut qu'il les couvre du voile dont on se sert pour le crime; il doit sourire lorsqu'il apprend la mort de son ami; et si la douce pitié se fait entendre à son âme, on l'oblige d'aller égorger un ilote innocent, un ilote son esclave, dans le champ que cet infortuné labourait péniblement pour son maître.

Vous vous trompez, ce n'est pas là la liberté politique; les Athéniens ne l'entendaient pas ainsi. — Et comment? — Chez eux il fallait avoir un certain revenu pour être admis aux charges de l'État; et lorsqu'un citoyen avait fait

---

ᵃ Ces réflexions seraient raisonnables, en général, si je n'oubliais la forme représentative soit de la république, soit de la monarchie. (N. ED.)

ᵇ Louange et critique motivées, puisque les succès de la France n'avaient pas pour base la liberté, et qu'ils n'étaient enfantés que par le despotisme républicain ou militaire; mais ils produisaient la gloire qui servait de contre-poids au crime, et qui devait ramener à son tour la liberté. (N. ED.)

des dettes, on le vendait comme un esclave. Un orateur à la tribune, pourvu qu'il sût enfiler une phrase, faisait aujourd'hui empoisonner Socrate, demain bannir Phocion; et le peuple libre avait toujours à sa tête, et seulement pour la forme, Pisistrate, Hippias, Thémistocle, Périclès, Alcibiade, Philippe, Antigonus ou quelque autre.

Je voudrais bien savoir enfin combien il y a de libertés politiques; car toutes les autres petites villes grecques possédaient aussi leurs libertés et n'expliquaient pas le mot dans le même sens que les Athéniens et les Spartiates. C'est un singulier gouvernement qu'une république où il faut que tous les membres de la communauté soient des Caton et des Catilina : si parmi les premiers il se trouve un seul coquin, ou parmi les derniers un seul honnête homme, la république n'existe plus [a]. (*Liberté.*)

On s'écrie : Les citoyens sont esclaves, mais esclaves de la loi. Pure duperie de mots. Que m'importe que ce soit la loi ou le roi qui me traîne à la guillotine? On a beau se torturer, faire des phrases et du bel esprit, le plus grand malheur des hommes, c'est d'avoir des lois et un gouvernement [b].

L'état de société est si opposé à celui de nature, que dans le premier les êtres faibles tendent toujours au gouvernement : l'enfant bat les domestiques; l'écolier veut en montrer à son maître; le sot aspire aux emplois et les obtient presque toujours; l'hypocondriaque sacrifie son cercle à sa goutte; le vieillard réclame la première place, et la femme domine le tout.

Dans l'état de nature, l'enfant se tait et attend; la femme est soumise, le fort et le guerrier commandent, le vieillard s'assied au pied de l'arbre et meurt [1]. (*Pensées relatives provenantes du même sujet.*)

[a] Me louerai-je? j'en ai bien envie. La colère de ces pages m'a amusé; je les avais complétement oubliées. Parlons sérieusement : ce qu'il y a de faux dans mes raisonnements, c'est que je confonds les formes de la liberté avec la liberté elle-même. Je ne suis point républicain, je ne le serai jamais; j'ai toujours préféré par raison, et je préférerai toujours la liberté dans le mode de la monarchie représentative : je pense que cette liberté est tout aussi pleine, tout aussi entière dans ce mode que dans la forme républicaine; mais je crois que les monarchies ne sont pas à l'abri des républiques si elles repoussent la liberté. (N. Ed.)

[b] Miséricorde! j'ai déjà dit cela ailleurs dans l'*Essai*; c'est une si belle chose, que je ne pouvais trop le répéter. Il paraît que ces Sauvages que M. Violet faisait danser dans une grange auprès d'Albany m'avaient tourné la tête. (Voyez *Itinéraire*.) (N. Ed.)

[1] Philippe le Coq, d'une petite ville du Poitou, passa au Canada dans son enfance, y servit comme soldat, à l'âge de vingt ans, dans la guerre de 1754, et, après la prise de Québec, se retira chez les Cinq-Nations, où ayant épousé une Indienne, il renonça aux coutumes de son pays pour prendre les mœurs des Sauvages. Lorsque je voyageais chez ces peuples, je ne fus pas peu surpris en entendant dire que j'avais un compatriote établi à quelque distance dans les bois. Je courus chez lui; je le trouvai occupé à faire la pointe à des jalons, à l'ouverture de sa hutte. Il me jeta un regard assez froid, et continua son ouvrage; mais aussitôt que je lui adressai la parole en français, il tressaillit au souvenir de la patrie, et une grosse larme roula dans ses yeux. Ces accents connus avaient reporté soudainement dans le cœur du vieillard toutes les sensations de son enfance : dans la jeunesse nous regrettons peu nos premiers ans; mais plus nous nous enfonçons dans la vie, plus leur souvenir devient aimable; c'est qu'alors chacune de nos journées est un triste terme de comparaison. Philippe me pria d'entrer; je le suivis. Il avait de la peine à s'exprimer : je le voyais travailler à rassembler les anciennes idées de l'homme civil, et j'étudiais avidement cette leçon. Par exemple, j'eus lieu de remarquer qu'il y avait deux espèces de choses relatives, absolument effacées de sa tête : celle de la propriété du superflu, et celle de la nuisance envers autrui sans nécessité. Je ne voulus lui faire ma grande question qu'après que quelques heures de conversation lui eurent redonné une assez grande quantité de mots et de pensées. A la fin je lui dis : « Philippe, êtes-vous

Soyons hommes, c'est-à-dire libres; apprenons à mépriser les préjugés de la naissance et des richesses, à nous élever au-dessus des grands et des rois, à honorer l'indigence et la vertu; donnons de l'énergie à notre âme, de l'élévation à notre pensée; portons partout la dignité de notre caractère, dans le bonheur et dans l'infortune; sachons braver la pauvreté et sourire à la mort : mais, pour faire tout cela, il faut commencer par cesser de nous passionner pour les institutions humaines, de quelque genre qu'elles soient. Nous n'apercevons presque jamais la réalité des choses, mais leurs images réfléchies faussement par nos désirs; et nous passons nos jours à peu près comme celui qui, sous notre zone nuageuse, ne verrait le ciel qu'à travers ces vitrages coloriés qui trompent l'œil en lui présentant la sérénité d'une plus douce latitude. Tandis que nous nous berçons ainsi de chimères, le temps vole et la tombe se ferme tout à coup sur nous. Les hommes sortent du néant et y retournent : la mort est un grand lac creusé au milieu de la nature; les vies humaines, comme autant de fleuves, vont s'y engloutir; et c'est de ce même lac que s'élèvent ensuite d'autres générations qui, répandues sur la terre, viennent également, après un cours plus ou moins long, se perdre à leur source. Profitons donc du peu d'instants que nous avons à passer sur ce globe, pour connaître au moins la vérité. Si c'est la vérité politique que nous cherchons, elle est facile à trouver. Ici un ministre despote me bâillonne, me plonge au fond des cachots, où je reste vingt ans [1] sans savoir pourquoi : échappé de la Bastille, plein d'indignation, je me précipite dans la démocratie; un anthropophage m'y attend à la guillotine. Le républicain, sans cesse exposé à être pillé, volé, déchiré par une populace furieuse, s'applaudit de son bonheur [2]; le sujet, tranquille esclave, vante les bons repas et les caresses de son maître. O homme de la nature! c'est toi seul qui me fais me glorifier d'être homme! Ton cœur ne connaît point la dépendance; tu ne sais ce que c'est que de ramper dans une cour, ou de caresser un tigre populaire. Que t'importent nos arts, notre luxe, nos villes! As-tu besoin de spectacle, tu te rends au temple de la nature, à la religieuse

heureux? » Il ne sut d'abord que répondre. « Heureux? dit-il en réfléchissant; heureux, oui....... oui, heureux, depuis que je suis Sauvage. — Et comment passez-vous votre vie? » repris-je. Il se mit à rire. « J'entends, dis-je ; vous pensez que cela ne vaut pas une réponse. Mais est-ce que vous ne voudriez pas reprendre votre ancienne vie, retourner dans votre pays? — Mon pays, la France? Si je n'étais pas si vieux, j'aimerais à le revoir.... — Et vous ne voudriez pas y rester? » ajoutai-je. Le mouvement de tête de Philippe m'en dit assez. « Et qu'est-ce qui vous a déterminé à vous faire, comme vous le dites, Sauvage? — Je n'en sais rien; l'instinct. » Ce mot du vieillard mit fin à mes doutes et à mes questions. Je restai deux jours chez Philippe pour l'observer, et je ne le vis jamais se démentir un seul instant : son âme, libre du combat des passions sociales, me sembla, pour m'exprimer dans le style des Sauvages, « calme comme le champ de bataille, après que les guerriers ont fumé ensemble le calumet de la paix. »

[1] Tel que ce malheureux que M. de Malesherbes délivra.
[2] On dit que les orages de la démocratie valent mieux que le calme du despotisme. Cette phrase est harmonieuse, et voilà tout. On ne me persuadera jamais que le repos n'est pas la partie essentielle du bonheur. Je remarque même que c'est le but vers lequel nous tendons sans cesse : on travaille pour se reposer; on marche pour goûter un sommeil plus doux : on pense pour délasser ensuite sa pensée ; un ami repose son cœur dans le cœur d'un ami ; l'amour a placé de même le comble de ses voluptés dans le repos ; enfin le malheureux qui a perdu la tranquillité sur la terre aspire encore à celle de la tombe, et la nature a élevé l'idée de la mort à l'extrémité des chagrins, comme Hercule ses colonnes au bout du monde.

forêt ; les colonnes moussues des chênes en supportent le dôme antique ; un jour sombre pénètre la sainte obscurité du sanctuaire, et de faibles bruits, de légers soupirs, de doux murmures, des chants plaintifs ou mélodieux circulent sous les voûtes sonores. On dit que le Sauvage ignore la douceur de la vie. Est-ce l'ignorer que de n'obéir à personne, que d'être à l'abri des révolutions, que de n'avoir ni à avilir ses mains par un travail mercenaire, ni son âme par un métier encore plus vil, celui de flatteur ? N'est-ce rien que de pouvoir se montrer impunément toujours grand, toujours fier, toujours libre ? de ne point connaître les odieuses distinctions de l'état civil ? enfin, de n'être point obligé, lorsqu'on se sent né avec l'orgueil et la noble franchise d'un homme, de passer une partie de sa vie à cacher ses sentiments, et l'autre à être témoin des vices et des absurdités sociales ?

Je sens qu'on va dire : Vous êtes donc de ces sophistes qui vantent sans cesse le bonheur du Sauvage aux dépens de celui de l'homme policé ? Sans doute, si c'est là ce que vous appelez être un sophiste, j'en suis un ; j'ai du moins de mon côté quelques beaux génies. Quoi ! il faudra que je tolère la perversité de la société, parce qu'on prétend ici se gouverner en république plutôt qu'en monarchie ; là, en monarchie plutôt qu'en république ? Il faudra que j'approuve l'orgueil et la stupidité des grands et des riches, la bassesse et l'envie du pauvre et des petits ? Les corps politiques, quels qu'ils soient, ne sont que des amas de passions putréfiées et décomposées ensemble : les moins mauvais sont ceux dont les dehors gardent encore de la décence et blessent moins ouvertement la vue ; comme ces masses impures destinées à fertiliser les champs, sur lesquelles on découvre quelquefois un peu de verdure *a*.

Mais il n'y a donc point de gouvernement, point de liberté ? De liberté ? si : une délicieuse, une céleste, celle de la nature *b*. Et quelle est-elle, cette liberté que vous vantez comme le suprême bonheur ? Il me serait impossible de la peindre ; tout ce que je puis faire est de montrer comment elle agit sur nous. Qu'on vienne passer une nuit avec moi chez les Sauvages du Canada, peut-être alors parviendrai-je à donner quelque idée de cette espèce de liberté. Cette nuit aussi pourra délasser le lecteur de la scène de misères à travers laquelle je l'ai conduit dans ce volume : elle en sera la conclusion. On fermera alors le livre dans une disposition d'âme plus calme et plus propre à distinguer les vérités des erreurs contenues dans cet ouvrage, mélange inévitable à la nature humaine, et dont la faiblesse de mes lumières me rend plus susceptible qu'un autre.

a Il faut pardonner à un exilé, à un malheureux, à un jeune homme qui se croit prêt à mourir, cette boutade contre la société : elle est sans conséquence, et les sentiments exprimés ici par ce jeune homme ne sont cependant ni sans élévation ni sans générosité. (N. Ed.)

b M'y voilà ! faisons-nous Sauvages ! (N. Ed.)

CHAPITRE LVII ET DERNIER.

NUIT CHEZ LES SAUVAGES DE L'AMÉRIQUE.

C'est un sentiment naturel aux malheureux de chercher à rappeler les illusions du bonheur par le souvenir de leurs plaisirs passés. Lorsque j'éprouve l'ennui d'être, que je me sens le cœur flétri par le commerce des hommes, je détourne involontairement la tête, et je jette en arrière un œil de regret. Méditations enchantées ! charmes secrets et ineffables d'une âme jouissant d'elle-même, c'est au sein des immenses déserts de l'Amérique que je vous ai goûtés à longs traits ! On se vante d'aimer la liberté, et presque personne n'en a une juste idée. Lorsque, dans mes voyages parmi les nations indiennes du Canada, je quittai les habitations européennes, et me trouvai, pour la première fois, seul au milieu d'un océan de forêts, ayant pour ainsi dire la nature entière prosternée à mes pieds, une étrange révolution s'opéra dans mon intérieur. Dans l'espèce de délire qui me saisit, je ne suivais aucune route ; j'allais d'arbre en arbre, à droite et à gauche indifféremment, me disant en moi-même : « Ici, plus de chemins à suivre, plus de villes, plus d'étroites maisons, plus de présidents, de républiques, de rois, surtout plus de lois, et plus d'hommes. Des hommes? si : quelques bons Sauvages *a* qui ne s'embarrassent de moi, ni moi d'eux ; qui, comme moi encore, errent libres où la pensée les mène, mangent quand ils veulent, dorment où et quand il leur plaît. » Et pour essayer si j'étais enfin rétabli dans mes droits originels, je me livrais à mille actes de volonté, qui faisaient enrager le grand Hollandais qui me servait de guide, et qui, dans son âme, me croyait fou.

Délivré du joug tyrannique de la société, je compris alors les charmes de cette indépendance de la nature, qui surpassent de bien loin tous les plaisirs dont l'homme civil peut avoir l'idée. Je compris pourquoi pas un Sauvage ne s'est fait Européen, et pourquoi plusieurs Européens se sont faits Sauvages ; pourquoi le sublime *Discours sur l'inégalité des conditions* est si peu entendu de la plupart de nos philosophes. Il est incroyable combien les nations et leurs institutions les plus vantées paraissaient petites et diminuées à mes regards ; il me semblait que je voyais les royaumes de la terre avec une lunette invertie ; ou plutôt, moi-même agrandi et exalté, je contemplais d'un œil de géant le reste de ma race dégénérée.

Vous, qui voulez écrire des hommes, transportez-vous dans les déserts ; redevenez un instant enfant de la nature ; alors, et seulement alors, prenez la plume.

Parmi les innombrables jouissances que j'éprouvai dans ces voyages, une surtout a fait une vive impression sur mon cœur[1].

J'allais alors voir la fameuse cataracte de Niagara, et j'avais pris ma route à

---

a De *bons* Sauvages qui mangent leurs voisins.   (N. Ed.)

[1] Tout ce qui suit, à quelques additions près, est tiré du manuscrit de ces voyages, qui a péri avec plusieurs autres ouvrages commencés, tels que les *Tableaux de la Nature*, l'histoire d'une nation sauvage du Canada, sorte de roman, dont le cadre totalement neuf, et les

travers les nations indiennes qui habitent les déserts à l'ouest des plantations américaines. Mes guides étaient le soleil, une boussole de poche et le Hollandais dont j'ai déjà parlé; celui-ci entendait parfaitement cinq dialectes de la langue huronne. Notre équipage consistait en deux chevaux, auxquels nous attachions le soir une sonnette au cou, et que nous lâchions ensuite dans la forêt : je craignais d'abord un peu de les perdre, mais mon guide me rassura en me faisant remarquer que, par un instinct admirable, ces bons animaux ne s'écartaient jamais hors de la vue de notre feu.

Un soir que, par approximation, ne nous estimant plus qu'à environ huit ou neuf lieues de la cataracte, nous nous préparions à descendre de cheval avant le coucher du soleil, pour bâtir notre hutte et allumer notre bûcher de nuit à la manière indienne, nous aperçûmes dans le bois les feux de quelques Sauvages qui étaient campés un peu plus bas, au bord du même ruisseau où nous nous trouvions. Nous allâmes à eux. Le Hollandais leur ayant demandé par mon ordre la permission de passer la nuit avec eux, ce qui fut accordé sur-le-champ, nous nous mîmes alors à l'ouvrage avec nos hôtes. Après avoir coupé des branches, planté des jalons, arraché des écorces pour couvrir notre palais, et rempli quelques autres travaux publics, chacun de nous vaqua à ses affaires particulières. J'apportai ma selle, qui me servit de fidèle oreiller durant tout le voyage; le guide pansa mes chevaux; et, quant à son appareil de nuit, comme il n'était pas si délicat que moi, il se servait ordinairement de quelque tronçon d'arbre sec. L'ouvrage étant fini, nous nous assîmes tous en rond, les jambes croisés à la manière des tailleurs, autour d'un feu immense, afin de rôtir nos quenouilles de maïs et de préparer le souper. J'avais encore un flacon d'eau-de-vie, qui ne servit pas peu à égayer nos Sauvages; eux se trouvaient avoir des jambons d'oursins, et nous commençâmes un festin royal.

La famille était composée de deux femmes avec deux petits enfants à la mamelle, et de trois guerriers : deux d'entre eux pouvaient avoir de quarante à quarante-cinq ans, quoiqu'ils parussent beaucoup plus vieux; le troisième était un jeune homme.

La conversation devint bientôt générale; c'est-à-dire par quelques mots entrecoupés de ma part et par beaucoup de gestes : langage expressif que ces nations entendent à merveille, et que j'avais appris parmi elles. Le jeune homme seul gardait un silence obstiné; il tenait constamment les yeux attachés sur moi. Malgré les raies noires, rouges, bleues, les oreilles découpées, la perle pendante au nez dont il était défiguré, on distinguait aisément la noblesse et la

---

peintures naturelles, étrangères à notre climat, auraient pu mériter l'indulgence du lecteur [*]. On a bien voulu donner quelque louange à ma manière de peindre la nature; mais si l'on avait vu ces divers morceaux écrits sur mes genoux, parmi les Sauvages mêmes, dans les forêts et au bord des lacs de l'Amérique, j'ose présumer qu'on y eût trouvé des choses plus dignes du public. De tout cela il ne m'est resté que quelques feuilles détachées, entre autres *la Nuit*, qu'on donne ici. J'étais destiné à perdre dans la révolution fortune, parents, amis, et ce qu'on ne recouvre jamais lorsqu'on l'a perdu, le fruit des travaux de la pensée, seul bien peut-être qui soit réellement à nous.

[*] Il s'agit ici des *Natchez*. J'ai déjà dit que les premières ébauches des *Natchez* avaient péri, mais que j'avais retrouvé le manuscrit de cet ouvrage écrit à Londres sur le souvenir récent de ces ébauches. J'ai publié sous le nom de *Natchez* ce manuscrit, dont j'avais déjà tiré *Atala* et *René*. (N. Éd.)

sensibilité qui animaient son visage. Combien je lui savais gré de ne pas m'aimer! Il me semblait lire dans son cœur l'histoire de tous les maux dont les Européens ont accablé sa patrie.

Les deux petits enfants, tout nus, s'étaient endormis à nos pieds devant le feu; les femmes les prirent doucement dans leurs bras, et les couchèrent sur des peaux, avec ces soins de mère, si délicieux à voir chez ces prétendus Sauvages : la conversation mourut ensuite par degrés, et chacun s'endormit dans la place où il se trouvait.

Moi seul je ne pus fermer l'œil : entendant de toutes parts les aspirations profondes de mes hôtes, je levai la tête, et m'appuyant sur le coude, contemplai à la lueur rougeâtre du feu mourant les Indiens étendus autour de moi et plongés dans le sommeil. J'avoue que j'eus peine à retenir des larmes. Bon jeune homme, que ton repos me parut touchant! toi, qui semblais si sensible aux maux de ta patrie, tu étais trop grand, trop supérieur, pour te défier de l'étranger. Européens, quelle leçon pour nous! Ces mêmes Sauvages que nous avons poursuivis avec le fer et la flamme, à qui notre avarice ne laisserait pas même une pelletée de terre, pour couvrir leurs cadavres, dans tout cet univers, jadis leur vaste patrimoine; ces mêmes Sauvages, recevant leur ennemi sous leurs huttes hospitalières, partageant avec lui leur misérable repas, leur couche infréquentée du remords, et dormant auprès de lui du sommeil profond du juste! ces vertus-là sont autant au-dessus de nos vertus conventionnelles que l'âme de ces hommes de la nature est au-dessus de celle de l'homme de la société.

Il faisait clair de lune. Échauffé de mes idées, je me levai et fut m'asseoir, à quelque distance, sur une racine qui traçait au bord du ruisseau; c'était une de ces nuits américaines que le pinceau des hommes ne rendra jamais, et dont je me suis rappelé le souvenir avec délices.

" La lune était au plus haut point du ciel : on voyait çà et là, dans de grands intervalles épurés, scintiller mille étoiles. Tantôt la lune reposait sur un groupe de nuages, qui ressemblait à la cime de hautes montagnes couronnées de neiges; peu à peu ces nues s'allongeaient, se déroulaient en zones diaphanes et onduleuses de satin blanc, ou se transformaient en légers flocons d'écume, en innombrables troupeaux errants dans les plaines bleues du firmament. Une autre fois, la voûte aérienne paraissait changée en une grève où l'on distinguait les couches horizontales, les rides parallèles tracées comme par le flux et le reflux régulier de la mer : une bouffée de vent venait encore déchirer le voile, et partout se formaient dans les cieux de grands bancs d'une ouate éblouissante de blancheur, si doux à l'œil, qu'on croyait ressentir leur mollesse et leur élasticité. La scène sur la terre n'était pas moins ravissante : le jour céruséen et velouté de la lune flottait silencieusement sur la cime des forêts, et, descendant dans les intervalles des arbres, poussait des gerbes de lumière jusque dans l'épaisseur des plus profondes ténèbres. L'étroit ruisseau qui cou-

---

" Ici commence la description d'une nuit que l'on retrouve dans le *Génie du Christianisme*, liv. v, chap. xii, intitulé : *Deux Perspectives de la nature*. On peut, en comparant les deux descriptions, voir ce que le goût m'a fait changer ou retrancher dans mon second travail. (N. Ed.)

lait à mes pieds, s'enfonçant tour à tour sous des fourrés de chênes-saules et d'arbres à sucre, et reparaissant un peu plus loin dans des clairières tout brillant des constellations de la nuit, ressemblait à un ruban de moire et d'azur, semé de crachats de diamants, et coupé transversalement de bandes noires. De l'autre côté de la rivière, dans une vaste prairie naturelle, la clarté de la lune dormait sans mouvement sur les gazons où elle était étendue comme des toiles. Des bouleaux dispersés çà et là dans la savane, tantôt, selon le caprice des brises, se confondaient avec le sol en s'enveloppant de gazes pâles, tantôt, se détachaient du fond de craie en se couvrant d'obscurité, et formant comme des îles d'ombres flottantes sur une mer immobile de lumière. Auprès, tout était silence et repos, hors la chute de quelques feuilles, le passage brusque d'un vent subit, les gémissements rares et interrompus de la hulotte ; mais au loin, par intervalle, on entendait les roulements solennels de la cataracte de Niagara qui, dans le calme de la nuit, se prolongeaient de désert en désert, et expiraient à travers les forêts solitaires.

La grandeur, l'étonnante mélancolie de ce tableau, ne sauraient s'exprimer dans les langues humaines ; les plus belles nuits en Europe ne peuvent en donner une idée. Au milieu de nos champs cultivés, en vain l'imagination cherche à s'étendre ; elle rencontre de toutes parts les habitations des hommes : mais dans ces pays déserts, l'âme se plaît à s'enfoncer, à se perdre dans un océan d'éternelles forêts ; elle aime à errer, à la clarté des étoiles, aux bords des lacs immenses, à planer sur le gouffre mugissant des terribles cataractes, à tomber avec la masse des ondes, et pour ainsi dire à se mêler, à se fondre avec toute une nature sauvage et sublime.

Ces jouissances sont trop poignantes : telle est notre faiblesse, que les plaisirs exquis deviennent des douleurs, comme si la nature avait peur que nous oubliassions que nous sommes hommes. Absorbé dans mon existence, ou plutôt répandu tout entier hors de moi, n'ayant ni sentiment, ni pensée distincte, mais un ineffable je ne sais quoi qui ressemblait à ce bonheur mental dont on prétend que nous jouirons dans l'autre vie, je fus tout à coup rappelé à celle-ci. Je me sentis mal, et je vis qu'il fallait finir. Je retournai à notre ajoupa, où, me couchant auprès des Sauvages, je tombai bientôt dans un profond sommeil.

Le lendemain, à mon réveil, j'aperçus la troupe déjà prête pour le départ. Mon guide avait sellé les chevaux ; les guerriers étaient armés et les femmes s'occupaient à rassembler les bagages, consistant en peaux, en maïs, en ours fumés. Je me levai, et tirant de mon porte-manteau un peu de poudre et de balles, du tabac et une boîte de gros rouge, je distribuai ces présents parmi nos hôtes, qui parurent bien contents de ma générosité. Nous nous séparâmes ensuite, non sans des marques d'attendrissement et de regret, touchant nos fronts et notre poitrine, à la manière de ces hommes de la nature, ce qui me paraissait bien valoir nos cérémonies. Jusqu'au jeune Indien, qui prit cordialement la main que je lui tendais, nous nous quittâmes tous le cœur plein les uns des autres. Nos amis prirent leur route au nord, en se dirigeant par les mousses ; et nous à l'ouest, par ma boussole. Les guerriers partirent devant, poussant le cri de marche ; les femmes cheminaient derrière, chargées des bagages et des petits enfants qui, suspendus dans des fourrures aux épaules de leurs mères, se détournaient en souriant pour nous regarder. Je suivis longtemps des yeux cette marche touchante et maternelle, jusqu'à ce que la troupe entière eût disparu lentement entre les arbres de la forêt.

Bienfaisants Sauvages! vous qui m'avez donné l'hospitalité, vous que je ne reverrai sans doute jamais, qu'il me soit permis de vous payer ici un tribut de reconnaissance. Puissiez-vous jouir longtemps de votre précieuse indépendance, dans vos belles solitudes, où mes vœux pour votre bonheur ne cessent de vous suivre! inséparables amis, dans quel coin de vos immenses déserts habitez-vous à présent? Êtes-vous toujours ensemble, toujours heureux? Parlez-vous quelquefois de l'étranger de la forêt? Vous dépeignez-vous les lieux qu'il habite? Faites-vous des souhaits pour son bonheur au bord de vos fleuves solitaires? Généreuse famille, son sort est bien changé depuis la nuit qu'il passa avec vous; mais du moins est-ce une consolation pour lui, si, tandis qu'il existe au delà des mers, persécuté des hommes de son pays, son nom, à l'autre bout de l'univers, au fond de quelque solitude ignorée, est encore prononcé avec attendrissement par de pauvres Indiens ᵃ.

ᵃ C'est à peu près l'apostrophe aux Sauvages qui termine *Atala*. Et moi je termine ici le pénible travail que m'ont imposé mon devoir et ma conscience. Me voilà tout entier devant les hommes, tel que j'ai été au début de ma carrière, tel que je suis au terme de cette carrière; qu'ils me jugent si je vaux la peine qu'ils s'occupent de moi; puis viendra sur nous tous l'arrêt suprême qui nous placera comme nous demeurerons. (N. Ed.)

NOTE.

(Page 271.)

RÉFUTATION

DE TOUS LES CHAPITRES PRÉCÉDENTS RELATIFS AU CLERGÉ CATHOLIQUE.

(Extrait du *Génie du Christianisme*.)

Aucune autre religion sur la terre n'a offert un pareil système de bienfaits, de prudence et de prévoyance, de force et de douceur, de lois morales et de lois religieuses. Rien n'est plus sagement ordonné que ces cercles qui, partant du dernier chantre de village, s'élèvent jusqu'au trône pontifical qu'ils supportent, et qui les couronne. L'Église ainsi, par ses différents degrés, touchait à nos divers besoins : arts, lettres, sciences, législation, politique, institutions littéraires, civiles et religieuses, fondations pour l'humanité; tous ces magnifiques bienfaits nous arrivaient par les rangs supérieurs de la hiérarchie, tandis que les détails de la charité et de la morale étaient répandus par les degrés inférieurs, chez les dernières classes du peuple. Si jadis l'Eglise fut pauvre, depuis le dernier échelon jusqu'au premier, c'est que la chrétienté était indigente comme elle. Mais on ne saurait exiger que le clergé fût demeuré pauvre, quand l'opulence croissait autour de lui. Il aurait alors perdu toute considération, et certaines classes de la société, avec lesquelles il n'aurait pu vivre, se fussent soustraites à son autorité morale. Le chef de l'Église était prince, pour pouvoir parler aux princes; les évêques, marchant de pair avec les grands, osaient les instruire de leurs devoirs; les prêtres séculiers et réguliers, au-dessus des nécessités de la vie, se mêlaient aux riches, dont ils épuraient les mœurs, et le simple curé se rapprochait des pauvres, qu'il était destiné à soulager par ses bienfaits, et à consoler par son exemple.

« Ce n'est pas que le plus indigent des prêtres ne pût aussi instruire les grands du monde, et les rappeler à la vertu; mais il ne pouvait ni les suivre dans les habitudes de leur vie, comme le haut clergé, ni leur tenir un langage qu'ils eussent parfaitement entendu. La considération même dont ils jouissaient venait en partie des ordres supérieurs de l'Église. Il convient d'ailleurs à de grands peuples d'avoir un culte honorable, et des autels où l'infortuné puisse trouver des secours. . . . .
. . . .

« Que de choses admirables l'Occident ne nous montre-t-il pas à son tour dans les fondations des communautés, monuments de nos antiquités gauloises, lieux consacrés par d'intéressantes aventures, ou par des actes d'humanité ! . . . .
. . . .

« Voyez ces retraites de la *charité*, des *pèlerins*, du *bien-mourir*, des *enterreurs de morts*, des *insensés*, des *orphelins*; tâchez, si vous le pouvez, de trouver, dans le long catalogue des misères humaines, une seule infirmité de l'âme ou du corps pour qui la religion n'ait pas fondé son lieu de soulagement ou son hospice !

« Au reste, les persécutions des Romains contribuèrent d'abord à peupler les solitudes; ensuite, les Barbares s'étant précipités sur l'empire, et ayant brisé tous les liens de la société, il ne resta aux hommes que Dieu pour espérance. . . . .
. . . .

« On dira peut-être que les causes qui donnèrent naissance à la vie monastique n'existant plus parmi nous, les couvents étaient devenus des retraites inutiles. Et quand donc ces causes ont-elles cessé? N'y a-t-il plus d'orphelins, d'infirmes, de voyageurs, de pauvres, d'infor-

tunés? Ah! lorsque les maux des siècles barbares se sont évanouis, la société, si habile à tourmenter les âmes, et si ingénieuse en douleur, a bien su faire naître mille autres raisons d'adversité qui nous jettent dans la solitude! Que de passions trompées, que de sentiments trahis, que de dégoûts amers nous entraînent chaque jour hors du monde! C'était une chose fort belle que ces maisons religieuses, où l'on trouvait une retraite assurée contre les coups de la fortune, et les orages de son propre cœur. . . . .
. . . .

« Dieu des chrétiens, quelles choses n'as-tu pas faites? Partout où l'on tourne les yeux, on ne voit que les monuments de tes bienfaits. Dans les quatre parties du monde la religion a distribué ses milices et placé ses vedettes pour l'humanité. Le moine maronite appelle, par le claquement de deux planches suspendues à la cime d'un arbre, l'étranger que la nuit a surpris dans les précipices du Liban : ce pauvre et ignorant artiste n'a pas de plus riche moyen de se faire entendre ; le moine abyssinien vous attend dans ce bois, au milieu des tigres : le missionnaire américain veille à votre conservation dans ses immenses forêts. Jeté par un naufrage sur des côtes inconnues, tout à coup vous apercevez une croix sur un rocher. Malheur à vous si ce signe de salut ne fait pas couler vos larmes! vous êtes en pays d'amis ; ici sont des chrétiens. Vous êtes Français, il est vrai, et ils sont Espagnols, Allemands, Anglais peut-être! Eh! qu'importe? n'êtes-vous pas de la grande famille de Jésus-Christ? Ces étrangers vous reconnaîtront pour frère, c'est vous qu'ils invitent par cette croix ; ils ne vous ont jamais vu, et cependant ils pleurent de joie en vous voyant sauvé du désert. . . . . . .
. . . .

« Immense et sublime idée qui fait du chrétien de la Chine un ami du chrétien de la France, du Sauvage néophyte un frère du moine égyptien! Nous ne sommes plus étrangers sur la terre, nous ne pouvons plus nous y égarer. Jésus-Christ nous a rendu l'héritage que le péché d'Adam nous avait ravi. Chrétien! il n'est plus d'océan ou de désert inconnu pour toi ; tu trouveras partout la langue de tes aïeux et la cabane de ton père. . . . .
. . . .

La religion laissant à notre cœur le soin de nos joies, ne s'est occupée, comme une tendre mère, que du soulagement de nos douleurs ; mais, dans cette œuvre immense et difficile, elle a appelé tous ses fils et toutes ses filles à son secours. Aux uns elle a confié le soin de nos maladies, comme à cette multitude de religieux et de religieuses dévoués au service des hôpitaux ; aux autres elle a délégué les pauvres, comme aux sœurs de la Charité. Le père de la Rédemption s'embarque à Marseille ; où va-t-il seul ainsi avec son bréviaire et son bâton? Ce conquérant marche à la délivrance de l'humanité, et les armées qui l'accompagnent sont invisibles. La bourse de la charité à la main, il court affronter la peste, le martyre et l'esclavage. Il aborde le dey d'Alger, il lui parle au nom de ce roi céleste dont il est l'ambassadeur. Le Barbare s'étonne à la vue de cet Européen qui ose, seul, à travers les mers et les orages, venir lui redemander des captifs : dompté par une force inconnue, il accepte l'or qu'on lui présente ; et l'héroïque libérateur, satisfait d'avoir rendu des malheureux à leur patrie, obscur et ignoré, reprend humblement à pied le chemin de son monastère.

« Partout c'est le même spectacle : le missionnaire qui part pour la Chine rencontre au port le missionnaire qui revient glorieux et mutilé du Canada ; la sœur grise court administrer l'indigent dans sa chaumière, le père capucin vole à l'incendie, le frère hospitalier lave les pieds du voyageur, le frère du *bien-mourir* console l'agonisant sur sa couche, le frère *enterreur* porte le corps du pauvre décédé, la sœur de la Charité monte au septième étage pour prodiguer l'or, le vêtement et l'espérance : ces filles, si justement appelées *Filles-Dieu*, portent et reportent çà et là les bouillons, la charpie, les remèdes ; la fille du Bon Pasteur tend les bras à la fille prostituée et lui crie : *Je ne suis point venue pour appeler les justes, mais les pécheurs!* L'orphelin trouve un père ; l'insensé, un médecin ; l'ignorant un instructeur. Tous ces ouvriers en œuvres célestes se précipitent, s'animent les uns les autres. Cependant la religion attentive, et, tenant une couronne immortelle, leur crie : Courage, mes enfants! courage! Hâtez-vous, soyez plus prompts que les maux dans la carrière de la vie! Méritez cette couronne que je vous prépare ; elle vous mettra vous-mêmes à l'abri de tous maux et de tous besoins. . . . .
. . . .

« Était-il quelque chose qui pût briser l'âme, quelque commission dont les hommes ennemis des larmes n'osassent se charger, de peur de compromettre leurs plaisirs, c'était aux enfants du cloître qu'elle était aussitôt dévolue, et surtout aux pères de l'ordre de Saint-François ; on supposait que des hommes qui s'étaient voués à la misère devaient être naturellement les hérauts du malheur. L'un était obligé d'aller porter à une famille la nouvelle de la perte de sa fortune ; l'autre de lui apprendre le trépas d'un fils unique ; le grand Bourdaloue remplit lui-même ce triste devoir : il se présentait en silence à la porte du père, croisait les mains sur sa poitrine, s'inclinait profondément, et se retirait muet comme la mort dont il est l'interprète.

« Croit-on qu'il y eût beaucoup de plaisirs (nous entendons de ces plaisirs à la façon du monde), croit-on qu'il fût fort doux pour un cordelier, un carme, un franciscain, d'aller, au milieu des prisons, annoncer la sentence au criminel, l'écouter, le consoler, et d'avoir, pendant des journées entières, l'âme transpercée des scènes les plus déchirantes? On a vu, dans ces actes de dévouement, la sueur tomber à grosses gouttes du front de ces compatissants religieux, et mouiller ce froc qu'elle a pour toujours rendu sacré en dépit des sarcasmes de la philosophie; et pourtant quel honneur, quel profit revenait-il à ces moines, de tant de sacrifices, sinon la dérision du monde, et les injures même des prisonniers qu'ils consolaient? Mais du moins les hommes, tout ingrats qu'ils sont, avaient confessé leur nullité dans ces grandes rencontres de la vie, puisqu'ils les avaient abandonnées à la religion, seul véritable secours au dernier degré du malheur. O apôtre de Jésus-Christ, de quelles catastrophes n'étiez-vous point témoin, vous qui, près du bourreau, ne craigniez point de vous couvrir du sang des misérables, et qui étiez leur dernier appui! Voici un des plus hauts spectacles de la terre : aux deux coins de cet échafaud les deux justices sont en présence, la justice humaine et la justice divine : l'une, implacable et appuyée sur un glaive, est accompagnée du désespoir; l'autre, tenant un voile trempé de pleurs, se montre entre la pitié et l'espérance : l'une a pour ministre un homme de sang, l'autre un homme de paix : l'une condamne, l'autre absout : innocente ou coupable, la première dit à la victime : « Meurs! » La seconde lui crie : « Fils de l'innocence ou du repentir, *Montez au ciel!* »

. . . .

« Voici encore une de ces grandes et nouvelles idées qui n'appartiennent qu'à la religion chrétienne. Les cultes idolâtres ont ignoré l'enthousiasme divin qui anime l'apôtre de l'Evangile. Les anciens philosophes eux-mêmes n'ont jamais quitté les avenues d'Académus et les délices d'Athènes pour aller, au gré d'une impulsion sublime, humaniser le Sauvage, instruire l'ignorant, guérir le malade, vêtir le pauvre, et semer la concorde et la paix parmi les nations ennemies : c'est ce que les religieux chrétiens ont fait et font encore tous les jours. Les mers, les orages, les glaces du pôle, les feux du tropique, rien ne les arrête : ils vivent avec l'Esquimau dans son outre de peau de vache marine; ils se nourrissent d'huile de baleine avec le Groënlandais; avec le Tartare ou l'Iroquois, ils parcourent la solitude; ils montent sur le dromadaire de l'Arabe, ou suivent le Cafre errant dans ses déserts embrasés; le Chinois, le Japonais, l'Indien, sont devenus leurs néophytes; il n'est point d'île ou d'écueil dans l'Océan qui ait pu échapper à leur zèle; et, comme autrefois les royaumes manquaient à l'ambition d'Alexandre, la terre manque à leur charité. . . . .

. . . .

« Ce ne serait rien connaître que de connaître vaguement les bienfaits du christianisme; c'est le détail de ces bienfaits, c'est l'art avec lequel la religion a varié ses dons, répandu ses secours, distribué ses trésors, ses remèdes, ses lumières; c'est ce détail, c'est cet art qu'il faut pénétrer. Jusqu'aux délicatesses des sentiments, jusqu'aux amours-propres, jusqu'aux faiblesses, la religion a tout ménagé, en soulageant tout. Pour nous, qui depuis quelques années nous occupons de ces recherches, tant de traits de charité, tant de fondations admirables, tant d'inconcevables sacrifices, sont passés sous nos yeux, que nous croyons qu'il y a dans ce seul mérite du christianisme de quoi expier tous les crimes des hommes : culte céleste, qui nous force d'aimer cette triste humanité qui le calomnie. . . . .

. . . .

« Pour se faire d'abord une idée de l'immensité des bienfaits de la religion, il faut se représenter la chrétienté comme une vaste république, où tout ce que nous rapportons d'une partie se passe en même temps dans une autre. . . . .

« Il faut voir deux cents millions d'hommes au moins, chez qui se pratiquent les mêmes vertus et se font les mêmes sacrifices; il faut se ressouvenir qu'il y a dix-huit cents ans que ces vertus existent, et que les mêmes actes de charité se répètent : calculez maintenant, si votre esprit ne s'y perd, le nombre d'individus soulagés et éclairés par le christianisme chez tant de nations et pendant une aussi longue suite de siècles! . . . .

. . . .

« Avant de passer aux services que l'Eglise a rendus à l'agriculture, rappelons ce que les papes ont fait pour les sciences et pour les beaux-arts. Tandis que les ordres religieux travaillaient dans toute l'Europe à l'éducation de la jeunesse, à la découverte des manuscrits, à l'explication de l'antiquité, les pontifes romains, prodiguant aux savants les récompenses, et jusqu'aux honneurs du sacerdoce, étaient le principe de ce mouvement général vers les lumières. Certes, c'est une grande gloire pour l'Eglise qu'un pape ait donné son nom au siècle qui commence l'ère de l'Europe civilisée, et qui, s'élevant du milieu des ruines de la Grèce, emprunta ses clartés du siècle d'Alexandre pour les réfléchir sur le siècle de Louis.

« Ceux qui représentent le christianisme comme arrêtant le progrès des lumières contredisent manifestement les témoignages historiques. Partout la civilisation a marché sur les pas de l'Evangile, au contraire des religieux de Mahomet, de Brama et de Confucius, qui ont borné les progrès de la société, et forcé l'homme à vieillir dans son enfance.

« Rome chrétienne était comme un grand port qui recueillait tous les débris des naufrages des arts. Constantinople tombe sous le joug des Turcs ; aussitôt l'Eglise ouvre mille retraites honorables aux illustres fugitifs de Bysance et d'Athènes. L'imprimerie, proscrite en France, trouve une retraite en Italie. Des cardinaux épuisent leur fortune à fouiller les ruines de la Grèce, et à acquérir des manuscrits. Le siècle de Léon X avait paru si beau au savant abbé Barthélemy, qu'il l'avait d'abord préféré à celui de Périclès, pour sujet de son grand ouvrage : c'était dans l'Italie chrétienne qu'il prétendait conduire un moderne Anacharsis. . . . . . .
. . . .

« Les successeurs de Léon X ne laissèrent point s'éteindre cette noble ardeur pour les travaux du génie. Les évêques pacifiques de Rome rassemblaient dans leurs *villa* les précieux débris des âges. Dans les palais des Borghèse et des Farnèse le voyageur admirait les chefs-d'œuvre de Praxitèle et de Phidias ; c'étaient des papes qui achetaient au poids de l'or les statues de l'Hercule et de l'Apollon ; c'étaient des papes qui, pour conserver les ruines trop insultées de l'antiquité, les couvraient du manteau de la religion. Qui n'admirera la pieuse industrie de ce pontife qui plaça des images chrétiennes sur les beaux débris des Thermes de Dioclétien ? Le Panthéon n'existerait plus s'il n'eût été consacré par le culte des apôtres, et la colonne Trajane ne serait pas debout si la statue de saint Pierre ne l'eût couronnée.

« Cet esprit conservateur se faisait remarquer dans tous les ordres de l'Eglise. Tandis que les dépouilles qui ornaient le Vatican surpassaient les richesses des anciens temples, de pauvres religieux protégeaient dans l'enceinte de leurs monastères les ruines des maisons de Tibur et de Tusculum, et promenaient l'étranger dans les jardins de Cicéron et d'Horace. Un Chartreux vous montrait le laurier qui croît sur la tombe de Virgile, et un pape couronnait le Tasse au Capitole.

Ainsi, depuis quinze cents ans, l'Eglise protégeait les sciences et les arts ; son zèle ne s'était ralenti à aucune époque. Si dans le huitième siècle le moine Alcuin enseigne la grammaire à Charlemagne, dans le dix-huitième *un autre moine industrieux et patient* trouve un moyen de dérouler les manuscrits d'Herculanum : si en 740 Grégoire de Tours décrit les antiquités des Gaules, en 1754 le chanoine Mazzochi explique les tables législatives d'Héraclée. La plupart des découvertes qui ont changé le système du monde civilisé ont été faites par des membres de l'Eglise. L'invention de la poudre à canon, et peut-être celle du télescope, sont dues au moine Roger Bacon ; d'autres attribuent la découverte de la poudre au moine allemand Berthold Schwartz ; les bombes ont été inventées par Galen, évêque de Munster ; le diacre Flavio de Givia, Napolitain, a trouvé la boussole ; le moine Despina, les lunettes ; et Pacificus, archidiacre de Vérone, ou le pape Sylvestre II, l'horloge à roues. Que de savants, dont nous avons déjà nommé un grand nombre dans le cours de cet ouvrage, ont illustré les cloîtres, ont ajouté de la considération aux chaires éminentes de l'Eglise ! Que d'écrivains célèbres ! Que d'hommes de lettres distingués ! Que d'illustres voyageurs, que de mathématiciens, de naturalistes, de chimistes, d'astronomes, d'antiquaires ! Que d'orateurs fameux ! que d'hommes d'Etat renommés ! Parler de Suger, de Ximenès, d'Alberoni, de Richelieu, de Mazarin, de Fleury, n'est-ce pas rappeler à la fois les plus grands ministres et les plus grandes choses de l'Europe moderne ? . . . .
. . . .

« Rome chrétienne a été pour le monde moderne ce que Rome païenne fut pour le monde antique, le lien universel : cette capitale des nations remplit toutes les conditions de sa destinée, et semble véritablement la ville éternelle. Il viendra peut-être un temps où l'on trouvera que c'était pourtant une grande idée, une magnifique institution, que celle du trône pontifical. Le père spirituel, placé au milieu des peuples, unissait ensemble les diverses parties de la chrétienté. Quel beau rôle que celui d'un pape vraiment animé de l'esprit apostolique ! Pasteur général du troupeau, il peut en contenir les fidèles dans le devoir, ou les défendre de l'oppression. Ses Etats, assez grands pour lui donner l'indépendance, trop petits pour qu'on ait rien à craindre de ses efforts, ne lui laissent que la puissance de l'opinion, puissance admirable quand elle n'embrasse dans son empire que des œuvres de paix, de bienfaisance et de charité !

« Le mal passager que quelques mauvais papes ont fait a disparu avec eux ; mais nous ressentons encore tous les jours l'influence des biens immenses et inestimables que le monde entier doit à la cour de Rome. Cette cour s'est presque toujours montrée supérieure à son siècle. Elle avait des idées de législation, de droit public ; elle connaissait les beaux-arts, les sciences, la politesse, lorsque tout était plongé dans les ténèbres des institutions gothiques ; elle ne se réservait pas exclusivement la lumière, elle la répandait sur tous ; elle faisait tomber les barrières que les préjugés élèvent entre les nations ; elle cherchait à adoucir nos mœurs, à nous tirer de notre ignorance, à nous arracher à nos coutumes grossières ou féroces. Les papes, parmi nos ancêtres, furent des missionnaires des arts envoyés à des Barbares, des législateurs chez des Sauvages. « Le règne seul de Charlemagne, dit Voltaire, eut une lueur « de politesse, qui fut probablement le fruit du voyage de Rome. » (*Génie du Christianisme*, IVe partie, liv. III, chap. II, chap. III, chap. V, chap. VI ; liv. IV, chap. I ; liv. VI, chap. I, chap. VI.)

FIN DES RÉVOLUTIONS ANCIENNES.

TABLE DES MATIÈRES

CONTENUES DANS CE VOLUME.

Pages.

Avertissement pour l'édition de 1826	1
Préface (édition de 1826.)	2
Livre premier. — Ire Partie. Révolutions anciennes. — Introduction	19
Exposition	22
Vue de mon ouvrage	23
Chapitre Ier. Première Question. — Ancienneté des hommes	25
— II. Première révolution. — Les républiques grecques. — Si le contrat social des publicistes est la convention primitive des gouvernements	29
— III. L'âge de la monarchie en Grèce	31
— IV. Causes de la subversion du gouvernement royal chez les Grecs. — Elles diffèrent totalement de celles de la révolution française	32
— V. Effet de la révolution républicaine sur la Grèce. — Athènes, depuis Codrus jusqu'à Solon, comparée au nouvel état de la France	34
— VI. Quelques réflexions sur la législation de Solon. — Comparaison. Différence	35
— VII. Origine des noms des factions : La montagne et la plaine	38
— VIII. Portraits des chefs	39
— IX. Pisistrate	40
— X. Règne et mort de Pisistrate	41
— XI. Hipparque et Hippias. — Assassinat du premier. — Rapports	42
— XII. Guerre des émigrés. — Fin de la révolution républicaine en Grèce	43
— XIII. Sparte. — Les Jacobins	44
— XIV. Suite	46
— XV. Suite	48
— XVI. Suite	49
— XVII. Fin du sujet	51
— XVIII. Caractère des Athéniens et des Français	52
— XIX. De l'état des lumières en Grèce au moment de la révolution républicaine. — Siècle de Lycurgue	56
— XX. Siècles moyens	57
— XXI. Siècle de Solon	58
— XXII. Poésie à Athènes. — Anacréon, Voltaire. — Simonide, Fontanes. — Sapho, Parny. — Alcée, Ésope, Nivernois. — Solon, les deux Rousseau	58
— XXIII. Poésie à Sparte. — Premier chant de Tyrtée ; Lebrun. — Second chant de Tyrtée ; Hymne des Marseillais. — Chœur spartiate; strophe des enfants. — Chanson en l'honneur d'Harmodius ; épitaphe de Marat	67
— XXIV. Philosophie et Politique. — Les sages ; les encyclopédistes. — Opinions sur le meilleur gouvernement : Thalès, Solon, Périandre, etc.; J. J. Rousseau, Montesquieu. — Morale : Solon, Thalès ; La Rochefoucauld, Chamfort. — Parallèle de J. J. Rousseau et d'Héraclite. — Lettre à Darius ; lettre au roi de Prusse	72
— XXV. Influence de la révolution républicaine sur les Grecs. — Les biens	79

TABLE DES MATIÈRES.

Chapitre XXVI. Suite. — Les maux ... 80
— XXVII. Etat politique et moral des nations contemporaines au moment de la révolution républicaine en Grèce. — Cette révolution considérée dans ses rapports avec les autres peuples. — Causes qui en ralentirent ou en accélérèrent l'influence ... 81
— XXVIII. L'Egypte ... 82
— XXIX. Obstacles qui s'opposèrent à l'effet de la révolution grecque sur l'Egypte. — Ressemblance de ce dernier pays avec l'Italie moderne ... 84
— XXX. Carthage ... 86
— XXXI. Parallèle de Carthage et de l'Angleterre. — Leurs constitutions. 87
— XXXII. Les deux partis dans le sénat de Carthage. — Hannon. — Barca ... 89
— XXXIII. Suite. — Minorité et majorité dans le parlement d'Angleterre. 90
— XXXIV. M. Fox. — M. Pitt ... 94
— XXXV. Suite du parallèle entre Carthage et l'Angleterre. — La guerre et le commerce. — Annibal, Marlborough. — Hannon, Cook; traduction du voyage du premier, extrait de celui du second ... 96
— XXXVI. Influence de la révolution grecque sur Carthage ... 104
— XXXVII. L'Ibérie ... 106
— XXXVIII. Les Celtes ... 107
— XXXIX. L'Italie ... 109
— XL. Influence de la révolution grecque sur Rome ... 109
— XLI. La Grande-Grèce ... 111
— XLII. Suite. — Zaleucus. — Charondas ... 114
— XLIII. Influence de la révolution d'Athènes sur la Grande-Grèce ... 115
— XLIV. La Sicile ... 115
— XLV. Suite ... 116
— XLVI. Les trois âges de la Scythie et de la Suisse. — Premier âge. — La Scythie heureuse et sauvage ... 117
— XLVII. Suite du premier âge. — La Suisse pauvre et vertueuse ... 118
— XLVIII. Second âge. — La Scythie et la Suisse philosophiques ... 120
— XLIX. Suite. — Troisième âge. — La Scythie et la Suisse corrompues. — Influence de la révolution grecque sur la première, de la révolution française sur la seconde ... 121
— L. La Thrace. — Fragments d'Orphée ... 123
— LI. La Macédoine. — La Prusse ... 124
— LII. Iles de la Grèce. — L'Ionie ... 125
— LIII. Tyr. — La Hollande ... 126
— LIV. Suite ... 128
— LV. La Perse ... 129
— LVI. Tableau de la Perse au moment de l'abolition de la monarchie en Grèce. — Gouvernement. — Finances. — Armée. — Religion. 130
— LVII. Tableau de l'Allemagne au moment de la révolution française. 131
— LVIII. Suite. — Les arts en Perse et en Allemagne. — Poésie. — Kreeshna. — Klopstock. — Fragment du poëme Mahabarat, tiré du sanscrit. — Fragments du Messie. — Sacontala. — Evandre. 133
— LIX. Philosophie. — Les deux Zoroastre. — Politique ... 139
— LX. Situation politique de la Perse à l'instant de la guerre Médique. — De l'Allemagne à l'instant de la guerre *républicaine*. — Darius, Joseph, Léopold ... 142
— LXI. Influence de la révolution républicaine de la Grèce sur la Perse — et de la révolution républicaine de la France sur l'Allemagne. — Causes immédiates de la guerre Médique, — de la guerre républicaine. — L'Ionie. — Le Brabant ... 144
— LXII. Déclaration de la guerre Médique, l'an 1ᵉʳ de la soixante-neuvième olympiade (505 avant J. C.) — Déclaration de la guerre présente, 1792. — Premières hostilités ... 145
— LXIII. Premières campagnes. — An 3 de la soixante-douzième olym-

TABLE DES MATIÈRES.   303

Pages.

piade. — 1792. — Portrait de Miltiade. — Portrait de Dumouriez. — Bataille de Marathon. — Bataille de Jemmapes. Accusation de Miltiade, — de Dumouriez 147

Chapitre LXIV. Xerxès. — François. —Ligue générale contre la Grèce, contre la France. — Révolte des provinces 149

— LXV. Campagne de la quatrième année de la soixante-quatorzième olympiade (480 avant J. C) — Campagne de 1793. — Consternation à Athènes et à Paris. — Bataille de Salamine. — Bataille de Maubeuge 153

— LXVI. Préparation à une nouvelle campagne. — Portraits des chefs. — Mardonius, — Cobourg, — Pausanias, — Pichegru, — Alexandre, roi de Macédoine 157

— LXVII. Campagne de l'an 479 avant notre ère, 1re année de la soixante-quinzième olympiade. — Campagne de 1794. — Bataille de Platée ; — Bataille de Fleurus. — Succès et vices des Grecs, — des Français. — Différentes paix. — Paix générale 159

— LXVIII. Différence générale entre notre siècle et celui où s'opéra la révolution républicaine de la Grèce 163

— LXIX. Récapitulation 167

— LXX. Sujets et réflexions détachées 169

Livre Ier. IIe Partie. Chapitre Ier. Seconde révolution. — Philippe et Alexandre. 175

Chapitre II. Athènes. — Les Quatre-Cents 176

— III. Examen d'un grand principe en politique 178

— IV. Les trente tyrans. — Critias, Marat. — Théramènes, Siéyès. 180

— V. Accusation de Théramènes ; son discours et celui de Critias. — Accusation de Robespierre 182

— VI. Guerre des émigrés. — Exécutions à Éleusine. — Massacres du 2 septembre 184

— VII. Abolition de la tyrannie. — Rétablissement de l'ancienne constitution 186

— VIII. Un mot sur les émigrés 186

— IX. Denys le Jeune 189

— X. Expédition de Dion. — Fuite de Denys. — Troubles à Syracuse. 192

— XI. Nouveaux troubles à Syracuse. — Timoléon. — Retraite de Denys 194

— XII. Denys à Corinthe. — Les Bourbons 196

— XIII. Aux infortunés 200

— XIV. Agis à Sparte 206

— XV. Condamnation et exécution d'Agis et de sa famille 208

— XVI. Jugement et condamnation de Charles Ier, roi d'Angleterre. . . 210

— XVII. M. de Malesherbes. — Exécution de Louis XVI 213

— XVIII. Triple parallèle : Agis, Charles et Louis 216

— XIX. Quelques pensées 220

— XX. Philippe et Alexandre 221

— XXI. Siècle d'Alexandre 221

— XXII. Philosophes grecs 222

— XXIII. Philosophes modernes. — Depuis l'invasion des Barbares jusqu'à la renaissance des lettres 227

— XXIV. Suite. — Depuis Bacon jusqu'aux encyclopédistes 231

— XXV. Les encyclopédistes 233

— XXVI. Platon, Fénelon, J. J. Rousseau. — La *République* de Platon, le *Télémaque*, l'*Émile* 235

— XXVII. Mœurs comparées des philosophes anciens et des philosophes modernes 241

— XXVIII. De l'influence des philosophes grecs de l'âge d'Alexandre sur leur siècle, et de l'influence des philosophes modernes sur le nôtre. 243

— XXIX. Influence politique 244

— XXX. Influence religieuse 246

— XXXI. Histoire du polythéisme, depuis son origine jusqu'à son plus

TABLE DES MATIÈRES.

	Pages.
haut point de grandeur.	246
Chapitre XXXII. Décadence du polythéisme chez les Grecs, occasionnée par les sectes philosophiques et plusieurs autres causes.	248
— XXXIII. Le polythéisme à Rome jusqu'au christianisme.	250
— XXXIV. Histoire du christianisme, depuis la naissance du Christ jusqu'à sa résurrection.	250
— XXXV. Accroissement du christianisme jusqu'à Constantin.	251
— XXXVI. Suite. — Depuis Constantin jusqu'aux Barbares.	252
— XXXVII. Suite. — Conversion des Barbares.	253
— XXXVIII. Depuis la conversion des Barbares jusqu'à la renaissance des lettres. — Le christianisme atteint à son plus haut point de grandeur.	255
— XXXIX. Décadence du christianisme occasionnée par trois causes : les vices de la cour de Rome, le renaissance des lettres, et la réformation.	255
— XL. La réformation.	256
— XLI. Depuis la réformation jusqu'au régent.	259
— XLII. Le régent. — La chute du christianisme s'accélère.	259
— XLIII. La secte philosophique sous Louis XV.	260
— XLIV. Objections des philosophes contre le christianisme. — Objections philosophiques.	263
— XLV. Objections historiques et critiques.	264
— XLVI. Objections contre le dogme.	265
— XLVII. Objections contre la discipline	267
— XLVIII. De l'esprit des prêtres chez les anciens et chez les modernes considéré dans un gouvernement populaire.	268
— XLIX. De l'esprit des prêtres chez les anciens et chez les modernes, considéré dans un gouvernement monarchique.	270
— L. Du clergé actuel en Europe. — Du clergé en France.	272
— LI. Du clergé en Italie.	274
— LII. Du clergé en Allemagne	274
— LIII. Du clergé en Angleterre.	274
— LIV. Du clergé en Espagne et en Portugal. — Voyage aux Açores. — Anecdote	275
— LV. Quelle sera la religion qui remplacera le christianisme.	280
— LVI. Résumé.	283
— LVII et dernier. Nuit chez les Sauvages de l'Amérique.	290
Note. Réfutation de tous les chapitres précédents relatifs au clergé catholique.	295

FIN DE LA TABLE.

LAGNY. — Imprimerie de VIALAT et Cie.

www.ingramcontent.com/pod-product-compliance
Lightning Source LLC
Chambersburg PA
CBHW071523160426
43196CB00010B/1627